한·국·지·식·지·형·도
03

서양사

일러두기
1. 이 책은 학술지와 단행본 등에 게재된 논문을 수정·보완하여 엮은 책으로 수록 논문의 출처는 각 글의 시작 면에 밝혔다.
2. '더 읽을 자료'와 '용어 해설'은 글쓴이들이 작성한 것을 모아 각각 부의 끝과 권말에 배치했다.
3. 본문과 인용문에서 글쓴이 또는 원저자가 강조한 부분은 고딕체로 표시했으며, 원문 번역에서 독자의 이해를 돕기 위해 글쓴이가 첨가한 내용은 [ ] 안에 넣었다.
4. 맞춤법과 외래어 표기는 1989년 3월부터 시행된 〈한글 맞춤법 규정〉과 《문교부 편수자료》, 《표준국어대사전》(국립국어연구원, 1999)을 따랐다.

서양사

안병직 · 이영석 · 이영림 엮음

한·국·지·식·지·형·도 03

책세상

차례

머리말—한국에서 서양사 연구하기 | 안병직 · 9
  1. 논문 선정과 책의 구성 · 9
  2. 구미 학계의 서양사 연구—경향과 변화 · 11
  3. 국내 서양사 연구—한계와 의미 · 16

제1부 | 리바이어던, 국가의 초상 · 21

제1부 머리말 | 이영석 · 23

'리바이어던'의 등장—절대주의 국가에서 국민 국가로의 이행 | 최갑수 · 27
  1. 문제 제기—특정의 역사적 형성물로서의 근대 국가 · 27
  2. 근대 국가의 기원 · 30
  3. 절대주의와 근대 국가 · 34
  4. '국민'의 형성과 국민 국가로의 이행 · 41
  5. '리바이어던'의 탄생 · 49

국가 정체성 만들기—튜더 영국의 지도 | 설혜심 · 52
  1. 머리말 · 52
  2. 크리스토퍼 색스턴의 《아틀라스》와 정부의 후원 · 57
  3. 영지도와 사적 차원의 지도 제작 · 65
  4. 지도와 국가 정체성 프로파간다 · 71
  5. 맺음말 · 77

프랑스 수탉의 파란만장한 여정—갈루스 갈루스에서 푸틱스까지 | 전수연 · 80
  1. 동물의 왕국 · 80
  2. 다신교의 수탉과 기독교의 수탉 · 83
  3. 왕의 수탉에서 민중의 수탉으로 · 88
  4. 백합과 독수리를 넘어서 · 94
  5. 푸틱스와 애트모 · 98

이탈리아 파시즘 시대의 대기업과 국가 | 장문석 · 103
  1. 들어가며—기업가적 역량과 국가의 원조 사이의 피아트 · 103
  2. 전후의 극복 · 106

   3. 파시즘과의 공존 · 111
   4. 체제와의 유착 · 114
   5. 대공황의 극복 · 118
   6. 체제와의 분리 · 124
   7. 나오며―피아트의 기업가적 역량과 국가의 활용 · 127

동독 사회주의 체제에 대한 거부―분단 시기 동독인의 탈동독 행렬 | 최승완 · 132
   1. 탈동독 행렬―동독 현실 사회주의의 실상과 위기의 지표 · 132
   2. '발로 행한 거부'―동독 건국에서 붕괴까지의 탈동독 행렬 · 135
   3. 탈동독자의 사회적 프로필 · 154
   4. 권력을 가진 자의 무력함―동독 정부의 대응 · 165
   5. 맺음말 · 172

   더 읽을 자료 · 177

제2부 | 사회와 시민―차별, 갈등, 저항 · 181

   제2부 머리말 | 이영석 · 183

14세기 후반 조세 체제의 확립과 프랑스 북부 도시들의 반란 | 성백용 · 187
   1. 세금―부조와 '착취' · 187
   2. 전쟁 보조세 시대 · 189
   3. 1350년대 중엽의 실험과 좌절 · 196
   4. 조세 체제의 확립과 1380년대 초의 반란 · 201
   5. 근대 국가의 진통 · 213

이스트엔드, 가깝고도 먼 곳 | 이영석 · 220
   1. 이스트엔드의 이미지 · 220
   2. 지리적 공간과 인구 증가 · 223
   3. 논설 속의 이스트엔드 · 228
   4. 빈곤과 이데올로기 · 240
   5. 지식인과 이스트엔드의 거리 · 245

나치 일상에서의 동의와 이의 | 김학이 · 249
  1. 나치즘과 저항 · 249
  2. 노동자 일상의 원자화 · 251
  3. 독일인의 일상과 유대인 문제 · 263
  4. 일상과 저항 · 277

'평등'의 언어와 인종 차별의 정치—브라운 사건을 중심으로 | 조지형 · 282
  1. 브라운 사건은 인종 간 평등을 달성했는가? · 282
  2. 플레시 대 퍼거슨 사건—"분리하지만 평등하다" · 285
  3. 짐 크로 법 원칙의 모순과 평등의 확대 · 293
  4. 브라운 판결의 평등—인종 통합주의와 동화주의 · 304
  5. 복수적 평등을 위하여 · 313

2005년 프랑스 '소요 사태'와 무슬림 이민자 통합 문제 | 박단 · 319
  1. 프랑스, 톨레랑스의 나라? · 319
  2. 소요의 발생과 그 '주인공들' · 321
  3. 소요의 원인과 무슬림 이민자 통합 문제 · 329
  4. 소요의 결과 및 대책 · 341
  5. 2005년 말의 프랑스 · 351

더 읽을 자료 · 356

제3부 | 문화—담론과 이미지 · 361

제3부 머리말 | 이영림 · 363

로마 제정 초기(1~2세기) 상류층의 혼인 및 혼외 관계—실제와 담론 | 김경현 · 367
  1. 서론—문제 제기 · 367
  2. 아우구스투스의 혼인법과 간통법—상류층의 성 관계의 이원화와 '이중 기준' · 372

3. 연시(戀詩)와 풍자시의 담론—에로티시즘과 반(反)여성주의 · 376
   4. 도덕적·철학적 담론—얼마나 새로운가? · 384
   5. 결론 · 393

루이 세바스티앵 메르시에의 앙시앵 레짐 문화 비평 | 주명철 · 399
   1. 머리말 · 399
   2. 생애와 작품 · 401
   3. 메르시에의 눈 · 407
   4. 민중이 주는 교훈 · 413
   5. "밀랍"과 '반(反)감시' · 419
   6. 맺는 말 · 427

타 문화 인식의 가능성과 한계—세기 전환기 독일 이슬람학자들의 '이슬람 문화' 인식을 중심으로 | 박용희 · 431
   1. 문제 제기 · 431
   2. 독일에서의 오리엔트학, 특히 이슬람학의 성립과 발전 · 435
   3. 역사학적 이슬람 연구와 그 동기 · 438
   4. 이슬람학자들이 공유한 지배적 관점들 · 443
   5. 결론 · 455

코카콜라 광고와 미국의 소비문화, 1886~1939 | 김덕호 · 461
   1. 머리말—어떻게 코카콜라는 미국의 문화적 상징이 되었는가 · 461
   2. 코카콜라, 광고, 그리고 대량 소비 사회의 형성 · 463
   3. 맺음말—코카콜라 광고의 중요성 · 494

더 읽을 자료 · 498

제4부 | 한국사와 서양사의 만남 · 503

제4부 머리말 | 이영림 · 505

한국 문화사 어떻게 서술할 것인가?―구미 학계의 문화사 연구 경향에 비추어
| 안병직 · 508
   1. 구미 학계의 문화사 연구 경향 · 508
   2. 한국 문화사 서술의 바람직한 방향 · 518

사생활의 역사를 통해 본 조선의 유교 문화 | 이영림 · 528
   1. 머리말 · 528
   2. 공적 영역과 사적 영역의 변증법적 관계 · 530
   3. 강요와 거부, 모순과 역전의 드라마 · 535
   4. 한국사와 사생활의 역사 · 541
   5. 맺음말 · 548

한국전쟁과 영국 노동당 정부 | 박지향 · 553
   1. 머리말 · 553
   2. 한국전쟁에서의 영국의 역할 · 556
   3. 한국전쟁이 영국에 미친 영향 · 572
   4. 맺음말 · 581

스탈린과 한국전쟁의 발발―중·소 관계를 중심으로 | 황동하 · 585
   1. 한국전쟁, 무엇이 뜨거운 감자인가 · 585
   2. 1950년 스탈린이 바라본 국제 정세 · 588
   3. 스탈린의 중국에 대한 인식 · 596
   4. 스탈린의 정책 선회 동기 · 608

더 읽을 자료 · 618

용어 해설 · 622
찾아보기 | 인명 · 642
찾아보기 | 용어 · 서명 외 · 646
글쓴이 소개 · 651

머리말   **한국에서 서양사 연구하기**

1. 논문 선정과 책의 구성

이 책은 우리나라 서양사 학자들이 근래 국내 역사학 분야 학술지에 발표한 학술 논문들 가운데 도합 18편을 선정하여 수록한 것이다. 편집진이 이 논문들의 선정 작업에서 가장 염두에 둔 것은 출판사의 기획 의도였다. 출판사의 바람은 학문 분야별 논문 선집을 통해 현재 우리 학문의 '지형도'를 그려보고, 아울러 학계와 일반 대중의 소통을 매개하고자 하는 것이었다. 편집자들은 출판사가 의도하는 논문 선집이 서양사 분야에서도 의미 있는 작업이 되리라 공감했고 논문의 선정 과정에서 기획의 취지를 최대한 살리고자 했다. 이처럼 이 논집은 기본적으로 출판사의 기획 의도를 반영한 것이지만, 그럼에도 이 책에 수록된 논문들은 그동안 국내 서양사 학계가 이룬 연구 성과 가운데 극히 일부에 불과하다. 그 점에서 논문의 선정 절차와 기준에 대하여 부언 설명이 필요하다.

이 논문들의 선정 작업은 크게 두 단계로 이루어졌다. 우선 이 책의 편집진은 1990년대 이래 지난 약 10여 년의 기간에 한정하여 역사학 분야 국내 주요 학술지에 발표된 서양사 논문 가운데 일차적으로 약 30여 편의 논문을 추렸다. 이 과정에서는 우선 논문의 질적 수준이 잣대가 되었다. 물론 선정 대상이 된 논문들은 대부분 학술지 게재 과정에서 이미 검증을 거쳤지만 편집진 나름대로 논문의 학술적 가치와 질을 따지지 않을 수 없었다. 즉 각 논문이 주제, 구성, 논지 전개 등에서 얼마나 창의적이고 체계적이며 논리적인가 하는 점에 평가의 초점을 두었던 것이다.

논문의 선정 과정에서 또 하나 고려한 것은 국내 서양사 연구자들의 전공 분야였다. 우리나라 서양사 학자들이 연구하는 분야가 시대별, 지역별로 매우 다양하다는 점에서 가급적 전공의 다양성을 논문 선정에 반영하고자 했다. 아울러 논집의 독자들도 염두에 두었다. 대학생 수준의 일반 독자들의 흥미와 관심을 고려하여 논문의 주제와 내용이 지나치게 세부적이고 전문적인 것은 바람직하지 않다고 생각했다.

두 번째 단계에서는 1차로 선정된 논문을 대상으로 수록 논문을 최종적으로 결정했다. 이 작업은 1차 작업보다 더 힘들었다. 이미 한 차례 선별 과정을 거친 논문들을 재차 평가하여 우열을 가리기란 어려웠고, 또 별로 의미가 없다고 판단했다. 그리하여 이 단계에서 편집진은 논집의 구성에 유의했다. 하나의 단행본으로서 논집이 체계성을 갖추기 위해서는 수록 논문들 사이에 일정한 연관성이 확보되어야 한다고 생각한 것이다. 그러나 구성에 관한 한 사전 기획이 없었고, 선정 대상 논문이 다루는 주제들이 매우 다양한 탓에 짜임새 있는 구성이 쉽지 않았다. 논문들의 주제와 내용을 다시 한번 검토하고 집중적인 논의를 거친 뒤에 결국 논집을 4부로 나누고 각 부별로 4~5편의 논문을 수록하는 것으로 가닥을 잡았다. 구체적으로 논집의 제1부는 국가를 주제로 삼아 국가의 본질이나 성격, 국가적 상징 및 정체성 문제를 다루는 5편의 논문을 선정했다. '사회와 시민—차별, 갈등, 저항'을 소제목으로 내건 제2부에는 국가와 구분되는 사회의 영역, 특히 시민 사회 내부의 불평등과 갈등의 문제를 다루고 있는 5편의 논문을 배치했다. 제3부는 해당 주제가 역사적 현실의 문화적 측면에 속한다고 할 수 있는 담론과 이미지의 문제와 결부되는 4편의 논문을 수록했다. 마지막으로 '한국사와 서양사의 만남'이라는 표제가 붙은 제4부에는 구체적인 주제나 전반적인 문제의식이 한국사와 관련된 4편의 논문을 선별했다.

　이처럼 편집진은 논집을 4부로 나누고 18편의 논문을 최종 선정했지만, 이러한 구성 방식에 만족하는 것은 결코 아니다. 사실 표제는 매우 포괄적인 의미를 지니고 있으며, 이에 따라 개별 논문의 주제와 내용을 정확하게 반영하는 것은 아니다. 그뿐 아니라 무엇보다도 안타까운 것은 이러한 구성 방식 때문에 다수의 논문이 최종 선정 과정에서 탈락한 점이다. 개별 논문의 주제가 세부 편성에 어울리지 않아 마땅히 분류하기가 어려운 경우, 우수한 논문임에도 수록을 포기할 수밖에 없었던 것이다. 그 점에서 이 논집에 수록된 논문들과 그렇지 못한 논문들 사이에 질적 수준에 차이가 있다고 생각해서는 안 될 것이다.

　여하튼 논집 구성 작업이 사전 기획에 따라 진행되지 못하고 논문의 최종 선정 과정과 병행해 이뤄졌다는 점에서 다소 문제가 있을 것이다. 그럼에도 논집의 구성이 임기응변에 따른, 임의적인 것이라고 할 수만은 없다. 서양사에 대한 연구 동향, 특히 국제 학계를 주도하는 구미 역사학계의 연구 동향과 성과를 고려하면 그것은 나름대로 체계성과 의미를 가진다. 그 점에서 구미 역사학의 흐름을 살피는 것은 이 논집에 나타난 국내 서양사학의 지형도를 이해하는 데 도움이 될 것이다.

2. 구미 학계의 서양사 연구—경향과 변화

　체계적인 학문으로서 근대 역사학이 성립한 이래 지금까지 구미 역사학의 발전은 크게 세 시기로 구분할 수 있다. 대략 19세기 후반부터 20세기 전반까지가 그 첫 번째 시기에 해당한다. 우선 이 시기 동안에 역사 연구는 독일을 필두로 프랑스, 영국, 미국 등 구미 각국에서 주로 대학을 중심으로 전문적인 학문의 영역으로 정착했다. 역사가 대학에서 연구와 교육의 분과로 전문화되고 직업화되는 과정은 근대 국민 국가nation-state의 성립 및 발전 과정과 궤를 같이한 것이다.

　국민 국가의 형성과 역사학의 발전 사이의 밀접한 관련성은 역사 연구의 방식과 내용에 결정적인 영향을 미쳤다. 무엇보다도 역사학은 새로이 등장한 국민 국가를 역사적으로 정당화하는 역할을 맡게 되었고, 이에 따라 국가와 민족nation의 존재가 역사 서술의 중심을 차지하게 되었기 때문이다. 이제 역사는 곧바로 민족사national history를 의미하게 되었고 국민 국가의 출현은 민족사의 정점으로 인식되었다. 종종 마치 하나의 유기체인 양 인식되기도 한 국가와 민족은 역사 발전의 주체였고, 역사란 국가 혹은 민족의 성장과 발전 과정이었던 것이다. 국민 국가의 발전에 역사의 목적론적 의미를 부여하는 역사 인식은 구체적인 역사 연구에서는 정치사와 제도사 중심의 역사 서술로 나타났다. 역사가들은 역사적 개체로서 국가의 존재 양상과 활동에 주목했으며, 이에 따라 대외 팽창과 전쟁, 국제 관계 등 대외 정치와 국가 기구, 제도, 법률 등 대내 통치의 양상이 역사 서술의 주요 대상이 된 것이다.

19세기에 역사가 전문화, 직업화되면서 나타난 역사의 자기 인식은 역사란 체계적이고 과학적인 지식을 추구하며, 이에 따라 전문적인 훈련과 규율이 요구되는 영역이라는 것이다. 이처럼 역사가 학문 분과의 하나로 발전하면서 나타난 자기 인식은 역사의 과학적 성격을 강조하는 것이었지만 이러한 인식이 학문 연구의 방법론에서까지 철저하게 확립된 것은 아니다. 물론 역사학은 아마추어를 배제하는 전문가의 영역으로서 분과 학문을 지배하는 규칙을 세우고 엄격히 적용하고자 했다. 그러나 그것은 실증, 즉 주로 문헌 사료에 대한 정확하고 객관적인 고증을 강조하는 데 그쳤을 뿐 체계적인 방법론을 수립하는 데까지 이르지는 못했다. 역사란 역사가의 직관과 통찰력에 의한 이해의 대상이지 개념적 사유와 논리적 추론의 대상이 아니었던 것이다.

구미 역사학의 흐름에서 두 번째 시기는 '사회사social history'가 역사학의 새로운 경향으로 부상하여 정착하던 시기이다. 전반적으로 사회사의 경향이 역사학의 전면에 부상하는 것은 2차 대전 이후 1970년대까지 약 20~30년 동안이었다. 그러나 사회사가 출현하고 그것이 전개된 양상은 구미 학계 내에서도 나라마다 조금씩 달랐다. 사회사의 발전에서는 프랑스가 선두에 나섰다. 훗날 아날 학파의 창건자가 되는 일단의 역사가들이 이미 양차 대전 사이의 전간기에 사회사를 주창하고 나섰다. 프랑스에 비해 독일은 사회사의 출현이 늦었다. 독일에도 2차 대전 이전에 전통 역사학과 다른 새로운 연구 경향이 없었던 것은 아니나 사회사 연구가 본격화된 것은 1960년대에 이르러서였다. 사회사라는 새로운 경향은 출현 시기뿐 아니라 내용에도 나라마다 차이가 있다. 예를 들면 영국에서는 독일이나 프랑스와는 달리 마르크시즘이 사회사의 발전에 큰 영향을 미쳤다.

이처럼 사회사에는 나라마다 특징적 경향이 있기는 하지만 그것들을 사회사로 총칭하는 것은 충분히 가능하다. 사회사는 스스로를 '새로운 역사'로서 규정하듯이 역사 과정에 대한 인식에서 역사 연구의 대상, 주제, 방법론에 이르기까지 19세기 이래 역사학의 전통을 혁신하고자 한다. 사회사에서는 관념론적 역사 인식은 사라진다. 역사를 움직이는 것은 더 이상 역사적 개체로서 국가나 민족의 의지나 정신이 아니다. 사회사에서 역사의 흐름은 물질적인 거대 구조와 과정으로 이뤄진다. 이에 따라 개별 인물, 사건, 제도 등은 더 이상 사회사의 관심거리가 아니다. 사회사의 주제는 자본주의, 근대화, 산업화, 도시화 등 구조적 변화 과정이다. 사건사 중심의 전통 역사학에 비해 사회사의 가장 큰 특징은 바로 구조사인 것이다.

전통 역사학과 대비되는 사회사의 또 다른 특징은 정치적 현상보다는 사회적 현실에 관심을 갖는다는 것이다. 예컨대 계급과 같은 사회 집단, 노동 운동과 같은 사회 운동, 기업과 같은 사회단체, 가족과 같은 사회 조직 등이 사회사 연구의 주요 대상으로 부각된다. 그러나 사회사는 결코 좁은 의미의 '사회', 즉 정치나 경제, 문화 등과 구분되는 영역으로서의 사회적 영역에 관련된 현상만을 대상으로 하는 것은 결코 아니다. 사회사는 이른바 '사회의 역사 history of society'라고 일컫는 전체사 또는 종합사를 지향한다. 다시 말해 사회사는 부분 영역으로서의 사회뿐 아니라 정치, 경제, 사회를 아울러 포괄하는, 넓은 의미의 '사회' 전체의 역사를 서술하고자 하는 것이다.

사회사는 역사 연구의 대상이나 주제뿐 아니라 방법론도 혁신하고자 한다. 사회사가들은 사회 경제적 구조와 구조적 변화 과정은 객관적으로 관찰하고 검증

가능한 것으로 여기며, 이에 따라 역사적 현상에 대한 설명은 감정 이입과 이해가 아니라 분석과 논증에 토대를 두어야 한다고 생각한다. 구체적으로 사회사는 구조적 분석을 위해 사회학, 경제학, 정치학 등 사회 과학의 개념과 이론, 모델을 적극 수용하고 이를 역사 연구에 활용하고자 한다. 아울러 사회사는 계량화야말로 역사학의 과학성을 제고하는 방법이라 믿는다. 인구, 가격, 임금 등의 변화 양상을 보여주는 집단 자료, 특히 시간적으로 연속되는 일련의 통계 자료를 분석하는 계량사가 사회사의 특징적 경향으로 등장한 것이다. 역사가 검증 가능한 객관적인 지식을 창출한다는 믿음은 사회사의 출현과 더불어 한층 더 강화되었다고 할 수 있다.

그러나 사회사가 '새로운 역사'로서 구미 역사학의 흐름을 주도하던 시기는 그리 오래 지속되지 않았다. 대략 1970년대 중엽 이래 구미 역사학은 사회사 이후 다시금 큰 변화를 경험하고 있다. 이러한 변화에는 여러 가지 요인이 있겠지만 전반적인 지적 배경으로서는 포스트모더니즘을 언급하지 않을 수 없을 것이다. 물론 철학이나 문학에 비해 역사학의 경우 포스트모더니즘의 영향은 상대적으로 매우 제한된 것이다. 대다수 역사가들은 포스트모더니즘의 극단적 상대주의의 입장이 역사학의 존립 기반을 위협한다고 생각하고, 이 새로운 사조에 부정적으로 반응하거나 아예 무관심하다. 그럼에도 포스트모더니즘의 영향을 배제하고서 사회사 이후 구미 역사학에 나타난 새로운 변화들을 이해하기란 어렵다. 비록 많은 역사가들이 반(反)전통, 반(反)기성의 이 새로운 사조를 비판하고 거부하지만, 그런 경우에도 그것은 역사가들에게 적어도 기존의 역사 연구 모델을 재검토하고 새로운 관점과 접근 방식을 시도하는 지적 자극을 제공한다고 할 수 있다.

포스트모더니즘의 직접적 혹은 간접적 영향을 배경으로 구미 역사학계에 등장한 새로운 변화들을 총괄하여 하나의 흐름으로 정리하기는 쉽지 않다. 1970년대 이후 구미 역사학의 전면에 등장한 새로운 용어들, 예컨대 '심성사', '문화사', '일상사', '미시 역사' 등은 지난 20세기의 마지막 20~30년 동안 구미 역사학의 흐름이 얼마나 다양해졌는지 보여준다. 그럼에도 이 다양한 경향들 사이에 최소한 하나의 공통점은 찾을 수 있다. 그것은 이 새로운 경향들이 모두 그동안 구미 역사학의 흐름을 주도한 사회사에 대한 비판과 도전을 의미한다는 점이다. 비판의 초점은 바로 사회사의 특징이라 할 수 있는 구조사와 전체사를 지향하는 경향에 놓여 있다. 즉 사회사는 거대 구조와 과정의 분석에 치중하여 역사 인식에서 인간의 존재와 역할을 소홀히 하며, 아울러 역사를 통일되고 일관된 발전 과정으로 파악하고, 특히 사회 경제적 결정론의 관점에 치중함으로써 역사적 실재의 복합성을 간과한다는 것이다.

사회사를 비판하는 역사가들에 따르면 구조란 인간과 분리된, 인간의 외부에 존재하는 객관적인 실체가 아니다. 오히려 그것은 인간과 통합된, 인간에 의해서 실체화되는 것이다. 즉 구조란 사회적 현실을 인지하고 경험하는 인간이 그 현실에 의미와 질서를 부여할 때 비로소 하나의 실체로서 구체화된다는 것이다.

이처럼 구조를 인간의 현실 인식의 산물로서 여기는 경우 이제 역사가에게 중요한 문제는 인간이 어떤 방식으로 사회적 현실을 인식하고 구조화하는가 하는 점이다. 그 점에서 심성사, 문화사, '언어로의 전환inguistic turn' 등 사회사 이후 구미 역사학의 다양한 경향은 동일한 문제의식을 공유하면서도 그에 대한 답변은 조금씩 달리하는 경우라고 할 수 있다. 심성사나 문화사는 현실에 대한 인식과 해석의 준거로서 사람들이 집단적으로 공유하거나 혹은 개별적인 수용 과정에서 다소 변용하는 우주관 및 세계관, 규범 체계나 가치관 등을 주목한다. 그리고 '언어로의 전환'은 현실이란 본질적으로 언어에 의해 규정되고 존재한다는 점에서 언어의 역할을 강조한다.

역사에서 구조가 아니라 인간을 인식하고자 함에 따라 역사 서술의 주제와 대상도 사회사와는 뚜렷이 달라진다. 국민 국가, 시민 사회, 자본주의 세계 체제 등 거시적 차원의 분석 대상 대신 미시적 관점에서 시공간적으로 매우 제한된 일상의 세계가 역사 서술의 주요 대상으로 등장한다. 일상에 대한 관심은 현실 인식 및 해석의 준거가 되는 문화나 심성이 바로 일상의 세계에서 형성되고 변용된다는 인식에서 비롯된 것이다. 그리고 미시적 접근은 현실에 대한 인간의 인식과 표상이라는, 객관성과 구체성이 결여된 역사적 실재의 측면을 정확하게 포착하기 위한 시도라고 할 것이다.

인접 학문과의 관계에서도 구미 역사학에는 사회사 이후 변화가 뚜렷하다. 포스트모더니즘의 영향 아래 이제 역사가들은 철학, 문학, 언어학의 이론에 관심을 가지게 되었으며, 연구 방법론과 관련해서는 특히 인류학, 민속학, 심리학의 연구 경향에 주목하게 되었다. 사회사에 비해 역사가들이 관심을 표명하는 학문 분야는 달라졌지만, 인접 학문에 대한 관심과 이해가 역사 연구에 필수적이라는 인식에는 변함이 없다고 할 것이다.

3. 국내 서양사 연구—한계와 의미

지금까지 19세기 이래 구미 역사학의 흐름을 개관했다. 이제 제기되는 문제는 그러한 흐름이 국내 서양사 연구와는 어떤 관계에 있는가 하는 점일 것이다. 이 논집을 논의의 대상으로 삼으면 그에 대한 답은 분명해진다. 이 논집에 수록된 논문들은 연구의 문제의식, 주제, 대상, 방법론 등에서 구미 학계의 영향을 많이 받고 있음을 보여준다. 특히 사회사 그리고 사회사 이후 새로운 연구 경향의 영향이 두드러진다. 이 논집의 제2부와 제3부는 물론이거니와 제1부에 수록된 논문들까지 포함하여 대다수 논문들이 그런 범주에 속한다고 할 것이다.

구미 역사학의 영향과 관련하여 이 논집의 구성에서 한 가지 유의할 점이 있다. 이미 언급한 바와 같이 이 논집은 각각 국가, 사회, 문화를 주제로 하여 제1부에서 제3부까지를 편성하고 있다. 혹 이러한 편성이 19세기 이래 구미 역사학의 흐름을 염두에 둔 것이라는 인상을 줄지 모르겠다. 그러나 그것은 섣부른 판단이다. 물론 논집의 구성 방식이 구미 학계의 연구 경향과 전적으로 무관하다고 할 수는 없다. 하지만 논문의 분류와 편성에서 정치사나 사회사 혹은 문화사라는 범주를 고려한 것은 아니다.

예컨대 제1부에 수록된 논문들은 결코 전통적인 의미의 정치사의 범주로 분류할 수 없는 것들이다. 근대 국민 국가의 발전과 관련하여 지도 제작이 국민적 정체성에 미친 영향이나 동물의 이미지로 나타나는 국가적 상징의 문제를 다루는 논문들은 굳이 분류하자면 정치사보다는 오히려 문화사의 범주에 속한다고 할 수 있다. 아울러 파시즘 국가와 대기업, 현실 사회주의 국가의 몰락을 주제로 한 논문들도 정치사가 아니라 사회사적 시각을 담고 있다. 결국 국가, 사회, 문화라는 구성은 논문의 분석 시각이나 방법론보다는 주로 주제의 범주를 고려한 것이다. 따라서 이 논집의 각 논문들이 구미 역사학의 어떤 흐름을 반영하고 있는지는 주제뿐 아니라 분석 대상, 시각, 접근 방식을 포함한 전체적인 내용으로 판단해야 할 것이다.

여하튼 구미 역사학의 흐름을 염두에 둘 때 이 논집은 그동안 국내 서양사 학자들이 성취한 연구 수준을 일정하게 대변한다고 할 수 있다. 논집에 수록된 논문들의 문제의식과 주제, 시각의 다양성은 수적으로 극히 제한된 국내 연구자들이 언어 장벽과 이질적 문화, 그리고 열악한 연구 환경이라는 어려움에도 서양의 역사를 학문적으로 연구하는 데 얼마나 많은 노력을 기울이고 있는지를 잘 보여준다. 오늘날 세계화의 조류를 절감하면서도 서양의 문화와 역사에 대한 관심이나 연구에 대한 지원은 오히려 쇠퇴하는 우리 사회의 안타까운 추세를 생각할 때 이 논집은 분명 한국 서양사 학계의 역량을 보여주는 성과물이라고 할 만하다.

물론 우리 학계의 연구 수준이 만족할 만한 것이라는 의미는 결코 아니다. 구미 학계를 비교의 대상으로 삼으면 그것과 크나큰 격차가 있음을 인정하지 않을 수 없다. 그리고 굳이 바깥에서 그 잣대를 찾지 않고 내부의 눈으로 보더라도 미흡한 점이 한두 가지가 아니다. 무엇보다도 해방 이후 반세기가 훨씬 넘는 세월이 흘렀지만 그동안 우리 학계가 축적한 서양사 연구의 전통이라고 내세울 만한 것을 찾기가 어렵다.

물론 그동안 국내 서양사 학자들이 서양사에서 시민 혁명, 복지 국가, 자유주의, 민족주의, 사회주의, 노동 운동 등 한국 사회의 현실에 비추어 시의성 있는 여러 가지 주제에 많은 관심을 가지고 연구에 매진해왔음은 분명하다. 그럼에도 국내 서양사 연구는 서양의 역사를 보는 시각이나 문제의식 등에서 독자성을 확보하지 못하고, 특히 자료 부족 등의 현실적 이유로 구미 학계의 연구 성과에 의존하는 수준에 그치고 말았다. 산업화와 민주화 등 그동안 한국 사회의 발전 과정에서 구미의 선진 사회가 하나의 발전 모델이었던 것처럼 구미의 학문도 우선 우리가 이해하고 배워야 할 선진 학문으로만 인식한 것이다. 그런 맥락에서 보면 우리 학계가 서양의 역사 연구 동향과 성과를 단순히 소개하는 수준을 넘어서야 하며, 서양의 역사를 보는 우리의 시각을 정립해야 한다는 목소리가 나오는 것은 당연하다고 할 만하다.

국내 서양사 학계가 서양의 연구 경향을 무비판적으로 수용하는 데 급급했다는 비판에는 한편으로는 이를 겸허히 받아들여 자성의 계기로 삼아야 할 측면이 있다. 그러나 다른 한편으로는 그러한 질책이 서양의 역사에 대한 편협한 인식을 조장하지 않도록 경계해야 할 부분도 있을 것이다. 학문이란 적어도 규범상으로는 보편성을 추구하는 것이고 특히 다른 나라 역사에 대한 연구에는 인간성의 보편적 요소에 대한 믿음과 열린 시각이 필요하다는 점을 유념해야 한다.

그뿐 아니라 아직도 우리는 구미 역사학계의 동향을 주목하고 그 성과를 배워야 할 필요가 있다. 비판적이면서도 유연한 사고, 다양한 관심과 창의성, 학문적 개방성과 교류 등에서 구미 역사학은 여전히 우리가 좇아가야 할 하나의 본보기라 할 만하다. 소위 '유럽중심주의'에 대한 비판이 구미 학계 외부보다는 내부에서 주로 제기된다는 사실은 구미 역사학에 대한 평가와 관련하여 많은 것을 시사한다. 한마디로 말해 우리 학문의 주체성과 정체성을 강조하는 목소리가 지나쳐 구미 학계의 지적 성취를 부인하거나 도외시하는 어리석음을 범해서는 안 될 것이다.

이 논집에 대한 평가에서도 그런 맥락이 고려되었으면 한다. 다시 말해 이 논집에 수록된 대다수 논문들은 학문적 수준이 앞선 구미 역사학의 성과를 수용하고 배우려는 노력을 담고 있다. 그런 만큼 비록 국내 서양사학의 한계와 문제점을 안고 있더라도 비판과 질책에 앞서 격려가 필요하다는 생각도 든다. 특히 국내 역사학계의 지적 풍토를 고려하면 더욱 그렇다. 우리나라 역사학자들 사이에는 역사 연구란 민족사의 테두리를 떠날 수 없으며, 역사 인식론이나 방법론에 관한 논의는 역사 연구와 별반 관련이 없고, 사실상 사료만으로도 역사 서술이 가능하다는 생각이 아직도 지배적이다. 그런 점을 고려하면 이 논집의 논문들은 충분히 주목할 만하다. 그것들은 역사가가 다룰 수 있는 주제가 얼마나 다양한지, 역사가의 문제의식과 관점에 따라 역사가 얼마나 새롭게 서술될 수 있는지 잘 보여준다.

그러나 이 책에서 주목할 것은 그뿐이 아니다. 이 논집은 서양사를 연구하면서도 나름대로 한국사에 대한 관심과 문제의식을 깔고 있는 논문들도 포함하고 있다. 한국전쟁이 영국 노동당 정부의 퇴진에 미친 영향을 분석하는 논문이나 한국전쟁을 중국과 소련의 동아시아 패권 경쟁의 시각에서 해석하는 논문은 세계사 속에서 한국사를 바라볼 필요성을 보여준다는 점에서 큰 의미를 지닌다. 아울러 문화사 혹은 사생활의 역사라는 구미 학계의 새로운 연구 경향을 한국사에 어떻게 적용할 수 있는지 모색하는 논문들 역시 한국사를 보는 시각이나 방법론의 차원에서 충분히 눈길을 끌 만하다. 이처럼 한국사를 세계사의 맥락에서 접근하거나 서양사의 시각과 방법론을 한국사 연구에 접목하려는 시도는 국내 역사학계에서 진지한 검토와 논의의 대상이 될 만하다고 생각한다.

국내 서양사 학자들 가운데는 서양사와 한국사, 서양사와 동양사 연구 사이의 교류와 협력의 중요성을 강조하는 이들이 적지 않다. 이 논집의 편집진 역시 이에 속하며 이 책을 펴내면서 또 한 번 그 필요성을 역설하고 싶다. 구미 학계의 역사 연구 성과를 이해하고 수용하는 것은 국내 한국사와 동양사 학자들에게는 연구의 폭을 넓히고 깊이를 더할 수 있는 길이다. 아울러 한국사와 동양사 학계의 연구 성과는 우리 서양사 학자들에게 서양의 역사에 대한 새로운 문제의식과 시각을 열어주는 계기를 제공할 것이다. 한국과 동양의 역사에 대한 이해가 한결 더 성숙해지고, 서양의 역사를 바라보는 우리의 시각이 다듬어지는 길은 국내 역사학자들이 전공의 장벽을 허물고 대화와 교류를 활성화하는 데에서 출발한다고 믿는다. 부디 이 논집이 국내 서양사학의 지형을 안내하는 역할을 넘어 한국 역사학 전체의 지형을 새로 만드는 데에도 작은 보탬이 되었으면 하는 마음이 간절하다.

2007년 5월
편집위원을 대표하여
안병직 씀

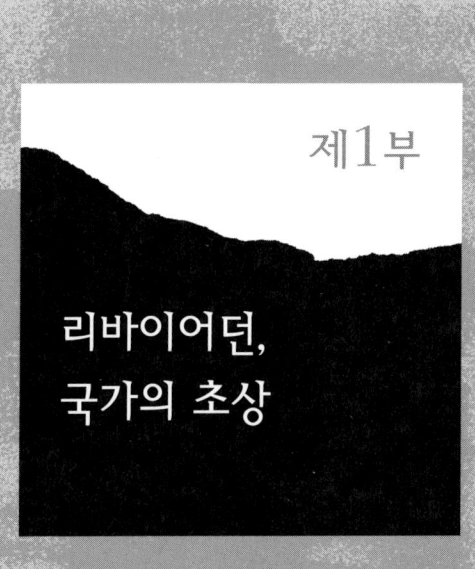

제1부

리바이어던, 국가의 초상

제1부 머리말

　서양사 연구자들이 오랫동안 관심을 기울여온 정치사의 주제는 근대 국민 국가의 형성이다. 16세기 이래 유럽의 팽창은 근본적으로 국민 국가들의 경쟁에 힘입은 것이었다. 그뿐만 아니라 유럽의 근대화 또한 이들 국가의 능동적 역할에 의해 이루어졌다. 유럽 근대사 자체가 국민 국가 형성이라는 씨줄과 자본주의 발전이라는 날줄이 서로 얽혀 진행된 과정이라고 할 수 있다.

　지금까지 국가 형성과 관련해 절대주의 체제, 시민 혁명, 복지 국가의 등장 등이 서양사 분야의 주된 관심사였다. 그러나 근래 근대 국가를 '상상의 공동체'로 이해하는 경향이 나타나면서, 국민 정체성의 형성을 통해 국가를 이해하려는 시도가 두드러지고 있다. 이러한 경향은 아마도 포스트모더니즘의 영향 아래 기속화한 것 같다.

　최갑수의 논문 〈'리바이어던'의 등장—절대주의 국가에서 국민 국가로의 이행〉은 절대주의 국가가 국민 국가로 이행하는 과정과 그 변화의 계기들을 주의 깊게 검토하면서, 이 주제에 관한 담론의 계보학을 정리한다. 잘 알려져 있듯이, 리바이어던leviathan은 구약에 나오는 영생의 동물이다. 홉스Thomas Hobbes가 이 상상의 동물 이름을 차용해 근대 국가의 형성을 다룬 것은 앞으로 인류 사회가 이 거대한 조직의 인도 아래 발전해나갈 것이라고 예견했기 때문이다. 이 글에서는 프랑스 절대주의 국가와 프랑스 혁명 이후 새롭게 변모한 국가를 주요 사례로 다룬다.

설혜심의 〈국가 정체성 만들기―튜더 영국의 지도〉는 튜더 시대 지도 제작과 지도에 대한 사람들의 관심을 세밀하게 추적해 국가 형성의 내밀한 측면을 탐사한다. 사실 국가는 국민과 영토와 국민 정체성의 결합체로 인식된다. 여기에서 정체성이란 사람들이 자신을 특정한 국민으로 인식하는 일종의 귀속 의식이라고 할 수 있다. 어떤 지리적 공간을 자신이 속한 나라로 생각하는 인식 또한 정체성의 일부를 구성할 것이다. 이 글은 바로 영국인들의 지도 만들기 과정을 통해 나라에 대한 인식이 어떻게 변해왔는가를 추적한다. 지도 만들기 과정에서 필자가 가장 주목하는 것은 크리스토퍼 색스턴Christopher Saxton의 지도이다. 결국 이와 같은 도면화 과정은 국가 정체성 형성의 일환이라고 할 수 있다.

한편, 이 글은 영국적 특징을 보여주는 사례의 하나인 사유지 지도 열풍을 들고 있다. 17세기 이후 왕실과 국가의 지도 만들기와 달리 개인 또한 자신의 영지를 지도로 형상화하는 일에 몰두했다. 지체 높은 지주와 귀족이라면 영지도(領地圖)estate-map를 만들어 외부에 돌리는 것을 당연하게 여겼으며, 그들은 경쟁적으로 이 작업에 뛰어들었다. 이는 소유적 개인주의의 발전을 보여준다. 초기 지도 제작의 주체가 국왕 또는 왕실이었음에 비해, 17세기 이후에는 사정이 변한다. 이 시대에 제작된 지도들의 경우 왕실을 상징하는 화려한 문장이 급속하게 사라졌기 때문이다. 이제 지도는 영국이라는 하나의 나라를 지리적으로 형상화한다. 이는 영국 숭배가 국왕 숭배를 대체하기 시작했음을 알려준다.

전수연의 〈프랑스 수탉의 파란만장한 여정―갈루스 갈루스에서 푸틱스까지〉는 왜 수탉이 프랑스를 상징하는 동물인가라는 질문부터 던진다. 일반적으로 나라의 상징물로는 사자나 독수리 같은 용맹스럽고 독립심 강한 동물이 주로 쓰였다. 이와 달리 프랑스의 상징은 수탉이다. 예를 들어 얼마 전까지만 해도 프랑스 축구 국가 대표 팀을 상징하는 문양은 수탉이었다. 속설에 따르면 수탉이 프랑스의 상징이 된 것은 우연의 산물이다. 즉 라틴어 갈루스gallus가 갈리아 사람이라는 뜻외에도 수탉이라는 이중의 의미를 가졌던 데서 비롯한다. 그렇더라도 수탉이 프랑스의 상징이 되기까지는 역사적으로 여러 계기를 거쳐 이루어졌다. 이 글은 이 과정을 세밀하게 밝히고 있다.

13세기까지 프랑스 왕실의 상징은 오히려 백합이었다. 통일 국가로 발돋움한 부르봉 왕조에 이르러 백합과 함께 수탉 또한 왕실의 상징물로 떠올랐다. 이 글에 따르면, 프랑스 혁명 이후 상황은 더 복잡하게 전개된다. 나폴레옹이 국가의 권위에 걸맞은 새로운 상징물로 독수리를 선호했던 반면, 루이 필리프Louis Philippe는 시민왕을 자처하면서 오히려 수탉의 이미지를 이용했다. 수탉이 명실상부하게 프랑스인들의 상징으로 자리 잡은 것은 제3공화국 시대였다. 그렇다고 하더라도 이 이미지를 전 세계 사람들에게 각인시킨 계기는 프랑스 축구였다는 것이 이 글의 결론이다.

장문석의 〈이탈리아 파시즘 시대의 대기업과 국가〉는 피아트라는 한 기업의 역사를 통해 정치와 경제의 상호 관계를 파악하려는 시도가 돋보이는 글이다. 특히 국가 권력이 일상생활까지 침투해 들어갔던 파시즘 시기에 기업과 국가 간의 갈등 및 협력 관계를 조명해 이탈리아 사회의 기본 성격을 도출하려는 노력이 뛰어나다. 또한 경제적 필요에 따라 기업에 때로는 협조하고 때로는 양보하는 정부의 태도를 보여줌으로써 파시즘에 대한 일방적인 시각을 재조정하는 데 기여한다.

최승완의 〈동독 사회주의 체제에 대한 거부─분단 시기 동독인의 탈동독 행렬〉은 사회주의 국가였던 동독을 체제 거부자를 통해 이해하려는 시도다. '발로 행한 국가 거부'라는 독특한 관점에서 탈동독의 시기별 추이를 추적한다. 탈동독의 양상이 1950년대 초의 대규모 탈출과 베를린 장벽 구축 이후의 불법 탈출에서 점차 합법적 이주 형태로 변모하면서 탈동독자 수가 급증하지는 않았다. 그러나 탈동독 행렬은 1989년 다시 폭발적으로 급증했으며 급기야 체제 붕괴로 이어졌다.

이 글은 탈독동자의 사회적 프로필을 살펴보면서 그들 대부분이 자유로운 삶을 제한하는 동독의 정치 체제와 취약한 경제 상황에서 겪은 부정적 경험 때문에 탈동독을 선택했다는 결론에 이른다. 결국 탈동독자들은 경제적으로 부강한 서독을 비교 대상으로 설정함으로써 동독에 대한 근본적인 회의감을 가지게 되었고, 서독을 더 나은 삶의 대안으로 선택한 것이다.

    근대 역사학이 국민 국가의 발전이라는 토양 위에서 자라났다는 것은 널리 알려진 사실이다. 오랫동안 국가는 역사학 성립의 토대였다. 국가와 국민은 역사 연구의 기본적인 분석 단위이자 연구 대상으로 자리 잡았다. 그러나 이 시대의 화두는 해체다. 모든 견고한 것은 흩어진다. 국가는 완성된 실체가 아니라 스스로 만들어나가고 형성하는 '과정'에 지나지 않는다. 국가의 전통적 개념이 해체되는 순간 이를 둘러싼 신성성이 사라지고 자국사 위주의 역사 인식 또한 종국을 맞는다. 여기에 실린 글들은 국가에 대한 역사가들의 인식 변화를 여실히 보여주고 또 반영한다. 그렇다면 견고한 실체로서 국가가 사라지고 난 후에 남는 것은 무엇인가. 그 여백을 채우는 일 또한 정치사의 새로운 과제일 것이다.

'리바이어던'의 등장—
절대주의 국가에서 국민 국가로의 이행*

최 갑 수**

1. 문제 제기— 특정의 역사적 형성물로서의 근대 국가

　19세기 전반기에 프랑스 혁명의 충격으로 유럽에서 근대 역사학이나 사회 과학이 등장할 즈음만 해도 새로운 분과 학문 체계는 국가의 존재를 주어진 것으로서 당연시했다. 이는 당시에 국민 국가가 있어본 적이 없는 매우 새로운 것임에도 유럽에 이미 근대 국가가 오랫동안 있어왔던 결과였다. 국민적 정체성의 확립이 존재 이유 중의 하나였던 근대 역사학은 그렇다고 하더라도, 사회 현상에 대한 객관적 법칙을 추구한다는 사회 과학 역시 이렇다 할 저항감 없이 '국가 사회'를 분석의 기본 단위로 받아들였다. 국가란 물질적 생산력이 일정한 수준 이상에 도달하여 구성원 간의 '적대적인 계급 관계'가 발생하는 곳이면 어디서나 출현하게 마련인 거의 보편적인 정치적 실체였다. 비록 '근대 국가'의 특질을 비교사적으로 넓

---

* 이 글은 2004년 9월에 《서양사론》 제82호에 실린 같은 제목의 논문을 수정·보완한 것이다.
** 서울대 서양사학과와 같은 학교 대학원에서 석사 학위와 박사 학위를 받았다. 현재 서울대 서양사학과 교수로 있다. 저서로는 《유라시아 천년을 가다》(공저), 《서양사강의》(공저), 《굿모닝 밀레니엄》(공편저), 옮긴 책으로는 《프랑스대혁명사》, 《프랑스사》, 《1789년의 대공포》 등이 있고, 논문으로는 〈1789년의 '인권선언'과 혁명기의 담론〉, 〈유럽에서 중앙과 지방〉, 〈'공산당선언'의 현재적 의미〉 등 다수가 있다.

게 조망한 연구가 없지는 않았지만,[1] 서구의 근대 국가가 유럽을 넘어 전 세계로 확산됨에 따라 그것이 갖는 특정성은 유럽의 국가 형성 과정을 보편적인 정치 발전 과정으로 보는 유럽중심주의에 가려 주목을 받지 못했다.

2차 대전 이후, 특히 1960년대 이후 인식의 변화가 나타났다. 이 시기에 이르러 아시아와 아프리카의 많은 신생국들이 건국과 함께 겪게 되는 좌절은 유럽의 '수출품'이 그 나름의 오랜 진화 과정의 산물이라는 깨달음을 일깨웠고, 유럽이 이전에 누렸던 패권이 종식되고 그 영향력이 상대적으로 축소된 것은 보편주의의 토대를 약화시켜 보편적인 것으로 여겨지던 유럽적 현상을 특수한 것으로 다시 가늠해 볼 수 있는 길을 열었다. 이제 '국가'는 정치 발전의 불가피한 산물이 아니라 특정 지역(서구)에서 특정 시기(16세기)에 생겨난 특정의 형성물로 간주되었다. "국가는 노동 분화가 심화되면서 그 사회적 변화에 봉건 사회의 일정한 요소가 강하게 저항한 데 대해 일부 유럽 사회가 보일 수밖에 없었던 정치적 반응이었다. 그것은 대영주들의 커지는 정치적 무능력을 그들이 여전히 사회 경제적 삶에 대해 실질적인 통제력을 유지하고 있다는 사실과 화해시키기 위한 하나의 방식이었다."[2] 이렇게 정치적 구조화가 국가라는 형태로 이루어짐으로써 이른바 '제국적 기획'이 종언을 고했으며, 일련의 도시 복합체는 자율성을 상실하게 되었다.[3] 이 경우 국가는 '정치체'라는 더 상위의 개념에 포괄되는 하위 개념의 하나로서 '근대성'의 핵심적인 요소의 하나가 되었다. 국가의 이러한 독특한 면모는 너무도 생경해서 정치적 축적이라는 면에서 유럽에 뒤질 것이 없었던 동아시아의 3국조차 그

---

1) 예컨대 힌체Otto Hintze(1861~1940)가 대표적인 예다. 그는 베버Max Weber(1864~1920)나 좀바르트 Werner Sombart(1863~1941)와 같은 세대에 속한다. Otto Hintze, *The Historical Essays of Otto Hintze*, Felix Gilbert (ed.)(New York : Oxford Univ. Press, 1975) ; Otto Hintze, *Féodalité, capitalisme et état moderne*, Hinnerk Bruhns (éd.)(Paris : Editions de la Maison des sciences de l'homme, 1991) 참조.
2) Bertrand Badie · Pierre Birnbaum, *The Sociology of the State*, Arthur Goldhammer (trans.)(Chicago : The Univ. of Chicago Press, 1983), 135쪽.
3) 이에 대해서는 최갑수, 〈제국에서 근대국가로 : 유럽사에 대한 하나의 조망〉,《세계정치》제26집 1호(2005년 봄·여름), 121~148쪽 ; Hendrik Spruyt, *The Sovereign State and Its Competitors*(Princeton, N. J. : Princeton Univ. Press, 1994) 참조.

것에 맞대응할 만한 용어를 갖지 못했고, 결국 '성곽 도시'──이 자체가 특정 수준의 국가를 가리키는 말이기도 한데──를 뜻하는 '국(國)'과 집을 뜻하는 '가(家)'를 합성할 수밖에 없었던 것이다. 이 글에서 필자는 국가의 이 두 용례에 날카롭게 주목하면서도 두 번째 의미의 국가에 대해서는 '근대 국가'──엄격한 의미에서 동어 반복이지만──라는 특정한 표현을 사용하고자 한다.

이 글은 제목 그대로 절대주의 국가에서 국민 국가로의 이행의 계기를 확인하고 그것이 갖는 역사적 의미를 성찰하기 위한 것이다. 이를 위해 몇 가지 전제 조건을 밝히고자 한다. 첫째, 이 글의 목적은 '국가 형성'과 '국민 형성'이라는, 상호 연관되어 있기는 하지만 사실상 별개인 두 과정의 포개놓기를 요구하는데, 여기서는 주로 전자의 측면에 주목하고자 한다. 이럴 경우 비록 서구에서 전자가 후자에 선행해서 일어나기는 했지만 마치 국민이 국가의 피조물인 양 수동적인 존재로 그려질 위험이 다분히 있음을 의식해야 할 것이다. 둘째, 절대주의 국가에서 국민 국가로의 전환을 추적한다는 것은 이미 근대 국가가 형성되어 일정한 수준에 이르렀음을 전제한다. 바꿔 말해 유형론적으로 보면 위의 두 국가 형태는 각기 근대 국가의 하위 범주라고 할 수 있다. 그러므로 이 전환의 성격을 제대로 이해하기 위해 근대 국가의 기원과 형성 과정을 간단하게나마 살펴보지 않을 수 없다. 셋째, 필자의 제한된 능력으로 말미암아 주로 프랑스의 예──물론 많은 논자들이 국가 및 국민 형성의 고전적인 예로 간주하고 있기는 하지만──를 중심으로 논의를 전개하고자 한다. 그리고 이는 근대 국가를 향한 절대주의의 경로를 강조하는 제목에서 이미 드러난 셈이다. 하지만 국민 국가에 이르는 도정은 서구에서조차 단일하지 않았으며, 그것이 꼭 혁명을 통할 까닭도 없었다. 그렇다면 의당 던져야 할 물음은 왜 하필 프랑스에서 그것이 혁명이라는 폭발적 과정을 거쳐야 했느냐 하는 것이다. 이 글에서는 이른바 혁명의 원인을 분석하는 유서 깊은 설명 방식과는 다른 차원에서 이에 접근하고자 한다.

2. 근대 국가의 기원

역사가들의 연구 성과에 기대어 사회 과학자들이 정식화한 근대 국가의 계보학에 따르면, 유럽에서 근대 국가가 최초로 출현한 것은 16세기 잉글랜드에서다. 이들이 제시한 대표적인 유형론의 계보는 각기 다음과 같다. ① 봉건적 지배 체제(9세기 중엽~13세기)→신분제 국가Ständestaat(14~16세기)→절대주의 지배 체제(17~18세기)→19세기 입헌국가. ② 제국→중세 유럽의 분열된 권위 체제(8~14세기)→신분 정치 제도→절대주의 국가(15~18세기)→근대 국가(국민 국가). ③ 전통적인 조공 수취 제국→봉건제(8~14세기)→신분제 정체(14~16세기)→절대주의(16~18세기)→근대 국가.[4] 이 계보들은 미묘한 차이를 보이지만, 다음과 같이 정리할 수 있다. 전통적인 조공 수취 제국→봉건제 국가(9세기 중엽~13세기)→신분제 국가(14~16세기)→절대주의 국가(17~18세기)→근대 국민 국가(19세기~현재). 이에 대해 우리는 다음의 세 가지 점을 지적할 수 있다. 첫째, 봉건제 국가 앞에 제국을 설정하는 것은 이러한 과정이 실제 연대기적으로 계기적이라기보다는 정치적 축적의 단계가 그렇다는 점을 보여주기 위한 것이지만, 이는 마치 고대 노예제로부터 중세 봉건제로의 발전 단계를 상정한 것과 마찬가지로 기본적으로 유럽 중심적이다. 왜냐하면 정치적 축적의 면에서 봉건제 국가는 가산제(家産制)적 국가관이라는 초보적인 단계를 완전히 탈피하고 있지 못했기 때문이다. 다만 이 시기에 봉건제는 실질적인 통치 단위를 잘게 세분화하여 후에 근대 국가가 농민층을 직접 파악할 수 있는 유기적인 통합의 토대를 마련해주었다. 둘째, 절대주의 국가의 다음 단계로서 입헌 국가를 설정하고 있는 경우가 있는데, 이는 근대 국가의 한 형태를 근대 국가 자체와 동일시하는 잘못을 범한 셈이다. 엄격한 의미의 근대 국가는 모두 국민 국가이며, 다만 하위 범주인 정치 체

---

4) 잔프랑코 풋지, 《근대 국가의 발전》, 박상섭 옮김(민음사, 1995) ; 데이비드 헬드, 〈현대국가의 발전〉, 스튜어트 홀 외, 《현대성과 현대 문화》, 전효관 외 옮김(현실문화연구, 1996), 110~186쪽 ; 크리스토퍼 피어슨, 《근대 국가의 이해》, 박형신·이택면 옮김(일신사, 1997).

제의 수준에서 그것은 입헌 국가, 자유주의 국가, 대의제 민주주의, 단일 정당제 등의 여러 형태를 가질 수 있다. 셋째, 절대주의 국가를 근대 국가로 볼 수 있느냐 하는 점이다. 이들은 베버Max Weber의 권위에 의탁하여 근대 국가의 특징적인 요소로서 ① 폭력 수단에 대한 독점적 통제 ② 영토권 ③ 주권 ④ 관료제 ⑤ 징세권 ⑥ 입헌성 ⑦ 비인격적 권력 ⑧ 권위/정당성 ⑨ 시민권 등을 들고 있는데, 그 가운데 '근대 국가의 가장 본질적인 특징들에 속하는' 앞의 다섯 가지 요소를 절대주의가 이미 충분히 발전시켰다고 본다. 그러니까 이들이 볼 때, 절대주의 국가는 '옛 모습'을 띠고 있기는 하지만 기본적으로 근대 국가인 것이다.[5] 위의 계보 가운데 독일 학계의 성과물인 '신분제 국가'의 단계를 별도로 설정할 수 있느냐 하는 점에 대해선 이견이 있을 수 있는데, 예컨대 프랑스 학계에서는 '신분제 국가' 대신에 '제한 군주제la monarchie tempérée'라는 용어를 사용하기도 하지만, 역사가들은 대체로 전자의 계보를 받아들이고 있는 듯하다.[6] 다만 신분제 국가를 별도의 단계로 설정한 결과 일반적인 역사 서술과는 달리 절대주의 국가의 등장 시점이 한 세기 정도 늦춰졌다.

하지만 지난 1990년대에 유럽학술재단The European Science Foundation의 지원 아래 7권의 책으로 성과를 거둔 '유럽에서 근대 국가의 기원, 13~18세기' 연구 계획에 참여했던 100명이 넘는 역사가들의 견해는 일견 큰 차이를 보여준다.[7] 전체 연구 계획의 책임자 가운데 한 사람인 주네Jean-Philippe Genet에 따

---

5) 본문의 인용은 크리스토퍼 피어슨, 《근대 국가의 이해》, 83쪽의 것임. 절대주의가 국가 형성에 기여한 바를 구체적으로 정리하면 다음과 같다. ① 영토적 경계와 단일한 지배 체계 사이의 점진적인 일치 ② 법 제정 및 집행의 새로운 메커니즘 창출 ③ 행정 권력의 중앙 집권화 ④ 재정 관리의 변화와 확대 ⑤ 외교 및 외교 기구의 발전을 통한 국가 간 관계의 공식화 ⑥ 상비군의 도입. 데이비드 헬드, 〈현대국가의 발전〉, 129쪽.
6) 대표적인 예로서 Robert Descimon · Alain Guéry, "Un Etat des temps modernes?", Jacques Le Goff (dir.), L'Etat et les pouvoirs(Paris : Editions du seuil, 1989), 183~356쪽을 들 수 있다.
7) Wim Blockmans · Jean-Philippe Genet (eds.), The Origins of the Modern State in Europe, 13th~18th Centuries, 7 vol.(Oxford : Clarendon Press, 1995~2000). 7권의 책은 다음과 같다. Richard Bonney (ed.), Economic Systems and State Finance(1995) ; Wolfgang Reinhard (ed.), Power Elites and State Building(1996) ; Janet Coleman (ed.), The Individual in Political Theory and Practice(1996) ; Peter Blickle (ed.), Resistance,

르면, "근대 국가, 그것은 그 물질적 기반이 (도시보다 더 우월한 영토적 차원에서) 정치 사회가 받아들인 공공의 과세에 입각해 있고, 또 모든 신민les sujets이 관련되어 있는 국가를 말한다".[8] 그는 이 정의가 뜻하는 바가 무엇인지 축자적으로 설명하고는 이런 의미의 근대 국가가 1250∼1350년에 잉글랜드, 스코틀랜드, 프랑스, 카스티야, 아라곤, 나바라, 포르투갈에서 탄생했고 독일, 이탈리아, 중부 유럽, 이어서 스칸디나비아 반도로 확산되었다고 지적하면서 그것을 봉건제의 발전, 그레고리우스 개혁에 따른 교회의 새 역할, 10∼14세기 유럽 경제의 힘찬 도약과 연관된 현상으로 파악한다.

　이러한 분석은 근대 국가의 기원을 한껏 끌어올리는 느낌이다. 사실 근대 국가의 등장이란 곧 이른바 '유럽의 대두'를 설명하는 한 방식이기도 한데, 이런 식의 소급 적용은 '서구의 대두'를 가능하게 했던 핵심적인 요인들을 유럽 중세 문명의 태내에서 찾으려는 근래의 연구 경향의 일단을 보여주는 듯하다.[9] 만약 그렇다면 '유럽의 승리'는 이미 중세부터 예정되어 있었던 셈이다. 물론 이런 시기를 정하는 문제는 그 정의를 어떻게 내리느냐에 달린 문제이다. 주네의 근대 국가 규정은 사회 과학자들의 그것에 비하면 핵심적인 구성 요소들이 쉽게 빠져나갈 만큼 그 물코가 훨씬 큰 것이어서, 근대 국가는 영토권, 종주권, 제한적인 징세권 정도만을 겨우 가질 수 있을 뿐이다. 사회 과학자들의 정의를 따른다면, 그는 근대 국가의 아버지쯤 되는 사람을 그 아들로 보고 있는 셈이다. '기원주의'라는 역사가의 본능적 속성이 발휘된 탓이 아닌지 모르겠다.

Representation, and Community(1997) ; Antonio Padoa-Schioppa (ed.), *Legislation and Justice*(1997) ; Allan Ellenius (ed.), *Iconography, Propaganda, and Legitimation*(1998) ; Philippe Contamine (ed.), *War and Competition between States*(2000).
8) Jean-Philippe Genet, "La genèse de l'état moderne : Les enjeux d'un programme de recherche", *Actes de la recherche en sciences sociales*, no. 118(1997. 6), 3∼18쪽. 인용은 3쪽의 것임.
9) 예컨대 John A. Hall, *Powers & Liberties : The causes and consequences of the rise of the West*(New York : Penguin Books, 1985) ; Jean Baechler, *Europe and the Rise of Capitalism*, John A. Hall · Michael Mann (eds.)(Oxford : Basil Blackwell, 1988)이 그 대표적인 예다.

사실 주네가 말하는 근대 국가의 탄생이란 다름 아니라 국가 형성의 기본 작업이 일단락되었음을 말해주는 정도가 아닐까 한다. 6~10세기에 유럽이 하나의 문명으로 탄생하기 시작했을 때, 여기저기에 '나라regnum'가 생겨났다. 이것은 일반적인 의미의 국가라고는 할 수 있으나 '공공선의 구현체res publica'로서의 성격을 아직 제대로 갖추었다고 보기 어려워 기껏해야 '가산제 국가'였다. 이것들은 대부분 단명했지만 일부는 살아남아 국가 형성의 도정을 밟기 시작했다. 이 단계를 우리는 '봉건제 국가'라고 부르는데 이 국가는 가산제적 성격을 여전히 갖고 있었지만 일정 시점에서 통치자(왕은 이 가운데 한 부류인데)는 로마법을 이용하여 봉건적 종주권을 넘어서서 주권자로 자처하기 시작했다. 나라에 따라 다르기는 하지만 서유럽에서 대내적 주권은 1300년경을 전후하여 관례로서 자리 잡았던 반면에 대외적 주권의 확립은 각국에서 종교 내전이 끝날 때(16세기에서 17세기 전반기 사이)까지 기다려야 했다. 이 과도기의 통치 형태를 '신분제 국가'라고 하며, 이때만 해도 유럽 국제 질서의 향방은 아직 명확하게 드러나지 않았다. 이렇게 본다면, 우리는 두 견해의 차이를 어느 정도 화해시킬 수 있다. 한쪽에서는 명실상부한 주권자의 성립을 근대 국가의 등장으로 본 것이고, 다른 한쪽은 통치자가 자신의 영역 내에서 보편적 권위를 확립한 것을 근대 국가의 '기원'으로 파악한 것이다. 중세부터 군주가 대지주층의 소유권에 침투할 수 없었음을 감안한다면, 근대 국가가 등장했다는 것은 군주가 평화 시에도 과세할 수 있는 권리를 얻어내는 참으로 어려운 과업을 마무리했음을 뜻한다고 하겠다. 근대 국가의 기원에서 등장까지 3세기가 걸렸음을 감안한다면, 우리는 근대 국가로의 도정이 결코 목적론적으로 재단할 수 없는 참으로 길고도 먼 길이었음을 가늠할 수 있을 것이다.[10]

---

10) 조지프 R. 스트레이어, 《근대 국가의 기원》, 박은구 옮김(탐구당, 1982) ; Joseph R. Strayer, "The Historical Experience of Nation-Building in Europe", Karl W. Deutsch · William J. Foltz (eds.), *Nation-Building* (Chicago : Atherton Press, 1963), 17~26쪽.

3. 절대주의와 근대 국가

그렇다면 예컨대 프랑스 국왕은 '정치 사회' 내에서 주권자로 인정받았음에도 과세권의 독점을 마무리 짓고 군사력을 배타적으로 장악하는 데 왜 3세기에 달하는 오랜 세월을 필요로 했을까? 바꿔 말하면 왜 정치적 축적이 일정 단계에서 정체하여 절대주의의 대두가 그렇게 늦어졌을까?

이에 대해서는 훌륭한 설명 방식이 있다. 그것에 의하면, 절대주의는 유럽의 봉건 지배층이 14~15세기의 이른바 '중세 말의 위기'를 극복하는 과정에서 출현했다. "절대주의 국가들이 서구에서 확립되었을 때 그 구조를 결정한 것은 근본적으로 농노제의 해체 이후 농민에 대한 봉건적 재편이었다고 할 수 있다. 그러나 그 구조는 이차적으로는 일련의 기술적, 상업적 진보를 거쳐 상당한 규모로 전(前)산업적 매뉴팩처 단계로 발전해가는 도시 부르주아지의 흥기에 의하여 중첩 결정되었다."[11] 즉 절대주의는 농노제의 소멸과 상품 경제의 발전이라는 변화된 환경에서 봉건적 지배와 착취를 유지하기 위한 새로운 정치적 형태라는 것이다. 그것은 "재편성되고 재충전된 봉건적 지배 기구"이며 "위협받고 있는 귀족의 새로운 정치적 갑주였다".[12] 그러니까 프랑스 군주제가 전국적인 차원에서 권위를 자랑하기 시작한 것은 필리프Philippe 4세(1285~1314 재위) 때의 일이지만, 귀족들은 중세 말의 위기를 겪고서야 국왕을 명실상부한 주권자로 받아들였다는 것이다.

하지만 실제 일어난 일은 매우 혼란스럽다. 프랑스 혁명을 전후하여 군주제가 몰락하는 시점에서 군주제가 귀족과 공동 운명체라는 것이 명백하게 드러났지만, 절대주의가 등장한 이후로도 국왕과 귀족 사이에는 평화로운 적이 없었다. 그도 그럴 것이 양자는 농민으로부터 경제적 잉여를 수취하는 데 있어 경쟁자의 관계였기 때문이다. 물론 "한 계급이 자신의 통치권이 가지는 필연적 법칙들을 이해하

---

11) 페리 앤더슨, 《절대주의 국가의 계보》, 김현일 외 옮김(까치, 1993), 19쪽.
12) 페리 앤더슨, 《절대주의 국가의 계보》, 16쪽.

기 위해서는 장기간의 방향 착오와 혼란이 필요했다"[13]고 말할 수 있다. 하지만 그것을 깨닫는 데 무려 두 세기 가까운 시간이 걸렸다는 것은 무엇인가 석연치 않은 대목이 있다. 이는 '중첩 결정'이라는 사뭇 난삽한 표현이 보여주듯이 역사에서 흔히 나타나는 의도 및 동기와 결과의 불일치를 이른바 구조주의적인 방식으로 설명하는 것이 치러야 할 대가가 아닌가 한다.

따라서 분석의 수준을 낮춰 군주를 포함하는 정치 계급 내지 더 좁게는 통치 계급의 차원에서 절대주의의 등장이 무엇을 뜻하는지 살펴볼 필요가 있다. 이렇게 눈높이를 낮춘다면, 절대 군주제의 등장은 훨씬 사실적인 윤곽을 드러낸다. 프랑스에서는 9세기 말에서 11세기 중엽까지 전형적인 봉건제가 나타났다가, 11세기 후반기부터 발루아 왕조les Valois가 들어서는 14세기 초 사이에는 카페 왕조les Capétiens가 적대 가문들을 굴복시켜 왕실 직영지를 확대시키는 형태로 왕국을 통합해나갔다. 그러나 이후 이에 저항하는 경향이 다시 고개를 들었으나 루이 Louis 11세(1461~1483 재위)가 15세기 말경에 부르고뉴 공국을 무너뜨리면서 진정되었고, 그런 다음에야 절대 군주정으로의 이행이 나타났다. 이렇게 통합의 과업이 늦어진 데에는 백년전쟁(1337~1453)이라는 악재가 끼기도 했지만, "경쟁하는 왕자들의 결합태"[14]가 결정적인 요인이 되었다. 왕가에 대항할 만한 세력이 왕국 내에서 사라지자 왕자들과 방계 가문들이 '왕자령apanage'을 중심으로 중앙 집권화의 경향에 저항하고 심지어는 별개의 정치체의 형성을 시도했던 것이다. 하지만 당시만 해도 '국가'가 특정 가문의 소유물로 간주되었기에 왕자령은 애초 지배 가문의 힘과 위신을 높이기 위한 목적에서 그들에게 주어진 것이었으나, 이제 상황이 변하자 그것을 대내적 주권과 양립하기 어렵게 되었던 것이다. 프랑스 군주정은 참으로 값비싼 경험을 했고, 혈족과 귀족을 끌어안을 다른 새로운 전략을 구사해야 했다.[15]

---

13) 페리 앤더슨, 《절대주의 국가의 계보》, 59쪽.
14) 이는 엘리아스Norbert Elias의 표현임. 노르베르트 엘리아스, 《문명화과정 II》, 박미애 옮김(한길사, 1999), 202쪽.

통합의 과정을 부추겼던 동인은 단순하다. 팽창하지 않으면 살아남을 수 없었기 때문이다. 봉건제 시기에 통치 계급의 구성원은 모두 물리력을 통한 경제력의 획득이라는 경쟁의 대열에 가담했고, 왕가가 지배 가문으로 우뚝 서게 되면서 '국가'는 전쟁 기구가 되었다. 그리고 이를 뒷받침하기 위해 행정 기구가 갖추어졌다. 권력의 분산을 막기 위해 행정 기구에는 귀족이 배제되고 성직자, 외국인, '미천한' 부르주아들이 충원되었다. 그 대신에 권력에서 배제된 귀족들에게는 사회적 지배층의 위치를 보장해주었다.[16] 이렇듯 국가의 형성은 애초 '사적 기획'의 일환으로 추진된 것이었다. 아니 공과 사의 구분이 없었다고 하는 것이 더 정확한 표현일 것이다. 하지만 권력이 결국 한 가문, 급기야 절대 군주 한 사람의 수중에 집중되면서 이 개인적이고 사적인 통치권은 공적인 독점 통치권으로 변모했다. 질적 전환이 일어났고, 정치적 축적이 새로운 차원으로 비약했다. 실로 '짐이 곧 국가'가 되었다. 절대 군주의 사적 독점은 공공성의 영역으로 이행하여 국가는 '공공재'가 되었으며, 통치 기구가 공공화되면서 이제 역으로 왕실과 왕가는 그것의 한 기구로 전락하고 결국 아무것도 아닌 처지로 떨어질 것이었다. 더욱이 물리적 폭력과 조세의 독점이 일단 성립하자 이 독점을 쟁탈하기 위한 투쟁은 과거처

---

15) 이 과정에 관한 가장 최근의 종합적인 서술로는 Philippe Contamine (dir.), *Le moyen âge : le roi, l'église, les grands, le peuple*(Paris : Séuil, 2004) 참조.

16) 권력의 속성상 제도나 체제의 성격과 무관하게 절대 권력이란 있을 수 없다. 권력이 강해질수록 그것은 더 많은 관계망에 의존하기 마련이며, 권력이 커진다는 것은 의존적인 관계망이 더 넓어지고 깊어진다는 것을 뜻하며 다른 사람들이 틈입해 들어올 가능성은 그만큼 커진다. 따라서 지중해 문명권의 이집트나 오스만 투르크만이 아니라 몽골이나 기타 여러 제국에서도 행정 기구의 요직에 기존의 정치 사회와는 아무런 연고를 가질 수 없는 외국인이나 노예를 등용하는 것이 일반적이었다. 특히 군주에 도전할 만한 잠재적인 후보는 설사 그가 혈족이라고 하더라도(아니 바로 그렇기 때문에) 가차 없이 제거되어야 했다. 예컨대 오스만 투르크에서 술탄은 등극하자마자 친형제들을 살해했고, 심지어 15세기 중엽에는 '형제 살해법'을 제정하기도 했다. 이런 점에서 유럽의 일부 나라에서 왕자들에게 '왕자령'을 수여했던 것은 당연한 것이 아니라 설명되어야 할 현상이다. 유럽에 절대 군주정이 들어서면서 '궁정'이 크게 발달하게 된 데에는 특히 이런 정황이 크게 작용했다고 생각된다. Pierre Bourdieu, "De la maison du roi à la raison d'état : Un modèle de la genèse du champ bureaucratique", *Actes de la recherche en sciences sociales*, no. 118, 55~68쪽 ; Michel Antoine · Emmanuel Le Roy Ladurie (éd.), *Les Monarchies*(Paris : PUF, 1986)의 여러 논문들.

럼 더 이상 독점의 파괴를 목표로 하지 않았다. 그것은 이제 독점의 이익에 대한 통제권을 획득하고 분배에 참여하는 행위로 바뀌었다. '정치'가 탄생한 것이다. 처음에 그것은 '궁정'에 머물렀지만 여론을 통해 '공공 영역'으로 틈입했다. 아울러 '국가적' 독점 기구의 완성은 '시민 사회'가 한껏 발현할 수 있는 조건을 마련해 주었다. 물리적 독점이 완결되면서 폭력의 자유 경쟁이 종식되고, 그 경쟁은 비폭력적으로 경제력의 수단에 집중되었다. 자유로운 개인들의 경쟁의 장으로서 '경제 영역'이 자율성을 획득했던 것이다.[17]

설명의 수준을 한 단계 높여보자. 절대 군주의 휘광을 넘어 절대주의 국가의 실상을 들여다보자. 근대 국가가 16세기에 유럽의 정치적 지평에 그 모습을 드러냈을 때, 가장 두드러진 면모는 '전쟁 기구'로서의 성격이었다. 그야말로 그것은 '영속적인 전쟁 국가' 그 자체였다. 이 면에서 가장 앞선 나라는 사실상 당연하겠지만, 우리에겐 매우 놀랍게도, 영국(잉글랜드)이었다. 국가란 어떤 물체가 아니라 눈에 보이지 않는 권력 관계의 총체를 뜻하는 것이니, 우리는 그것의 힘과 크기를 재정 지출이라는 가시적이고 가장 편리한 지표를 통해 확인할 수밖에 없다. 16세기 초 튜더 왕조가 끌어 모았던 경제적 잉여는 국부의 2% 미만으로 추정되나 명예혁명 직전까지 국고 수입은 경상 가격으로 17배, 실질 가격으로는 4배 가까이 증가했다. 상비군의 규모가 미미한 수준인데도 평화 시 군사비 지출의 비중은 국가 재정의 50% 이하로 떨어지지 않았다. 프랑스와 제2차 백년전쟁(1689~1815)을 치른 18세기에 재정 규모는 그야말로 수직 상승했다. 1700~1815년에 영국의 재정 규모는 경상 가격으로 35배나 증가했는데 한 추계에 의하면 1811년의 국고 수입은 국민 총소득의 27%에 이르렀고, 1815년에는 군사비와 공채 상환금의 비중이 국가 지출의 90%를 넘어섰다. 이러한 추세는 유럽의 모든 나라에서 동일한 양상을 보여, 군비 지출의 비중은 전체 재정 규모의 75~90%를 차지했다. 그리고 '전쟁 기획단'으로서의 성격을 압도적으로 지녔던 이 초기 근대 국가들은 그것에 걸

---

17) 최갑수, 〈서양에서 공공성과 공공영역〉, 《진보평론》 제9호(2001년 가을), 320~346쪽 참조.

맞게 유사한 행정 조직을 갖추어 나갔다.[18]

그런데 이렇게 근대 국가라는 점에서 동질적이었던 이들 나라들은 정치 체제, 곧 지배 계급의 조정 기구라는 측면에서는 사뭇 달랐다. 절대 군주정(프랑스, 오스트리아, 프로이센, 에스파냐, 포르투갈, 사부아, 덴마크 등), 입헌 군주정(18세기의 영국과 스웨덴), 선거 군주정(교황령, 신성 로마 제국, 폴란드-리투아니아), 전제정(오스만 제국, 러시아), 공화정(베네치아, 네덜란드, 제노바, 뤼베크, 루카 등) 등이 뒤섞여 있었다. 민주정은 아예 부재했다.[19] 동질적인 역사적 사명을 부여받은 이들 근대 국가에서 왜 체제의 차이가 생겼으며, 그것들은 왜 다양하고 경우에 따라서는 상반되는 길을 걸어야 했을까? 먼저 지적할 것은 전제정인 나라를 제외하면 중세 이래 유럽의 어떤 정치 세력도 개인의 사적 소유권에 침투할 역량을 갖고 있지 못했다는 점이다. 그러기에 군주들은 자신의 직영지 수입으로 살아가든지, 아니면 영역 내의 유력층의 협력을 얻어내야 했다. 특히 근대 초까지도 직접 생산자인 농민층을 직접 파악할 수 있는 역량이 중앙 권력에게 없었기에 대

---

18) 이 부분에서 필자는 Michael Mann, *A history of power from the beginning to AD 1760*, Michael Mann, *The Sources of Social Power*, vol. 1(Cambridge : Cambridge Univ. Press, 1986)에 많이 의존했다. 특히 450~499쪽 참조. 아울러 박상섭, 《근대국가와 전쟁 : 근대국가의 군사적 기초, 1500~1900》(나남, 1996) 참조. 영국에 관한 통계 자료는 B. R. Mitchell · P. Deane, *Abstract of British Historical Statistics*(Cambridge : Cambridge Univ. Press, 1962) ; B. R. Mitchell · H. G. Jones, *Second Abstract of British Historical Statistics*(Cambridge : Cambridge Univ. Press, 1971)에 입각한 것이다.

19) 근대 초 유럽의 정치 지도를 더 자세하게 살펴보자. 16세기 유럽의 정치 지도에는 크게 네 종류의 정치 체제가 존재했다. ① 서유럽의 군주제 국가 : 프랑스, 에스파냐, 잉글랜드 ② 제국 : 신성 로마 제국, 오스만 제국, 러시아 ③ 북동부 유럽의 제한 군주제 : 폴란드, 덴마크, 스웨덴, 노르웨이, 스코틀랜드 ④ 도시 국가들의 공화정 체제 : 피렌체, 베네치아, 뤼베크 등. 그리고 17세기를 지나면서 이 가운데 근대 국가의 등장과 관련하여 세 개의 모델이 형성되었다. ① 네덜란드의 공화정 ② 프랑스의 절대주의 체제 ③ 영국의 입헌 군주제. 이 세 국가에서 주권은 각기 상이한 방식으로 인식되고 표상되었는데, 주권의 절대성을 가장 극명하게 나타냈던 것이 절대주의였다. 중요한 것은 이 시점에서 국가 형성의 '제국적 기획'이 탈락하고, '국가 체제'라는 다극적 복수 국가로 이루어진 국제 질서가 기본 틀을 갖추었다는 점이다. 본문에 언급된 정치 체제의 구분은 18세기의 것으로서 아리스토텔레스Aristoteles와 몽테스키외Charles Louis de Secondat Montesquieu의 구분법을 혼용했다. 이에 대한 간략한 소개로는 Julian Swann, "Politics and the state in eighteenth-century Europe", T. C. W. Blanning (ed.), *The Eighteenth Century*(Oxford : Oxford Univ. Press, 2000), 11~51쪽 ; Jean-Marie Constant, *Naissance des Etats modernes*(Paris : Belin, 2000) 참조.

지주의 향배(向背)는 결정적인 중요성을 지녔다. 국가 형성의 일정 단계에서 유럽의 거의 모든 나라에 신분제 의회나 기타 법인체들이 생겨났던 이유가 바로 여기에 있다. 하지만 군주의 권력 독점이 강화되면서 대부분의 나라에서 16세기 말에서 17세기에 걸쳐 이 대의체는 더 이상 소집되지 않았다. 예컨대 아라곤에서 1592년에, 프랑스에서 1614년에, 에스파냐령 네덜란드에서 1632년에, 나폴리에서는 1642년에 신분제 의회는 사실상 폐지되었다. 잉글랜드에서도 같은 일이 벌어질 뻔했지만 찰스Charles 1세는 신분제 의회 없이 겨우 11년을 견디고는 결국 1640년에 그것을 다시 소집할 수밖에 없었다. 의회 지주층이 등을 돌린 상황에서 또 다른 유력층인 런던 상인이 국왕의 재정적 요청을 거부했기 때문이다.[20]

왜 프랑스에서는 국왕이 두 세기 동안 신분제 의회를 소집하지 않고서도 필요한 재원을 마련할 수 있었던 반면에 잉글랜드에서는 그렇지 못했는가? 절대주의의 핵심은 군주가 유력층으로부터 일정 정도의 재정적, 인적 자율권을 획득하는 것인데, 찰스 1세의 내전에서의 패배와 죽음은 잉글랜드에서 그것이 불가능함을 보여주었다. 절대주의 체제와 입헌 체제의 근본적인 차이는 바로 여기에 있다. 잉글랜드와 네덜란드에서 군주제와 공화정은 대지주층 및 대상인층의 동의를 받아 그들의 납세에 의존했던 반면에, 절대주의는 대지주층(교회와 특히 귀족)의 동의와 협력을 받아 평민들(부르주아지와 특히 농민층)에게 과세했던 것이다. 이것은 확실히 전자의 국가들의 계급 구조에 자본주의가 훨씬 깊숙이 침투했기에 가능한 일이었다. 거의 모든 절대주의에서 토지 귀족은 면세를 받았는데, 유력 집단이 그런 특권을 가졌기에 군주는 대의체의 소집을 피해갈 수 있었던 것이다. 그 대신에 '궁정'이 국가의 주요한 장치가 되었다. 관직 매매는 국왕에게는 주요 수입원의 하나가 되었고, 일부 부유한 평민에게는 신분 상승을 보장해주는 통로로서 전략적 의미를 갖게 되었다.

---

20) 신분제 의회에 관한 간편한 소개로는 A. R. Myers, *Parliaments and Estates in Europe to 1789*(London : Thames and Hudson, 1975) 참조.

절대 군주는 입헌 군주에 비해 더 큰 통제권과 재량권을 가졌다. 가산제적 국가관에서 완전히 벗어나지 못한 근대 초에 그런 차이는 상대적으로 절대주의 국가의 위세를 돋보이게 했다. 하지만 에스파냐 왕위 계승 전쟁(1701~1713)에서 영국의 말버러Marlborough 공작이 거둔 일련의 승리는 전문적인 직업 군대를 제공하는 잘 조직된 과세 기구의 힘이 얼마나 강력한지를 보여주었다. 절대주의는 사회 통치에 있어 훨씬 더 많은 분할과 배제의 원리를 작동시켰기에 입헌주의에 비해 유기적 통합력이 떨어졌던 것이다. 절대 군주 자신은 더 강할지 모르지만 절대주의 국가는 입헌 국가에 비해 그렇지 못했다고 말할 수 있다. 영역 내의 유력층을 전국적으로 조직된 계급, 국민으로 빚어내는 조정 능력에서 입헌 체제가 더 뛰어났던 것이다. 바꿔 말하면 근대 초의 영국과 네덜란드는 계급 국가의 면모를 뚜렷하게 갖춤으로써 국가를 여전히 특정 가문의 자산으로 보는 절대주의 국가의 한계를 이미 넘어서기 시작했으며 국민 국가로의 도정에 들어섰던 것이다.

17세기 말부터 전쟁의 규모와 기간이 유례없이 증대했다. 최대 군사 강국인 프랑스는 1690년에 30만 명이 넘는 군대를 거느렸고, 1710년에 유럽 전체의 군사력은 최소 백만 명에 달했던 것으로 추산된다. 이는 전체 인구의 1%에 달하는 수치다. 전쟁의 엄청난 부담은 근대 국가의 운용 방식에 크게 두 가지 결과를 야기했다. 하나는 정상적인 조세 수입만으로 도저히 전비(戰費)를 감당할 수 없게 됨으로써 공채의 발행이 불가피해졌고, 공채 원금과 이자의 상환이 국가 재정의 주요 계정(計定)이 되었다는 것이다. 주로 서유럽에 국한되지만, 유산자층이 공채 매입 대열에 합류했고, 이것은 장기적으로 정치 계급의 규모를 키웠다. '국사(國事)'에 대한 관심이 소수의 제한된 범위('궁정')를 넘어서고 '여론'이 등장하기 시작했다. 제2차 백년전쟁에서 프랑스가 패배한 것은 국가의 조정 능력이라는 것이 국가의 신용도를 결정하는 데 핵심적인 요인임을 명확하게 보여주었다. 다른 하나는 사회 경제적 하부 구조가 취약하여 이런 방책을 취할 수 없었던 동부 유럽의 국가들이 이른바 '스웨덴식 동원 체제'를 발전시켰다는 것이다. 돈이 없으니 몸으로라도 때우겠다는 전략이다. '할당 체제Indelningsverket'로 알려진 국민개병(國民皆兵)

에 가까운 징집제는 러시아, 오스트리아, 프로이센의 군사력을 비약적으로 증대시켰다. 시민층이 약하거나 사실상 부재했던 이들 나라에서 군주는 귀족층의 협력에 의존할 수밖에 없었고, 귀족들은 봉사를 대가로 농민층에 대한 통제권을 획득했다. 여기에서 국가는 귀족의 일종의 '계급 도구'의 성격을 강하게 갖게 되었다. 이런 점에서 동유럽의 절대주의는 서유럽의 그것과는 다른 계보에 속한다.[21]

여기까지 보았을 때, 우리는 프랑스(그리고 에스파냐와 사부아 등)의 절대주의가 지닌 복합적인 성격을 감지할 수 있다. 그것은 북서유럽의 입헌 국가와 동유럽 절대주의의 중간적, 매개적, 전이적 존재였다. 이 절대주의의 사회적 기반이 무엇이냐 하는 문제를 둘러싸고 한때 꽤 뜨거운 논쟁이 벌어졌지만, 연구자들 사이에 이론이 분분했던 까닭이 여기에 있다고 생각한다. 해양 국가인 동시에 대륙 국가인 지정학적 환경에 따른 복합적인 사회 구성이 절대 군주에게 배제와 통합의 이중 전략을 구사할 수밖에 없도록 만들었던 궁극적인 요인으로 보인다. 그리고 바로 이런 측면이 절대 군주제가 주창했던 주권의 보편성과 절대성에 상당한 현실적 근거를 제공해주었던 반면, 동시에 절대주의 자체가 지녔던 깊은 갈등과 불안정성, 그리고 취약성을 말해준다고 하겠다.

4. '국민'의 형성과 국민 국가로의 이행[22]

앞서 보았듯이 절대주의의 도정이 국민 국가로 가는 유일한 길은 아니었다. 초

---

21) 이에 대해서는 특히 Marjolein 't Hart, "The Emergence and Consolidation of the 'Tax State' : II. The Seventeenth Century", Richard Bonney (ed.), *Economic Systems and State Finance*, 281~293쪽 ; Richard Bonney, "The Eighteenth Century II : The Struggle for Great Power Status and the End of the Old Fiscal Regime", *Economic Systems and State Finance*, 315~390쪽 ; Jan Lindegren, "Men, Money, and Means", Philippe Contamine (ed.), *War and Competition between States*, 129~162쪽 ; André Corvisier, *Armies and Societies in Europe 1494~1789*, A. T. Siddall (trans.)(Bloomington : Indiana Univ. Press, 1979) 참조.
22) 이하의 부분은 최갑수, 〈내셔널리즘의 기원과 특성〉, 《서양사 연구》 제31집(2003. 9), 1~25쪽에 들어 있는

기의 근대 국가는 정치적 축적이 일정 단계에 이르면 일반적으로 국민이 형성되는 새로운 단계로 접어들었다. 국가가 국민에 선행한다는 공리는 적어도 서유럽에 관한 한 분명한 역사적 근거를 갖는 것이다. 주권의 담지자가 국왕에서 국민으로 바뀌는 과정이 프랑스에서는 혁명을 통해 단기간에 진행되었기에 국민 국가가 절대주의 국가의 계승자라는 사실이 종종 망각되지만 양자 공히 부국강병을 위한 기획이었다. 다만 절대주의는 절대적이고 배타적인 주권관을, 그리고 '정치체 body politic'가 군주의 '과시적 공공성'을 통해 뚜렷하게 드러나는 극적 계기를 갖고 있어 이 과정을 전형적으로 보여주었다.

하나의 이념으로서가 아니라 실체로서 국민이 가장 먼저 형성된 곳은 영국이었다. 한 연구자에 따르면 이미 잉글랜드는 튜더 왕조의 시기인 16세기 초에 근대적인 의미의 국민을 탄생시켰다. 그는 그 증거로서 이제껏 제한된 의미를 지녔던 '국민(엘리트, 정치 계급)'이 바로 이 시기에 들어 왕국 내의 전 주민을 아우르고 '인민'과 동일시되는 의미상의 혁명을 겪게 되었다는 점을 제시한다.[23] 이는 잉글랜드가 유럽의 그 어느 나라보다 국가 형성이 시기적으로 가장 앞섰다는 점에 비추어 볼 때 상당한 개연성을 갖는다고 생각된다. 영국의 국가 형성이 국민의 형성을 의도한 것은 물론 아니었고 근대 초까지도 기껏해야 왕조적 이해관계와 목표를 지녔을 뿐이지만, 회고적인 관점에서 볼 때 '비(非)국민적'이거나 '선(先)국민적'인 국가 기구와 장치는 튜더 왕조가 들어선 이후 국민 국가의 면모를 보이기 시작했다. 동일한 정치적 지배를 오랫동안 받았다는 사실 자체가 그 주민들에게 동일한 정치 공동체의 구성원이라는 의식을 불어넣어주었던 것이다. 국왕은 잉글랜드 전 국민의 지배자로서 근왕주의(勤王主義)를 이끌어낼 수 있었고, 의회는 왕국과 국민의 통합을 보증하는 정치체로서 부상했다.

영국의 국민적 정체성이 형성되는 과정에서 '타자'의 존재와 그에 대한 인식이

내용을 압축해 수정했음을 밝혀둔다.
23) Liah Greenfeld, *Nationalism : Five Roads to Modernity*(Cambridge, Mass. : Harvard Univ. Press, 1992), 특히 서론 1~26쪽 참조.

상당한 역할을 한 것이 사실이다. 하지만 잉글랜드에서의 국민의 형성이 당장에 세계사적 차원은 고사하고 유럽 수준에서도 어떤 효과를 발휘했던 것은 아니다. 우선 16세기의 잉글랜드는 이렇다 할 만한 강대국이 아니었을 뿐만 아니라 유럽의 국제무대에서 주변적인 위치에 머물고 있었다. 더욱이 잉글랜드에서는 17세기의 일련의 정치적 격변 속에서도 독자적인 사회 세력으로서의 민중층 내지 농민층의 사실상의 부재, '의회'라는 전국적인 수준의 대안적인 정치적 대표체의 존재, 정치 계급을 구성했던 사회 세력들 간의 성공적인 타협, 종교적 담론의 상존 등으로 말미암아 '국민주의'가 명확한 이념 체계로 등장하기 어려웠다. 바꿔 말하면 새롭게 등장하던 국민과 국민적 정체성이 자신의 존재성을 과시할 계기가 아직은 마련되어 있지 않았던 것이다.

그것을 제공해준 것이 17세기 중엽에 틀을 갖춘 '국가 간 체계inter-state system' 이다. 영토 주권, 국가 간의 공식적인 평등, 내정 불간섭의 원리, 국제법상 의무의 토대로서 국가의 동의 등이 국제법상의 규준으로 명확하게 나타나는 것은 18세기 말에서 19세기 초 사이의 일이지만, 베스트팔렌 조약(1648)은 차후 등장할 세계 질서의 기본 원칙을 확정지었다.[24] '세계 체제론'의 어법을 빌린다면, 자본주

---

24) 국제 관계에 대한 베스트팔렌 모델은 다음과 같은 내용으로 요약할 수 있다. ① 주권 국가들이 세계를 구성하고 분할(分割)한다. ② 법 제정, 분쟁 해결, 법 집행의 과정은 권력에 대한 경쟁적 투쟁의 논리에 종속되어 있는 개별 국가들의 수중에서 대부분 이루어진다. ③ 국가 간의 문제는 종종 물리력으로 해결되며, 이것을 억제할 법적 구속이란 사실상 존재하지 않는다. ④ 국경을 넘어서는 부당 행위는 그 당사자들만이 관련되는 개별적인 문제다. 어떠한 집합적 이해관계도 존재하지 않는다. ⑤ 모든 국가는 법 앞에서 동등한 것으로 간주된다. ⑥ 국제법은 공존을 위하여 최소한의 규칙을 확립할 것을 지향한다. ⑦ 국가의 자유에 대한 장애를 최소화하는 것이 공동의 선차성(先次性)을 갖는다(데이비드 헬드, 〈현대국가의 발전〉, 133~134쪽). 흔히 베스트팔렌 체제가 강대국들의 상호 견제를 통해 약소국들도 살아남을 수 있는 국제 관계상의 안정성을 제공한다는 점이 강조되는 경향이 있으나 이 체제에 의거한 세계는 전쟁에서 패배하면 나라 자체가 없어지는 냉혹한 정글의 세계라는 점이 아울러 고려되어야 할 것이다. 이에 대한 흥미 있는 논의로는 Alexander B. Murphy, "The sovereign state system as political-territorial ideal : historical and contemporary considerations", Thomas J. Biersteker · Cynthia Weber (eds.), *State Sovereignty as Social Construct*(Cambridge : Cambridge Univ. Press, 1996), 81~120쪽 참조. 아울러 1648년의 베스트팔렌 조약이 흔히 근대 국제 관계의 토대를 놓은 것으로 간주되나, 진정한 의미에서의 근대 국제 관계는 오직 자본주의가 대두되고 근대 국가의 형성이 절대주의로부터 탈

세계 체제는 제국, 초국가적인 상업 복합체, 영토 국가 등의 여러 정치적 헤게모니 형태 사이에서 '망설이다가' 결국 다수의 주권 국가들로 구성되는 '국가 간 체계'를 상부 구조로 택했던 것이다. 종종 간과되는 것이지만 근대 국가는 진공 상태에서, 또는 고립되어 만들어지거나 존재해온 것이 아니다. 그것은 국가 간 체계의 틀 속에서 만들어졌으며 또 국가 간 체계의 구성 요소로서 이 체계의 규칙성을 보장해왔다. 국가 간 체계는 상호 경쟁적인 국가 군(群)의 존재로 말미암아 개별 국가의 정책 결정 능력을 제한하는 일단의 제약을 이루며, 그러기에 국가 간 체계는 주권의 평등을 기치로 내걸지만 국가들은 명실상부한 의미에서 주권적이지도, 평등하지도 않다. 특히 국가들은 상호 간에 정치적, 군사적으로 영향을 미치고 제약을 가하며 그 표면 아래의 어둠 속에서 자본 축적에 영향을 미치는 상대방 국가의 능력에 제한을 가한다. 이 근대 국가 체제를 빚어낸 것이 자본주의적 사회관계라는 주장에는 선뜻 동의하기 어렵지만, 국민 국가라는 새로운 국가 형태가 전 지구에 걸쳐 보편화된 데에 자본주의 특유의 시장 구조와 계급 관계의 발전이 크게 작용했음은 부정하기 어렵다. 즉 세계 경제의 작동 자체보다는 '불균등한 발전'이라는 그 과정의 좀 더 특수한 측면이야말로 국가 간 체계를 가능하게 만든 하나의 물질적 사실인 것이다. 2차 대전이 끝난 뒤 20년에 걸친 식민지 해방과 신생 독립국들의 건국이라는 대규모 흐름은 국가 간 체계의 확산을 마무리 지었으며, 이 점에서 국민 국가를 기본 단위로 하는 정치적 세계화란 참으로 최근의 현상이라고 할 수 있다.[25]

개인적인 주권체로 이행되는 19세기에 들어서야 나타난다는 흥미로운 '수정주의적 해석'에 대해서는 특히 Benno Teschke, *The Myth of 1648 : Class, Geopolitics and the Making of Modern International Relations*(London : Verso, 2003) 참조.

25) 월러스틴Immanuel Wallerstein의 많은 저작 가운데 특히 Immanuel Wallerstein, "The states in the institutional vortex of the capitalist world-economy", *The Politics of the World-Economy*(Cambridge : Cambridge Univ. Press, 1984), 27~36쪽 ; 톰 네언, 〈민족주의의 양면성〉, 백낙청 엮음, 《민족주의란 무엇인가》(창작과비평사, 1981), 220~261쪽 ; Etienne Balibar · Immanuel Wallerstein, *Race, Nation, Class*(London : Verso, 1991), 71~108쪽 참조.

국가 간 체계야말로 하나의 역사적 형성물로서 국민에 실체성을 부여한 역사적 근거이며, 국민 형성의 과정에서 불가역적인 '분계선'을 이룬다고 하겠다. 17세기 말경 유럽에는 더 이상 여러 정치체들의 단순한 모자이크가 아니라 주권과 영토성의 원칙을 최상으로 여기는 '국가들의 공동체'가 모습을 드러냈다. 정치권력의 중앙 집권화, 국가 행정의 확장, 영토적 지배, 외교 체제, 정규군 및 상비군의 대두 등 근대 국가 체제의 주요 양상들이 유럽적 지평을 메워나갔다. 근대 국가의 대외적 주권에 실체를 부여해준 것도 이러한 국가 간 체계였다. 국가 간 체계를 확산시켜나간 주요한 매개 수단은 육군력 및 해군력을 이용한 주요 유럽 국가들의 작전 수행 능력이었다. 이 살벌한 국제 경쟁 속에서——여기서 실패하면 폴란드처럼 나라가 해체될 수도 있었다——영국은 18세기에 점차 패권적 지위로 부상했고 탁월한 실효성을 입증함으로써 모범과 찬탄의 대상이 되었다. 그 결과 '국민'의 이념이 대륙의 지배층과 식자들의 관심을 끌었고, 특히 영국과 제2차 백년 전쟁을 벌이고 있던 프랑스에서는 1750년대 전반기 이후 정치적 정체성과 집단적 권리를 부여받은 이념이자 담론으로서 '국민'이 등장하기 시작했다. '국민주의'는 실로 정치적 패권을 놓고 상호 경쟁하는 가운데 자신의 국가 체제가 상대적으로 비효율적임을 자각했던 프랑스가 자기 혁신을 위한 노력을 기울이는 가운데 등장했는데, 역으로 그것은 잉글랜드, 스코틀랜드, 웨일스를 아우른 영국의 경우보다 확대된 국민적 정체성의 형성을 가능하게 했다.[26]

　국민 형성이라는 관점에서 볼 때, 프랑스 혁명은 '상대적인 후진성'(?)에 처해 있던 프랑스에서 일종의 압축 성장이 가능하게 해주었다. 프랑스가 지녔던 몇 가

---

26) William Doyle, "The Parlements", Keith Baker (ed.), *The Political Culture of the Old Regime*(Oxford : Pergamon Press, 1987), 157~167쪽 ; Dale Van Kley, "The Jansenist Constitutional Legacy in the French Prerevolution", *The Political Culture of the Old Regime*, 169~201쪽 ; 이영림, 〈앙시앵 레짐기의 '국민' 개념—얀센주의 논쟁을 중심으로〉, 《프랑스사 연구》 제5집(2001년 8월), 5~30쪽 ; François Crouzet, *De la supériorité de l'Angleterre sur la France*(Paris : Perrin, 1985) ; Linda Colley, *Britons : Forging the Nation 1707~1837*(London : Yale Univ. Press, 1992) ; 조승래, 〈18세기 영국의 애국주의 담론과 국민적 정체성의 형성〉, 한국서양사학회 편, 《서양에서의 민족과 민족주의》(까치, 1999), 51~77쪽.

지 특수성은 혁명에 보편적 성격을 가져다주었고, 국민 국가의 구조와 작동 원리를 비할 데 없이 선명하게 드러내주었다. 국민주의가 명확한 정치 강령으로 탄생하게 된 것이다. 우선 18세기 프랑스는 영국의 의회에 준하는 대의체를 결여하고 있었다. '고등 법원'과 '명사회'가 있었지만 그 역할이 제한적이었고, '삼부회'조차 국왕 주권의 파생물로 간주되었다. 이런 조건에서 국왕 주권에 대한 도전자들은 불가피하게 '국민'에 호소할 수밖에 없었다. 국민은 새로운 주권자가 되었으며, 이렇게 해서 '통치의 대상이 나라의 주인이 되는' 역설이 가능하게 되었다. 루소Jean-Jacques Rousseau의 '일반 의지'란 바로 이 역설을 위한 일종의 호교론(護敎論)이며, 개별적 의지의 단순한 총합을 넘어서는 이 새로운 집단적 주체성은 '국민'에게 지금까지 볼 수 없었던 역동성을 불어넣어줄 것이었다. 아울러 혁명 이전 프랑스의 정치 계급을 구성했던 사회 세력 내에서 균열이 일어나지 않았더라면 '국민의 원리'가 새로운 정당성의 원천으로 제기되지 않았을 것이다. 귀족과 부르주아지를 퇴영과 진보의 이분법으로 재단하는 것이 구체제의 사회적 현실을 이해하는 데 썩 도움이 되지 않는다는 점에 대해선 학계의 합의가 모아졌지만, 1788년 9월의 파리 고등 법원의 선언은 신분적 질서가 여전히 유효한 사회적 틀임을 명확하게 보여주었다.

게다가 도시와 농촌에 전투력을 갖춘 민중층이 건재했다. '혁명적 부르주아지'와 민중층의 결합은 전통적인 틀을 넘어서는 새로운 정치적 유대를 필요로 했고, 혁명 이전 한 세대 동안 주로 군주제에 대항하는 특권 계급의 이론적 무기로 기능했던 '국민'은 이제 군주제 자체를 뛰어넘는 혁명적 폭발성을 획득했다. 점차 봉건적 성격을 상실해가던 특권 계급, 여전히 형성 중에 있던 부르주아지, 농노제라는 구속에서 거의 벗어나고 있던 농민층, 결코 프롤레타리아라고 볼 수 없는 도시의 인민 대중, 바로 이것이 '국민'을 역사적 실체로 등장하게 했던 사회적 맥락이다. 여기에서 부르주아지가 주도적인 역할을 했음은 사실이지만, 새로운 국민과 국민 국가의 주인공이 그들만은 아니었으며, 단지 그들의 경제적 이해관계에서만 비롯한 것도 아니었다. 참으로 '국민'의 출현과 성공은, 그것이 다양하고 경우에 따라서는 상반되는 여러 사회 경제적 열망을 함께 아우르고 동원할 수 있는 특수하게 '정치적인' 내용을 지녔기에 가능했다.

이렇듯 국왕 주권에 대한 대안적인 주체로 등장했던 국민은 해방의 원리를 지녔다. 그것은 특권 계급의 좁은 틀을 넘어 여러 사회 세력의 열망을 담아낼 수 있는 가능성과 잠재력을 지녔고, '애국파'의 제한적인 국민관에서 출발하여 혁명이 보다 평등주의적이고 급진적인 방향으로 나아감에 따라 '지롱드파'의 국민, '산악파'의 국민, 급기야 '상퀼로트'의 국민관에 도달하여 부르주아의 한계를 넘어서기도 했다. 즉 시에예스Emmanuel-Joseph Sieyès에게 '국민'이란 유산 계급에 국한하고 국민 주권이란 사실상 '의회 주권'에 불과했지만, 민중층이 대거 혁명 운동에 가담하면서 성년 남자의 보통 선거권이 도입되어 국민이 실체화되고 일시적으로나마 '인민 주권'의 능동적인 원리가 일련의 민주적 관행을 통해 작동하기도 했다.[27] 하지만 혁명전쟁과 이후의 나폴레옹 전쟁은 해방의 원리로서의 국민의 이념이 압제와 정복의 강력한 수단이 될 수 있음을 웅변했다. '위대한 국민'은 절대주의가 도저히 제공할 수 없는 폭발적인 내적 응집력과 동원 능력을 발휘하여 사반세기의 길지 않은 기간에 전 유럽에 지울 수 없는 충격을 주었다. 혁명 전쟁은 혁명의 상승기에서조차 '국민주의'가 부국강병의 악마적 논리로 전화(轉化)할 수 있음을 명료하게 보여주었다.

국민이 보여준 이 두 얼굴은 과연 혁명의 성공으로 말미암은 것인가, 아니면 혁명의 실패에서 비롯된 것인가? 계몽사상과 '근대성의 기획'에 대한 근자의 반성은 그것이 '인권의 혁명' 자체에 배태되어 있었음을 강조한다. '인권 선언'이 절대 왕권에 대한 저항권만이 아니라 일반 의지에 입각한 단일한 권력체의 수립 역시 정당화하는 이중성을 지님으로써 개인의 권리를 국민의 권리에 종속시켰다는 비판이다. 프랑스 혁명은 보편적 원리로서 '인간의 권리'와 실질적인 권리로서

---

[27] 더 자세한 내용은 최갑수, 〈근대 시민혁명과 민주주의—프랑스대혁명의 사례를 중심으로〉, 《민주주의와 인권》 제3권 2호(2003년 10월), 5~65쪽 참조.

'시민의 권리'의 간극을 극복하지 못했고, 인권은 오직 특정 국민의 일원, 곧 특정 국가의 시민일 경우에만 보호받을 수 있게 되었다는 것이다. 인권은 실정법을 통해 구체성을 획득했으나 국민 국가의 특수성에 매몰되었고, 보편적 권리와 국민적 이해관계를 화해시키기란 쉽지 않았다. 국민의 이익이 강자의 논리로 기능했고, 국가를 갖지 못하거나 빼앗긴 식민지인들에게는 기본권 자체가 원천적으로 거부되었다. 이미 '국민'은 희망찬 탄생기에서조차 배제와 억압의 논리를 지녔던 것이다.[28]

사실 프랑스 혁명은 숭고한 이념 때문이라기보다는 이제 확고하게 자리 잡아가는 국가 체제를 지닌 최강대국에서 일어났기 때문에 그렇게 큰 영향력을 행사했다고 보는 것이 더 정확한 평가일 것이다. 즉 프랑스는 영국과의 격렬한 경쟁 속에서 스스로 국민 국가로 변신할 수밖에 없었지만, 프랑스에게 불행이었던 것은 구체제의 모순으로 말미암아 혁명이라는 대격변을 통해 그것에 이를 수밖에 없었다는 점이다. 그러다 보니 영국이 18세기에 비교적 순탄하게 자유주의적인 경로를 통해 국민 국가를 이룩했다면, 프랑스는 역동적인 사회 세력들의 역학 관계로 말미암아 사회적 저변이 훨씬 넓은 방식으로, 바꿔 말하면 당장에는 지배층 내에서 합의 구조가 쉽게 만들어지지 못해 하나의 헤게모니가 일률적으로 관철되지 못한 채 그것을 달성해야 했던 것이다. 국가 형성의 도정은 자못 차이가 있는 듯 보이지만, 결국 이 두 나라가 최강대국이 될 수 있었던 주요한 요인 중의 하나는 양국이 공히 인민을 인신적으로 해방시키고 그들에게 자유를 부여하여 그들의 충성심을 효과적으로 동원할 수 있었던 역동적인 근대 국민 국가를 만들어냈기 때문이다. 국민을 주체로 하는 이 '유기적 국가'가 얼마나 막강한 능력을 발휘할지는 19세기가 입증할 것이었다.

---

28) 최갑수, 〈프랑스 혁명과 '국민'의 탄생〉, 한국서양사학회 편, 《서양에서의 민족과 민족주의》, 107~153쪽 ; 최갑수, 〈1789년의 '인권선언'과 혁명기의 담론〉, 《프랑스사 연구》 제4집(2001년 2월), 5~43쪽 ; Norberto Bobbio, *The Age of Rights*, Allan Cameron (trans.)(Cambridge : Polity Press, 1996) 참조.

5. '리바이어던'의 탄생

이제 당장은 유럽에서, 그러나 결국에는 전 지구적 차원에서 그 두 나라에 맞서려면, 아니 최소한의 자존을 지키기 위해서라도 국민 국가의 원리를 받아들여야 했다. 기존의 정치 계급으로 보자면 좋든 싫든 새로운 국가로 변신하기 위한 노력을 기울이지 않을 수 없었다. 그렇기에 기득권층으로서 혁명에 대한 본능적인 혐오감을 지녔던 그들이 자진해서 '위로부터의 혁명'을 추진하게 되었던 것이다. 새로운 정치적 원리로서 '민족주의'의 등장 역시 동일한 역사적 맥락의 결과인데, 제해권(制海權)을 장악한 영국에 비해 유럽 대륙에 직접적인 충격을 가한 프랑스의 역할이 결정적이었다. 나폴레옹의 군대는 정복한 상당히 많은 지역에서 기존의 정치 사회 질서를 대폭 개주(改鑄)했는가 하면 거의 모든 지역에서 원주민들의 반발을 불렀다. 이것이 당장에 민족주의의 흐름을 만들어낸 것은 아니지만 각지에서 민족적 정체성을 일깨우는 데 큰 역할을 했다.

흥미로운 것은 나폴레옹으로 표상되었던 프랑스 혁명에 대한 반응이 다분히 이중적이었다는 점이다. 왜냐하면 '위대한 군대'는 외경의 불패 신화를 만들어냈는가 하면, 그것을 빚어낸 '위대한 국민'은 여타 유럽인들로 보자면 그들이 갖고자 하는 것을 이미 갖고 있는 부러운 존재였기 때문이다. 프랑스는 증오와 반발의 대상인 동시에 찬탄과 모방의 본보기가 되었다. 심지어 많은 이들이 프랑스 혁명에 관심을 가졌던 데에는 그것을 통해 인간 해방의 계기를 마련하려고 하기보다는 부국강병의 비결을 체득할지도 모른다는 속내가 작용했던 것이 아닌가 한다. 사실 그 두 측면은 동전의 양면으로서 실제 프랑스 혁명은 단지 '국민주의'의 원리만이 아니라 국민 통합의 구체적인 실례를 제시해주었다. 혁명가들은 대내외적인 전쟁의 수행이라는 긴박한 상황에서 국민화와 국민 통합의 기획을 고안해냈으며 새로운 인간형을 빚어낸다는 목표 아래 삶의 근저에까지 침투해 들어가려고 했다. 그러하기에 어떤 연구자는 그러한 시도를 '문화 혁명'이라고 규정하기도 했다. 이렇듯 국민 형성이 프랑스 혁명을 통해 '이상형'적으로 진행될 수 있었던 것은 사회를 근본적으로 변화시키려고 하는 혁명적 열정('근대성의 기획')과 국가 체제의 엄혹한 현실이 교착하고 충돌했기 때문이 아닌가 한다. 골리앗과 같은 거대 제국 중국을 제압할 수 있었던 국민 국가라는 다윗, 아니 진짜 '리바이어던'은 이렇게 해서 탄생했던 것이다.[29]

---

29) Serge Bianchi, *La Révolution culturelle de l'an II*(Paris : Aubier, 1982) ; 니시카와 나가오,《국민이라는 괴물》, 윤대석 옮김(소명출판, 2002).

참고문헌

Hendrik Spruyt, 《주권 국가와 그 경쟁자들 The Sovereign State and Its Competitors》(Princeton, N. J. : Princeton Univ. Press, 1994)
Otto Hintze, 《오토 힌체의 역사 논문집 The Historical Essays of Otto Hintze》, Felix Gilbert (ed.)(New York : Oxford Univ. Press, 1975)

노르베르트 엘리아스, 《문명화과정 II》, 박미애 옮김(한길사, 1999)
니시카와 나가오, 《국민이라는 괴물》, 윤대석 옮김(소명출판, 2002)
박상섭, 《근대국가와 전쟁 : 근대국가의 군사적 기초, 1500~1900》(나남, 1996)
잔프랑코 폿지, 《근대 국가의 발전》, 박상섭 옮김(민음사, 1995)
조지프 R. 스트레이어, 《근대 국가의 기원》, 박은구 옮김(탐구당, 1982)
최갑수, 〈내셔널리즘의 기원과 특성〉, 《서양사 연구》 제31집(2003. 9)
──, 〈프랑스 혁명과 '국민'의 탄생〉, 한국서양사학회 편, 《서양에서의 민족과 민족주의》(까치, 1999)
크리스토퍼 피어슨, 《근대 국가의 이해》, 박형신·이택면 옮김(일신사, 1997)
페리 앤더슨, 《절대주의 국가의 계보》, 김현일 외 옮김(까치, 1993)

국가 정체성 만들기―튜더 영국[1]의 지도*

설 혜 심**

1. 머리말

1400년경에는 지도를 사용하는 사람이 극히 소수였지만 1600년에 이르면 지도는 유럽 문화에서 중요한 한 요소가 되었다. 이런 변화를 학자들은 흔히 지도-지각map-consciousness[2]의 발생이라고 말한다. 즉, 지도를 통해 공간을 인식하고, 문제 해결을 위해 지도를 그리는 관행이 퍼져나갔으며, 나아가 세상을 보는 방식 자체에 변화가 일어났다는 것이다.

---

* 이 글은 2005년 6월에 《역사학보》 제186집에 실린 같은 제목의 논문을 수정·보완한 것이다.
** 연세대 사학과를 졸업하고 미국 캘리포니아대학 대학원에서 석사 학위와 박사 학위를 받았다. 현재 연세대 사학과 교수로 재직 중이다. 저서로는 《온천의 문화사 : 건전한 스포츠로부터 퇴폐적인 향락에 이르기까지》, 《서양의 관상학, 그 긴 그림자》, 《제국주의와 남성성 : 19세기 영국의 젠더형성》 등이 있으며, 논문으로는 "Orientalism in America during the Latter Half of the Nineteenth Century : Portrayals of Marriage Guides", 〈튜더 왕조의 국가정체성 만들기 : 존 릴랜드John Leland의 답사기〉, 〈더 풍부한 섹슈얼리티의 역사를 위하여 : "브로크백 마운틴" 다시 읽기〉 등이 있다.
1) 이 글에서 영국은 웨일스를 포함하는 잉글랜드를 일컫는다. 1536년 잉글랜드는 웨일스의 합병을 완성했고, 웨일스는 잉글랜드식으로 재편되었다.
2) 지도-지각의 정의는 David Fletcher, *The Emergence of Estate Maps : Christ Church, Oxford, 1600 to 1840* (Oxford : Clarendon Press, 1995), 1쪽을 보라.

이 변화의 원인으로 꼽히는 것은 크게 세 가지다. 첫째, 르네상스와 휴머니즘의 영향으로 고대 문헌에 대한 재발견이 이루어져서 프톨레마이오스Claudius Ptolemaeos의 저작 《지리학 안내Geographike Hyphegesis》와 같은 문헌들이 유럽인들에게 세상을 보는 새로운 틀을 제공했다는 점이다.[3] 둘째, 르네상스의 '과학 혁명'에 따라 수량화와 측량을 중요시하는 움직임이 일어나 특정한 공간을 경도와 위도라는 일정한 체계 속에서 인식하게 되었다는 설명이다. 셋째, 예술 사조에 있어 15세기 프랑스와 오늘날 베네룩스 삼국이 있는 북해 연안의 저지대 지방Low Countries을 중심으로 '사실주의realism' 표현 기법이 유행하면서 과거와는 다른 방식으로 도시나 전원을 묘사하게 되었다는 측면이다. 즉, 이런 '사실적' 묘사가 궁극적으로 공간을 '있는 그대로' 그려내게 하여 많은 지도가 만들어질 수 있는 배경으로 작용했다는 것이다.[4] 이런 분석들은 지도학사history of cartography에 있어 기술적 진보를 주목하는 전통적 접근법으로, T-O 지도나 매파 문디mappae mundi로 대표되는 중세 지도가 상징성을 중시했던 데 반해 사실성에 초점을 맞추는 '근대적 형태'의 지도가 나타나는 양상을 추적한다.

그런데 1980년대 말 할리J. B. Harley는 지도를 역사적 상황의 산물로 해석해야 한다는 주장을 내놓았다.[5] 15세기 이후에 발전해온 지도는 세계의 모습을 있

---

3) 1295년 콘스탄티노플에 있는 코라Chora 수도원의 수도사 막시무스 플라누데스Maximus Planudes(1260~1310)는 프톨레마이오스Claudius Ptolemaeos가 저술한 《지리학 안내Geographike Hyphegesis》의 사본을 발견했다. 이 사본에는 지도가 포함되어 있지 않았기 때문에 그는 본문의 내용에 부합하는 27개의 지도를 편찬, 복각(復刻)하기 시작했다. 1406년에 이르러 이탈리아 피렌체로 건너가 라틴어로 번역되었고, 1450년대 인쇄술의 발달과 더불어 1470년 본문과 지도가 함께 인쇄된 편집판이 독일 울름에서 출간되었다. David Buisseret, *The Mapmakers' Quest : Depicting New Worlds in Renaissance Europe*(Oxford : Oxford Univ. Press, 2003), 14~19쪽 ; 권용우 · 안영진, 《지리학사》(한울아카데미, 2001), 48쪽.
4) David Buisseret, "Introduction", David Buisseret (ed.), *Monarchs, Ministers and Map*(Chicago : Univ. of Chicago Press, 1992), 1쪽 ; David Buisseret, *The Mapmakers' Quest : Depicting New Worlds in Renaissance Europe*, 1~2장 참조.
5) J. B. Harley, "The Map and the Development of the History of Cartography", J. B. Harley · David Woodward (eds.), *History of Cartography : Cartography in Prehistoric, Ancient and Medieval Europe and the Mediterranean*, vol. 1(Chicago : Univ. of Chicago Press, 1987), 1~20쪽.

는 그대로 반영하는 것이 아니라 '유럽의 영토적 통제를 구성해온' 권력의 도구였다는 시각이다.[6] 즉 지도를 제작하는 과정이란 '고안, 선별, 누락, 단순화, 분류, 계서화(階序化)와 같은 수사적인 방법'들을 동원하여 권력관계를 구축하는 것으로, 담론의 형성 및 배분 과정과 동일하다는 주장이다.[7] 할리가 제안한 '지도의 수사학'은 1990년대 포스트모더니즘의 수혜를 받은 문학 연구가들에게 영향을 끼쳤고, 이후 문학적 지리학을 둘러싼 많은 성과물들이 나오게 되었다.[8]

한편 1992년 일부 학자들은 《군주들, 대신들 그리고 지도들 Monarchs, Ministers and Maps》에서 근세 유럽에서의 지도의 발흥을 절대주의 국가라는 정치적 단위의 발생과 연결시켰다.[9] 이 작업은 이탈리아의 도시 국가, 영국, 프랑스, 스페인, 오스트리아와 폴란드에서 국왕이나 고위 관료들이 지도를 행정에 이용하게 된 과정을 추적하며, 지도가 중앙 집권화 과정에서 중요한 도구로 사용되었던 사실을 보여주었다. 이 책은 '르네상스 유럽'이라는 광범위하고도 다소 모호한 시간적 단위에서 탈피하여, 공간적으로 다른 국가마다 지도가 발생한 시기와 발달 양상이 달랐다는 측면을 강조한다는 장점이 있다.

---

6) J. B. Harley, "Maps, Knowledge, and Power", Dennis Cosgrove · Stephen Daniels (eds.), *The Iconography of Landscape : Essays on the Symbolic Representation, Design and Use of Past Environments*(Cambridge : Cambridge Univ. Press, 1988) ; J. B. Harley · David Woodward (eds.), *The History of Cartography*, 6 vols.

7) J. B. Harley, "The Map and the Development of the History of Cartography", 1~20쪽 ; Rhonda Lemke Sanford, *Maps and Memory in Early Modern England : A Sense of Place*(New York : Palgrave Macmillan, 2002), 12쪽.

8) 이에 대해서는 특히 Jess Edwards, "How to Read an Early Modern Map : Between the Particular and the General, the Material and the Abstract, Words and Mathematics", *Early Modern Literary Studies*, vol. 9, no. 1(2003. 5) ; Bernhard Klein, *Maps and the Writing of Space in Early Modern England and Ireland*(London : Palgrave Macmillan, 2001) ; Richard Helgerson, "Introduction", *Early Modern Literary Studies*, vol. 4, no. 2, Special Issue 3(1998. 3) ; John Gillies, *Shakespeare and the Geography of Difference*(Cambridge : Cambridge Univ. Press, 1994) ; Garrett Sulivan, *The Drama of Landscape : Land, Property, and Social Relations on the Early Modern Stage*(Stanford : Stanford Univ. Press, 1998) 등을 참조하라.

9) 존 마리노John Marino, 피터 바버Peter Barber, 데이비드 뷔서릿David Buisseret, 제프리 파커Geoffrey Parker, 제임스 반James Vann, 마이클J. 미코스Michael J. Mikos 등이 《군주들, 대신들 그리고 지도들 Monarchs, Ministers and Maps》의 집필에 참여했다.

하지만 이 책은 행정적 목적으로 사용된 지도에 초점을 맞추고 있기 때문에 지도를 통한 공간 인식이 어떻게 사회 전반으로 확산되었으며, 그것이 국가라는 단위에 대한 국민들의 인식이 형성되는 데 어떤 영향을 끼쳤는가 하는 문제는 다루지 않고 있다. 사실 '지도'는 국가 정체성의 주요 요소인 '국토'를 시각적 이미지로 관념화시키는 강력한 도구다. 따라서 절대주의 국가에서의 지도의 발전은 국가 정체성의 형성과 관련해서 고찰할 필요가 있다. 이 글에서는 지도라는 주제를 통해 튜더 시대 영국의 국가 정체성의 성격을 파악해보고자 한다.

16세기 영국에서는 많은 지도가 제작되었고 그 지도들이 구체적인 '국가'의 모습을 그려냄으로써 국가 정체성 형성에 기여하게 되었다. 하지만 이 시기 국가 정체성의 성격이 어떤 것이었는가 하는 문제를 두고는 일반적인 합의가 도출되지 못하고 있다. 여기서 가장 논란이 되는 부분은 그 국가의 주체가 누구로 상정되었는가 하는 점인데, 최근 몇몇 연구들은 근세 영국 지도에 나타난 국가 정체성이 국왕이기보다는 '국민'이 중심을 이루고, 국민의 주도로 만들어진 것이었다는 주장을 펼치고 있다.

피터 바버Peter Barber는 1530년대 영국에서 '정부의 혁명'과 더불어 지도가 행정의 주요한 도구로서 활용되었다면서 이 변화를 '헨리 시대의 지도의 혁명Henrician Cartographic Revolution'이라고 부른 바 있다.[10] 그런데 그는 "1550년 이후 대부분의 지도는 군주를 위해서가 아니라, 지도 제작 기술자들에게 더 나은 보수를 줄 수 있는 사회 집단들을 위해 만들어졌다"[11]고 말한다. 이는 과거에 국왕이 독점적으로 행사했던 지도 제작 기획이 사적 차원으로 넘겨져 고위 관료나 상인, 혹은 젠트리들에 의해 주도되었다는 주장으로, 당시 뛰어난 몇몇 지도 제작자들이 국왕에 의해 고용되거나 국왕의 공식적인 후원을 받은 적이 없다는 사실을 그

---

10) Peter Barber, "England I : Pageantry, Defense, and Government : Maps at Court to 1550", David Buisseret (ed.), *Monarchs, Ministers and Maps*, 34쪽.
11) Peter Barber, "England II : Monarchs, Ministers, and Maps, 1550~1625", David Buisseret (ed.), *Monarchs, Ministers and Maps*, 58~59쪽.

증거로 제시한다.[12]

나아가 일부 학자들은 16세기 지도의 양적 팽창이 영국 전체를 아우르며 '국가'라는 통합적 단위의 정체성을 만들기보다는, 지방 단위 혹은 사유지와 같은 지역 공간을 중심으로 이루어져 일종의 '지방주의localism' 형성에 일조했다고 주장한다. 이런 주장은 16세기 후반 유행했던 전국 일반지도general map들이 대부분 주(州)county별로 한 장의 지도를 만드는 형식을 취했던 사실과, 같은 시기에 개인 소유지를 그린 영지도(領地圖)estate-map가 엄청나게 유행했다는 현상을 그 근거로 내세운다.[13]

리처드 헬거슨Richard Helgerson은 16세기 후반부터 지도에 제작자의 이름이 당당하게 등장하기 시작하고, 17세기 초반이 되면 왕실의 문장(紋章)이 지도에서 사라지고, 지도첩의 표지에 그려졌던 국왕의 모습이 브리튼 섬의 모습으로 대치된다는 사실 등을 들어 국가 정체성의 근원을 개인으로서의 국민으로 상정한다. 즉 지도에 나타난 이런 변화는 엘리자베스 시대 고양된 개인의 자율성이 궁극적으로 국토와 자신을 매개하던 국왕을 밀어내고 국토와 개인을 직접 연결 짓는 진정한 '국민'의 탄생을 반영한다는 것이다.[14]

필자는 이런 주장들이 휘그주의적 전통의 연장선에서 만들어진 '튜더 시대의 애국주의Tudor patriotism'에 대한 낡은 논의를 답습하는 것이라고 본다. 앨프리드 레슬리 로즈Alfred Leslie Rowse의 저작[15]들로 대표되는 이 시각은 주로 1580년대

---

12) 당대 지도 제작과 관련된 뛰어난 수학자이자 측량사인 디John Dee, 화이트John White, 해리엇Thomas Harriot, 본William Bourne, 그리고 건터Edmund Gunter와 같은 이들은 국가의 공식적인 후원을 전혀 받은 적이 없고, 국가에 의해 정식으로 고용된 적도 없었다는 사실을 강조한다.

13) Peter Barber, "England II : Monarchs, Ministers, and Maps, 1550~1625", 59쪽 ; Rhonda Lemke Sanford, *Maps and Memory in Early Modern England : A Sense of Place*, 20 · 77쪽 ; Richard Helgerson, *Forms of Nationhood : The Elizabethan Writing of England*(Chicago : Chicago Univ. Press, 1994), 134쪽 등을 참조하라.

14) Richard Helgerson, *Forms of Nationhood : The Elizabethan Writing of England*, 107~132쪽 ; Bernhard Klein, *Maps and the Writing of Space in Early Modern England and Ireland*, 101쪽.

15) 대표적으로 Alfred Leslie Rowse, *The Expansion of Elizabethan England*(New York : St. Martin's Press, 1955) ; Alfred Leslie Rowse, *The English Spirit*(London : Melbourne, 1966) ; Alfred Leslie Rowse, *The*

를 전후한 엘리자베스 시대를 영국에서 애국주의가 발현한 중요한 시기라고 본다. 여기서 애국주의는 '튜더 시대의 국민주의Tudor nationalism'로 불리기도 하며, 군주에 대한 충성이 아닌 국가에 대한 충성이라는 의미가 강하고 또한 그것이 자발적으로 생겨난 의식과 행위라는 함의를 지닌다. 리아 그린펠드Liah Greenfeld는 이런 국민주의의 발생 시점을 1530년대까지로 끌어올리기도 하는데, 필자가 보기에 이런 주장들은 국민을 주권을 가진 주체로 규정하는 근대론자들의 주장에 편승하여 16세기 영국인을 지나치게 근대적인 사람들로 각색하는 경향이 있다. 따라서 "그 어느 공고한 공동체보다 크고, 항상 동질적이며, 신분, 계급, 지역성이나 어떤 경우에는 민족성 등에 의해, 단지 피상적으로만 구분되는"[16] 국민이라는 개념이 과연 이 시기에 분명히 나타났는가를 의심하지 않을 수 없다. 이 글은 영국 최초의 전국 지도, 영지도, 국왕의 초상화에 등장하는 영국 지도라는 세 가지 형태의 지도를 살펴보면서 이 문제의 실마리를 찾고자 한다.

2. 크리스토퍼 색스턴의 《아틀라스》와 정부의 후원

영국 역사에 있어 국가 정체성 창출에 중대한 기여를 한 대표적인 지도첩은 크리스토퍼 색스턴Christopher Saxton의 《잉글랜드와 웨일스 주(州)들을 망라한 대아틀라스The Great Atlas of the Counties of England and Wales》(1579)(이하《아틀라스》로 줄여 씀)이다. 빅터 모건Victor Morgan은 이 지도첩을 "새로운 차원의 지도학적 성과이자 동시에 잉글랜드의 시각적 이미지를 결정한 것"[17]이라고 평가했고, 헬거슨은 이 지도첩이 인쇄를 통해 사회 전반으로 확대되었던 측면을 강조하면서

England of Elizabeth(New York : Macmillian, 1950) 등을 들 수 있다.
16) Liah Greenfeld, *Nationalism : Five Roads to Modernity*(Cambridge, Mass. : Harvard Univ. Press, 1992), 3쪽.
17) Victor Morgan, "The Cartographic Image of 'the Country' in Early Modern England", *Transactions of the Royal Historical Society*, vol. 5, no. 29(1979), 133쪽.

"영국 사람들이 자신들이 살고 있는 실제 땅덩어리를 효과적으로 시각화하고 관념화한 소유물을 처음으로 갖게 되었다"[18]고 말하기도 했다.

《아틀라스》는 1570년부터 제작되기 시작했는데 1574년부터 1578년까지 낱장의 지도가 만들어져 인쇄되기 시작했고, 1579년에 38장의 지도가 한 권의 책으로 엮이어 출간되었다. 여왕이 그려진 표지와 목차 뒤에는 '영국Anglia'이라는 이름으로 잉글랜드와 웨일스 전체를 그려낸 일반도(국가 전도)가 배치되고, 영국의 52개 주를 34장에 그려낸 지역별 지도가 뒤따르는 구성을 취하고 있다.[19] 이 지도첩은 영국의 각 주를 빠짐없이 아울렀다는 사실과, 규모와 질적인 면에서 최고였으며 상업적으로 성공했다는 점, 특히 인쇄를 통해 사회 전반으로 보급되었다는 측면에서 지도학 사상 세계 최초의 사례로 꼽힌다.[20]

하지만 이 지도의 발생 원인에 대해서는 로즈가 열성적으로 주장한 바 있는 "엘리자베스 시대의 영국에 만연한 애국심의 결과"[21]로만 설명할 수는 없다. 16세기 초반부터 토지 측량과 지도 제작 기술이 발달하기 시작하여, 16세기 중엽에 이르자 이 분야에 종사하는 영국 출신의 전문 직업군이 형성되었다. 이는 교육받은 엘리트들 사이에 지도——그것이 어떤 형태이든지——에 대한 수요가 충분히 발생하여 지도 시장이 형성되어 있었기 때문에 가능한 일이었다. 그런데 영국에서 이렇게 지도 제작이 가능한 사회적 인프라가 구축된 배경에는 16세기 초부터 지속된 국왕과 정부의 전폭적인 지원이 있었다.

영국에서 지도를 정치적이고 행정적인 목적으로 사용한 예는 14세기 중엽의 고우 지도Gough map에까지 거슬러 올라간다. 1500년 전까지 일부 지방에 대한 지도를 작성하라는 정부의 명이 간헐적으로 있었지만, 그렇게 만들어진 지도는 그

---

18) Richard Helgerson, *Forms of Nationhood : The Elizabethan Writing of England*, 107쪽.
19) 한 주만을 다룬 지도가 25장이고 나머지 9장에는 인근 주들을 묶어 여러 주를 한 장에 배치했다.
20) 프랑스의 경우 종교상의 제약과 국내의 정치적 혼란 때문에 1594년에야 국가 전체를 그린 지도가 부그로 Maurice Bouguereau에 의해 투르Tour 출판사에서 나왔다.
21) Alfred Leslie Rowse, *The England of Elizabeth*, 46~52쪽.

형태나 규모, 내용에 있어서 아주 미흡했다.[22] 즉위 초반에 헨리Henry 8세는 지도의 실용성을 크게 인식하지 못하고 있었으나, 1520년대에 이르러 지도 제작에 관심을 기울이기 시작했다. 무엇보다도 왕의 측근을 이루던 엘리트들 사이에 지도가 행정에 큰 도움이 된다는 인식이 퍼져나갔기 때문이었다.

　15세기 말부터 영국의 궁정은 이탈리아 인문주의의 영향하에 있었으며, 많은 인문주의자들은 베네치아와 같은 이탈리아 도시 국가에서 효율적으로 사용되던 지도의 중요성을 강조했다. 에라스무스Desiderius Erasmus는 1514년 교육에 관한 두 편의 논저에서 진정한 교육을 위해서는 지도와 같은 시각적 자료를 활용해야 한다고 역설했고, 마키아벨리Niccolò Machiavelli와 카스틸리오네Baldassare Castiglione는 전쟁과 국가의 방어를 위해서는 지도가 매우 중요하다고 주장했다.[23] 이런 분위기에서 영국의 인문주의자들도 지도가 통치에 매우 요긴한 도구가 될 수 있음을 인식하게 되었다. 토머스 엘리엇Thomas Elyot은 《군주의 서(書) The Book Named the Governor》(1531)에서 지도는 왕으로 하여금 자신이 통치하는 영토에 대한 구체적인 비전을 가질 수 있도록 하는 중요한 도구일 뿐만 아니라 왕 스스로에게도 즐거움을 가져다주는 것이라고 말했다.[24]

　1530년대에 들어 지도는 행정과 통치의 영역에 당당하게 등장하기 시작했다. 먼저 그 필요성은 국가 방위 차원에서 나타났다. 1529년부터 헨리 8세와 그의 첫 번째 왕비인 아라곤의 캐서린Catherine of Aragon의 이혼 문제로 인해 합스부르크 왕가와의 동맹 관계가 깨지자 영국이 고립되기 시작했다. 헨리 8세는 칼레와 도버, 기타 해안에 대한 많은 지도를 제작하라고 명했다. 그 이전 시기에 주로 예술가들이 맡아왔던 지도 제작은 이제 점차 외국 출신의 군사 기술자나 본토 장인

---

22) Peter Barber, "England I : Pageantry, Defense, and Government : Maps at Court to 1550", 26쪽.
23) 이는 Desuderuys Erasmus, *De copia verborum et rerum*(1514) ; Desuderuys Erasmus, *De ratione studii* (1514) ; Baldassare Castiglione, *Cortegiano*(1528) ; Niccolò Machiavelli, *L'arte della guerra*(1521) 등에서 언급되었다. David Buisseret, *The Mapmakers' Quest : Depicting New Worlds in Renaissance Europe*, 19~22쪽에서 재인용.
24) Thomas Elyot, *The Book Named the Governor*(1531), S. E. Lehmberg (ed.)(London, 1962), 23~24쪽.

들의 손으로 넘어가게 되었다. 이 과정에서 건축업 등에 종사하던 기술자들이 군사 기술-토지 측량-지도 제작을 담당하는 전문 집단으로 탈바꿈하게 되었다.[25)]

헨리 8세가 지도 제작에 전폭적인 지원을 아끼지 않았음을 보여주는 단적인 사례는 프랑스에서 디에프를 중심으로 발달하던 지도 제작 산업에 종사하던 장 로츠 Jean Rotz가 영국 왕실을 위해 일하기로 마음먹고 헨리 8세에게 찾아왔던 일일 것이다. 그는 자신이 그린 12장의 지도 위에 영국 왕실의 문장을 커다랗게 그려 넣은 표지를 붙여 헨리 8세에게 바치며 충성심을 과시했다. 당시 그 분야 최고라고 평가되는 그의 지도에는 프랑스가 관심을 가지고 있었던 남미의 동부 해안도 포함되어 있었다.[26)]

에드워드Edward 6세와 메리Mary 여왕의 재위 기간에도 정부는 지도 제작에 많은 관심을 기울였다. 이 시기 지도 제작 관행은 상대적으로 낮은 지위의 관료들에게까지 보급되었는데, 그들은 사안에 따라 각종 문서에 자신들이 그린 지도를 포함시켰다.[27)] 엘리자베스 시대에도 이런 움직임은 계속되었는데, 특히 지도를 중요하게 여긴 프랜시스 월싱엄Francis Walsingham[28)]과 벌리Burghley 경(세실William Cecil)이 여왕의 측근 세력을 형성하면서 지도 제작은 더욱 활성화되었다. 특히 엘리자베스의 수석 자문관이었던 벌리 경은 지도에 대해 남다른 관심을 갖고 있어서 그의 서재는 프톨레마이오스의 《지리학 안내》며, 오르텔리우스Abraham Ortelius[29)]

---

25) Peter Barber, "England I : Pageantry, Defense, and Government : Maps at Court to 1550", 33~37쪽 참조.
26) Jean Rotz, *Boke of Ydrography*(1541).
27) 자세한 내용은 Peter Barber, "England I : Pageantry, Defense, and Government : Maps at Court to 1550", 40~45쪽을 참조하라.
28) 그는 화이트(로어노크 식민지Roanoke Colony), 롤리Walter Raleigh(버지니아Virginia), 해리엇(서베이 Survey) 등의 지도 제작 작업을 후원한 것으로 알려져 있다. Peter Barber, "England II : Monarchs, Ministers, and Maps, 1550~1625", 68쪽 참조.
29) 오르텔리우스Abraham Ortelius가 내놓은 《세계의 무대 *Theatrum Orbis Terrarum*》(1570)는 70개의 지도를 포함하고 있는 지도첩으로, 당시로는 완전히 새로운 지도였다. 이 지도는 1612년까지 40판이 제작될 만큼 큰 성공을 거두었다.

와 메르카토르Gerardus Mercator[30]의 《아틀라스》를 포함하여 수많은 지도들로 가득했다고 전해진다.[31] 벌리 경은 사재를 털어 지도를 구입했고, 자신의 직위를 이용해 여왕의 승인을 얻어 많은 지리학적 작업들을 후원했다.[32] 막강한 권력을 행사하던 그였기에 그의 총애를 바라는 사람들은 앞 다투어 그에게 지도를 선물하기도 했고, 지도 제작을 원하는 사람들은 속속 그에게 지도를 보내어 후원을 요청하기도 했다.

벌리 경은 인쇄되어 시중에 유통되는 지도뿐만 아니라 해외에서 제작된 지도와 필사 지도manuscript map를 포괄하는 방대한 수집물을 축적했다. 그가 지도에 지대한 관심을 기울인 데에는 무엇보다 정치적인 이유가 있었다. 벌리 경이 소장하고 있던 지도들은 각 지역에 있는 국왕 편 인사들과 반대파 및 잠재적으로 배반의 위험이 있는 가문 등을 나타내는 표시들로 뒤덮여 있었다. 존 앤드루스John Andrews는 벌리 경의 수집물이 결국 "정부의 친구와 적을 표시하기 위한 지리적 인덱스"[33]라고 말한 바 있다. 내란을 일으킬 가능성이 있는 가문들의 지리적 관계를 파악하는 데 지도는 매우 유용한 것이었다. 나아가 소규모 행정 단위에서 동원할 수 있는 정부의 조력자들을 표시하는 일도 마찬가지로 중요했을 것이다. 세금 산정, 도시의 밀집도, 인구 파악 등 통치에 필요한 많은 자료들은 지도를 통해 더욱

---

30) 메르카토르Gerardus Mercator는 플랑드르 출신으로 카를Karl 5세 휘하에서 지구의를 제작했으나 이단으로 몰려 도피하기도 했다. 큰 규모의 지도들을 제작해서 유럽 지도(1554), 영국 지도(1564), 18개의 유명한 세계 지도(1569) 등을 만들었다. '아틀라스' 라는 말을 지도첩의 동의어로 처음 사용한 사람이기도 하다.
31) 벌리 경이 소장한 지도에 대해서는 R. A. Skelton · J. Summerson, *A Description of Maps and Architectural Drawings in the Collection Made by William Cecil, First Baron Burghley, Now at Hatfield House*(Oxford : Roxburghe Club, 1971)를 참조하라.
32) 벌리 경은 상인들이나 특히 회사chartered companies들과의 접촉을 통해 지도 제작에 관심을 기울이고, 그것을 후원할 수 있었다. 머스코비 회사Muscovy Company에 100파운드를 투자하기도 했고, 북서 항로 탐험(1570년대 중반)에 지대한 관심을 보이기도 했다. 그는 지도에 상당한 조예가 있어서 오르텔리우스의 아일랜드 지도가 부정확하다는 것을 알고 이를 수정하기도 했고, 스스로 스케치 지도들을 작성하기도 했다. Peter Barber, "England II : Monarchs, Ministers, and Maps, 1550~1625", 68~77쪽 참조.
33) John Andrews, "Geography and Government in Elizabethan Ireland", Nicholas Stephen · Robin E. Glasscock (eds.), *Irish Geographical Studies in Honour of E. Estyn Evans*(Belfast : Queen's Univ. Press, 1970), 180쪽.

정교하게 제시될 수 있었다. 이는 헨리 8세의 명을 받고 지방을 돌며 유력 가문들부터 지역의 특산물까지 망라하는 긴 보고서를 작성해 올린 존 릴런드John Leland의 작업[34]을 떠올리게 한다. 따라서 벌리 경이 많은 지도 제작에 개입했던 근본적인 이유가 '사적 차원'의 동기에서 비롯한 것이라고 볼 수는 없을 것이다. 벌리 경의 지도에 대한 지대한 관심은 무엇보다도 통치를 위한 것이었고, 그의 이해는 여왕의 이해를 대변하는 것이었기 때문이다.

색스턴의 《아틀라스》는 벌리 경의 후원이 만들어낸 결과물이다. 1560년 벌리는 여왕에게 청원하여 영국을 주 단위로 조사하는 작업에 착수했다. 1540년대부터 궁정과 관계를 맺어왔던 성직자이자 지도 제작자였던 존 러드John Rudd가 이 작업의 책임을 맡았으나(1561~1563) 완성하지 못했다. 1563년 벌리 경의 측근이자 유물 연구가였던 로렌스 노우얼Laurence Nowell이 이 과업을 맡겠다고 청원하여 《잉글랜드와 아일랜드의 개괄적 묘사General description of England and Ireland》(1564)가 만들어졌다. 하지만 분명치 않은 이유로 노우얼에 대한 후원이 끊기면서 영국의 전도를 주별로 만드는 대작업은 러드의 조수였던 색스턴에게 넘어가게 되었다.[35]

여왕과 벌리 경은 색스턴의 작업에 지원을 아끼지 않았다. 색스턴에게는 지방 행정 기구의 모든 정보를 이용할 수 있는 허가서passes가 발급되었고, 1577년에는 작업한 지도를 10년간 독점 판매할 수 있는 인쇄권이 그에게 주어졌다. 조사가 끝나자마자 그에게 토지와 직위가 하사되기도 했다. 1594년에 존 노든John Norden은 색스턴의 지도에서 소홀히 다뤄진 부분들을 보충하여 《브리튼의 이미지Speculum Britanniae》를 펴냈는데, 노든은 색스턴보다 훨씬 더 후한 지원을 받았던 것으로 보

---

34) John Leland, *The Itinerary of John Leland in or about the years 1534~1543*, 5 vols., Lucy Toulmin Smith (ed.)(London : Bell, 1906~1910) ; 설혜심, 〈튜더 왕조의 국가 정체성 만들기 : 존 릴런드의 답사기〉, 서양사학회 엮음, 《서양사론》 제82집(2004. 9).
35) 색스턴Christopher Saxton의 지도 제작과 후원에 대한 자세한 내용은 Sarah Tyacke · John Huddy, *Christopher Saxton and Tudor Map-making*(London : The British Library Press, 1980) ; Ifor M. Evans · Heather Lawrence, *Christopher Saxton, Elizabethan Map-Maker*(Woolley : Wakefield Historical Publications, 1979)를 참조하라.

인다.36)

 벌리 경과 여왕이 색스턴의 《아틀라스》를 후원한 일차적 이유는 그 작업이 통치의 대상이 되는 공간을 가시화시켜 통치의 효율성에 도움을 주었기 때문일 것이다. 색스턴의 지도는 실제 통치에 긴요하게 사용되었다. 이 사실은 웨일스 펨브룩셔 주 출신의 조지 오언George Owen의 주장에서 잘 드러난다. 그는 런던에 있는 자문관들이 색스턴의 지도를 사용하기 때문에 펨브룩셔 주가 웨일스의 다른 주들보다 더 많은 세금 부담을 진다고 불평했다. 색스턴의 지도에서 펨브룩셔는 한 장 전체를 차지하며 그려져 있는 반면, 인근 네 주는 한 장에 몰아넣어 그려져 있기 때문에, 지도를 제대로 읽을 줄 모르는 왕실의 자문관들이 펨브룩셔가 다른 곳보다 큰 줄 알고 더 많은 세금을 매긴다는 것이다.37)

 그런데 지도 제작이 궁극적으로 인쇄·배포를 목적으로 삼았다는 사실을 감안해 볼 때 국민들에게 '보여줄' 국가의 모습을 만들고자 했다는 중요한 의도를 간과할 수 없다. 색스턴은 현지답사와 측량, 조사 이후 그려낸 지도의 '잉크가 채 마르기도 전에' 그 지도를 벌리에게 들고 가서 감수를 받았다. 이런 과정을 통해 만들어지는 지도는 중립적이고 객관적인 지표면의 상징이기보다는 후원자의 이해와 관심사가 투영된 결과물이 된다. 따라서 《아틀라스》와 같은 지도는 정부가 적극 개입하여 국민에게 인지시키고자 하는 국가라는 공간의 이미지에 다름 아니다.

 따라서 1550년대 후반 지도 제작이 사적 영역으로 넘어갔다는 발언은 색스턴의 예가 분명히 보여주듯이 정부 차원의 적극적인 지원을 간과하는 주장이다. 튜더 시대 국왕이 지도 제작을 후원하는 방식은 구체적인 작업을 직접 명령하는 공식적 위임과, 지도 제작자에게 토지나 연금을 하사하거나 혹은 다른 형태의 고용을 통해 간접적으로 후원하는 두 가지 방식이 있었다. 《아틀라스》의 시원은 후자에 속하는 것으로, 지도 제작의 기획, 감독, 검열과 배포를 둘러싼 결정권을 정부 차

---

36) Heather Lawrence, "Permission to Survey", *The Map Collector*, vol. 19(1982), 18~19쪽 참조.
37) B. L., MS Harley, 6250, fos. 4v-5v. Victor Morgan, "Cartographic Image of 'the Country' in Early Modern England", 138쪽에서 재인용.

원에서 행사했다. 따라서 색스턴의 《아틀라스》를 사적 차원의 지도 제작으로 보기보다는 오히려 정부가 《아틀라스》와 같은 국가 전도를 국민들에게 보급함으로써 기대했던 효과를 주목할 필요가 있다. 당시로서는 최첨단의 기술을 동원하여 만든 화려하기 그지없는 지도첩은 정부가 국민들에게 주입하고자 했던 '영국의 모습'이었고, 거기에 그려진 국토의 모습은 정부가 국민들에게 전달하고자 하는 국가에 대한 자긍심을 반영하는 것이었다.

직접 지원 역시 그 분야가 달라졌을 뿐이지, 16세기 중반에도 완전히 사라진 것은 아니었다. 1530년부터 국왕이 주도했던 방대한 지도 제작의 근간이었던 요새 건축 프로그램이 1550년대에 마무리되면서 군사적 필요에 의한 지도 제작의 빈도는 상대적으로 줄어들었지만, 국왕은 지속적으로 큰 규모의 지도 제작 프로젝트를 관장하고 있었다.[38] 특히 그 전에 비교적 소홀히 다루어졌던 아일랜드[39]와 해외의 지도 제작에 많은 관심을 기울이기 시작했다. 16세기 전체를 통틀어 영국은 스페인과 포르투갈에 비해 해외 지도 제작의 발달 정도가 미미했는데, 존 디John Dee 등이 이를 문제 삼아 여왕에게 청원했고, 16세기 후반 이 분야에 대한 지원이 늘게 되었다. 그 결과 1585년 롤리Walter Raleigh 경을 따라 탐험 길에 오른 존 화이트John White가 그려온 상세한 버지니아의 지도들, 리처드 해클루트Richard Hakluyt의 《영국인에 의한 주요 항해, 탐험, 발견 The Principal Navigations, Voyages and Discoveries of the English Nation》(1589),[40] 나아가 에드워드 라이트Edward Wright가 메르카토르 도법을 개선하여 만든 〈세계 지도Map of the World〉(1599) 등의 중요한 성과물들이 나오게 되었다.[41]

---

38) 1550년대 이후 국왕이 후원한 지도 제작의 상세한 내용은 Peter Barber, "England II : Monarchs, Ministers, and Maps, 1550~1625", 59~62쪽을 참조하라.
39) 아일랜드를 다루는 지도에 대한 상세한 내용은 John Andrews, "Geography and Government in Elizabethan Ireland"; Gerard Anthony Hayes-McCoy, *Ulster and Other Maps, c. 1600*(Dublin : Irish Manuscripts Commission, 1964)를 참조하라.
40) 이 책은 지리학과 연대기를 구분한다는 특징이 있으며, 신세계 발견에 관한 영국인의 위대한 업적을 찬양하고 더 많은 식민지 건설을 부추기는 매우 선동적인 책으로 평가된다.

3. 영지도와 사적 차원의 지도 제작

앞서 언급했듯이, 색스턴의 지도는 주별 구성을 취하고 있다. 베른하르트 클라인Bernhard Klein은 색스턴의 지도가 당대 영국인들의 머릿속에 이전과는 상당히 다른 국토의 모습을 새겨 넣었을 것이라고 말하며, 특히 국토의 공간적 구분이 주별로 나타난 양상을 주목한 바 있다.[42] 지도가 나타내는 공간은 실제 공간과 그것을 담아내는 도면, 나아가 지도를 보는 사람과 제작하는 사람 사이의 역학 관계를 통해 만들어진 산물이다. 여기서 한 장의 지도에서 다뤄지는 지표면의 공간들은 보이지 않는 '관계' 속에 놓이게 된다. 도면에서 다뤄지지 않는 공간과는 분명히 차별적으로, 단일한 단위를 상정하며, 그 공간 안에서의 차이보다는 공통적 특징이 부각되는가 하면, 거꾸로 다른 도면에 그려지는 공간과는 선명하게 대비되는 내용이 강조되는 등 이해관계의 그물망 속에 놓이게 되는 셈이다. 한 장의 지도가 하나의 주를 다루고 있다는 사실은 색스턴의 지도에서 최초로 시도된 것으로, 그 역사적 함의를 여러 각도에서 고찰해볼 수 있다.

색스턴의 《아틀라스》는 "향후 200년간 거의 모든 지도의 구조를 결정하는 모델의 역할을 하게 되었다"[43]고 평가된다. 이런 측면에서 볼 때 이제 영국의 주는 사람들의 생활에서 매우 중요한 단위로 부상하게 되었음을 알 수 있다. 따라서 각각의 주가 개별적으로 그려진다는 사실은 지도-지각의 차원에서 볼 때, 주가 사람들의 정치적 행위의 절대적인 단위로서 마치 독립적인 소왕국처럼 그 자체로 단일한 자율성을 가질 수 있음을 의미한다. 따라서 분리되어 그려진 각각의 주들 사이에는 서로 간의 공통점보다는 차이점이 부각되고, 자연스럽게 지방주의가 형성될 수 있다는 분석이 가능하다.

---

41) 17세기에는 정부 차원의 대규모 후원이 없는 바람에 지도 제작 기술이 프랑스에게 밀리게 되고, 심지어 북아메리카의 지도 제작도 프랑스가 주도하게 되었다.
42) Bernhard Klein, *Maps and the Writing of Space in Early Modern England and Ireland*, 101쪽.
43) Bernhard Klein, *Maps and the Writing of Space in Early Modern England and Ireland*, 100쪽.

하지만 《아틀라스》는 이들 낱장의 지도들을 묶어낸 지도첩이고, 책의 시작에는 이들 주를 모두 아우르는 '영국'의 모습이 있다. 지도첩의 시작에 일반도를 배치하고 개별 주로 넘어가는 구성은 각 주가 영국이라는 전체적 단위의 한 부분을 이루는 한 지역이라는, 또 다른 더 큰 '관계'를 설정한다. 여기서 각 주는 영국이라는 공동체를 구성하는 한 부분이고, 그 한 부분은 보이지 않는 정치적 권력이 만들어낸 가상의 경계선에 의해 설정된 것이다. 주 단위로 만들어진 지도는 중앙 정부가 국가라는 공간을 구획하던 방식, 나아가 그곳에 살고 있는 사람들을 단위화한 양식을 투영하며, 그것을 시각적으로 지표화해서 국민에게 주입한 예라고 보아야 한다.

따라서 색스턴의 지도가 주별로 그려졌다는 사실에서 더욱 주목해야 할 점은 그 단위를 취한 주문자의 의도와 궁극적으로 그것이 국민들의 관념 속에 주입되어 발생한 효과다. 주라는 단위는 영국 역사에서 주교 관구diocese 혹은 헌드레드hundred와 같은 전통적인 지방 행정 단위에 반대되는, 중앙 정부의 지방 통제의 기본을 이루던 정치적 단위다. 튜더 정부는 지리학 관련 기획에서 지속적으로 '주' 단위의 구성을 중시했던 것으로 보인다. 릴런드의 《답사기Itinerary》[44]에서도 이런 움직임이 뚜렷이 나타나고 있는데, 궁극적으로 지도 제작을 염두에 두고 전국을 포괄하여 이루어진 릴런드의 답사는 40개의 잉글랜드 주와 12개의 웨일스 주를 기초적인 범주로 설정하고 있다.

릴런드의 기록이 주를 답사의 기본 단위로 삼으면서도 개별적인 지역성을 도출해내기보다는 영국 전체의 일관성을 강조하는 것처럼,[45] 색스턴의 지도 역시 일관된 체계를 통해서 각 주 사이의 공통점을 부각시키고 있다. 색스턴의 지도는 언덕, 강, 거주지, 숲, 나무라는 대략 다섯 가지의 상징물을 통해 영국을 그려낸다. 각각의 상징물의 범주 속에서도 보편적이고도 단일한 공간으로서의 영국의 모습

---

44) 릴런드John Leland의 답사는 1533년에서 1545년에 이르는 방대한 사업이었다.
45) 설혜심, 〈튜더 왕조의 국가 정체성 만들기 : 존 릴런드의 답사기〉 참조.

을 그려내려 했음을 알 수 있다.

이런 맥락에서 벌리 경이 노우얼에 대한 지원을 중단하고 색스턴에게 새로이 지도 제작을 맡겼던 이유를 추론해볼 수 있다. 노우얼이 완성했던 《잉글랜드와 아일랜드의 개괄적 묘사》는 주별 구성을 취하지 않고, 잉글랜드의 지역을 몇 개의 구획으로 나누어 차별성을 강조했다. 또한 스코틀랜드와 아일랜드, 프랑스를 주변부에 배치하여 이른바 해외 국가들의 존재 속에 놓여 있는 영국의 모습을 조망했다. 반면 색스턴의 지도는 잉글랜드와 웨일스에 집중하고 있어 그야말로 어느 누구도 범접할 수 없는 독립적 존재로서의 국가의 모습을 그려냈다. 릴런드의 《답사기》가 잉글랜드와 웨일스를 동일한 공간으로 그려냈던 것과 마찬가지로, 색스턴 역시 국토 내의 동질성을 부각시킨다는 점이 노우얼과 뚜렷이 다른 점이었다.

한편, 1570년대부터 영국과 네덜란드를 중심으로 '영지도'라고 불리는 새로운 형태의 지도가 유행하기 시작했다.[46] 이것은 지리적 공간에 있어 개인이 소유한 경제적 단위, 즉 토지 소유 관계만을 표시하는 것으로, 그 특성상 소유지가 아닌 부분은 공백으로 남겨두기 일쑤고, 시골 풍광을 왜곡해서 묘사하기도 했다. 영지도는 예외 없이 축척scale에 따라 작성되었으며 주로 대축척(1:5000) 지도의 형태를 띠었는데, 토지뿐만 아니라 중요하다 싶은 건물도 가끔 표시하곤 했다. 영지도의 목적은 무엇보다도 소유권을 분명히 하기 위한 것이었고, 효율적인 소작료 징수나 효과적 작물 재배와 같은 농업 경영의 도구로서 사용되었다. 때문에 영지도는 봉건제에서 자본주의로의 이행을 보여주는 일종의 상징물로 해석되기도 하고, 많은 젠트리들이 집 안에서 가장 눈에 띄는 곳에 걸어두었던 점들로 미루어 토지 소유자의 자긍심을 나타내는 것이기도 했다.[47]

---

46) 영지도(領地圖)estate-map는 영국과 네덜란드 두 지역에서 나타났지만 네덜란드에서는 그렇게 많이 제작되지 않았다. 네덜란드의 경우 뛰어난 지도 제작 기술자들이 많았지만, 이 지도를 제작할 만큼 경제적으로 여유가 있는 소농이 많지 않았기 때문인 것으로 해석할 수 있다. Sarah Bendall, *Maps, Land and Society*(Cambridge : Cambridge Univ. Press, 1992), 9쪽.
47) 자세한 내용은 Catherine Delano-Smith · Roger Kain, *English Maps : A History*(London : The British Library Press, 1999), 118쪽을 참조하라.

토지 소유 관계를 시각적으로 표현하는 현상은 분명히 새로운 것이었다. 중세에도 토지 조사는 있었으나 보통 서술의 형태로 기록되었다. 하지만 효율적인 농업 경영을 위해 토지 측량을 권장하는 존 피츠허버트John Fitzherbert의 《토지 조사 매뉴얼The Boke of Surueying and Improumentes》(1523)[48]이 나타난 이래 리처드 베네즈Richard Benese와 레너드 디그즈Leonard Digges 등의 대중적인 토지 측량 관련 출판물들이 큰 호응을 얻게 되었다.[49] 영농법과 관련하여 토지 이용에 대한 관심이 증가하면서 1570~1840년 사이에 많은 영지도가 영국에서 제작되었다.[50]

이른바 '독특한 영국적 현상'이라고 불리기도 하는 영지도의 유행은 사실 여러 가지 역사적 조건들이 선행되어서 발생한 것이다. 먼저 이런 대축척 지도로 소유지를 표현할 수 있을 만큼 토지 소유자가 여럿 있어야 한다. 따라서 지나치게 넓은 지역에 한두 명의 대토지 소유자만 있거나 농업이 발달하지 않은 지역에는 영지도가 만들어지지 않는다.[51] 또한 영지도의 발생은 토지 매매 시장이 활발한 상황에서 나타난다. 1530년대에 시작된 수도원 해산으로 영국에서 토지 소유권은 엄청난 변동을 겪게 되었고, 1570년대에도 토지 매매는 여전히 활발하게 이루어지고 있었다. 이런 맥락에서 지도에 그려진 땅은 주인의 소유물로서 주인의 자랑거리이자 동시에 팔 수 있는 상품이기도 했다. 또한 이는 대대로 물려받아 그대로 후손에게 물려줄 토지를 그리는 것과는 분명히 다른 차원의 상징성을 지닌다. 나아가 중앙 정부가 개인의 토지 소유 관계를 일목요연하게 보여주는 지도를 작성한다면 개인 차원에서의 소유권을 나타내는 지도가 나올 필요가 없었을 것이다.

---

48) John Fitzherbert, *The Boke of Surueying and Improumentes*(London, 1523).
49) Richard Benese, *This Boke Sheweth the Maner of Measurynge of All maner of Lande*(London, 1537) ; Leonard Digges, *Tectonicon*(London, 1556).
50) 아일랜드 식민이 본격화되면서 토지 측량과 조사, 대지 도면의 작성은 1586년부터 시작되어 1620년대가 되면 매우 일반적인 것이 되었다.
51) 이런 측면에서 델러노 스미스Catherine Delano-Smith와 케인Roger Kain의 연구는 매우 흥미롭다. 이들의 연구는 켄트의 서부에서는 이런 지도가 많이 나타나지 않았던 반면, 남동부는 많이 나타났다는 대조를 보여주고 있다. 아마 스코틀랜드는 이런 지도 자체가 많이 없었을 것이다. Catherine Delano-Smith · Roger Kain, *English Maps : A History*, 118쪽.

19세기에 육지 측량부the Ordnance Survey가 신설되기 전 영국에서는 영지도와 같이 개인적 차원에서 작성된 토지 소유 지도를 사용했다.

데이비드 플레처David Fletcher는 이에 더하여 영지도가 유행한 배경에는 개인적 차원의 동기가 매우 중요하게 작용했다고 주장했다.[52] 같은 맥락에서 클라인은 국가도national map가 좀 더 관념적인 것으로서 공동체의 정체성을 표현하는 것이라면, 영지도는 좀 더 실제적인 성격을 갖고 있을 뿐만 아니라, 한껏 고양되어 가던 개인의 정체성이 발현된 표지임을 강조했다.[53] 이는 또한 과거처럼 자연적 경계로 둘러싸인 지역이 아니라 인간의 관심이 중심이 되는 지역을 단위로 하는, 새로운 공간적 개념이 나타났다는 주장과도 연결된다. 이런 주장에는 개인을 단위로 하는 공간 개념이란 국가와 같은 공동체적 공간으로부터 독립적이거나 혹은 공동체적 공간과는 대립적인 긴장 관계를 갖고 있다는 암시가 깔려 있다.

하지만 영지도를 국가라는 공동체의 이해와 상치되는 개인적 이해관계의 표상으로 보거나 그것에 표현된 사적 소유권이 국가를 뛰어넘어 더 큰 가치를 지닌 것으로 고양된다고 해석하는 것은 무리가 있다. 물론 이 지도가 토지 경영의 효율성을 목적으로 한다는 측면에서 영지도를 오래전부터 다양한 분야에서 제작되어온 사적 차원의 지도의 전통 속에 포함시킬 필요도 있다고 생각한다. 사실 영국에서는 좀 더 실제적인 필요에 의해 지도를 만드는 관습이 오래전부터 존재해왔다. 중세에는 매슈 패리스Matthew Paris의 〈지방 지도〉(1250년경)와 같이 순례를 보조하기 위한 안내도의 전통이 있었고, 비록 초보적인 수준이었지만 항해를 위한 해도(海圖)와 해안선을 그린 지도도 있었다. 또한 종교 개혁의 와중에 아직 해체되지 않은 성소들을 표시하는 지도들이 제작되기도 했다.

한편 법률가들은 1400년경부터 행정 구역, 사법권, 소유권 등을 둘러싼 법적인 논쟁에 상세한 정보를 제공하기 위해 지도를 이용하기 시작했다.[54] 이들이 이용하

---

52) David Fletcher, *The Emergence of Estate Maps : Christ Church, Oxford, 1600 to 1840*, 7장 참조.
53) Bernhard Klein, *Maps and the Writing of Space in Early Modern England and Ireland*, 81쪽 참조.
54) Peter Barber, "England I : Pageantry, Defense, and Government : Maps at Court to 1550", 27쪽.

는 지도는 매우 조잡한 수준의 것이었지만, 법정에서 증거로 쓰이기도 했다. 또한 헨리 7세 시절부터 교역과 탐험을 위해 지도 제작에 관심을 보였던 브리스틀의 상인들, 나아가 1550년대 중반 런던의 상인들은 특허 회사를 통해 외국의 유명한 지도 제작자들을 고용하고, 그들과 자국의 과학자들을 연결시키며 교역을 위한 정확한 지도를 작성하려는 노력을 펼치기 시작했다. 16세기 후반에는 노리치(1559), 케임브리지(1574), 런던(1553·1580·1593·1598) 등을 그린 다양한 도시 도면Town Plan 역시 유행했다.[55]

영지도의 유행은 이렇듯 다양한 사적 차원의 지도가 제작되던 전통과 16세기 전반적인 지도의 발전이라는 두 요소가 결합하여 나타난 것으로 보아야 할 것이다. 영지도는 개인의 실제적 이해관계를 위해 만들어진 것이지만, 그것의 유행이 자신이 속한 가장 큰 공동체였던 국가의 이해와 반드시 상치될 필요는 없다. 국가전도를 그리는 작업을 수행한 색스턴이나 노든 모두 영지도 분야에서 이름을 떨치던 사람이었다는 사실은 이 두 분야가 상호 배타적인 것이 아니었음을 암시한다. 지도 제작을 의뢰했던 사람들 역시 이해관계에 있어 서로 배타적인 집단들이 아니었다. 고위 관료들은 동시에 대토지 소유자이기도 했고, 그들은 여왕의 이해관계와 상인들의 이해관계를 매개하는 역할도 했으며, 상인들의 이익은 곧 여왕의 이익이기도 했다. 따라서 지도 제작을 둘러싼 각기 다른 집단의 관심은 크게는 한 가지 목적, 즉 영국 전체의 이익으로 귀결될 수 있는 것이었다.

16세기 후반 영지도와 같은 대축척 지도가 유행할 수 있었다는 것은 영국의 많은 토지 소유자들이 이런 수학적 개념에 익숙했다는 사실을 말해준다. 대축척 지도는 1539년에서 1547년 사이 국왕의 명령에 의해 제작된 많은 지도들에서 나타난 형태이다.[56] 사람들이 축척 지도의 개념에 익숙하게 되었다는 사실은 축척으로 표시된 더 큰 공간에 대한 이해 역시 가능케 했을 것이다. 따라서 영지도-주별 지

---

55) Rhonda Lemke Sanford, *Maps and Memory in Early Modern England : A Sense of Place*, 103~105쪽 참조.
56) Peter Barber, "England I : Pageantry, Defense, and Government : Maps at Court to 1550", 37쪽.

도-국토는 단절적이기보다는 축척이라는 개념에 의해 연결되고 확장되어가는 공간으로 볼 수도 있다. 자기 땅에 대한 자부심과 소유 의식은 이렇게 확장하는 동심원 속에서 내 땅, 내가 사는 고장, 나아가 내 나라에 대한 애정, 국가 정체성으로 이어졌을 수 있지 않을까.

4. 지도와 국가 정체성 프로파간다

16세기 초 유럽의 여러 왕실에서 지도는 국가 정체성을 창출하는 프로파간다의 도구로 사용되기 시작했다. 지도는 전쟁의 승리를 표시하는 상징물이자 정치적 단위로서의 각국의 지리적 위치를 분명히 해주는 지표이며, 자국의 독립적 정체(政體)와 특성을 드러내는 강력한 매체였다. 1550년대에 접어들어 영국에서는 지도가 왕의 사실(私室)에서 벗어나 좀 더 공적인 장소, 즉 많은 사람들이 오가는 장소에 배치되기 시작했다. 왕궁으로 사용되던 화이트홀, 그리니치, 햄프턴 코트와 웨스트민스터의 세인트 제임스 하우스의 공공 회랑과 대접견실, 그리고 정무실을 장식하게 된 것이다.[57]

유럽의 많은 왕실은 다른 나라에 자국의 지도를 선물함으로써 양국 간의 우호를 표현하기도 했고, 거꾸로 타국의 지도를 제작함으로써 타국에 대한 자국의 정치적 입장을 드러내기도 했다. 중세의 지도가 아닌, 최초의 새로운 영국Great Britain 지도는 1546년 로마에서 제작됐다. 이 지도는 파올로 지오비오Paolo Giovio 주교가 펴낸 《브리튼, 스코틀랜드, 아일랜드와 그 북쪽 지방 묘사Descriptio Britanniae, Scotiae

---

57) 그리니치의 회랑에는 '잉글랜드의 지도map of England'가 있었고, 햄프턴 코트에는 잉글랜드와 웨일스의 토지 도면이, 화이트홀에는 잉글랜드, 스코틀랜드의 일부와 아일랜드와 브르타뉴를 그린 작은 지도가 있었다. 1547~1549년에 작성된 화이트홀 신도서관New Library 소장 목록을 보면 그 당시 아주 많은 지도들이 있었고, 왕과 고위 행정가들이 그것들을 쉽게 사용했다는 것을 알 수 있다. 자세한 내용은 Peter Barber, "England I : Pageantry, Defense, and Government : Maps at Court to 1550", 43~45쪽을 참조하라.

Hyberniae, et Orchadum》에 수록되어 있는데, 이 지도를 만든 사람은 조지 릴리 George Lily였다. 그는 헨리 8세를 둘러싸고 있던 프로테스탄트 진영에 반대하는 가톨릭 세력을 대표하던 레지널드 폴Reginald Pole 추기경을 따라 로마에 머물고 있던 중이었다. 이 지도는 로마의 전적인 후원하에서 작성된 것으로 보이며, 가톨릭 세력의 정치적 프로파간다의 일환으로 만들어진 것이다.[58] 이 지도에서 가톨릭 국가인 스코틀랜드는 매우 자세히 묘사되고 있으나, 잉글랜드는 고우 지도의 묘사 수준에서 크게 벗어나지 못한 모습을 보인다.

릴리의 지도가 영국 내에서 별다른 호응을 얻지 못했던 반면, 색스턴의 지도는 "이 왕국의 토지들을 더 잘 이해할 수 있기 위해 매일같이 모든 귀족과 젠틀맨들에 의해 쓰이게"[59] 되었다고 알려진다. 색스턴의 지도는 출판되기 이전부터 당시 지식인들의 문헌에서 관심 있게 다뤄졌으며, 출판된 후에는 벽걸이 지도wall-map, 태피스트리tapestry 놀이용 카드와 같은 다양한 종류로 복사되었다. 특히 중세 말부터 유럽에 보급되기 시작한 놀이용 카드는 교육을 위한 목적으로도 사용되었다. 이 카드는 보통 52장이 한 세트를 이루었는데, 카드의 구성상 편리하게도 색스턴이 그린 영국의 52개 주 그림을 집어넣을 수 있었다.[60]

헬거슨은 색스턴의 지도가 영국이라는 '땅'의 모습을 시각적으로 구현한 것이기 때문에, 국가 정체성이라는 측면에서 땅과 군주를 동일시하던 과거 왕조 중심적인 전통에서 벗어나 그 충성심이 땅으로 곧바로 귀속되는 급진적인 견해를 불러일으키게 되었다고 말한 바 있다.[61] 지방색과 국가 정체성을 강화하는 것은 왕조를 향한 충성심에 기반을 둔 정체성을 희생하는 것으로, 정체성이란 문제를 두

---

58) 릴리George Lily는 메리Mary 여왕의 즉위 이후 캔터베리 대주교가 된 폴Reginald Pole의 도움으로 영국으로 돌아온 후 플랑드르 출신의 지도 제작자 제미니Thomas Gemini로 하여금 1555년에 이 지도를 영국에서 출판하도록 했다. Sarah Tyacke · John Huddy, *Christopher Saxton and Tudor Map-making*, 7~8쪽 참조.
59) George Owen, *The Description of Pembrokeshire*(1603), Henry Owen (ed.)(London : J. Clark, 1892), 2쪽.
60) 이 카드는 16세기에 프랑스에서 들어와 영국에서 일반적으로 쓰이는 형태로 자리 잡았다. 이 카드는 각 주의 명칭과 지도, 그리고 각 주에 대한 간략한 묘사가 있는 포켓판 영국 지도나 다름없었다.
61) Richard Helgerson, *Forms of Nationhood : The Elizabethan Writing of England*, 105~147쪽.

고 이 둘은 제로섬zero-sum 게임을 벌인다는 시각이다.

하지만 국토를 시각적으로 관념화한다는 것은 그 국토를 지배하는 시스템, 즉 정체를 관념화하는 것이기도 하다. 더욱이 색스턴의 지도 각 장에는 왕실의 문장이 커다랗게 그려져 있어, 그 땅을 지배하는 국왕의 존재를 분명하게 나타내고 있다. 충성심의 근원이 국토 자체인가 왕조 자체인가 하는 문제와는 상관없이 지도에 그려진 왕실의 문장은 분명히 그 국가를 통치하는 '존재'를 표현하고, 지도가 나타내는 공간에 대한 충성심은 통치자를 그 체제의 일부로 받아들이는 것을 전제로 한다.

여기서 주목할 점은 색스턴의 지도가 당시 널리 회자된 많은 역사-지리서에 수록되었다는 사실일 것이다. 16세기 후반 '옛것antiquity'에 대한 관심이 증폭되고 1586년부터 런던에서는 '옛것 연구회Society of Antiquaries'가 공식적으로 출범하게 되었다. 존 스토John Stow, 윌리엄 해리슨William Harrison, 라파엘 홀린셰드Raphael Holinshed, 윌리엄 캠던William Camden, 윌리엄 램버드William Lambard와 같은 사람들이 쓴 역사-지리서는 색스턴의 지도나 색스턴 아류의 지도들을 싣고 있었다.[62] 이들 작품들은 릴런드의 《답사기》에 기초한 것으로, 릴런드의 전통의 연장선에서 튜더 왕조가 이루어낸 새로운 영국의 영광을 찬미했다. 16세기 후반의 역사-지리서 담론의 중심에는 생존 당시 이미 신화적 존재로 숭앙된 엘리자베스 여왕이 있었다. 이 저작들은 여왕에 충성하는 프로테스탄트 저자들에 의해 씌어졌으며 왕조의 전통을 부성하기보다는 국왕의 덕성을 강조하고, 국왕을 영국의 정체성의 근간으로 설정했다.

색스턴의 지도와 위에 언급한 역사-지리서들은 당시의 인쇄 시장을 활성화시키

---

62) 색스턴의 지도는 홀린셰드Raphael Hollinshed의 《연대기Chronicles》 시작 부분에 들어가는 해리슨William Harrison의 《브리튼 섬의 역사적 묘사Historicall Description of the Islande of Britayne》(1577), 캠던William Camden의 《브리태니아Britannia》(1588), 나아가 독립적으로 만들어진 주별 지도들, 특히 램버드William Lambard의 《켄트 답사Perambulation of Kent》(1570)에도 들어가게 된다. 스피드John Speed의 《대영 제국의 극장Theater of the Empire of Great Britain》(1611) 역시 《대영국의 역사History of Great Britain》(1611)라는 역사서에 첨부하기 위해 기획되었다.

며 많은 지식인들 사이에 퍼져나갔다. 지도가 사회의 정점에 있는 사람들의 독점물이 아닌, 그 아래 계층으로 전파될 수 있다는 사실 자체는 강력한 정치적 프로파간다를 펼칠 수 있는 조건이 된다. 정부는 국가 정체성 형성에 있어 인쇄물이 가져올 효과를 충분히 인지하고 있었고 이를 조장했다. 이 점은 분명히 다른 나라들과 차별적인 영국적 특성으로, 과거 '기밀문서'로 취급되던 지도를 사회 전반으로 전파시켰다는 점에서 지배층의 자신감을 드러내는 일면이기도 하다. 이 시기 지도 제작에 있어 앞선 기술을 자랑하던 스페인과 포르투갈은 강력하게 중앙 통제적인 방식을 고수했다. 리스본과 세비야에 지도 제작의 중심을 두고, 모든 정보들이 검열되어 특별하게 선택된 몇몇 사람들에게만 제공되었던 것이다. 반면, 네덜란드와 영국의 지도 제작은 인쇄를 통한 상업 출판으로 발전하게 되었다.[63] 결국 인쇄를 통해 지도 제작을 활성화시킨 영국과 네덜란드는 국가적 프로파간다에 인쇄된 지도를 적극적으로 사용할 수 있었고, 특히 신대륙의 영토 분쟁과 같은 사안에서는 먼 곳에 있는 '잠재적 내 나라 땅'을 둘러싸고 국민들에게 보다 구체적인 비전을 제시하며 호응을 불러일으킬 수 있었다. 스페인의 무적함대 격퇴(1588), 프랜시스 드레이크Francis Drake의 산티아고 공격(1585)과 산토도밍고 공격(1586)과 같은 '영광스러운' 사건들은 그림으로 그려져 인쇄되고, 책에 실려 널리 보급되었다.[64]

엘리자베스는 여왕으로서의 자신을 정치적 프로파간다에 이용한 대표적 인물이었다. 국왕 중심의 국가 정체성을 만드는 데 있어 지도는 매우 중요한 역할을 했다. 궁정의 야외 행사에는 지도가 배경으로 등장했고,[65] 여왕의 가계도가 함께 들어 있는 지도가 제작되기도 했다.[66] 유럽 대륙이 엘리자베스의 모습으로 의인화

---

63) David Buisseret, *The Mapmakers' Quest : Depicting New Worlds in Renaissance Europe*, 111~112쪽.
64) Robert Adams, "The Defeat of the Armada"(1589) · "Plan-View of Flushing" ; Battista Boazio, "Drake's raid on Santiago" · "The Raid of Santo Domingo". Peter Barber, "England II : Monarchs, Ministers, and Maps, 1550~1625", 75~76쪽에서 재인용.
65) Peter Barber, "England II : Monarchs, Ministers, and Maps, 1550~1625", 77쪽.
66) 자세한 내용은 Rhonda Lemke Sanford, *Maps and Memory in Early Modern England : A Sense of Place*, 43쪽을 참조하라.

된 지도[67]는 영국을 넘어 유럽 내에서의 영국의 위상을 극대화시킨 예다. 과거 그리스도의 모습이 그려지던 자리가 엘리자베스의 모습으로 대치된 우주도도 그려졌다. 존 케이스John Case의 《인간계 Sphaera Civitatis》(1588)에 실린 목판화에서는 여왕이 프톨레마이오스의 우주관에 근거한 태양계를 끌어안고 있는데, 이것은 우주의 질서가 여왕의 은덕이 통치하는 지상 세계의 질서에 그대로 반영되는 것으로 비유한 것이다.

색스턴의 《아틀라스》 표지에는 지리학과 천문학을 상징하는 두 인물 사이에서 엘리자베스가 즉위하는 모습이 그려져 있다. 여왕의 발아래에도 이 두 학문이 배치되어 여왕이 이 두 분야의 후원자이자 이 두 분야가 관장하는 지상과 천상의 영역 모두를 아우르는 지배자임을 보여준다. 앞서 언급했듯이 지도 각 장마다 새겨진 왕실의 문장은 지도에 그려진 영토 내에서의 여왕의 합법적인 통치권과 지배를 분명히 드러내는 표지이다. 색스턴의 지도는 〈디칠리 초상화The Ditchley Portrait〉[68]에 등장하기도 하는데 여왕은 그 지도를 밟고 서 있음으로써 자신의 통치 영역을 분명히 나타내고 있을 뿐만 아니라 그 땅 위에 굳건히 서서 번개와 폭풍으로 상징되는 외압을 막아내는 모습을 취하고 있다. 또한 순결을 상징하는 체를 들고 선 여왕을 그린 〈체 초상화The Sieve Portrait〉의 한편에는 지구의가 그려져 있는데, 영국의 모습이 햇빛을 받으며 강조되고 있다.[69] 〈아르마다 초상화The Armada Portrait〉[70]에도 역시 지구의가 등장하는데, 흥미롭게도 여왕의 손은 아메리카 대륙을 짚고 있는 것으로 그려졌다. 이는 1587년 버지니아에 정착한 영국 이주민들 사이에서 최초의 아기가 태어난 것을 상징하며, 아르마다Armada(무적함대)로 표현되는 바다에서의 지배권과 아메리카 대륙으로 상징되는 범세계적인 육

---

67) 작자 미상, "Elizabeth as Europe"(1598)(Oxford, Ashmolean Museum 소장).
68) Marcus Gheeraerts the Younger, "The Ditchley Portrait of Queen Elizabeth"(1592)(London, National Portrait Gallery 소장).
69) Quentin Matsys the Younger, "The Sieve Portrait"(1583).
70) 작자 미상, "The Armada Portrait"(1588)(London, National Portrait Gallery 소장).

지에서의 지배권 모두를 한껏 과시하는 비유다.

　엘리자베스 신화를 연구하는 학자들은 엘리자베스의 이미지는 여왕 자신과 여왕의 측근들에 의해 치밀하게 만들어진 창조물이었음을 강조한다. 여왕 스스로가 자신의 시각적 이미지가 생산되고 유통되는 과정을 통제했으며, 여왕의 초상화는 다양한 상징을 사용하여 왕권의 이상을 형상화하고 통치자가 지향하는 정치적 메시지를 함축하고 있었다.[71] 이런 맥락에서 여왕의 초상화에 지도가 등장하게 되었다는 사실을 주목할 필요가 있다. 무엇보다도 엘리자베스 초상화에 나타나는 장미, 백합, 불사조, 펠리컨, 담비, 체 등 많은 전통적 상징들──기독교적 상징과 이교적 상징을 포괄한──과 더불어 '지도'라는 도상(圖像)이 상징의 하나로써 분명하게 나타나기 시작했기 때문이다. 이는 이들 '지도'가 영국이라는 국토를 나타낸다는 인식이 영국 국민들 사이에 퍼져 있음을 전제하고 있거나, 최소한 초상화를 통해 그런 인식을 확산시키려 했음을 나타낸다. 따라서 엘리자베스 초상화에 등장하는 지도는 영국에서 '국가'라는 공간에 대한 지도-지각이 널리 확산되어 있었고, 이를 정부 차원에서 조장했음을 드러내는 표지다. 또한 여왕의 초상화에 지도를 집어넣었다는 사실은 영국이라는 물리적 공간이 여왕을 정점으로 하는 정치적 공동체이자 여왕의 보살핌을 받고 나아가 여왕으로 대표될 수 있는 곳임을 강력하게 암시하는 것이다. 이는 궁극적으로 엘리자베스 정부가 국왕으로 대표되는 영국의 국가 정체성을 지향하고 있었고, 시각적 이미지의 창출이라는 영역에서 이를 전파하기 위해 적극적인 노력을 기울였음을 보여준다.

---

[71] John N. King, "Queen Elizabeth I : Representations of the Virgin Queen", *Renaissance Quarterly*, vol. 43, no. 1(1990) ; David Howarth, *Images of Rule : Art and Politics in the English Renaissance, 1485~1649*(Berkeley : Univ. of California Press, 1997) ; Roy Strong, *The Cult of Elizabeth : Elizabethan Portraiture and Pageantry* (London : Pimlico, 1999) ; Susan Doran, *Elizabeth : The Exhibition of the National Maritime Museum*(London : National Maritime Museum, 2003) ; Susan Frye, *Elizabeth I : The Competition for Representation*(Oxford : Oxford Univ. Press, 1993) ; 박지향, 〈'처녀왕' 엘리자베스의 신화〉, 영국사학회 엮음, 《영국연구》 제11호 (2004. 6) ; 허구생, 〈튜더 왕권의 이미지 : 엘리자베스 1세의 초상화를 중심으로〉, 영국사학회 엮음, 《영국연구》 제12호(2004. 12) 등을 참조하라.

5. 맺음말

이 글에서는 16세기 영국에서 지도가 발달하는 양상을 통해 국가의 공간을 도면화하는 작업이 국가 정체성 형성에 일조했음을 살펴보았다. 특히 국가 정체성의 주체를 국왕이 아닌 '국민'으로 설정하려는 성급한 휘그주의적 시도들에 반박하며, 본질적으로 16세기 영국의 국가 정체성은 왕과 왕실이 주체가 되어 창출된 것이었음을 알아보았다.

그러나 17세기 초부터 지도에 나타나는 국가 정체성을 둘러싸고 큰 변화가 감지된다. 무엇보다도 17세기 초반에 제작된 지도에서는 엘리자베스 시대에 비해 현격하게 국왕의 존재가 희미해지는 현상이 나타난다. 1607년 판 캠던의 《브리태니아 *Britannia*》에는 56개의 지도 가운데 11개에만 왕실의 문장이 나타난다. 색스턴의 지도를 거의 복제하다시피 했음에도 불구하고 나머지 지도에서는 왕실의 문장이 있던 자리가 각각의 지도가 나타내는 주의 이름과 장식적인 문양으로 대치되었다. 나아가 1611년 출판되자마자 엄청난 상업적 성공을 거둔 존 스피드John Speed의 지도첩 《대영 제국의 극장 *Theater of the Empire of Great Britain*》에서도 큰 변화를 찾아볼 수 있다. 이 지도첩 역시 색스턴의 지도에 토대를 두고 만들어져 36장의 주별 지도를 싣고 있지만, 색스턴과는 달리 각 주를 대표할 만한 도시의 도면이 삽입되는가 하면, 왕실의 문장은 그 크기가 대폭 줄어들어 젠트리 가문의 문장들과 나란히 놓이게 되었다. 1612년에 나온 마이클 드레이턴Michael Drayton의 《복받은 나라 *Poly-Olbion*》에는 18장의 지도가 실려 있는데, 어느 하나에도 왕가의 표식이 나타나지 않는다.

이런 변화를 혹자는 여왕 숭배cult of Elizabeth가 영국 숭배cult of Britain로 바뀌는 증거라고 말하기도 한다. 과거 보편적인 기독교 왕국을 표시하던 지도가 왕조 중심의 국가를, 나아가 국토가 중심이 되는 국가를 표현하게 되는, 국가 정체성의 변화를 반영한다는 시각이다.[72] 그런데 이 주장은 엘리자베스 사후 한 세대도 못 미쳐 이런 급격한 변화가 일어나는 원인을 설명하지 못한다. 지도에 나타나는 이런 변화를 엘리자베스라는 '특별한' 존재의 부재만으로 설명할 수 있을까? 혹은 지도상의 변화가 국가 정체성의 근간을 이루던 '국왕'의 존재를 부정하는 증거라고 단정할 수 있을까? 튜더 왕조와 스튜어트 왕조가 지향한 국가 정체성의 차이를 규명할 수 있는 단초가 될 이 의문은 향후 더 많은 연구를 통해 규명되어야 할 과제다.

---

72) Richard Helgerson, *Forms of Nationhood : The Elizabethan Writing of England*, 120쪽.

참고문헌

Bernhard Klein, 《근대 초 영국과 아일랜드에서의 지도와 공간Maps and the Writing of Space in Early Modern England and Ireland》(London : Palgrave Macmillan, 2001)

Catherine Delano-Smith · Roger Kain, 《영국의 지도 : 역사English Maps : A History》(London : The British Library Press, 1999)

David Buisseret, 《지도 제작자의 원정 : 르네상스 유럽에서의 신세계 묘사The Mapmakers' Quest : Depicting New Worlds in Renaissance Europe》(Oxford : Oxford Univ. Press, 2003)

J. B. Harley, 〈지도, 지식 그리고 권력Maps, Knowledge, and Power〉, Dennis Cosgrove · Stephen Daniels (eds.), 《풍경의 도상학 : 상징적 재현, 도안 그리고 과거의 환경 활용에 대한 에세이 The Iconography of Landscape : Essays on the Symbolic Representation, Design and Use of Past Environments》(Cambridge : Cambridge Univ. Press, 1988)

──────, 〈지도와 지도 제작사의 발전The Map and the Development of the History of Cartography〉, J. B. Harley · David Woodward (eds.), 《지도 제작의 역사 : 선사, 고대 그리고 중세 시대 유럽과 지중해 지역의 지도 제작History of Cartography : Cartography in Prehistoric, Ancient and Medieval Europe and the Mediterranean》, vol. 1(Chicago : Univ. of Chicago Press, 1987)

Peter Barber, 〈영국 I : 화려한 장관, 방어 그리고 정부 : 1550년까지 궁정에서의 지도England I : Pageantry, Defense, and Government : Maps at Court to 1550〉, David Buisseret (ed.), 《군주, 대신 그리고 지도Monarchs, Ministers and Maps》(Chicago : Univ. of Chicago Press, 1992)

──────, 〈영국 II : 군주, 대신 그리고 지도, 1550~1625년England II : Monarchs, Ministers, and Maps, 1550~1625〉, David Buisseret (ed.), 《군주, 대신 그리고 지도Monarchs, Ministers and Maps》(Chicago : Univ. of Chicago Press, 1992)

권용우 · 안영진, 《지리학사》(한울아카데미, 2001)

설혜심, 〈튜더 왕조의 국가 정체성 만들기 : 존 릴런드의 답사기〉, 서양사학회 엮음, 《서양사론》 제82집(2004. 9)

프랑스 수탉의 파란만장한 여정— 갈루스 갈루스에서 푸틱스까지*

전수연**

프랑스 운동선수들은 나를 마스코트로 채택했습니다.
나는 '코코리코'라고 노래하며 모두를 깨우는 동물입니다.
내 이름은 라틴어의 두 단어가 우연히 일치한 데서 유래합니다.
왜냐하면 라틴어 '갈루스'에는 두 가지 의미가 있으니까요. 나는 누구일까요?"[1]

1. 동물의 왕국

지난 1998년 월드컵 이래 프랑스의 상징 동물이 수탉이라는 건 백만 인의 상식이 되었다. 그런데 어쩌자고 프랑스는 수탉 따위를 상징으로 삼은 것일까. 날개 달린 사자나 용과 같은 환상적인 동물까지는 못 된다 하더라도 최소한 독수리라

---

* 이 글은 2002년 여름에 《역사비평》 제59호에 실린 같은 제목의 논문을 수정·보완한 것이다.
** 연세대 사학과와 같은 학교 대학원을 졸업하고 프랑스 파리1대학에서 박사 학위를 받았다. 현재 연세대 사학과 교수로 있다. 《마리안느의 투쟁》,《사생활의 역사》를 번역했고, 논문으로는 〈엑토르 베를리오즈와 7월 왕정: 운동과 저항의 변주곡〉, 〈마술피리: 프리메이슨 오페라?〉, 〈빅토르 위고의 유럽합중국〉 등이 있다.
1) www.cortland.edu/www/flteach/civ/symbol/symbol-r.htm

든가 그냥 사자 정도는 되어야 한 나라를 당당하게 상징할 수 있지 않겠는가. 그런데 왜소하고 방정스럽게도 수탉이라니. 프랑스 사람들의 그 유명한 자존심은 다 어디로 갔단 말인가.

사실 프랑스도 독수리나 사자와 인연이 없었던 것은 아니다. 제국의 꿈을 꾸었던 나폴레옹이 독수리를 동반자로 삼았던 사실은 잘 알려져 있다. 어찌 나폴레옹뿐이겠는가. 샤를마뉴 황제로부터 빌헬름 황제를 거쳐 히틀러에 이르기까지 독수리는 '제국주의자'들의 야심을 두 날개에 싣고 나르던 하늘의 왕자, 아니 황제였다.[2] 서양의 많은 것들이 그러하듯 황제의 독수리 역시 로마에 뿌리를 두고 있으며, 프랑스도 제국과 황제의 야심에서 자유롭지 않았다. 16세기 초 발루아가(家)의 프랑수아 1세는 신성 로마 제국 황제 선출에 후보로 나서 합스부르크가의 카를(카를로스)과 표를 다투기도 했다. 국민 국가 체제에 익숙한 오늘날의 우리에게는 참으로 우스꽝스럽게 여겨지지만 푸거가의 막대한 자금 동원력이 아니었다면 카를 5세는 당선되지 않았을 수도 있다는데……[3] 만일 프랑수아 1세가 신성 로마 제국 황제가 되었다면 그 후 유럽은 어떻게 달라졌을까라는 부질없는 생각을 해보기도 한다.

사자는 독수리의 라이벌이었다. 중세인들이 문장(紋章)을 사용하면서부터 사자는 가장 애용되던 동물이었다. 서방 기독교 세계의 왕가들 중 문장에 사자를 한두 번 사용하지 않은 가문은 거의 없었다. 예외라면 신성 로마 제국 황제와 프랑스 왕 정도였다. 신성 로마 제국의 사례는 독수리와 사자의 관계를 단적으로 보여준다. 독수리는 황제와 그의 추종자들의 동물이었던 반면, 반황제파 제후들은 사자를 즐겨 사용했던 것이다. 예를 들어 신성 로마 제국과 프랑스의 각축장이었던 부

---

2) 2002년 1월 1일부터 유로화가 사용되기 시작했다. 지폐는 유로랜드에 속한 12개국 어디에서나 동일하지만 동전은 주조 국가의 특색을 살리고 있다. 독일에서 주조된 1유로 동전 뒷면에서 날개를 활짝 편 독수리를 발견하고 약간 슬퍼진 것은 우리의 지나친 역사의식 때문일까. 하긴 미국의 독수리도 우리를 슬프게 하는 것들 중 하나이다.

3) Clément Maraud, "Et si François Ier avait été élu empereur d'Allemagne?", *L'Européen*, 19-20-21(du 29 juillet au 23 août 1998), 70~72쪽.

〈그림 1〉 푸조 자동차의 로고

르군트(부르고뉴) 백작령(領)의 오토 4세(1279~1303년 재위)는 13세기 말 황제에게 반기를 들면서 그때까지 사용하던 독수리가 새겨진 방패 문장을 버리고 사자 무늬 문장을 채택했다. 이 사자 문장은 프랑슈콩테의 문장이 되는데, 프랑슈콩테 지방은 바로 옛 부르군트 백작령이었기 때문이다. 급기야 이 사자는 바로 우리 눈앞에까지 나타나게 된다. 푸조 자동차를 보라. 푸조 자동차가 사자를 앞뒤로 달고 다니는 것은 사자가 잘 달리는 동물이어서가 아니다. 옛날 옛적에 주군인 황제에 대한 항의로 문장을 바꾸었던 반란자 제후를 조상으로 둔 프랑슈콩테 지방에 거점을 둔 회사이기 때문이다. 만일 오토 백작이 진영을 바꾸지 않았다면 오늘날 푸조 자동차는 사자 대신 독수리로 장식되었을지도 모르는 일이다.[4]

프랑스와 사자의 인연은 푸조 자동차에 한정되지 않는다. 파리의 바스티유 광장에는 바스티유는 없지만 1830년 7월 혁명을 기리는 기념 원주가 있다. 그런데 그 발치에 거대한 사자가 웅크리고 있다. 레퓌블리크 광장과 나시옹 광장에 있는 공화국의 상징인 마리안느Marianne의 발치에도 마찬가지다.[5] 파리뿐 아니라 프랑스 방방곡곡의 광장에 약방의 감초처럼 등장하는 사자는 영국이나 에스파냐의 사자와는 전혀 다른 함의를 가진다. 광장의 조각상뿐 아니라 회화나 판화에서 전신으로 위용을 과시하거나 아니면 마리안느의 머리나 옷 장식에 고개를 들이밀기

---

4) Michel Pastoureau, *Figures de l'héraldique*(Paris : Gallimard, 1996), 94~95쪽. 하긴 푸조 공장이 세워진 것이 19세기 말이니 그 당시 프랑스 소비자들이 독수리 로고를 기꺼이 받아들였을 리가 없다. 독수리를 보며 프로이센과 독일의 제2제국을 떠올렸을 테니까. 보잘것없는 자동차 로고를 보면서도 이런 복잡한 생각을 해야 한다니 역사가란 너나 할 것 없이 골치 아픈 사람들임에 틀림없다.
5) 프랑스 공화국의 상징 마리안느에 대해서는 모리스 아귈롱, 《마리안느의 투쟁》, 전수연 옮김(한길사, 2001) 참조.

도 하는 프랑스의 사자는 국가의 상징도 왕가의 상징도 아니다. 오히려 민중의 힘을 상징하는 것으로서 막강한 적들에 둘러싸여 있던 연약한 공화국 마리안느를 보좌하는 역할을 맡았다. 동물의 왕국의 왕자인 까닭에 군주들의 문장에 애용되었고, 따라서 군주정 자체의 부속물이기도 했던 사자가 힘의 상징으로 해석되고, 다시 민중의 힘으로 승화된 것이다. 프랑스에서 사자가 민중의 힘을 상징할 수 있었던 것은 아마 프랑스 왕가가 단 한 번도 사자를 채택하지 않았던 역사적 사실 덕분일 것이다. 상징의 역사는 역시 역동적인 역사임을 사자에서 재차 확인하게 된다. 하지만 사자가 특히 19세기에 아무리 국민적인 사랑을 받았다고 해도 사자가 프랑스와 동일시되지는 않았다. 프랑스의 상징 동물은 싫건 좋건 수탉이었던 것이다.

2. 다신교의 수탉과 기독교의 수탉

동물의 왕국에서 수탉의 자리는 어디인가. 1981년 벨기에 일간지 《르 수아르*Le Soir*》는 "가금 사육장의 불운한 새" 운운하면서 갈루스gallus란 단어의 이중적 의미 때문에 프랑스의 상징이 된 수탉을 조롱했다는데,[6] 카이사르의 분류에 따르자면 벨가이족도 엄연한 갈루스이거늘 같은 갈루스들끼리 좀 지나치지 않았나 싶다. 어쩌면 벨가이족은 게르마니족과 너무 가까운 관계로 마트로나(마른) 강과 세콰나(센) 강 이남의 켈타이족과 같은 범주로 분류되기에는 무리가 있었는지 모른다. 카이사르 자신도 "벨가이인의 대부분은 게르마니인 출신"이라고 하지 않았는가.[7]

하지만 수탉의 자리기 늘 '가금 사육장'이었던 것은 아니었다. 고대 지중해 사회에서 수탉은 신성한 동물이었다. 수탉은 유피테르(제우스), 아폴로(헬리오스),

---

6) Colette Beaune, "Pour une préhistoire du coq gaulois", *Médiévales*, tome X(1986), 69쪽에서 재인용.
7) 카이사르, 《갈리아 전기》, 박광순 옮김(범우사, 1990), 제1권 1장(20~21쪽) · 제2권 4장(78쪽).

메르쿠리우스(헤르메스), 아이스쿨라피우스(아스클레피오스) 등 여러 신들의 부속물이었다. 수많은 돋을새김이나 조각상에서 보이듯, 이런 신들 가까이에 자리 잡은 수탉은 자신이 새로운 날과 삶을 알리는 빛의 전령사임을 과시하고 있다. 수탉은 낮과 밤을 구별해주는 태양의 새였고 어김없이 새날을 알림으로써 불멸성의 상징이 되었다. 엉큼하게 소리도 없이 다가와 치명적인 독을 퍼트리는 뱀이 죽음과 병을 의미한다면, 거역할 수 없는 그 우렁찬 노래의 주인공 수탉은 생명과 치료를 의미했다. 고대 바빌로니아 사람들은 수탉이 그토록 이른 새벽에 곧 빛이 도래하리라는 사실을 알고 있는 이유는 매일 신으로부터 일깨움을 받기 때문이라고 생각했다.[8]

수탉은 무용(武勇)의 상징이기도 했다. 플리니우스는 수탉을 사자도 쫓을 수 있는 용맹한 새로 묘사했으며, 헤로도토스가 전하는 바에 의하면 패배에 직면한 아테네의 장군 테미스토클레스는 수탉을 들먹이며 부하들을 독려했다. 그 후 아테네 사람들은 수탉 싸움을 즐기며 이를 기념했다고 한다.[9] 닭싸움의 유래가 그 멀리까지 거슬러 올라갈 줄이야.

암탉들을 거느린다고 해서일까, 수탉은 사랑과 다산의 상징이기도 하여 로마인들이 남긴 수많은 에로틱한 장면에 단골로 등장하는 동물이고 해산을 맞이하는 여성들에게 소중한 존재였다고 한다. 로마인들은 라토나 여신이 아폴로와 디아나 쌍둥이를 낳는 자리에 수탉이 있었다고 믿었다.[10] 분노한 유노 여신이 보낸 뱀을 격퇴해준 것은 아마 이 수탉이었나 보다.

그러니 갈리아인과 수탉이 라틴어에서 동음이의어인 까닭에 로마인들이 갈리아인과 수탉을 동일시하기를 즐겼다면, 그것은 갈리아인에게 명예로운 우연의 일치였지 결코 수치스러운 일은 아니었을 것이다. 하지만 수탉은 로마인들의 단어

---

8) R. Gaudin, "Le coq des clochers", *Mémoires de la Société archéologique et historique de la Charente* (1956), 1쪽.
9) R. Gaudin, "Le coq des clochers", 1쪽 ; Colette Beaune, "Pour une préhistoire du coq gaulois", 69쪽.
10) Lorrayne Y. Baird, "Priapus Gallinaceus : The Role of the Cock in Fertility and Eroticism in Classical Antiquity and the Middle Ages", *Studies in Iconography*, Vol. VII~VIII(1981~1982), 81~82쪽.

게임에서 갈리아와 연결되었을 뿐 갈리아가 스스로 채택한 상징은 아니었던 것 같다. 카이사르는 "갈리아인의 풍습 가운데 가장 신성한 의식인 군기 집결 방식"을 언급하고 있지만,[11] 그 군기들에 대한 묘사는 없어 어떤 동물(또는 식물이나 다른 물체)이 로마화되기 이전의 갈리아를 표상했는지에 대해서는 알 수가 없다. 생제르맹앙레에 있는 '민족 고대 문명' 박물관에 소장되어 있는 갈로 로마 시대의 유물을 보면 수탉이 다수 발견되긴 하지만, 이것은 로마의 영향으로 로마의 메르쿠리우스가 켈트의 루그 신에 자연스럽게 접목된 결과였던 것이다.[12]

그러나 중세 초에 이르러 사라졌다가 12세기 말경에 부활하는 이 단어 게임은 인간 갈루스를 조롱하기 위해 동물 갈루스를 들먹이는 게임으로 변화된다. 루이 7세(1137~1180년 재위)나 필리프 2세(1180~1223년 재위)는 영국 왕이나 신성 로마 제국 황제에게 봉사하는 팸플릿 작가들에 의해 바보스럽고 허영심이 많으며 무모하고 헛된 사업을 일삼는 공격적인 갈루스로 묘사되기 시작했고, 13세기 이탈리아의 황제파도 갈루스에서 프랑스인과 수탉의 일치를 보았으며, 백년전쟁 전야 플랑드르인들도 필리프 6세(1328~1350년 재위)를 갈루스로 빗대어 조롱하곤 했다.[13]

12세기 이래 문장 사용이 확산됨에 따라 상징 동물과 왕조 또는 국가의 연결은 피아를 구분하는 일반적인 방법으로 정착되었다. 그런 가운데 수탉처럼 가볍고 경솔한 머리를 지닌 프랑스인들이 신성 로마 제국의 독수리, 영국의 표범(사자의 변형), 베네치아나 에스파냐 또는 네덜란드의 사자에 압도당할 것이라는 예언서는 프랑스의 적들이 즐겨 사용하던 선전 수단이었다. 14세기경부터는 문자뿐 아니라 이미지도 동원되었다. 카셀 전투에서 플랑드르인들은 '찾아낸trouvé'[14] 프랑

---

11) 카이사르, 《갈리아 전기》, 제7권 2장(237쪽).
12) Michel Pastoureau, "Le coq gaulois", Pierre Nora (dir.), *Les Lieux de mémoire*, III : *Les France*, 3 : *De l'archive à l'emblème*(Paris : Gallimard, 1992), 509쪽.
13) Colette Beaune, "Pour une préhistoire du coq gaulois", 74~75쪽.
14) 1328년 샤를 4세의 죽음으로 카페 왕조의 직계가 단절되자 사촌인 발루아가의 필리프가 필리프 6세로 즉

〈그림 2〉 프랑스군을 조롱하는 에스파냐의 판화

스 왕 필리프 6세를 조롱하는 문구 ─ "찾아낸 왕이 이곳에 들어오는 것은 이 수탉이 울 때이리라" ─ 와 함께 수탉을 그려 넣은 거대한 군기를 휘날리게 했으며, 1596년 당시 에스파냐 수중에 있던 칼레를 포위한 프랑스군을 조롱하는 에스파냐의 한 판화에도 이 이미지와 문구가 차용되었다. "칼레가 프랑스 땅이 되는 것은 이 수탉이 울 때"라면서……. 물론 그림 속의 '이 수탉' 이 울 리 없으므로 카셀도 칼레도 수탉 왕의 수중에 들어갈 수는 없다는 것이었다.[15]

한편, 중세 유럽에는 또 하나의 수탉 이미지가 있었다. 이 시기 문화가 대개 그러하듯 이 이미지는 성경에 근거를 두고 있다.[16] 구약의 〈욥기〉는 "누가 수탉에게 슬기를 주었는가"(38장 36절)라며 시간을 알아보는 수탉의 명민함을 찬양하고 있는데, 이 문구에 새로운 내용을 가미해준 이는 64대 교황 그레고리우스 1세(590~604년 재위)였다. 그는 《욥기 주해》에서 그보다 앞선 이들의 주해를 반복하며 수탉의 명민함을 찬양했을 뿐 아니라, 〈잠언〉(30장 31절)과 〈요한 묵시록〉(5장 5절), 플리니우스를 동원하여 수탉은 신의 백성을 보살피는 사도와 거룩한 설교자

위하는데, 샤를 4세의 조카(누이의 아들)인 영국 왕 에드워드 3세가 프랑스의 왕위를 주장하고 나서 백년전쟁이 발발하게 된다. 필리프 6세의 적들은 그를 '찾아낸' 왕이라 묘사함으로써 발루아 왕조의 정통성에 이의를 제기한 것이다.

15) Michel Pastoureau, "Le coq gaulois", 514쪽 ; Arthur Maury, *Emblèmes et drapeaux de la France*(Paris : Armand Colin, 1904), 74쪽.

16) 중세 유럽에서 교회가 관련되지 않은 일이 어디 있었겠는가. 하긴 이런 연상도 어쩌면 우리 현대인들이 만들어낸 중세 이미지에 지나지 않을지도 모를 일이다.

들의 표상이라고 해석해냈다.[17]

신약의 〈마태복음〉(26장 74~75절), 〈마가복음〉(14장 68~72절), 〈누가복음〉(22장 60~62절), 〈요한복음〉(18장 27~28절)이 전하는 베드로의 이야기에서 수탉은 결정적인 역할을 담당하고 있다.[18] 수탉은 예수님을 세 번 부정한 베드로를 바른길로 인도함과 동시에 그리스도의 수난의 시작을 알리고 있는 것이다. 그리고 그리스도의 수난은 수난으로 그치지 않고 부활로 이어진다. 그렇다면 수탉은 마지막 심판의 날과 구원의 날을 동시에 알리는 동물이며, 밤의 유혹과 악마를 쫓는 감시자가 된다. 태양의 도래를 알리는 수탉은 과오에 빠져 있는 자들을 일깨우고 폭풍 속에서 헤매는 뱃사람들이나 길을 잃고 방황하는 이단자들을 바른길로

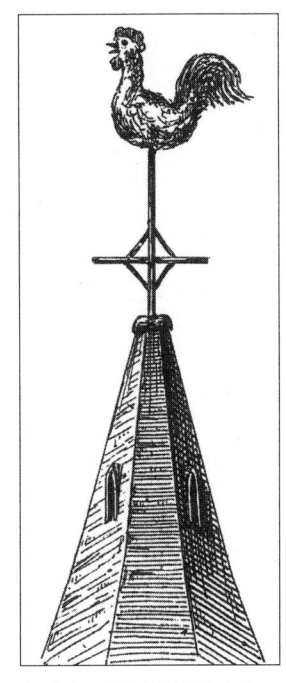

〈그림 3〉 교회 꼭대기에 앉은 수탉

이끄는 인도자인 것이다. 그러니 수탉이 유럽의 수많은 교회 꼭대기에서 풍향계 노릇을 하게 된 것은 당연한 일이었다.

이미 820년에 브레시아의 교회 종탑에 구리로 만든 수탉이 올라섰으며, 10세기부터는 전 유럽으로 확산되기 시작했다. 980년 윈체스터의 주교가 재건축한 교회를 찬미한 어느 수도사는 이 교회의 정상에서 햇살을 받아 금빛으로 빛나는 수탉을 시적으로 묘사했다. "그(수탉)는 저 높은 곳에서 대지를 내려다보며 주변 농촌을 굽어보고 있다……새벽의 첫 햇살을 반기는 것은 바로 그다. 멀리서 그를 알아본 여행사는 시선을 그에게 고정시키면서 열렬한 감정이 고양되는 것을 느낀다. 아직 여행의 끝에 도달하지는 못했으나 그의 눈에 들어온 광경은 그것이 멀지 않

---

17) Colette Beaune, "Pour une préhistoire du coq gaulois", 70~71쪽.
18) Colette Beaune, "Pour une préhistoire du coq gaulois", 70쪽.

〈그림 4〉 필리프 2세가 사용한 인장(1180년)

았음을 알려주고 있으니."[19] 중세 말의 문헌들은 에스파냐, 플랑드르, 이탈리아 등 유럽 각지의 교회 첨탑에 수탉의 존재를 알리고 있으며, 1564년에 밀라노 대주교로 임명되는 카를로 보로메오Carlo Borromeo의 "첨탑 끝에 단단히 매단 수탉이 십자가를 지탱하는 구실을 한다"는 구절은 수탉과 십자가 결합의 증거가 된다.[20]

3. 왕의 수탉에서 민중의 수탉으로

이처럼 수탉은 기독교의 후광을 입었는가 하면, 앞서 보았듯이 프랑스의 적들에 의해 경멸적으로 이용되기도 했다. 한편 이른바 르네상스와 더불어 고대 갈리아인들도 '재생'되고 있었으므로 수탉은 또 한 차례의 변신을 예고하고 있었다. 12~13세기의 루이 7세나 필리프 2세는 수탉을 상징으로 삼으려는 생각이 전혀 없었다. 이 두 왕의 치세 기간은 백합이 중요 상징으로 대두되고 있던 때였다. '찾아낸' 왕 필리프 6세는 자신을 수탉에 빗댄 조롱에 어떻게 대처했을까. 카셀 전투에서 승리를 거둔 것은 필리프의 프랑스였으니 그림 속의 수탉이 울었나 보다라고 적들을 비웃어줄 수도 있었을 텐데······.

이 시점까지도 수탉과 프랑스(또는 프랑스 왕)를 연결하려는 시도는 프랑스 바깥의 독점물이었던 것 같다. 그러나 15세기에 이르면 프랑스 왕가 내부에서 수탉을 긍정적인 이미지로 적극 수용하려는 움직임을 보인다. 샤를 5세(1364~1380년

---

19) Eugène Martin, "Le coq du clocher : essai d'archéologie et de symbolisme", *Mémoires de l'Académie de Stanislas 1903~1904*(Nancy : Berger-Levrault, 1904), 5~6쪽에서 재인용.
20) Eugène Martin, "Le coq du clocher : essai d'archéologie et de symbolisme", 11~12쪽에서 재인용.

〈그림 5〉 샤를 8세의 문장

재위)를 섬긴 이탈리아 출신 점성가의 딸이며 샤를 5세 사후 그의 전기를 기술하기도 했던 크리스틴 드 피장Christine de Pisan의 글에서 샤를 5세는 수탉처럼 백성을 잘 보살피는 왕으로 비유되었다.[21]

부활된 고대와 교회의 후광이 수탉이라는 상징물에 수렴되다니, 왕권 강화와 영토 확장을 추구하는 근대 초의 왕들에게 이보다 더 편리한 선전 도구는 없었을 성 싶다. 수탉은 이탈리아 정복을 꿈꾸었던 샤를 8세(1483~1498년 재위)의 문장에 당당하게 등장했고, 그 못지않게 야심만만했던 프랑수아 1세 시대(1515~1547년 재위)에 이르면 신화, 점성학, 역사, 고고학이 총동원되어 태양의 동물이자 메르쿠리우스와 마르스 등의 동반자이며 고대 갈리아의 상징이었다는 명석하고 용감한 수탉을 찬양하게 된다. 수탉은 프랑스 왕의 이미지 그 자체였던 것이다. 게다가 그 왕의 이름이 프랑수아(프랑스인)[22]이고 보면 왕과 그의 백성은 자연스럽게 하나로 연결되지 않을 수 없었다. 말하자면 프랑수아(프랑스인) 프랑수아(프

---

21) Colette Beaune, "Pour une préhistoire du coq gaulois", 77쪽.
정치적 이미지가 경멸조에서 어느새 자랑스러운 색조로 채색되고 이것이 적극적으로 수용되는 것은 16세기 네덜란드의 '부랑자Geuzen'나 19세기 프랑스의 마리안느의 사례에서 보이듯 흔히 발생하는 집단 심리 현상이다(모리스 아귈롱, 《마리안느의 투쟁》, 252쪽). 약간의 비약을 무릅쓴다면, 고대 지중해 문화의 유산을 공유한다는 측면에서나 기독교적 공동체라는 측면에서 보아도 유럽의 공동 재산이었던 수탉을 프랑스만의 것으로 만들어준 공헌(?)은 일차적으로 12~13세기 프랑스의 적들에게 돌려야 하지 않을까.
22) 프랑수아François는 프랑세(프랑스인Français)의 옛 표기법이다. 단수형이기도 하고 복수형이기도 하다. 프랑수아 1세의 아버지는 아들에게 '프랑스인' 또는 '프랑스인들'이라는 뜻의 이름을 지어준 것이다. 사촌인 루이 12세(1498~1515년 재위)가 아들을 남기지 못하리라는 예상을 했을 리는 없는데, 어쨌거나 프랑수아의 아버지는 아들에게 멋진 선전 도구를 선물한 셈이 되었다.

〈그림 6〉 앙리 4세가 왕자(미래의 루이 13세)의 탄생을 기념하여 주조한 메달(1601년)
〈그림 7〉 베르사유 궁 거울의 방을 장식하고 있는 백합과 수탉

랑수아 1세)는 갈루스(프랑스) 갈루스(수탉)였던 것이다. 1531년 아모리 부샤르란 인물이 왕에게 바친 글에서 수탉을 "전하의 이름과 백성을 의미하는 새"라고 규정짓고 있는 것을 보면 당대인들도 두 쌍의 동음이의를 의식하고 있었음에 틀림없다.[23]

부르봉 왕조에서 수탉과 프랑스 왕의 관계는 더욱 긴밀해진다. 수탉은 1601년에 주조된 왕자 탄생 기념 메달, 루이 14세의 베르사유 궁, 루브르 궁, 앵발리드에도 등장하여 왕가를 빛내주었다. 루이 13세의 아버지가 이른바 '닭 냄비 요리'의 주인공 앙리 4세인 점도 예사롭지 않게 여겨지는가 하면,[24] 루이 14세가 태양왕을 자처했던 것도 태양신 아폴로의 부속물이었던 수탉과 관련하여 새삼스럽게 관심이 모아진다.

이러한 수탉의 도상학(圖像學)에서 또 한 가지 주목되는 사실은 백합과의 공존이다. 프랑스 왕가의 상징의 역사에서 백합의 연륜이 좀 더 깊긴 하지만 수탉이

---

23) Colette Beaune, "Pour une préhistoire du coq gaulois", 79~80쪽에서 재인용.
24) 앙리 4세식 닭 냄비 요리는 프랑스의 전통 요리인데, 이 요리의 명칭은 종교 전쟁을 끝낸 앙리 4세가 프랑스의 재건을 약속하면서 온 백성이 일요일에 닭 냄비 요리를 먹을 수 있게 하겠다고 장담했다는 '전설'에서 유래한다. 과연 앙리 4세가 그런 약속을 했을까. 했다면 그것은 물론 지켜지지 못한 약속이었다. 어쩌면 19세기 전반 복고 왕정 시기 루이 18세가 부르봉의 영광을 드높이기 위해 만들어낸 이야기일지도 모른다.

후배라고 해서 전임자를 밀어낸다거나 양자 사이에 갈등이 빚어질 필요는 적어도 이 시기에는 없었다. 더구나 이 '골짜기의 백합'도 다름 아니라 그 기독교적 함의 덕분에 프랑스 왕가가 즐겨 찾는 장식이 되었던 사실을 상기해보면, 수탉과 백합이 사이좋게 프랑스 왕을 빛내줄 수 있었던 것은 당연한 일이었다.

〈그림 8〉 사자(에스파냐), 표범(영국), 독수리(신성 로마 제국)에 맞서 황금 양털을 지키는 수탉(프랑스). 1691년에 주조된 동전

프랑스 왕실의 상징으로서 수탉의 입지가 얼마나 확고해졌는가는 1612년 루이 13세와 안 도트리슈Anne d'Autriche의 혼약을 기념하여 파리의 루아얄 광장이 프랑스의 수탉과 에스파냐의 사자 장식으로 뒤덮인 사실에서 확인된다. 1660년에 있었던 루이 14세와 마리 테레즈의 혼인 때도 마찬가지였다.[25] 물론 수탉과 사자는 혼인만 한 것은 아니어서 17세기의 수많은 전쟁터——최소한 판화와 메달을 통한 도상학적 전쟁터——에서도 지겨울 정도로 자주 만났던 사실도 잊을 수는 없는 일이다.

18세기에 이르러 수탉 왕의 이미지는 얼마간 후퇴한 것으로 보인다.[26] 그 이유는 뭘까? 왜 루이 15세와 16세는 수탉에 큰 관심을 기울이지 않았을까? 어쩌면 신화의 마력이 약화되고 수탉이라는 실제 동물의 이미지가 강화되었기 때문일지도 모른다. 하지만 그보다는 왕과 귀족 그리고 제3신분의 갈등 관계, 그리고 그것이 투영된 골루아와 프랑크에 대한 인식에서 해답을 찾아야 하지 않을까. 근대 초에 '재생'될 당시 갈리아 사람, 즉 갈루스(골루아)는 중세의 주역 프랑크와 충돌하지 않았다. 인문주의자들에게 골루아는 종래 프랑크 왕 클로비스Clovis 또는 파

---

25) Michel Pastoureau, *Les Emblèmes de la France*(Paris : Bonneton, 2001), 71쪽.
26) Michel Pastoureau, *Les Emblèmes de la France*, 73쪽.

〈그림 9〉 1793년 헌법을 장식하고 있는 수탉. 패소(국민의 통합된 힘)와 프리지아 모자(자유)도 함께 자리했다.

라몽Pharamond 이상을 넘어서지 않던 프랑스의 기원을 머나먼 고대로까지 거슬러 올라가게 해주는 프랑스의 토착적 조상이었고, 그 과정에서 골루아와 프랑크는 연결되었지 배척적인 관계에 놓이지는 않았다. 그러나 절대 왕정 말기 지배 계층의 이해관계에서 '정복에 기인하는 권리'는 매우 중요한 것이어서, 프랑스의 역사는 프랑크의 갈리아 정복으로 시작되는 것으로 파악되는가 하면 골루아는 피정복자의 지위로 전락해버린다. 이러한 갈리아 사람 갈루스의 운명을 수탉 갈루스도 공유하지 않으면 안 되었을 것이다.

전화위복이라고나 할까. 앙시앵 레짐 말기에 겪은 설움에 대해서는 누보 레짐기에 충분한 보상을 받게 된다. 프랑스 혁명은 말하자면 평민 골루아의 귀족 프랑크에 대한 반격이었다. 지난 세월 골루아가 겪은 우여곡절을 모르고서는 혁명기의 수탉 열풍을 이해할 수 없다. 삼부회 소집이 결정된 직후부터 쏟아져 나온 글과 그림에서 갈루스(골루아)와 갈루스(수탉)는 진정 스타였다. 시에예스Sieyès를 비롯한 혁명기의 팸플릿 작가들은 정복자의 후예임을 내세우는 프랑크 귀족들을 향해 외부 출신인 것이 그토록 자랑스러우면 고향의 숲으로 돌아가라고, 우리 제3신분은 토착민 골루아의 후손이니 이 땅의 주인이 되겠다고 외쳤다. 그리고 수탉은 해방 노예의 머리를 장식했다는 프리지아 모자, 국가의 권위를 상징했다는 패소[27] 등과 더불어 온갖 종류의 이미지에 등장하는 단골손님이었다. 이 상징물들은 모두 고대의 유산으로 프랑스 혁명이 얼마나 열렬하게 고대 문명을 숭배했는가를 보여준다. 프리지아 모자나 패소는 로마적인 반면, 수탉 갈루스는 '민족적'인 고대 문명의 유산인데다가 제3신분 혁명가들의 조상 갈루스이기도 하니 혁명가들의 사랑을 한 몸에 받지 않을 수 없었다.

〈그림 10〉 혁명기에 만들어진 접시. 수탉은 제3신분을 상징하는 삽 위에 자리하고 있다.

백합도 혁명 초기에는 건재했다. 적어도 1792년까지는 백합과 수탉의 공존은 드문 일이 아니었다. 그러나 골루아와 프랑크의 대립에서 루이 16세는 수탉 왕이 아니라 프랑크의 수장으로 처신했고, 따라서 수탉과 백합의 이별은 불가피해졌다. 1792년 9월 21일 군주제의 종말 이후 혁명 정부는

〈그림 11〉 베르사유 시의 문장(1789년 9월)

옛 왕가의 상징물들을 파괴하는 작업에 착수한다. 중심 표적이 된 것은 백합이었다. 예를 들어 파리의 생트샤펠의 첨탑은 1793년 8월에 파괴되었는데 루이의 머리글자 'L'과 백합으로 장식되어 있었기 때문이다. 그리하여 왕당파의 상징이 된 백합의 순교자적 이미지는 19세기로 이어지게 된다.[28] 백합의 수난과 관련하여

---

27) 도끼 주변에 여러 개의 막대기를 둘러 묶은 다발로 고대 로마의 집정관과 국가의 권위를 나타냈다. 프랑스 혁명기의 패소에는 도끼가 빠지는 경우도 있었으며, 막대기들의 단단한 묶음으로 '하나이자 분리될 수 없는' 공화국을 상징했다. 파시즘이란 단어가 패소faisceau의 라틴어 파스키스fascis에서 유래했음은 잘 알려진 바이다.
28) Michel Pastoureau, *Les Emblèmes de la France*, 134쪽.

〈그림 12〉 1792년에 발행된 동전

주목되는 점은 '문장에 대한 공포 정치'의 와중에도 수탉은 전혀 상처받지 않았다는 사실이다. 1792년 9월 이전에 발행된 동전을 보면, 앞면에는 루이 16세의 초상이 있고 뒷면에는 헌법을 새기고 있는 프랑스의 정령을 패소, 프리지아 모자, 수탉이 둘러싸고 있는데, 물론 앞면의 루이는 곧 사라지지만 뒷면의 도안은 제1공화국은 물론 제2공화국, 제3공화국 시대에도 각종 동전에 반복적으로 사용되게 될 것이다. 프랑스 혁명 당시 수탉은 프랑스 왕가를 떠나 프랑스 민중의 상징으로 거듭나고 있었고, 민중이 주권자가 된 까닭에 프랑스 국가 자체도 상징하게 되었던 것이다.

"수탉 왕이 서거하셨다."

"프랑스 수탉 만세!"

4. 백합과 독수리를 넘어서

이 정도 되면 수탉의 기나긴 여정이 종착점에 달한 것 같아 보이지만, 19세기 프랑스의 정치적 파란과 함께 수탉의 운명도 부침을 겪지 않을 수 없었다. 우선 19세기가 열리자마자 독수리가 수탉의 자리를 침탈해버린다. 대관식을 앞둔 나폴레옹 보나파르트는 그의 새로운 체제의 공식 상징을 선택하기 위해 위원회를 임명했다. 수탉, 떡갈나무, 밀 이삭 등 다양한 상징들을 놓고 토론을 벌인 끝에 위원회는 투표로 수탉을 결정했다. 그러나 샤를마뉴를 계승한다는 꿈에 젖어 있던 나폴레옹은 "수탉은 가금 사육장에 속하는 너무 허약한 동물"이어서 프랑스와 같은 제

〈그림 13〉 공화력 12년 메시도르 21일 황제 칙령의 삽화. 나폴레옹이 황제로 즉위한 것은 공화력 12년 플로레알 28일의 일이니, 이보다 약 두 달 전이다. 수탉은 물론 프리지아 모자와 패소도 사라졌다. 곧 공화력도 폐기되고 그레고리우스력으로 복귀하게 된다.
〈그림 14〉 1830년 헌법을 당당하게 장식하고 있는 수탉

국의 이미지가 될 수 없다며 수탉을 거부했다. 라인 강을 넘어서려는 자세를 취하고 있는 사자로 하라고 했다가, 결국에는 독수리를 채택한 것이다.[29] 그럴 작정이었으면 위원회는 왜 임명했는지, 상징에서조차 나폴레옹은 프랑스 혁명과 공화국을 배신했다는 느낌을 지울 수가 없다.

그뿐인가. 왕정이 복고되자 백합이 복귀했다. 당연한 일이지만 루이 18세는 혁명가들의 사랑을 한 몸에 받았던 수탉을 집안에 들일 수는 없었고, '문장에 대한 공포 정치' 시절 박해의 대상이던 순교자 백합은 새로운 반혁명적, 반공화적 함의를 지니게 되어 부르봉 왕가와 그야말로 하나가 되었다. 백합과 수탉이 나란히 왕가를 빛내주던 시절은 이미 먼 과거의 이야기가 된 것이다. 공적인 장소에서 쫓겨난 수탉은 한 걸음 더 민중 가까이에 다가선다. 이 시절에 유행했던 민중가요의 노랫말에서 수탉은 흔히 백합이나 독수리와 비교되어 반왕조주의적 정서를 표현하곤 했다.

---

29) Alain Boureau, *L'Aigle : chronique politique d'un emblème*(Paris : Le Cerf, 1985), 167~168쪽.

〈그림 15〉 1848년의 공화국을 민중의 딸로 묘사한 작자 미상의 유화. 수탉과 더불어 프리지아 모자와 패소가 재등장한다.
〈그림 16〉 제2공화국의 국새. 수탉과 패소는 사용되었지만 프리지아 모자가 사라진 사실이 주목된다. 국새 도안이 결정된 시기가 1848년 10~11월인데, 6월 봉기를 겪은 공화국은 이즈음 보수화되고 있었고, 혁명적 색채가 강한 프리지아 모자 대신 좀 더 온건한 이미지의 태양관이 선택되었다.

    프랑스의 왕이 아니라 '프랑스인들의 왕'으로 자처했던 루이 필리프는 백합 대신 수탉을 선택한다. 흔히 7월 왕정을 복고된 부르봉 왕조의 연장으로 파악하곤 하지만 상징의 문제가 상징적으로 보여주듯 7월 왕정은 적어도 그 초기에는 프랑스 혁명의 정신과 성과를 수용하려는 정체였다. 그런 만큼 친척 부르봉 가문으로부터 얼마나 미움을 받았는지 모른다. 그리고 백합이 부르봉과 동일시되었듯이 오를레앙 가문의 7월 왕정은 수탉으로 표상되었고, 그렇게 인식되었다. 이를테면 7월 왕정 시기 정통 왕조파 지역에서는 공개적으로 수탉을 때려잡는 행위가 반정부 시위로 간주되곤 했다.[30] 루이 필리프를 찬탈자로 증오해 마지않았던 정통 왕조파는 전통적으로 가톨릭과 밀월 관계를 유지해왔는데, 그렇다면 수탉은 프랑스 혁명기에 왕가를 떠났을 뿐만 아니라 이제 교회의 품도 벗어났다는 이야기가 된다. 완전히 벗어나지는 않았다고 해도 종교적 색채는 약화되고, 반면에 국민적 색

---

30) Maurice Agulhon, *La République au village*(Paris : Le Seuil, 1979), 267~268쪽.

채가 짙어졌다고 보아도 좋을 듯하다.[31]

7월 왕정이 보수화하면서 은근슬쩍 수탉을 밀어내기도 했지만,[32] 2월 혁명이 발발하자 수탉은 다시금 거리의 이미지에, 국새의 도안에 당당하게 자리하게 된다. 그러나 역사는 두 번 반복된다고 했던가? 마르크스의 눈에는 희극적으로 보였을지 모르나 황제의 조카라는 인물이 삼촌을 흉내 낸 것은 당시 여러 사람들의 눈에 피눈물이 흐르게 만들었고, 우리의 수탉도 사나운 독수리 등쌀에 밀려날 수밖에 없었으니…….

〈그림 17〉 엘리제 궁전 철문 위의 수탉

결국 수탉이 완전히 제자리를 찾는 것은 제3공화국 시절의 일이다. 제2공화국의 국새도 부활되고, 동전에도 새겨지며, 대통령 궁의 철문 위에도 위풍당당하게 올라선다. 센 강의 수많은 다리들 중 가장 아름답다는 평을 듣고 있는 알렉상드르 3세 다리를 자세히 살펴보라. 러시아와의 관계를 돈독히 하기 위해 1896년 니콜라이 2세가 직접 머릿돌을 놓고 1900년에 완공된 이 다리의 아름다운 조각들 중 멋진 황금 수탉을 발견하게 될 것이다.

1차 대전은 프랑스의 수탉에게 독일의 독수리와 일전을 벌일 마당(하늘?)을 제공했다. 그렇지 않아도 호전적이었던 수탉은 선전용 포스터, 메달, 영화, 노랫말에서 싸움닭 그 자체였다. 수탉이 힘겹게 승리하긴 했지만 프랑스의 아들들의 희생은 컸다. 전쟁이 끝난 후 곳곳에 들어선 기념탑에서 수탉은 조국을 위해 산화한 장병들의 지킴이 역할을 맡는다. 1871년에 독일에 빼앗겼다가 되찾은 곳이라 그

---

31) 교회의 종과 종탑 위의 수탉이 국민적 성격으로 변하는 과정에 대해서는 Alain Corbin, *Les Cloches de la terre*(Paris : Albin Michel, 1994), 248~264쪽 참조.
32) 1845년에 술트 원수의 제안에 따라 1830년 이래 군인들의 모자를 장식하고 있던 수탉이 왕관으로 교체되었다가 1848년 2월 혁명 이후 다시 수탉이 복귀한다. 모리스 아귈롱, 《마리안느의 투쟁》, 153 · 172쪽.

〈그림 18〉 알렉상드르 3세 다리의 장식물

〈그림 19〉 마른 도 구르지보 마을에 있는 전몰 장병기념탑의 꼭대기

럴까. 로렌 지방의 메스 시에 세워진 기념탑의 수탉은 죽은 독수리를 낚아채고 있는, 특별히 사나운 모습으로 새겨졌다.[33]

하지만 백합과 독수리를 넘어선 수탉에게 예상치 못한 장애물이 기다리고 있었다. '프랑스 공화국'이 아니라 '프랑스 국가'임을 천명한 비시 정권이 수탉을 밀어내고 프랑크족의 무기였던 프랑시스크를 채택한 것이다. 도끼를 들고 싸우겠다는 의지의 표명인 듯한데, 그 대상이 독일이 아니라 레지스탕스였던 걸 보면 역시 프랑크족은 게르만족이었던 모양이다. 덕분에 수탉은 레지스탕스와 직결되어 새로운 사명과 영광을 부여받게 된다.[34]

5. 푸틱스와 애트모

근대 초에 시작되어 프랑스 혁명 이래 강화된 프랑스 고대사에 대한 관심이 19세기 말 민족주의의 열기로 인해 날개를 달게 된 사실도 수탉의 등극과 무관하지 않을 것이다. 게다가 프랑스-프로이센 전쟁 패배는 운동에 대한 국민적 관심의 신호탄이기도 했다. 공립학교 차원에서나 사적인

---

33) 이 기념탑은 1940년에 파괴된다. Michel Pastoureau, "Le coq gaulois", 532쪽.
34) Yves Papin, *Le Coq : histoire, symbole, art, littérature*(Paris : Hervas, 1993), 78쪽.

협회의 차원에서 체조나 활쏘기 등이 심신 단련의 수단으로 각광을 받았으며, 영국의 모델을 좇아 '스포츠'라고 부른 축구, 럭비 등이 프랑스 땅에 상륙하여 빠른 속도로 확산되었다.[35] 이러한 움직임은 프랑스만의 것은 아니었고 자연히 국가 간 경기도 자주 정규적으로 열리게 된다. 스포츠 무대에 우리의 주인공 수탉이 데뷔한 것은 프랑스가 처음으로 럭비 경기에서 영국을 꺾은 1911년의 일이라고 한다. 1914년에는 육상 선수 파랑토가 유니폼 가슴팍에

〈그림 20〉 프랑스의 축구영웅 플라티니의 가슴에 새겨진 수탉.

수탉을 달았고, 그 후 대표 선수들의 유니폼에는 어김없이 수탉이 새겨졌다.[36]

하지만 프랑스 수탉이 세계적인 명성을 얻는 것은 축구 선수들과 운명을 함께하면서이다. 축구만큼 세계무대에서 가시적인 스포츠가 또 어디 있으며, 국가 간 축구 경기(전쟁?)만큼 민족주의의 두 얼굴을 적나라하게 노출시키는 것이 또 어디 있겠는가. 외국 이민자에 대한 증오가 극에 달하여 "외국인들은 제 나라로 돌아가라"며 목소리를 높일 때조차도 "플라티니는 빼고"라는 구절을 작은 소리로 덧붙일 정도로 프랑스인들의 사랑을 받았던 1970~1980년대의 축구 영웅 플라티니의 가슴팍에서 수탉은 이탈리아 이민자를 부모로 둔 이 선수가 프랑스의 아들임을 과시했다.

1998년 월드 챔피언 그리고 2000년 유럽 챔피언의 영광을 만끽한 후 은퇴한 디디에 데샹을 이어 프랑스 대표 팀 주장이 된 마르셀 드사이를, 최고 선수가 되겠다는 단순한(!) 목표를 지닌 선수에서 아프리카 가나 출신 아베의 아들 오덴케임을

---

35) P. Arnaud · J. Camy (dir.), *La Naissance du mouvement sportif associatif en France : sociabilités et formes de pratiques sportives*(Presses universitaire de Lyon, 1986) ; Georges Vigarello, *Passion sport : hitoire d'une culture*(Paris : Textuel, 2000).

36) Yves Papin, *Le Coq : histoire, symbole, art, littérature*, 117쪽.

〈그림 21〉 1998년 프랑스 월드컵의 마스코트 푸틱스

자각하는 이중 정체성의 소유자로 만든 것은 1996년 유럽 선수권 대회에서 만난 불가리아의 어느 백인 선수였다. 드사이는 그날 뉴캐슬의 잔디 구장에서 수탉이 새겨진 푸른 유니폼을 입고 자신이 프랑스인이자 동시에 아프리카인임을 느꼈다고 한다.[37] '탈민족' 하자는 국경 없는 유럽은 그들, 백인들만의 폐쇄적인 클럽인 것인가? 극우 정당 민족 전선의 장 마리 르 펜Jean-Marie Le Pen이 사회당의 리오넬 조스팽Lionel Jospin을 밀어내고 2002년 프랑스 대통령 결선 투표에 올랐다는 소식을 접하면서, 프랑스 대표 팀이 유색 인종 일색이라며 투덜대던 그의 모습이 떠올라 가슴이 답답해진다.

거의 한 세기 동안 국가 대표 선수들의 가슴을 장식했던 수탉은 1997년 12월 17일 프랑스 올림픽 위원회의 결정에 따라 퇴출당하게 된다. 2000년 시드니 올림픽부터 수탉을 마스코트로 사용하지 않게 된 이 결정의 배경은 알 수가 없다.[38] 한 가지 분명한 것은 프랑스 혁명 이래 정치사의 우여곡절을 함께 겪으면서 백합의 복고주의와 독수리의 제국주의를 넘어 프랑스의 상징으로 확고하게 자리 잡은 수탉이 그렇게 만만하게 물러서지는 않았다는 사실이다. 1998년 월드컵 마스코트는 파브리스 피알로가 디자인한 수탉으로 정해져 이른바 '수탉 산업'을 예고하고 있었다. 이름도 푸틱스Footix[39]라니, 정말 감명 깊지 않은가! 갈리아의 수탉 푸틱스, 여기에는 프랑스의 고대사를 '만들어낸' 프랑스 현대사가 그대로 녹아있다.[40]

---

37) "Capitaine Desailly", *Le Monde*(2002년 3월 15일자).
38) "Le coq gaulois a du plomb dans l'aile", *Le Monde*(1997년 12월 18일자).
39) 축구Foot에 켈트적 어미 ix를 접목하여 만든 이 이름은 수탉 형상의 마스코트에 더할 나위 없이 잘 어울려 프랑스 월드컵 마스코트 이름을 공모했을 때 다른 후보 이름들을 압도하고 선정되었다.
40) 카이사르에게 영웅적으로 저항했다는 갈리아의 젊은 전사 베르킨게토릭스(베르생제토릭스)가 프랑스 고

푸틱스야말로 "새로 태어난 베르생제토릭스"[41]인 것이다.

프랑스 수탉과 함께 한 긴 시간 여행을 마치면서 결국 시선을 돌리는 곳은 우리의 문제이다. 우리의 상징 동물은 뭘까? 어렴풋이 호랑이라고 생각했는데, 왜 어렴풋하기만 할까? 어렴풋하게나마 호랑이가 떠오른 것은 88올림픽의 호돌이 때문일까? 아니면 호랑이에 대한 국민적 합의가 있었기 때문에 호돌이로 선정이 된 것일까? 그런데 그

〈그림 22〉 2002년 한일 월드컵의 마스코트 애트모

호돌이마저 "일본식 도안 기법으로 오천 년 역사와 문화의 향기를 말살시킨…… 이미지가 지녀야 할 맛으로서 '내적 정체성'이 사라진 도식적 표현에 불과하다"고 한다.[42] 더군다나 2002년 월드컵 마스코트를 보라. 한일 공동 개최라는 특별한 사정이 있기는 하지만, '애트모'란 친구들에게는 한국도 한국의 역사도 없지 않은가. 오히려 '포켓몬'을 닮아 일본 냄새가 난다는데……[43] 미래 지향적이고 환경 친화적이라는 설명에도 불구하고 우리 것이라는 따뜻하고 친근한 감정을 불러일으키지 못하는 점이 서운하게 여겨지는 것은 너무 과거 지향적이라 그럴까. 이런 걸 두고 '내 안의 민족주의'라고 부르는 깃일까.

대의 영웅으로 만들어지는 과정에 대해서는 전수연, 〈골루아 베르생제토릭스 또는 재창조된 프랑스 고대의 영웅〉, 《역사학보》 제173집(역사학회, 2002. 3), 247~280쪽 참조.
41) 20세기 후반 프랑스를 사로잡은 '아스테릭스' 만화 시리즈를 각색하여 만든 클로드 지디 감독의 영화 〈세자르에 대항하는 아스테릭스와 오벨릭스〉(2000)에 나오는 아브라라쿠르식스 족장의 대사.
42) 김민수, 〈유관순 누님이 두 번 통곡한 이유 : '식민의 알까기'는 계속된다〉, 《교수신문》(2002년 4월 15일자) ; 김민수, 〈유관순 열사가 두 번 통곡한 까닭 : 한국 미술계에 남아있는 일제 잔재들〉, 《오마이뉴스》(2002년 4월 17일자).
43) 박광재, 〈'애트모'에 '한국'이 없다〉, 《문화일보》(1999년 12월 2일자).

참고문헌

Alain Boureau, 《독수리 : 어느 엠블렘의 정치적 연대기 L'Aigle : chronique poltique d'un emblème》(Paris : Le Cerf, 1985)

Colette Beaune, 〈갈리아 수탉의 전사(前史)를 위하여 Pour une préhistoire du coq gaulois〉, Médiévales, tome X(1986), 69~80쪽

Michel Pastoureau, 〈갈리아 수탉 Le coq gaulois〉, Pierre Nora (dir.), Les Lieux de mémoire, III : Les France, 3 : De l'archive à l'emblème(Paris : Gallimard, 1992), 506~539쪽

──────, 《프랑스의 엠블렘 Les Emblèmes de la France》(Paris : Bonneton, 2001)

Yves Papin, 《수탉 : 역사, 상징, 예술, 문학 Le Coq : histoire, symbole, art, littérature》(Paris : Hervas, 1993)

모리스 아귈롱, 《마리안느의 투쟁》, 전수연 옮김(한길사, 2001)

전수연, 〈골루아 베르생제토릭스 또는 재창조된 프랑스 고대의 영웅〉, 《역사학보》 제173집(역사학회, 2002. 3), 247~280쪽

카이사르, 《갈리아 전기》, 박광순 옮김(범우사, 1990)

이탈리아 파시즘 시대의 대기업과 국가*

장 문 석**

1. 들어가며—기업가적 역량과 국가의 원조 사이의 피아트

이 글은 기업사를 통해 이탈리아 경제사의 해석 논쟁에 개입하려는 시도이다. 이탈리아 경제사의 쟁점은 경제 발전에서 국가가 수행하는 역할이라는 문제로 압축된다. 알렉산더 거셴크론Alexander Gershenkron으로 대표되는 전통적인 해석에 따르면, 이탈리아는 국가가 주도하는 '위로부터의 산업화'를 이룬 전형적인 사례였다.[1] 그런데 이런 시각은 자생적인 기업가적 역량의 부재를 암시하면서 국가

---

* 이 글은 2006년 3월에 〈이탈리아의 대기업과 국가, 1918~1943 : 피아트의 사례를 중심으로〉라는 제목으로 《서양사론》 제88집에 실린 논문을 수정·보완한 것이다.
** 서울대 서양사학과를 졸업하고 같은 학교 대학원에서 석사 학위와 박사 학위를 받았다. 현재 한양대학교 비교역사문화연구소 연구 교수로 재직 중이다. 논문으로 〈이탈리아 만들기, 이탈리아인 만들기 : 리소르지멘토와 미완의 국민 형성〉, 〈무솔리니 : 두체신화, 파시즘, 이탈리아의 정체성〉, 〈그람시의 헤게모니 이론을 민주주의적으로 재구성하기 : 하나의 해석〉, 〈공장문학 : 전간기 이탈리아 자동차 기업의 역사적 이미지〉, 〈계급에서 국민으로 : 파시즘의 전체주의 기획과 토리노 노동자들〉, 〈기독교민주주의와 유럽 통합 : 데 가스페리와 아데나우어를 중심으로, 1945~1950〉 등이 있고, 《종말의 역사》(공역), 《이태리건국삼걸전》(공편역), 《만들어진 전통》(공역) 등을 옮겼다.
1) Alexander Gershenkron, *Economic Backwardness in Historical Perspective*(Cambridge, Mass. : Harvard Univ. Press, 1962).

에 의해 "원조 받는 자본주의"라는 이탈리아 자본주의에 대한 부정적인 이미지를 낳았다.[2] 그러나 최근 프랑코 보넬리Franco Bonelli나 루치아노 카파냐Luciano Cafagna 등이 제출한 수정주의적 해석은 이탈리아의 점진적인 산업화의 특성을 부각시키면서 아래로부터의 경제 발전의 활력을 새롭게 강조한다.[3] 그런가 하면 이와 비슷한 맥락에서 국가의 개입으로부터 자유로운 소기업 위주의 유연 생산에 토대를 둔, 이른바 '제3의 이탈리아terza Italia' 모델이 주목받고 있기도 하다.[4] 확실히 최근의 수정주의적 논의에서 국가는 더 이상 이탈리아 경제 발전의 '데미우르고스(창조신)'로서의 지위를 상실한 듯이 보인다.

그렇다면 이와 같은 경제사의 해석 논쟁에 기업사의 방법과 시각을 갖고 참여한다는 것은 어떤 의미를 지니는가? 기업사가 경제사에 대해 가지는 의미는 미시사가 전체사에 대해 가지는 의미와 유사하다고 생각된다. 전체사가 '공중에서' 모든 것을 본다고 주장하지만 실제로 이는 환상이다. 왜냐하면 지상에서 움직이는 작은 생명체의 모습은 보지 못하기 때문이다. 따라서 미시사는 인간의 구체적인 활동을 포착하여 전체사가 확립한 기존 해석의 타당성을 시험해보려는 시도라고 할 수 있다. 이와 마찬가지로 기업사를 통한 접근은 거시 경제사적 접근이 놓치고 있는 인간의 능동적인 활동을 포착하여 이를 경제사에 대한 새로운 해석의 돌파구로 삼으려고 하는 시도다.

이 글에서는 이와 같은 기업사 연구를 위해 이탈리아의 대표적인 자동차 기업인 피아트Fiat[5]를 표본으로 선택한다. 피아트 기업사 연구에서 쟁점은 이탈리아

---

2) John A. Davis, "Entrepreneurs and Economic Growth : The Case of Italy", Peter Mathias · John A. Davis (eds.), *Enterprise and Labor : From the Eighteenth Century to the Present*(Cambridge, Eng. : Blackwell, 1996), 106~108쪽.

3) Luciano Cafagna, *Dualismo e sviluppo nella storia italiana*(Venezia : Marsilio, 1989) ; Luciano Cafagna, "La formazione del sistema industriale : ricerche empiriche e modelli di crescita", Paul Corner (a cura di), *Dall'Agricoltura all' Industria*(Milano: Unicopli, 1992) ; Franco Bonelli, "Il capitalismo italiano : linee generali di interpretazione", Ruggiero Romano · Corrado Vivanti (a cura di), *Dal feudalesimo al capitalismo*, vol. 1(Torino : Einaudi, 1978).

4) Arnaldo Bagnasco, *Tre Italie : la problematica territoriale dello sviluppo italiano*(Bologna : Mulino, 1977).

경제사에서처럼 주로 국가의 역할과 관련되어 있다. 가령 발레리오 카스트로노보Valerio Castronovo는 피아트의 창업자 조반니 아녤리Giovanni Agnelli를 다룬 노작에서 시장과 국가 사이에서 흔들리는 피아트의 '이중 심리'와 근대적 경영의 국면들을 탁월하게 묘파함으로써 피아트가 국가에 의해 '원조 받는' 기업의 대명사라는 전통적인 이미지를 불식했다.[6] 그러나 상당한 시간 차를 두고 출간한 두 번째 노작에서는 국가의 역할보다 오히려 아녤리를 비롯한 최고 경영진의 기업가적 역량을 크게 강조하는 사뭇 의미심장한 변화를 보인다.[7] 특히, 피에로 바이라티Piero Bairati는 피아트의 2인자 비토리오 발레타Vittorio Valletta를 다룬 책에서 국가가 피아트의 발전에 별다른 기여를 하지 못했음은 물론이요, 심지어 그것을 방해했다는 논변을 펼친다. 피아트는 스스로 이루었다는 것이다.[8] 이렇게 보면 최근 피아트 연구에서 강조점은 국가의 원조에서 기업가적 역량으로 바뀌고 있는 듯하다.

이와 같은 연구사의 맥락에서 이 글은 피아트의 발전에서 확인되는 국가의 역할과 기업가적 역량의 관계에 초점을 맞추려고 한다. 이 글에서는 일단 1918년에서 1943년까지, 그러니까 전후 위기와 파시즘의 등장, 집권, 그리고 사실상의 몰락으로 이어지는 기간으로 시기를 국한하여 살펴본다. 파시즘이 '전체주의'의 충동으로 국가와 정치의 영역을 유례없이 확장하는 데 주력했음을 고려하면, 이 시기는 경제 권력과 정치권력의 관계를 비교적 '순수하게' 관찰할 수 있는 좋은 무대가 된다. 물론 이 글의 목표는 이탈리아 경제 발전에 대한 총체적인 해석을 제시하려는 것이 아니다. 그보다는 피아트의 구체적인 발전 과정을 통해 기업과 국가 간 관계의 복합적인 면모를 가급적 풍부하게 보여주는 것을 일차적인 목표로 삼는다. 이런 작업을 통해 이탈리아 경제사에 대해 종래에 제출된 해석들이 갖는

---

5) 피아트Fiat는 '토리노의 이탈리아 자동차 공장'이라는 뜻의 'Fabbrica italiana automobile Torino'의 약어다.
6) Valerio Castronovo, *Giovanni Agnelli*(Torino : UTET, 1971). 이 글에서는 이 책의 2003년 판 면수를 인용했다.
7) Valerio Castronovo, *Fiat, 1899~1999 : un secolo di storia italiana*(Milano : Rizzoli, 1999).
8) Piero Bairati, *Vittorio Valletta*(Torino : UTET, 1983).

장단점들을 평가해보고, 좀 더 정교한 해석을 가능하게 하는 몇 가지 해석의 기준들을 확보할 수 있을 것이다.

2. 전후의 극복

1차 대전은 이탈리아 기업들에게 거대한 성장의 효모였다. 물량전이 대량 생산 기업들을 배양한 것이다. 피아트의 경우에 노동자 수는 전전(戰前)의 4천여 명에서 4만여 명으로, 차량 생산 대수도 1914년의 4,644대에서 1917년의 1만 9,184대로 급등했다. 1918년 말 전쟁이 끝난 시점에 피아트는 자본금 규모에서 안살도 Ansaldo와 일바Ilva에 뒤이어 이탈리아 제3의 기업으로 발돋움했다. 전시의 막대한 군수가 그와 같은 급성장의 발판이었음은 두말할 필요가 없을 것이다. 그러나 전쟁은 예외적인 상황이었다. 이제 그런 특수한 국면이 지나간 뒤, 피아트를 비롯한 각 기업들에게는 변화된 정세에 새로이 적응해야 한다는 과제가 제기되었다.

이처럼 '전후'라는 새로운 환경에서 피아트의 대표 이사 아녤리는 새로운 경영의 전망을 들고 나왔다. 그는 군수에 집착하기보다는 민수와 해외 시장을 겨냥한 자동차 생산과 판매의 전망을 의식적으로 강조하기 시작했다. 이 점을 잘 보여주는 것이 1918년에 아녤리가 자유주의 경제학자 아틸리오 카비아티Attilio Cabiati와 함께 유럽 전체로의 시장 확대와 초국적 정부에 대한 계획, 즉 "유럽 연방"의 구상을 소책자로 출판한 사실이다.[9] 당시로서는 다소 비현실적으로 여겨졌던 이 구상은 자동차를 생산하는 기업가의 입장에서 전쟁 특수가 끝난 뒤 국내 시장을 넘어 해외 시장으로 눈을 돌려야 한다는 현실적인 필요성과 이 필요성을 유럽 단일 시장의 구축으로 확대시킨 아녤리 특유의 야심적인 전망으로부터 나왔다는 점

---

9) Giovanni Agnelli · Attilio Cabiati, *Federazione europea o Lega delle Nazioni?*(Milano · Torino · Roma : Fratelli Bocca, 1918).

에서 주목할 만하다.

이와 같은 새로운 전망하에서 아녤리는 전시에 부풀려진 방만한 사업체들을 과감히 정리하고 자동차 사업에 선택적으로 집중하는 투자 전략의 전환을 통해 전후 성장의 전제들을 마련하는 데 성공했다. 이는 피아트와 마찬가지로 전시에 급속히 성장한 안살도가 전후의 유동적인 상황에서 기업의 군살을 빼기는커녕 오히려 무리한 확장을 꾀하다가 결국 파산한 것과 극적으로 대비된다. 과연 1923년 5월에 공식적으로 개장하게 될 피아트의 주력 공장 린고토Lingotto는 전후 피아트 전략의 성공을 상징하는 기념물이라고 할 수 있다. 1층부터 차례로 공정이 연결되어 완성차가 건물 지붕에서 시운전을 겸하여 지상으로 내려오게끔 설계된, 가장 미국적이면서 미래주의적인 이 공장은 당대인들에게 경이로움 그 자체로 다가갔다.

그러나 야심적인 경영 전망과 투자 전략의 성공에도 불구하고 전후에 피아트가 현실적으로 풀어야 했던 가장 어려운 숙제는 무엇보다 노사 관계의 평화를 확보하는 일이었다. 1차 대전 직후에 이탈리아 전역은 노동자들과 농민들의 격렬한 투쟁에 휩싸여 있었다. 특히 피아트의 본사가 위치한 토리노Torino는 노동자들이 경제적 요구를 넘어 정치권력의 문제까지 제기한 공장평의회consiglio di fabbrica 운동의 진앙이라는 점에서 전후 '붉은 2년biennio rosso(1919~1920년 전후 이탈리아를 휩쓴 노동자 및 농민의 파업과 공장 및 토지 점거의 물결)'의 중심 무대였다. 특히 안토니오 그람시Antonio Gramsci를 중심으로 《신질서L'Ordine Nuovo》 그룹이 공장평의회를 정력적으로 선동하고 있었다. 기업가들은 이 운동에서 노동자들이 자율적 권력을 지닐 때 야기될 위험성을 감지하고 그런 '이중 권력'의 존재를 경영권에 대한 묵과할 수 없는 도전으로 간주하여 비난을 퍼부었다. 아녤리도 1919년 3월 17일에 한 신문과의 인터뷰를 통해 자신의 처지가 "항상 고개를 숙이며 복종하는 중국 인형"이라며 자조했는데, 이 발언은 명백히 사용자들의 권위가 노동자들의 끊임없는 요구들에 의해 침해받고 있다는 심각한 위기의식에서 나온 것이었다.[10]

이처럼 어려운 상황에서 피아트 대표 이사 아녤리와 그의 '참모 본부'는 토리노를 휩쓸고 있는 혼란을 수습하기 위해 기민한 행보를 보여주었다. 특히 그는 '붉은 2년'에서 가장 대규모의 완강한 파업 투쟁이었던 1920년 4월 총파업에서 토리노 사용자들의 단결을 이끌어낸 모금 활동을 조직하고 구사대와 홍보원을 모집하면서 노동자 투쟁에 대해 역공을 펼쳤다. 확실히 이런 활동은 노동 운동의 예봉을 꺾는 데 매우 효과적이었던 것으로 보인다. 5월 5일 피아트 경영자문회의는 아녤리가 4월에 보여준 눈부신 활약상에 박수갈채를 보내면서 피아트의 공장들에서 질서와 규율이 재확립되었다고 평가했다.[11]

물론 소요 사태가 완전히 진정된 것은 아니었다. 여전히 크고 작은 분규가 끊이지 않았다. 그런 가운데 6월에 전전 이탈리아 정계를 주도했던 노련한 자유주의 정치가인 조반니 졸리티Giovanni Giolitti가 수상 직에 복귀했다. 그는 파국적인 재정 상태를 완화하고자 기업에 대해 조세 부담과 정부 규제――전시 부당 이윤에 대한 국고 환수, 증권 실명제, 차량 도로세――를 강화하고 전통적인 타협 노선에 따라 노사 관계에 대한 '비개입'을 고수했다. 당연히 그의 정책은 기업가들 사이에서 반정부 여론을 부채질했다. 그런 숨 가쁜 정국에서 토리노 노동자들은 9월 1일을 기해 '붉은 2년'의 마지막 정점을 이룬 공장 점거에 돌입했다. 아녤리는 점거에 맞서 무력 진압을 정부에 요청했으나, 졸리티는 이를 거부했다. 아녤리는 졸리티와의 회동 이후에 그의 노선을 따랐으나, 공장 내부의 평화를 확보하는 일은 온전히 그의 과제로 남아 있었다.

정부가 관망하는 가운데 공장 점거가 한창이던 9월 18일에 아녤리는 한 신문과의 인터뷰에서 돌연 피아트를 협동조합으로 바꾸겠다는 제안을 들고 나왔다. 그는 곧 사회당 의원 주세페 로미타Giuseppe Romita와 만나 피아트를 협동조합으로 바꾸어 인수하는 문제를 논의했다. 이는 노동 운동 및 사회주의 진영에 큰 당혹감을 안겨주었다. 피아트와 같은 거대한 기업을 인수하는 것이 가능한 일인가?

---

10) Progetto Archivio Storico Fiat, *Fiat, 1915~1930 : verbali del consiglio di amministrazione*(Milano : Fabbri, 1991), 311쪽.
11) Progetto Archivio Storico Fiat, *Fiat, 1915~1930 : verbali del consiglio di amministrazione*, 402쪽.

실제로 협동조합화 제안을 거부한 전국협동조합연맹을 비롯하여 노동총동맹도, 금속노동자연맹도, 사회당도 모두 이 제안이 실현 불가능하다는 것을 잘 알고 있었다.

그렇다면 모든 사람들의 의표를 찌른 이 제안의 진정한 의도는 무엇이었는가? 아녤리는 "2만5천 명의 적들과 함께" 피아트를 경영할 마음도, 그럴 능력도 없다는 점을 이유로 내세웠다.[12] 아녤리의 의중은 피아트 경영자문회의의 보고에서도 잘 드러난다. 그에 따르면, 당시 상황에서 회사를 구하는 일은 더 이상 "자본주의 체제로" 가능하지 않았다. 그렇다고 해서 자신이 협동조합의 통제를 받거나 그 이름으로 행동하는 것도 있을 수 없는 일인데, 왜냐하면 자신은 "권위주의적 부르주아 체제의 진정한 대변자"[13]이기 때문이었다. 이로부터 그가 경영권의 문제와 관련하여 노동자들과 타협할 마음이 조금도 없었음이 분명해진다. 그에게 자본주의란 명백히 질서와 권위의 체제였다. 확실히 그런 생각은 아녤리만이 아니라 당시 대부분의 식자층이 공유한 통념으로서 당대 자유주의 경제학자 루이지 에이나우디Luigi Einaudi의 말, 즉 "기업 경영에서 군주정보다 더 좋은 방법은 발명"[14]되지 못했다는 말에서 정확하게 표현되었다.

따라서 아녤리의 협동조합화 제안의 요점은 "군주정" 대신 "산업 입헌주의"를 받아들이느니 차라리 피아트를 포기하겠다는 것으로 해석된다.[15] 그에게 경영진의 명령이 무시되고 노동자들의 불복종이 만연한 피아트는 아무런 의미도 없었다. 아녤리는 그 점을 협동조합화 제안을 통해 분명하게 말하려 한 것이다. 결국 협동조합화 제안이 백지화되면서 아녤리는 다시 피아트 공장에 들어갈 수 있었는데, 이는 아녤리가 누구도 예상치 못한 파격적인 제안으로써 자신의 존재를 시위

---

12) *Gazzetta del Popolo*(1920년 10월 3일자).
13) Progetto Archivo Storico Fiat, *Fiat, 1915~930 : verbali del consiglio di amministrazione*, 424~426쪽.
14) Luigi Einaudi, "Le ferrovie ai ferrovieri", *Cronache economiche e politiche di un trentennio(1893~1925)*, vol. III(Torino : Einaudi, 1960), 105쪽.
15) Valerio Castronovo, *Giovanni Agnelli*, 197쪽.

하고 반대자들의 무능을 폭로하면서 국면을 전환하는 데 성공했음을 말해준다.

그런데 10월 3일에 또 다른 사건이 발생했다. 아녤리가 피아트의 대표 이사 직에서 사임한다는 발표가 나온 것이다. 이 소식은 즉각 큰 파문을 불러일으켰다. 그러나 1920년의 피아트 주주 총회는 1789년 프랑스 혁명의 삼부회가 아니었다. 10월 28일의 주주 총회에서 그의 사임 안이 부결된 것이다. 이로써 피아트에서 아녤리가 혐오한 "산업 입헌주의" 대신 "군주정"이 복고했다. 이 한바탕의 소동이 끝난 뒤, 그는 예전보다 더 강력한 권위를 갖고서 회사에 화려하게 재입성했다. 이윽고 아녤리는 대표 이사 외에 회장을 겸임했고, 그의 오른팔로서 전무직에서 동반 사임한 바 있는 구이도 포르나카Guido Fornaca는 대표 이사 직에 올랐으며, 아녤리의 사임을 전후한 시기에 그를 정력적으로 옹호한, 미래의 2인자 발레타가 피아트에 입사하는 계기가 마련되었다.

요컨대 1920년 4월 총파업에서 공장 점거에 이르는 시기에 피아트는, 그람시가 적절하게 묘사했듯이, "가장 대담하고 강인한 이탈리아의 산업 지도자들 중 한 명이자 근대 자본주의의 '영웅'인 조반니 아녤리라는 한 명의 전제 군주를 가진 작은 절대주의 국가"[16]임이 입증되었다. 그리고 이 모든 것들이 보여주는 하나의 명백한 사실은 아녤리의 리더십 아래 피아트가 자유주의 국가의 '비개입' 노선에도 불구하고, 그리고 무엇보다 파시즘이 새로운 정치 운동으로서 본격적으로 등장하기 '이전에' 스스로의 힘으로 노사 분규를 진정시키고 경영권을 확립함으로써 전후 위기를 성공적으로 타개해나갔다는 점이다. 물론 곧이어 파시즘의 망치가 좌익 노동 운동을 체계적으로 분쇄하고 노동자들의 규율과 복종을 지속적으로 강요하게 되었지만 말이다.

---

16) Antonio Gramsci, "La fine di un potere", *L'Ordine Nuovo*(1920년 3월 27일자). Valerio Castronovo, *Giovanni Agnelli*, 204쪽에서 재인용.

3. 파시즘과의 공존

1922년 10월 28일의 '로마 진군Marcia su Roma'을 통해 가두의 소수 세력에서 집권 세력으로 변신한 파시즘은 피아트에게는 하나의 도전이었다. 파시즘에 대한 아녤리의 태도는 기본적으로 '여당 성향ministerialismo'으로 요약될 수 있다. 아녤리 자신의 표현을 빌리자면 "우리 기업가들은 정의상 여당 편ministeriali이다".[17] 이 말은 기업가들이 파시스트는 아니지만 파시즘이 집권 세력인 한 그에 협력해야 한다는 아녤리의 현실주의적인 입장을 잘 드러내고 있다. 파시즘의 지도자 베니토 무솔리니Benito Mussolini의 정부가 1922년에서 1925년까지 각종 경제 규제를 완화하면서 도래한, 파시즘의 '맨체스터적' 국면, 다시 말해 각종 세금 감면과 규제 완화를 통한 '자유방임적' 경제 국면도 재계와 정부의 관계를 '정상화'하는 데 기여했다. 실제로 아녤리는 무솔리니에 의해 가장 먼저 상원의원으로 임명되었고, 1923년 10월 25일에 이루어진 무솔리니의 제1차 피아트 방문은 피아트와 파시즘의 '밀월'이 시작되었음을 공식적으로 예고했다.

그러나 파시스트 정부와의 그런 우호적인 관계에도 불구하고 피아트는 지방 파시스트들 및 파시스트 생디칼리스트들과 빈번하게 충돌했다. 가령 토리노의 맹주를 자처한 체사레 마리아 데 베키Cesare Maria De Vecchi와의 불화와 토리노 파시스트 노조와의 갈등은 때로 심각한 양상으로 치닫기까지 했다. 특히 일반 노동자들의 충성을 독점하기 위해 좌익의 적색 노조와 대립했던 파시즘의 흑색 노조는 대표권의 독점과 공장평의회의를 대체하는 공장 감독관의 제도화를 집요하게 요구하면서 사용자들과 첨예하게 충돌하고 있었다. 이런 상황에서 아녤리는 공산주의적 성향이 강한 노동자들의 내부위원회와 교섭하여 합의안을 전격 도출함으로써 파시스트들의 공분을 불러일으켰다. 당시 일간지 《세계Il Mondo》는 이 거래를 두고 "공산주의자들의 이중 게임"이자 아녤리에 대한 "공산주의자들의 선물"

---

17) Felice Guarneri, *Battaglie economiche fra le due guerre*(Bologna : Mulino, 1988), 151쪽.

이라고 촌평하기도 했다.[18]

　대립은 1925년 10월 2일 비도니 궁 협약을 통해 일단 해소되었다. 이 협약으로 파시스트 노조가 노동자들의 유일한 대표체임을 인정받았다는 점에서 협약은 사용자들의 패배처럼 보인다. 그러나 협약은 사용자와 노동자를 단일한 조합 조직에 묶고 공장 감독관을 설치한다는 파시스트 생디칼리스트들의 당초 구상을 사실상 배제함으로써 사용자들의 일방적인 패배라기보다는 무솔리니와 사용자들 사이에 이루어진 일종의 타협처럼 보인다. 실제로 무솔리니는 협약 체결 5일 뒤에 다음과 같이 선언함으로써 여전히 뜨거운 쟁점으로 남아 있었던 공장 감독관 문제와 관련하여 사용자들의 손을 들어주면서 분란의 소지를 말끔히 없애려고 했다. "공장에서는 오직 하나의 위계, 즉 기술적 위계만이 존재해야 한다. 그러므로 다시는 누구도 감독관에 대해 왈가왈부해서는 안 될 것이다."[19]

　이렇듯 피아트는 무솔리니 및 파시스트 노조와의 이중적인 관계 속에서 로마 정부의 친기업 노선에 힘입어 1920년대 초중반에 괄목할 만한 성장을 이루게 된다. 차량 생산 대수는 1921년의 8,988대에서 1924년의 2만 3,310대로 껑충 뛰었고, 자본금도 1921년의 2억 리라에서 1924년의 4억 리라로 갑절로 불었다. 전후 위기에 감소했던 노동자 수도 1921년의 9,045명에서 1925년의 2만 8,131명으로 크게 늘었다.[20] 확실히 이런 수치들은 피아트가 전후 위기를 극복하고 전시 생산 수준으로 완전히 회복하여 본격적인 성장세로 진입했음을 말해준다.

　이 시기 피아트 최고 경영진은 일관되게 포드주의fordism를 추구하고 있었다. 경차 '509'의 출시와 할부 판매 회사 'SAVA(Società anonima vendita automobile)'

---

18) *Il Mondo*(1925년 10월 3일자). Stefano Musso, "La società industriale nel ventennio fascista", Nicola Tranfaglia (a cura di), *Storia di Torino* : VIII. *Dalla grande guerra alla liberazione*(1915~1945)(Torino : Einaudi, 1998), 404쪽에서 재인용.
19) Archivio dell'Istituto Piemontese Antonio Gramsci, *Confederazione Fascista dei Lavoratori Industriali*, busta 93, "Testo dell'accordo di palazzo Vidoni." 강조는 원문의 것이다.
20) Archivio Storico Fiat, *Fiat : le fasi della crescita. tempi e cifre dello sviluppo aziendale*(Torino : Scriptorium, 1996), 112 · 115 · 139쪽.

의 설립이 그러한 포드주의적 노력의 결실이었다. 물론 당시 이탈리아에서 대중 시장이 부재했던 상황을 고려하면, 피아트의 포드주의가 불완전했음은 이해할 만한 일이다. 가령 네 가구가 차 한 대를 구입하여 번갈아 이용한다는 발레타의 구상은 피아트가 실현할 수 있었던 포드주의의 최대치였다.[21] 게다가 1926년에 미국 자동차 업계를 방문하고 돌아온 피아트 시찰단의 한 보고자는 미국인들의 공정 라인이 "맑고 세찬 산악의 급류"라면 자신들의 것은 "일련의 연못들에서 평지로 탁하게 흘러나오는 개천"에 불과하다는 점을 인정하지 않을 수 없었다.[22] 그럼에도 주목할 점은 이탈리아의 협소한 시장 조건이 피아트의 포드주의를 왜소화시켰다기보다는 그런 악조건에도 불구하고 피아트가 집요하게 포드주의를 추구했다는 사실일 것이다. 실제로 미국과 미국이 함의하는 모든 것들은 피아트의 경영에서 항구적인 준거점으로 남을 것이었다.

그와 더불어 이 시기 피아트는 내부의 기업 조직도 착실히 정비해나갔다. 피아트 기업 구조의 특징은 무엇보다 아녤리를 정점으로 한 중앙 집중화에 있었다. 흥미로운 것은 그런 '독재적' 관리 방식이 토리노를 주도(州都)로 하는 피에몬테 지역 특유의 전통을 통해 정당화되었다는 점이다. 근면, 성실, 절제 등을 의미하는 피에몬테주의 piemontesismo와 여기에 더하여 사보이아 왕조의 군국주의를 의미하는 사보이아주의 sabaudismo가 피아트의 중앙 집중화와 '군사적' 규율의 문화를 뒷받침하는 전통으로 동원된 것이다.[23] 그런 선동의 활용이 겨냥한 목표는 두

---

21) Piero Bairati, *Vittorio Valletta*, 68~69쪽.
22) 저자 미상, "Relazione generale : visita effettuata nel 1926", Pier Luigi Bassignana (a cura di), *Taylorismo e fordismo alla Fiat nelle relazioni di viaggio di tecnici e ingegneri, 1919~1945*(Torino : Tipolitografia, 1998), 217쪽.
23) 물론 전통이 과연 실재하는 것이며, 설령 실재했더라도 그것이 얼마만큼, 그리고 어떤 방식으로 피아트의 기업 문화에 영향을 미쳤는지를 측정하는 것은 난감한 일이다. 그러나 피아트 경영진은 물론이요, 외부의 관찰자들까지 이구동성으로 그런 전통을 언급했다는 사실은 분명 의미심장하다. 그들은 피아트에서 확인되는 아녤리의 절대 권력, 중앙 집권적 조직 편제, 엄격한 노동의 규율과 복종의 요구를 피에몬테주의 piemontesismo와 사보이아주의 sabaudismo라는 필터로 바라본 것이다. 한 이탈리아 역사가의 표현을 빌리자면, 그들은 "현재를 인도하기 위해 과거를 발굴하고 해석하며 설명했다". 그렇다면 피아트의 피에몬테주의와 사보이아주의를 기업사에서 확인되는, 일종의 '만들어진 전통'으로 볼 수 있지 않을까 한다. Walter Barberis, *Le armi del Principe : la*

말할 필요도 없이 경영권에 대한 노동자들의 무조건적인 복종을 확립하는 것이었다. 그렇다면 이 시기 피아트 경영의 특징을 미국주의로 상징되는 대량 생산의 이념과 피에몬테주의로 상징되는 엄격한 경영상의 위계질서 및 노동 통제의 특정한 결합에서 찾을 수 있지 않을까 한다.

4. 체제와의 유착

전후 위기를 극복한 피아트가 무솔리니 정부와 동거하면서 순조로운 성장을 거듭하고 있었을 때, 중요한 정치적 변수가 등장했다. 1925년 1월 3일의 무솔리니 담화를 고비로 파시즘이 '운동'에서 '체제'로 변모해나간 것이다. 그에 따라 무솔리니 정부의 경제 정책상의 전환도 이루어지는데, 이를 잘 보여주는 것이 바로 '리라 전투'와 '곡물 전투'이다. 정부는 한편으로 인플레이션을 억제하고 리라의 위신을 회복한다는 경제적·정치적 목적 아래 고정 환율제로의 복귀와 '과격한' 평가 절상을 단행했고, 다른 한편으로 파시즘 특유의 '농촌 예찬ruralismo'의 이데올로기 아래 곡물 증산 정책을 대대적으로 시행해나갔다. 이 정책들은 자동차 수출 기업인 피아트에게는 상당한 부담으로 작용했음에 틀림없다.

그러나 위기는 기회였다. 리라의 평가 절상으로 자동차 수출 대수가 줄어든 것은 사실이지만, 이 정책은 고정 수입을 가진 중산층에게 유리했다는 점에서 국내 자동차 수요를 증가시킬 가능성이 있었다. 국가가 비용을 80% 이상 출연하여 건설한 고속도로도 자동차가 대중화되는 기반을 착실히 닦아주었다. 이런 상황에서 피아트의 경차 '509'가 1929년에 단종될 때까지 무려 9만 2,150대라는 기록적인 생산을 보인 점은 의미심장하다. 그런가 하면 파시스트 체제가 농촌 우선 정책을

---

tradizione militare sabauda (Torino : Einaudi, 1988), xiv쪽 ; Eric Hobsbawm · Terence Ranger (eds.), *The Invention of Tradition*(Cambridge, Eng. : Cambridge Univ. Press, 1983)〔《만들어진 전통》, 박지향·장문석 옮김 (휴머니스트, 2004)〕.

펼친 것도 피아트에게 반드시 불리한 것만은 아니었는데, 이 시기 트랙터 생산이 급격하게 증가한 점이 이를 말해준다. 그 외에도 피아트는 철도, 항공기 및 선박 엔진 등 생산 및 판매 품목을 다각화함으로써 손실을 벌충해나갔다.

그렇기는 해도 이 시기 피아트는 노무 정책을 둘러싸고 파시스트들과 심각한 갈등을 빚고 있었다. 무엇보다 피아트의 임금 삭감과 대량 해고에 대한 흑색 노조의 비난이 격렬하게 터져 나왔다. 가령 토리노 파시스트 노조의 서기 에도아르도 말루사르디Edoardo Malusardi는 피아트에 대한 저격수 역할을 자임했다. 그는 1927년 8월에 단행된 일률적인 10% 임금 삭감까지 포함하여 토리노 금속 부문 노동자들의 성과급이 약 30% 감소했다고 하면서 아녤리에 대해 공세를 펼쳤다. 이 1927년의 임금 삭감과 대규모 인력 감축이 당시 파시즘의 '인민주의적' 정책 노선에 부합하지 않는 것이었음은 확실하다. 임금 삭감이 단행되기 직전인 7월 초에 피아트의 반복된 해고 요구에 지친 무솔리니가 토리노 지사에게 보낸 자필 편지는 피아트의 노무 정책에 대한 무솔리니의 반감을 여실히 보여준다.

피아트가 국가나 왕조나 교회나 체제에 버금가는 신성불가침의 제도로 간주되는 심각하고도 부조리한 위험을 피하기 위해 피아트는 계속해서 요구를 앞세우는 일을 그만두어야 할 것입니다. 그 반면에 우리는 그것을 수천 개의 다른 사업체들과 유사한 일개 개인 기업으로, 그러니까 그것의 운명에 대해 국가가 굳이 관심을 두지 않아도 좋을 어떤 것으로 간주해야 합니다. 피아트는 수많은 노동자들을 거느리며 번창하고 있지만, 이 사실이 피아트에 어떤 특권을 주는 것은 아닙니다……나는 피아트의 활동 및 동향과 관련하여 완전히 무관심한 태도를 취하는 것이 마땅하다고 믿습니다……피아트는 자신의 게임을 하고 있습니다. 파시스트 체제도 자신의 게임을 할 것입니다. 피아트라는 일개 사적 기업이 무엇을 하며 무엇을 하지 않는지, 혹은 무엇을 할 것이며 무엇을 하지 않을 것인지에 대해 우리는 일종의 강박증을 버려야 할 것입니다.[24]

---

24) Archivio Centrale dello Stato, *Segreteria Particolare del Duce*, Autografi del Duce, 4, V, C., Piero Bairati,

그러나 무솔리니의 분노가 임금 삭감과 대량 해고라는 피아트의 큰 흐름을 돌려놓은 것은 아니었다. 비록 파시즘의 두체duce[25]인 무솔리니가 '국가 속의 국가'와 같이 행동하는 피아트에 대해 강한 불만을 품고 있었던 것이 사실이지만 정부 수반의 입장에서 현실적으로 피아트의 요구와 압력을 무시하기는 어려웠던 것이다. 가령 피아트의 잇따른 임금 삭감과 대량 해고에 대한 파시스트 생디칼리스트들의 격렬한 항의에도 불구하고 1930년 6월 말 아넬리가 무솔리니와의 회담 직후 3,000명을 전격 해고하고 노동 시간을 단축했다는 사실은 의미심장하다. 물론 두체의 불만은 쉽게 가라앉지 않았다. 이듬해 8월에도 그는 "피아트가 문제가 되면 결과가 신통치 않다"[26]라고 하며 피아트와 파시스트 노조 사이의 분쟁에 몸소 개입하려고 했다. 그런 두체의 지원으로 흑색 노조는 피아트에서 6개월간 10%의 임금 삭감을 유예하는 개가를 올리기도 했다. 그러나 아넬리는 10월 18일에 두체를 방문하여 더 이상 양보할 뜻이 없음을 분명히 전했고, 결국 무솔리니의 묵인 아래 1,500명의 피아트 노동자들이 린고토를 떠나야 했다.

그런가 하면 파시스트 노조 역시 중앙 정부의 명령에 일사불란하게 복종해야 한다는 강박증에 얽매어 있었음은 물론이요, 정부의 파업 금지 조치로 인해 자신의 요구를 강제할 수단을 결여하고 있었다. 가령 말루사르디의 후임자인 안드레아 가스탈디Andrea Gastaldi는 나라가 어려움에 빠진 시기에 "여러분의 혁대에 구멍을 더 뚫어야 한다"[27]라는 명제를 인정할 수밖에 없었다. 또한 무솔리니가 당내 투쟁 과정에서 자신의 유력한 경쟁자였던 에드몬도 로소니Edmondo Rossoni가 이끄는, 당시 280만 명의 회원을 거느린 이탈리아 최대 노동 조직인 전국 파시스트 노조 동맹을 전격 해체한 것도 흑색 노조에게는 큰 타격이었다. 이런 상황에서 피아트는 1927년 8월의 10% 임금 삭감을 필두로 1928년 3월에 5%, 1930년 12

Vittorio Valletta, 62~63쪽에서 재인용.
25) 지도자 혹은 총통을 뜻하는 이탈리아어로서 무솔리니의 별칭이기도 하다.
26) Valerio Castronovo, *Giovanni Agnelli*, 361쪽.
27) "Parla il Segretario Federale", *L'Informazione Industriale*(1932년 4월 22일자).

월에 8%, 1932년 3월에 10%, 1934년 7월에 7%의 꾸준한 임금 삭감 조치를 단행했다.

이상의 사실들은 피아트와 파시즘의 동거가 항상 순탄하지만은 않았음을, 그러나 동시에 양자의 긴장 관계를 지나치게 과장해서는 안 된다는 점을 시사한다. 게다가 더욱 유념해야 할 점은 파시즘과의 갈등에도 불구하고 이 시기 피아트가 국가로부터 실질적인 지원을 받았다는 사실이다. 이를 보여주는 사례가 바로 1926년에 피아트가 미국의 모건 은행으로부터 1천만 달러에 달하는 막대한 대부를 정부 보증으로 유치한 일이다. 이 대부로 피아트는 새로운 자본 투자를 위한 재원을 확보할 수 있었다. 그러나 그것의 진정한 중요성은 정치적인 차원의 것으로 보인다. 즉 미국의 대부를 통해 피아트는 이탈리아 정부로서도 함부로 손댈 수 없는 국제 금융망에 참여한 기업이 되었고, 이는 하나의 기업이 국제 금융 및 국제 정치의 접점들을 활용하면서 국내 정치 체제에 대해 우월한 입장에서 행동할 가능성을 얻게 되었음을 의미하는 것이었다.[28]

그러나 정부 보증에 의한 외자 유치보다 훨씬 더 분명하게 국가의 실질적인 지원을 보여주는 사례가 있다. 바로 자동차 산업 부문에 대한 보호주의가 그것이다. 1920년대 중반 이후 미국 최대의 자동차 회사 포드Ford가 본격적으로 이탈리아 상륙을 기도한 일은 피아트로서는 사활이 걸린 문제였다. 다음의 수치가 이 문제의 심각성을 잘 보여준다. 린고토 공장이 하루 230대를 생산한 반면에 포드는 무려 하루 9,000대 이상을 생산한 것이다. 그런 절박한 상황에서 무솔리니 정부는 외제 차량에 대해 원래 가격의 최소 100%에서 최대 130%에 이르는 강력한 관세를 물림으로써 포드의 침공을 사실상 저지했다.

물론 피아트가 국가를 기업의 생존을 위한 방패막이로 삼는 과정은 생각만큼 용이하지는 않았다. 왜냐하면 치아노 백작conte Costanzo Ciano처럼 포드의 이탈

---

28) Giulio Sapelli, "Fiat e sistema politico fascista : rapportanza degli interessi, potere condizionante e controllo sociale. Lo scambio politico nel regime fascista", *Fiat e Stato*(Torino, 1978), 16쪽.

리아 진출을 위해 발 벗고 뛴 인물들이 정부 주변에 많이 포진하고 있었기 때문이다. 그럼에도 피아트는 결국 국가에 의해 '보호받는 독점'의 지위를 확보하는 데 성공했고, 이는 피아트가 국가를 목발로 삼아 어려운 시절을 능동적으로 타개해 나갔음을 말해준다. 요컨대 아녤리와 피아트 주주들이 잘 표현했듯이, 국내 자동차 산업을 보호하려고 한 무솔리니 정부의 결정은 "피아트의 현관에 새겨진 황금 문자"[29]로서 피아트와 체제가 유착하는 결정적인 계기가 되었다.

5. 대공황의 극복

1930년대는 대공황과 함께 시작되었다. 파시스트 생디칼리스트들은 경제 위기를 배경으로 피아트 경영진을 쉼 없이 탄핵하고 있었고, 피아트 경영진으로서도 대공황이 야기한 경영상의 어려움을 극복하는 것이 절실했다. 이 시점에서 대공황에 대한 아녤리의 해법이 미국 언론 '합동통신United Press'과의 1932년 6월 26일자 인터뷰에서 제시되었고, 이는 국내외에 큰 반향을 불러일으켰다. 그는 위기의 원인을 "생산과 구매력 사이의 불균형"에서 찾고, 따라서 위기를 극복하기 위해서는 구매력의 회복이 결정적이라고 진단하면서 노동 시간 감소와 임금 인상을 그 치유책으로 내세웠다.[30]

그의 이론이 얼마나 타당한 것인지는 따져볼 일이다. 그러나 주목할 점은 아녤리가 1920년대를 준비하면서 유럽 단일 시장의 구상을 들고 나왔듯이 1930년대 벽두에도 '케인스적인' 수요 정책을 들고 나왔다는 사실 자체다. 확실히 그는 고비 때마다 나라 전체의 '사회·경제적' 삶에 대한 파격적인 전망을 제시함으로써 피아트의 우월성과 진보성을 과시했고, 이로 인해 피아트는 여론의 호응을 업고 정치

---

29) Archivio Centrale dello Stato, *Presidenza del Consiglio dei Ministri*(1931~1933), busta 1495, fascicolo 3/1-7/1968.
30) Archivio Storico Fiat, *Biografie*, scatola 2.

적 영향력을 행사할 수 있었던 것이다.

물론 아녤리는 이론을 제시하는 것에 만족하지 않았다. 피아트는 국내 시장을 독점하는 데 그치지 않고 새로운 수요를 찾아 적극적으로 해외 시장에 진출함으로써 위기를 타개해나가려고 했다. 특히 소련은 피아트의 특권적인 파트너였다. 1929년 당시에 소련 도로를 달리던 차량의 약 20%가 피아트제였으며, 1932년에 "세계에서 가장 거대한 베어링 공장"[31]을 모스크바 외곽에 건립한 것도 피아트였다. 이 공장은 1960년대 후반 냉전기에 피아트가 볼가 강 유역에 건설할 거대한 자동차 공장 도시인 톨리아티그라드의 예고편처럼 보인다.

그러나 피아트의 독자적인 문제 해결 노력에도 불구하고 피아트가 대공황을 타개하는 과정에서 국가의 역할은 역시 결정적이었다. 그 점을 잘 보여주는 것이 바로 1933년 1월에 설립된 산업재건국(Istituto per la Ricostruzione Industriale, IRI)의 역할이었다. 국영 지주 회사 IRI는 기본적으로 대공황의 시대에 도산 위기에 처한 은행과 기업을 인수하여 이들을 회생시켜 민간 부문에 되돌려주는 역할을 수행했다. 이 과정에서 피아트를 비롯한 주요 대기업들이 자기 비용을 들이지 않고 주요 사업체들을 손쉽게 인수할 수 있었다. 바로 이 점이 IRI의 탄생을 파시스트 코포라티즘corporativismo――일부 파시스트들이 자유주의적 자본주의와 공산주의 양자를 극복하는 '제3의 길'로 치켜세운――의 실현으로 본 당대 파시스트들의 판단을 신뢰하기 어렵게 만드는 대목이다. 왜냐하면 거대 자본가들이 IRI를 통해 막대한 이득을 챙겼다는 사실 자체가 코포라티즘이 자본주의도 아니요, 공산주의도 아닌 '제3의 길'을 추구했다는 주장을 무색하게 만들기 때문이다.

무엇보다 피아트가 대공황의 위기를 극복하는 데 결정적으로 기여한 요인은 1930년대 중반 무솔리니가 선포한 '제국'의 전쟁과 그에 잇따른 아우타르키아 autarchia(자급 체제)의 국면이었다. 이 시기에 국가의 막대한 군수 발주로 피아

---

31) Ing. P. Bertolone, "La più grande fabbrica di cuscinetti a sfere del mondo creata a Mosca dalla 'Riv'", *Bianco e Rosso*(1935년 1월 31일자).

트는 대공황의 상흔을 말끔히 지울 수 있었다. 물론 전시에 기업의 생산 활동에 대한 국가의 통제가 증대했음은 사실이다. 그런 점에서 아녤리 자신의 표현대로 아우타르키아는 "너무 꽉 끼는 셔츠"[32]였음에 분명하다. 그러나 피아트는 체제의 노선에 일방적으로 의지하지 않으면서 국가의 지원을 추구한 것으로 보인다. 왜냐하면 전쟁은 예외적인 상황이었고, 따라서 다음번에도 "에티오피아의 식민 원정이 보장한 것과 같은 만나가 하늘에서 떨어지리라"[33] 기대하기는 어려웠기 때문이다. 실제로 피아트는 이 시기에 군수와 민수를 동시에 충족시키는 이원적인 생산 체제를 신중하게 유지하고 있었다.

그런 이중 노선은 여러 개의 테이블에 돈을 걸면서 상황 변화에 능동적으로 대처하려는 아녤리와 피아트 경영진의 의식적인 선택에서 비롯되었다. 피아트는 쏟아지는 군수에도 불구하고 민수 생산을 포기하려 들지 않았고, 이로부터 특유의 유연 생산 체제가 확립되었다. 그 점을 잘 보여주는 것이 1939년에 개장한 피아트의 새로운 공장 미라피오리Mirafiori이다. 아녤리는 이 공장을 두고 "미국까지 포함하여 세계의 어떤 공장도 피아트처럼 단일 공정에서 다기한 유형의 자동차, 트럭, 항공 엔진, 공작 기계들을 동시에 생산할 수는 없을 것이다"[34]라고 단언했다. 역사가 두치오 비가치Duccio Bigazzi도 미라피오리를 관찰하면서 이 공장의 생산 목표가 "최대한의 유연성"을 달성하는 것이었으며, 따라서 생산 품목을 민수용 경차 '토폴리노Topolino'에서 군용 트럭이나 전차로 손쉽게 바꾸는 일이 가능해졌다고 논평했다.[35]

이 사실은 피아트가 '제국'이 주는 과실을 향유하면서도 국가의 정책 노선에 일

---

32) Valerio Castronovo, *Giovanni Agnelli*, 416쪽.
33) Valerio Castronovo, *Fiat, 1899~1999 : un secolo di storia italiana*, 496쪽.
34) Duccio Bigazzi, "Gli operai della catena di montaggio : la Fiat, 1922~1943", *La classe operaia durante il fascismo*(Milano : Feltrinelli, 1981), 943쪽.
35) Duccio Bigazzi, "Management Strategies in the Italian Car Industry, 1906~1945 : Fiat and Alfa Romeo", Steven Tolliday · Jonathan Zeitlin (eds.), *The Automobile Industry and Its Workes : Between Fordism and Flexibility*(Cambridge, Eng. : Polity Press, 1986), 86쪽.

방적으로 종속되지 않고 독자적인 경영 노선을 유지했음을 시사한다. 피아트의 자율성은 화학 기업 몬테카티니Montecatini의 사례와 비교해 볼 때 한층 두드러진다. 몬테카티니도 피아트와 마찬가지로 체제로부터 막대한 혜택을 받았지만 체제의 정치적 간섭에 효과적으로 대처하지 못했다. 예컨대 몬테카티니는 체제의 인물들을 최고 경영진에 받아들여야 했고 체제가 배려한 수익성 없는 사업체들을 인수해야 했던 것이다. 그리하여 국가 수요가 보장되지 않은 전후에 사업체들을 방만하게 껴안고 있던 몬테카티니는 결국 붕괴하고 말았다.[36] 그 반면에 피아트는 체제의 인물들이 경영진에 진입하는 것을 막는 한편, 비스콘티 베노스타 후작marchese Giovanni Visconti Venosta이나 줄리오 데 베네데티Giulio De Benedetti와 같은 '반체제' 인물들을 기용하는 대담함을 보였다. 그런가 하면 피아트는 무솔리니의 반대에도 불구하고 린고토 공장의 결함을 시정할 새로운 공장 미라피오리의 건립을 관철시킨 사례에서 볼 수 있듯이 체제의 간섭으로부터 경영의 자율성을 유지한 것으로 보인다.

그렇다면 피아트가 파시즘이 '정복한' 국가의 간섭으로부터 기업의 독립성을 방어하면서 동시에 무수한 혜택을 향유할 수 있었던 조건은 무엇인가? 먼저 피아트뿐만 아니라 여타 이탈리아 대기업들이 공유한 일반적인 조건을 고려할 필요가 있다. 그것은 상대적으로 산업적 후진국인 이탈리아에서 선진 기술을 채택하여 중화학 제품을 대량으로 생산하는 기업들이 차지하는 위상과 관련이 있다. 이탈리아 정부로서도 국민 경제에서 각별한 비중을 차지하는 이 기업들의 요구를 무시하기 어려웠을 것이다. 특히 기술적으로 낙후한 이탈리아에서 근대 기술의 총아인 자동차를 생산하는 피아트의 위신과 영향력은 그 어떤 정부도 무시할 수 없었을 것이다. 그렇기에 파비오 레비Fabio Levi는 피아트가 우월한 입장에서 국가에 도움을 요청할 수 있는 "근대성이라는 훌륭한 이유"를 갖고 있었다고 잘라 말

---

36) Franco Amatori, "The Fascist Regime and Big Business : The Fiat and Montecatini Cases", Harold James · Jakob Tanner (eds.), *Enterprise in the Period of Fascism in Europe*(Aldershot : Ashgate, 2002).

했던 것이다.[37]

그러나 이에 덧붙여 피아트에 고유한 조건도 고려해야 한다. 무엇보다 자유주의적인 전통이 우세하고 전투적인 노동 운동이 존재하는 피에몬테 지역 기업인 피아트가 갖는 정치 지리적인 주변성——물론 '주변적'이라고 해서 그 중요성이 결코 떨어지지는 않는——을 생각해볼 수 있다. 유별나게 '국민적' 통합에 집착했던 파시스트 국가로서는 피에몬테처럼 중앙 정부의 통제권으로부터 다소간 멀리 떨어져 있었던 지역에서 아녤리와 같은 인물을 적으로 돌릴 수는 없었을 것이다. 그런가 하면 농민 인구가 압도적으로 많은 현실에서 (정부가 생각하기에) 자동차 산업은 이탈리아에 당장 필요한 핵심 산업 부문은 아니었고, 이와 같은 산업 부문상의 주변성이 피아트가 비료를 생산하는 몬테카티니에 비해 국가의 직접 통제에서 비켜나 상대적으로 더 넓은 운신의 폭을 확보할 수 있었던 이유일 것이다.[38]

물론 그런 객관적인 조건들 외에도 아녤리의 리더십이라는 주관적인 조건을 고려해야 할 것이다. 이와 관련하여 역사가 프랑코 아마토리Franco Amatori는 피아트 경영진의 리더십을 가리켜 "강력한 사보이아적 리더십"이나 "주권 국가의 방식으로 행동하는 피아트의 태도"로 묘사하기도 한다.[39] 기실 당대인들의 많은 회고가 아녤리의 자신감에 넘치는 완고한 태도를 증언하고 있다. 재무 장관을 역임한 주세페 볼피Giuseppe Volpi에 따르면, "그가 협상 테이블에 앉을 때면, 마치 권총집을 테이블 위에 올려놓고 있는 듯했다. 권총은 없었다. 그러나 모든 사람들이 권총이 있다고 믿었다".[40] 또한 가장 지적인 파시스트로 평가받기도 하는 주세페 보타이Giuseppe Bottai에 따르면, 자신이 장관 직에 있었을 때 "어느 날 접견실에 조반니 아녤리가 와 있다는 통고를 받았다. 그가 들어와 인사를 하고 자리에

---

37) Fabio Levi, "Torino, o cara……Dove va la città della Fiat", *Meridiana* 16(1993), 136쪽.
38) Pablo Martín Aceña, "Comment", Harold James · Jakob Tanner (eds.), *Enterprise in the Period of Fascism in Europe*, 100쪽.
39) Franco Amatori, "Fiat, 1899~1999 : riflessioni sulla grande impresa in Italia", *Passato e Presente* 52(2001. 1~4), 92쪽.
40) Indro Montanelli, "Montanelli e Agnelli. La rivoluzione del fondatore", *La Stampa*(1995년 12월 17일자).

앉았다. 그가 내게 말하기 시작했다. 그는 섰다가 왔다 갔다 하기도 하면서 나를 '젊은이giovanotto'라고 불렀다. 그는 5분 동안 말했다. 그 순간 나는 내가 장관인지 그가 장관인지 헷갈렸다".[41] 확실히 피아트가 아넬리 개인의 전제적 지배가 관철된 세계였고, 나아가 이 시기가 다양한 이해관계들이 대표되고 중재되는 장으로서의 의회 체제가 기능하지 않는 상태에서 개별 기업과 정부 당국자가 얼굴을 맞대는 직접적인 관계가 주요 결정을 좌우한 파시즘 시기였음을 고려하면, 아넬리의 리더십이 국가와의 협상 과정에 큰 영향을 미쳤으리라는 점은 쉬이 짐작할 수 있다.

하지만 아넬리의 리더십만으로 모든 것이 설명되지는 않는다. 가령 체제의 반대를 무릅쓰고 피아트가 미라피오리 공장의 건설을 강행한 점이 그렇다. 거기에는 또 다른 중요한 요인들이 작용했다. 체제가 새로운 공장의 건설에 반대한 것은 무엇보다 방대한 수의 노동자들을 하나의 공간에 집중시키는 것이 야기할지도 모를 사회적 위험을 고려했기 때문이다. 그럼에도 피아트가 이 계획을 밀고 나간 것은 체제의 노선보다 명백히 더 우월한 것으로 간주한 미국주의, 더 정확히 말하자면 미국식 대량 생산의 이념——물론 당시 이탈리아적인 현실에서 대량 생산을 실제로 구현할 수는 없었을지언정——을 경영의 전략적 목표로 일관되게 추구했기 때문이다. 그런가 하면 체제는 군사 전략적인 측면에서도 공장 건설을 반대했는데 공장 후보지인 토리노는 잠재적 적성국인 프랑스 인근에 위치하고 있으니 말이다. 그럼에도 피아트가 미라피오리의 토리노 입지를 고집한 것은 토리노 지역과의 일체감을 의식적으로 추구했기 때문이다. 다시 말해, 이미 앞에서 설명한 피아트 특유의 피에몬테주의가 주력 공장을 토리노 바깥에 두지 않으려는 회사의 결정에 영향을 미쳤던 것이다.

따라서 아넬리의 리더십 뒤에는 미국주의와 피에몬테주의를 날줄과 씨줄로 한 피아트의 확고한 경영 전망이 있었다고 할 수 있다. 이와 관련하여 파시즘의 민족

---

41) G. B. Guerri, *Giuseppe Bottai : un fascista critico*(Milano : Feltrinelli, 1976), 107쪽.

주의가 절정의 위세를 과시하고 있던 때에도 피아트가 회사의 정체성의 근원으로 주저 없이 미국과 피에몬테를 내세운 것은 의미심장하다. 아녤리는 1935년의 라디오 담화에서 자신과 헨리 포드Henry Ford 사이의 개인적 친분과 피아트와 미국의 긴밀한 관계를 강조하면서 "미국 자동차 산업이 도달한 완전한 발전의 양상"을 찬양함과 동시에 피아트가 "군사 문명과 근대 산업 문명"의 독특한 결합체로서 "17~18세기에 조직되고 연마된, 군사적 피에몬테의 파생물"임을 새삼 강조했다.[42]

6. 체제와의 분리

피아트와 체제의 '밀월'은 1930년대 말에 이르러 한계를 드러내기 시작했다. 불화의 조짐은 1938년에 발레타가 내놓은 야심적인 자동차 대중화 계획을 두체가 거부한 사건에서 나타났다. 이는 파시스트 체제가 (나치즘과는 달리) 자동차 대중화를 현안으로 생각하지 않았다는 증거일 수 있다. 물론 일부 해석자들이 주장하듯이, 이 사건으로 피아트와 파시즘 체제의 관계가 결렬되었다고 보기는 어렵다.[43] 오히려 군국주의적 수사를 거침없이 구사했던 체제가 전쟁이 임박했음에도 불구하고 피아트의 민수 생산과 대외 무역을 용인했을뿐더러 이를 장려한 사실에 주목할 필요가 있다. 실제로 전쟁 전야와 개전 직후에 피아트는 영국 및 프랑스와 사업 계약을 체결할 정도로 아무런 사업상의 제약도 받지 않았다. 당시 무솔리니 정부가 재정 적자에 허덕였고 따라서 '외화 벌이'가 절실했음을 고려하면, 이는 어쩌면 당연한 일이다. 요컨대 이 시기에 반(反)독일 노선을 견지한 외무 장관 갈레아초 치아노Galeazzo Ciano 그룹과 아녤리를 중심으로 한 제철 및 금속 기계

---

42) Archivio Storico Fiat, "Giovanni Agnelli", 1939.
43) Piero Bairati, "Ma il Duce bocci? l'utilitaria", Il Sole-24Ore(1985년 5월 27일자).

부문의 독점 그룹은 이탈리아의 중립을 전제로 하여 교전국들과 자유로운 무역을 추구한, 일종의 "사업 정당"을 형성하고 있었던 것으로 보인다.

그러나 아넬리의 기대와는 달리 이탈리아가 참전하고 전황이 불리해지면서 피아트와 체제의 관계는 급속히 냉각되기 시작한 것으로 보인다. 그리고 패전과 체제 붕괴가 임박하면서 피아트 경영진은 회사의 생존을 위해 고된 사투를 벌여야 했다. 1942년 11~12월 연합군의 토리노 폭격 직후 피아트에서는 모든 게 끝장났다는 정서가 확산되고 있었다. 문제는 현 체제가 끝나더라도 회사는 유지되어야 한다는 것이었다. 피아트의 한 기술자는 당시 피아트 경영진의 정신 상태를 이렇게 전한다. "발레타는 항상 우리가 훌륭한 독일인일 수도 있고 훌륭한 미국인일 수도 있으며 훌륭한 파시스트일 수도 있으나, 결단코 피아트를 지켜내야 하는 것이 바로 우리의 정책이라고 말했다."[44] 전쟁 막바지에 파시스트 국가의 기능이 거의 마비되었을 때, 피아트는 종업원들과 지역 주민들의 필요를 충족시켜주는 대안적인 제도로서의 기능을 떠맡았다. 다시 말해, 식량을 비롯한 생필품 및 의료품과 교통수단을 제공함으로써 피아트는 국가의 위기에 직면하여 회사의 자율성과 영향력을 입증하면서 회사를 지켜내고자 노력했다.

이처럼 피아트가 체제의 운명과는 무관하게 자신의 생존을 위해 독자적인 행보를 보여주고 있었을 때, 파시즘 편에서는 '부르주아'에 대한 격렬한 비난을 퍼부었다. 무엇보다 무솔리니 자신이 파시즘의 몰락에 대한 하나의 설명으로서, 이른바 '부르주아지의 배신'이라는 유명한 테제를 제시했다. "부르주아가 배신했다. 우리는 교활한 산업체와 그에 못지않게 교활한 은행을 갖고 있다."[45] 특히 전쟁 막바지에 피아트에 대한 파시스트들의 노골적인 비난이 터져 나오게 된 계기는 1944년 1월부터 피아트가 구내식당과 사내 매점을 위해 인근 농촌에서 야채와 곡물을 대거 매점하고, 이를 위해 방대한 농지를 임차한 사건이었다. 그에 대해 즉

---

44) Alan Friedman, *Agnelli and the Network of Italian Power*(London : Mandarin, 1989), 36쪽.
45) Piero Bairati, *Vittorio Valletta*, 100쪽.

각 파시스트 정부 관계자들이 피아트의 '불순한' 의도를 성토하고 나섰다. 피아트가 파시스트 국가의 무능을 의도적으로 부각시키면서 국가의 안녕보다 회사의 안녕을 우선시하고 있다는 것이었다.[46]

이런 사실들은 전쟁 말기에 피아트와 체제가 급속하게 분리되고 있었음을 잘 보여준다. 그리고 이 시기 피아트의 독자적인 행보와 그로 인해 빚어진 파시즘과의 첨예한 갈등은 전후에 이른바 "피아트의 반파시즘"의 신화가 만들어지는 데 좋은 질료가 되었다.[47] 기실, 체제로부터 막대한 혜택을 받은 피아트에 대해서 그런 신화가 만들어진 것은 흥미로운 일이 아닐 수 없다. 아마도 이는 파시즘이 몰락함으로써 그것에 대한 일체의 기억이 폐기되고 수정되면서 그 자신은 파시즘과 무관하다는 이미지가 신속하게 구축된, 전후 '기억/망각의 조정' 과정의 일부였을 것이다. 그런데 이 과정에서 피아트가 다른 기업들에 비해 더 성공적으로 파시즘과의 연관을 끊어낼 수 있었던 것은 피아트가 체제의 막대한 혜택을 받았음에도 불구하고 체제의 정치적 간섭으로부터 효과적으로 경영의 자율성을 방어한 사실과 큰 관련이 있는 것으로 보인다. 그리고 이 사실은 전쟁 말기로 갈수록 더욱 두드러져 보인다. 실제로 이는 전후 파시즘과 독일에 대한 부역 혐의자 재판에서 발레타가 제출한 기록과 법정에 소환된 증인들의 여러 증언에서 집중적으로 부각되었다. 그래서 만일 "피아트의 반파시즘"이 신화라면, 이 기록들과 증언들은 그 신화를 뒷받침하는 고고학적 증거라 할 수 있다.[48]

---

46) Archivio di Stato di Torino, *Gabinetto di Prefettura*, busta 250.
47) Giulio Sapelli, *Fascismo, grande industria e sindacato : il caso di Torino, 1929~1935*(Milano : Feltrinelli, 1975), 55쪽.
48) 이 기록들에서 피아트가 파시즘 집권기에 일관되게 체제의 정치적 간섭에 저항하면서 회사의 자율성을 지켰다는 점, 피아트가 1920년대 및 1930년대 내내 미국 및 소련과 우호적이고 긴밀한 관계를 유지했다는 점, 피아트가 전쟁 말기에 독일 당국에 사보타주를 하고 종업원들과 지역 주민들의 일상생활을 적극적으로 지원했다는 점, 그리고 피아트가 여러 레지스탕스 조직에 적지 않은 자금을 지원했다는 점 등이 사실적으로 부각되었다. 현재 이 귀중한, 그러나 논란의 여지가 있는 자료들은 '피에몬테 레지스탕스 역사 및 현대사 연구소 문서고 Archivio dell'Istituto Piemontese per la Storia della Resistenza e della Società Contemporanea'의 자료 상자 C 56에 소장되어 있다.

7. 나오며—피아트의 기업가적 역량과 국가의 활용

이 글이 고찰한 시기에 피아트와 국가의 관계에는 밀월과 파경이라는 극단을 오가는 다양한 부침이 있었다. 그러나 전체적으로 보면, 피아트의 발전에서 국가는 상당히 중요한 역할을 수행했다. 노동 운동의 봉쇄, 사회 인프라(고속도로)의 건설, 보호 장벽의 구축, 다양한 국가 기구들의 특혜와 지원, 정부의 군수 발주 등이 이를 잘 보여준다. 물론 이 시기 피아트와 파시즘 사이에는 결코 사소하게 볼 수 없는 심각한 갈등이 있었다. 그리고 피아트에 대한 주요 연구들이 잘 보여주듯이, 그런 긴장 상황에서 피아트는 당시 이탈리아 경제에서 차지하는 자신의 독특한 위상을 십분 이용하여 아녤리의 강력한 리더십과 이를 뒷받침한 독자적인 경영 전망 아래 파시스트 체제의 간섭으로부터 효과적으로 기업의 독립성을 지켜나갔고, 이것이 피아트의 주요한 성공 요인임은 사실이다. 그러나 파시즘과 국가를 구별할 필요가 있다. 파시즘으로부터 경영의 자율성을 방어한 것이 피아트의 기업가적 역량을 보여주는 증거일 수는 있어도 피아트의 발전에서 국가의 역할이 크지 않았다거나 심지어 국가가 기업 활동을 제한했다는 논지를 입증하는 증거는 아닌 것이다. 오히려 이 글은 피아트의 발전에서 국가의 역할이 매우 중요했음을 보여주려 했다.

물론 국가의 역할을 강조한다고 해서 곧 피아트가 이탈리아 경제사를 음울하게 채색해왔던 '원조 받는' 기업이었음을 의미하는 것은 결코 아니다. 실제로 피아트의 진정한 성공 요인은 기업 활동의 자율성을 방어한 것 그 자체라기보다 자율성을 희생하지 않으면서 국가의 원조를 끌어낸 특정한 능력인 것이다. 요컨대 피아트는 국가로부터 '원조 받는' 기업이 아니라 국가를 '활용한' 기업이었다.

이런 결론은 이탈리아 경제사를 새롭게 검토할 가능성을 제공한다. 전통적인 해석에 따르면, 국가의 역할이 크다는 것은 곧 기업가적 역량이 부재하거나 결핍되어 있음을 의미한다. 수정주의적 해석은 그런 편견에서 벗어나 기업가들의 능동적인 역할을 올바르게 강조한다. 그러나 수정주의적 연구자들은 기업가적 역량을 강조하면서 국가의 역할을 간과하는 오류를 범하고 있는 듯하다. 특히 이러한 편향은 파시즘에 대한 정치적·도덕적 비난과 겹치면서 한층 강화된다. 이는 수정주의적 해석도 전통적 해석과 마찬가지로 국가의 역할과 기업가적 역량을 길항 관계로 보는 다분히 허구적인 이분법에 기초해 있음을 말해준다. 그러나 피아트의 사례는 기업가적 역량의 개념을, 국가와 적절한 거리를 유지하면서 국가를 활용하는 능력까지 포함하여 넓게 이해할 필요가 있다는 점을 보여준다.

이와 같은 맥락에서 최근 일부 역사가들이 이탈리아 국가가 산업화 과정을 관리하는 과정에서 수행한 역할을 새삼 강조하는 것은 주목할 만하다.[49] 기실, 그런 논변에는 파시즘이 경제 발전에 거의 기여하지 못했다는 통념에 대한 예리한 비판이 깔려 있다. 즉 파시즘을 정치적·도덕적 이유로 단죄하는 것과 파시즘이 경제 영역에서 이룩한 성취를 인정하는 것은 별개의 문제라는 것이다. 그러나 이런 해석은 문제를 늘 거시적인 경제 정책의 차원에서 바라보며 국가가 경제 발전에 필수적이고 기능적이라는 논리를 선험적으로 전제하는 경향이 있다. 그 반면에 문제를 미시적으로 들여다보면, 기업과 국가 사이에는 부단한 갈등과 협상의 여지가 개재되어 있음을 알게 된다. 요컨대 문제는 기업과 국가 중 어느 하나를 발전의 요인으로 선택하는 것이 아니라 양자의 복잡한 상호 작용과 그 속에서 영향을 주고받는 정치, 사회, 문화의 요인들──가령 파시즘의 정치, 전투적인 노동 운동, 피에몬테 특유의 문화──을 설명하는 것이다.

끝으로 이 글의 결론은 '전체주의'를 표방한 파시즘의 사회 통제력에 대해서도 일정한 의문을 던진다. 확실히, 파시스트 체제는 파시스트 혁명과 기성 제도──군주정, 교회, 대기업 등──의 타협 위에 엉거주춤 세워진 정치적 구조물처럼 보인다. 그렇기는 해도 무솔리니를 '허수아비 황제'로, 파시스트 체제를 '불완전한 전체주의'로 보는 상투적인 시각이 타당한 것은 아니다. 이미 앞에서 살펴보았듯이, 기업과 체제 사이에 존재했던 항구적인 긴장과 갈등은 자본주의의 논리를 추

---

49) Rolf Petri, *Storia economica d'Italia*(Bologna : Mulino, 2002), 13~14쪽.

월하는 고유한 '전체주의'의 충동이 파시즘에 잠재해 있었음을 보여준다. 무엇보다 아녤리와 같은 기업가들은 그런 충동에 상당한 위협을 느끼고 있었다. 따라서 파시즘에 내재한 '전체주의'의 충동이 완전히 발현되지는 못했을지라도 그런 잠재 요소를 진지하게 다루지 않고서 파시즘이라는 20세기의 새로운 정치 현상을 올바르게 이해하기는 어려울 것이다.[50]

---

50) 가령 에밀리오 젠틸레Emilio Gentile는 '전체주의' 자체가 이념형임을 염두에 둔다면 우리가 실제로 연구해야 할 것은 "전체주의로 가는 이탈리아적인 길"이라고 한다. 그런 점에서 젠틸레는 파시즘이 비록 실패하긴 했지만 파시즘은 새로운 대중 정치와 그를 통한 파시즘의 "인간 혁명anthropological revolution"을 시도했음을 강조한다. 젠틸레의 견해에 대해서는 Emilio Gentile, "Fascism in Power : The Totalitarian Experiment", Adrian Lyttelton (ed.), *Liberal and Fascist Italy*(Oxford : Oxford Univ. Press, 2002)를 참조하라.

참고문헌

Alan Friedman, 《아넬리와 이탈리아의 권력망Agnelli and the Network of Italian Power》(London : Mandarin, 1989)

Alexander Gershenkron, 《역사적 시각에서 본 경제적 후진성Economic Backwardness in Historical Perspective》(Cambridge, Mass. : Harvard Univ. Press, 1962)

Archivio Storico Fiat, 《피아트. 성장의 국면들 : 회사 발전의 시기와 수치Fiat. le fasi della crescita. tempi e cifre dello sviluppo aziendale》(Torino : Scriptorium, 1996)

Arnaldo Bagnasco, 《세 이탈리아 : 이탈리아식 발전의 지역적 문제들Tre Italie : la problematica territoriale dello sviluppo italiano》(Bologna : Mulino, 1977)

Duccio Bigazzi, 《거대한 공장 : 린고토에서 미라피오리에 이르기까지 피아트의 산업 조직과 미국 모형La Grande fabbrica : organizzazione industriale e modello americano alla Fiat dal Lingotto a Mirafiori》(Milano : Feltrinelli, 2000)

──────, 〈조립 라인의 노동자들 : 피아트, 1922~1943Gli operai della catena di montaggio : la Fiat, 1922~1943〉, 《파시즘 시기의 노동자 계급La classe operaia durante il fascismo》(Milano : Feltrinelli, 1981)

──────, 《이탈리아 기업사 : 연구사 개관, 1980~1987La storia d'impresa in Italia : saggio bibliografico, 1980~1987》(Milano : Franco Angeli, 1990)

──────, 〈이탈리아 자동차 사업의 경영 전략들, 1906~1945 : 피아트와 알파 로메오 Management Strategies in the Italian Car Industry, 1906~1945 : Fiat and Alfa Romeo〉, Steven Tolliday · Jonathan Zeitlin (eds.), 《자동차 산업과 그 노동자들 : 포드주의와 유연성 사이에서The Automobile Industry and Its Workers : Between Fordism and Flexibility》(Cambridge, Eng. : Polity Press, 1986)

Emilio Gentile, 〈권좌의 파시즘 : 전체주의적 실험Fascism in Power : The Totalitarian Experiment〉, Adrian Lyttelton (ed.), 《자유주의 시대와 파시즘 시대의 이탈리아Liberal and Fascist Italy》 (Oxford : Oxford Univ. Press, 2002)

Felice Guarneri, 《전간기의 경제 전투들Battaglie economiche fra le due guerre》(Bologna : Mulino, 1988)

Franco Amatori, 〈파시스트 체제와 대기업 : 피아트와 몬테카티니의 사례The Fascist Regime and Big Business : The Fiat and Montecatini Cases〉, Harold James · Jakob Tanner (eds.), 《유럽 파시즘 시기의 기업Enterprise in the Period of Fascism in Europe》(Aldershot : Ashgate, 2002)

──────, 〈피아트 1899~1999 : 이탈리아의 대기업에 대한 고찰Fiat 1899~1999 : riflessioni sulla grande impresa in Italia〉, 《과거와 현재Passato e Presente》 52(2001. 1~4)

Franco Bonelli, 〈이탈리아 자본주의 : 일반적 해석 노선들Il capitalismo italiano : linee generali di interpretazione〉, Ruggiero Romano · Corrado Vivanti (a cura di), 《봉건제에서 자본주의로 *Dal feudalesimo al capitalismo*》, vol. 1(Torino : Einaudi, 1978)

Giovanni Agnelli · Attilio Cabiati, 《유럽 연방 혹은 국제 연맹?*Federazione Europea o Lega delle Nazioni?*》(Milano · Torino · Roma : Fratelli Bocca, 1918)

Giulio Sapelli, 《파시즘, 대공업, 노동조합 : 토리노의 사례, 1929~1935*Fascismo, grande industria e sindacato : il caso di Torino, 1929~1935*》(Milano : Feltrinelli, 1975)

John A. Davis, 〈기업가들과 경제 성장 : 이탈리아의 사례Entrepreneurs and Economic Growth : The Case of Italy〉, Peter Mathias · John A. Davis (eds.), 《기업과 노동 : 18세기에서 현재까지 *Enterprise and Labor : From the Eighteenth Century to the Present*》(Cambridge, Eng. : Blackwell, 1996)

Luciano Cafagna, 〈공업 체제의 형성 : 경험적 연구들과 성장 모형들La formazione del sistema industriale : ricerche empiriche e modelli di crescita〉, Paul Corner (a cura di), 《농업에서 공업으로*Dall'Agricoltura all'Industria*》(Milano : Unicopli, 1992)

Piero Bairati, 《비토리오 발레타*Vittorio Valletta*》(Torino : UTET, 1983)

Progetto Archivio Storico Fiat, 《피아트, 1899~1930 : 역사와 사료들*Fiat, 1899~1930 : storia e documenti*》(Milano : Fabbri, 1991)

─────────────. 《피아트, 1915~1930 : 경영자문회의 의사록*Fiat, 1915~1930 : verbali del consiglio di amministrazione*》(Milano : Fabbri, 1991)

Rolf Petri, 《이탈리아 경제사*Storia economica d'Italia*》(Bologna : Mulino, 2002)

Valerio Castronovo, 《조반니 아녤리*Giovanni Agnelli*》(Torino : UTET, 1971)

─────────────. 《피아트, 1899~1999 : 이탈리아사의 한 세기*Fiat, 1899~1999 : un secolo di storia italiana*》(Milano : Rizzoli, 1999)

동독 사회주의 체제에 대한 거부—
분단 시기 동독인의 탈동독 행렬*

최 승 완**

1. 탈동독 행렬—동독 현실 사회주의의 실상과 위기의 지표

통일 후 독일에서는 동독사에 대한 조명이 활발히 이루어지고 있다. 동독이 서독에 흡수 편입되어 통일이 이루어진 만큼 이러한 작업의 중점은 동독 사회주의의 실패 원인을 규명하는 데 있다. 통일 이래 동독의 일당 독재적 정치 구조와 경제적 취약성을 다룬 문헌이 하루가 멀다 하고 쏟아져 나온 사실이 이를 반영한다. 이에 대한 연구는 동독 붕괴의 정치·사회·경제적 배경을 거시적으로 밝혀준다는 점에서 의미가 있다. 그러나 이러한 접근을 통해서는 실제로 동독에 살았던 동독인의 삶이 어떠했는지 구체적으로 알 수 없다. 한 국가의 사회적 위기는 체제적

---

* 이 글은 2002년 6월에 〈동독 사회주의 체제에 대한 거부 : 동독 시민의 탈동독 행렬 1949~1989〉라는 제목으로 《서양사론》 제73호에 실렸던 논문을 수정·보완한 것이다.
** 이화여대 사학과와 같은 학교 대학원을 졸업하고 독일 빌레펠트대학에서 철학 박사 학위를 받았다. 현재 한국교원대학교 사회과학연구소 전문연구교수로 재직 중이다. *Von der Dissidenz zur Opposition. Die politisch alternativen Gruppen in der DDR von 1978 bis 1989*를 썼고, 《통일과 역사 새로 쓰기. 독일 현대사에서 배운다》를 옮겼다. 논문으로는 〈소련 점령지역/동독에서의 나치 과거 청산작업에 대한 비판적 검토〉, 〈냉전기 동독의 대서독 선전공세—나치 과거청산 문제를 중심으로〉, 〈냉전의 억압적 정치현실—1950/60년대 서독의 공산주의자 탄압을 중심으로〉, 〈독일의 또 하나의 과거청산—구동독 국가안전부 문서 처리 작업〉 등이 있다.

요인과 이에 대한 사회 구성원의 대응 관계 속에서 보다 입체적으로 설명될 수 있다. 따라서 동독 붕괴의 원인도 동독인들이 일상 속에서 경험한 체제의 모순과 이에 대한 대응 방식을 함께 살펴볼 때 보다 구체적으로 설명될 수 있을 것이다.

이러한 관점에서 동독사를 조명할 때 주목해야 할 주제 가운데 하나가 바로 탈동독자 문제다. 탈동독자는 동독에 살기를 거부하고 서독에서 새로운 삶을 개척하고자 했던 동독인들이다. 이들은 체제에 대한 불만을 사회 내부에서 해결하기보다는 동독을 떠나버리는 극단적인 방식을 택했다. 그러므로 이들이 왜 이러한 선택을 했는지를 밝히는 것은 곧 동독인의 눈을 통해 동독 사회주의 체제의 실상과 위기를 살펴볼 수 있는 길이 될 것이다.

탈동독자 문제는 무엇보다 1989년 여름 이래 동독인들이 동유럽을 통해 서독으로 탈출하면서 국제 사회의 주목을 끌게 되었다. 오스트리아와 맞닿아 있는 헝가리 국경을 통해 서독으로 탈출하거나 체코슬로바키아나 폴란드 주재 서독 대사관으로 진입해 망명을 요구하는 동독인들의 필사적 몸부림은 서독 TV 방송을 통해 다른 동독인들에게 알려졌다.[1] 이는 곧 연쇄 반응을 일으켜 수만 명이 탈출 대열에 합류했다. 이처럼 수많은 동독인들이 동독을 등지고 떠나는 급박한 상황은 남아 있는 동독인들에게 첨예한 위기의식을 불러일으켜 1989년 가을 대규모 민주화 시위가 일어나는 결정적 계기가 되었다. 이 점에서 1989년의 대규모 탈동독 행렬이 동독 붕괴에 미친 영향은 통일 이후 줄곧 언론과 학계에서 강조되고 있다.

그러나 탈동독 행렬은 1989년에 갑자기 등장한 것이 아니라 동독 건국 이래 꾸준히 지속되었다. 베를린 장벽도 1950년대에 계속된 동독인들의 대규모 동독 이탈을 막기 위해 축조된 것이다. 그러나 장벽으로 가로막힌 상황에서도 동독인들은 다양한 방법을 동원해 끊임없이 서독으로 향했다. 그러므로 1989년의 탈동독 행렬은 이전 시기와의 연속선상에서 살펴보아야 하며 1989년의 탈출 사태가 동독의 붕괴에 미친 영향을 논하기 전에 이전 40년간의 탈동독 행렬에 대한 역사적 분

---

1) 동독인들은 드레스덴을 제외한 전 지역에서 서독 TV 프로그램을 시청할 수 있었다.

석이 선행되어야 할 것이다.

그럼에도 불구하고 이 문제에 대한 국내 연구 성과는 거의 전무한 실정이다. 대부분 정치학이나 사회학에서 1989년 동독의 민주화 혁명과 관련하여 이 문제를 지엽적으로 언급할 뿐이다. 독일의 연구 성과를 보더라도 탈동독자들의 체험기,[2] 이들의 신상과 동독 이탈 동기에 대한 사회학자들의 경험적 연구 결과 혹은 탈동독자 수에 관한 서독 기관의 통계 자료가 주를 이루고 있으며,[3] 이 문제를 역사적 관점에서 체계적으로 분석한 연구는 여전히 미흡한 실정이다. 이 글은 이 점에 주목해 40년간 지속된 탈동독 행렬을 동독의 역사 발전 과정 속에서 분석하여 수백만에 달하는 동독인들이 왜 동독을 떠나고자 했는지, 탈동독자 문제와 동독 붕괴의 함수 관계는 무엇인지 밝혀보고자 한다.

이를 위해 첫째, 동독 건국 이래 붕괴에 이르기까지 지속된 탈동독 행렬의 역사적 발전 과정을 재구성해보고자 한다. 우선 탈동독 행렬은 어떠한 배경에서 시작되었고 시기적으로 어떻게 변화되었는지 살펴볼 것이다. 또한 분단 상황에서 동독인들은 어떻게 서독으로 갈 수 있었고, 부단히 지속된 탈동독 행렬이 동독 사회에 어떤 영향을 미쳤는지 분석할 것이다. 둘째로 누가 어떤 이유에서 동독을 떠났는지 살펴보고자 한다. 동독의 정치·경제·사회적 상황은 동독인들에게 공통된 현실이었지만 모두가 동독을 떠난 것은 아니다. 그러므로 탈동독자들의 직업, 교

---

[2] 대표적으로 Erika von Hornstein, *Der deutsche Not. Flüchtlinge berichteten*(Köln·Berlin, 1960) ; Frederik Hetmann, *Enteignete Jahre*(München, 1961) ; Jürgen Petschull, *Mit dem Wind nach Westen*(München, 1985)을 참조하라.

[3] Volker Ronge, *Von drüben nach hüben*(Wuppertal, 1985) ; Hartmut Wendt, "Die deutsch-deutschen Wanderungen—Bilanz einer 40jährigen Geschichte von Flucht und Ausreise", *Deutschland Archiv*, No. 24(1991), 386~395쪽 ; Richard Hilmer, "Motive und Hintergründe von Flucht und Ausreise aus der DDR", Der Deutsche Bundestag (Hrsg.), *Materialien der Enquete-Kommission "Aufarbeitung von Geschichte und Folgen der SED-Diktatur in Deutschland"*, Bd. VII/1(Baden-Baden·Frankfurt a. M., 1999), 322~330쪽 ; Michael Meyen, "Die Flüchtlingsbefragungen von Infratest : Eine Quelle für die Geschichte der frühen DDR", *Beiträge zur Geschichte der Arbeiterbewegung*, No. 42(2000), 64~77쪽 ; Bernd Eisenfeld, "Gründe und Motive von Flüchtlingen und Ausreiseantragstellern aus der DDR", *Deutschland Archiv*, No. 37(2004), 89~105쪽 참조.

육 정도 및 동독 이탈의 개인적 동기 등에 대한 분석은 이들의 실체를 보다 구체적으로 밝혀줄 것이다. 끝으로 서독과 체제 경쟁을 하는 상황에서 동독 정권은 체제의 열세를 드러내는 탈동독자 문제를 어떻게 해결하고자 했고, 이는 왜 성공을 거두지 못했는지를 논의해보고자 한다.[4]

이 문제들을 해명하는 것은 궁극적으로 동독 사회주의 체제의 실패 원인에 대한 하나의 설명을 제시해줄 것이며 나아가 북한 문제 연구에도 보탬이 될 수 있을 것이다. 탈동독자 문제는 분단국가가 지니는 특수성으로, 현재 우리가 직면한 탈북자 문제를 이에 유추해 살펴볼 수 있다. 같은 분단국가라도 양국의 역사가 상이하게 전개된 만큼 독일의 경험을 일반화할 수는 없지만 탈동독 행렬이 야기된 원인과 이것이 체제 붕괴에 미친 영향에 대한 분석은 앞으로 탈북자 문제가 북한 사회에 미칠 사회·정치적 파급 효과를 전망해보는 데 시사를 줄 수 있을 것이다.

2. '발로 행한 거부'—동독 건국에서 붕괴까지의 탈동독 행렬

(1) 사회주의 체제로의 변혁과 대규모 동독 탈출

1949년 동독은 진정한 '인민의 국가'를 표방하며 건국했지만 시초부터 동독인들의 대규모 탈동독 행렬에 직면했다. 1950년부터 베를린 장벽이 축조되기 전인 1961년 8월 12일까지 동독을 등진 동독인들은 최소한 256만 명에 달했다.[5] 이는

---

4) 탈동독자 문제에 대한 체계적 연구 성과가 미흡하기 때문에 필자는 '구동독 정당 및 대중조직 문서보관소 Stiftung Archiv der Parteien und Massenorganisationen der ehemaligen DDR im Bundesarchiv(이하 SAPMO로 줄여 씀)'가 소장하고 있는 통합사회당SED(이하 통사당으로 줄여 씀)과 동독 내무부 문서 그리고 '구동독 국가안전부 문서처리 연방관청 중앙문서고Zentralarchiv des Bundesbeauftragten für die Unterlagen des Staatssicherheitsdienstes der ehemaligen Deutschen Demokratischen Republik(이하 ZA BStU로 줄여 씀)'에 보관되어 있는 국가안전부 문서를 열람하고 분석했다. 더불어 탈동독자 가운데 한 사람인 아이젠펠트 Bernd Eisenfeld와 2001년 8월 13일 베를린에서 인터뷰를 실시해 기존 문헌에서 언급되지 않은 새로운 정보를 보충했다.
5) Hartmut Wendt, "Die deutsch-deutschen Wanderungen—Bilanz einer 40jährigen Geschichte von

1950년대 추진된 사회주의 체제로의 변혁이라는 배경하에서 이해할 수 있다. 연합국 점령 통치 시기에 이미 소련의 지원하에 통사당 일당 지배의 기반을 다진 울브리히트Walter Ulbricht 정권은 1952년 사회주의 건설을 천명하고 본격적인 체제 변혁을 단행했다. 이에 따라 계급투쟁의 기치하에 부르주아 정치 세력이 축출되었고 통사당의 정치 노선에 순응하지 않는 자들에 대한 탄압이 자행되었다. 학교에서도 사회주의 이데올로기 교육이 강요되었고, '인민의 아편'이라는 비난하에 종교 탄압도 시행되었다.

또한 울브리히트 정권은 중공업 위주의 소련식 계획 경제 체제를 도입하고 농·상공업 분야의 집단화를 시행함으로써 사회주의적 경제 체제로의 변혁을 꾀했다. 마셜 플랜에 따른 미국의 원조를 바탕으로 경제 재건에 주력할 수 있었던 서독과 달리 동독은 소련이 2차 대전으로 입은 피해에 대한 막대한 배상을 요구함으로써 경제적으로 큰 부담을 안고 있었다. 이런 상황에서 급속도로 추진된 중공업 육성 정책은 소비재 생산을 제약하여 고물가와 만성적 생필품 부족이라는 민생 문제를 야기했다. 더욱이 무리하게 추진된 집단화 정책은 토지와 점포를 빼앗기지 않으려는 농민과 자영 상공업자와의 마찰을 초래했다.

이처럼 사회주의로의 변혁 과정에서 정치적 억압과 경제적 궁핍까지 경험하게 된 동독인들에게 자유 민주주의를 표방하고 경제적으로 우위에 있는 서독은 곧 대안으로 인식되었고, 이에 따라 동독인들은 서독으로의 탈출을 감행하게 된 것이다. 1952년 '사회주의 건설'의 선포와 함께 체제 변혁에 박차가 가해지고 그 이듬해인 1953년 탈동독자 수가 무려 33만여 명에 달한 것은 이러한 해석을 뒷받침해 준다.[6]

Flucht und Ausreise", 390쪽에 제시된 서독 정부 기관의 통계 자료 참조. 이는 기본적으로 서독 국가 기관에 자진 신고 등록한 동독인만을 집계한 것이다. 1950년대 초에는 미등록자가 상당수 있었으므로 실제 탈동독자 수는 훨씬 더 많았을 것이다.

6) Hartmut Wendt, "Die deutsch-deutschen Wanderungen—Bilanz einer 40jährigen Geschichte von Flucht und Ausreise", 390쪽. 이에 비해 뢰슬러Jörg Rösler는 탈출자 수를 29만 6,000명으로 제시하고 있다.

동독 초기의 정치적 억압은 1953년 스탈린Iosif Vissarionovich Stalin 사망 후, 특히 1956년 흐루시초프Nikita Khrushchev가 탈스탈린주의를 표방한 것에 힘입어 일시적으로 완화되었다. 예컨대 계급투쟁의 모토하에 행해진 정치적 테러 및 교회에 대한 탄압이 중단되었고, 비민주적 동독 체제에 대한 개혁 논의도 어느 정도 허용되었다. 또한 동독 정권은 1953년 6월 17일 동독 노동자들이 열악한 임금과 과도한 노동량에 불만을 품고 봉기를 일으키자 한발 물러서 집단화 과정의 속도를 완화하고 소비재 공급을 확대했다.

그러나 이러한 타협 정책에도 불구하고 탈동독 행렬은 1950년대 후반에도 계속되었다. 이에 영향을 미친 요인으로는 우선 1954년 서독이 북대서양조약기구 NATO에 가입한 데 이어 1955년 동독이 바르샤바조약기구WTO의 회원국이 된 것을 들 수 있다. 이처럼 냉전이 심화됨에 따라 동서독이 양 군사 동맹 체제로 편입되자 불만은 있지만 분단을 일시적 현상으로 간주하며 주저하고 있던 동독인들에게 분단이 영구화될 수 있다는 불안감이 확산되었다. 이에 따라 동독인들은 더 늦기 전에 동독을 떠나야 한다는 조바심에서 서독으로 탈출했던 것이다. 또한 1956년 폴란드·헝가리의 민주화 봉기 이후 동구권에서 탈스탈린주의적 해빙기가 막을 내리고 과거의 경직된 정치 노선으로 복귀한 것도 동독인들의 동독 이탈에 영향을 미쳤다. 예컨대 탈스탈린주의적 해빙 기류에 기대어 개혁 논의를 펼친 비판적 지식인에 대한 탄압이 실시되었고, 종교 탄압도 재개되었다. 뿐만 아니라 1958년부터는 잠시 주춤했던 집단화 정책도 재추진되어 사회적 갈등이 고조되었고, 1959년에는 경제 성장마저 둔화되어 생필품 공급에 큰 어려움을 겪게 되었다. 더욱이 1950년대 중반 비약적으로 경제 발전을 이룬 서독과 생활수준의 격차가 점점 벌어지면서 동독인들의 불만은 더욱 커졌다.

이처럼 1950년대의 대규모 탈출 사태는 동독 내부의 위기 상황에서 비롯되었지

Jörg Rösler, "Abgehauen. Innerdeutsche Wanderungen in den fünfziger und neunziger Jahren und deren Motive, *Deutschland Archiv*, No. 36(2003), 563쪽. 탈동독자 문제와 관련된 통계는 연구 문헌에 따라 약간의 편차가 있음을 밝혀둔다.

만 서독의 영향 또한 컸다. 서독의 기본법에 따르면 동독인도 독일 국적을 갖기 때문에 탈동독자도 서독에서 사회 복지 혜택을 받을 수 있었다. 기본적으로 서독이 같은 민족의 국가라는 점에서 이주의 심리적 부담이 적은데다가 정착을 위한 지원까지 받을 수 있다는 사실은 동독인들이 서독행을 결심하는 데 중요한 역할을 했다. 물론 서독 정부는 지나친 동독인의 유입이 야기할 사회·경제적 문제를 고려해 난민, 즉 "신체와 생명 그리고 인신상의 자유가 위협당해" 탈출한 동독인만을 지원하겠다는 원칙을 표방했다.[7] 1953년 후반에서 1961년 말까지 탈동독자 가운데 14.2% 정도만이 이 기준을 충족시켜 난민 자격을 획득했다.[8] 그럼에도 불구하고 서독 정부는 이 기준에 맞지 않는 동독인들도 인도적 차원에서 강제로 송환하지 않고 사회 구호책을 통해 부분적으로 생계를 지원했다. 더욱이 1950년대 중반 이래 서독 경제의 비약적 발전으로 노동력 수요가 급속히 확대됨에 따라 이들은 노동 시장에 적극 투입되었고, 서독 사회 정착도 한결 용이해졌다.

그렇다면 분단 상황에서 동독 이탈은 어떻게 가능했을까? 이는 크게 세 경로를 통해 이루어졌다. 첫째, 동독 정부의 승인하에 공적, 사적인 일로 서독을 방문한 동독인들의 상당수는 귀환하지 않고 서독에 잔류함으로써 동독을 이탈했다.[9] 둘째, 서독으로의 탈출은 동서독 국경을 통해서도 이루어졌다. 한국과 달리 동서로 분단된 독일의 국경선은 무려 1,400km에 달했고 상당 부분이 숲으로 이루어졌기 때문에 곳곳에 감시가 취약한 곳이 있었다. 지역 사정에 밝은 동독인들은 이러한 곳을 찾아내 어둠을 틈타 서독으로 탈출했고, 자고 나면 주변의 지인이 사라져버리는 상황은 동독인들에게 점차 일상이 되어갔다. 그러나 1952년 동독 정권이 국

---

7) 이는 '독일 연방 내의 독일인을 위한 긴급 수용법(1950)', '연방 강제 이주민 및 동독 난민법(1953)' 등에 토대를 두었다. 이에 대해서는 박명선, 〈서독의 동독난민정책과 사회통합〉, 《역사비평》, 제36권(1997), 239~260쪽을 참조하라.
8) Helge Heidemeyer, *Flucht und Zuwanderung aus der SBZ/DDR 1945/1949~1961*(Düsseldorf, 1994), 47쪽.
9) 1954년 이들의 수는 전체 탈동독자 중 47.4%, 1955년에는 56.9%에 달했다. "Republikfluchten mit PM 12a", 작성자, 작성 연도 미상(이후 인용하는 공문서 원본에 작성자, 작성 연도, 쪽수가 표기되어 있지 않을 때 미상임을 별도로 언급하지 않는다), SAPMO, DO1/11/963, 30쪽.

경 경비 체제를 강화함에 따라 탈출이 어렵게 되었다. 우선 동서독 국경선으로부터 폭 5km에 이르는 지역이 보호 구역으로 규정되어 동독인의 출입이 엄격히 통제되었다. 나아가 1952년 5월에는 국경 수비대에게 불법 월경자에 대한 발포 명령이 내려짐에 따라 국경 탈출은 그야말로 목숨을 건 모험이 되었다.

셋째, 1950년대 동독인들의 동독 이탈은 베를린을 통해서도 이루어졌다. 당시 베를린은 연합국 전승국 4개국이 통치하는 특별 구역이었다. 이에 따라 베를린에는 폐쇄적인 분계선이 설치될 수 없었고 분단 후에도 동서 베를린 간에는 전차와 지하철이 운행되었다. 동독인들은 이를 이용해 서베를린을 왕래했고 심지어 서베를린으로 출퇴근[10]하기도 했다. 따라서 탈출을 마음먹은 동독인들은 일일 방문으로 위장해 전차나 지하철을 타고 서베를린으로 넘어갔다. 특히 1952년 국경 경비 체제가 강화된 이래 서독으로의 탈출은 대부분 베를린을 통해 이루어졌다.

물론 베를린을 통한 탈출이 위험 부담이 없었던 것은 아니다. 전차와 지하철역 주변에는 수많은 동독 경찰이 잠복해 수시로 검문을 실시했다. 또한 타 지역에 거주하는 동독인들은 탈출의 기점인 동베를린까지 오는 데 많은 어려움을 겪었다. 동독 정권도 베를린의 탈출구 기능을 잘 알고 있었기 때문에 동베를린행 기차에 탄 승객을 모두 잠재적 탈출자로 의심하고 철저하게 감시했다. 특히 짐이 많거나 일가족이 함께 탄 경우 등 의심이 가는 자들은 중도에 경찰에 연행되어 조사를 받았다. 설사 동베를린에 무사히 도착한다 해도 여행 사유가 불분명한 자들은 신분증을 압수하고 되돌려 보냈다. 때문에 탈출을 결심한 동독인들은 의심을 피하기 위해 전 재산을 포기한 채 맨손으로 서독으로 가야 했다.

이처럼 다양한 경로로 이루어진 동독 이탈은 여러 측면에서 동독에 파괴적 영향을 미쳤다. 울브리히트는 1950년대 초까지만 해도 동독인들이 동독을 떠나는 것을 오히려 긍정적으로 인식했다. 왜냐하면 이를 통해 체제에 적대적인 불순분

---

10) 이들의 수는 1961년까지 거의 6만여 명에 달했다. Patrik Major, "Vor und nach dem 13. August 1961 : Reaktionen der DDR-Bevölkerung auf dem Bau der Berliner Mauer", *Archiv für Sozialgeschichte*, No. 39(1999), 336쪽.

자들이 빠져나감으로써 사회주의 건설이 더 용이할 것이라고 보았기 때문이다. 그러나 적정선을 넘어 계속되는 탈동독 행렬은 엄청난 노동력 손실을 초래하며 동독 경제에 막대한 타격을 입혔다. 또한 서독으로 넘어간 동독인들이 제공하는 동독 관련 정보는 서독과 미국의 첩보 활동에 이용되어 안보상의 문제를 야기했다. 뿐만 아니라 대규모 탈동독 행렬은 곧 서독 체제의 우위와 동독 체제의 열세를 단적으로 드러내는 것으로 동독 정권을 곤혹스럽게 했다. 이에 따라 울브리히트는 1952년 '공화국 탈출 저지 특별위원회'를 발족하여 적극적으로 대응하기 시작했고, 1957년 12월에는 여권법을 개정해 동독 탈출을 범죄 행위로 규정하고 엄중히 처벌했다.

그러나 이후에도 탈동독 행렬은 멈추지 않았고 이로 인한 동독의 출혈은 더욱 심각해져갔다. 결국 울브리히트 정권은 탈출구로서뿐만 아니라 서독의 번영을 과시하며 끊임없이 동독인을 끌어들이는 쇼윈도 역할[11]을 하는 서베를린을 동독으로부터 봉쇄해야 한다는 결론에 이르렀다. 소련 공산당 서기장 흐루시초프는 이 문제를 해결하기 위해 1958년 모든 연합국 주둔군이 베를린으로부터 철수하여 베를린을 비무장 자유 도시로 만들 것을 요구했다. 이는 서방 연합국 측이 철수하고 베를린이 자유 도시화되면 동독에 둘러싸인 서베를린은 곧 동독의 손에 들어오게 될 것이므로 궁극적으로 탈출 사태를 막을 수 있다는 계산에서 비롯되었다. 그러나 베를린 철수가 의미하는 바를 모를 리 없던 서방 측이 이를 단호히 거부함에 따라 양측 간에는 긴장이 고조되었고, 탈출 대열에 가담하는 동독인들도 급격히 늘어났다. 왜냐하면 소련의 요구가 관철될 경우 서베를린은 결국 동독의 일부가 될 것이고, 그 반대의 경우에는 국가 존립의 위기에 처한 동독 정권이 서베를린을 동독으로부터 차단할 것이므로 어떤 경우든 탈출이 불가능해질 것이라고 생각했기 때문이다.

---

11) 1950년대 동독인들은 베를린의 특수 상황을 이용해 종종 동독에서 구하지 못하는 물건을 사기 위해 서베를린으로 갔고 이를 통해 서독의 물질적 우위를 빈번히 확인했다.

결국 서방과 소련 간의 대치만 계속되는 상황에서 1961년 상반기에만 탈출자가 10만을 넘어서자 울브리히트는 '인민의 국가'를 표방하는 동독이 '아무도 없는 나라'가 될지 모른다는 절박한 위기의식을 표명하며 주저하는 소련에 압력을 가해 8월 5일 장벽 축조에 대한 동의를 얻어냈다. 이에 따라 8월 13일 새벽 1시 5분을 기해 베를린 장벽이 축조되기 시작했다. 이는 명백히 4개국 통치 협정에 위배되었지만 베를린 장벽으로 인해 서베를린에 대한 권리를 전혀 침해당하지 않게 된 서방 3개국이 소련과의 충돌보다는 현상 유지를 원했기 때문에 그대로 받아들여졌다. 이와 함께 서베를린까지 운행하던 전차와 지하철 노선은 모두 폐쇄되었고 전화 또한 불통이 되었다.

이처럼 장벽을 세워 간신히 국가 존립의 위기를 넘긴 울브리히트 정권은 베를린 장벽을 제국주의의 야욕으로부터 동독을 지켜줄 '반파시즘 방벽'이라고 합리화했다. 그러나 이는 외부의 적으로부터 동독을 방어하기 위한 것이 아니라 어디까지나 자국민의 탈출을 저지하기 위한 최후의 수단에 불과했다.

(2) 불법적 탈출에서 합법적 이주로—베를린 장벽 축조 이후의 탈동독 행렬

베를린 장벽 축조는 동독 역사에 있어 하나의 전환점이다. 장벽으로 인해 더 이상 서독으로 갈 수 없게 된 동독인들은 대부분 체념하고 동독 체제를 받아들이려고 마음먹었다. 한숨 돌린 울브리히트 정권도 억압보다는 회유와 타협, 생활수준의 개선을 통해 동독인들의 지지를 확보하고자 했다. 1963년에 시행된 신경제정책도 이러한 배경하에서 이해할 수 있다. 이는 중앙 집권적 계획 경제 체제에 수정을 가해 기업의 자율적 경영을 부분적으로 도입하고 이윤이나 보너스를 지급해 노동 생산성을 높이는 데 목표를 두었다. 정치적으로도 계급투쟁 대신 '공화국은 모든 인간을 필요로 한다'는 구호하에 융화 정책을 표방했다. 이런 맥락에서 클레스만Christoph Kleßmann은 장벽 축조를 지배 체제의 안정과 사회 구조의 근대화에 필요한 새로운 전제 조건을 마련하는 계기로, 베버Hermann Weber는 스탈린주의적 테러로부터 대중의 조종을 통한 통치로의 전환점으로 해석하고 있다.[12]

울브리히트에 이어 1971년 통사당 서기장이 된 호네커Erich Honecker 역시 예술 활동에 대한 통제를 완화하는 등 부분적으로 자유화 노선을 취했고, '경제와 사회 정책의 결합'이라는 슬로건하에 다양한 사회 보장책을 실시했다. 예컨대 국가 보조를 통해 집세, 전기세, 수도세, 교통 요금과 빵과 감자 등의 기초식품 가격을 염가로 고정시켰고 노동자들의 임금과 연금을 인상하고 주택 보급 사업도 추진했다.

이를 통해 볼 때 분명 베를린 장벽 축조 이후 정치적 억압은 완화되었고 생활 여건도 한층 개선되었다. 자연히 체제에 대한 동독인들의 지지도 상승했다. 그럼에도 불구하고 탈동독 행렬은 계속되었다. 상대적으로 탈출이 용이했던 1950년대에 비해 규모는 작았지만 1989년까지 동독을 떠난 동독인들은 약 96만 명에 이르렀다.

〈표 1〉 베를린 장벽 축조 이후의 탈동독자 수[13]

		전체 탈동독자	탈출자(%)	합법적 이주자(%)
1961.8.13 ~1988	합계	616,060	234,664(38)	381,396(62)
	연평균	22,240	8,472(38)	13,769(62)
1989		343,854	241,907(70)	101,947(30)
합계		959,914	476,571(49)	483,343(51)

그렇다면 이 시기의 탈동독 행렬은 어떤 배경하에서 이해할 수 있을까? 베를린 장벽 축조 이후 동독인들은 대부분 체제에 순응하려고 했지만 사회주의 건설에 동참하려는 의지가 커질수록 이들의 사회주의 체제에 대한 기대와 자유로운 사회·정치적 활동 공간에 대한 요구도 커졌다. 그러나 동독 정권은 정치적 테러는

---

12) Christoph Kleßmann, *Zwei Staaten, eine Nation. Deutsche Geschichte 1955~1970*(Bonn, 1988), 330쪽 ; Hermann Weber, *DDR. Grundriß der Geschichte 1945~1990*(Hannover, 1991), 97쪽.
13) 이 표는 Hartmut Wendt, "Die deutsch-deutschen Wanderungen—Bilanz einer 40jährigen Geschichte von Flucht und Ausreise", 390쪽에 제시된 통계 자료를 토대로 필자가 작성한 것이다. 전체 탈동독자는 불법 탈출을 감행한 자와 정부 승인하에 합법적으로 서독으로 이주한 자 모두를 포함한다.

자제했지만 사회를 다원화할 의사는 없었다. 사회적 의제의 주요 결정 과정은 여전히 통사당 정권에 의해 주도되었고, 언론을 비롯한 전 사회 영역에 대한 통제도 계속되었다. 나아가 사회주의에 대한 확고한 신념에서 비롯된 건설적인 비판과 개혁의 요구 역시 허용되지 않았다. 1968년 프라하의 개혁 공산주의를 지지하는 동독인들에게 가해진 탄압[14]이나 1976년의 비어만Wolf Biermann 국적 박탈 사건,[15] 그리고 1980년대에 평화, 인권, 환경 등 이데올로기에 가려진 여러 사회 문제를 쟁점화한 소규모 시민 정치 집단[16]에게 가해진 탄압 등은 표면적인 자유화 뒤에 감추어진 동독 체제의 억압적 성격을 잘 보여준다.

이러한 부정적 측면은 특히 젊은 세대의 동독인들에게 사회주의의 이상과 동독 현실 간의 괴리를 거듭 확인시킴으로써 동독 체제에 등을 돌리게 만드는 계기가 되었다. 더욱이 1980년대 후반에 시행된 고르바초프Mikhail Gorbachev의 개혁 정치는 동독 사회주의 체제를 더더욱 시험대에 오르게 했다. 과거 소련 공산당 지배하에서 축적된 제반 모순을 비판하고 페레스트로이카Perestroika의 모토하에 광범위한 개혁을 표방한 고르바초프의 새로운 정치 노선은 동독인들에게 자국 체제의 개혁에 대한 기대를 심어주었다. 그러나 호네커 정권은 분단국가라는 예민한 상황, 그것도 동독이 서독과의 체제 경쟁에서 이미 오래전에 열세에 처한 상황에서 동독판 페레스트로이카의 시행은 공산당 지배 체제를 위협하는 크나큰 모험이라고 여겼다. 이에 따라 그동안 소련의 노선을 철저히 추종해왔던 것과 달리 '동독 고유의 사회주의'를 내세우면서 개혁의 필요성을 부정했다. 이는 개혁을 강

---

14) 아이젠펠트는 필자와의 인터뷰에서 "1968년 프라하의 개혁 공산주의의 실패와 이를 지지하는 동독인에 대한 동독 정권의 탄압이 동독인으로 하여금 동독 체제가 진정한 사회주의를 구현할 수 없으리라는 회의를 갖게 함으로써 동독을 떠나기로 결심하게 만드는 역할을 했다"고 강조했다.

15) 비어만Wolf Biermann은 자신이 직접 쓴 체제 비판적 가사에 곡을 붙여 노래한 동독의 유명한 가수이자 시인이다. 1976년 서독에서 순회공연을 하던 중 동독 국적을 박탈당해 귀국이 금지되었다.

16) 이들은 1980년대를 대표하는 체제 비판 세력으로 1970년대 말부터 비교적 통사당의 통제로부터 자유로웠던 개신 교회 내부에서 형성되었고 정치적 활동도 교회를 중심으로 전개했다. 이에 대해서는 최승완, 〈동독의 민주화 세력 연구―1980년대 체제 비판적 그룹들을 중심으로〉, 《서양사론》, 제57호(1998), 55~94쪽을 참조하라.

력히 희망한 많은 동독인들에게 체제의 불가변성을 확인시키는 계기가 되어 큰 실망을 안겨주었다.

동독의 경제적 취약성 역시 탈동독 행렬을 야기한 배경을 형성했다. 1950년대에 비해 동독의 생활 여건은 개선되었지만 동독의 경제력이 국민들이 원하는 만큼의 소비 수준을 보장하기에는 역부족이었다. 이는 우선 당내 보수 세력이 1965년 이래, 결정적으로는 호네커 정권기에 신경제정책을 중지하고 중앙 집권적 계획 경제 체제로 복귀함으로써 동독 경제의 경쟁력을 약화시킨 데 기인했다. 또한 호네커의 사회 보장 정책은 막대한 재정 지출을 야기함으로써 동독 경제를 외국 차관에 의존하게 만들었다. 물론 호네커는 차관으로 선진 기술을 도입해 경제를 합리화하고 수출을 확대하여 얻은 수익으로 차관을 변제하고 사회 정책 시행에 필요한 재정도 확보할 수 있다고 보았다. 그러나 수출 증대의 기반인 기술 혁신이 원활히 이루어지지 못한데다가 1981년 유가 파동으로 동독 경제가 큰 타격을 입음에 따라 차관의 액수만 계속 증대되었다. 급기야 1983~1984년에는 파산 위기에까지 이르렀고 서독의 구제 차관으로 겨우 회생할 수 있었다. 이처럼 경제 상황이 악화됨에 따라 동독 정권은 젊은 고급 인력에게 능력에 맞는 일자리를 보장해 줄 수 없었고, 생필품을 사기 위해서도 오랫동안 줄 서서 기다려야 할 만큼 소비재 공급에 어려움을 겪었다.

장벽 축조 이후의 탈동독 행렬을 이해하는 데는 서독의 영향 역시 빼놓을 수 없다. 주지하듯이 데탕트détente 시대의 도래에 따른 동서독 관계 정상화 덕분에 동서독인들은 1970년대 이래 전화·우편 교류는 물론 상호 방문도 가능해졌다. 이는 이산가족 상봉을 비롯해 분단이 야기한 고통을 덜어주었지만 다른 한편으로 동독인들에게 동독 체제에 대한 문제의식을 강화시키는 계기가 되었다. 이미 서독 TV 시청을 통해 서독의 실상을 접한 동독인들은 서독 방문과 서독에 있는 가족 및 친지와의 교류를 통해 서독의 자유로움과 풍요로움을 직접적으로 접하게 되면서 동독 체제의 열세를 피부로 느끼게 되었다. 이에 따라 베를린 장벽 축조 이후 동독 정권이 나름대로 이룬 생활수준 향상의 의미도 퇴색되었고, 동독인들의 서독에 대한 동경도 시간이 감에 따라 점점 더 커졌다.

그렇다면 과거와 달리 베를린 장벽이 가로막고 있는 상황에서 동독인들은 어떻게 서독으로 갈 수 있었을까? 장벽이 축조되는 상황에서도 한동안 동독인들의 탈출은 계속되었다. 베를린의 분계선은 처음에는 일부 지역을 제외하고는 철조망으로 그어졌기 때문에 동독인들은 감시가 소홀한 틈을 타 철조망을 자르고 탈출할 수 있었다. 또한 경계가 느슨했던 베를린 인근 운하의 동서 분계선을 헤엄쳐 탈출하기도 했다. 1961년 8월 13일 이후부터 연말까지 5만 1,624명이 이런 방식으로 탈출에 성공했다. 그러나 1961년 가을부터 베를린의 동서 국경선이 콘크리트 벽으로 바뀌고 운하 분계선에도 창살이 설치되어 탈출이 어렵게 되었다. 또한 1970년부터는 베를린과 동서독 국경 지대에 움직이는 물체에 자동으로 발사되는 소총이 설치되어 탈출자의 희생이 잇따랐고, 곳곳에 지뢰까지 설치되어 탈출은 거의 불가능해졌다.[17]

이처럼 장벽 축조로 인해 서독으로의 통로가 봉쇄됨에 따라 동독인들은 새로운 탈출 방안을 모색했다. 대표적인 예로는 장벽 축조 직후 유행했던 땅굴을 들 수 있다.[18] 땅굴은 처음에는 탈동독자들이 동독에 두고 온 가족을 탈출시키기 위해 직접 팠지만 1963년 이후에는 점차 직업적으로 돈을 받고 탈출을 돕는 탈출 전문가들이 담당했다. 동독 정권에 의해 '인신 매매단'으로 매도된 이들은 땅굴뿐 아니라 여권 위조를 통해, 혹은 차 내부를 기술적으로 개조해 동독인을 숨겨 탈출시켰다.[19] 그러나 이러한 발출 방식은 점차 동독 정권에게 노출되어 성공률이 떨어졌다. 그러자 동독인들은 동독 보안 기관의 손이 닿지 않는 하늘과 바다를 통해, 예컨대 비밀리에 만든 열기구와 글라이더를 타고 국경을 넘거나 윈드서핑, 혹은 모

---

17) 동독 시절에 설치된 지뢰 수는 무려 130만 개에 이른다. "Neue Suche nach Minen auf Grenzstreifen", *Sächsische Zeitung*(2001년 7월 31일자), 2면.
18) 이에 대해서는 Ellen Sesta, *Der Tunnel in die Freiheit*(Berlin, 2001)를 참조하라.
19) 이에 대해서는 Karl Wilhelm Fricke, "Fluchthilfe als Widerstand im Kalten Krieg", *Aus Politik und Zeitgeschichte*, No. 49(1999), 3~10쪽을 참조하라.

터스쿠터를 이용해 바다 속으로 잠수해 탈출을 시도하기도 했다. 그런가 하면 화물차에 강력 철판을 붙인 후 동서독 검문소로 돌진해 서독으로 탈출하기도 했다.[20]

그러나 동독 이탈이 불법적 탈출을 통해 이루어진 것만은 아니다. 탈동독자들은 합법적 이주, 즉 국적을 포기하고 동독 정부에게 서독으로의 이주를 신청하여 동독을 떠나기도 했다. 베를린 장벽 축조 이후 불법 탈출은 생명의 위협을 감수해야 했기 때문에 보다 안전한 방법으로 서독행을 시도한 것이다.[21] 1971~1979년까지의 전체 탈동독자 가운데 65%, 1980~1988년까지는 74%가 이 방식을 선택한 것을 볼 때, 1970년대 이후 탈동독의 주된 방식이 불법 탈출에서 합법적 이주로 변화된 것을 알 수 있다. 물론 그 이전에도 동독인들은 정부 승인하에 서독으로 갈 수 있었지만 이는 대부분 퇴직자와 상해나 장애로 인한 근무 불능자였다. 반면 1970년대 이후에는 젊고 직업 활동이 가능한 연령층도 합법적 이주를 신청하고 적극적으로 서독행을 모색했다.

이러한 변화는 무엇보다 동독이 1970년대 국제적 데탕트 조류에 따라 문호를 개방한 데서 비롯되었다. 호네커 정권은 동서독 관계 정상화를 바탕으로 서방 국가와 외교 관계를 수립했고, 1973년과 1975년에는 동서독이 각각 국제연합UN과 유럽안보협력회의KSZE의 회원국이 되었다. 이를 통해 동독은 오랜 고민거리였던 국제적 고립 상태에서 벗어나 국제적 위상을 높일 수 있었지만 다른 한편으로 회원국에게 부과되는 의무를 준수해야 했다. 특히 유럽안보협력회의 회원국들이 채택한 최종 의정서는 사상과 양심 및 종교의 자유를 보장하고 이산가족 상봉을 지원하며 시민들의 거주, 이전의 자유를 존중할 것을 의무화했다. 동독을 떠나고자 했던 자들은 바로 이를 근거로 동독 정부에게 서독으로의 이주 승인을 요구할 수

---

20) 이러한 탈출담에 대해서는 Bodo Müller, *Faszination Freiheit. Die spektakulärsten Fluchtgeschichten*(Berlin, 2001)을 참조하라.
21) 탈출을 시도하다 사망한 동독인은 최소한 916명에 달했다. 확인되지 않은 희생자까지 고려하면 실제 사망자 수는 이를 훨씬 초과할 것이다. 이에 대해서는 Rainer Hildebrandt, *Bilanz der Todesopfer des DDR-Grenzregimes. Bilanz der letzten Mauerreste in Berlin. Text für die 116. Pressekonferenz der Arbeitsgemeinschaft 13. August*, 11.8.1997 (Pressearchiv der Evangelischen Kirche in Berlin-Brandenburg, Ordner "Berlin/Mauer")를 참조하라.

있었던 것이다. 1972년부터 1984년까지 퇴직자나 근무 불능자에 해당되지 않는 동독인 10만 4,850명이 이주 신청서를 제출했다[22]는 사실은 이러한 상황을 반영한다.

물론 이주 신청과 승인 사이에는 기나긴 고난의 과정이 있었다. 1949년에 제정된 동독 헌법에는 이민권이 명시되어 있었지만 그로부터 얼마 되지 않아 유명무실해졌다. 더욱이 1968년 개정된 헌법에서는 아예 이 규정 자체가 삭제되었고, 이후부터 1983년까지 동독에는 시민의 거주, 이전 신청에 대한 법규가 전무했다. 국제연합을 비롯한 국제기구의 회원국으로서 국제 사회의 여론을 무시할 수 없었던 호네커 정권은 1983년에야 해외로 이주할 수 있는 시민권에 대한 법규를 마련했다. 그러나 이 법은 퇴직자, 근무 불능자 혹은 정신적, 육체적 장애나 만성 질병을 앓고 있는 아동이 서독에 있는 가족과의 결합을 원할 때, 그리고 동독인이 비동독인과의 결혼으로 인해 동독을 떠나야 하는 경우에만 이주 신청의 권리를 부여했다. 이에 해당하지 않는 자들의 이주 신청은 위법이라는 근거로 묵살되었다.

그러나 이주 희망자들은 쉽게 포기하지 않았다. 왜냐하면 동독과 같은 비민주적 체제에서 위법에 해당하는 이주 신청을 결정했을 때는 이미 모든 어려움을 예상한 상태였고, 위법이라 하면서도 동독 정부가 일부 동독인들에게는 예외적으로 이주를 승인했기 때문이다. 예컨대 동독 정권은 이주 신청자의 투쟁이 외국 언론에 의해 보도되어 국내외적으로 물의를 일으킬 경우 더 이상의 부정적 파급 효과를 막기 위해 해당자의 이주를 승인했고, 개인 소유 재산이 많은 신청자의 경우에는 재산을 포기하는 조건으로 이주를 승인하기도 했다. 이에 따라 이주 희망자들은 이주 신청을 반복하면서 2년에서 많게는 12년 이상 동독 정권의 탄압과 사회적 차별을 견뎌내며 투쟁한 끝에 이주 승인을 얻었다.[23]

---

22) "Information über die Unterbindung und Zurückdrängung von Versuchen zur Erreichung der Übersiedlung nach der BRD und nach Westberlin(VVS I 084283)", SAPMO, DO1/34/34126.
23) Karl F. Schuhmann, "Flucht und Ausreise aus der DDR insbesondere im Jahrzehnt ihres Untergangs", Der Deutsche Bundestag (Hrsg.), *Materialien der Enquete-Kommission "Aufarbeitung von Geschicht und Folgen der*

이처럼 이주 승인이 언제 날지 모르다 보니 이주 희망자들은 1980년대로 갈수록 보다 적극적인 방법으로 투쟁을 전개했다. 이들은 거주, 이전의 자유를 보장하라는 요구를 담은 플래카드를 내걸거나 시내 중심가에서 촛불 시위를 벌였으며, 서독 정부 기관과 국제기구 그리고 서독의 민간단체 및 주요 정치가들에게도 도움을 청했다. 예컨대 1978~1987년까지 약 2만 5,000명의 동독인이 동베를린 주재 서독 상주 대표부, 서독 정부 기관 및 정치 인사에게 지원을 호소했다.[24] 1981년에서 1986년까지 슈트라우스Franz Josef Strauß, 포겔Hans Jochen Vogel과 같은 서독 정치 인사들이 동독 정부에 동독인의 이주 문제와 동서독인의 상호 방문 여행 등에 관해 선처를 부탁하는 청원서를 제출한 것도 이러한 상황을 반영한다.[25] 그런가 하면 이주 희망자들은 동베를린이나 동유럽에 주재한 서방 국가의 외교 대표부를 점거하고 망명을 요청하기도 했다. 이는 도발적 행위를 통해 자신들의 문제를 국내외적으로 공론화시켜 동독 정권에 압력을 가하기 위함이었다.[26] 설령 그 과정에서 체포된다 해도 동서독 정부 간에 시행된 정치범 석방 거래[27]를 통해 서독으로의 방면을 기대해볼 수 있었기 때문에 이주 희망자들은 의도적으로

SED-Diktatur in Deutschland", Bd. V/3(Baden-Baden · Frankfurt a. M., 1995), 2,391쪽.

24) Bernd Eisenfeld, "Die Ausreisebewegung—eine Erscheinungsform widerständigen Verhaltens", Ulrike Poppe · Rainer Eckert · Ilko-Sascha Kowalczuk (Hrsg.), *Zwischen Selbstbehauptung und Anpassung*(Berlin, 1995), 206쪽.

25) 이 청원서는 7,000건에 달했다. "Hinweise zu von Persönlichkeiten des politischen und gesellschaftlichen Lebens der BRD an die zuständigen Organe der DDR herantragenen 'humanitären' Anliegen im Zeitraum 1. Januar 1981 bis 31. Dezember 1986", ZA BStU, MfS ZAIG 16162, 1~18쪽.

26) 이런 맥락에서 아이젠펠트는 서방 국가의 외교 대표부 점거가 가장 빠른 시간 내에 동독을 떠날 수 있는 길이었다고 지적했다. Bernd Eisenfeld, "Gründe und Motive von Flüchtlingen und Ausreiseantragstellern aus der DDR", 92쪽.

27) 이는 1963년부터 양국 정부 간에 비밀리에 시행된 것으로 동독 정부가 몸값을 받고 동독 정치범을 서독으로 방면한 것을 말한다. 1989년까지 총 3만 1,775명이 석방되었는데, 이들 가운데 일부는 탈출에 실패했거나 이주 승인 투쟁 도중 투옥된 동독인이었다. 동독 정부는 불온 세력을 방출하고 경제적 수입도 올릴 수 있었기 때문에 이 거래에 응했다. 1989년까지 서독이 지불한 몸값은 약 3,400억 마르크였다. Wolfgang Brinkschulte · Hans J. Gerlach · Thomas Heise, *Freikaufgewinner. Die Mitverdiener im Westen*(Frankfurt a. M. · Berlin, 1993), 23~24쪽.

도전적 행위를 시도하기도 했다.

이처럼 거센 도전에 직면하게 된 호네커는 완강한 이주 희망자들을 방출해 고조된 압력의 수위를 낮추고자 1984년 파격적으로 3만여 명에게 이주를 승인했다. 그러나 이는 동독인들에게 인내를 갖고 견디면 서독행이 가능하다는 것을 확인시켜 1985년에 5만 8,000명이 추가로 이주 신청서를 제출하는 역효과를 초래했다. 더욱이 이주 신청자들은 1987년부터 조직화되어 집단행동을 감행하기에 이르렀다. 특히 1980년대 후반 동독 체제의 비민주성을 비판하며 개혁을 주장한 소규모 환경, 평화, 인권 문제 시민 정치 집단들이 주최하는 행사에 참여해 자신들의 문제를 적극적으로 알리고, 1988년 1월 17일에는 정부가 매년 개최하는 룩셈부르크-리프크네히트 추모 행진에 참여해 시위를 벌이기도 했다. 이러한 급진적 움직임과 함께 이주 신청자 수도 1987년 10만 5,000, 1988년 11만 3,000여 명으로 증가했다.[28]

그렇다면 장벽 축조 이후부터 1989년 대규모 탈출 사태가 시작되기 전까지 탈동독 행렬은 동독 사회에 어떤 영향을 미쳤을까? 1950년대에 비해 탈동독자 수는 훨씬 적었고, 또 한꺼번에 대규모 인원이 빠져나간 것도 아니기 때문에 이 시기 탈동독 행렬이 국가의 존립을 위협한 것은 아니다. 그럼에도 불구하고 그것은 사회적으로 결코 과소평가할 수 없는 부정적 영향을 미쳤다. 무엇보다 장기적으로 지속된 동독인들의 동독 이탈은 생산 분야는 물론 의료, 서비스업 분야에서도 인력 수급의 어려움을 야기했다.[29] 특히 1950년대와 마찬가지로 탈동독자 다수가 젊은 숙련 노동자였다는 점은 동독 경제에 적지 않은 부담으로 작용했다.

이와 달리 히르슈만Albert O. Hirschmann은 탈동독 행렬이 오히려 통사당 지배 체제를 안정화시키는 역할을 했다고 평가했다.[30] 즉 동독 체제에 적대적인 자

---

28) Bernd Eisenfeld, "Die Ausreisebewegung—eine Erscheinungsform widerständigen Verhaltens", 202쪽.
29) Reiner Thieme, "Antragstellungen auf ständige Ausreise. Versuch einer Bilanz aus soziologischer Sicht"(Diss. Univ. Humboldt, 1990), 25~26쪽.
30) Albert O. Hirschmann, "Abwanderung, Widerspruch und das Schicksal der Deutschen Demokratischen

들이 동독을 떠남에 따라 비판적 저항 세력이 축소되었다는 것으로, 분단국이 아닌 폴란드나 체코슬로바키아에서 동독보다 반체제 세력이 더 강했던 것은 서독과 같은 배출구가 없었기 때문이라고 주장했다. 비어만의 방출이나 1980년대 체제 비판 세력의 지도자격에 해당하는 많은 동독인들이 정권의 탄압과 그에 따른 좌절감으로 서독으로 이주했다는 사실에 비추어 볼 때 반체제 세력의 구심점이 형성되기 어려웠다는 점은 부인할 수 없다. 그러나 히르슈만은 떠난 자들이 동독 사회에 남긴 파급 효과가 장기적 관점에서는 동독 사회를 불안정하게 만들었다는 점을 간과하고 있다. 이는 무엇보다 동독 사회의 탈동독자에 대한 반응을 통해 살펴볼 수 있다. 동독인들은 1970년대까지 대체로 이들에 대해 비판적이었다. 동독을 떠나는 것을 일종의 도덕적 배신행위로 간주했기 때문이다. 이로 인해 이주 신청자들은 동독 정권의 탄압뿐 아니라 사회적 고립도 겪어야 했다. 그러나 끊임없이 계속되는 가족, 동료, 이웃사촌의 동독 이탈은 다른 동독인들에게 무엇이 이들로 하여금 동독을 떠나게 하는가에 대한 질문과 토론을 유발했고, 그 과정에서 탈동독자들에게 비판적이었던 동독인들 역시 동독 체제에 대한 문제의식을 갖게 되었다.[31] 이와 함께 탈동독자들에 대한 인식도 변화되었다. 예컨대 1984년에 시행된 한 여론 조사에서 응답자의 56%는 탈동독 행위에 대해 전적으로 이해를 표명했고, 단지 14%만이 거부감을 나타냈으며, 1989년에는 응답자의 66%가 이에 대한 공감을 표명했다.[32] 이는 1980년대로 갈수록 탈동독자들에 대한 동독 사회의 태도가 관대해졌을 뿐만 아니라 남아 있는 동독인들 역시 탈동독 행렬에 가세할 잠재적 가능성을 갖고 있었다는 것을 보여준다.

뿐만 아니라 불만을 갖고 있는 동독인들이 동독을 떠났다고 해서 문제가 해결

Republik", Bodo von Greiff · Claus Koch · Helmut König (Hrsg.), *Der Leviathan in unserer Zeit*(Opladen, 1999), 333쪽.

31) "Abteilung für Sicherheitsfragen, Information über die Vorbeugung und Zurückdrängung von Übersiedlungsersuchen nach der BRD und nach Berlin vom 7.3.1988", SAPMO, DY30/IV2/2.039/308, 69쪽.

32) Richard Hilmer, "Motive und Hintergründe von Flucht und Ausreise aus der DDR", 328쪽.

되는 것은 아니었다. 탈동독자들은 동독에 남아 있는 지인들과 계속 연락을 취했다. 동독과 무관한 서독인이 아니라 동독에 직접 살았던 동독인이 서독으로부터 전하는 서독의 실상은 그 어느 것보다도 동독인들에게 큰 영향을 미쳤고, 남아 있는 자들의 새로운 이주 신청을 유발하기도 했다. 또한 탈동독자들은 동독인들의 탈출에 필요한 장비를 구해주거나 이주 신청자를 대신해 국제 사회에 지원을 요청하기도 했다. 동독 정권도 이러한 부메랑 효과를 막고자 탈동독자와 동독인의 교류를 막는 데 심혈을 기울였다.

이를 통해 볼 때 1989년 이전의 탈동독 행렬도 충분히 통사당 지배 체제에 위협이 될 수 있었고, 1989년의 대규모 탈출 사태도 이전 시기의 탈동독 행렬이 미친 영향과 분리해서 생각할 수 없을 것이다.

(3) 동독 붕괴의 서막—1989년의 대규모 동독 탈출

1989년 여름 동독인의 대규모 탈출 사태가 발생하면서 탈동독 행렬은 새로운 국면을 맞게 되었다. 1980년대 후반 고르바초프와 달리 개혁을 거부하는 호네커 정권에 대한 문제의식이 강화되고 있던 상황에서 1989년 동독 정권이 자행한 지방 선거 결과 조작(5월), 중국 민주화 항쟁에 대한 동독 정부의 비난과 중국 정부의 강경 진압에 대한 전폭적 지지(6월)는 동독인들의 호네커 정권에 대한 반감을 고조시켰다. 모라토리엄 선언 직전에 이른 동독의 경제 침체와 반개혁적 정치 노선으로 인해 정권에 대한 동독인들의 불만이 증대되는 상황에서 통사당 정권이 제시한 후보자들에 대한 지지율이 98.85%에 이르렀다는 공식 발표는 선거 결과가 당연히 조작되었음을 뜻했다. 또한 중국 민주화 운동에 대한 동독 정부의 반대 입장은 결과적으로 동독에서 민주적 개혁은 실현 불가능하다는 것을 의미했다. 이로 인해 실망과 분노에 찬 동독인들은 지금까지의 순응적 태도에서 벗어나 공개적으로 동독 체제의 모순을 비판하고 개혁을 요구하기 시작했다. 그런가 하면 많은 동독인들이 더 이상 동독에서 자신의 삶을 영위하는 것의 의미를 찾지 못하고 서독행을 결심하게 되었다. 1989년 상반기에 이주 신청이 12만 5,400건에 달한

것은 이러한 상황을 반영한다.[33]

그러나 동독인들의 대규모 동독 탈출을 실질적으로 가능하게 했던 것은 인접 사회주의 국가들의 태도 변화였다. 1989년 5월 헝가리는 오스트리아와의 국경에 설치했던 차단기를 일시적으로 제거했고, 6월에는 유엔난민협약에 서명했다. 이는 심각한 경제 위기에 처한 헝가리 정부가 서유럽 국가들로부터 재정 지원을 얻기 위해 그들이 요구한 자유화에 부응한다는 것을 보여주기 위한 조치였다. 이 협약에 서명한 이후 헝가리 정부는 자국을 통해 탈출을 시도하다 실패한 동독인을 더 이상 동독 정부에 무조건 넘겨줄 수 없었고, 이들의 난민 자격을 심사하여 그 결과가 타당한 경우 서독행을 승인해야 했다. 이러한 예외적 상황을 입소문으로 전해들은 동독인들이 헝가리로 몰려들면서 극적인 탈출 사태가 시작되었다. 기약 없이 이주 승인을 기다리느니 차라리 헝가리-오스트리아 국경을 통해 서독으로 가는 것이 훨씬 쉽게 보였기 때문이다.

이렇게 시작된 탈출 시도는 1989년 여름 이후부터 동구권에서 휴가를 보내던 동독인들이 체코슬로바키아, 헝가리 주재 서독 대사관을 점거하고 서독행을 요구하면서 더욱 확대되었다. 설상가상으로 1989년 9월 10일에는 헝가리가 오스트리아와의 국경을 완전히 개방함과 동시에 1969년 동독과 맺은 여행 협정[34]을 파기하고 헝가리에 체류하는 동독인들의 서독으로의 탈출을 허용한다고 발표했다. 이에 따라 1989년 9월 말까지 약 2만 5,000명의 동독인들이 헝가리를 통해 서독으로 갔고, 동유럽 국가에 위치한 서독 대사관 점거를 통해 탈출을 시도하는 동독인들도 늘어났다. 즉 1980년대 동독 정권이 가까스로 누를 수 있었던 탈동독의 압력이 동독 사회의 위기 심화와 더불어 결국은 폭발한 것이었다.

이러한 동독인들의 극적인 탈출은 서독 TV 및 외국 언론을 통해 생생히 보도되었고 이는 동독을 뿌리째 뒤흔드는 역할을 했다. 동유럽 국가를 통한 탈출의 길이

---

33) Bernd Eisenfeld, "Die Ausreisebewegung—eine Erscheinungsform widerständigen Verhaltens", 202쪽.
34) 이 협정의 내용은 헝가리와 동독 정부가 합법적 여행증명이 없는 상대국 국민을 제3국으로 보내지 않는다는 것으로, 무엇보다 동독인의 제3국을 통한 탈출을 막기 위한 것이었다.

알려지자 기약 없이 승인을 기다리던 이주 신청자들과 이주 신청을 하지 않았더라도 동독 체제에 등을 돌린 수많은 동독인들이 탈출 대열에 가담했다. 이에 따라 동독에는 베를린 장벽 축조 전의 위기 상황이 재연되었다. 그러나 이러한 급박한 상황에서도 호네커 정권은 현실적인 대책을 강구하는 대신에 오로지 이러한 탈출 사태는 서독 정부의 음모에 의한 것이라는 교조적 선전만 일삼았다. 또한 1989년 10월 6일에는 동독 건국 40주년 기념식을 성대하게 개최하고 사회주의의 승리를 찬양했다. 동독 정부의 이러한 무기력함과 계속되는 탈출 사태는 동독에 남아 있거나 남고자 하는 자들에게 더 이상 보고만 있을 수 없다는 위기의식을 야기했다. 그 결과 '노이에스 포럼Neues Forum'을 비롯한 여러 정치 단체들이 조직되었고, 이들이 구심점이 되어 이끈 민주화 시위에 동독인들이 대거 참여하면서 호네커 정권과 동독 현실 사회주의는 붕괴되었다.

이렇게 볼 때 1989년의 탈동독 행렬은 동독인들의 위기의식과 문제의식을 호네커 정권에 대한 저항으로 결집시켜 이를 붕괴시키는 데 매우 중요한 영향을 미쳤다. 이 점에서 1989년의 대규모 탈동독 행렬은 동독 붕괴의 서막이었다고 평가할 수 있다. 물론 탈동독자들은 동독을 벗어나 서독으로 가고자 했을 뿐 체제에 대한 저항이나 정권의 붕괴를 목적으로 했던 것은 아니다. 그러나 이들의 탈동독 행위는 이미 동독 체제에 문제의식을 갖고 있으면서도 주저하고 있던 동독인들을 호네커 정권에 맞서 도전적 행동을 하도록 만든 동인이었다. 1989년의 민주화 시위에서 시위 군중들이 동독의 민주화와 더불어 '우리는 동독에 남을 것이다'라는 구호를 외친 것은 바로 탈동독 행렬이 불어넣은 동독 사회 전반의 위기의식을 반영하는 것이었다. 결국 '우리는 동독을 떠나겠다'[35]와 '우리는 동독에 남을 것이다'라는 시위대의 상반된 구호에서 드러나듯이 서로 다른 목적을 갖고 있는 두 개의 흐름의 상호 작용 속에서 40년간의 동독 사회주의의 역사는 막을 내리게 되었다.

---

35) 서독으로의 이주 신청자들도 동독 이탈의 의지를 표명하는 피켓을 들고 1989년 가을에 전개된 민주화 시위에 참여했다.

3. 탈동독자의 사회적 프로필

탈동독자 문제와 관련해 흥미 있는 질문은 누가 어떤 동기에 의해 동독을 떠났느냐는 것이다. 이 문제는 탈동독자에 관한 연구에서 소홀하게 다루어진 부분으로 특히 탈동독자의 신상을 구체적으로 분석한 연구는 찾아보기 어렵다. 서독 연구자들이 탈동독자를 대상으로 실시한 몇몇 경험적 연구 문헌이 이 문제들을 다루고 있지만 이들은 주로 특정 시기만을 대상으로 하고 있어 총체적이고 확정적 결론을 내리기 어려운 실정이다. 필자는 근래에 공개된 동독 공문서를 토대로 탈동독자의 신상과 이들이 동독을 떠난 동기를 살펴봄으로써 기존 연구의 미진함을 보완하고자 한다.

우선 〈그림 1〉을 통해 탈동독자의 연령 분포를 살펴보면 앞에서 이미 언급한 대로 베를린 장벽 축조 이전과 이후 두 시기 모두 젊은 층이 대거 동독을 떠났고 탈동독자 가운데 노년층이 차지하는 비중이 낮았음을 알 수 있다. 특히 1950년대의 경우에는 탈동독자의 반 정도가 25세 이하였다는 점이 눈에 띈다.[36]

〈그림 1〉 탈동독자의 연령 분포

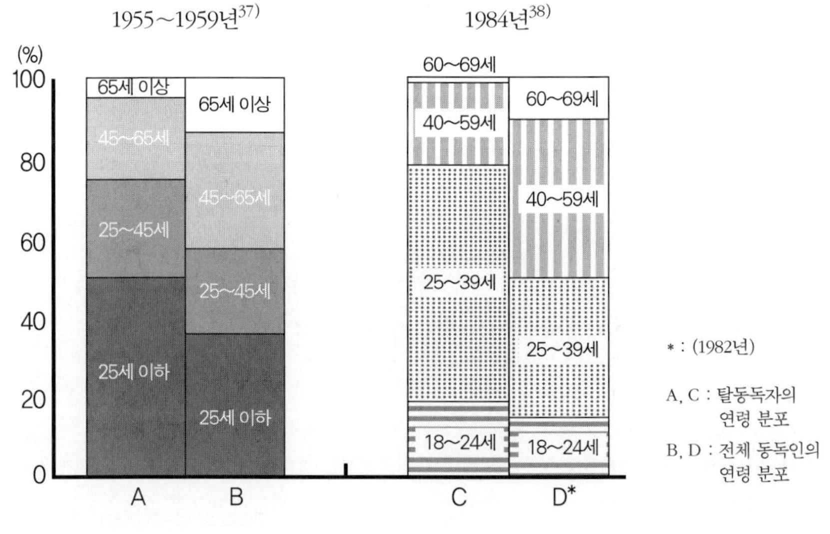

베를린 장벽 축조 이후의 추세를 좀 더 자세히 알아보기 위해 동독 내무부가 1972~1984년까지 서독으로 이주를 신청한 약 10만 명을 대상으로 작성한 보고서를 분석해보니[39] 이들의 대다수도 젊은 층에 해당했다. 18세 이상 40세 이하가 54%였고 40세 이상은 17%에 불과했다.[40] 이처럼 주로 젊은 층이 동독을 떠난 것은 이들이 미래를 개척하는 데 보다 적극적이고, 탈출의 위험 부담과 낯선 곳에서의 새로운 시작을 감수할 수 있는 모험심이 많기 때문인 것으로 설명할 수 있다. 무엇보다 가장 위험 부담이 컸던 국경 탈출자의 대다수가 25세 이하였다는 사실이 이를 뒷받침한다.[41]

탈동독자가 주로 젊은 층이었다는 것은 2차 대전의 여파로 노년층의 비율이 높아진 상황에서 동독 사회의 노령화를 심화시킬 수 있는 부정적 요인으로 작용했다. 또한 생산의 중추 역할을 담당할 젊은 층의 동독 이탈은 경제적으로도 심각한 결과를 초래했다. 1952년 이래 베를린 장벽이 축조되기 전까지 서독으로 탈출한 동독인의 60% 이상이 취업자였다.[42] 당시 동독의 전체 노동 인구가 47.1%에 불과

---

36) 하이데마이어Helge Heidemeyer도 1950년대 탈동독자의 약 50%가 25세 이하였다고 지적했다. Helge Heidemeyer, *Flucht und Zuwanderung aus der SBZ/DDR 1945/1949~1961*, 48쪽.

37) 그래프 A, B는 Bundesministerium für Gesamtdeutsche Fragen (Hrsg.), *Die Flucht aus der SBZ und die Sperrmaßnahmen des kommunistischen Regimes vom 13. August 1961 in Berlin*(Bonn, 1961), 16쪽에 제시된 통계 자료를 바탕으로 필자가 작성했다.

38) 그래프 C, D는 Volker Ronge, *Von drüben nach hüben*, 13쪽에 제시된 통계 자료를 바탕으로 필자가 작성했다. 롱게Volker Ronge는 1984년 서독으로 넘어온 18세 이상의 탈동독자(합법적 이주자)를 대상으로 설문 조사를 실시했다. 당시 2,000명에게 설문지가 배부되었는데 응답자는 약 5백 명이었다.

39) 서독 측 통계는 서독으로 넘어온 탈동독자만을 대상으로 한 반면, 필자가 이용한 동독 측 자료는 주로 1970~1980년대 동독을 떠나기 위해 이주 신청서를 제출한 동독인을 조사·분석하고 있다. 이주 신청자가 동독을 떠날 확고한 의도를 갖고 있었다는 점을 고려하면, 탈동독자의 사회적 프로필을 밝혀주는 자료가 부족한 상황에서 이들은 탈동독자의 신상이나 동독 이탈 동기를 추정해보는 데 도움이 될 것이다.

40) "Berichterstattung über die Entwicklung von Versuchen zur Erreichung der Übersiedlung—Berichtszeitraum 1.1.1972 bis 31.12.1984, Anlage für die Information über die Unterbindung(VVS I 084283)", SAPMO, DO1/34/34126. 퇴직자나 근무 불능자는 조사 대상에 포함되지 않았다.

41) "Information über Bestrebungen von Bürgern der DDR, die DDR zu verlassen und Wohnsitz in nicht-sozialistische Staaten und Westberlin zu nehmen", SAPMO, DY30/IV2/2.039/308, 49쪽.

했다[43]는 점에 비추어 볼 때 수백만 명에 달하는 탈동독 행렬은 동독의 생산 인구를 감소시킨 직접적 원인으로 해석할 수 있다. 한편 1984년 서독으로 넘어온 18세 이상의 탈동독자를 대상으로 분석한 롱게Volker Ronge의 연구 결과에 따르면, 이들의 약 90%가 동독에서 취업 상태에 있었다. 당시 18세 이상의 전체 동독 인구 중 취업 인구가 차지하는 비율이 66%정도에 불과했다[44]는 점에 비추어 볼 때 탈동독 행렬은 베를린 장벽 축조 이후 시기에도 생산력의 감소를 지속시켜 동독 경제에 부정적 영향을 미친 것으로 해석할 수 있다.

그렇다면 탈동독자들은 구체적으로 어느 산업 분야에서 활동했을까? 이 문제는 기존의 연구 문헌에서 거의 언급되고 있지 않다.

〈표 2〉 탈동독자/이주 신청자의 산업별 분포

(%)

	1차 산업		2차 산업		3차 산업	
	동독 전체	탈동독자/ 이주 신청자**	동독 전체	탈동독자/ 이주 신청자	동독 전체	탈동독자/ 이주 신청자
1952~1961년*	22.0	11.8	46.0	44.7	32.0	43.5
1972~1984년	11.7	8.0	48.6	59.1	39.7	32.9

* 1961년 상반기까지의 수치이다.
** 1952~1961년 상반기까지의 통계 내용은 탈동독자에,
  1972~1984년의 경우는 이주 신청자에 해당한다.[45]

---

42) Bundesministerium für Gesamtdeutsche Fragen (Hrsg.), *Die Flucht aus der SBZ und die Sperrmaßnahmen des kommunistischen Regimes vom 13. August 1961 in Berlin*, 17쪽.

43) Bundesministerium für Gesamtdeutsche Fragen (Hrsg.), *Die Flucht aus der SBZ und die Sperrmaßnahmen des kommunistischen Regimes vom 13. August 1961 in Berlin*, 17쪽.

44) Volker Ronge, *Von drüben nach hüben*, 15쪽.

45) 1952~1961년 상반기에 관한 통계 내용은 Bundesministerium für Gesamtdeutsche Fragen (Hrsg.), *Die Flucht aus der SBZ und die Sperrmaßnahmen des kommunistischen Regimes vom 13. August 1961 in Berlin*, 16쪽에 제시된 탈동독자의 직업 분야에 관한 통계를 필자가 산업별로 분류한 것이다. 한편 1972~1984년에 관한 통계는 서독으로의 이주를 신청한 동독인들의 직업 활동 분야를 다룬 동독 측 공문서 "Information über die Unterbindung und Zurückdrängung von Versuchen zur Erreichung der Übersiedlung nach der BRD und nach

〈표 2〉를 통해 볼 때 두 시기 모두 2차 산업 종사자가 다수를 차지했음을 알 수 있다. 2차 산업 분야에서는 특히 공업 부문 종사자가 주를 이루었다. 이들이 대거 서독으로 향한 이유는 동독의 임금 수준과 작업 여건에 대한 불만족과 서독에서 이 부문의 노동력에 대한 수요가 커 취업의 가능성이 비교적 높았다는 점으로 설명될 수 있다.[46] 3차 산업 종사자의 경우에는 이 분야의 발전이 미흡했던 베를린 장벽 축조 이전 시기에 오히려 더 높은 동독 이탈률을 보인 점이 흥미롭다. 이는 무엇보다 동독 초기에 시행된 사회주의 체제로의 변혁 과정과 관련이 있다. 예컨대 1950년대에 추진된 집단화로 사적 경제 활동 기반을 상실하게 된 상업·운송업 종사자나 교조적인 사회주의 이데올로기 교육의 시행을 강요받은 교사나 교수 등이 동독을 떠남으로써 3차 산업 종사자의 비율이 높았던 것이다. 한편 탈동독자와 이주 신청자 중 1차 산업 종사자는 대부분 농림업 종사자였다. 1950년대에 많은 농민들이 농업 집단화에 불만을 품고 탈출했지만 〈표 2〉를 통해 알 수 있듯이 이들이 전체 탈동독자 가운데 차지하는 비중은 상대적으로 낮았다. 이는 산업 구조의 변화에 따라 농업에 종사하는 인구가 줄어든 점과 전통적으로 토지에 대한 애착이 강하고 토지를 매개로 생업을 꾸려온 농민이 선뜻 동독을 떠나기는 어려웠다는 점으로 설명될 수 있다.

　보다 더 세부적으로 탈동독자가 종사한 직업을 알아보기 위해 1955년의 탈동독자와 1977~1978년 서독으로의 이주 신청자의 직업을 조사한 동독 공문서를 분석했다. 이에 따르면 1955년의 경우 탈동독자의 약 64%가 노동자였고, 약 26%가 사무 관리직 종사자Angestellte였다.[47] 1977~1978년의 이주 신청자의 경우에도 주로 공업과 상업, 그리고 의료 분야에서 활동했던 노동자(약 59%)와 사무 관리

Westberlin(VVS I 084283)", SAPMO, DO1/34/ 34126에 제시된 자료를 토대로 작성한 것이다. 동독 전체 평균의 분포는 Ralf Rytlewski · Manfred Opp de Hipt, *Die Deutsche Demokratische Republik in Zahlen 1945/49~1980*(München, 1985), 66쪽을 참조하라.
46) Richard Hilmer, "Motive und Hintergründe von Flucht und Ausreise aus der DDR", 325쪽.
47) "Gegenüberstellung eines Quartalsdurchschnittes der einzelnen sozialen Kategorien für die Jahre 1954 bis 1956", SAPMO, DO1/11/963, 245쪽.

직 종사자(약 33%)가 압도적 다수를 차지했다.[48] 이처럼 노동자와 사무 관리직 종사자가 이주 신청자의 90%에 이르는 것은 동독 사회가 사회주의 경제 체제로 변혁을 이룬 결과다. 1950년대에 시작된 농업과 상공업의 집단화에 따라 1970년대 중반에는 자영업자의 수가 무의미할 정도로 감소했고(2.3%), 일반적으로 자유업에 속하는 의사, 변호사, 건축가도 대부분 국가 감독하에 있는 종합 병원이나 단체에 소속되어 사무 관리직 종사자로 분류되었다.

그렇다면 탈동독자의 학력 수준은 어떠했을까? 유감스럽게도 자료상의 한계로 베를린 장벽 축조 이전 시기 탈동독자의 교육 수준에 대해서는 구체적으로 알려진 바가 거의 없다. 탈동독자 가운데 대학생이 차지하는 비율이 1953년 0.1%였다가 1958년에서 1961년 사이에 1%로 증가했다는 사실 정도만을 파악할 수 있다.[49] 이 시기 동독 전체 인구에서 대학생이 약 0.4%에 해당했다는 점에 비추어 볼 때 1%라는 수치는 지식인 계층의 동독 이탈 규모가 컸다는 것을 뜻한다.[50]

그에 비해 1970/80년대 탈동독자들의 학력에 대해서는 좀 더 구체적으로 파악할 수 있다. 1984년 실시된 롱게의 조사에 의하면, 서독으로 합법적으로 이주한 동독인 가운데 60%가 동독 10학년제 실업학교 Polytechnische Oberschule를 졸업했고, 약 33%가 인문계 고등학교 과정을 끝내고 대학 입학 자격시험 Abitur을 치렀으며,[51] 대학·전문대 졸업자는 10%에 해당했다. 그런가 하면 10학년제 실업학교를 졸업하고 전문 직업 교육을 받은 자들은 84%에 해당했다.[52] 한편 1972~1984년까지 서독으로의 이주를 신청한 동독인들의 학력을 다룬 동독 측 통계에 따르면 이들의 약 64%가 전문 직업 교육을 마쳤으며, 14%가 대학 및 전문대 졸업 학력을 소지했다.[53] 또한 1981~1986년까지의 이주 신청자의 학력을 분석한 동독

---

48) "Information über Erscheinungen und Entwicklungstendenzen bei der Unterbindung rechtswidriger Versuche von Übersiedlungen nach der BRD bzw. Westberlin(VVS I 053 569)", SAPMO, DO1/34/34126.
49) Helge Heidemeyer, *Flucht und Zuwanderung aus der SBZ/DDR 1945/1949~1961*, 50쪽.
50) Helge Heidemeyer, *Flucht und Zuwanderung aus der SBZ/DDR 1945/1949~1961*, 50쪽.
51) 독일에서는 대학 입학 자격시험을 치른 고졸자가 그렇지 않은 고졸자보다 더 높은 학력으로 인정받는다.
52) Volker Ronge, *Von drüben nach hüben*, 16쪽.

내무부 문서에 따르면 이들의 약 80%가 전문 직업 교육을, 약 15%가 대학 교육을 받았다.[54] 이상의 통계 내용을 1971~1981년까지 동독 전체 인구에서 전문 직업 교육 이상의 학력을 소지한 자가 평균 72%,[55] 1984년에는 78%였다[56]는 점과 비교해 볼 때 탈동독자의 학력은 동독인의 평균 학력보다 다소 높았다고 볼 수 있다.

끝으로 살펴볼 문제는 동독인들이 개인적으로 어떤 이유에서 동독을 등지고 떠났는가이다. 주지하듯이 낯선 곳에서 새로운 삶을 개척한다는 것은 쉬운 일이 아니다. 더욱이 탈동독자는 5년간 동독 방문이 금지되고 이후에도 방문 허가를 얻기 어려웠기 때문에[57] 동독 이탈은 곧 기존의 모든 사회적 관계의 상실을 의미했다. 탈동독자들은 왜 이러한 어려움을 감수하면서까지 서독으로 갔을까? 동독 체제의 정치, 경제적 모순이 동독 이탈의 객관적 배경을 형성한다면 그 가운데서도 탈동독자 개개인의 주관적 동기는 다양했다. 탈동독자들과 동독을 떠나고자 시도했던 자들의 진술을 통해 볼 때 이는 대략 다음과 같이 정리할 수 있다.

우선 동독 정권의 탄압을 피하기 위해 동독을 떠난 경우를 들 수 있다. 이는 스스로의 선택에 의한 것이었다기보다는 강요된 것으로 주로 정치적 탄압이 심했던 1950년대의 탈출자들이 이에 해당한다. 예컨대 통사당의 일당 통치에 저항해 탄압을 받게 된 부르주아 정당의 정치 지도자, '제국주의의 스파이'로 몰려 처벌을 받게 된 체제 비판적 지식인, 1953년 6월 전국적으로 전개된 노동자 봉기에 연루

---

53) "Information über die Unterbindung und Zurückdrängung von Versuchen zur Erreichung der Übersiedlung nach der BRD und nach Westberlin(VVS I 084283)". 1971~1981년까지 동독 전체 인구에서 전문대 이상의 학력 소지자가 차지하는 비중이 평균 15.6%였다는 점과 비교해 볼 때 탈동독자 중 대졸자의 비율은 전체 사회 평균과 비슷하거나 근소하게 낮았음을 알 수 있다. Bundesministerium für Innerdeutsche Beziehungen (Hrsg.), *DDR Handbuch*(Köln, 1985), 1,223쪽.
54) "Information über Bestrebungen von Bürgern der DDR, die DDR zu verlassen und Wohnsitz in nichtsozialistische Staaten und Westberlin zu nehmen", SAPMO, DY30/IV2/2.039/308, 33쪽.
55) "Information über Bestrebungen von Bürgern der DDR, die DDR zu verlassen und Wohnsitz in nichtsozialistische Staaten und Westberlin zu nehmen", SAPMO, DY30/IV2/2.039/308, 33쪽.
56) Richard Hilmer, "Motive und Hintergründe von Flucht und Ausreise aus der DDR", 325쪽.
57) 이는 필자가 아이젠펠트와의 인터뷰를 통해 확인한 사실이다.

되어 체포될 위기에 처한 자, 혹은 국가가 계획 경제하에서 부과한 책임 생산량을 이행하지 못해 처벌에 대한 두려움을 갖고 있던 농민이나 수공업자 등이 이에 속한다.[58]

직접적인 신변의 위협뿐 아니라 비민주적인 정치 체제로 인한 부정적 경험과 이에 따른 불만도 동독인들이 서독행을 결심하게 된 동기로 작용했다. 이와 관련해서는 특히 언론·종교·여행의 자유와 같은 동독인들의 기본권이 침해된 사례가 빈번하게 지적되었다. 롱게의 1984년 조사 결과에 의하면 조사 대상자의 71%가 언론의 자유 부재를, 56%가 여행의 부자유를 탈동독의 동기로 꼽았다.[59] 특히 1980년대 후반으로 갈수록 비사회주의 국가로의 여행을 허가받으려는 요구가 많아졌다. 그런가 하면 동독 체제하의 전 시기에 공통적으로 나타나는 시민들의 광범위한 조직화와 일상생활의 정치화도 빼놓을 수 없다. 무엇보다 탈동독자들은 아동에서 성인에 이르기까지 각종 사회 조직에 가입해 정치적 행사에 참여해야 함은 물론,[60] 이러한 정치화의 압력이 직업 활동의 영역까지 미쳤다는 것을 불만으로 언급했다. 엔지니어가 동독 청소년을 국가인민군에 입대하도록 혹은 동료를 직장방위대에 지원하도록 설득하거나,[61] 의사가 이주 신청을 포기하도록 자신의 환자를 설득해야 했던 것이 대표적 예다.[62] 또한 동독 정치 체제의 민주적 개혁을 주장한 체제 비판 세력에 대한 탄압과 동독 비밀경찰 국가안전부의 광범위한 감

---

58) Bundesministerium für Gesamtdeutsche Fragen (Hrsg.), *Die Flucht aus der SBZ und die Sperrmaßnahmen des kommunistischen Regimes vom 13. August 1961 in Berlin*, 43~45 · 48쪽 ; Henrik Bispinck, "Motive für Flucht und Ausreise aus der DDR", Bettina Effner · Helge Heidemeyer (Hrsg.), *Flucht im geteilten Deutschland* (Berlin, 2006), 57쪽.

59) Volker Ronge, *Von drüben nach hüben*, 18쪽.

60) "Aussagen von DDR-Bürgern, die versuchten, illegal die DDR zu verlassen", SAPMO, DY30/IV2/2.039/308, 53쪽.

61) Bundesministerium für Gesamtdeutsche Fragen (Hrsg.), *Die Flucht aus der SBZ und die Sperrmaßnahmen des kommunistischen Regimes vom 13. August 1961 in Berlin*, 64쪽.

62) Karl F. Schuhmann, "Flucht und Ausreise aus der DDR insbesondere im Jahrzehnt ihres Untergangs", 2,383쪽.

시 체제도 동독 사회주의 체제에 대한 실망감을 가중시켰다. 이러한 정치 체제의 모순은 동독인들에게 정치적 피로감과 구속감을 안겨주었고, 내적인 거부감에도 불구하고 겉으로는 체제에 대한 지지를 표명하는 이중적 태도와 그로 인한 자괴감을 야기했으며, 이는 자유로운 삶에 대한 동경으로 귀결되었다. 기본적으로 탈동독자의 진술 내용을 종합해볼 때 정치적 동기 면에서 베를린 장벽 이전과 이후 시기 간에 큰 차이점은 발견되지 않았다.

탈동독 행렬을 야기한 또 다른 동기는 경제적, 물질적 요인이다. 우선 1950년대 농민과 상공업자의 탈출에서 알 수 있듯이 강제적 집단화에 대한 반감이 동기로 작용했다. 또한 계획 경제의 비효율성으로 인한 노동 과정의 문제 역시 탈동독자들이 40년간 꾸준히 지적한 불만의 대상이었다. 원자재 공급의 차질로 인해 생산 활동이 지연되고, 파종할 씨앗을 제때 공급받지 못해 농사에 차질을 빚게 되는 점, 그럼에도 불구하고 이에 대한 책임을 국가가 아닌 생산자가 지게 된 것, 능력에 상응하지 않는 일자리와 임금 수준 등이 대표적으로 지적되었다.[63] 이에 못지 않게 중요한 영향을 미친 것은 동독인들의 기대에 못 미치는 소비 수준이었다. 물론 1950~1960년대에 비해 1970~1980년대 동독의 생활·소비 수준은 분명 개선되었지만 서방 국가의 제품과 비교해 열악한 동독 상품의 질, 컬러 TV나 자동차를 사기 위해 주문 후 하염없이 기다려야 하는 상황, 외환 보유고 부족으로 특권층이 아니면 커피와 바나나, 파인애플과 같은 수입 기호품이나 과일을 거의 맛볼 수 없는 상황은 동독인들에게 결핍감을 안겨주었다. 또한 기본 생필품을 사기 위해서도 장시간 줄을 서야 하고 그나마 긴 기다림 끝에 품절이라는 말을 듣고 돌아서야 하는 일상은 동독인들에게 불만을 넘어 좌절감까지 맛보게 했다.[64] 물론 인터숍Intershop과 명품점Exquisit-Laden에서 품질 좋은 외국 제품을 구매할 수 있었지만 이들은 외환 거래 상점이었기 때문에 특권층이나 서독에 친척을 둔 자만

---

63) Bundesministerium für Gesamtdeutsche Fragen (Hrsg.), *Die Flucht aus der SBZ und die Sperrmaßnahmen des kommunistischen Regimes vom 13. August 1961 in Berlin*, 48 · 50~52 · 64쪽 참조.
64) Lothar Fritze, "Das Ausreise-Phänomen", *Sinn und Form*, No. 42(1990), 199쪽.

이 이곳에서 물건을 살 수 있었다. 탈동독자들이나 이주 신청자들의 진술을 보면 외화를 보유하지 못했던 동독인들이 스스로를 2등 시민으로 느끼고 불만을 토로한 것을 자주 확인할 수 있다. 그 밖에도 이혼을 한 부부가 수년간 한집에서 사는 극단적 상황조차 일어날 정도로 불충분한 주택 보급 상황과 "서독에서는 원하는 모든 것을 살 수 있고" 더 좋은 보수와 여건하에서 일할 수 있다는, 때로는 환상에 가까운 기대감도 중요한 동기 요인이었다.[65]

또한 사회적으로 자기실현의 기회가 동등하게 부여되지 않은 것도 동독 이탈의 동기를 형성했다. 1950년대 사회주의로의 변혁 과정에서 노동자·농민의 자녀에게 우선적으로 교육의 기회가 부여된 반면 의사와 교수, 기업가 등 구(舊)상류층 출신의 자녀에게는 대학 교육의 길이 봉쇄되었다. 기독교인들도 차별을 받아 소위 말하는 대학의 인기학과에 진학할 수 없었다. 물론 계급투쟁 노선에 의한 차별은 호네커 시기에 이르러 눈에 띄게 완화되어 당성이 확실한 경우 구상류 계급 출신도 대학 교육을 받을 수 있었다. 그럼에도 불구하고 상당수의 기독교인들이 본래 원하던 전공이 아닌 신학을 선택할 수밖에 없었던 것처럼 이러한 차별은 보이지 않게 계속되어 불이익을 당한 동독인들이 이주 신청서를 제출하는 계기가 되었다. 그 밖에도 승진이 능력보다는 통사당 가입 여부나 정치적 충성도에 좌우된 점, 전문직 종사자에게 자신을 더 발전시킬 수 있는 여건을 제공하지 않은 점, 예컨대 해외 학술 대회 참가 및 교류의 기회가 제한되어 새로운 이론이나 기술 습득의 기회가 적었고, 의료나 이공 분야에서 요구되는 첨단 장비를 마련해주지 못했다는 점 등이 동독 이탈을 유발한 요소였다.[66] 의사를 비롯한 고급 전문 인력이 서독행을 택한 데는 더 나은 보수에 대한 기대뿐 아니라 자기실현과 자아 발전의 기

---

65) "Aussagen von DDR-Bürgern, die versuchten, illegal die DDR zu verlassen", SAPMO, DY30/IV2/2.039/308, 57쪽.

66) "Aussagen von DDR-Bürgern, die versuchten, illegal die DDR zu verlassen", SAPMO, DY30/IV2/2.039/308, 51~52쪽 ; Hauptverwaltung der Volkspolizei-Hauptabteilung K, "Analyse der Republikfluchten von Personen der Intelligenz vom 15.4.1959", SAPMO, DO1/34/21719, 3~4쪽.

회가 제대로 보장되지 못한 점 역시 중요한 요인으로 작용했다.

그런가 하면 분단으로 인해 발생한 이산가족의 결합과 비동독인과의 결혼 역시 동독을 떠나게 된 동기에 해당된다. 1950년대에는 상대적으로 탈출이 용이하다 보니 동독인들이 서독에 있는 이산가족과 합치기 위해 동독을 떠나는 경우가 종종 있었다. 베를린 장벽으로 인해 이러한 가능성이 차단되자 서독에 가족이나 친지를 둔 동독인들은 이산가족 결합의 명목으로 서독으로의 이주를 신청했다. 주요 동기는 서독에 있는 부모 형제의 병구완, 가업 계승, 혹은 이혼으로 홀로된 후 외로움을 달래기 위해 서독의 일가친척을 찾는 것 등이었다.[67] 또한 한 가정의 가장이 단신으로 탈출한 후 동독에 남아 있는 가족이 가족 결합을 내세워 서독으로의 이주를 신청하기도 했다. 그런가 하면 한국과 달리 분단 상황에서도 교류가 가능했던 동서독인들 가운데 결혼에 이르게 되는 경우가 적지 않았다. 이들의 결혼은 둘 중 한 사람의 거주지 이전을 전제로 했는데 대부분 동독인들이 배우자를 따라 서독으로의 이주를 신청했다.

흔히 가족 결합이나 비동독인과의 결혼을 통해 동독을 떠난 것은 정치성이 배제된 것으로 해석된다. 그러나 가족 결합을 이유로 내세워 이주 신청을 한 자들이 서독에 먼 친척만 갖고 있는 경우가 많았고, 또 동독을 떠나기 위해 위장 결혼한 경우도 있었다. 따라서 체제에 대한 반감을 갖고 있는 동독인들이 비교적 마찰이 적은 두 동기를 내세워 이주 승인을 받으려 했던 측면을 간과해서는 안 될 것이다.

이처럼 탈동독자들이 동독을 등지게 된 개인적 이유는 다양하다. 이들이 밝힌 구체적 동기들은 동독의 사회·정치·경제 구조의 모순이 일상에서 동독인들에게 어떤 불만과 문제의식을 야기했는지를 입체적으로 보여준다. 그렇다면 이 가운데 동독인들로 하여금 동독을 떠나게 한 결정적 동기는 무엇인가? 이 문제에 대해서는 오래전부터 논의가 이루어지고 있지만 합의된 정설은 존재하지 않는다.

---

67) Karl F. Schuhmann, "Flucht und Ausreise aus der DDR insbesondere im Jahrzehnt ihres Untergangs", 2,376~2,377쪽.

문헌에 따라 일부는 정치적 동기를, 일부는 경제적, 물질적 동기를 강조하고 있다. 일반적으로 통일 전까지 서독 국가 기관이나 탈동독자 단체가 발행한 문헌들은 정치적 동기를 결정적 요인으로 보았다. 이는 한편으로는 탈동독자들을 대상으로 실시한 설문 조사 결과를 반영하는 것이었지만,[68] 다른 한편으로는 서독 정부의 정치적 목적과도 결부되어 있었다. 요컨대 동독과 체제 경쟁을 하는 상황에서 서독 정부는 탈동독자들의 정치적 동기를 강조하여 서독 체제의 정당성과 우위를 부각시키고자 했다.

이에 비해 하이데마이어Helge Heidemeyer나 뢰슬러Jörg Rösler 등의 학자들은 경제적 동기가 더 우세하다는 의견을 피력하고 있다.[69] 즉 동독 정권의 정치적 탄압에 직면해 동독을 떠나야 할 절박한 사유를 갖고 있지 않은 동독인들은 정치 체제에 대한 문제의식보다는 더 나은 일자리를 찾거나 더 높은 소비 수준을 향유하기 위해 서독으로 갔다는 것이다. 실제로 탈동독자나 이주 신청자의 구체적 진술을 보면 서독 정치 체제의 장점보다는 경제적, 물질적 여건이 보다 강조되고 있다. 특히 통사당 내부 보고서에는 동독인들이 더 나은 생활 여건을 찾아 이동했다는 것을 보여주는 다양한 사례들이 기록되어 있다.[70] 물론 경제적 동기는 단순히 소비 수준에 대한 불만을 넘어 이미 1950년대 이래 꾸준히 심화된 동서독 격차에 직면해 동독 경제가 직업 활동을 포함해 더 나은 삶을 보장해줄 수 없다는 좌절감도 포함하는 것이었다.

이처럼 정치적, 경제적 동기 가운데 어느 요소가 더 많은 영향을 미쳤는가를 밝

---

68) Karl-Heinz Baum, "Die Integration von Flüchtlingen und Übersiedlern in die Bundesrepublik Deutschland", Der Deutsche Bundestag (Hrsg.), *Materialien der Enquete-Kommission "Überwindung der Folgen der SED-Diktatur im Prozeß der deutschen Einheit"*, Bd. VIII/1(Baden-Baden, 1999), 521쪽.
69) Helge Heidemeyer, *Flucht und Zuwanderung aus der SBZ/DDR 1945/1949~1961*, 57쪽 ; Jörg Rösler, "Abgehauen. Innerdeutsche Wanderungen in den fünfziger und neunziger Jahren und deren Motive", *Deutschland Archiv*, No. 36(2003), 563~565쪽.
70) "Aussagen von DDR-Bürgern, die versuchten, illegal die DDR zu verlassen", SAPMO, DY30/ IV2/2.039/308, 51~59쪽 참조.

히는 논의는 흥미롭긴 하지만 한 요인을 절대적으로 강조하는 것은 위험하다. 그 이유는 첫째, 이 문제에 대한 정확한 결론을 내리기에는 동독 체제 전 시기에 걸쳐 일관된 기준으로 탈동독 동기를 조사한 통계 자료가 뒷받침되지 않는다. 둘째, 탈동독자들의 진술이 항상 실제 동기를 그대로 반영한다고 보기 어렵다. 전술한 바와 같이 1950년대 서독 정부는 난민만을 수용하고 지원하겠다는 원칙을 표방했다. 이는 2차 대전의 여파를 아직 완전히 극복하지 못한 어려운 상황에서 대규모로 유입되는 동독인들의 존재가 서독에게 큰 부담이 되었기 때문이다. 대다수의 서독인 역시 동포인 이들을 따뜻하게 맞이하기보다는 생업 전선에서의 경쟁자 혹은 사회 불안 요소로 여겼다. 따라서 탈동독자들은 난민 자격을 획득하고, 자신들이 동독을 등진 것에 대한 서독 사회의 이해를 구하기 위해 실제와 달리 정치적 요인을 강조하는 경우가 많았다. 그런가 하면 서독으로의 이주를 신청한 동독인들은 동독 기관의 조사가 행해질 때 비정치적인 동기를 내세우는 경우가 많았다. 이는 동독 정권과의 마찰이 보다 적은 비정치적 동기를 내세워 이주 승인을 조금이라도 더 순조롭게 받기 위한 전략이기도 했다. 셋째, 동독처럼 경제 운영이 정치의 논리에 의해 이루어진 사회에서는 정치적인 것과 경제적인 것을 명확하게 구분하기가 어렵다. 넷째, 필자가 접한 탈동독자 혹은 이주 신청자들의 진술을 보면 개인별로 보다 우세한 동기가 있지만 대부분 다른 요인을 함께 언급하고 있다. 그러므로 이 문제는 단일한 동기로 환원하기보다는 복합적으로 파악하는 것이 바람직하며, 이를 통해 동독 체제의 전반적 문제점을 읽어내는 데 중점을 두는 것이 보다 의미 있을 것이다.

4. 권력을 가진 자의 무력함—동독 정부의 대응

동독 건국 이래 꾸준히 지속된 탈동독 행렬은 동독 체제의 열세를 단적으로 드러내는 것으로 동독 정권을 끊임없이 괴롭혔다. 동독 정권은 1952년 탈동독자 문제 전담 특별위원회를 설립한 이래 동독이 붕괴할 때까지 다양한 방법으로 이를 막기 위해 힘겨운 싸움을 벌였지만 성공을 거두지 못했다. 이러한 실패의 원인을 밝히기 위해서는 먼저 동독 정권의 탈동독자 문제에 대한 기본 인식부터 살펴보아야 할 것이었다. 울브리히트 정권은 기본적으로 탈동독 행위를 국가 반역 행위로 규정하고 이를 서독의 음모로 귀결시켰다. 즉 동독인의 서독으로의 탈출은 "미국과 서독의 전쟁 선동가들에 의해 대대적으로 꾸며진 책략"[71]으로, 특히 전문 인력과 농민을 유인하여 사회적 혼란과 경제적 파탄을 조장하려는 음모라는 것이다. 그러므로 탈동독 행위는 서독에 노동력을 공급해 서독을 이롭게 하는 반면, 동독에는 노동력 상실을 초래해 사회를 위태롭게 하는 정치적, 도덕적 배반 행위였다.[72] 따라서 탈동독자는 단호하게 맞서 싸워야 할 공공의 적이었다. 이처럼 울브리히트 정권은 탈동독 행렬이 야기된 원인을 동독 체제의 모순에서 찾기보다 그 책임을 서독에 전가했다. 호네커 정권 역시 이를 서독 제국주의자들이 꾸민 조직적 음모의 결과로 강조함으로써 같은 입장을 견지했다.[73]

그렇다면 동독 정권은 구체적으로 어떻게 대응했는가? 동독 정권은 우선 동독인들의 서독행에 대한 맞대응으로 서독인을 동독으로 유치하려는 노력을 기울였다. 이는 서로 왕래가 가능했던 베를린 장벽 축조 이전 시기에 활발히 전개되었다. 유치 대상은 주로 의사, 엔지니어, 자연과학자, 건축가, 예술가 등의 전문 인력이었다. 이들을 포섭하기 위해 울브리히트 정권은 동독에서 많은 세미나와 학술대회를 개최했고, 반대로 서독에서 열리는 각종 직업·학술 세미나에 동독인을 파견해 개인적 접촉을 벌였다.[74]

---

71) "Chefinspektor der Volkspolizei an ZK der SED vom 25.3.1953", SAPMO, DY30/IV21/13/394, 99쪽.
72) "Gemeinsame Direktive des Ministers der Justiz des Generalstaatsanwaltes und des Ministers des Innern über die Anwendung des Paßgesetzes vom 25.2.1958", ZA BStU, MfS HA IX 1421, 50쪽.
73) 이에 대해서는 Forschungskollektiv, "Die politisch-operativen Aufgaben des MfS zur Vorbeugenden Verhinderung und offensiven Bekämpfung feindlicher und anderer politisch-operativ relevanter Handlungen im Zusammenhang mit Versuchen von Bürgern der DDR, die Übersiedlung nach nichtsozialistischen Staaten und Westberlin zu erreichen(MfS JHS-Nr. 27/85)", 1985, ZA BStU, MfS ZKG 1646, 5~15쪽을 참조하라.

그러나 서독인들의 유치보다 시급했던 것은 동독인의 이탈을 저지하는 것이었다. 이를 위해 동독 정권은 우선 다양한 흑색선전을 펼쳐 동독인들이 탈출을 포기하도록 유도했다. 예컨대 서독으로 간 동독인들은 자본가의 착취로 비참하게 살고 있고, 이에 대한 비관과 절망으로 상당수가 알코올 중독자가 되거나 자살을 시도한다고 선전했다. 특히 서독으로 갔다가 적응하지 못하고 돌아온 동독인을 내세워 서독의 실상을 끔찍한 모습으로 증언케 하여 동독 정권의 주장을 뒷받침하게 했다.[75] 나아가 왜곡된 서독의 실상을 동독의 사회 보장책과 비교, 대비시킴으로써 동독 체제의 우위를 입증하고자 했다.

그러나 선전 정책의 영향력은 한계가 있는 만큼 탈동독 행렬을 저지하기 위해서는 보다 적극적인 조치가 필요했다. 이에 따라 동독 정권은 사법적 탄압을 자행했다. 우선 1957년부터는 탈동독을 준비하는 움직임이 포착되면 해당자를 이 시점에서부터 유죄화했고, 서독 방문을 허가하는 비자 수도 대폭 줄였다. 후자는 무엇보다 업무 및 방문차 서독으로 간 동독인의 다수가 귀환하지 않았기 때문에 이에 대한 대책으로 시행되었다. 또한 동독 정권은 형법 규정을 이용해 동독 이탈을 시도하는 자들을 탄압했다. 예컨대 '불법 월경죄(213조)', '반국가적 인신매매죄(105조)' 규정에 의거해 각각 국경 탈출을 시도한 자와 탈출을 도운 탈출 전문가를 처벌했다. 또한 호네커 시기에는 '국제 관계 교란죄(221조 1항)', '국가 당국의 업무 방해죄(214조 1항)', '공개 비방죄(220조 1항)' 등과 같이 이주 신청자들을 억압하는 데 용이한 법규들이 보충되었다. 동독에서는 사법부가 독립적 기능을 행사하지 못했기 때문에 이 규정들은 얼마든지 자의적으로 해석될 수 있었다. 이를테면 이주 신청자들이 신청을 철회하지 않고 반복하는 것에 대해서는 214조 1항을, 거주, 이전의 자유를 보장할 의무를 이행하지 않는다는 호네커 정권에 대한 공개적 비판 및 항의는 220조 1항을 근거로 탄압했다. 뿐만 아니라 이주 신청

---

74) ZK der SED, "Richtlinien über Maßnahmen gegen die Republikflucht und zur Werbung von Fachkräften in Westdeutschland vom 22.12.1952", SAPMO, DY30/JIV2/3/351, 52쪽.
75) B. Müller, *Wieder daheim*(Berlin, 1956) 참조.

자들이 서독을 비롯해 국제기관에 지원을 호소하여 동독 정권을 압박하는 행위는 221조 1항을 적용해 처벌했다. 1958년에서 1961년 여름까지의 짧은 기간 동안에만 2만 3,000명이 불법 탈출 시도 혐의로 조사를 받았고,[76] 1977년부터 1988년까지 이주 신청자들을 대상으로 2만 건에 달하는 수사가 진행되었다. 이 가운데 1만 2,000건에 대해서는 위에서 언급한 다양한 죄목으로 징역형이 선고되었다.[77]

나아가 동독 정권은 개인에 대한 사회적 탄압도 실시했다. 이는 무엇보다 이주 신청서를 제출한 동독인을 겨냥한 조치였다. 호네커 정권은 우선 이들과의 면담을 통해 이주 의사를 철회하도록 설득했다. 이를 위해 해당자들의 인적 사항, 이주 신청 사유 등을 사전에 조사하여 회유 작전에 들어갔고, 직장 상사 및 동료, 여러 사회 조직의 간부, 대부 및 후견인까지 설득 작업에 동원했다.[78] 그럼에도 불구하고 뜻을 굽히지 않는 이주 신청자들은 대부분 직장에서 해고되었다. 특히 청소년에게 영향을 미치기 쉬운 교사나 무역 회사, 은행 등의 고위 간부, 정보 수집 및 통계 처리 기관 근무자 등과 같이 서독에 중요한 정보를 누출할 수 있는 자, 그리고 미용사, 상점 점원, 식당 종업원처럼 많은 사람을 상대하는 서비스업 종사자는 즉각 해고되었다. 설사 해고를 면한다 해도 직업적 강등을 겪어야 했다. 이주 신청자 가운데 의사가 병원 보조 인력으로, 전문 연구원이 청소부로 일하게 되는 것은 흔한 경우였다. 그 밖에도 이주 신청자의 자녀들은 인문계 고등학교 진학이 어려웠고, 사회적으로 선호되는 직업을 연마할 수 있는 전문 직업 교육도 받기 어려웠다.

그런가 하면 동독 정권은 탈동독 시도를 미리 예방하는 데도 노력을 기울였다. 1975년 12월 15일자 국가안전부 명령 15호에 명시되어 있듯이 동독을 떠날 가능성이 있는 자를 미리 파악하고 이들에 대한 공작을 통해 탈동독 시도를 막으려 했

---

76) Bernd Eisenfeld, "Gründe und Motive von Flüchtlingen und Ausreiseantragstellern aus der DDR", 93쪽.
77) Bernd Eisenfeld, "Gründe und Motive von Flüchtlingen und Ausreiseantragstellern aus der DDR", 94쪽.
78) "Information über Bestrebungen von Bürgern der DDR, die DDR zu verlassen und Wohnsitz in nichtsozialistische Staaten und Westberlin zu nehmen", SAPMO, DY30/IV2/2.039/308, 37~38쪽.

다. 이를 위해 국가안전부는 전화 도청과 우편 검열을 실시했고, 비공식 정보원 IM[79]으로 하여금 동독인을 감시하게 했다. 특히 동독 정권이 예방적 차원에서 중점을 둔 감시 대상은 주로 의사, 엔지니어, 학자, 경제 분야의 전문 인력, 예술인, 국가 대표 운동선수 등 사회적 영향력이 큰 동독인들이었다. 그 밖에 자의로 직업 활동을 중지했거나 이미 이주를 신청한 경력이 있는 자, 그리고 동독 정권과 갈등 관계에 처해 있는 자들도 동독 이탈을 시도할 확률이 높다는 점에서 감시의 대상이 되었다.

그러나 이와 같은 동독 정부의 대응책은 탈동독자 문제에 대한 근본적 해결책이 될 수 없었다. 우선 서독인에 대한 동독 이주 장려책을 살펴보면, 1950년에서 1989년 말까지 동독으로 이주한 서독인은 약 47만 명이었다.[80] 그러나 이들 가운데 상당수가 동독에 만족하지 못하고 서독으로 되돌아갔다는 점[81]을 고려할 때 실질적으로 동독에 정착한 서독인의 수는 이보다 훨씬 적었을 것으로 보이며 탈동독 행렬로 생긴 출혈을 막기에는 역부족이었다.

탈동독 행렬의 원인을 서독의 음모로 강조하는 선전 정책도 동독인들에게는 별로 설득력이 없었다. 예컨대 1957년 에버스발트시의 한 국영 기중기 제조 공장 엔지니어들은 이 지역 통사당 지구당 서기와의 대화 중 탈동독자의 70%가 서독의 꼬임에 빠져 서독으로 갔다는 정부 측 주장을 반박하고, 직장에 대한 불만 혹은 국가 기관으로부터 경험한 부정적 기억이 근본적 이유라고 주장했다.[82] 즉 동독

---

79) 국가안전부는 평범한 동독인을 포섭해 사회 각 영역에 대한 정보를 수집했다. 이들의 밀고로 탈출 계획이 사전에 발각되는 일이 종종 발생했다.

80) Hartmut Wendt, "Die deutsch-deutschen Wanderungen—Bilanz einer 40jährigen Geschichte von Flucht und Ausreise", 387쪽. 서독인의 동독으로의 이주는 사회주의에 대한 신념과 이산가족과의 결합, 1950년대 말 루르 광산 업계의 구조 조정 과정에서 실직한 노동자들이 동독에서 일자리를 구해보려는 경제적 동기 등에서 비롯되었다. Patrik Major, "Vor und nach dem 13. August 1961 : Reaktionen der DDR-Bevölkerung auf dem Bau der Berliner Mauer", *Archiv für Sozialgeschichte*, No. 39(1999), 334~335쪽.

81) Patrik Major, "Vor und nach dem 13. August 1961 : Reaktionen der DDR-Bevölkerung auf dem Bau der Berliner Mauer", 335쪽. 아직까지 귀환자의 수는 정확히 파악되지 않고 있다.

82) Corey Ross, "…sonst sehe ich mich veranlassten, auch nach dem Westen zu ziehen", *Deutschland*

정권과 달리 이들은 동독 체제의 모순에서 원인을 찾았던 것이다. 또한 서독에 정착한 탈동독자의 비참한 생활상에 대한 선전도 동독인들이 서독 TV나 다른 정보 채널을 통해 실상을 많이 접할 수 있었기 때문에 기대만큼 큰 영향을 미칠 수 없었다. 동독 사회 보장책의 가치를 강조하는 선전도 역부족이었다. 왜냐하면 동독인들은 최저 생활 보장에 만족하지 않고 서독인들이 누리는 풍요와 안락함을 동경했기 때문이다.

탈동독 시도를 사전에 파악해 저지하고, 설득을 통해 이주 신청을 철회시킨다는 방안 역시 한계가 있었다. 감시 대상으로 설정한 동독인 수가 증대됨에 따라 국가안전부가 이들 모두를 대상으로 공작을 실시한다는 것은 불가능했다. 또한 동독 국가 기관 간부나 이주 신청자의 지인들로 구성된 이주 신청자 회유팀도 큰 영향력을 발휘하지 못했다. 이들은 동독 체제의 문제점을 조목조목 비판하면서 동독을 떠나겠다는 의지를 표현하는 이주 신청자들의 항변을 설득력 있게 반박할 수 없었다. 국가안전부는 그 원인을 면담자들의 자질 부족 내지 훈련 부족으로 분석했지만,[83] 그보다는 이들도 이주 신청자들이 지적하는 체제의 모순에 공감하는 부분이 많았기 때문이다.

더욱이 동독 정권에 더 큰 어려움을 안겨준 것은 탈출이나 이주를 시도하는 동독인을 겨냥한 억압 조치도 점차 효력을 상실했다는 것이다. 예컨대 1957년 말 이래 동독 탈출이 범죄로 규정되어 엄벌에 처해졌지만, 탈출 실패에 따른 처벌의 두려움보다 서독으로의 탈출구가 봉쇄될지 모른다는 조바심이 더 컸기 때문에 동독인들은 기꺼이 위험을 감수하고 탈출을 감행했다. 또한 호네커 정권기에 이주 신청자에게 가해졌던 직업상의 불이익과 법적 탄압도 단기적으로는 억제 효과가 있었음을 부인할 수 없지만 장기적으로는 오히려 역효과를 초래했다. 즉 부당한 해고나 강등 혹은 자의적인 법적 탄압을 경험하면서 동독을 떠나겠다는 이주 신청

Archiv, No. 34(2001), 616쪽.
83) "Information über die Unterbindung und Zurückdrängung von Versuchen zur Erreichung der Übersiedlung nach der BRD und nach Westberlin(VVS I 084283)".

자들의 의지는 더욱 확고해졌다. 그 과정에서 비교적 정치적 동기가 적었던 이주 신청자들도 동독 체제 전체를 비판적으로 바라보게 되는 경우가 비일비재했다.

이처럼 동독 정부가 탈동독자 문제를 해결하지 못한 것은 어찌 보면 자명하다. 동독인들로 하여금 동독을 떠나게 만든 여러 동기들은 동독 체제에서 비롯된 사회적 위기를 반영한다. 따라서 동독인들이 구체적으로 어떤 불만을 갖고 있는지 비판적으로 성찰하고, 그 요인들을 근본적으로 개선하려는 실질적 노력이 있어야 해결될 수 있었다. 그러나 일방적으로 서독 측에 책임을 전가하고 동독 사회주의 체제의 모순을 부정하는 동독 정권의 입장은 이데올로기로 채색되어 있었기 때문에 비현실적이었다. 1950년대 전반 일선에서 활동하는 통사당 하위 간부들은 이데올로기적 투쟁이 해결책이 될 수 없다고 문제를 제기했다. 그러나 이는 적의 의도를 간과하는 것이라는 당 지도부의 비판으로 인해 묵살되었고,[84] 그나마 1956년 이래로는 이러한 비판적 언급마저 자취를 감추었다. 이에 따라 탈동독자 문제의 원인에 대한 분석은 기계적으로 서독의 음모론으로 귀결되었고, 통사당 정권은 문제를 해결하는 데 있어 무력할 수밖에 없었다. 1961년 '반파시즘 방벽'이라는 구차한 명분으로 세운 베를린 장벽은 권력을 가진 자의 이러한 무력함을 단적으로 보여준다. 물론 베를린 장벽은 통사당 정권에게 동독 체제를 정비할 수 있는 시간과 기회를 주었다. 즉 장벽 건설 이후의 안정기에 사회적 다원화와 경제 개혁을 통해 동독 사회를 변화시키고 이를 통해 탈동독 행렬을 유발하는 근본 원인들을 극복하거나 완화할 수 있는 기회가 있었다. 그러나 동독 정권은 이러한 기회를 놓쳐버렸고, 탈동독자 문제를 다룬 국가안전부의 방대한 문서를 통해 확인되듯이 탈동독 행렬을 야기한 동독인들의 구체적 불만 사항을 파악하고 있었음에도 불구하고 결국은 이데올로기적 해결 방식을 고집하는 자가당착에 빠졌다. 다양한 대응책에도 불구하고 서독으로 향하는 동독인들의 발길을 저지하지 못한 동독 정권의 무력함은 바로 이 때문이다.

---

84) Corey Ross, "…sonst sehe ich mich veranlassten, auch nach dem Westen zu ziehen", 617~618쪽.

5. 맺음말

1989년 동독을 대변혁의 소용돌이로 몰아넣은 탈동독 행렬은 갑작스럽게 야기된 것이 아니라 이미 동독 건국 이래 끊임없이 지속되었다. 물론 동독으로 넘어간 서독인들도 있었다. 그러나 분단 40년 동안 탈동독자가 최소 356만 명이었던 반면 탈서독자는 최대 47만에 불과했다. 이러한 압도적 차이는 분단 시기 독일인들의 이동이 명백히 동독에서 서독으로 이루어졌다는 것을 뜻하는 것으로, 궁극적으로 동독이 체제 경쟁에서 패배했음을 의미한다.

수백만에 달하는 동독인들이 생명의 위험까지 무릅쓰면서 자신이 동독에서 일군 모든 것을 포기하고 서독을 택한 것은 기본적으로 동독 체제의 모순에서 비롯되었다. 탈동독자들의 진술에서 볼 수 있듯이 자유로운 삶을 제한하는 동독의 정치 체제와 취약한 경제 상황으로 인해 개개인이 겪은 부정적 경험, 갈수록 불투명해지는 동독의 미래에 대한 암울한 전망 등이 주요 동기로 작용했다. 동독 정권은 탈동독자들을 서독의 꼬임에 넘어가 고향과 가족을 등진 이기적이고 부도덕한 국가 반역자로 매도했지만 탈동독 행렬은 어디까지나 이러한 모순을 양산하는 동독 체제에 대해 동독인들이 발로써 보여준 거부였다. 이런 맥락에서 탈동독자 문제는 동독 사회의 실상과 위기를 반영하는 좌표의 성격을 갖는다. 그러나 탈동독 행렬은 체제 내적 모순뿐 아니라 서독이라는 외적 요인의 영향으로 더욱 확대되었다. 자유롭고 경제적으로 부강한 서독이 끊임없이 비교의 척도가 됨으로써 동독인들은 동독 체제가 궁극적으로 자신들의 개인적 욕구를 충족시켜줄 수 없으리라는 회의를 갖게 되었고, 서독을 더 나은 미래를 보장해줄 수 있는 대안으로 인식하게 되었다.

탈동독자들은 동독 체제에 대한 불만과 문제의식을 갖고 있었음에도 불구하고 이를 동독 안에서 해결하기보다 동독 사회를 등지는 방식을 택했다. 그럼에도 불구하고 이들이 동독 사회에 미친 여파는 동독 정권을 위협하기에 충분했다. 1950년대에는 대규모 탈출로 동독의 국가적 존립을 위태롭게 했고, 베를린 장벽이 축조된 이후에는 탈동독 행위의 시도 자체가 남아 있는 동독인들의 체제에 대한 회의와 문제의식을 심화시키는 역할을 했다. 나아가 1989년의 대규모 탈출 사태는 동독의 체제 비판 세력과 동독인들의 통사당 정권에 대한 저항을 야기함으로써 동독이 붕괴되는 데 결정적 계기를 마련했다. 결국 1961년의 베를린 장벽 축조와 1989년 장벽 붕괴의 동인은 탈동독 행렬이 제공한 것으로, 이 점에서 탈동독자 문제에 대한 규명은 사회주의 체제의 실패 원인을 밝히는 가장 기본적 작업이 될 것이다.

이 글에서는 지면 관계상 탈동독자 문제를 동독인들이 서독으로 넘어오게 된 배경과 과정에 초점을 맞추어 살펴보았다. 따라서 탈동독자들의 서독 사회에서의 정착 문제는 논의되지 못했다. 이들에 대한 서독 사회의 반응은 어떠했는지, 더 나은 삶에 대한 기대를 갖고 넘어온 탈동독자들은 실제로 서독 사회에 만족했는지, 이들이 서독의 낯선 체제에 정착하는 과정에서 직면하게 된 어려움은 무엇인지, 혹은 서독 정부가 탈동독자들을 사회에 편입시키기 위해 어떤 정책을 실시했는지 등 이 문제와 관련해서 연구되어야 할 주제는 다양하다. 탈북자의 남한 사회 정착과 관련해 많은 시사를 줄 수 있는 이에 대한 연구는 필자의 후속 과제로 남겨둔다.

참고문헌

B. Müller, 《귀향Wieder daheim》(Berlin, 1956)

Bernd Eisenfeld, 〈저항 행위로서의 탈동독 운동Die Ausreisebewegung—eine Erscheinungsform widerständigen Verhaltens〉, Ulrike Poppe · Rainer Eckert · Ilko-Sascha Kowalczuk (Hrsg.), 《자기주장과 순응 사이에서Zwischen Selbstbehauptung und Anpassung》(Berlin, 1995), 192~223쪽

──────, 〈동독 난민과 이주 신청자들의 동독 이탈 원인과 동기Gründe und Motive von Flüchtlingen und Ausreiseantragstellern aus der DDR〉, 《독일 아카이브Deutschland Archiv》, No. 37(2004), 89~105쪽

Bodo Müller, 《자유를 찾아서. 동독인들의 드라마틱한 탈출기Faszination Freiheit. Die spektakulärsten Fluchtgeschichten》(Berlin, 2001)

Bundesministerium für Gesamtdeutsche Fragen (Hrsg.), 《탈동독 행렬과 동독 공산 정권의 베를린 장벽 축조(1961. 8. 13)Die Flucht aus der SBZ und die Sperrmaßnahmen des kommunistischen Regimes vom 13. August 1961 in Berlin》(Bonn, 1961)

Bundesministerium für Innerdeutsche Beziehungen (Hrsg.), 《동독 편람DDR Handbuch》(Köln, 1985)

Christoph Kleßmann, 《한 민족 두 국가. 독일사 1955~1970Zwei Staaten, eine Nation. Deutsche Geschichte 1955~1970》(Bonn, 1988)

Corey Ross, 〈…그렇지 않으면 나 역시 서독으로 갈 수밖에!… sonst sehe ich mich veranlassten, auch nach dem Westen zu ziehen〉, 《독일 아카이브Deutschland Archiv》, No. 34(2001), 613~627쪽

Ellen Sesta, 《자유로 가는 지하 터널Der Tunnel in die Freiheit》(Berlin, 2001)

Erika von Hornstein, 《독일인의 고난. 난민들의 소리Der deutsche Not. Flüchtlinge berichteten》(Köln · Berlin, 1960)

Frederik Hetmann, 《빼앗긴 세월Enteignete Jahre》(München, 1961)

Hartmut Wendt, 〈동서독인들의 이동. 탈출과 이주의 40년사 결산Die deutsch-deutschen Wanderungen—Bilanz einer 40jährigen Geschichte von Flucht und Ausreise〉, 《독일 아카이브Deutschland Archiv》, No. 24(1991), 386~395쪽

Helge Heidemeyer, 《동독인의 서독으로의 탈출과 이주1945/1949~1961Flucht und Zuwanderung aus der SBZ/DDR 1945/1949~1961》(Düsseldorf, 1994)

Henrik Bispinck, 〈동독인의 서독으로의 탈출과 이주의 동기들Motive für Flucht und Ausreise aus der DDR〉, Bettina Effner · Helge Heidemeyer (Hrsg.), 《동독 탈출과 분단 독일Flucht im geteilten Deutschland》(Berlin, 2006), 49~65쪽

Jörg Rösler, 〈1950 · 1990년대 내독 인구 이동 현황과 이동 동기Abgehauen. Inner-deutsche Wanderungen in den fünfziger und neunziger Jahren und deren Motive〉, 《독일 아카이브 Deutschland Archiv》, No. 36(2003), 562~574쪽

Jürgen Petschull, 《바람을 타고 서독으로Mit dem Wind nach Westen》(München, 1985)

Karl F. Schuhmann, 〈서독으로의 탈출과 이주―동독의 마지막 10년을 중심으로Flucht und Ausreise aus der DDR insbesondere im Jahrzehnt ihres Untergangs〉, Der Deutsche Bundestag (Hrsg.), 《독일 연방 의회의 "통사당 독재의 역사와 유산 청산" 위원회 자료집Materialien der Enquete-Kommission "Aufarbeitung von Geschicht und Folgen der SED-Diktatur in Deutschland"》, Bd. V/3(Baden-Baden · Frankfurt a. M., 1995)

Karl Wilhelm Fricke, 〈냉전기 저항 행위로서의 동독 탈출 지원Fluchthilfe als Widerstand im Kalten Krieg〉, 《정치와 현대사의 문제들Aus Politik und Zeitgeschichte》, No. 49(1999), 3~10쪽

Karl-Heinz Baum, 〈동독 난민과 이주민들의 서독 사회로의 통합Die Integration von Flüchtlingen und Übersiedlern in die Bundesrepublik Deutschland〉, Der Deutsche Bundestag (Hrsg.), 《독일 연방 의회의 "통일 과정에서 진행되는 통사당 독재 청산" 위원회 자료집Materialien der Enquete-Kommission "Überwindung der Folgen der SED-Diktatur im Prozeß der deutschen Einheit"》, Bd. VIII/1(Baden-Baden, 1999), 511~643쪽

Lothar Fritze, 〈이주 현상Das Ausreise-Phänomen〉, 《의미와 형식Sinn und Form》, No. 42(1990), 197~210쪽

Michael Meyen, 〈동독 난민 설문 조사 : 동독 초기의 사료Die Flüchtlingsbefragungen von Infratest : Eine Quelle für die Geschichte der frühen DDR〉, 《독일 노동 운동사 연구Beiträge zur Geschichte der Arbeiterbewegung》, No. 42(2000), 64~77쪽

〈국경 지대에서 또 다시 지뢰 수색이 시행되다Neue Suche nach Minen auf Grenzstreifen〉, 《작센일보Sächsische Zeitung》(2001년 7월 31일자), 2면

Patrik Major, 〈1961년 8월 13일 전후 : 동독인의 베를린 장벽 축조에 대한 반응Vor und nach dem 13. August 1961 : Reaktionen der DDR-Bevölkerung auf dem Bau der Berliner Mauer〉, 《사회사 아카이브Archiv für Sozialgeschichte》, No. 39(1999), 325~354쪽

Rainer Hildebrandt, 《동독 탈출 희생자와 마지막 베를린 장벽의 잔재 결산Bilanz der Todesopfer des DDR-Grenzregimes. Bilanz der letzten Mauerreste in Berlin. Text für die 116. Pressekonferenz der Arbeitsgemeinschaft 13. August, 11.8.1997》(Pressearchiv der Evangelischen Kirche in Berlin-Brandenburg, Ordner "Berlin/Mauer")

Reiner Thieme, 〈사회학적 시각에서 본 동독인의 이주 신청Antragstellungen auf ständige Ausreise. Versuch einer Bilanz aus Soziologischer Sicht〉(Diss. Univ. Humbolt, 1990)

Richard Hilmer, 〈동독인의 탈출과 이주 동기 및 배경Motive und Hintergründe von Flucht und Ausreise aus der DDR〉, Der Deutsche Bundestag (Hrsg.), 《독일 연방 의회의 "통사당 독재의 역사와 유산 청산" 위원회 자료집*Materialien der Enquete-Kommission "Aufarbeitung von Geschicht und Folgen der SED-Diktatur in Deutschland"*》, Bd. Ⅶ/1(Baden-Baden · Frankfurt a. M., 1995), 322~330쪽

Volker Ronge, 《동독에서 서독으로*Von drüben nach hüben*》(Wuppertal, 1985)

Wolfgang Brinkschulte · Hans J. Gerlach · Thomas Heise, 《정치범 석방 거래의 승자. 서독의 공동 수혜자*Freikaufgewinner. Die Mitverdiener im Westen*》(Frankfurt a. M. · Berlin, 1993)

박명선, 〈서독의 동독난민정책과 사회통합〉, 《역사비평》, 제36권(1997), 239~260쪽

최승완, 〈동독의 민주화 세력 연구―1980년대 체제 비판적 그룹들을 중심으로〉, 《서양사론》, 제57호(1998), 55~94쪽

더 읽을 자료

김승렬·신주백 외, 《분단의 두얼굴》(역사비평사, 2005)
　　이 책은 독일과 한국의 분단사를 비교사적 관점에서 기술한 책이다. 이 책에 수록된 독일 관련 논문들은 분단 시기 동서독의 역사 발전 및 양국 관계를 다룸으로써 탈동독자 문제를 이해하는 데 간접적으로 도움이 되는 배경 지식을 제공해준다.

로버트 O. 팩스턴, 《파시즘 : 열정과 광기의 정치 혁명》, 손명희·최희영 옮김(교양인, 2005)
　　파시즘의 역사를 개관한 역작. 파시즘의 발전을 5단계로 나누어 역사적인 관점에서 운동하는 파시즘의 특성과 구조를 해부했다. 이탈리아와 독일의 파시즘은 물론이요, 유럽의 기타 국가들과 아메리카와 아시아, 오세아니아 지역까지 두루 포괄했다. 파시즘이라는 정치 현상이 보여주는 혁신성과 보수성을 균형 있게 파악했다는 데 큰 장점이 있다. 파시즘에 관심이 있는 독자라면 반드시 읽어야 할 책이다.

발레리오 카스트로노보Valerio Castronovo, 《조반니 아넬리 Giovanni Agnelli》(Torino : UTET, 2003)
　　이탈리아 굴지의 자동차 기업 피아트Fiat의 창립자인 조반니 아넬리Giovanni Agnelli의 전기. 1971년에 첫 출간된 이래 지금까지 꾸준히 재판이 발행되는 이탈리아 기업사의 고전. 아넬리의 기업가적 역량과 국가의 역할 사이의 역동적인 관계가 잘 정리되어 있다. 다만 이탈리아어로 되어 있기 때문에 접근이 쉽지 않다. 그러나 이탈리아어를 할 수 있다면 비단 이탈리아 기업사뿐만 아니라 이탈리아 현대사의 길잡이로서 꼭 한번 읽어볼 만한 책이다.

보도 뮐러Bodo Müller, 《자유를 찾아서. 동독인들의 드라마틱한 탈출기 Faszination Freiheit. Die spektakulärsten Fluchtgeschichten》(Berlin, 2000)
　　이 책은 1961년 베를린 장벽이 축조되고 난 후 서독으로 탈출하는 데 성공한 동독인들의 실화를 다루고 있다. 학술 서적이라기보다는 누구나 읽을 수 있는 교양서에 가까운 이 책은 동독인들의 탈출 동기와 더불어 상상을 초월하는 흥미진진한 탈출 방법을 자세하게 소개함으로써 탈동독자 문제에 대한 기본 지식을 제공한다.

볼프강 켄테미히Wolfgang Kenntemich·만프레드 두르니오크Manfred Durniok·토마스 카를라우프Thomas Karlauf (Hrsg.), 《동독은 이러했다 Das war die DDR》(Berlin, 1993)
　　이 책은 같은 제목으로 독일 ARD 방송국이 제작한 7부작 TV 시리즈물의 가이드북에 해당된다. 지금은 역사의 뒤안길로 사라지고 없는 동독을 정치, 경제, 사회, 문화의 여러 측면에서 알기 쉽게 설명하고 있다. 따라서 이 책은 탈동독자 문제를 이해하기 위한 배경 지식을 얻는 데 도움이 될 것이다.

서독 전 독일 문제부Bundesministerium für Gesamtdeutschen Fragen (Hrsg.),《탈동독 행렬과 동독 공산 정권의 베를린 장벽 축조(1961. 8. 13)*Die Flucht aus der Sowjetzone und die Sperrmaßnahmen des Kommunistischen Regiems vom 13. August 1961 in Berlin*》(Bonn · Berlin, 1961)

    서독 전 독일 문제부가 발행한 이 보고서는 베를린 장벽이 축조되기 전까지 동독인들이 동독을 등지고 서독으로 간 배경과 동기 그리고 동독 정권의 대응을 간략하게 서술하고 있다. 보다 흥미로운 것은 탈동독자들의 진술을 담은 부록이다. 이를 통해 다양한 연령대와 사회 계층에 속하는 동독인들이 탈출을 결심하게 된 개인적인 동기와 경험을 구체적으로 살펴볼 수 있다.

안드레아스 힐그루버,《독일 현대사 1945~1986》, 손상하 옮김(까치, 1991)

    이 책은 독일 현대사에 대한 번역서다. 국내에서 이 시기 역사를 중점적으로 다룬 저서나 역서가 없다는 점에 비추어 볼 때 이 책은 분단 독일사에 대한 기본 지식을 제공해준다는 장점을 가지고 있다. 특히 독일 분단의 배경과 분단 시기 동서독 관계, 통일 정책 등에 대한 설명이 제시되어 있다.

앨프리드 D. 챈들러Alfred D. Chandler, Jr.,《규모와 범위 : 산업 자본주의의 동학*Scale and Scope : The Dynamics of Industrial Capitalism*》(Cambridge, Mass. : The Belknap Press of Harvard Univ. Press, 1990)

    기업사의 현대적 고전. 무려 600여 개의 미국, 영국, 독일 기업을 비교 검토하면서 이른바 '근대적 산업 기업modern industrial enterprise'의 발전 동학을 '규모scale'와 '범위scope'라는 개념을 중심으로 해부한 역작. 현대 기업사를 공부하는 학생이라면 반드시 읽어야 할 책. 다만 분량이 너무 많고 산만하다는 것이 흠이다. 그러나 책을 관통하는 기본 논지는 명쾌하고 단순하다.

잔프랑코 폿지,《근대국가의 발전》, 박상섭 옮김(민음사, 1995)

    서구에서 봉건적 지배 체제로부터 신분제 국가, 절대주의, 입헌 국가로 이어지는 국가 발전의 도정을 기본적으로 자유주의의 시각에서 정식화한 역사 사회학적인 연구.

조돈문 외,《구조조정의 정치 : 세계 자동차 산업의 합리화와 노동》(문화과학사, 1999)

    세계 자동차 산업의 합리화 과정과 노동 과정에 대한 국내 연구자들의 논문을 한데 엮은 것으로 자동차 산업의 역사에 관심을 가진 독자에게 유용한 책이다. 미국, 캐나다, 일본, 독일, 스웨덴, 영국, 이탈리아의 자동차 산업의 사례들을 두루 포괄했다. 저자가 여럿이라서 일관된 관점을 찾기 쉽지는 않지만, 세계 자동차 산업의 동향을 파악하는 데는 안성맞춤이다.

조지프 R. 스트레이어,《근대국가의 기원》, 박은구 옮김(탐구당, 1982)

    영국과 프랑스를 중심으로 하여 근대 국가가 어떻게 중세로부터 기원하게 되었는가 하는 점을 역사적으로 개관하고 있는 종합적인 개설서

존 미클스웨이트 · 에이드리언 울드리지,《기업의 역사》, 유경찬 옮김(을유문화사, 2004)

    국내에는 다소 생소한 '기업사business history'를 알기 쉽게 개관한 책이다. 주로 미국의 주식회사에 초점이 맞추어져 있기는 하지만, 기원전 시대의 상업에서 현재의 다국적 기업에 이르기까지 다양한 기업의 형태와 활동을 포괄하려고 노력한 흔적이 역력하다. 기업사에 대한 심층적

인 이해보다는 개괄적인 파악에 보탬을 준다.

토머스 홉스, 《리바이어던》, 한승조 옮김(삼성출판사, 1990), 제2부 〈국가론〉

근대 국가의 절대적이고 단일한 주권성에 관한 가장 탁월한 옹호론. 홉스가 당시 영국의 왕권을 옹호하기 위해 이 책을 집필한 것은 사실이나 그것을 위해 왕권신수설이라는 전통적인 방식이 아니라 자연권론과 사회 계약론이라는 철저하게 세속적인 방식에 호소함으로써 결과적으로 신민의 동의에 입각하는 근대적인 주권 국가에 관한 가장 심오한 통찰에 이를 수 있었다.

페리 앤더슨, 《절대주의 국가의 계보》, 김현일 옮김(까치, 1993)

유럽에서 절대주의 국가의 등장과 성격을 설명한 훌륭한 종합적인 역사 서술. 앤더슨은 유럽에 절대주의에 관한 두 개의 계보, 곧 서구형과 동구형이 있음을 제시하면서도 양자 공히 전통적인 봉건 귀족이 초기 자본주의의 등장이라는 시대적 변화 속에서 살아남기 위해 재편성하고 재충전한 봉건적 지배 기구로 파악한다. 따라서 절대주의는 기본적으로 봉건적이며 단지 부차적으로만 근대성을 갖는다.

제2부

사회와 시민—
차별, 갈등, 저항

제2부 머리말

사회사의 열기는 이제 기억 속에만 남아 있다. 우리 서양사 학계에서 사회사의 전성기는 1980~1990년대가 아닐까 싶다. 특히 1980년대 강압적인 사회 분위기 아래서 젊은 사학도에게 중요한 것은 유럽의 산업화와 그에 따른 사회 문제를 재검토하는 일이었다. 더욱이 유럽 역사학의 전통에서 사회사는 이미 낯선 영역이 아니라 그로부터 한 세대 전에 학문적 시민권을 획득한 분야였다.

그 당시 젊은 연구자들은 산업화, 계급 문제, 노동 운동, 사회 정책, 사회주의 사상 등에 깊은 관심을 기울였는데, 오늘날 생각하면 일종의 소재주의의 오류에 빠져 있었던 것 같다. 이 시기 사회사 분야의 연구 목록을 훑어보면 이와 같은 주제들이 주류를 이룬다. 그리고 당시 이들에게 지적 영감을 준 것은 주로 영국 마르크스주의 역사가들과 프랑스 아날 학파였다.

그러나 오늘날 사회사의 열기는 좀처럼 찾아보기 힘들다. 거의 관성처럼 연구를 계속하는 몇몇 역사가들의 작업 속에서 그 흔적만 보일 뿐이다. 포스트모더니즘의 영향 아래 탈이념적 경향이 대세를 이루면서 다루는 소재 또한 삶의 미시적인 부분에서 문화 일반에 이르기까지, 달리 말하면 단단한 것보다는 부드러운 것에 집중된다. 이 새로운 경향이 과연 바람직한 것인지는 확실하지 않지만, 어쨌든 이념의 강박 관념을 벗어나 과거를 존재했던 그대로 접근하려고 한다는 점에서는 긍정적인 측면도 있다.

제2부의 모두에 실린 성백용의 〈14세기 후반 조세 체제의 확립과 프랑스 북부 도시들의 반란〉은 절대주의 국가의 조세 제도를 다룬다. 사실 절대주의 국가와 이전 봉건 국가의 다른 중요한 특징이 조세 제도에 있다는 것은 잘 알려져 있다. 그럼에도 국민에 대한 과세가 어떻게 제도화되었는지는 잘 알려져 있지 않다. 이 글은 프랑스 절대주의 초기, 즉 14세기 조세 제도의 도입 및 정착 과정을 검토하면서 이에 따른 귀족과 상공업자들의 항의와 반란을 추적한다.

13세기까지만 하더라도 프랑스에서 조세의 개념은 일반화되지 않았다. 국왕과 신민 사이의 경제적 관계도 상호 부조의 원리에 입각해 있었고, 국왕이 특정한 목적에 쓰려고 과세를 하더라도 그 원인이 소멸하면 과세권 또한 당연히 없어져야 했다. 이 글은 백년전쟁기 조세 제도를 도입한 국왕들의 시도를 세밀히 분석한 다음, 이 시도가 어떻게 도시민과 농민의 항의를 초래했는가를 살피고 있다. 이 글에 따르면, 세금을 권력자의 강탈로 보는 전통적 심성이 변모해 모든 신민을 하나의 납세 공동체로 보는 새로운 의식이 뿌리내리기까지의 과정은 군주와 각 신분 간의 엄청난 폭력과 저항으로 점철되었다. 이런 점에서 14세기 중엽이야말로 재정적 절대주의로 가는 여정에서 뚜렷한 이정표를 세운 시기였다.

이영석의 〈이스트엔드, 가깝고도 먼 곳〉은 1880년대 런던 빈민가의 대명사로 알려진 이스트엔드의 이미지가 어떻게 형성되었는지 당대의 논설들을 통해 살피고 있다. 이 시기의 지식인들은 이스트엔드의 다양한 사회적 풍경을 체계적이고 과학적으로 조사한 자료를 바탕으로 논설을 썼고, 이를 통해 공공 여론을 조성하고자 했다. 그리고 이들의 활동은 기본적으로 사회적 다원주의의 영향 아래 이루어졌다. 어느 면에서 보면 이 노력은 상당한 성과를 거두었다고 할 수 있다. 이들의 논설을 통해 좀 더 많은 사람들이 이스트엔드의 빈곤 문제에 관심을 기울이게 되었기 때문이다. 그러나 다른 한편, 그들의 논설 자체가 이스트엔드의 빈곤과 타락을 더 세밀하게 그려냄으로써 그 부정적인 이미지를 형상화하는 데 기여하기도 했다.

그렇다면 1880년대에 평론지 논설의 필자들은 이스트엔드에 얼마나 가까이 다가섰는가. 여러 가지 헌신적인 활동과 빈곤에 대한 깊은 성찰에도 불구하고, 중간 계급 출신 도덕주의자들은 이스트엔드 주민들의 삶을 어디까지나 자신의 시각을 통해 바라보았다. 자선과 봉사도 중간 계급의 의도대로 그들을 변화시키는 데 목적이 있었다. 이 글에 따르면, 당시 지식인들에게 아직도 빈곤은 사회 구조의 산물이라기보다는 개인의 책임이 뒤따르는 것이었다. 그들은 이스트엔드에 가까이 다가서려고 노력했지만, 그럼에도 그들에게 이곳은 먼 곳일 뿐이었다.

김학이의 〈나치 일상에서의 동의와 이의〉는 나치 시대 평범한 독일인들이 전제적 지배에 어떤 태도를 보였는지를 되짚어 본 논문이다. 일반적으로 그 당시 노동자들은 나치의 지배와 정책에 대해 암묵적으로 동의했다고 알려져 있다. 그러나 이 글에 따르면, 일상생활에서 노동자들은 욕설과 같은 수단을 통해 나치 지배에 빈번하게 저항했으며, 나치 또한 그런 욕설을 저항으로 간주해 처벌했다는 것이다.

이 글은 노동자들의 욕설이 대부분 사적 영역에서 발화되었다는 점을 중시한다. 그것은 노동자들이 원자화, 파편화된 상황에서 필연적으로 나타난 현상이었다. 노동자들이 원자화된 일상에 함몰되어 있는 한, 그들로부터 체제에 대한 집단적 저항이 발생하기는 어려웠다. 따라서 노동자 일상의 원자화는 저항의 한계임과 동시에 나치 체제의 한계이기도 했다. 나치 체제는 이 같은 노동자들을 체제의 적극적 기반으로 활용할 수는 없었다는 것이다.

조지형의 〈'평등'의 언어와 인종 차별의 정치—브라운 사건을 중심으로〉는 미국 사회에 뿌리 깊이 남아 있는 흑인에 대한 인종 차별 문제를 다룬 논문이다. 노예 해방 이후 미국 헌법 수정 14조는 흑인에 대한 차별 금지와 평등한 권리를 보장했지만, 미국 사회에서 흑인들은 오랫동안 일상생활에서 차별을 당했고, 법적으로도 그것은 용인되었다. 이 글은 1954년 브라운 대 캔자스 주 토피카 교육청 재판 사건을 통해 이 인종 차별 문제를 세밀하게 분석한다. 이 재판은 백인 전용 공립학교에 흑인이 입학하는 문제를 둘러싸고 촉발되었다. 궁극적으로 연방 대법원은 인종 분리를 수정 조항 14조에 위배된다고 판결함으로써 인종 차별적 사회 정책에 쐐기를 박았다.

　이 글은 이 판결이 미국 헌정사에 혁명적인 변화를 가져왔음을 인정하면서도, 최근의 비판적 견해를 원용해 그 한계를 명확하게 짚어낸다. 즉 그것은 부당한 현실을 개혁하고자 하는 진보적 결정이라기보다는 당시 사회의 거대 담론으로 작동하는 통합이라는 이념을 좀 더 완벽하게 구현하고 이를 정당화하기 위한 보수적 결정이었다는 것이다.

　박단의 〈2005년 프랑스 '소요 사태'와 무슬림 이민자 통합 문제〉는 최근 프랑스 사회에 충격을 주었던 무슬림 폭동 사태를 다루면서 무슬림 이민자들이 프랑스 사회에 통합되지 못한 구체적인 현실을 분석한다. 오늘날 500만 명을 넘어선 무슬림 이민자는 주로 북아프리카의 프랑스 구식민지 출신이 대부분이다. 일반적으로 프랑스 정부와 프랑스 사회는 인종 차별에 적대적이고 다른 인종에 대해 관용 정책을 펴왔다고 알려져 있다. 그러나 현실은 그렇지 않았다. 오히려 차별은 은폐되어 문화와 의식 속에 깊이 뿌리내려 있으며, 그에 따라 무슬림 대부분이 프랑스 사회의 이질적 존재로 남아 있었다는 것이다. 이 글은 소요 사태의 발생 및 전개 과정을 꼼꼼하게 정리한 다음에, 소요 사태 이후 프랑스 정부와 사회가 문화적 이질성을 극복하고 통합을 이룩하려고 내놓은 장단기 대책까지 수합하여 제시한다.

　이상에서 살펴보았듯이, 여기에 수록된 사회사 논문들은 다양한 주제들을 다루고 있어서 어떤 특정한 경향을 드러낸다고 하기는 어렵다. 그러나 사회사의 최근 변화를 감지할 수는 있다. 한 세대 전만 하더라도 사회사의 가장 중요한 화두는 계급이었다. 계급 관계 중에서도 노동자 계급에 초점을 맞추어 그들의 조직 운동과 저항, 의식과 가치 체계에 관심을 기울였다. 이와는 달리 근래에는 계급보다는 차라리 특정한 부류와 집단의 미시적인 삶의 세계를 다룬 글들이 많이 눈에 띈다. 이 같은 다양한 접근과 주제의 분화가 오히려 역사를 바라보는 우리의 시야를 혼란스럽게 만들지 모른다는 우려도 있다. 그렇더라도 통일성보다는 다양성이, 구체성보다는 모호성이 오히려 이 시대의 분위기에 더 걸맞지 않겠는가.

14세기 후반 조세 체제의 확립과 프랑스 북부 도시들의 반란*

성 백 용**

1. 세금―부조와 '착취'

14세기 초까지 프랑스 왕국에서 엄밀한 의미의 '조세', 즉 어느 정도의 일반성과 강제성을 띠고서 정기적이고 항구적으로 부과되는 조세는 확립되지 않았으며, 국가에 대한 신민 일반의 납세 의무라는 개념은 그 자체로 퍽 생소한 것이었다. 본질적으로 그것은 주권자로서의 '국왕에 의해 부과되는 조세impôt'라기보다는 영주 또는 종주로서의 국왕의 요청에 대하여 그에게 충성과 봉사의 의무를 지는 모든 봉신과 신민들이 동의한 '부상 증여dona gratuita'에 가까웠다. 다시 말해서, 그것은 공공의 필요를 위하여 '왕국' 또는 '공익'의 수호자인 주권자에 의해 '명령된 과세imposicion ordonnée'가 아니라 관습에 규정된 몇몇 경우들에 한하여 자발적으로 '증여된 부조aide octroyée'였다.

---

* 이 글은 2003년 2월에 《프랑스사 연구》 제8호에 실린 같은 제목의 논문을 수정·보완한 것이다.
** 서울대 서양사학과를 졸업하고 같은 학교 대학원에서 문학 박사 학위를 받았다. 현재 인하대, 서울대 등에서 강의를 하고 있다. 《사회과학으로부터의 탈피 : 19세기 패러다임의 한계》, 《세 위계 : 봉건제의 상상세계》 등을 옮겼고, 논문으로는 〈잔다르크 : 프랑스의 열정과 기억의 전투〉, 〈샤를마뉴 : 열두 세기에 걸친 황제의 전설〉, 〈중세의 부르주아 : '새로운 인간'에서 '새로운 귀족'으로〉 등이 있다.

이 같은 부조의 개념은 신민에 대한 과세 자체를 군주의 부도덕한 행위, 심지어 일종의 강탈 행위로 간주해온 오랜 심성과 맞닿아 있었다. 모름지기 군주는 자신의 수입으로 자족해야 하며, 왕국을 방어해야 할 극히 예외적인 상황이 아닌 한 신민에게 세금을 요구하는 일이 불의요 죄악이라는 관념은 오래전부터 여러 교부와 신학자, 종교 회의들이 한결같이 표명해온 바였다. 사실 국왕의 이름으로 공표된 여러 칙령들에서조차 공공연하게 세금을 '부당한 착취extorcions et indeues exactions' 라고 일컫기도 했다.[1]

14세기에도 '착취'는 세금의 또 다른 이름이었으며, 여전히 '새로운 현상'으로 여겨졌다. 그래서 조세가 이미 국왕의 정기적인 수입으로 자리 잡은 뒤에도 국고의 회계에서 조세를 '비경상 수입extraordinaires'으로 분류하는 관행 역시 좀처럼 사라지지 않았다.[2] 이러한 관념은 14세기에 들어와서 이미 시대에 뒤처진 것이 되어버렸지만, 적어도 그 이전까지는 당시의 현실에 부합했고 또 그런 이유로 오랫동안 설득력을 지닐 수 있었다. 로마법이 부활한 이후에도 공권력의 구현자로서의 국왕의 지위와 사적 권리의 소유자로서의 국왕의 지위는 흔히 혼동되었고, 아직 국왕은 자신의 왕령지와 봉신들에 대한 영주나 종주라는 지위에서 왕국 전체에 대한 주권자의 지위로 확고히 올라서지는 못했던 것이다. 이러한 상황에서 국왕이 기본적으로 "자기 자신의 재산으로", 즉 왕령 수입으로 살아가야 한다는 관념은 물론, 국왕에 대한 부조를 국왕의 정통성이나 도덕성과 직접 결부시키는 관념이 자리 잡은 것은 당연한 일이었다. 게다가 13세기의 번영과 평화는 이러한 관념을 실질적으로 뒷받침해주었다. 한편으로 왕령지의 꾸준한 팽창과 번성으로 왕령지에서 거두는 수입이 크게 늘어났고, 다른 한편으로는 '성묘(聖墓)의 수복'을 위한 몇 차례의 십자군 원정을 제외하고 왕국의 물적·인적 자원을 대거 동원

---

1) E. A. R. Brown, "Taxation and Morality in the XIIIth and XIVth century", *French Historical Studies*(1973), 2~9쪽.
2) André Leguai, "Fondements et problèmes du pouvoir royal en France", *Das spätmittelalterliche Königtum im europäischen Vergleich*(Sigmaringen, 1987), 46쪽.

해야 하는 이른바 '국왕의 전쟁'은 거의 일어나지 않았던 것이다.[3]

2. 전쟁 보조세 시대

하지만 호황과 평화 속에서 왕령 자원만으로 왕국을 경영할 수 있었던 성왕 루이Saint Louis(루이 9세)의 시대는 미남왕 필리프Philippe le Bel(필리프 4세) 치세에 이르러 먼 과거의 일이 되어버렸다. 1290년을 전후하여 국고의 회계가 평화시에도 적자를 보이기 시작한 것은 의미심장한 징후였다. 게다가 전쟁의 규모가 점점 더 커지고 기간도 길어지자 용병에 대한 의존도가 날로 높아지고 봉건적 의무에 따라 소집된 군대ost에도 급료를 지불하는 관행이 일반화되어 점점 더 많은 비용이 들었다. 그야말로 돈이 '전쟁의 힘줄'이요 '최고의 영주'로 자리 잡게 된 것이다. 1294년 무렵부터 필리프 4세가 부강한 지배자들의 통치 아래 있던 왕국의 두 극단, 기엔과 플랑드르 방면으로 원정을 시작하면서 재정의 조달은 왕정의 최우선 과제로 떠올랐다. 이때부터 1314년에 이르는 20여 년 동안 거의 한 해도 거르지 않고 이런저런 형태의 과세가 시도되었다. 사실 이 시기는 과세의 모든 가능성과 형태들이 실험되었다는 점에서 조세 역사의 진정한 출발점이었다.[4]

먼저, 흔히 '십일세decima'로 불린 성직세는 이 시기에 가장 안정적인 재원 가운데 하나였다. 교회법상 성직자에 대한 과세는 교황의 승인 아래서만 가능했기 때문에 성직세는 두 군주, 즉 교황과 국왕 사이의 외교적 협상 결과에 달려 있었다. 하지만 1294년부터 불거지기 시작한 교황청과의 대립에도 아랑곳없이 국왕은

---

3) Joseph R. Strayer, "The Costs and Profits of War", D. Herlihy (ed.), *The Medieval City*(London, 1977), 269쪽.
4) 필립 4세 시대의 과세 정책에 관해서는 Joseph R. Strayer · Charles Holt Taylor, *Studies in Early French Taxation*(Cambridge, Mass., 1939), 3~105쪽 ; 강일휴, 〈필립 4세 치세의 왕권과 도시〉, 《서양중세사 연구》 2 (1997), 175~181쪽 참조.

국내 성직자들과 직접 협상하여 이른바 "순수한 호의와 선심에서" 나온 증여를 거의 정기적으로 끌어낼 수 있었다. 또한 국왕은 '네 가지 경우의 부조'[5]에 관한 관습상의 권리를 이용하는 데서도 남다른 면모를 보였다. 그러나 진정으로 새로운 면모는 군사적 봉사 의무를 신민 일반으로 확대하고 이를 근거로 하여 세속 재산과 수입에 대해 과세하고자 한 데에 있었다. 왕국을 방어하려는 국왕의 노력에 모든 신민이 협조해야 한다는 것은 이 시기에 이르러 하나의 원칙으로 자리 잡고 있었다.[6] 문제는 이 의무를 금전적인 부조로 대체하는 것이었다. 1295~1304년 사이에 몇 차례 부과된 '100분의 1조centesima' 또는 '50분의 1조quinquagesima'의 재산세, 그리고 자유민에서 영주의 타이유taille에 예속된 사람들에 이르기까지 다양한 비율로 부과된 주민세 등은 군사적 봉사를 대신하는 군역세 또는 벌과금과 같은 성격을 띠었다. 또한 일부 왕령 도시들에서 징수해온 상품세가 북부의 여러 도시들로 확대되어 미미한 액수이긴 하나 일정한 합의금으로 대체되고, 양모세haut passage를 비롯한 관세(수출 허가세) 수입이 피렌체 출신의 금융업자들에게 청부(請負)되어 국왕의 차용금을 상환하는 데 이용되기도 했다. 끝으로, 국왕은 여러 '재정적 방편들'을 폭넓게 활용하곤 했다. 사실 1295년의 화폐 조작은 그 방편들 가운데 가장 은밀한 수단이었고, 1307년 성전(聖殿) 기사단Templiers에 대한 박해는 가장 노골적인 수단이었다. 이방인들에 대한 대중의 혐오감을 이용하는 것도 인기 있는 정책이었다. 이탈리아 상인들은 '롬바르디아인세boîte aux Lombards' 라고 불리던 영업세를 물어야 했고, 게다가 대금업자인 경우에는 유대인과 더불어 주기적인 착취——벌금 추징, 채권 및 재산 압류 등——의 위협에 시달려야 했다.[7] 국왕의 강제 차용 또한 우회적인 과세의 한 형태인즉, '선의의 대부prêts amicaux'라는

---

5) 주군의 장남이 기사 서임식을 치를 때, 장녀가 결혼할 때, 주군이 포로가 되어 몸값을 치러야 할 때, 십자군 원정을 떠날 때 봉신들에게 지워지는 부조의 의무를 말한다.
6) Philippe de Beaumanoir, *Coutumes de Beauvaisis*, A. Salmon (éd.)(Paris, 1899~1900), t. 2, 1,510~1,515항.
7) G. Nahon, "Contribution à l'histoire des juifs en France sous Philippe le Bel", *Revue des études juives* 121 (1962), 61~70쪽 ; J. B. Henneman, "Taxation of Italians by the French Crown", *Medieval Studies* 31 (1969), 15~43쪽.

명칭은 그 뒤의 온갖 회유와 압박을 가리는 허울일 뿐이었다. 가스코뉴 원정 당시 국왕은 이런 방법으로 부유한 부르주아들에게서 약 70만 리브르[8]를 조달했다.

이렇듯 당시 가능한 거의 모든 재정적 수단들이 실험대에 올랐던 필리프 4세의 치세는 한편으로 검소하고 자족적인 봉건 국가의 시대에서 재정적 팽창주의 시대로 이행하는 데 첫발을 내디딘 시기였다. 다른 한편으로 이 시기의 유산들은 1350년대 중반에 이르는 '전쟁 보조세subsidium guerrarum' 시대의 재정적 가능성과 한계들을 동시에 예고해주었다. 14세기 초반의 재정적 진화 과정을 연대기적으로 추적하는 일은 퍽 유용하기는 하나 이 글의 범위를 벗어나는 작업이 될 터이다. 다만, 여기서는 이 시기의 주요한 몇 가지 특징과 경향들을 살펴보는 것으로 그치고자 한다.

이 시기에 국왕의 과세를 둘러싼 가장 큰 쟁점은 그 정당성의 근거에 관한 문제였다. 왕정은 신민들의 군역이나 그들에 대한 보호의 대가로서 강요되는 성금인 타이유와 같은 봉건적 부조의 전통을 로마법 전통과 접합하고자 했다. '필요는 법을 모른다necessitas leges non habeat'는 격언은 공동체의 필요 앞에서 사적 권리들이 유보될 수 있음을 의미했다. 문제는 그러한 필요가 엄밀하게 정의된 이른바 '명백한 필요necessitas evidens'여야 한다는 점이었으며, 누구도 의심할 수 없는 중대하고도 불가피한 필요는 곧 '왕국의 방어를 위한pro deffensione regni' 전쟁이었다는 데에 있었다.[9] 요컨대 '전쟁 보조세'라는 용어가 말해주듯 이 시기에 과세의 정당성은 주로 전쟁과 직결되었던 것이다. 그리하여 대부분의 과세는 '명백한 필요'의 선언인 신민 소집령arrière-ban을 내린 뒤에 행해졌고, 그 형태는 이 소집령에 따른 봉사의 의무를 회피하는 것에 대한 벌과금 또는 그 의무의 대체였다.

---

8) 이 시기의 화폐 단위로는 리브르livre, 수sou, 드니에denier가 쓰였다. 1리브르는 20수, 1수는 12드니에와 같았다. 국왕의 화폐는 주로 파리와 투르에서 찍어냈는데, 이에 따라 '파리지parisis' 화와 '투르누아tournois' 화를 구별했으며, 화폐 가치도 달라서 4리브르 파리지는 5리브르 투르누아와 같았다. 이 글에서 리브르, 수, 드니에는 모두 '투르누아' 화를 기준으로 한 것이다.

9) Joseph R. Strayer, "Defense of the Realm and Royal Power in France", *Medieval Statecraft and the Perspectives of History*(Priceton N. J., 1971), 294~296쪽.

이와 같은 이론적 정당화는 과세 자체의 불가피성에 대한 동의를 끌어내고 국왕에 대한 납세의 의무를 신민 일반으로 확대하는 근거로 작용했다는 점에서 분명 새로운 가능성을 열어주었으나, 이에 못지않게 그 가능성을 제약하는 요소들도 아울러 지니고 있었다.

과세를 '명백한 필요'와 결부시킴으로써 비롯되는 한계는 무엇보다도 그런 필요가 지속되는 동안만 과세가 정당성을 지닌다는 것, 다시 말해서 '원인이 소멸하면 그 결과도 소멸한다Cessant causa cessat effectus'는 원칙이었다.[10] 이는 과세가 군주권의 한 속성이 아니라 여전히 상황의 긴급성 여하에 달린 문제였음을 의미한다. 따라서 일시적인 교전과 한동안의 휴전을 거듭하는 이 시기의 전쟁 양상은 국왕들의 지속적인 과세 노력에 커다란 걸림돌이 되었다.[11] 실제로 국왕들은 여러 신민 집단들과 협상하면서 매번 예의 과세가 평화와 더불어 자동적으로 종결될 것임을 각서로 보장해야만 했으며, 심지어 때 이르게 휴전이 성립된 경우에는 이미 걷힌 세금을 돌려주도록 명령하기도 했다. '명백한 필요'에 대한 강조는 과세의 시간적 범위만이 아니라 공간적 범위를 제약하는 요인이기도 했다. 즉 그러한 필요가 전쟁이 임박했거나 실제로 벌어지고 있는 지역에서만 설득력을 지닐 수 있었던 탓에 이 철칙은 전국적인 과세의 시도를 가로막기 십상이었다.

따라서 국왕으로서는 무엇보다도 과세의 필요를 직접 설득하기 위한 신민들과의 공식적인 대화 창구가 필요했다. 필리프 4세가 소집한 일련의 신분회들은 이러한 목적에서 열린 최초의 전국 신분회였다.[12] 하지만 이 시기의 신분회는 장차 오

---

10) E. A. R. Brown, "Cessant Causa and the Taxes of the Last Capetiens", *Studia Gratiana* 15(1972), 567~587쪽.
11) 1337~1400년에 공식적인 전쟁과 휴전 기간은 각각 28년, 36년이었다. P. Contamine, *La guerre de Cent Ans*(Paris, 1994), 41쪽. 이렇듯 빈번한 휴전과 전쟁의 장기화는 영국과 프랑스 양국의 재정 조달 능력이 취약한 데서 비롯한 결과로 볼 수 있다.
12) 실제로 '전국 신분회Etats généraux'라는 표현이 처음 쓰인 것은 1484년의 투르 회의 때였다. 그 이전에는 거리와 언어상의 장애들 때문에 랑그도일(북부) 신분회와 랑그도크(남부) 신분회를 따로 개최하는 것이 상례였으나, 대개 같은 사안을 놓고 연쇄적으로 개최되므로 이러한 범위의 신분회도 개별적인 지방 신분회들과 구

래도록 자신의 운명과 재정사의 진화를 결정짓게 될 태생적인 한계들을 안고 있었다. 우선, 신분회는 처음부터 법적인 의결 기구가 아니라 임의적인 협의 기구로 인식되었다. 국왕에게 그것은 국가의 '명백한 필요'를 왕국의 유력한 신민들에게 효과적으로 선전할 수 있는 편의 수단이었을 뿐이며, 또 그렇듯 실권이 없는 기구로 인식되었기 때문에 그나마 빛을 볼 수가 있었던 것이다.[13] 또한 국왕의 소집에 응한 신분들도 동의하거나 거부할 '권리'를 행사한다는 관념보다는 조언의 '의무'를 이행한다는 관념이 지배적이었다. 그리하여 전쟁 보조세 시대에 동의의 원칙, 즉 '모두에게 관련되는 결정은 모든 사람의 동의를 얻어야 한다Quod omnes tangit ab omnibus debet approbari'는 원칙은 국왕에게든 신분들에게든 그다지 중요한 문제가 아니었고 또 진정한 쟁점이 되지도 못했다. 더욱 근본적인 쟁점은 과세를 정당화할 만한 '명백한 필요' 자체가 존재하느냐의 여부였으며, 이는 국왕이나 왕세자의 출전이 종종 그런 필요의 명시적인 준거로 제시된 것에서도 잘 나타난다.[14]

그런데도 국왕이 굳이 신분회의 동의를 얻고자 했던 이유는, 그것이 과세의 합법성을 부여해서도 또 어떤 법적 강제력을 지우리라고 기대해서도 아니다. 다만 그렇게 해서 여러 지역 및 공동체들과 일일이 협상해야 하는 번거로움을 덜고 이들의 반발을 조금이라도 줄여보겠다는 의도 때문이었다. 요컨대 신분회에 참여한 귀족과 성직자 그리고 여러 도시들은 그 신분의 대표로 선출된 공동 통치자들이 아니라 국왕에 대한 신서(信誓)에 근거해 개별적으로 호출받은 피통치자들에 지나지 않았다. 게다가 이들은 위임자들로부터 '전권plena potesta'을 위임받은 것이 아니라 단지 국왕의 의견을 "듣고 보고하도록ad audiendum et referendum"

별하여 편의상 전국 신분회로 분류한다. 이 글에서 '전국 신분회'는 특별한 한정이 없는 한 랑그도일 신분회를 가리킨다.
13) Edgar Boutaric, "Les premiers Etats généraux, 1302~1314", *Bibliothèque de l'Ecole des Chartes* 21 (1860), 25쪽.
14) 한 예로, 파리는 1340년에 국왕과 왕세자의 출전을 전제로 450명의 기병을 4개월간 부양하기로 약속했다.
J. Viard (éd.), *Documents parisiens du règne de Philippe VI de Valois* (Paris, 1899~1900), t. 2, 81~83쪽.

또는 위임자들의 청원을 전달하도록 위임받았을 뿐이며, 그런 탓에 그들의 의사를 다시 물어봐야 한다면서 결정을 미루기 일쑤였다.[15]

이리하여 14세기 초반의 과세는 거의 대부분 지방 및 도시들과의 개별적인 협상을 거쳐야 했다. 이러한 관행은 필연적으로 과세의 지역적인 다양성과 가변성을 낳기 마련이었다. 적어도 이 시기의 과세에 관한 한, 모든 도시와 지역은 저마다 고유한 경험과 관행을 지니고 있었던 것이다. 이러한 개별 협상 체제는 과세원에 대한 정확한 정보가 부족하고 또 광범위한 영역에 걸친 징수 과정을 직접 관장할 수도 없었던 당시의 행정력을 감안하면 꽤 현실적인 대안이었다.[16] 하지만 그것은 무엇보다도 조세에 대한 지역의 완강한 저항에서 비롯된 어쩔 수 없는 선택이기도 했다. 부르고뉴, 블루아, 플랑드르, 브르타뉴 등의 대봉토들에 대한 국왕 관리들의 접근은 여전히 쉽지 않았고, 자체 방위에도 급급한 지역 주민들에 대한 과세는 종종 격렬한 반발에 부딪히곤 했다.[17] 결국, 이 시기에는 어떠한 세금의 징수도 시 당국이나 지역 영주들의 협력 없이는 사실상 불가능했고, 따라서 이들에 대한 일련의 양보와 타협은 불가피했다. 도시 당국들은 '자신들의 순수한 호의로' 이뤄진 차제의 납세가 장래의 관습이 되어서는 안 됨을 애써 강조했고, 그 영지에서의 과세를 허용한 제후와 참전한 영주들은 종종 조세 수입의 일부를 양도받거나 보조금을 지급받았다.

하지만 이 시기의 왕정이 늘 양보로만 일관했던 것은 아니다. 국왕들에게는 특권 세력들의 저항을 피할 수 있는 간접적인 수단들, 이른바 '재정적 방편들'이 있었다. 이는 국왕의 전통적 권리들에 근거를 두었던 만큼 신민들의 양해를 구할 필요가 없었고, 따라서 조세 수입을 거의 기대하기 힘든 평화 시나 특권층의 반동이

---

15) P. S. Lewis, "The Failure of the French Medieval Estates", *Past & Present* 23(1962), 5·14쪽.
16) B. Guenée, *L'Occident aux XIVe et XVe siècles : Les Etats*(Paris, 1971), 173쪽.
17) 일례로, 1357년 리옹에서 국왕이 파견한 징세관들이 포레 백작이 동원한 주민들에 의해 감금·폭행당하자 마콩 지역을 관할하는 바이이bailli는 군대를 동원해야만 했다. Edouard Perroy, "La fiscalité royale en Beaujolais aux XIVe et XVesiècles", *Le Moyen Age* 38(1928), 9~10쪽.

유달리 드셌던 시기, 또는 왕위의 정통성이 취약하거나 왕권이 상대적으로 위축된 시기에 좀 더 빈번하게 활용되었다.[18] 우선, 감찰관enquêteur-réformateur들은 국왕권의 침해와 칙령의 위반에 관한 사법권을 무기로 지역 당국과 과세를 협상하고 징수를 독려하는 막강한 권한을 휘둘렀다. 특히 평민의 봉토 취득에 관한 조사와 벌과금, 이른바 평민 봉토 취득세droit de franc-fief의 부과는 이들의 주요한 무기였다.[19] 여러 방편들 가운데 정치적으로 위험 부담이 가장 적은 수단은 이방인들에 대한 착취였다. 더욱이 "온갖 기만과 악행 탓으로" 핍박을 받곤 했던 고리대금업자들은 왕정이 눈독을 들일 만한 황금 양털 같은 존재였다.[20] 이러한 조치들의 이면에는 직접적인 과세로 접근하기 힘든 부유한 계층들의 부를 겨냥하거나, 정치적으로 유력한 계층들을 압박하려는 의도가 짙게 깔려 있었다.[21]

이렇듯 전쟁 보조세 시대에 왕정은 특권 계층들에 대한 양보와 우회적인 압박 사이에서 진동을 거듭했다. 도시와 상인, 관리들에 대한 국왕의 강제 차용에서 전형적으로 드러나듯이, 공식적인 과세와 재정적 방편들은 뚜렷이 분리되어 있지 않았다. 왕정은 그때그때의 재정 수요에 임기응변으로 대처했고, 따라서 과세에 관한 어떠한 일관된 원칙도 확립할 수 없었다. 그리고 이것은 제도화에 대한 권력 측의 의지가 부족해서라기보다는 이 새로운 형태의 '착취'에 대한 신민들, 특히 유력한 신민들의 불안과 저항에 따른 불가피한 결과이기도 했다. 그럼에도 그런

---

18) 귀족의 변동이 드셌던 루이 10세~샤를 4세의 치세와 왕위 계승 과정에서 유력자들에게 정치적 채무를 진 발루아 왕조의 첫 국왕 필리프 6세(1328~1350 재위)의 치세 초반처럼 고등 법원을 거점으로 사법 관리들이 국정을 주도한 시기에는 이른바 '성왕 루이 시대의 정의', 즉 신분들의 전통적 특권이 강조되고 국왕의 재정적 팽창 정책이 제약되는 경향이 있었다.
19) G. Dupont-Ferrier, "Le rôle des commissaires royaux dans le gouvernement de la France", *Mélanges P. Fournier*(Paris, 1929), 171~184쪽 ; J. B. Henneman, "Enquêteurs-réformateurs and Fiscal Officers in XIVth century France", *Traditio* 24(1968), 309~349쪽.
20) 잘 알려져 있다시피, 이들에 대한 착취는 왕국을 정화하고 가톨릭 신앙을 수호한다는 도덕적 명분까지 덤으로 얻을 수 있는 전형적인 대중 선동 수단이기도 했다. 제프리 리처즈, 《중세의 소외집단 : 섹스, 일탈, 저주》, 유희수·조명동 옮김(1999), 150~153쪽 참조.
21) J. B. Henneman, "The Black Death and Royal Taxation in France, 1347~1351", *Speculum* 43(1968), 406쪽.

저항은 늘 지엽적이고 분산적이었기 때문에, 왕정은 각각의 신분과 지역과 대영주들을 상대로 회유와 양보 또는 우회적인 압력을 적절히 구사하면서 국왕의 과세권에 대한 근본적인 도전을 용케 피할 수 있었다.

이런 점들에 비추어 볼 때 전쟁 보조세 시대는 전반적으로 봉건적 전통의 연장선 위에 서 있었다고 평가할 수 있다. 하지만 1340년대에 들어 전국 신분회를 통한 과세의 실험이 재개되면서 그러한 연속성에 균열의 조짐들이 보이기 시작했다. 거의 20년 만에 소집된 1343년의 신분회는 양화(良貨)의 회복을 조건으로 1리브르당 4드니에(약 1.7%)의 상품세 부과에 동의했는데, 이것은 평화 시에 이루어진 최초의 전국적인 과세였다. 더 나아가 1346~1347년, 1355~1356년의 신분회들은 일련의 개혁을 과세에 대한 동의와 결부시키고자 했고, 왕정 또한 개혁의 요구를 수용하는 대가로 신분회의 동의와 주도 아래 '적절하고 충분한' 군사력을 유지한다는 프로그램을 추진했다. 그러나 이 일련의 실험들은 1346년 크레시 전투의 패전에 이어 '과세원들이 눈 녹듯이 스러져간' 흑사병, 그리고 이른바 '푸아티에 전투의 재앙'으로 말미암아 무산되고 말았다.

3. 1350년대 중엽의 실험과 좌절

1356년 푸아티에 전투에서의 패전은 기존의 재정 체제를 붕괴시킨 재앙인 동시에 새로운 가능성을 열어준 절호의 기회이기도 했다. 국왕(장Jean 2세)이 적의 포로가 된 이 충격적인 사건은 더할 나위 없이 명백한 위기였으며, 따라서 과세의 핵심 쟁점이었던 필요의 정당성 여부도 더는 논란거리가 될 수 없었다. 이제 그 필요는 그야말로 '명백한' 현실이 되었을 뿐 아니라 국왕의 유고가 지속되는 한 그렇게 엄존할 것이었다. 게다가 그것은 전국적인 재앙이기도 했으니, 오랫동안 조국보다는 주로 향토를 의미하던 '파트리아patria'가 비로소 왕국 전체와 동일시될 수 있었던 것이다.[22] 이렇게 '국왕의 구출을 위한' 대규모 과세의 정당성이 명백해진 이상, 종전처럼 대영주와 도시들의 '증여'에만 의존하는 것은 불가능할뿐더러 불필요한 일이기도 했다. 게다가 왕국의 방어를 제일의 소명으로 자임하는 귀족들은 그들의 주군을 적에게 내준 치욕의 희생양을 찾는 여론 앞에서 말 그대로 궁지에 몰린 처지였다. 요컨대, 왕국의 위기와 이 위기를 각성한 여론 앞에서 과세에 관한 한 전통적인 '자유와 특권들'은 당분간 유보되어야 했으며 어떠한 예외도 인정될 수 없었던 것이다.

이리하여 과세를 둘러싼 갈등은 새로운 국면을 맞게 되었다. 우선, 과세의 당위성이 확보된 이상 신분회의 재정적 역할과 위상은 한층 강화되었다. 즉 신분회가 단순히 과세의 정당성을 선전하기 위한 형식적인 보조 수단이 아니라 실질적인 동의를 끌어내고 이를 바탕으로 재정 조달을 책임지는 기구로 부각된 것이다. 게다가 일련의 군사적 패배를 계기로 과세를 둘러싼 여론의 쟁점이 필요의 정당성에서 점차 사용의 효율성 문제로 옮아가면서, 신분회 역시 왕국의 개혁과 재정의 통제를 추구하는 길로 나아갔다. 바꿔 말해서, 신분회는 효율적이고 통제된 왕정을 실현한다는 좀 더 원대한 정치적 목표를 실현하기 위해 자신의 재정적 주도권을 지렛대로 이용하고자 했다. 이렇듯 위기에 처한 왕정과 그 위기를 개혁의 기회로 삼고자 했던 신분회 사이의 대립이 표면화되는 가운데, 과세 문제를 둘러싼 갈등 구조는 왕정의 재정적 요구에 대한 개별 영주, 지역 및 도시들의 저항에서 주로 신분들 사이의 갈등으로, 다시 말하면 중앙 권력을 상대로 한 지역적이고 분산적인 저항에서 전국 신분회라는 중앙 정치 무대에서의 응집된 갈등으로 옮겨가게 되었다.

이러한 갈등의 핵심은 이제 기정사실이 된 모든 계층들의 조세 부담을 어떻게 배분할 것인가 하는 문제였고, 따라서 과세의 형태가 이 시기의 여러 신분회에서 최대의 현안으로 떠오르게 되었다. 14세기 초반 성직세를 제외하고 유력한 신민

---

22) 하지만 다른 한편으로, 프랑스의 잇따른 패전과 국왕 정부의 방위 능력에 대한 회의는 지역의 자체 방위에 대한 강박관념과 지역주의를 부추기는 요인이 되기도 했다. J. B. Henneman, *Royal Taxation in the XIVth Century France, 1322~1356*(Princeton, 1971), 322 · 329쪽.

들의 부, 특히 귀족——세속 재산을 소유한 성직자들을 포함해——의 재산 및 소득에 대한 과세는 매우 드물었다. 반면에 소비와 가구를 세원으로 하는 역진적인 과세의 부담은 점점 증대해, 필리프 4세 시대에 리브르당 1~2드니에 정도에 불과했던 상품세가 랑그도일에서 8드니에까지 증가했고, 랑그도크에서는 가구당 20~25수에 달하는 주민세가 빈번히 부과되었으며, 1343년에 공식화된 소금세gabelle는 간접세의 비중을 더욱 가중시켰다.[23]

이러한 조세 부담의 비형평성은 신분회가 과세의 주도권을 쥐게 된 1350년대 중반에 이르러 중대한 도전을 받게 되었다. 216~217쪽의 〈표〉는 이 시기의 신분회들에서 동의된 과세의 형태를 통해서 그런 도전의 내용과 귀추를 대략적으로 보여주고 있다. 먼저, 1355년 12월의 랑그도일 신분회는 양화의 회복, 재정적 방편들의 차단, 신분회에 의한 조세 총감과 징세관élu들의 선발 등 재정적 통제권을 확보했다. 그러나 그 대가로 이 신분회가 1년간 3만 명의 군대를 유지하기 위해 채택한 과세는 상품세와 소금세였다. 그것은 여전히 귀족층의 이해관계를 반영하고 있었으며 또 그런 이유로 개혁파 부르주아들의 의지를 상당 부분 수용할 수 있었다. 하지만 곧이어 아라스, 루앙 등지에서 폭동이 일어나고 나바르파에 가담한 노르망디의 귀족들과 피카르디 도시들이 이반하자 신분회는 약속한 재정을 조달하는 데에 실패했다. 이로써 신분회의 첫 번째 개혁과 그것을 낳은 신분들 사이의 타협도 금이 가기 시작했다. 과세 형태를 둘러싼 신분들 사이의 갈등이 처음으로 표면화되기 시작한 것은 1356년 3월의 신분회에서였다. 이 신분회는 과세의 근거를 소비에서 소득과 재산으로 전환했다. 이 '재산 및 소득세subside du prix et du vaillant'는 소교구별로 방문해 조사한 '가구들의 재산과 능력'에 대한 평가에 근거했고, 성직자의 가산을 포함한 거의 모든 소득원을 대상으로 삼았다. 기존의 간접

---

23) 특히 국왕에게 먼저 일정액을 납부한 뒤 시 정부의 결정에 따라 주민들에게 세금을 부과하던 남부의 여러 도시들에서 과세의 역진성은 '상층민majores'과 '하층민minores' 사이의 사회적 투쟁을 유발한 주된 원인이었다. Philippe Wolff, "Les luttes sociales dans les villes du Midi français", *Annales E. S. C.* 2(1947), 446~449쪽.

세를 직접세로 대체했다는 점도 그렇지만 귀족층에게 더 많은 부담이 돌아갔다는 점에서 이번의 과세는 종전보다 분명 크게 진전된 것이었다. 그럼에도 그 세율이 그다지 높은 편은 아니었고, 조세 부담의 배분도 퍽 역진적이어서, 가령 연 1만 리브르의 소득을 지닌 귀족의 부담은 102리브르(1.02%)인 데 비해 10리브르의 소득자는 1리브르(10%)를 부담해야 했다.[24]

푸아티에 전투의 패전은 이러한 갈등을 돌이킬 수 없는 대결로 치닫게 한 결정적인 계기가 되었다. 국난을 수습하기 위해 예정보다 앞당겨 1356년 10월에 소집된 신분회와 이듬해 3월에 소집된 신분회는 역시 3만 명의 군대를 유지한다는 목표 아래 귀족과 성직자에게는 '1/10과 그 절반'(15%)의 소득세를, 그리고 평민에 대해서는 100가구당 기병 1명의 부양을 원칙으로 하는 주민세를 부과하기로 결정했다.[25] 소득세율이 대폭 인상된데다가 과세 소득의 상한에 관한 규정이 삭제되어 귀족층의 부담은 크게 증대했다. 귀족들에게 상대적으로 더 무거운 부담을 물리는 쪽으로 사태가 역전된 것이다. 같은 시기에 개최된 랑그도크 신분회 또한 1356년 3월부터 부과된 주민세와 상품세를 인두세capage와 재산세로 대체했다.

하지만 1357년 3월 신분회의 두 번째 개혁 시도와 이를 보증한 과세는 보르도의 휴전을 알리면서 납세 거부를 지시한 국왕의 선동과 나바르파의 준동, 그리고 귀족과 성직자들의 이반으로 이번에도 결실을 맺지 못했다. 귀족층의 보이콧은 1357년 7월과 11월, 이듬해 2월에 개최된 신분회로 이어졌다. 등을 돌린 귀족들은 파리를 탈출해 신분회의 지배에 반기를 든 왕세자(이 왕세자가 바로 1364년에 왕위에 오르는 샤를Charles 5세이다)를 중심으로 결집하기 시작했다. 귀족들은 수도 밖에서의 신분회 개최를 금지한 직전의 칙령을 거스르고 왕세자가 소집한

---

24) J. J. Clamageran, *Histoire de l'impôt en France*(Paris, 1874~1876), t. 1, 360~366쪽 ; A. Vuitry, *Etudes sur le régime financier de la France*(Paris, 1878~1883), t. 2/2, 60~74쪽.

25) 시행령에 따르면 이 주민세는 기병의 일당이 1/2에퀴écu로 책정되어 가구당 연간 부담이 평균 1.82에퀴 정도였으므로, 부유한 부르주아들에게는 소득세보다 훨씬 더 유리한 세금이었다. Roland Delachenal (éd.), *Chronique des règnes de Jean II et Charles V*(Paris, 1910~1920), t. 1, 80~81 · 105쪽 ; A. Vuitry, *Etudes sur le régime financier de la France*, 74~77 · 87~90쪽.

일련의 신분회들을 주도했다. 그리고 이러한 반동은 1358년 5월 4일 콩피에뉴에서 소집된 랑그도일 신분회의 결정에 반영되었다. 지난 2월 신분회의 과세와 비교해서, 도시 주민들의 부담이 약간 늘어난 반면에 귀족들의 부담은 크게 줄어들었다. 소득세의 세율은 15%에서 5%로 대폭 인하되었고, 타이유 수입도 과세 대상 소득에서 공제되었다. 농노 가구의 부담이 절반으로 줄어든 것 역시 농촌 영주들의 이해 관계를 반영한 조치였다. 게다가 파리의 상인조합장prévôt des marchands으로 푸아티에 전투 패전 직후 '신분회의 반란'을 이끌어온 에티엔 마르셀 Etienne Marcel이 암살당하고 왕세자가 수도를 다시 장악한 8월부터 파리와 노르망디 등지에서는 1356년 이래 폐지되었던 상품세와 소금세 등의 간접세가 다시 부과되기 시작했다.[26]

결국 과세 형태를 결정하는 것은 재정적 선택의 문제이기 이전에 정치적 선택의 문제였으며, 이런 맥락에서 화폐 문제와 관련해 드러난 갈등 구조가 과세 문제에서도 거의 같은 형태로 나타났다고 할 수 있다. 즉 안정된 양화가 이른바 현 상태의 유지를 원하는 기득권층, 특히 토지 수입에 의존하는 귀족층에게 안정적인 수입을 보장하고 더 나아가 사회적 이동을 가로막는 기제가 될 수 있었다면, 상품세 역시 그 역진성은 말할 것도 없고 조세 부담을 주로 도시의 소비자 대중과 상인들에게 전가한다는 점에서 '사회의 봉쇄'를 강화하는 또 하나의 기제로 구실할 수 있었던 것이다. 그것은 농촌의 토지 소유자들에게 가장 바람직하고 도시의 하층민들에게 가장 불리하며, 더 나아가 상거래 활동에 대한 의존도가 상대적으로 높은 도시 경제 전반을 압박할 것이었다. 그리하여 기득권층이 주도하거나 적어도 신분들 사이의 타협과 공존이 이루어진 신분회들은 양화로의 복귀를 원했던 만큼이나 간접세나 주민세의 비중을 높이고자 했고, 개혁파가 주도했던 신분회들은 재산 및 소득세를 통한 조세 부담의 형평을 지향하는 경향이 있었던 것이다.[27]

---

26) J. B. Henneman, *Royal Taxation in the XIVth Century France, 1356~1370*(Philadelphia, 1976), 49~65 · 72~73 · 92~93 · 138~145쪽.

1357년 3월이나 1358년 5월의 신분회에서처럼 귀족층이 자신의 부에 대한 과세를 용납한 경우에도 그것은 반드시 안정된 양화를 전제로 한 것이었다. 사실 이들로서는 어느 정도의 직접세를 허용함으로써 감수해야 하는 희생보다 안정된 양화를 통해서 기대할 수 있는 이익이 훨씬 더 컸을 것이다.[28]

하지만 개혁파 부르주아들이 주도한 신분회는 스스로 약속한 재정 조달과 귀족층의 양보를 끌어낼 수 있었던 화폐의 안정에 모두 실패함으로써, 결국 왕정과 귀족층이 신분회에 등을 돌리게 되었고, 그리하여 처음으로 손에 넣은 권력과 개혁의 주도권을 모두 놓치게 되었다. 그뿐만이 아니었다. 반란의 무대가 되어버린 수도에서의 공포와 주변 농촌 지역을 휩쓴 자크리Jacquerie의 봉기, 그리고 개혁파 부르주아들과 나바르파와의 결탁은 귀족 계급을 왕세자 주위로 결집시키는 계기가 되었을 뿐만 아니라 신분회에 대한 여론의 불신을 낳기까지 했다.[29] 이제 혼란의 온상으로 비쳐진 신분회를 대신해 왕국의 평화와 질서를 회복할 유일한 구심점으로 떠오른 주역은 바로 국왕이었고, 과세와 개혁의 주도권 또한 다시 국왕의 수중에 들어가게 되었다.

4. 조세 체제의 확립과 1380년대 초의 반란

이렇듯 신분회의 몰락에 뒤이어 안정과 질서를 희구하는 급속한 보수화의 움직임 아래서, 바야흐로 최대의 현안으로 떠오른 국왕의 석방금 문제는 과세를 둘러싼 오랜 실험과 갈등에서 왕정이 승리하는 중요한 계기가 되었다. 장 2세는 총

---

27) R. Cazelles, "La stabilisation de la monnaie par la création du franc", *Traditio* 32(1976), 303~305쪽 ; R. Cazelles, "Les variations du prélèvement et de la répartition selon les équipes au pouvoir", J. P. Genet (éd.), *Genèse de l'Etat moderne : Prélèvement et redistribution*(Paris, 1987), 206~207쪽.
28) J. B. Henneman, *Royal Taxation in the XIVth Century France, 1356~1370*, 279쪽.
29) J. B. Henneman, "Nobility, Privilege and Fiscal Politics in Late Medieval France", *FHS* 13(1983), 7쪽.

300만 에퀴로 결정된 몸값에서 석방 보증금으로 4개월 이내에 60만 에퀴를 지불하고 나머지를 6년에 걸쳐 납부하는 조건으로 일단 석방되었다.[30] 1360년 12월 5일 프랑화를 제정한 콩피에뉴 칙령에서 국왕은 자신의 석방금을 조달하기 위한 일련의 과세를 확정했다. 이 칙령은 "랑그도일에서 판매되는 모든 산물에 대하여 리브르당 12드니에(5%)의 상품세, 1/5의 소금세 그리고 포도주와 그 밖의 음료에 대하여 1/13을 취할 것"을 명했다.[31] 이 칙령은 어느 구절에서도 신분회의 동의에 관해 언급하고 있지 않으며, 또한 과세의 시행 기간을 특정하지 않은 채 "상기의 평화가 완성되고 확인될 때까지", 다시 말해서 평화 조약상의 의무가 완전히 이행될 때까지라고 다소 막연하게 규정하고 있다. 따라서 이 과세는 최소한 6년 동안 추후의 재가 없이 지속될 것이며, 이로써 왕정은 한동안 납세자들을 정기적인 과세에 적응시키기는 데 유리한 기회를 확보한 셈이었다.

또 하나 주목할 만한 점은 석방금을 조달하기 위한 과세의 형태가 간접세로 결정되었다는 점이다. 이러한 선택의 동기는 당시의 정치·사회 정세에 비추어 어느 정도 유추해볼 수 있다. 한편으로, 석방금에 대한 기여가 귀족층의 봉건적 의무였고 또 그것을 신민 일반의 납세 의무로 확대할 좋은 명분이기는 했지만, 어떤 형태의 과세든 지배 계급의 협력이 필요하다는 것은 여전히 무시하기 힘든 현실이었다. 무엇보다도 1356~1358년의 경험은 유력한 계층들의 부에 대한 직접적인 과세가 정치적으로 위험할 뿐만 아니라 설사 강행한다고 해도 소기의 성과를 거두기가 어렵다는 것을 확실히 보여주었다. 다른 한편으로, 신분회에서 개혁파가 권력을 장악하면서 불거진 신분들 사이의 갈등이 일단 봉합되고 귀족층과 상층 부르주아지가 왕정을 중심으로 결집하기 시작하던 차에 직접세를 부활시키는 것은 사실상 이들에 대한 정치적인 선전포고나 다름없었다. 그 어느 때보다도 이들 계층의 지지와 협력이 절실했던 왕정의 처지에서 그런 선택은 아예 불가능한

---

30) Roland Delachenal (éd.), *Chronique des règnes de Jean II et Charles V*, t. 1, 280~281쪽 ; G. Mouradian, "La rançon de Jean II le Bon", *Positions des thèses de l'Ecole nattional des chartes*(1970), 151~156쪽.
31) F. A. Isambert (éd.), *Recueil général des anciennes lois françaises*(Paris, 1821~1830), t. 5, 105~114쪽.

일이었을 것이다. 따라서 주로 도시의 주민들에게 부담이 전가되고, 게다가 청부제를 통해서 비교적 손쉽게 징수할 수 있는 상품세가 더 매력적인 대안으로 떠오른 것은 짐작이 가고도 남을 일이었다.[32] 4년여 만에 적의 손에서 놓여난 국왕이 발표한 첫 번째 칙령이 기득권층에게 가장 바람직한 대안, 즉 화폐의 안정과 간접세의 부과였다는 사실은 이런 맥락에서 결코 우연이 아니었다. 요컨대, 그것은 과세 문제를 둘러싼 1350년대 중반의 투쟁이 국왕을 구심점으로 한 기득권 계층의 결집으로, 그리하여 결국 왕정의 승리로 귀결했음을 알리는 문서였던 것이다.

하지만 석방금보다 더 시급한 '필요'가 암초처럼 버티고 있었다. 즉 1360년의 평화가 대내적인 안전까지 가져다주지는 못했던바 브레티니 평화 조약을 전후로 형성된 이른바 '그랑드 콩파니Grandes Compagnies'라는 새로운 비적대들이 맹위를 떨치기 시작한 것이다. 급기야 1362년 4월 브리네에서 국왕의 군대가 이들에게 패배하면서 그것은 푸아티에에 뒤이은 또 하나의 국가적 재앙으로 떠올랐다. 이제 그것은 특정 지역에 국한된 불행도 아니었고 또 특정 지역만의 힘으로 막을 수 있는 불행도 아니었다. 필경 그것은 이미 귀환한 국왕의 석방금을 조달함으로써 공식적인 평화를 보증하는 일보다 더 다급한 문제였다. 1363년 11월 아미앵에서 소집된 신분회는 바로 이러한 위기의식을 반영하고 있었다. 이 신분회는 "우리 왕국을 방어하는 데 필요한 6,000명의 전사들을 상시적으로 유지하기 위해" 랑그도일에서 "가구의 능력에 따라" 최하 1프랑에서 최고 9프랑까지 평균 3프랑의 주민세를 부과한다는 데 동의했다.[33] 이리하여 엄밀한 의미에서 최초라 할

---

32) 대개 상품세는 도시의 경우 품목별로, 농촌의 경우는 소교구 단위로 청부되었는데, 어느 경우든 경매를 통해서 낙찰되었고, 계약 개시일에서 각각 4, 6개월이 경과한 시점에 재경매를 실시해 기존 낙찰가의 1/3, 1/2 이상을 제시하는 업자에게 재낙찰되었다. 또한 일정 기일 안에 보증을 세운 청부업자들이 도시의 경우는 매월, 농촌의 경우는 격월로 청부료를 해당 구역의 출납관에게 불입했기 때문에 왕정으로서는 정기적인 수입을 보장받을 수 있었고, 유사시에는 장래의 수입을 담보로 목돈을 차용하는 수단으로 활용할 수도 있었다. F. A. Isambert (éd.), *Recueil général des anciennes lois françaises*, t. 5, 405~410쪽 · t. 6, 589~593쪽 ; Jean Favier, *Finance et fiscalité au bas Moyen Age*(Paris, 1971), 232~237쪽 참조.
33) 이 주민세는 도시의 경우 100가구당 기병 1명, 농촌의 경우 150가구당 기병 1명을 부양하는 것을 원칙으로 했고, 4개월 단위로 징수되었다. F. A. Isambert (éd.), *Recueil général des anciennes lois françaises*, t. 5, 156~160쪽.

수 있는 두 가지 국세, 즉 '국왕의 석방을 위한' 상품세와 '왕국의 방어를 위한' 주민세를 주축으로 하는 조세 체제의 기틀이 마련된 것이다. 그 체제는 1369년 무렵 영국과 프랑스 간의 긴장이 다시 고조되고 프랑스가 영국 '침공' 계획에 착수하면서 오히려 좀 더 강화된 형태로 정착되었다. 1364년 장 2세가 사망한 이후 명분이 퇴색해가던 석방금은 휴전이 끝나자 사실상 조세로서의 의미를 잃었고, 이제 대부분의 조세 수입은 '전쟁과 방어를 위한' 용도, 즉 상비군의 유지와 지역 방위에 충당되었다.[34] 같은 해 12월 신분회는 종전보다 더욱 무거운 조세 부담을 확정했다. 상품세와 소금세가 현행대로 유지되고, 포도주 및 음료의 도매와 소매 거래에 대해 각각 1/13과 1/4의 높은 세율이 부과되었으며, 주민세는 도시의 경우 가구당 평균 6프랑, 농촌의 경우 평균 2프랑으로 조정되었다.[35] 이 세금들 역시 기한이 명시되지 않았으며, 따라서 사실상 국왕에 의해 정의되고 판단되는 '필요가 존재하는 한에서tant qu'il en serait mestier' 같은 명분으로 꾸준히 징수될 것이었다. 1370년대, 이른바 '승리의 치세'를 뒷받침한 것은 샤를 5세가 유산으로 물려받고 정착시킨 바로 이러한 조세 체제였다.

이 체제는 매번 신민 소집령이나 신분회와의 협상을 거치지 않고서 통일적이고 정기적인 조세를 확립했다는 점에서 프랑스 재정사의 한 전환점으로 평가된다.[36] 더욱이 그것은 예전처럼 완강한 저항을 받지 않은 채 20년 가까이 유지될 수 있었다. 14세기 초반 조세 부담이 비교적 가벼웠던 때에도 그에 대한 저항이 아주 격렬했다면, 이 시기에는 정반대의 현상이 나타났다고 할 수 있다.[37] 어쩌면 푸아티

---

34) 차후 여러 문서에서 상품세와 주민세는 모두 '전쟁을 위한 세금aydes ordeneez pour le fait de la guerre'으로 일컬어졌다.

35) S. Luce (éd.), *Chronique des quatre premiers Valois*(Paris, 1862), 202쪽 ; Roland Delachenal (éd.), *Chronique des règnes de Jean II et Charles V*, t. 2, 138~139쪽.

36) 1356~1410년 사이에 엄밀한 의미에서의 신민 소집령은 거의 없었으며, 전국 신분회는 1343~1369년 사이에 약 20여 차례 소집되었던 데 비해 이후 50여 년 동안에는 1380~1381년, 1413년, 1420년대에 몇 차례 소집되었을 뿐이다. P. Contamine, *Guerre, Etat et société à la fin du Moyen Age*(Paris, 1972), 219~220쪽 ; P. S. Lewis, "The Failure of the French Medieval Estates", 4쪽.

에의 재앙 이래 만성화된 불안과 위기의 체험이 국가의 과세에 대한 신민 일반의 의식을 조금씩 바꾸는 숨은 주역이었을지도 모른다. 즉 공식적인 전쟁만이 과세를 정당화하는 '명백한 필요'가 아니며 또 개별 지역의 차원에서 그러한 필요의 유무를 판단하는 일이 무의미하다는 것, 따라서 전쟁이 닥칠 때마다 군대와 자금을 동원해 대처하는 것보다 정기적인 과세를 통해 정규군을 부양하는 것이 장기적으로 더 경제적이라는 인식을 확산시켰을 것이다. 요컨대, 상시적인 비상사태는 표면적인 전쟁의 현재성 여부를 떠나서 신민들의 위기의식으로 내면화되었고, 또 이를 통해서 체득한 뼈저린 교훈이 국가의 과세를 정당화하는 그 어떤 명분이나 이론보다도 결과적으로 더 큰 설득력을 발휘했던 것이다.[38] 그렇다 해도, 이 시기의 조세 부담은 전례가 없을 만큼 무거웠던 것이 사실이다. 영토의 양도와 잇따른 역병으로 납세 인구가 줄어든 것만으로도 조세 부담이 전에 비해 크게 증대했으리라는 것은 확실하다. 단적인 예로, 몽펠리에의 경우는 1368~1370년의 가구당 연평균 조세 부담이 20년 전에 비해 약 7배나 늘어났다. 랑그도일의 사정도 마찬가지였다. 1355년까지 리브르당 6~8드니에 정도였던 상품세는 12드니에로 인상되었고, 평균 3프랑 내외의 주민세와 포도주세, 소금세 따위가 일반화되었다.[39]

1370년대 말 재정복 사업이 소강상태에 접어들고 영국과의 평화 협상이 진행되면서 그동안 일방적인 희생을 강요당해온 납세자 대중의 원망이 도처에서 터져 나왔다. 샤를 5세의 치세 말에 "살림이 몹시 피폐해진" "우리 인민에 대한 동정과 연민으로" 내려진 수두룩한 감면 조치들은 주민들의 담세 능력 저하와 불만을 왕

---

37) R. Cazelles, *Société politique, noblesse et couronne sous Jean le Bon et Charles V* (Genève, 1982), 16~17쪽.
38) A. Vuitry, *Etudes sur le régime financier de la France*, t. 2/2, 688쪽 ; J. B. Henneman, *Royal Taxation in the XIVth Century France, 1356~1370*, 296~298쪽.
39) J. B. Henneman, *Royal Taxation in the XIVth Century France, 1356~1370*, 262~264·271쪽 ; J. B. Henneman, "The Military Class and the French Monarchy in the Late Middle Ages", *American Historical Review* 83(1978), 950쪽. 1377년 랑그도크의 가구당 평균 주민세 부담은 7.5프랑에 달했다. 한편, 흑사병(1348) 이전에 21만으로 평가된 3개 세네쇼세sénéchausée(카르카손, 보케르, 툴루즈)의 과표상 가구 수는 1378년에 약 3만으로 감소했다. Edouard Perroy, *The Hundred Years War* (London, 1965), 123쪽.

정 스스로 깊이 우려하고 있다는 고백이었다.⁴⁰⁾ 하지만 이러한 유화 조치에도 불구하고 우려했던 일들이 현실로 나타나고 있었으니, 예컨대 1379년 10월 몽펠리에에서는 고위 관리들을 포함해 80여 명의 사상자를 낸 최악의 유혈 사태가 벌어졌고, 오베르뉴에서 시작된 '튀생Tuchins'의 반란이 랑그도크의 여러 도시들로 번지고 있었다.⁴¹⁾ 마침내 1380년 9월 샤를 5세의 죽음과 더불어 20년 가까이 유지된 조세 체제는 바야흐로 중대한 시험대에 오르게 되었다. 피에르 코숑Pierre Cochon의 말대로, "그의 장남 샤를(샤를Charles 6세)이……물려받은 왕국은 전쟁이 아니라 타이유(세금) 때문에 더 황폐화되어 있었다".⁴²⁾ 이런 상황에서 주민세의 폐지를 당부한 선왕의 유언은 수도의 민중에게 곧 모든 조세의 폐지를 알리는 메시지로 들렸거나 적어도 그런 희망을 품게 했다. 유언이 공개된 직후에 소요와 폭동이 일어났지만, 이것은 군중들의 기대와 흥분에서 비롯된 지나가는 폭풍에 불과했다. 11월 중순 파리 군중의 압력에 못 이겨 국왕 참사회가 모든 조세의 폐지를 선언한 이튿날, 신분회는 새로운 과세의 필요성에 원칙적으로 동의하되 구체적인 과세 형태와 방식을 지방 신분회들의 결정에 떠맡기면서 갈등이 재연된 것이다. 과거로 회귀한 협상 체제 아래서 왕정에 대한 재정적인 협력을 흥정하여 선왕 시대에 유린된 전통적인 특권을 회복하고자 했던 유력한 신분들과 달리 하층 민중은 물론 모든 조세를 혐오했고 그로부터 해방되기를 열망했을 터이지만, 조세가 하나의 필요악이라는 사실 또한 받아들이지 않을 수 없었던 듯하다. 오히려 1380년 말부터 1382년까지 전개된 일련의 사태들은 그들의 진정한 불만이 조세 부담 자체라기보다는 조세 부담의 불공평에서 비롯되었음을 보여준다.⁴³⁾

---

40) Léopold Victor Delisle (éd.), *Mandements et actes divers de Charles V, 1364~1380*(Paris, 1874), nos. 1091 · 1092 · 1127 · 1348 · 1780 · 1827 · 1849~1852 · 1854 · 1899~1911 · 1924~1926 · 1955 등.
41) Michel Mollat · Philippe Wolff, *Ongles bleus, Jacques et Ciompi : Les révolutions populaires en Europe aux XIVᵉ et XVᵉ siècles*(Paris, 1970), 180~183쪽 ; M. Boudet, *La Jacquerie des Tuchins*(Paris, 1895), 8 · 46~62쪽.
42) C. de Beaurepaire (éd.), *Chronique normand de Pierre Cochon*(Rouen, 1870), 160~161쪽.
43) H. A. Miskimin, "The Last Act of Charles V", *Speculum* 38(1963), 442쪽 ; Charles M. Radding, "The Estates of Normandy and the Revolts in the Towns", *Speculum* 47(1972), 89~90쪽 ; R. H. Hilton, "Unjust

이러한 사실은 실제로 이 시기에 여러 북부 도시들에서 반조세 운동의 주된 표적이 되었던 과세 형태가 대부분 상품세, 포도주세, 소금세 등의 간접세였다는 데에서 여실히 드러난다. 특히 가격의 5%에 달하는 무거운 상품세는 도시 경제의 침체를 부채질할뿐더러 수입에 비해 소비의 비중이 상대적으로 높은 계층에게 가장 불공평한 세금이었기에 영세한 상인과 수공업자, 노동으로 생계를 이어가는 일반 하층민들에게 커다란 혐오의 대상이 되었다.[44] 유독 상품세가 '악세' 또는 '악습'으로 일컬어진 것도 이러한 이유 때문이었다. 하물며 음료세나 소금세에 대한 대중의 혐오는 더 말할 것도 없었다. 이 특별한 상품세들은 그 세율이 매우 높았을 뿐만 아니라, 소금세의 경우 1370년 무렵부터 랑그도일에서 '의무 구매sel du devoir'가 강행되면서 3개월마다 소교구 단위로 일정한 구매량이 할당되었고, 음료세의 경우는 수시로 방문하는 징수인들의 '재고 조사ostentation' 같은 성가신 수단이 동원되었기 때문에 납세자들의 거센 항의와 반발을 사기에 모자람이 없었다.[45]

　실제로 이 시기의 몇몇 사면장lettre de rémission들은 세금의 징수 과정에서 도시 주민들과 징수인 사이의 일상적인 마찰이 종종 폭력 사태로 비화되었음을 생생하게 보여준다. 예컨대, 1382년 디에프의 한 선술집 주인은 징수 청부인들의 주고(酒庫) 조사를 방해하고 납세를 거부하다가 이 지역을 관할하는 바이이bailli에게 소환당하자 도주해버렸고, 살림살이를 차압당한 루앙 인근의 한 포도주 상인은 압류물들을 모아 매각하던 장터에서 다른 납세 거부자들과 함께 일전에 빼앗긴 자기 물건을 탈취한 죄로 체포되었다. 역시 납세를 거부하다가 도주한 수아송

Taxation and Popular Resistance", *New Left Review* 180(1990), 181~182쪽.
44) 실제로 몇몇 칙령들은 1360년대에 파리의 대시장인 레알les Halles의 영업이 종전보다 크게 위축되었음을 증언하고 있다. E. B. Fryde, "The Financial Policies of the Royal Governments and Popular Resistance", *Revue belge de philologie et d'histoire* 57(1979), 851쪽.
45) Léopold Victor Delisle (éd.), *Mandements et actes divers de Charles V, 1364~1380*, nos. 1542 · 1794 ; G. Dupont-Ferrier, *Etudes sur les institutions financières de la France à la fin du Moyen Age*(Paris, 1930~1932), t. 2, 118~119쪽 ; Jean Favier, *Finance et fiscalité au bas Moyen Age*, 237~238쪽.

의 장 갈리엥이라는 상인은 포도주를 팔아서 아내와 여섯 명의 자식들을 근근이 먹여 살리는 자신이 토지와 소득이 많은 자들보다 더 많은 세금을 내야 한다고 불만을 토로했다.[46] 이러한 불만은 종종 폭력과 살인을 부르기도 했다. 랭스의 한 징수 청부인은 납세 거부자와 말다툼을 벌이다가 자신을 도적으로 매도한 데 격분한 나머지 칼부림을 벌였고, 무티에빌리에의 청부인은 세금을 내지 않아 재산을 압류하는 것에 항의하던 한 주민을 살해했으며, 뇌빌과 콩피에뉴에서는 연체를 이유로 벌금을 부과당하거나 재산을 압류당한 데 앙심을 품은 주민들이 세금 징수인들을 살해하기도 했다.[47]

다른 한편으로, 이 당시에 흔히 타이유라고 불리던 주민세는 도시의 민중에게 좀 더 공평한 세금으로 인식되었다. 그것은 실질 가구feu allumant와 일치하지는 않지만 주기적인 가구 조사에 따른 과표상의 가구feu fiscal 수에 근거해 지방, 바이아주baillage나 교구, 도시, 소교구 단위로 잇달아 할당되었고, 각 공동체 내에서는 "각자의 능력과 재산에 따라 부유한 자가 가난한 자의 몫을 떠맡는다le fort portant le feible, eu regart aux facultez et chevances des personnes"는 원칙에 따라 배분되었다.[48] 그런 배분은 필경 공동체의 구성원들 스스로가 누구보다도 더 잘 알고 있었을 부의 계서에 따라 이루어졌고 또 '무소유자nichil habentes'로 분류되는 극빈 가구들은 타이유에서 면제될 수 있었기에 어느 정도 형평성을 보장할 수 있었다.[49] 실제로 도시 주민들에게 수여된 사면장에서 타이유에 관한 언급

---

46) Archives Nationales, JJ. 123, no. 262, f. 130 · JJ. 128, no. 24, f. 13 · JJ. 121, no. 242, f. 148.
47) Archives Nationales, JJ. 120, no. 240, f. 119 · JJ. 121, no. 61, f. 38 · JJ. 123, no. 103, f. 54 · JJ. 126, no. 263, f. 164. 비슷한 사건들에 관한 고등법원의 기록은 P. C. Timbal (éd.), *La guerre de Cent Ans vue à travers les registres du Parlement*(Paris, 1961), 218~226 · 386~394쪽 참조.
48) Léopold Victor Delisle (éd.), *Mandements et actes divers de Charles V, 1364~1380*, no. 625. 타이유taille의 부과를 명하는 문서들에는 "가난한 자들에게 과중한 부담을 지우지 말고 부유한 자들을 감면하지 않도록" 하라는 문구가 거의 빠짐없이 삽입된다(Bibliothèque Nationale de France, Ms. fr. 25705, nos. 160 · 171). 엄밀히 말해서, 할당 조세impôt de quotité는 과세원에 대한 일률적인 세율을 적용함으로써 할당액이 아래로부터 산출되는 과세 형태이고, 배분 조세impôt de répartition는 징수될 총액을 위에서 미리 결정하고 과세원들의 부담을 배분하는 과세 형태이다. 이런 기준에 비추어 보면, 주민세는 전자에 해당하고 타이유는 후자에 해당한다.

이 상품세보다 훨씬 더 드물게 나타나는데, 이는 도시 민중에게 타이유가 적어도 상품세보다 용납되기가 쉬웠고, 더 나아가 부담의 분배가 공정하게 이루어지기만 한다면 심지어 바람직한 것이기까지 했음을 시사하고 있다. 단적인 예로, 파리의 모피업 직인이었던 필리프 멜리트의 사면장은 그가 주민들의 집회에서 "만약 꼭 세금을 내야 한다면", 상품세가 아닌 "타이유로 부과해 각자가 자신의 할당액과 능력에 따라 납부하도록 해야 하며," 그리하면 "아주 기꺼이 납부하겠노라"고 발언한 사실을 적시하고 있다. 또한 아미앵의 '가난한 노동자'로 기재된 장 포사르가 투옥된 것은 콩피에뉴 신분회에 파견될 시 대표들에게 타이유를 지지하라고 위협한 죄과 때문이었다.[50]

따라서 1382년 북부 도시들의 폭동이 한결같이 상품세를 부활시키려는 지배 계층의 시도에 뒤이어 일어난 것은 결코 우연이 아니었다. 상품세의 부과를 강행하려는 정부의 의도가 처음으로 공개되었을 때부터 파리, 루앙, 아미앵 등지의 도시 주민들은 "엄청난 유혈을 보지 않고서는" 그런 의도가 결코 실현되지 못하리라 공언하며 경계를 늦추지 않고 있었다. 1380년 12월부터 시작된 과세에 관한 논의는 왕정에 대한 신분회의 재정 지원 약속과 주민들의 저항 사이에서 석 달이 지나도록 갈피를 잡지 못하고 표류했다. 결국 이듬해 2월 17일 루비에에서 재소집된 노르망디 신분회는 3월 1일부터 1년 동안 각 주민의 "능력에 따라" 주당 1~6블랑 blanc(5~30드니에)의 주민세를 부과하기로 결정했고, 눈치를 살피며 결정을 미루던 다른 지방들도 잇달아 여기에 동의했다. 물론 납세에 대한 불만과 거부가 전혀 없지는 않았지만 이 세금은 큰 충돌 없이 징수될 수 있었다. 정작, 위기는 1381년 말 어린 국왕의 섭정들이 이끄는 정부가 주민세의 증액과 더불어 상품세의 부활을 꾀하면서 시작되었다. 1381년 중반 영국 내부의 대규모 반란으로 전쟁이 소

---

49) M. Le Mené, "Fiscalité d'Etat et solidarités villageoises", P. Contamine (éd.), *Commerce, Finances et Sociétés*(Paris, 1993), 295쪽 참조.
50) Archives Nationales, JJ. 142, no. 64, f. 38 · JJ. 128, no. 287, f. 162. 거꾸로 이 시기 농촌 주민의 조세 저항에 관련된 사면장들은 타이유에 대한 것들이 대부분이다.

강상태에 빠지고 사실상 평화가 회복되자, 원래 '왕국의 방어를 위해' 1년 기한으로 시행된 주민세는 더 이상 연장될 명분이 없었다. 그런데도 그 시한이 만료되기도 전에 이미 여러 지역에서 주민세의 증액이 추진되고 있었을 뿐만 아니라 1382년 1월 17일 국왕 참사회는 신분회와의 사전 협의도 없이 "국왕의 권위로" 상품세와 소금세, 음료세의 부과를 결정했던 것이다.[51] 루앙의 '아렐Harelle'과 파리의 '마이요탱Maillotins' 봉기가 일어난 것은 비공개로 결정된 이 과세가 두 도시에서 각각 공표된 직후였다. 피에르 코숑은 루앙의 폭동이 "국왕과 그의 참사회가 예전처럼 모든 조세를 다시 부과하고자 했기 때문에 시작되었다"[52]고 기술한다. 쥐베날 데쥐르생J. Juvénal des Ursins은 긴장이 감도는 이 무렵 파리의 정황을 다음과 같이 증언하고 있다.

> 앙주 공작과 궁정의 여러 영주들은 조세들이 폐지된 이후 종전처럼 수입을 얻지 못했으므로 그것들을 다시 부과하고자 무척이나 갈망했다. 그들은 여러 차례 신분회를 소집했지만 민중은 좀처럼 그것들을 용납하려고 하지 않았다. 민중에게서 두터운 신임을 받고 있던 피에르 드 빌리에Pierre de Villiers와 장 데마레Jean des Mares는……그들이 직면하게 될 국왕의 노여움과 적의 그리고 커다란 위험들을 일깨우는 데 진력했다. 하지만 그들은 곧바로 행동에 돌입했고 세금에 관해 말하는 자는 누구나 공공의 적으로 간주했다. 그들은 모든 재산을 잃는 한이 있더라도 인민의 자유를 지킬 것이라 호언하면서 무기를 들고 전투복을 입었다. 그리고 십부장dixeniers, 오십부장cinquanteniers, 구역장들quarteniers을 조직하고 시내에 쇠사슬을 설치하고 성문에 파수를 세웠다. 이러한 일은 왕국의 거의 모든 도시에서 일어났고, 파리의 주민들이 맨 처음 시작했다……앙주 공작은 10월에서 3월까지 이 일에 대한 응징을 미뤘다. 그동안 그는 조세를 다시 부과하고 심지어 12드니에의 상품세를 시행하기 위해 늘 궁리했고, 민중들의 비위를 맞추기 위한 여러 책략들을 짜냈다. 하지만 아무런 성과도 없었다. 그는 샤

---

51) L. Mirot, *Les insurrections urbaines au début du règne de Charles VI*(Paris, 1905), 61~66 · 89쪽 ; G. Lecarpentier, "La Harelle : Révolte rouennaise de 1382", *Moyen Age* 16(1903), 13~18쪽.
52) C. de Beaurepaire (éd.), *Chronique normand de Pierre Cochon*, 163쪽.

틀레에서 징수 청부의 경매를 강행하여 (3월 1일부터) 세금을 징수하도록 엄명을 내렸고, 이에 사람들은 크나큰 불만을 품게 되었다.[53]

'셍드니 수도사'의 증언은 한층 더 극적이고 생생하다.

앙주 전하는 광분한 민중이 지난 10월에 저지른 죄과가 국왕을 능욕하기에 이르렀음을 잘 알고 있었다. 그럼에도 그는 3월까지 보복을 미루었고, 그동안 파리 주민들이 세금을 내도록 이끌려고 여러 차례 시도했다. 관리들의 파견이나 회유로도 아무런 성과가 없자 그는 국왕 참사회의 힘으로 뜻을 이루고자 했다. 그는 여전히 진정되지 않은 민중들이 동요하지 않을까 우려해 1월에 샤틀레에서 비공개로 칙령을 포고했다. 곧이어 이익을 노리는 입찰자들이 징수 청부에 참여했다. 하지만 대중에게 이를 포고하는 일은, 죽음을 당할까 두려워 감히 나서는 이가 없었기 때문에 한동안 지체되었다. 만일 더 오래 끈다면 만사가 수포로 돌아갈 형편이었다. 그런데 돈의 유혹에 끌린 한 사람이 나서서 2월 말일에 시장으로 나아갔다. 그는 신변의 안전에 만전을 기하면서 사람들을 끌어 모은 다음 궤변을 늘어놓기 시작했다. 그는 어떤 작자가 왕궁에서 금 쟁반들을 훔쳤는데 그것들을 도로 갖다놓으면 국왕이 사면과 포상을 내릴 것이라고 고래고래 외쳐댔다. 이 믿기지 않는 이야기에 사람들이 웃음을 터뜨리기 시작했다. 그는 군중이 이 터무니없는 횡설수설에 넋이 나간 것을 알아차리고는 갑자기 말에 채찍을 갈기면서 그 이튿날부터 세금을 징수할 것이라고 선포했다. 이 뜻밖의 일에 청중들은 당황해했다. 그들은 곧바로 이 소식을 퍼뜨렸고 온 시내가 미심쩍은 소문들로 가득 찼다. 많은 이들은 거짓이라고 생각했고, 또 어떤 이들은 무엇에 얻어맞은 듯 경악하며 사태의 귀추를 지켜보고 있었다. 이미 반란의 의지로 달아오른 사람들은 섬뜩한 서약으로 의기투합하고 세금 징수인들의 살해를 모의하고 있었……오! 통재라, 그 서약이 대담한 범죄들로 이어졌던 것이다.[54]

---

53) J. Juvénal des Ursins, "Histoire de Charles VI", J. A. C. Buchon (éd.), *Choix de Chroniques et Mémoires*(Paris, 1843), 332~333쪽.
54) L. F. Bellaguet (éd.), *Chronique du religieux de Saint-Denys*(Paris, 1839~1852), t. 1, 134~137쪽.

반란이 진압된 직후 루앙, 콩피에뉴, 퐁투아즈에서 잇달아 열린 지방 신분회에서 왕정은 각 지방과 도시의 대표들에게서 과세에 대한 동의를 받아낼 수 있었지만 주민들의 반응은 무척 냉담했다.[55] 민중들의 폭력에 대한 경각심이 이번에도 왕정과 지배 계층들의 타협을 촉진한 듯했다. 같은 해 여름부터 플랑드르 원정 자금을 조달하기 위해 조세 총감들이 해당 지역의 귀족과 유력한 부르주아들을 상대로 벌인 과세 협상에서도 이들은 대체로 중앙의 요구에 순응하는 태도를 보였다. 반면에, 8월 초 루앙의 폭동을 필두로 아미앵, 샤르트르, 랑 등지로 번진 일련의 소요와 같은 해 말 파리에서 조직된 비밀 결사는 이러한 타협에 대한 도시 민중의 저항이 여전히 완강했음을 보여주고 있다. 하지만 이 분산적인 저항들은 유력한 계층들이 민중에게 이미 등을 돌린 상황에서 왕정에게 더 이상 큰 위협이 되지 못했다. 그리고 북부의 도시들이 마지막 기대를 걸었던 플랑드르의 반란마저 왕정의 무력 앞에 무릎을 꿇었을 때 그들 역시 같은 운명을 피할 수 없었다.

불온한 수도를 평정하면서 개선한 왕정은 곧이어 자신의 진정한 승리를 확인했다. 그 승리란 선왕의 치세에 부과되었던 모든 간접세들을 "인민의 동의 없이sine populari consensu" 재확립한 것이다. 2월 1일부터 1리브르당 12드니에의 상품세와 1뮈muid(약 18헥토리터hl.)당 20프랑의 소금세, 그리고 포도주 및 음료세를 부과하기로 결정한 1383년 1월 21일의 칙령은 포고인들을 통해 곧바로 왕국 전역에 선포되었다.[56] 재정에 관한 신분회의 감독과 통제권은 이제 문제가 되지 않았다. 오로지 국왕 직속의 조세 총감들이 재정에 관한 광범위한 행정 및 사법권을 위임받았다.[57] 몇몇 지역에서 신분회들이 소집되기는 했지만 이들은 별다른 이의 없이

---

55) L. F. Bellaguet (éd.), *Chronique du religieux de Saint-Denys*, t. 1, 148~151쪽.
56) D. F. Secousse (éd.) *Ordonnances des roys de France*(Paris, 1745), t. 7, 746쪽 ; Roland Delachenal (éd.), *Chronique des règnes de Jean II et Charles V*, t. 3, 44쪽 ; L. F. Bellaguet (éd.), *Chronique Religieux de Saint-Denys*, t. 1, 242~243쪽.
57) 또한 귀족과 부유한 부르주아 가운데서 임명된 징세관과 출납관들이 사정인, 징수인, 소금 창고 감독관 등의 도움을 받아 해당 관할 구역에서 조세의 사정과 청부, 징수와 회계, 사법에 관한 제반 업무를 지휘하고 관장했다. F. A. Isambert (éd.), *Recueil général des anciennes lois françaises*, t. 5, no. 607 ; Ferdinand Lot · Robert

과세를 추인하는 데 그쳤고, 파리와 루앙에 이어 차례로 왕정의 보복과 응징을 목도한 도시와 지역의 주민들 역시 별다른 저항을 보이지 않았다. 1384년 3월 국왕은 반란을 처벌하기 위해 각 지역에 파견한 감찰관들 때문에 "우리 신민들이 겪은 고초에 관한 탄원을 가납하여" 이 파견관들을 소환하고 진행 중인 사법적 소추를 중지시켰다.[58] 그리고 같은 해 10월 선왕의 유언으로 폐지되었던 주민세가 '대(大)타이유grandes tailles'라는 이름으로 부활되었다. 이 세금은 종전의 주민세와 마찬가지로 그 부담이 재분배되는 조세였지만, 지역 차원의 배분에서는 종전처럼 가구 수에 따라 할당되는 것이 아니라 상품세 수입을 준거로 한 일정한 비율로 할당되었다. 이러한 배분 방식이 시사하듯이 그것은 더 이상 그 부담을 늘리기 힘든 상품세의 수입을 보충하기 위해 비상시에 한시적으로 부과되는 추가 과세의 형태를 띠었다. 하지만 그것은 영국 침공이나 변경의 방어, 국왕의 장녀의 결혼, 니코폴리스의 십자군 원정 등 다양한 명분으로 주기적으로 시행되었고, 비록 납세를 기피하거나 거부하는 일이 사라지지는 않았지만 샤를 6세의 남은 치세 동안 무력을 동원한 저항은 재발하지 않았다.[59]

5. 근대 국가의 진통

이른바 근대적 '재정 국가Etat de finance'로의 전환을 의미하는 조세 체제의 확립은 당시대인들에게 종전의 봉건적 폭력과 착취를 대신하는 '새로운 재앙'으로 비쳐질 만큼 충격적인 현상이었으나, 아마도 14세기 프랑스 왕정이 성취한 가장 중

Fawtier, *Histoire des institutions françaises au Moyen Age*(Paris, 1958), t. 2, 275~279쪽.
58) L. Douët-d'Arcq (éd.), *Choix de pièces inédites relatives au règne de Charles VI*(Paris, 1863~1864), t. 1, no. 29 ; L. Mirot, *Les insurrections urbaines au début du règne de Charles VI*, 212~213쪽.
59) 쇼뉘Pierre Chaunu는 프랑스의 재정 국가의 건설 과정에서 1380년대 초의 위기는 "조세 체제의 결정적 수용 및 구조화 이전에 널리 나타난 마지막 거부 현상"이었다고 말한다. Pierre Chaunu (ed.), *Histoire économique et sociale de la France*(Paris, 1977), t. 1, 143~144쪽.

요하고 영속적인 제도였음에 틀림없다. 하지만 그러한 국가의 성장이 외부적인 요인의 압박 아래서 순조로이 이루어진 것은 결코 아니었다. 세금을 권력자의 강탈로 보는 전통적 심성에서 탈피해 모든 신민을 하나의 납세 공동체로 보는 새로운 의식이 뿌리를 내리기까지는 군주와 신민(또는 신분들) 사이의 대화와 아울러 실로 엄청난 폭력과 저항이 수반되었던 것이다.[60] 특히 푸아티에 전투에서부터 1380년대에 이르는 기간은 '재정적 절대주의'로 가는 여정에서 이정표를 세운 시기였다.

이 시기의 처음과 끝을 수놓은 1350년대 중반 신분회의 반란과 1380년대 초 북부 도시들의 반조세 폭동은 한결같이 국가의 조세 체제가 확립되어나가는 과정에서 드러난 사회적 갈등을 반영하고 있었다. 하지만 그 반란들은 왕정과 지배 계층들 사이의 타협과 결탁을 촉진했고, 그리하여 푸아티에 전투 패전 직후의 격동 끝에 처음으로 구축된 조세 체제가 거의 한 세대 뒤에 심각한 도전과 동요를 거치면서 더욱 공고한 모습으로 복원되었다. 이제 국왕이 "그 자신의 뜻에 따라서de noste propre mouvement" 그리고 "그가 원하는 동안tant qu'il nous plaira" 그의 신민에게 과세할 수 있다는 것은 누구도 부인하기 힘든 현실이 되었다.[61] 국가의 과세권은 점점 더 거역하기 힘든 현실이 되어갔고 이미 창창한 앞날을 보장받고 있었다. 실제 샤를 6세의 치세에 조세에서 나오는 비경상 수입은 왕령에서 나오는 경상 수입의 대여섯 배에 달했고, 바야흐로 국왕은 그의 왕국은 물론이요 유럽에서 단연 최대의 재정 규모를 자랑하는 군주가 되었다.[62] 사정이 이럴진대 조

---

60) 브리드레E. Bridrey는 "오늘날 우리가 이해하는 조세의 관념, 즉 모든 시민의 정기적이고 항구적인 의무로서의 조세는 아마도 우리 조상들이 가장 적응하기 힘들었던 개념이었을 것"이라고 지적한다. E. Bridrey, *La théorie de la monnaie au XIV*ᵉ *siècle : Nicole Oresme*(Paris, 1906), 578쪽.
61) 실제로 1381년부터 1413년까지 전국 신분회는 더 이상 소집되지 않았다. 샤를 6세의 한 측근은 "이제 폐하의 왕국에서 귀족과 코뮌들의 어떠한 대회의도 열리지 않도록 하며 모든 문제를……최고 군주로서 이성과 정의에 따라 처리하도록" 진언한다. M. Rey, *Le domaine du roi et les finances extraordinaires sous Charles VI*(Paris, 1965), 325쪽, 각주 1.
62) C. E. Perrin, "Les finances royales sous Charles VI", *Journal des Savants*(1967), 52쪽 ; B. Guenée, *L'Occident aux XIV*ᵉ *et XV*ᵉ *siècles : Les Etats*, 180쪽. 더욱이 상비군의 유지를 위해 타이유를 정기적 조세로 확립한 1439년 신분회 이후 샤를 7세가 향유한 약 170만 리브르 내외의 세입에서 타이유 수입이 120만 리브르를 차지

세 자체의 폐지를 열망하는 것은 이미 시대착오였으며, 이 시기의 반란들도 그러한 불가항력의 현실을 부정한 것은 아니었다. 그들의 근본적인 요구는 조세 부담의 형평성이었다. 하지만 그러한 요구는 좌절되었고, 오히려 샤를 6세의 치세에 지배 계층들에 대한 면제와 조세 수입의 분배는 점점 더 확대되었으며, 일반 민중에게 씌워진 '세금의 멍에'는 그만큼 더 무거워져갔다. 바로 이런 맥락에서 그 반란들의 귀결은 왕정과 손잡은 기득권 계층들의 승리이기도 했다.

베버Max Weber가 규정한 대로 국가를 합법적인 폭력의 독점이라는 관점에서 본다면, 근대 국가의 형성 과정은 곧 국가가 폭력의 독점을 실현해나가는 과정이라고 할 수 있다. 이 과정에서 관건으로 떠오른 문제는 다른 무엇보다도 재정 수단의 절대 우위를 확보하는 것, 바꿔 말해서 독점적 과세권을 확보하는 것이었다. 1300년을 전후한 시기부터 프랑스 왕정을 재정적 팽창주의로 나아가도록 떠민 압박 자체가 그런 의미에서 근대 국가로의 이행을 알리는 뚜렷한 조짐이었다고 할 수 있다.[63] 하지만 그 이행은 앞서 말했듯이 결코 순조로운 것이 아니었다. 새로운 멍에로 다가온 국가의 압력은 거센 사회적 저항을 부르기 마련이었다. 14세기 후반 프랑스 북부의 도시들에서 폭력의 순환으로 나타난 그 같은 사회적 저항은 근대 국가로 가는 길목에서 거쳐야 했던 진통의 일부였으며, 또 그 진통 속에서 태동하는 한 국가의 권력 구조를 예시하고 있었던 것이다.

했다. 루이 11세의 치세에 이 수입은 약 470만 리브르로 늘어났다. J. J. Clamageran, *Histoire de l'impôt en France*, t. 1, 488~489쪽 · t. 2, 16~17쪽.
63) 티보는 "차후 오래도록 프랑스 왕정의 상징이 될 적자 예산 자체가 근대성의 첫 조짐"이었을 것이라고 지적한다. Jean-Marie Thiveaud, *Histoire de la finance en France*(Paris, 1995), t. 1, 105쪽.

〈표〉 1355~1360년 신분회의 과세 내역

랑그도일

신분회 (칙령)	과 세	
	과세 내역	비 고
1355. 12. 2 파리 (Ord. 12. 28)	상품세 8드니에/리브르 소금세	3만 기병 유지 일체의 면제권 배제

1356. 3. 1
파리
(Ord. 3. 12)
	소득세 연소득
	  10리브르 미만 : 10수(0~5%)
	  10~39리브르 : 1리브르(2.5~10%)
	  40~99리브르 : 2리브르(2~5%)
	  100~199리브르 : 4리브르(2~4%)
	  이하 100리브르당 2리브르씩 가산
	재산세 동산 100리브르를 소득 10리브르
	로 평가
		과세 소득 상한 : 귀족 5,000리브르
		               평민 1,000리브르
		과세 동산 상한 : 귀족 1,000리브르
		               평민 4,000리브르
		노동자 · 봉급생활자(소득 100수 이상) :
		10수
		면제 대상 : 15세 미만 무소유권자
		소득 100수 이하의 피고용자
		수도사, 걸인

1356. 5. 8 파리 (Ord. 5. 26)	소득세 5~100리브르 : 4% 이하 100리브르당 2리브르씩 가산	과세 소득 상한 : 귀족 5,000리브르 평민 1,000리브르 노동자 · 봉급생활자(소득 100수 이상) : 5수
1356. 10. 15 파리	소득세 귀족-성직자 : 15% 주민세 평민 : 100가구당 1기병 부양	과세 소득 상한 폐지 3만 기병 유지
1357. 2. 5 파리 (Ord. 3. 3)	소득세 귀족-성직자 : 15% 주민세 평민 : 100가구당 1기병 부양 (기병의 일당 : 1/2에퀴)	3만 기병 유지(1358. 2. 11)
1358. 2. 11 파리	소득세 성직자 : 5% 주민세 도시 : 75가구당 1기병 부양 농촌 : 100가구당 1기병 부양	귀족의 불참 미시행
1358. 4. 29 베르튀	아래와 같음	샹파뉴 신분회 미시행

1358. 5. 4
콩피에뉴
(Ord. 5. 14)
	소득세 귀족 : 5%(성직자 : 10%)
	주민세
	  도시 : 70가구당 1기병 부양
	  농촌 : 100가구당(비농노) 1기병 부양
	        200가구당(농노) 1기병 부양
		파리의 불참
		귀족의 소득에서 관리 비용 공제

랑그도크

신분회 (칙령)	과 세		비 고
	과세 내역		
1356. 3. 26 툴루즈	상품세 6드니에/리브르 주민세 가구당 1아넬		왕세자의 국왕 대리인 부임을 전제로 함
1356. 10. 13 툴루즈 (Ord. 1357. 2)	인두세 12세 이상 주민 : 주당 3드니에 재산세 동산 : 주당 2드니에/100리브르 　　　　부동산 : 주당 1드니에/100리브르		8,000기병, 2,000보병 유지 과세 재산 상한 : 20,000리브르 (20~25만 리브르의 상인 소유 동산은 1/2드니에/100리브르)
1357. 3. 1 베지에	위 과세의 연장		
1357. 5. 1 툴루즈	위 과세의 연장		툴루즈의 반란으로 과세 철회 (1357. 5. 9)
1358. 5. 1 툴루즈	위 과세의 연장		비적대에 대처하기 위해 2개월(6~7 월) 동안 1,000창검병, 1,000보병 유지에 동의
1358. 7. 3 몽펠리에 (Ord. 7. 26)	주민세 가구당 1무통 상품세 2드니에/리브르 인두세 주당 3드니에		주민세 제1차 석방금 26만 리브르 충당 상품세-인두세 지역 방어에 충당
1359. 3. 21 몽펠리에	소금세 4그로/캥탈		염장 육류에 대한 과세
1359. 10. 18 카르카손 (Ord. 11. 15)	주민세 가구당 1무통 소금세 상품세 2드니에/리브르		상품세 6개월간 도시의 자체 부과

Ord.(칙령)
1아넬agnel · 무통mouton≒12그로gros≒25수
1캥탈quintal=100파운드

참고문헌

A. Vuitry, 《프랑스의 재정제도에 관한 연구*Etudes sur le régime financier de la France*》(Paris, 1878~1883), 3 Vols.

프랑스 국립문서고Archives Nationales de France, JJ. 120, 121, 123, 126, 128

B. Guenée, 《14~15세기의 서유럽 국가들*L' Occident aux XIVe et XVe siècles : Les Etats*》(Paris, 1971)

프랑스 국립도서관Bibliothèque Nationale de France, Ms. fr. 25705

C. de Beaurepaire (éd.), 《피에르 코숑의 노르망디 연대기*Chronique normand de Pierre Cochon*》(Rouen, 1870)

E. A. R. Brown, 〈13~14세기의 과세와 도덕Taxation and Morality in the XIIIth and XIVth century〉, *French Historical Studies*, 1~28쪽

E. B. Fryde, 〈왕정의 재정 정책과 민중의 저항The Financial Policies of the Royal Governments and Popular Resistance〉, *Revue belge de philologie et d'histoire* 57(1979), 824~860쪽

F. A. Isambert (éd.), 《옛 프랑스 법령집*Recueil général des anciennes lois françaises*》(Paris, 1821~1830), t. 5~6

G. Lecarpentier, 〈아렐 : 1382년 루앙의 봉기La Harelle : Révolte rouennaise de 1382〉, *Moyen Age* 16 (1903), 12~32쪽

H. A. Miskimin, 〈샤를 5세의 마지막 조치The Last Act of Charles V〉, *Speculum* 38(1963), 432~442쪽

J. B. Henneman, 《14세기 프랑스에서의 국왕의 과세, 1322~1356년*Royal Taxation in the XIVth Century France, 1322~1356*》(Princeton, 1971)

————, 《14세기 프랑스에서의 국왕의 과세, 1356~1370년*Royal Taxation in the XIVth Century France, 1356~1370*》(Philadelphia, 1976)

————, 〈14세기의 감찰관과 재정 관직자들Enquêteurs-réformateurs and Fiscal Officers in XIVth century France〉, *Traditio* 24(1968), 309~349쪽

————, 〈중세 말 프랑스에서의 귀족, 특권과 재정 정책Nobility, Privilege and Fiscal Politics in Late Medieval France〉, *French Historical Studies* 13(1983)

————, 〈프랑스 왕정의 이탈리아인들에 대한 과세Taxation of Italians by the French Crown〉, *Medieval Studies* 31(1969), 15~43쪽

J. J. Clamageran, 《프랑스에서의 조세의 역사*Histoire de l'impôt en France*》(Paris, 1874~1876), 3 Vols.

J. Juvénal des Ursins, 〈샤를 6세 치세의 역사Histoire de Charles VI〉, J. A. C. Buchon (éd.), 《연대기 및 회상록 선집*Choix de Chroniques et Mémoires*》(Paris, 1843)

Joseph R. Strayer, 《중세의 정치와 역사의 시각들*Medieval Statecraft and the Perspectives of History*》

(Princeton N. J., 1971)

Joseph R. Strayer · Charles Holt Taylor, 《프랑스의 초기 과세에 대한 연구Studies in Early French Taxation》(Cambridge, Mass., 1939)

L. F. Bellaguet (éd.), 《셍드니 수도사의 연대기Chronique du religieux de Saint-Denys》(Paris, 1839~1852), t. 1

L. Mirot, 《샤를 6세 치세 초의 도시 반란들Les insurrections urbaines au début du règne de Charles VI》(Paris, 1905)

Léopold Victor Delisle (éd.), 《샤를 5세 치세의 왕명과 기타 문서들Mandements et actes divers de Charles V, 1364~1380》(Paris, 1874)

M. Boudet, 《튀섕의 반란La Jacquerie des Tuchins》(Paris, 1895)

Michel Mollat · Philippe Wolff, 《푸른 손톱, 자크와 치옴피 : 14~15세기 유럽에서의 민중 혁명들 Ongles bleus, Jacques et Ciompi : Les révolutions populaires en Europe aux XIVe et XVe siècles》(Paris, 1970)

M. Rey, 《샤를 6세 치세의 왕령 및 조세 재정Le domaine du roi et les finances extraordinaires sous Charles VI》(Paris, 1965)

P. S. Lewis, 〈중세 프랑스 신분회의 실패The Failure of the French Medieval Estates〉, *Past & Present* 23(1962), 3~23쪽

Philippe Wolff, 〈프랑스 남부 도시들에서의 사회적 투쟁Les luttes sociales dans les villes du Midi français〉, *Annales E. S. C.* 2(1947), 443~454쪽

R. Cazelles, 《용감왕 장과 샤를 5세 치세의 정치 사회, 귀족과 왕권Société politique, noblesse et couronne sous Jean le Bon et Charles V》(Genève, 1982)

─────, 〈프랑화의 제정과 화폐의 안정La stabilisation de la monnaie par la création du franc〉, *Traditio* 32(1976), 293~311쪽

Rodney H. Hilton, 〈불공평한 과세와 민중의 저항Unjust Taxation and Popular Resistance〉, *New Left Review* 180(1990), 177~184쪽

Roland Delachenal (éd.), 《장 2세와 샤를 5세 치세의 연대기Chronique des règnes de Jean II et Charles V》(Paris, 1910~1920), 3 Vols.

강일휴, 〈필립 4세 치세의 왕권과 도시〉, 《서양중세사연구》 2(1997), 161~188쪽

이스트엔드, 가깝고도 먼 곳*

이영석**

1. 이스트엔드의 이미지

1888년 8월 31일 런던 화이트채플Whitechapel의 한 거리에서 나이가 지긋한 매춘부 폴리 니콜스Polly Nichols가 목에 상처를 입은 시체로 발견되었다. 그 후 11월까지 이와 비슷한 살인 사건이 잇달아 일어나 다섯 명의 창녀가 목숨을 잃었다. 경찰이 집요하게 추적했음에도 불구하고 범인은 끝까지 잡히지 않았고 사람들은 그를 '살인마 잭Jack the Ripper'이라 불렀다. 당시 일간 신문과 지역 신문들이 이 사건을 다투어 추적 보도하면서 이스트엔드East End의 어두운 밤거리, 매춘부, 술 취한 주정뱅이 그리고 끝없이 이어진 혼탁한 거리와 빈민가의 허름한 집들이 더욱더 선명한 이미지로 자리 잡았다.

사실 이스트엔드는 19세기 전반까지만 하더라도 런던 빈민가의 대명사가 아니

---

* 이 글은 2004년 6월에 《서양사론》제81집에 실린 같은 제목의 논문을 수정·보완한 것이다.
** 성균관대 사학과와 같은 학교 대학원을 졸업한 뒤 현재 광주대학교 외국어학부 교수로 있다. 케임브리지대 클레어홀 연구교수를 역임했다. 19세기 영국을 중심으로 경제사, 사회사, 노동사 분야의 논문을 많이 썼다. 주요 저서로는 《산업혁명과 노동정책》, 《다시 돌아본 자본의 시대》, 《역사가가 그린 근대의 풍경》, 《사회사의 유혹》(전2권), 《유럽의 산업화와 노동계급》(공저)이 있고, 번역서로는 《영국민중사》, 《역사학을 위한 변론》, 《옥스퍼드 유럽현대사》(공역), 《자연과학을 모르는 역사가는 왜 근대를 말할 수 없는가》 등이 있다.

었다. 사회 개혁에 관심을 가진 지식인들은 아직 이스트엔드의 빈곤 문제에 눈길을 돌리지 않았다. 목사나 저널리스트 또는 외국인 방문객들이 이 지역에 거주하는 가난한 사람들을 언급하기는 했지만, 중대한 사회 문제로 대두한 적은 없었다. 이스트엔드는 19세기 전반에 이미 빈민 지역의 하나로 떠올랐음에도, 아직까지는 빈민가의 전형이 아니었다. 오히려 이스트엔드가 사람들의 관심을 끌었던 것은 콜레라 때문이었다. 1849년, 1855년, 1866년 영국에 콜레라가 돌았을 때 특히 이 지역이 커다란 피해를 입었기 때문이다.[1)]

날품팔이 노동자와 실업자, 거리의 부랑아와 뜨내기 행상으로 들끓는 이스트엔드의 이미지는 대체로 1880년대에 사람들의 기억에 뚜렷하게 각인되었다. 우선 이 지역의 빈곤 문제를 다룬 문헌과 팸플릿이 대량으로 쏟아져 나왔다.[2)] 이와 함께 토머스 바나도Thomas Barnardo, 옥타비아 힐Octavia Hill, 새뮤얼 바넷Samuel Barnett 같은 박애주의자와 기독교 사회주의자들이 이 지역에서 봉사 활동을 하면서 그 실상을 사람들에게 널리 알리기 시작했다. 찰스 부스Charles Booth가 이곳의 빈곤 실태를 체계적으로 조사하기 시작한 것도 그 무렵이었다. 이들의 활동에 힘입어 이스트엔드는 자연스럽게 사람들의 관심 대상으로 떠올랐고, 어느 사이에 빈곤의 대명사가 되었다. '살인마 잭' 사건은 이스트엔드의 이 같은 부정적인 이미지를 다시 확인하고 더 강화하는 계기가 된 셈이었다.

1880년대에 이스트엔드의 부정적인 이미지가 짙어진 데에는 여러 요인이 작용했을 것이다. 특히 이 지역을 묘사하고 언급한 공적 언어와 담론이 여기에 중요한

---

1) 1866년 콜레라가 창궐했을 때 이스트엔드East End의 세인트조지St. George in-the-East 구는 1,000명당 37.5명의 환자가 발생해 런던에서 발병률이 가장 높았다. P. J. Keating, "Fact and Fiction in the East End", H. J. Dyos · Michael Wolff (eds.), *Victorian City*, vol. 2(London : Routledge and Kegan Paul, 1973), 586쪽.
2) Pierce Egan, *Life in London*(1821) ; Walter Besant, *All Sorts and Conditions of Men*(1882) ; Andrew Mearns, *The Bitter Cry of Outcast London*(1883) ; George Sim, *How the Poor Live*(1883). 피어스 에건Pierce Egan의 소설 《런던에서의 삶Life in London》은 19세기 초에 나왔지만, 19세기 중엽 이후 연극과 오페레타로 공연되면서 인기를 끌었다. 이 소설은 난봉꾼 톰과 그의 여자 친구 제리가 웨스트엔드에서 이스트엔드로 여행하면서 겪는 여러 에피소드로 이루어졌다. 그들이 만나는 좀도둑, 걸인, 창녀, 살인자, 주정뱅이 등이 이스트엔드 주민의 전형으로 등장한다.

영향을 미쳤다. 근래 이스트엔드에 관한 연구로는 1880년대 유대인 이민의 삶을 중심으로 한 이스트엔드의 사회사 재구성, 개인적 경험을 정리한 회상기 등이 눈에 띈다. 이와 함께 찰스 부스의 사회 조사에 대한 재평가와 더불어 1880년대의 소설이나 팸플릿을 통해 이스트엔드의 이미지 형성 과정을 다룬 연구도 있다.[3]

이 글 또한 1880년대 평론지review에 실린 논설을 특히 주목한다. 빅토리아 시대 후기는 '잡지의 전성시대'로 알려져 있다. 서로 다른 정치적 성향을 나타내는 평론지와 잡지들이 정치·경제·사회의 여러 문제들에 관심을 표명하면서 공공 여론을 형성해나가던 시대였다. 고등 교육을 받지 못한 좀 더 넓은 독자층은 전통적 귀족이 아닌 문필가들에게서 새로운 지식과 정보를 얻으려는 열망에 가득 차 있었다.[4] 당시 평론지의 필자들은 주로 중간 계급 출신 지식인이었다. 여기에서는 1880년대 이스트엔드를 다룬 여러 논설들을 통해, 당대 중간 계급 출신 문필가들이 이 지역을 어떻게 바라보았고 또 어떤 이미지로 형상화했는가를 살펴보려 한다.[5]

---

3) 찰스 부스Charles Booth의 활동 또는 이스트엔드의 유대인을 다룬 연구는 다음을 볼 것. David Englander · Rosemary O'Day (eds.), *Retrieved Riches : Social Investigation*(Aldershot : Scholar, 1995) ; Israel Finstein, *Jewish Society in Victorian England*(London : Vallentine Mitchell, 1993) ; Anne J. Kershen (ed.), *London : The Promised Land? : the Migrant Experience in a Capital City*(Aldershot : Avebury on behalf of the Centre for the Study of Migration, 1997) ; Geoffrey Alderman · Colin Holmes, *Outsiders and Outcasts*(London : Duckworth, 1993). 회상기로는 Anita Dobson, *My East End*(London : Pavillion Books, 1987) ; Gilda O'Neill, *My East End : A History of Cockney London*(London : Viking, 1999) ; Fermin Rocker, *The East End Years : A Stepney Childhood*(London : Freedom Press, 1998) ; Rosemary Taylor · Christopher Lloyd, *The East End at Work*(Stroud : Sutton, 1999). 1880년대의 소설이나 팸플릿을 통해 이스트엔드의 이미지 형성 과정을 다룬 연구로는 다음을 볼 것. Simon Joyce, "Castles in the Air : The People's Palace, Cultural Reformism, and the East End Working Class", *Victorian Studies*, vol. 39, no. 4(1996), 513~538쪽 ; Seth Koven, "Dr. Barnardo's 'Artistic Fictions' : Photography, Sexuality and the Ragged Child in Victorian London", *Radical History Review*, no. 69(1997), 7~45쪽.
4) W. E. Houghton, "British Periodicals of the Victorian Age : Bibliographies and Indices", *Library Trends*, vol. 7(1959. 4), 555쪽.
5) 이 글에서는 당시 6대 평론지라고 할 수 있는 《19세기*Nineteenth Century*》, 《컨템퍼러리 리뷰*Contemporary Review*》, 《쿼털리 리뷰*Quarterly Review*》, 《내셔널 리뷰*National Review*》, 《웨스트민스터 리뷰*Westminster Review*》, 《에든버러 리뷰*Edinburgh Review*》와 《왕립통계학회보*Journal of Royal Statistical Society*》에 실린 36편의 논설들을 검토했다. 《쿼털리 리뷰》와 《내셔널 리뷰》는 보수적인 편집 경향을, 《19세기》와 《웨스트민스터 리뷰》는 자유주

2. 지리적 공간과 인구 증가

19세기 런던은 세계 최대의 도시였다. 1801년에 100만 명을 넘지 않았던 인구는 1881년에 383만 명, 1891년에는 422만 명에 이르렀으며,[6] 그 가운데 30% 이상이 이스트엔드 지역에서 살고 있었다. 사실 이스트엔드의 경계는 명확하지 않다. 이 지명이 공식적인 행정 구역을 나타내는 것은 아니었기 때문이다. 이 글에서는 편의상 1886년에 찰스 부스가 이 지역의 빈곤을 체계적으로 조사하려고 설정한 8개 시구를 뜻하는 것으로 한다(〈그림 1〉 참조).[7] 이 지역은

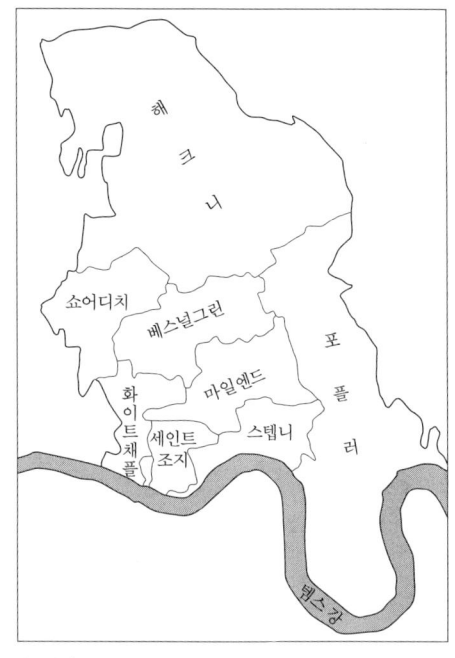

〈그림 1〉 1880년대의 이스트엔드

원래 런던 항의 부두 노동자들이 주로 거주하던 스텝니Stepney를 중심으로 인구가 증가하면서 그 주위로 확대되었다고 할 수 있다.

이스트엔드는 구 런던 시City of London의 동쪽 외곽에 있었기 때문에 18세기까지만 하더라도 숲과 초지가 널린 전원적인 분위기가 짙었고, 인구도 조밀하지 않았다. 이 지역의 몇몇 시구를 소개하면 다음과 같다. 우선 스텝니는 이스트엔드

또는 급진적인 경향을 보여준다. 발행 부수 면에서는 1860~1870년대에 창간된 《19세기》와 《컨템퍼러리 리뷰》가 가장 앞섰다. 평론지별 게재 논설 수는 《19세기》 18편, 《컨템퍼러리 리뷰》 7편, 《내셔널 리뷰》 5편, 《왕립통계학회보》 3편, 《웨스트민스터 리뷰》 2편, 《쿼털리 리뷰》 1편으로 나타났다.

6) B. R. Mitchell, *British Historical Statistics*(Cambridge : Cambridge Univ. Press, 1988), 30 · 33쪽.
7) 8개 시구는 쇼어디치Shoreditch, 베스널그린Bethnal Green, 화이트채플Whitechapel, 세인트조지St. George-in-the-East, 스텝니Stepney, 마일엔드Mile End, 포플러Poplar, 해크니Hackney다.

의 중심부다. 지명은 색슨인 '스테바Stebba의 개간지' 또는 '스테바가 상륙한 곳' 이라는 의미를 갖는다. 19세기 전반까지만 해도 이스트엔드란 이 시구를 뜻했다. 화이트채플은 원래 스텝니 교구의 한 작은 마을에 지나지 않았다. 화이트채플이라는 이름은 13세기경 흰 돌로 예배당을 지은 데서 유래한다. 런던 동부 지역으로 향하는 간선 도로가 지나기 때문에 18세기에는 여행객을 상대로 하는 여관과 술집, 마구간이 들어서서 소란스러웠다.[8] 19세기에는 많은 부두 노동자들이 이곳의 싸구려 여인숙으로 몰려들었다. 세인트조지St. George-in-the-East 또한 18세기 초에 세워진 교회 이름에서 유래한다. 스텝니의 인구가 증가함에 따라 자연스럽게 새로운 구로 설치되었다. 마일엔드Mile End는 구 런던 시에서 1마일 떨어진 곳이라는 뜻이다. 18세기부터 인구가 급증했는데, 주민 대부분은 섬유 분야의 수공업 장인들이었다.

이 밖에 베스널그린Bethnal Green은 색슨인 '빌다Bilda의 대지'라는 의미일 것으로 추정되지만 분명하지 않다. 18세기 이후 견직공들이 집단으로 이주해 수공업 중심지로 떠올랐다. 포플러Poplar 구는 원래 이스트엔드 동쪽의 숲 지대였고 이름 자체가 숲을 나타낸다. 이 일대를 뒤덮은 숲은 런던 항의 부두가 확장되면서 모두 사라졌다. 쇼어디치Shoreditch 구는 19세기에 목재 가공업 중심지로 성장했다. 해크니Hackney 구는 런던 북부의 넓은 지역을 포함하기 때문에 템스 강변 북쪽의 좁은 지역에 밀집한 이스트엔드의 사회적 특징을 그대로 반영한다고 보기는 어렵다. 찰스 부스의 조사에서도 해크니의 빈곤층 비율은 다른 곳에 비해 훨씬 더 낮게 나타난다.[9]

왜 도심에서 비교적 가까운 이 지역이 빈민가로 변했는가. 사실 전통적인 도시에서 상인과 부유한 사람들은 도심에서 살았고, 빈민은 도시 외곽에 머물렀다. 런던의 경우 18세기 후반부터 이런 전통적인 구조에 변화가 일기 시작했다. 부유한

---

8) 건초를 나타내는 이름들이 지금도 남아 있다. 헤이마켓Haymarket, 헤이필드Hayfield 등이 그것이다.
9) 이상의 이스트엔드 시구의 명칭에 관해서는 다음을 참조. Anita Dobson, *My East End*, 29~41쪽.

상인들이 구 런던 시의 서쪽 교외로 이주한 반면, 많은 노동자와 빈민이 구 런던 시의 바로 인근 지역으로 몰려들었다. 이 시기에 이스트엔드에 빈민이 급증한 것은 다음과 같은 요인 때문이다.

첫째, 빅토리아 시대에 런던 도심과 웨스트엔드 지역에 대형 전시 공간과 석조 건축물들이 세워졌는데, 이에 따라 건축 노동자들이 떼를 지어 런던 도심으로 몰려들었다. 이 공사장 인부들은 자연스럽게 화이트채플과 같은 구 런던 시 인근의 싸구려 숙박 시설에 머물렀다. 대영박물관, 왕립미술관, 자연사박물관, 빅토리아앨버트미술관 등 빅토리아 시대의 대형 석조 건물은 그 규모만큼이나 공사 기간이 길었으며, 그만큼 더 많은 건축 노동자들이 이스트엔드로 집중될 수밖에 없었다.

둘째, 19세기에 런던 항의 부두 증설과 함께 하역 작업을 하는 부두 노동자의 수도 급증했으며, 이들 대부분이 이스트엔드에 주거지를 마련했다. 18세기 후반에 런던은 국제 무역의 중심지로서 그 위상이 높아졌고, 그에 따라 기존의 런던 항에 새로운 부두가 들어섰다. 1799년 웨스트인디아West India 부두가 독Dogs 섬에 신설된 이래 와핑Wapping, 블랙웰Blackwell, 런던타워, 밀월Millwall, 웨스트햄Westham 등 템스 강변에 잇달아 새로운 부두가 건설되었다.[10] 19세기에 대형 부두 외에도 중소 부두가 대거 건설된 것은 강변 부지를 소유한 지주들이 그 가치를 인식하여 부두 운영에 관심을 갖게 되었기 때문이다.

항만이 커질수록 부두 노동자들 외에도 하역 작업과 관련된 여러 분야의 고용이 증가했다. 통메장이cooper, 밧줄 제조공, 목공 등이 숙련된 부두 노동자와 함께 정규적으로 일거리를 맡았다. 그들 아래에는 무수한 임시 노동자들이 있었다. 1887년 비어트리스 포터Beatrice Potter[11]는 웨스트인디아–이스트인디아 부두, 런

---

10) 주요 부두를 열거하면 다음과 같다. 1805년 런던London Docks(와핑Wapping), 1806년 이스트인디아East India Docks(블랙웰Blackwell), 1828년 서리Surrey Docks(블랙웰), 세인트캐서린St. Katharine's Docks(런던타워Tower of London), 1855년 로열빅토리아Royal Victoria Docks(런던타워), 1868년 밀월Millwall Docks, 1880년 앨버트Albert Docks(웨스트햄Westham). 이상은 Roy Porter, *London : A Social History*(Cambridge, Mass. : Harvard Univ. Press, 1998), 488~489쪽 참조.

던-세인트캐서린 부두, 밀월 부두 등 주요 부두 회사를 방문해 노동자 고용 규모를 조사했다. 세 부두 회사에는 정규직 및 비정규직 노동자 6,199명이 고용되어 있었다. 중소 규모의 부두까지 포함하면 부두 노동자의 수는 훨씬 더 많았을 것이다. 밀월 부두 노동자들이 독 섬에 거주하는 경우를 제외하고는 노동자들 대부분이 이스트엔드의 화이트채플에 거주하고 있었다.[12]

셋째, 19세기에 대륙 출신의 이민이 급증했고 이들 가운데 상당수가 이스트엔드에서 그들의 삶을 꾸려나갔다. 19세기 전반에는 주로 아일랜드 이민이, 그리고 1880년대 초부터는 러시아령 폴란드에 살던 유대인 이민이 이스트엔드로 몰려들었다. 이 시기에 동유럽 거주 유대인 이민이 급증한 것은 1882년 임시 규제법 이후 유대인을 의도적으로 추방하려는 러시아 정부의 정책과 이민 사업을 통해 부를 축적하려는 러시아 및 폴란드 해운업자들의 이해가 맞물렸기 때문이다.[13] 당시 동유럽 난민들이 우선 생각할 수 있는 목적지는 런던이었는데, 서유럽 국가들 중에서 특히 영국은 이민자들에게 별다른 규제 조치를 취하지 않았다. 1880~1914년 사이에 러시아령 폴란드 및 러시아에 거주하던 유대인 가운데 200만 명 이상이 이민 대열에 합류한 것으로 추산된다. 그들 대부분은 미국으로 향했지만, 같은 기간에 적어도 15만 명 이상이 영국으로 들어왔다.[14]

이 시기의 유대인 이민에 대한 정확한 통계는 없다. 다만 인구센서스 자료에서 러시아 및 러시아령 폴란드의 이민자 수를 통해서 유대인 이민의 추이를 짐작할 수 있다. 이 시기에 동유럽 이민 대부분이 유대인이었기 때문이다. 잉글랜드 및 웨일스에 거주하는 이들 지역 출신 이민자 수는 1881년 만 4,468명, 1891년 4만 5,074명, 1901년 8만 2,844명으로 나타난다. 이 가운데 런던 거주자는 각기 8,709

---

11) 비어트리스 웨브Beatrice Webb의 결혼 전 이름이다.
12) Roy Porter, *London : A Social History*, 487~488쪽.
13) David Feldman, *Englishmen and Jews : Social Relations and Political Culture 1840~1914*(New Haven : Yale Univ. Press, 1994), 154쪽.
14) Andrew Godley, "Leaving the East End : Regional Mobility among East European Jews in London, 1880~1914", Anne J. Kershen (ed.), *London, the Promised Land? : the Migrant Experience in a Capital City*, 56쪽.

명, 2만 6,742명, 5만 3,537명이었다.[15] 이민의 60% 이상이 런던에 몰려 있다. 아마 그들 대부분은 이스트엔드에서 고달픈 삶을 살았을 것이다. 유대인 이민은 주로 개인이 아닌 가족 단위였다. 그들에게는 이스트엔드야말로 생활비가 적게 들면서도 쉽게 일거리를 얻을 수 있는 기회의 땅이었을 것이다.

마지막으로, 의류·제화·가구 제조업 분야에 나타난 새로운 생산 조직이 이 지역의 인구 유입을 자극했다. 당대 사람들이 고한제(苦汗制)sweating system라고 불렀던 이 방식은 도매상이나 중매상의 하청 일감을 맡은 생산자가 좁은 작업장에서 저임 노동자를 고용해 작업하는 생산 조직이었다. 이것은 당시의 기술 혁신, 시장 수요의 변화 그리고 저임 노동 인구의 증가라는 새로운 환경의 산물이었다. 양복업의 경우 기존의 고급 정장 외에 싸구려 기성복의 수요가 늘면서 이런 수요 변화에 유연하게 대처할 수 있는 새로운 생산 방식이 필요했다. 또한 이런 생산이 가능했던 것은 재봉틀과 같은 새로운 기계를 도입함으로써 미숙련 노동자들을 대거 고용할 수 있었기 때문이다.

고한제 작업장은 소규모였기 때문에 공장법의 적용 대상이 아니었다. 겉으로 보면 이와 같은 생산 조직은 공장 제도가 확대되던 19세기 후반의 추세와 동떨어진 고졸적인 형태로 보인다. 그러나 이 방식 또한 기술 혁신, 소비 시장의 변화, 이민 증가라는 새로운 근대성을 반영하는 것이었다.[16] 이스트엔드의 경우 고한제 경영자는 주로 유대인 이민 출신이었다. 좁은 작업장에서 일하는 저임 노동자들도 그들의 가족인 경우가 많았다. 동유럽 출신 유대인들은 가족 단위로 이민을 왔고, 또 대부분 수공업이나 상업 분야에 종사했던 사람들이었기에 고한제야말로 그들

---

15) 1881년 통계는 "Census of England and Wales, 1881", *Parliamentary Papers*(1883), vol. 80, summary table 12, xxviii쪽 ; "Census of England and Wales, 1881", division 1, table 13a, 23~25쪽. 1891년 통계는 "Census of England and Wales, 1891", *Parliamentary Papers*(1893~1894), vol. 106, summary table 9, xxxii 쪽 ; "Census of England and Wales, 1891", division 1, table 10, 19~21쪽 ; 1901년 통계는 "Census of England and Wales, 1901", *Parliamentary Papers*(1904), vol. 108, 142쪽 ; "Census of England and Wales, 1901", County of London, table 37, 157~158쪽 참조.
16) David Feldman, *Englishmen and Jews : Social Relations and Political Culture 1840~1914*, 192쪽.

의 여건에 가장 적합했다. 그들은 이스트엔드에 정착한 초기에는 고한제 작업장에서 일을 배우다가, 시간이 지나면 독립해 나갔다.

지금까지 살펴본 대로, 19세기 이스트엔드의 인구 증가는 공사판, 부두 하역 작업, 이민, 고한제 등과 직접 연결된다. 이런 분야에서 일하는 사람들은 19세기 숙련 노동자들의 정체성을 뜻하는 자조(自助)나 체통과는 거리가 멀었다. 저임금, 비정규 노동, 실업 등의 문제는 항상 또는 간헐적으로 이들의 삶을 괴롭혔다. 이들이 거리의 술집이며 부랑아며 범죄자들의 이미지와 겹치면서 이스트엔드는 단순한 지리적 실체를 넘어 빈곤을 상징하는 언어로 자리 잡았다. 그 언어는 구 런던시나 웨스트엔드의 번영과 대조적인 의미를 나타내는 것이었다.

3. 논설 속의 이스트엔드

이 글에서는 1880년대 평론지(또는 정간물)에 실린 논설들 가운데 특히 이스트엔드를 깊이 있게 다룬 36편의 내용을 분석했다. 발표 연도별 분포에서 특이한 것은 1883년과 1888년에 다른 해보다 훨씬 더 많은 논설이 실렸다는 점이다.[17] 1883년에는 이스트엔드의 실태를 다룬 여러 소설과 팸플릿이, 1888년에는 이 지역 주민 실태를 다룬 찰스 부스의 논문이 발표된 데서 영향을 받지 않았나 싶다. 평론지의 정치적 성향에 따른 커다란 차이는 나타나지 않는다. 아마도 빈곤이 정치 성향의 차이를 넘어 당대 지식인들에게 그만큼 중요한 문제로 떠올랐기 때문일 것이다. 기고자들의 다수는 실제로 자신의 개혁에 대한 열망을 실현하기 위해 이스트엔드에서 사회 활동에 참여한 적이 있는 인사들이었다. 국교회 성직자로서 빈민 복지관 토인비홀Toynbee Hall의 설립을 주도한 새뮤얼 바넷과 그의 부인 헨리타Henrita Barnett, 빈민 지역의 주택 개량 운동에 뛰어든 힐, 실론 총독을 역임한

---

[17] 1883년에 11편, 1888년에 8편이 발표되었다.

로버트 그레고리 경Sir Robert Gregory, 찰스 부스와 그의 사회 조사를 도왔던 비어트리스 포터 등이 눈에 띈다. 노조 지도자 조지 하웰George Howell, 경제학자 앨프리드 마셜Alfred Marshall, 마이클 멀홀Michael G. Mulhall 등도 제각기 자신의 경험이나 전문 지식을 활용해 구체적인 정책 대안을 제시한다.

1880년대에 이스트엔드라는 지명 앞에는 항상 '버려진outcast'이라는 수식어가 붙었다. 브룩 램버트Brooke Lambert에 따르면, 이 수식어는 이스트엔드의 삶의 경험이 가지고 있는 몇 가지 특징을 보여준다. 불량 주택, 빈곤선 이하의 소득, 생존을 위한 투쟁에서 비롯한 갖가지 불행이 '버려진'이라는 말 속에 포함된 의미들이다.[18] 이 시기의 평론지나 정기 간행물에 실린 논설들은 이스트엔드의 어떤 문제들에 초점을 맞추고 있는가.

첫째, 이곳의 빈곤 실태를 조사한 부스의 사회 조사 연구를 들 수 있다.[19] 그는 처음에는 스텝니만을 조사했으나 곧이어 그 대상을 이스트엔드 전 지역으로 확대했다. 부스와 그의 동료들은 이스트엔드의 66개 학교 운영 위원회school board를 방문해 그 등재 기록을 검토함과 동시에 빈민 구제 위원이나 복지관settlement 자료, 인구 조사 자료 등을 살폈다. 1887년 그의 조사 대상에 포함된 이스트엔드 인구는 90만 8,958명이었다. 그는 소득 수준에 따라 이들을 A에서 H까지 8개 집단으로 분류하고 주당 수입 18~20실링 이하의 집단(A, B, C, D)을 빈곤 계층으로 설정했다. 이 기준에 따르면 이스트엔드 주민 가운데 30만 3,196명(35.2%)이 빈곤선 이하에 머물렀다.[20] 그의 원래 의도는 이스트엔드의 빈곤이 다른 지역에 비해 두드러지지 않다는 점을 밝히는 데 있었지만, 그럼에도 그 차이는 뚜렷한 것이었다.[21] 이런 차이는 직업 구성에서도 분명하게 확인할 수 있다. 이스트엔드에서

---

18) Brooke Lambert, "The Outcast Poor I : Easu's Cry", *Contemporary Review*, vol. 44(1883. 12), 922쪽.
19) Charles Booth, "The Inhabitants of Tower Hamlets(School Board Division), their Condition and Occupations", *Journal of Royal Statistical Society*, vol. 50(1887. 6), 326~401쪽 ; Charles Booth, "Condition and Occupations of the People of East London and Hackney, 1887", *Journal of Royal Statistical Society*, vol. 51(1888. 6), 276~339쪽.
20) Charles Booth, "Condition and Occupations of the People of East London and Hackney, 1887", 293쪽.

비중이 높은 직종은 의류, 가구, 항만 하역 등이었다. 이들 직종 종사자는 전체 노동자의 30%였다. 이스트엔드를 제외한 런던에서 이들 직종 종사자의 비중은 11%에 지나지 않았다.[22]

둘째, 빈민의 주거 환경 실태를 소개하고 그 개선 방안을 다룬 논설들이 있다.[23] 이 문제를 다룬 논설들 대부분은 이스트엔드 지역의 불량 주택의 실태를 보여주면서 정부와 민간단체들의 개선 노력을 촉구하고 있다. 여기에서 심각한 문제는 빈민의 소득 수준과 주택 규모에 비해 집세가 무척 비싸다는 사실이다. 이것은 무엇보다도 인구 과밀에 따른 수요와 공급의 불균형에서 비롯한다. 힐에 따르면, 방이 두세 개 딸린 주택은 노동자들에게는 꿈에 지나지 않는다. "그들은 결코 이런 집들에서 살 수 없으며, 기가 죽은 채 뒤편에 자리 잡은 집이나 후미진 골목에 거주한다. 그렇지만 단칸방 하나를 얻어 커튼이나 칸막이를 쳐서 작은 방으로 나누는 것에 곧 익숙해져서 그런 공간에서도 편안함을 느끼며 친구를 부르기도 한다."[24] 힐

---

21) 이스트엔드의 8개 구 중에서 해크니는 빈곤선 이하의 비율이 25%로 낮게 나타난다. 이 구를 제외한 이스트엔드의 다른 구에서 빈곤선 이하의 비율은 38%이다(Charles Booth, "Condition and Occupations of the People of East London and Hackney, 1887", 284쪽). 1881년 인구센서스 자료를 통해 이스트엔드와 런던 전체를 비교하면 그 차이는 더 두드러진다(이스트엔드 35%, 런던 전체 25%). 1881년 인구센서스 자료도 비슷한 결과를 보여준다. 특히 베스널그린, 세인트조지, 쇼어디치 등은 빈곤선 이하의 비율이 40% 이상으로 나타나는데, 이것은 웨스트엔드의 켄징턴(5%)이나 패딩턴(10%)의 경우와 대조적이다(Charles Booth, "Condition and Occupations of the People of East London and Hackney, 1887", 301쪽).
22) Charles Booth, "Condition and Occupations of the People of East London and Hackney, 1887", 308쪽.
23) George Howell, "The Dwellings of the Poor I", *Nineteenth Century*, vol. 13(1883. 6), 92~107쪽 ; A. A. Cooper, "The Dwellings of the Poor II", *Nineteenth Century*, vol. 14(1883. 12), 934~939쪽 ; Octavia Hill, "Symposium-Common Sense and the Dwellings of the Poor I : Improvements Now Practicable", *Nineteenth Century*, vol. 14(1883. 12), 925~933쪽 ; Lord Shaftesbury, "Symposium-Common Sense and the Dwellings of the Poor II : the Mischief of State Aid", *Nineteenth Century*, vol. 14(1883. 12), 934~939쪽 ; H. O. Arnold-Forster, "Symposium-Common Sense and the Dwellings of the Poor III : the Existing Law", *Nineteenth Century*, vol. 14(1883. 12), 940~951쪽 ; Alfred Marshall, "The Housing of the London Poor I : Where to house them", *Contemporary Review*, vol. 44(1883. 12), 224~231쪽 ; Michael Mulhall, "The Housing of the London Poor II : Ways and Means", *Contemporary Review*, vol. 44(1883. 12), 231~237쪽 ; Andrew Mearns, "The Outcast Poor : Outcast London", *Contemporary Review*, vol. 44(1883. 12), 924~933쪽 ; Richard A. Cross, "Housing the Poor", *Nineteenth Century*, vol. 17(1885. 6), 926~947쪽.

은 빈민의 소득 수준을 감안해 방 한 칸 딸린 서민용 주택 모델을 개발할 것을 촉구한다. 그러나 이런 주택 개량은 정부가 직접 투자하는 것보다는 간접 지원을 통해 민간 부문에서 투자하는 것이 바람직했다. 직접적인 지원은 지금까지 기금을 운용하면서 근로 민중의 빈곤에 대처하고 그들을 위해 봉사해온 사회단체나 개인의 활동을 위축시킨다는 것이었다. 힐은 공적 지원의 문제점을 다음과 같이 지적한다.

> 공적 자금의 지원 또는 원조 계획의 가능성을 제안하는 것은 수지 타산이 맞는 토대 위에서 근로 민중의 빈곤에 대처함으로써 그들을 도와온 사회단체나 개인들의 독자적인 활동의 확대를 방해한다. 그들의 자본이 완전히 잠식될 가능성이 엿보이면 위험을 무릅쓸 리 없는 사람들이 지방세나 국가 지원을 받은 건축 때문에 갑작스럽게 손해를 보면서 집을 헐값으로 팔게 되는 사업에 더 매진할 수는 없는 것이다.[25]

빈민가의 주택 개량을 위해 마련된 기존의 법체계는 두 측면에서 이루어졌다. 하나는 지방 당국이 빈민가의 불량한 주거 환경을 보완하고 상하수도를 비롯한 위생 시설을 유지하도록 규정하고 있는 공중보건법Public Health Acts이며,[26] 다른 하나는 불량 주택의 철거와 재건축에 관련된 일련의 노동자주거법Artisans and Labourers' Dwellings Acts이다. 주거법은 지방 당국이 불량 주택 소유자에게 집의 개량 또는 철거 명령을 내리고, 개량이 불가능할 경우 소유자의 요청에 따라 지방

---

24) Octavia Hill, "Symposium-Common Sense and the Dwellings of the Poor I : Improvements Now Practicable", 930쪽.
25) Octavia Hill, "Symposium-Common Sense and the Dwellings of the Poor I : Improvements Now Practicable", 931쪽.
26) 1875년에 개정된 공중보건법(37 and 38 Vic., c. 84) 35조는 지방 당국이 수도의 빈민 지역의 실태를 정기적으로 조사하고, 불량 주택에 거주하는 주민이 증가하지 않도록 노력할 것과 불량 주택의 등재 · 조사 · 보수, 이들 주택의 위생 및 상하수도 시설 유지 등을 규정하고 있다. H. O. Arnold-Forster, "Symposium-Common Sense and Dwellings of the Poor : the Existing Law", 943쪽 참조.

당국이 불량 주택을 매입할 수 있는 강력한 권한을 명시하고 있다.[27]

빈민 지역의 주택 문제에 관심을 기울인 일부 논설은 이런 법체계가 실효성을 가지고 있지 않다는 점을 강조한다. 하웰에 따르면, 그것은 빈민가의 주택 소유자 대부분이 개축이나 신축 능력을 가지고 있지 않는 데서 비롯한다. 빈민가의 불량 주택은 대부분 대지 소유권과 주택 소유권이 분리되어 있다. 주택 소유자는 경제적 능력이 없고, 지주는 개량 비용을 부담하려 하지 않는다. 또한 도심 지역의 재건축 비용이 터무니없이 높다는 점도 지적해야 한다. 힐과 달리 하웰은 공적 부문에서 대규모 주택 신축 또는 개축 사업을 맡아야 한다고 제안한다. 공채나 국채를 이용해 대규모 주택 건설 기금을 조성한 다음에 노동 계급을 위한 주택 재개발을 활성화해야 한다는 것이다. 그의 계산으로는 숙련 노동자층의 주택 신축은 연 5%, 빈민층의 경우는 연 1~2.5%의 이윤이 가능한 선에서 공급 가격을 책정하는 것이 바람직하다.[28]

이와 관련된 논의 중에서 경제학자 마셜의 위성 도시 건설안이 특히 흥미롭다. 런던 교외에 대규모 단지를 조성하고, 소자본으로 영업할 수 있는 직종(의류 등)을 육성하면서 빈민층 가운데 희망자를 이주시킨다는 내용이다. 멀홀은 이 계획의 경제적 타당성을 검토했다. 그의 계산으로는 이스트엔드에서 1인당 연간 주거비는 8파운드 15실링인 데 비해, 신도시의 경우 6파운드 10실링에 지나지 않는다. 민간 부문이 주도해 단지를 조성해도 수익성이 있다는 것이다.[29]

셋째, 상당수 논설들은 이스트엔드의 노동 조건, 특히 고한제 생산 방식을 상세하게 검토한다.[30] 고한제는 1880년대 빈곤 문제에 관심을 가진 지식인들에게 공

---

[27] 1879년의 노동자주택개량법(42 and 43 Vic., c. 64) 14조는 "새 주택 신축이나 기존 주택 보수를 통해 노동 계급에게 적절한 주거를 제공하는 것은 지방 당국의 관할 아래 있다"고 천명한 후에 불량 주택의 보수, 철거, 재건축 등에 관한 일련의 권한을 규정하고 있다. H. O. Arnold-Forster, "Symposium-Common Sense and Dwellings of the Poor : the Existing Law", 945쪽에서 재인용.
[28] George Howell, "The dwellings of the poor 1", 995~998쪽.
[29] Alfred Marshall, "The Housing of the London Poor I : Where to house them", 224~231쪽 ; Michael G. Mulhall, "The Housing of the London Poor II : Ways and Means", 231~237쪽.

통된 관심사였다. 특히 1887년 이후 상원 조사위원회가 네 차례에 걸쳐 고한제에 관한 보고서를 제출하면서 이 제도를 둘러싼 논란이 일었다.[31] 포터는 상원 조사위원회 활동이 이루어지던 시기에 이스트엔드의 고한제를 심층적으로 분석한 논설을 썼다. 이 생산 조직의 확산은 무엇보다도 의복 시장의 변화에 따른 것이었다. 즉 고한제 아래서 생산된 양복은 고급 의복이 아니었다. 고한제 경영자는 상류층 인사의 값비싼 양복이나 코트를 만들 수 없었다. 그러나 전통적인 숙련 양복공은 다량의 기성복을 도매점에 공급할 수 없었다. "이것은 단지 노동의 질과 가격의 문제만이 아니다. 그보다는 오히려 양복 업종의 변화, 지난 30여 년 사이에 일어난, 소매업에서 도매업으로의 변화의 결과이다. 이런 변화 자체는 재봉틀 및 분할 노동subdivided labour 도입의 영향을 받았다고 말할 수 있다."[32] 포터가 주목한 것은 의류 분야 전체에서 남성 노동이 차지하는 비율이 줄어들고 있다는 점이었다. 이것은 주로 이스트엔드에 위치한 가내 작업장의 영향 때문이었다. 그녀는 다음과 같이 지적한다.

바지 및 조끼 제조 분야에서 여성이 만만치 않으면서도 성공적인 경쟁자가 되었다는 것은 수도 런던 전체의 양복 분야 인구 조사 통계에서 드러난다. 1871~1881년 사이에 실제로 남성 노동자는 감소한 반면, 여성 노동자는 25% 증가했기 때문이다. 유대인이 일하는 생산업에서 남성이 여성에 비해 상대적으로 감소했다는 징후는 없으므로, 외국인 이민이나 여성에 의해 대체되는 부류가 주로 영국인 숙련 양복공이라는 것은 분명해졌다. 이런 상황이 초래된 것은

---

30) Beatrice Potter, "East London Labour", *Nineteenth Century*, vol. 24(1888. 8), 161~183쪽 ; Beatrice Potter, "The Lords and Sweating System", *Nineteenth Century*, vol. 27(1890. 6), 885~905쪽 ; Arthur A. Baumann, "The Lord's Committee on the Sweating System", *National Review*, vol. 12(1888. 10), 145~159쪽 ; Arthur A. Baumann, "Possible Remedies for the Sweating System", *National Review*, vol. 12(1888. 11), 289~307쪽.
31) "First Report of the Select Committee of the House of Lords on the Sweating System", *Parliamentary Papers*(1887), vol. 89 ; "Second Report", *Parliamentary Papers*(1888), vol. 21 ; "Third Report", *Parliamentary Papers*(1889), vol. 13 ; "Fourth Report", *Parliamentary Papers*(1889), vol. 14 · 17.
32) Beatrice Potter, "East London Labour", 163쪽.

집에서 일하는 가내 양복공들 탓이다. 왜냐하면 가내 작업은 소규모 하청업자의 기반일 뿐만 아니라 여성 노동의 훈련장이기 때문이다. 가장의 아내와 딸들이 그의 조력자이며 그들은 다른 남성 노동자의 경쟁자로 등장한다.[33]

포터는 이스트엔드 지역에서 가족 외에 다른 노동자들을 고용한 유대인 코트 생산업자 901명의 자료를 입수해 분석했다. 조사 결과, 25명 이상을 고용한 작업장은 1.6%(15곳)에 지나지 않았고, 10~25명이 22.3%(201곳), 10명 미만인 업체가 전체의 76%(685곳)에 이르렀다. 맞춤 위주의 고급 코트를 만드는 업체는 극소수(54곳)였고, 중급 코트를 만드는 업체가 192곳, 나머지는 모두 최하급의 싸구려 코트를 만드는 곳이었다. 이들 작업장은 화이트채플, 마일엔드 및 세인트조지의 일부 지역에 몰려 있었다. 1평방마일 넓이의 이 지역에 유대인 이민 수만 명이 살고 있었다.[34] 이들 작업장에 관련된 자료를 살펴본 끝에, 포터는 당대의 사람들이 다음과 같은 두 가지 편견에 사로잡혀 있음을 깨달았다.

우선, 고한제 경영자에 대한 부정적인 이미지가 널리 퍼져 있었다. 신문에서 그리는 고한제 경영자의 이미지는 "바지 호주머니에 두 손을 집어넣고 입에는 시가를 물고 작업장을 어슬렁거리며 돌아다니는 모습"이다.[35] 그러나 포터가 조사한 자료에서는 이런 모습을 찾기가 어려웠다. 유대인 코트 제조업자의 근면성은 정평이 나 있었다. 사실 이스트엔드의 유대인 사회는 극빈층이 밀려드는 "밑바닥 인생의 저수지"이기 때문에, 이 사회에 자리 잡은 코트 제조업 또한 "가장 낮은 임금을 받는 일거리, 가장 황폐한 작업장, 가장 더러운 건물"임을 보여준다. 그러나 이 근면한 유대인들은 좀 더 여건이 나은 지역이나 직종으로 옮기면서 이 열악한 생산 조직을 다른 신참에게 넘기는 것이었다.[36]

---

33) Beatrice Potter, "East London Labour", 166쪽.
34) Beatrice Potter, "East London Labour", 166~167쪽.
35) Beatrice Potter, "East London Labour", 175쪽.
36) Beatrice Potter, "East London Labour", 177쪽.

게다가 많은 사람들이 고한제와 하청제subconstracting system의 관계를 잘못 이해하고 있었다. 당시 상원 조사위원회 보고서나 일반 언론에서도 고한제는 하청제와 동의어로 사용되었다. 사람들은 고한제를 "생산자가 아닌 상인이 중간업자 middleman 또는 고한제 경영자sweater와 하청 계약을 맺어 상품을 확보하는 생산 조직"이라고 생각했다. 포터에 따르면, 이 두 개념을 동의어로 보는 것은 잘못이다. 하청제는 전국의 어느 산업 분야에서나 광범하게 나타난다. 이에 비해 고한제는 장시간 노동, 저임금, 나쁜 위생 조건 아래서 이루어지는 생산 형태만을 가리킨다. 즉 "하청제는 고한제 없이도 존재하고, 고한제는 하청제 없이도 존재한다".[37]

그렇다면 이스트엔드와 같은 빈민 지역에서 고한제라는 생산 조직이 확산될 수 있었던 배경은 무엇인가. 이 문제에 대해서는 아서 바우먼Arthur A. Baumann의 설명을 참조할 만하다. 일반적으로 사람들은 고한제가 싸구려 제품을 찾는 하층민의 수요를 겨냥한 생산 조직이라고 생각한다. 생산의 저렴화와 신속화야말로 고한제의 특징이다. 그러나 바우먼은 무조건 고한제 생산과 하층민용 싸구려 제품을 연결 짓는 것은 잘못이라고 항변한다. 고한제는 하층민의 의복 수요, 특히 외국인 이민들의 수요 때문에 발전한 것이 아니었다. 이 제도는 대불황기의 소득 배분의 변화와 밀접한 관련이 있다.

일반적으로 대불황기에 사람들의 소득 수준이 낮아졌다고 생각한다. 그러나 장기간의 물가 하락과 더불어 정규 노동자들의 실질 소득은 높아지고 있었다. 정규 노동자, 서기, 상점주, 그 밖에 고정 소득을 올리는 많은 사람들은 비록 부유하지는 않더라도 사회적으로 상승하고 싶은 열망과 동경을 지니고 있었다. 그들은 노동자 재킷을 벗어버리고 정장에 블랙 코트를 걸치고 중절모를 눌러썼다. 불황과 더불어 사치품에 대한 수요는 줄어들었지만, 오히려 실질 소득이 상승한 사람들은 값이 싸면서도 깔끔하고 세련된 의복을 찾기 시작한 것이다. 바우먼에 따르면, 이와 같은 기성복 수요의 변화는 "현대 의복의 민주주의"를 반영한다. 고한제는

---

[37] Beatrice Potter, "East London Labour", 188쪽.

이런 수요 변화의 산물이었다.[38]

이스트엔드의 노동 실태를 언급하면서 부두 노동을 빠뜨릴 수 없다. "부두나 가라Go to the docks"라는 말은 희망이 없는 상태를 비유하는 19세기의 언어였다. 일반 사람들은 부두 노동자들을 "가망이 없는 빈털터리irrecoverable never-do-wells", 또는 "추락한 천사down-fallen angel"로 표현했다. 그들은 막노동자의 부두 유입을 경계했고, 박애주의자들은 자극적인 어조로 부두에서 일어나는 범죄를 강조하기도 했다.[39] 부두 노동자들 가운데 외국인 이민은 별로 없었다. 이들은 대체로 소수의 정규 노동자와 다수의 비정규 노동자로 구성되었다. 포터의 자료에 따르면, 그녀가 조사한 6,199명의 부두 노동자 가운데 정규직은 35%를 차지했다. 그러나 중소 부두까지 포함하면 정규직의 비율은 훨씬 더 낮아질 것이었다. 정규 노동자들은 숙련공과 같은 체통이 있다고는 할 수 없지만, 주당 소득이 20실링 이상이어서 빈곤선 이하 집단으로 분류되지 않는다. 나머지 부두 노동자들은 모두 빈곤선 아래에 머물렀다. 비정규 노동자들은 다시 두 부류로 나뉘었다. 하나는 일감이 있을 때 우선 고용되는 사람들ticken men이고, 다른 부류는 일감이 넘쳐날 경우에 고용 기회를 얻는 사람들이었다. 계절적 불황이나 경기 변동에 가장 취약한 사람들은 바로 마지막 부류였다. 이들이 때로는 이스트엔드 지역의 범죄자로 전락하기도 했다.[40]

넷째, 이스트엔드에서의 봉사 활동 경험을 소개하거나 이 지역에 대한 일반인의 뿌리 깊은 편견을 비판하는 논설들도 많다.[41] 예컨대 케이티 카우퍼Katie Cowper

---

38) Arthur A. Baumann, "Possible Remedies for the Sweating System", 290~292쪽.
39) Beatrice Potter, "Dock Life of East London", 483쪽.
40) Beatrice Potter, "Dock Life of East London", *Nineteenth Century*, vol. 22(1887. 10) 490~492쪽.
41) Brooke Lambert, "The Outcast Poor I : Esau's Cry", 916~923쪽 ; Richard Heath, "The poor man's Gospel", *Contemporary Review*, vol. 45(1884. 6), 811~827쪽 ; Katie Cowper, "Some Experiences of Work in an East-End District", *Nineteenth Century*, vol. 18(1885. 11), 783~793쪽 ; Jane Stuart-Wortley, "The East End as represented by Mr. Besant", *Nineteenth Century*, vol. 22(1887. 9), 361~375쪽 ; Mary Jeune, "The Creed of the Poor", *National Review*, vol. 11(1888. 6), 553~566쪽 ; William W. Wakefield, "The East End",

는 성공회의 한 여성 전도 단체에서 활동한 경험을 소개한다. 그녀는 학교 어머니회 모임에서 전도를 하기도 하고, 부녀 클럽에서 함께 바느질을 하면서 다양한 주제에 관해 강의하거나 토론을 벌이기도 했다. 또한 소녀들의 모임을 이끌면서 카드 게임이나 도미노 놀이 또는 알파벳 놀이를 소개해 열띤 호응을 얻었다.[42] 카우퍼가 보기에, 이스트엔드 주민들에 관한 풍문은 근거 없는 것이었다.

> 이스트엔드 전체가 온갖 사악함과 부도덕으로 가득하다는 일반적인 견해가 있다는 것을 알고 있다. 그러나 모든 구역에서 그런 것은 아니다. 그 지역 사람들에게서 내가 보았던 모든 것으로 미루어, 지나친 음주나 부도덕은 내가 맡았던 다른 지역의 교구보다 덜한 편이었다.[43]

종교 단체나 다른 사회단체의 일원으로 이스트엔드에서 활동한 인사들은 한결같이 극소수를 제외하고는 빈민가 주민들의 삶이 부도덕하거나 타락하지 않았다고 강변한다. 그들에게 적절한 휴식과 교육 그리고 레크리에이션의 기회를 제공하면 할수록 암울한 분위기가 사라지리라는 희망을 피력하고 있다. 오히려 일상생활에서 그들이 보여주는 인내에 경탄을 보내기도 한다.[44] 빈민이 종교에 관심을 가지고 있지 않다는 주장 또한 근거 없는 것이었다. 오히려 이스트엔드 빈민들 사이에 삶의 고통을 인내로 참아나가는 경향이 짙은 것은 그들이 단순한 신앙, 특히 영생에 대한 암묵적인 확신을 가졌기 때문이었다. 메리 진Mary Jeune에 따르면, 이런 신앙에서 배태된 희망이야말로 지상에서의 삶을 참아낼 수 있도록 하는 원

Contemporary Review, vol. 54(1888. 12), 793~805쪽 ; Henrita O. Barnett, "Social Problem : East End Crime", *National Review*, vol. 12(1888. 12), 433~443쪽 ; Frederick Greenwood, "Misery in Great Cities", *Nineteenth Century*, vol. 25(1889. 5), 737~752쪽 ; Robert Gregory, "The Inhabitants of East London", *Quarterly Review*, vol. 169(1889. 10), 431~459쪽 ; Octavia Hill, "Our Dealings with the Poor", *Nineteenth Century*, vol. 30(1891. 8), 161~170쪽 ; Edward Reeves, "Poverty in London", *Westminster Review*, vol. 138(1892. 9), 244~257쪽.
42) Katie Cowper, "Some Experiences of Work in an East-End District in an East-End District", 783~785쪽.
43) Katie Cowper, "Some Experiences of Work in an East-End District in an East-End District", 786쪽.
44) Mary Jeune, "The Creed of the Poor", 554쪽.

동력이었다. "천국이 부자를 위한 것이 아니라 자기네가 물려받을 것이라는 강한 확신보다 더 충격적인 것은 내게 보이지 않았다."[45]

마지막으로, 이스트엔드의 유대인 이민 문제를 다룬 논설들이 있다.[46] 1880년대 초부터 급격하게 증가한 유대인 이민에 대해 영국인들은 어떤 태도를 보였을까. 물론 영국에서는 대륙의 경우와 달리 유대인 혐오증judaeophobia이 사회 표면에 드러나지는 않았지만, 어쨌든 그들을 사회의 이방인으로 취급하는 편견은 뿌리 깊이 남아 있었다. 어떤 필자들은 이 혐오증의 기원을 그들의 종족적 배타성tribal exclusiveness에서 찾는다. 골드윈 스미스Goldwin Smith에 따르면, 유대인들은 오랫동안 편협하게도 자민족 중심의 세계관을 버리지 않고 있다. 독일을 비롯한 여러 나라에서 나타나는 유대인 혐오증은 바로 이런 이유에서 비롯한다는 것이다. 유대인은 그들만의 고유한 종교적 우상에 집착하고 다른 모든 것을 배제한다. "모든 다른 민족은 적어도 인류에 대한 헌신을 공언한다. 비록 그들 모두는 애매하기는 하지만, 보편적 형제애가 실현될 날을 기대한다. 유대인만이 자기네 종족이 인류 가운데 가장 뛰어나다고 생각하며, 다른 민족과의 궁극적인 연대가 아니라 다른 종족 모두에 대한 승리를 대망한다."[47]

그럼에도 몇몇 논설들에서 유대인의 근면성에 대해 경탄하는 소리를 들을 수 있다. 포터는 유대인이 경영하는 작업장의 상태가 생각만큼 열악하지 않다는 점을 강변하는데, 그 이유는 영국인 공장주가 낮에 자신의 사무실이나 집에 머무는 반면 유대인 경영자들은 노동자와 함께 작업하기 때문이다.[48] 데이비드 실로스David Schloss는 이스트엔드의 유대인 양복업자와 의류 제조업자들을 소개하면

---

45) Mary Jeune, "The Creed of the Poor", 559쪽.
46) Goldwin Smith, "The Jewish Question", *Nineteenth Century*, vol. 10(1881. 10), 494~515쪽 ; Herman Adler, "Recent Phases of Judaeophobia", *Nineteenth Century*, vol. 10(1881. 12), 813~819쪽 ; David F. Schloss, "The Jew as a Workman", *Nineteenth Century*, vol. 29(1893. 1), 96~109쪽 ; Isaac H. Isaac, "The Jew and Moddern Thought", *Westminster Review*, vol. 140(1893. 9), 24~57쪽.
47) Goldwin Smith, "The Jewish Question", 497쪽.
48) Beatrice Potter, "East London Labour", 168쪽.

서 그들의 근면한 생활 태도를 칭송한다. 실로스의 논설에서는 유대인 이민 급증에 따른 실업의 두려움이나 극단적인 유대인 혐오증이 나타나지 않는다. 그가 화이트채플에서 만난 한 기계공은 매주 3일씩 시간급을 받으며 작업장에서 일했는데, 근무하는 날에도 14시간 이내로 일하는 경우가 거의 없었다. 그는 항상 그보다 더 오랜 시간 일하려고 했다. 대다수 영국인 노동자들에게서는 찾아보기 어려운 태도이다.[49] 이어서 그는 다음과 같이 덧붙인다.

> 유대인 노동자는 대개 유대인이 아닌 이웃보다 더 오랜 시간 일하려고 한다. 유대인은 낮은 임금을 받고서도 일하려고 한다는 통념은 내가 보기에 전적으로 근거가 없는 것 같다. 물론 숙련되지 않은 노동자는 유대인이든 기독교인이든, 불행하게도 어떤 종류의 일이든 아무리 임금이 낮아도 일할 수밖에 없을 것이다. 그러나 숙련된 유대인들이 많으며, 그들은 비유대인 노동자들 못지않게 높은 임금을 받는다.[50]

지금까지 살펴본 대로, 이스트엔드를 다룬 논설들은 이 지역이 직면한 여러 문제를 언급하고 있지만 대부분 빈민과 노동자들에 대한 희망을 버리지 않는다. 사실 겉으로 보면 그들은 '버려진' 존재였다. 특히 1880년대는 주기적 불황, 농업 공황, 이민, 치열한 생존 경쟁으로 점철된 시기였다. 음주, 조혼, 무모한 다산, 만성 질환 등에 시달리는 극빈층은 실제로는 '가망 없는 계급hopeless classes'이라는 말과 동의어로 쓰였다.[51] 찰스 부스도 처음 사회 조사를 시작할 때에는 가난하지만 가능성이 있는 '진정한 노동 계급'과 극빈층을 구별하려 했다. 그러나 상당수 논설들은 그 극빈층에게서도 개선의 가능성을 발견한다. 가난, 질병, 저소득 등 여러 여건이 좋지 않음에도, 일반의 편견과는 달리 그들 대부분은 자신의 삶에

---

49) David F. Schloss, "The Jew as a Workman", 101쪽.
50) David F. Schloss, "The Jew as a Workman", 102쪽.
51) José Harris, "Between Civic Virtue and Social Darwinism : the Concept of the Residuum", David Englander · Rosemary O'Day (eds.), *Retrieved Riches : Social Investigation*, 68쪽.

충실하려고 노력했다. 다만 인구 과잉과 조혼과 이민이 빈곤의 악순환을 가져오는 주된 요인일 뿐이었다.

4. 빈곤과 이데올로기

이스트엔드에 관심을 기울인 박애주의자들은 실제로 당대의 문학 속에서 형상화되기도 했다. 그 대표적인 사례로 월터 베전트Walter Besant의 소설 《만인의 생활상All Sorts and Conditions of Men》(1882)을 들 수 있다. 이 소설은 출신이 다른 두 남녀의 애정을 다룬다. 고등 교육을 받은 부유한 상속녀 안젤라 메신저Angela Messenger와 젠틀맨 교육을 받았으면서도 자신이 원래 화이트채플 출신이라는 사실을 알게 된 후에 이스트엔드에서 평범한 가구공으로 살아가는 해리 가슬릿Harry Goslet의 러브스토리이다. 두 사람은 이스트엔드 주민들에게 삶의 기쁨과 아름다움을 느낄 수 있는 일종의 문화적 기회를 제공하는 것이 시급하다는 생각에서 '기쁨의 궁전Palace of Delight'을 세운다.

베전트의 소설에서 박애주의자의 꿈을 보여주는 '기쁨의 궁전'은 몇 년 후에 현실로 나타났다. 소설의 내용에 공감한 박애주의자들이 모금 활동을 벌여, 이스트엔드 주민을 대상으로 하는 문화 시설 '인민 궁전People's Palace'을 세운 것이다. 이곳은 원래 '기쁨의 궁전'을 모방해 음악당, 도서관, 여가 시설, 체육관 등 주민들에게 문화 활동과 레크리에이션의 기회를 제공할 예정이었다. 그러나 이 시설은 1888년 개관한 이후 베전트의 소설에 나오는 원래의 구상과는 상당히 다르게 운영되었다. 모금 규모가 예상을 밑돌게 되면서 인민 궁전 운영자들은 수입을 늘리려는 의도에서 중간 계급을 대상으로 하는 교육 프로그램에 큰 비중을 둘 수밖에 없었다. 그러다 1890년대 이후에는 기술 교육 기관으로 바뀌었다.[52]

---

52) 인민 궁전 자리에는 오늘날 퀸 메리 폴리테크닉 칼리지가 들어서 있다.

빈민에게 문화를 제공한다는 원래의 취지를 감안하면 이것은 "실패한 사회 공학"의 한 사례라고 할 수 있다.[53] 실제 인민 궁전에서 내세운 '문화'라는 구호는 1870년대 이전의 상대적 번영기에 더 적절했을지도 모른다. 빈민과 노동자에 대한 문화적 관심은 웨스트엔드 부유층 사이에 박애주의가 깊이 뿌리내리고 차티즘 Chartism과 같은 급진적 노동 운동이 기세를 잃은 빅토리아 시대 중기에 오히려 더 커다란 영향을 끼쳤을 것이다. 1880년대는 경제적으로 모든 것이 이전과 뒤바뀐 시대였다. 경제 불황, 만성적인 주택 부족, 빈곤의 심화, 사회주의 운동, 노동 불안이 잇달았다.

인민 궁전의 실패는 중간 계급 출신 지식인들의 관심이 결국 빈민의 시각이 아니라 자신의 의도대로 빈민을 새롭게 주조하려는 열망에서 비롯되었음을 보여준다. 그뿐만 아니라 그들의 자선 행위 가운데 상당수는 위선에 지나지 않는다는 비판도 있었다. 오스카 와일드Oscar Wilde에 따르면, 빈곤을 취급하는 적절한 방법은 "가난이 나타날 수 없는 그런 토대 위에 사회를 다시 세우는" 것이다. 이타주의는 가난을 해결하는 데에 방해가 될 뿐이다. 이타적 동기로 자선을 행하는 것은 문제를 실제로 분석하는 것과 다르다. 그는 다음과 같은 독설을 서슴지 않는다. "자선은 무수한 죄악을 만든다."[54] 실제로 와일드는 소설가 베전트를 겨냥해 비판하기도 한다. "엄청나게 그리고 매일 늘어나는 소설가라는 작자들, 그들에게 태양은 항상 이스트엔드에서 떠오른다. 그들에 관해서 말할 수 있는 것이란, 인생이 야하다는 것을 알아차리고서도 실제로는 그것을 그대로 방치한다는 점이다."[55]

비단 와일드의 조롱이 아니더라도, 당대에 빈곤 문제를 해결하기 위한 갖가지 구호 활동이 난무하면서 그 부작용 또한 만만치 않았다. 대표적인 예가 바나도 박사

---

53) Simon Joyce, "Castles in the Air : the People's Palace, Cultural Reformism, and the East End Working Class", 515쪽.
54) Oscar Wilde, "The Soul of Man under Socialism", Richard Ellmann (ed.), *The Artists as Critic : Critical Writings of Oscar Wilde*(Chicago : Univ. of Chicago Press, 1969), 256쪽.
55) Oscar Wilde, "The Decay of Lying", Richard Ellmann (ed.), *The Artists as Critic : Critical Writings of Oscar Wilde*, 296쪽.

〈그림 2〉 빈민 아동

를 둘러싼 추문 사건이다. 바나도는 이스트엔드에서 빈민가 어린이들의 참상을 목격한 후, 중국에서 의료 선교를 하려던 계획을 포기하고 이 어린이들을 위한 구호 활동에 뛰어들었다. 그가 설립한 구호 단체 '이스트엔드 청소년 전도단East End Juvenile Mission'은 이 지역의 대표적인 자선 운동 단체로 성장했다.[56]

1877년 봄 바나도는 창녀와 사통하고, 기부금을 횡령했다는 추문에 휘말렸다. 특히 이 사건의 진상 조사에 적극적이었던 것은 '자선조직협회(Charity Organization Society, COS) 인사들이었다. 이들은 과학적이고 체계적인 조사와 이에 바탕을 둔 합리적 대안을 강조했다. 그 때문에 종교 단체의 기금이나 구호 활동에 불신감을 나타내기도 했다. 바나도 박사 추문 사건은 "종교적 자선과 세속적 구호, 전통적 구호와 과학적 접근" 사이의 갈등을 나타내는 셈이었다. 그리고 이것은 이스트엔드에서의 자선 활동의 주도권을 둘러싸고 일어나는 갈등이기도 했다. 자선협회 인사들은 바나도를 비롯한 종교 단체의 자선이 겉으로는 종교적 열정과 고결함과 진정성을 표방하더라도 실제로는 빈말cant에 지나지 않는다는 불신감을 가지고 있었다. 진정한 자선이란 빈민에 대한 무차별적인 구호가 아니었다. 그들은 과학적 조사를 통해 가능한 한 많은 빈민이 스스로 빈곤에서 벗어날 수 있도록 이끄는 데 노력을 기울여야 한다고 생각했다.[57]

---

56) Seth Koven, "Dr. Barnardo's 'Artistic Fictions' : Photography, Sexuality and the Ragged Child in Victorian London", 9~10쪽.

COS는 1833년 신빈민법New Poor Law의 정신을 그대로 이어받은 단체였다. 그들은 공적 구호와 개별적인 자선을 엄격하게 구별하고자 했다. 그들은 1870년대 이후 여기저기에서 생겨난 개별적인 자선 단체들이 오히려 신빈민법의 원칙을 무너뜨리고 있다고 비판했다. 특히 개별적인 자선은 '자선을 받을 만한' 빈민에게만 선택적으로 베풀어져야 할 것이었다. 공적 구호의 대상은 바로 '자선을 받을 수 없는' 빈민pauper이었다.[58] 그리고 이 둘을 구별하는 기준은 '인격character' 이었다. 인격을 가진 빈민은 자조를 통해 빈곤 상태에서 벗어날 수 있을 것이다. 자선은 그들의 자조를 돕는 방향으로 이루어져야 했다. 바넷이나 힐과 같은 COS의 주요 인물들은 무차별적으로 이루어지고 있는 개별적인 자선 행위, 즉 원외 구호가 오히려 빈민을 더 나태와 타락으로 빠뜨리며 부도덕하게 만든다고 생각했다.

1880년대 이스트엔드에 관한 논설을 쓴 지식인들의 언어에는 진화론의 영향이 묻어난다. 예를 들어 포터, 마셜, 윌리엄 부스William Booth 등이 도시 빈민을 가리키는 언어로 즐겨 사용한 '찌꺼기residuum' 라는 말은 다윈의 진화론 개념과 관련된 것처럼 보인다. 1882년 앤드루 먼스Andrew Mearns가 자신의 책 제목으로[59] 처음 사용한 이래 사람들 사이에 널리 퍼진 '버려진 런던outcast London' 이라는 말도 이에 해당한다. 자본주의가 발전할수록 사람들 사이에 경쟁이 치열해지고, 그 과정에서 생존에 적합한 사람들이 승리를 거두는 반면, 적합하지 않은 나머지 사람들이 도태된다는 것이다. 세계에서 가장 부유한 나라에서 빈곤층이 광범위하게 자리 잡고 있다는 기묘한 현실은 사회 진화론social Darwinism의 관점에서 설명하는 것이 가장 타당해 보였다. 도태된 사람들이 생존한 것은 문명이 그들을 방치

---

57) Seth Koven, "Dr. Barnardo's Artistic Fictions': Photography, Sexuality and the Ragged Child in Victorian London", 13~16쪽. 바나도 박사와 COS의 갈등 및 대립에 관해서는 다음의 연구가 있다. Gillian Wagner, "Dr. Barnardo and the Charity Organization Society : A Re-Assessment of the Reynolds-Barnardo Arbitration Case of 1877", Ph. D. Dissertation(London School of Economics, 1977).
58) 이 시기 COS에 관해서는 김덕호, 〈산업사회 영국의 빈곤과 복지정책〉, 《역사학보》 제144집(1994), 190~196쪽을 볼 것.
59) Andrew Mearns, *The Bitter Cry of Outcast London*.

하지 않았기 때문이다. 이것이 자연의 세계와 다른 점이었다.[60] 스테드먼 존스J. Stedman Jones에 따르면, 이 시기에 사회 진화론은 도시 빈곤 지역을 설명할 수 있는 유력한 이론의 토대가 되었다. 대도시 빈민은 원시 종족primitive tribes 또는 야만인으로 비유할 수 있었으며, "메울 수 없는 유전적 결함"을 지닌 사람들이었다. 사회 진화론은 "기존의 사회관계를 정당화하고 그와 동시에 인종 및 계급 불평등에 대한 믿음을 전파하는" 유력한 수단이 되었다.[61]

과학적 조사의 대변인이라고 할 수 있는 찰스 부스 또한 기본적으로 이런 태도를 갖고 있었다. 사회 진화론의 관점에서 자본가와 기업가들은 자연선택natural selection의 구현체였다. 기업가들의 이기심이야말로 "생산, 분배, 경영"의 추진 동력이며, 그들이 "선도적인 역할"을 맡지 않는다면 사회는 더 이상 진보할 수 없을 것이었다.[62] 1888년에 발표한 한 논문에서 그가 고한제 경영자를 중간착취자로 바라보는 견해를 비판한 것도 같은 맥락에서 해석할 수 있다. 오히려 고한제 경영자들은 "산업을 선도하는 지성과 판단력을 갖춘", 그리고 "부를 자본으로 바꾸고 그 자본을 임금으로 바꿀 수 있는" 사람이었다. 부스는 인간의 이타성을 신뢰하지 않았기 때문에 사회주의 슬로건을 무조건 높이 평가할 수 없었다.[63] 다만, 문명사회의 빈곤을 해결하기 위해 사회주의적 조치를 제한적으로 수용하는 선에 머물러야 했다. 그가 보기에 사회주의적 개혁은 문명의 기반인 개인주의를 보호하는 수단으로서 제한적으로만 이루어져야 했다.[64]

---

60) José Harris, "Between Civic Virtue and Social Darwinism : the Concept of the Residuum", 67쪽.
61) J. Stedman Jones, *Outcast London*(Oxford : Oxford Univ. Press, 1971), 10~15쪽.
62) Charles Booth, "A Discussion on Socialism"(1879), Univ. of London, Senate House, Palaeography Room, Ms. 797/11/27/7, 12쪽.
63) Charles Booth, "Is There Any Conflict of Interest to be Feared in England between Labour and Capital on the Question of State Interference with Industry?", Univ. of London, Senate House, Palaeography Room, Ms. 797/11/29/2, 4쪽.
64) 그가 국가에 의한 노령 연금 조성을 주장한 것은 이런 맥락에서 이해할 수 있다. Charles Booth, "Enumeration and Classification of Paupers and State Pensions for the Aged", *Journal of Royal Statistical Society*, vol. 54(1891. 12), 600~643쪽.

박애주의나 체계적인 사회 조사를 표방한 도덕주의자들의 이면에는 이와 같은 일종의 생물학주의biologism와 자본주의에 대한 믿음이 자리 잡고 있었다. 사회 진화론을 받아들인 지식인들은 진화가 반드시 진보를 뜻하지는 않는다는 점을 내세웠다. 인간은 자신의 물질적 환경에 적응할 수 있는 존재였다. 만일 환경이 악화되었을 경우 사람들은 이에 적응해 타락한 존재로 변모할 것이다. 타락한 환경 아래서는 개선의 가능성이 있는 사람들까지도 결국 그 영향에서 벗어나지 못할 것이다. 바넷이나 힐은 국가의 지원을 주장하면서도 시민들의 자발적인 참여와 노력을 통한 문제 해결을 모색했다. 이를테면 힐이 빈민의 주택 개량 활동에 참여하면서도 적정 이윤을 남길 수 있는 민간 사업의 모델을 구현하고자 노력한 것도 이런 사회관에서 비롯했다.[65]

5. 지식인과 이스트엔드의 거리

1880년대 평론지의 논설들은 대부분 중간 계급 출신 지식인들의 '사회적 양심'을 강조하는 박애주의 경향을 보인다. 논설의 필자들은 빈민에 대한 직접적인 지원보다는 빈민의 자구적인 노력을 이끌어낼 수 있는 여건의 조성, 즉 간접적인 지원을 강조한다. 이 점에서 당시의 논설들을 빅토리아 시대 중기에 중요하게 생각하던 '자조'의 가치를 반영한다고 할 수 있다.[66] 빈민의 상태를 개선하기 위해서는 우선 불량 주택의 개량에 관련된 기존의 법체계를 보완하고 특히 지방 당국이 구체적인 집행 능력을 갖추어야 할 필요가 있었다. 조혼과 다산을 막기 위한 계몽과 아울러 이민에 대한 규제 조치도 필요했다. 이와 함께 좀 더 많은 사회단체와

---

65) 이런 견해는 다음을 볼 것. Heden Meller, "Urban Renewal and Citizenship : the Quality of Life in British Cities, 1890~1990", *Urban History*, vol. 22, Pt 1(1995), 63~64쪽.
66) 그러나 빈민과 노동 계급의 자조를 강조하더라도 그것은 중간 계급의 적극적인 후원 아래 가능한 것이었다. 따라서 '후원에 의한 자조'라고 할 수 있다.

개인들이 이 지역의 빈곤 퇴치에 참여하고 관심을 기울여야 했다. 그들의 관심과 후원이 증가할수록 이스트엔드 빈민과 노동자들 또한 '자조'를 통한 삶의 향상을 이룰 수 있을 것이었다.

이 시기의 지식인들은 이스트엔드의 다양한 사회적 풍경을 체계적이고 과학적으로 조사했다. 그들은 이런 자료를 바탕으로 논설을 썼고, 이를 통해 공공 여론을 조성하고자 했다. 그리고 이들의 활동은 기본적으로 사회 진화론의 영향을 받았다. 어느 면에서 보면 이들의 노력은 상당한 성과를 거두었다고 할 수 있다. 이들의 논설을 통해 좀 더 많은 사람들이 이 지역의 사회 문제에 관심을 기울이게 되었기 때문이다. 그러나 다른 한편, 그들의 논설 자체가 이스트엔드의 빈곤과 타락을 더 세밀하게 그려냄으로써 이스트엔드의 부정적인 이미지를 형상화하는 데 기여하기도 했다.

물론 당시 지식인들의 대다수가 빈곤 문제를 해결하는 방법으로 자조의 측면만 강조했던 것은 아니다. 페이비언주의자들과 사회주의자들은 국가 간섭의 강화와 국가 주도에 의한 해결에 관심을 기울였다. 그러나 그들의 견해와 주장은 당시 식자층 일반에게 널리 읽혔던 잡지와 발행 부수가 많은 평론지보다는 자신들의 단체가 펴내는 기관지에서나 찾을 수 있을 뿐이었다. 적어도 19세기 말까지 영향력 있는 잡지는 그 정치적 성향이 무엇이든, 여전히 1834년 신빈민법의 원칙이 지배하고 있었다. 빈곤 문제에 대한 적극적인 국가 간섭과 사회주의적 대안이 중요한 이슈가 된 것은 다음 세기에 접어든 이후의 일이었다.

그렇다면 1880년대에 평론지 논설의 필자들은 이스트엔드에 얼마나 가까이 다가섰는가. 여러 가지 헌신적인 활동과 빈곤에 대한 깊은 성찰에도 불구하고, 중간 계급 출신의 도덕주의자들은 이스트엔드 주민들의 삶을 어디까지나 자신의 시각을 통해 바라보았다. 자선과 봉사 활동도 중간 계급의 의도대로 그들을 변화시키는 데 목적이 있었다. 아직도 빈곤은 사회 구조의 산물이라기보다는 개인의 책임이 뒤따르는 것이었다. 그들은 이스트엔드에 가까이 다가서려고 노력했지만, 그럼에도 그곳은 아직은 그들에게 먼 곳일 뿐이었다.

참고문헌

Alan Palmer, 《이스트엔드 : 4세기에 걸친 런던 생활The East End : Four Centuries of London Life》 (London : John Murray, 1989)

Anita Dobson, 《나의 이스트엔드My East End》(London : Pavillion Books, 1987)

David Feldman, 《영국인과 유대인 : 사회관계와 정치 문화 1840~1914Englishmen and Jews : Social Relations and Political Culture1840~1914》(New Haven : Yale Univ. Press, 1994)

Fermin Rocker, 《이스트엔드의 세월 : 스텝니에서 보낸 유년 시절The East End Years : a Stepney Childhood》(London : Freedom Press, 1998)

Gertrude Himmelfarb, 〈빈곤의 문화The Culture of Poverty〉, H. J. Dyos · Michael Wolff (eds.), 《빅토리아 시대의 도시Victorian City》, vol. 2(London : Routledge and Kegan Paul, 1973), 707~735쪽

Gilda O'Neill, 《나의 이스트엔드 : 런던 코크니의 역사My East End : a history of Cockney London》(London : Viking, 1999)

Gillian Wagner, 〈바나도 박사와 자선조직협회 : 1877년 레이놀즈-바나도 중재 재판의 재검토Dr. Barnardo and the Charity Organization Society : A Re-Assessment of the Reynolds-Barnardo Arbitration Case of 1877〉, Ph. D. Dissertation(London School of Economics, 1977)

Helen Meller, 〈도시 재개발과 시민 정신 : 1890~1990년간 영국 도시 생활의 질Urban Renewal and Citizenship : the Quality of Life in British Cities, 1890~1990〉, 《도시사Urban History》 22(1995), 63~84쪽

H. J. Dyos · D. A. Reeder, 〈슬럼과 교외Slums and Suburbs〉, H. J. Dyos · Michael Wolff (eds.), 《빅토리아 시대의 도시Victorian City》, vol. 1(London : Routledge and Kegan Paul, 1973), 359~386쪽

Israel Finestein, 《빅토리아 시대 영국 유대인 사회Jewish Society in Victorian England》(London : Vallentine Mitchell, 1993)

John Gorman, 〈또 다른 이스트엔드의 기억Another East End : a Remembrance〉, Geoffrey Alderman · Colin Holmes (eds.), 《열외자와 부랑자들 : 윌리엄 피시먼 기념 논총Outsiders & Outcasts : Essays in Honour of William J. Fishman》(London : Duckworth, 1993), 167~184쪽

José Harris, 〈시민의 덕목과 사회 진화론 사이에서 : 최하층민의 개념Between Civic Virtue and Social Darwinism : the Concept of the Residuum〉, David Englander · Rosemary O'Day (eds.), 《거듭난 부자들 : 1840~1914년간 영국의 사회 조사Retrieved Riches : Social Investigation

in Britain, 1840~1914》(Aldershot : Scolar, 1995), 68~87쪽
Lara V. Marks, 《어머니의 전형 : 이스트런던 유대인 어머니들의 모성 단련, 1870~1939 *Model Mothers : Jewish Mothers and Maternity Provision in East London, 1870~1939*》(Oxford : Oxford Univ. Press, 1994), xxi, 320쪽
P. J. Keating, 〈이스트엔드의 사실과 허구 Fact and Fiction in the East End〉, H. J. Dyos · Michael Wolff (eds.), 《빅토리아 시대의 도시 *Victorian City*》(London : Routledge and Kegan Paul, 1973), vol. 2, 585~602쪽
Rosemary Taylor · Chris Lloyd, 《한 세기에 걸친 이스트엔드 *A Century of the East End*》(Stroud : Sutton, 1999)
Roy Porter, 《런던의 사회사 *London : A Social History*》(Cambridge, Mass. : Harvard Univ. Press, 1998)
Seth Koven, 〈바나도 박사의 '기술적 허구' : 사진, 섹슈얼리티 그리고 빅토리아 시대 런던의 누더기 걸친 아이들 Dr. Barnardo's 'Artistic Fictions' : Photography, Sexuality and the Ragged Child in Victorian London〉, *Radical History Review*, no. 69(1997), 6~45쪽
Simon Joyce, 〈수포로 돌아간 성채 : 인민 궁전과 문화 개혁 그리고 이스트엔드의 노동 계급 Castles in the Air : the People's Palace, Cultural Reformism, and the East End Working Class〉, *Victorian Studies*, vol. 39, no. 4(1996), 513~538쪽
Tony Kushner, 〈런던 이스트엔드의 유대인과 비유대인 : 일상적 관계의 인류학을 위하여 Jew and non-Jew in the East End of London : towards an Anthropology of 'Everyday' Relations〉, Geoffrey Alderman · Colin Holmes (eds.), 《열외자와 부랑자들 : 윌리엄 피시먼 기념 논총 *Outsiders and Outcasts : Essays in Honour of William J. Fishman*》, 32~52쪽
Victor E. Neuburg, 〈거리의 문학 The Literature of the Streets〉, H. J. Dyos · Michael Wolff (eds.), 《빅토리아 시대의 도시 *Victorian City*》, 191~209쪽
William J. Fishman, 〈약속의 땅의 친지들 : 이스트엔드의 아일랜드 및 유대인 이민에 관한 성찰 Allies in the promised land : reflections on the Irish and the Jews in the East End〉, Anne J. Kershen (ed.), 《런던은 약속의 땅이었나? : 수도에서의 이민 경험 *London, the Promised Land? : the Migrant Experience in a Capital City*》(Aldershot : Avebury on behalf of the Centre for the Study of Migration, 1997), 38~49쪽

나치 일상에서의 동의와 이의*

김 학 이**

1. 나치즘과 저항

나치즘은 역사가에게 언제나 가혹한 도전이다. 이는 비단 나치가 자행한 홀로코스트가 문명과 야만의 중첩을 적나라하게 드러냈기 때문만이 아니다. 그것은 인간 역사의 전개에 날실과 씨실처럼 얽혀 있는 체제와 저항의 문제가 나치즘의 경우 희망과 윤리를 말하기가 난망할 정도로 일방적이었기 때문이기도 하다. 나치가 집권한 직후 자유, 인권, 법적 평등, 시민 사회의 자율성 등의 가치가 모조리 무력화되었을 때, 그에 대한 저항은 너무도 미미했다. 유의미한 규모의 봉기도 시위도 파업도 없었고, 그런 의지를 가진 사람들은 지하로 숨거나 해외로 망명했다. 그 후 체제의 문제는 주로 나치 권력 블록 간의 경쟁이나 갈등에서 비롯되었을 뿐, 나치 체제의 안정성은 2차 대전 후반까지 강고하게 유지되었다. 결국 패전이

---

* 이 글은 2005년 9월에 《역사와 문화》 제10집에 실린 같은 제목의 논문을 수정·보완한 것이다.
** 한국외대 독어과를 졸업하고 서울대 대학원 서양사학과에서 석사 학위를 받았다. 독일 보훔대학교에서 역사학 박사 학위를 받았다. 현재 동아대학교 사학과 교수로 재직 중이다. *Industrie, Staat und Wirtschaftspolitik. Die Konjunkturpolitische Diskussion in der Endphase der Weimarer Republik 1930~1932/32*를 썼고, 《나치 시대의 일상사》, 《나치스 민족공동체와 노동계급》 등을 옮겼다. 논문으로는 〈바이마르 공화국 말기 기업가와 정치〉, 〈나치 경제정책과 자동차산업〉, 〈홀로코스트와 근대성〉 등이 있다.

가시화된 1944년 7월이 되어서야 보수 세력 일각이 체제의 전복을 꾀했지만, 그것은 오히려 나치 권력을 공고화시키고 말았다. 이는 1차 대전이 끝나갈 무렵 독일이 파업으로 얼룩진 끝에 혁명으로 귀결되었던 사정과 너무도 선명하게 대비된다. 거칠게 말해 체제의 마지막 순간까지 나치즘의 대오는 물샐틈없이 견고했다.

나치즘과 저항에 대한 위 진술은 분명 사실이다. 하지만 이는 피상적인 사실이다. 위 진술은 저항 개념을 체제에 대한 의식적 도전으로 정의하고, 체제의 안정성을 그렇게 규정된 저항 행위의 유무로 평가할 때에만 타당성을 얻기 때문이다. 다시 말해서 그런 평가는 지배 체제를 좁은 의미의 정치권력의 문제, 혹은 기껏해야 거대 사회 집단의 동의 문제로 축소시킬 때 성립되는 것이다. 우리가 지배 체제의 문제를 푸코Michel Foucault처럼 미시 정치 차원에서 접근하면 사태는 달라진다. 권력의 담지자는 정치 세력이나 사회 집단이 아닌 개개인 혹은 집합적 개인으로서의 대중이 되고, 권력의 장은 정치가 아니라 일상이 된다. 여기에서 일상이란 독일의 일상사Alltagsgeschichte에서 정립된 개념으로서, 체제에 대한 아래로부터의 경험이자, 그 경험을 해석하는 문화이다. 일상은 지배의 대상인 아래의 사람들이 체제의 경험을 처리해 그것을 자신의 독자적인 현실로 번역하는 의미화 및 전유화의 메커니즘인 것이다. 이런 미시 정치 혹은 일상의 시각에서는 나치즘과 저항의 문제가 거대 담론에서와는 다르게 파악될 수밖에 없다. 그것은 전복 의지의 유무로 평가되지 않고, 지배 체제의 정책 의지가 일상에서 전달되고 번역되고 전유되는 과정에서 전개되는 체제에 대한 포섭과 이탈 그리고 재포섭의 문제로 평가되기 때문이다. 그리고 그때의 역사학은 정치사와 사회사가 아니라 일상사가 된다.

일상사의 차원에서 지배와 저항의 문제에 접근한 국내 학자를 꼽으라면 단연 임지현이다. 그는 '대중독재'라는 신조어를 만들어내면서까지 독재 권력의 대중적 기반을 강조했다. 근본적으로 알튀세Louis Althusser의 주체화 이론에 입각하고 있는 임지현은 독재가 대중에 대한 독재가 아니라 대중에 기반한 독재이며, 이때 대중은 지배에 의해 호명되는 수동적 존재이지만 그 호명에 의해 인민 및 민족으로 주체화되는 것이기에 그는 이미 능동적인 존재이고, 따라서 20세기의 독재는 대중의 동의에 입각한 "합의독재"라는 테제를 제시했다.[1] 이 테제는 일상사의 기본 신념과 어긋난다. 일상사에서 중요한 한 측면은 대중에 의한 체제의 전유이기 때문이다. 그러나 임지현의 테제는 자칫 일상의 장에 함몰되어 지배의 문제를 도외시할 수도 있는 일상사의 함정에 대한 좋은 경계가 될 수도 있다. 왜냐하면 대중에 의한 체제의 전유가 구조적으로는 도리어 체제를 안정시키는 역할을 할 수도 있고, 그 체제를 넘어서는 장기적 변화의 동인이 될 수도 있기 때문이다. 그리하여 이 글은 나치 체제에서의 지배와 저항의 문제를 권력 행사와 그에 대한 도전이라는 이분법으로가 아닌, 지배 권력의 일상적 경험과 전유 및 재포섭의 쌍방향적 피드백 현상으로 정리하고자 하며, 따라서 주로 계급과 이데올로기 영역에서 이루어진 기존의 연구 성과를 되짚어보려 한다. 나치즘은 20세기 전반의 고도로 발달한 산업 사회에서, 그 사회의 계급의 문제를 유대인 문제로 주장하고 실천한 세계관 운동이었기 때문이다.

2. 노동자 일상의 원자화

나치 체제에 대한 일상적 경험을 본격적으로 연구한 지는 그리 오래지 않다. 그것은 나치 체제의 기능적·구조적 논리, 특히 나치 체제의 모순과 한계를 규명하는 데 평생을 바쳤던 브로샤트Martin Broszat가 1970년대 말에서 1980년대 초에 '비순응적 저항Resistenz'이라는 새로운 개념을 제시하면서 시작되었다. 여기에서 브로샤트는 행위자의 체제 전복 의도 여부와 상관없이 나치 체제의 동원과 침투에 불응하는 행위까지를 모두 저항에 포함시켰다. 그 개념이 통상적인 의미의 저항에서 크게 벗어나서 사실상 체제의 한계를 뜻했다는 것은 브로샤트 스스로가

---

[1] 임지현·김용우 엮음,《대중독재 1—강제와 동의 사이에서》(책세상, 2004).

자신의 개념이 '면역(免疫)'이라는 의학적 개념과 유사하다고 밝힌 데서도 잘 드러난다. 브로샤트의 저항 개념은 추후 다른 역사가들로부터 두고두고 뭇매를 맞게 되지만, 일상에 주목함으로써 저항 개념을 확대한 것은 폄하될 수 없는 그의 학문적 공헌이다.[2)]

나치 체제와 노동의 관계에 대한 혁신적인 시각은 브로샤트보다 앞선 시기인 1975년에 메이슨Timothy W. Mason이 제시했다. 메이슨의 관심이 노동자 저항의 구체적인 양상에 있었던 것은 아니다. 그는 오히려 나치 치하 독일의 계급 관계를 새로이 규명하는 데 주력했고, 나치의 군수 생산을 분석 대상으로 삼았다. 메이슨의 연구는 단순한 사실에서 출발한다. 나치 독일은 일찍부터 군수 생산에 진력했지만, 그 결과가 신통치 않았다. 최근의 연구 역시 이를 잘 보여준다. 오버리Richard J. Overy가 제시한 통계를 보면, 슈페어Albert Speer가 군수 장관으로 활동하기 전년도인 1942년의 경우 소련이 탱크를 2만 4,446대 생산한 데 반해 나치는 9,300대를 생산하는 데 그쳤다. 그런데 그해에 나치 독일은 철강 2,870만 톤을 생산한 데 반해, 소련은 겨우 810만 톤을 생산했다.[3)] 여기에서 드러나는 전반적인 경향은 너무도 분명하다. 나치 독일은 철강이라는 '공업의 쌀' 상당 부분을 민수에 소비했던 것이고, 소련은 압도적으로 군수에 소비했던 것이다.

메이슨은 이 기막힌 현상의 원인을 "노동 계급"의 "저항Opposition"에서 찾았다. 메이슨은 노동에 대한 나치 지도부의 강박관념, 내부적 경쟁이라는 나치 지배 체제의 메커니즘, 그리고 군수 경제에 의한 완전 고용에 주목함으로써 독특한 저항 개념에 도달했다. 나치 지도부, 특히 히틀러Adolf Hitler는 1차 대전의 패인이 독일 노동자들의 저항이라고 믿었기 때문에 노동자들의 물질적 조건을 악화시키면 앞으로의 전쟁에서 또다시 패하리라고 확신하고 있었다. 게다가 상호 경쟁적

---

2) Martin Broszat, "'Resistenz und Widerstand'", Martin Broszat (Hrsg.), *Bayern in der NS-Zeit*, Bd. 4 (München, 1981), 691~709쪽. 브로샤트Martin Broszat에 대해서는 김학이, 〈총통국가의 내부 구조와 나치 운동의 파괴적 역동성〉, 《서양사론》 제45호(1995)를 참조하라.
3) 리처드 오버리, 《스탈린과 히틀러의 전쟁》, 류한수 옮김(지식의풍경, 2003), 217쪽.

인 분권적 나치 권력 블록들의 자가 동력이 나치 체제를 앞으로 내몰며 과격화시키고 있던 터였다. 이때 노조를 대체해 만들어진 노동 전선은, 그 설립 의도대로라면 노동자들에 대한 이념 교육에만 집중해야 했음에도 불구하고, 현실에서는 노동자의 마음을 진정으로 얻어서 자기들의 권력 기반을 다지려 했다는 것이다. 여기에 1936년 이후의 완전 고용 사태가 닥친다. 이제 노동자들은 경쟁적 나치 지배 체제와 완전 고용이라는 체제의 균열 점들을 적극적으로 이용해 임금 인상 등 생활수준의 유지 및 향상에 힘썼다는 것이다. 결근, 병가, 작업장 이탈, 전직(轉職) 등이 그 구체적인 수단이었다. 나치의 군수 생산이 만족할 만한 수준에 도달하지 못했던 것은 바로 그런 노동자들의 움직임 때문이었다. 메이슨의 논지를 과격하게 표현한다면, 나치 독일은 전쟁터에서 패배한 것이 아니라 독일 "노동 계급의 저항"에 직면해 내부에서 또다시 패배한 것이 된다.[4]

물론 메이슨의 저항 개념에는 문제가 있다. 임금을 인상시키려는 노동자 개개인의 움직임을 노동 계급의 운동으로 파악한 것도 무리이거니와, 그 임금 인상 노력을 저항으로 승격시킨 것도 문제다. 달리 표현하자면, 메이슨의 저항 개념은 체제에 반하는 활동 양상들로부터 추상된 것이 아니라, 체제의 사회적·심리적 한계로부터 개념적으로 도출된 것이다. 여기에서 브로샤트와 메이슨이 동일한 입장에 서 있었음이 확인된다. 그들은 다만 방향만 달랐던 것일 뿐이다. 메이슨이 체제의 움직임이라는 '위'에서 노동자의 일상을 바라보았다면, 브로샤트는 '아래'에서 체제의 한계를 확인하려 했던 것이다.

필자가 보기에, 메이슨 이후 노동자들의 일상을 바라본 연구자들 중에서 가장 설득력 있는 연구자는 포이케르트Detlev Peukert다. 그는 노동자들의 체제 경험을 단순히 기술하는 것을 넘어서서 그것의 구조적 변화를 포착했고, 또 노동자에 의한 체제의 전유 현상에 주목했기 때문이다. 다만 포이케르트의 연구 성과를 제대로 드러내기 위해서는 조금 에둘러 갈 필요가 있다. 그래서 우선은 포이케르트와 비

---

4) 티모시 메이슨, 《나치스 민족공동체와 노동계급》, 김학이 옮김(한울, 2000).

숫한 시기에 비슷한 문제의식을 갖고 작업했던 커쇼Ian Kershaw의 연구를 들여다보기로 한다. 나치 시대 바이에른의 일상을 연구했던 브로샤트의 프로젝트에 참여했던 커쇼는 그때 거둔 성과를 성찰하면서, 기존의 저항Opposition · Widerstand · Resistenz 개념을 모두 물리쳤다. 그리고 그는 저항이란 단어에 필연적으로 따를 수밖에 없는 동기 및 의도의 차원에서 벗어나면서도 체제를 거스르는 다양한 행위들에 정치적인 의미를 부여하기 위해 "정치적 이의the political dissent"라는 개념을 사용했다.[5]

커쇼가 우선적으로 발견해낸 것은 집권 초기 노동 운동에 대한 나치의 가혹한 공격과 억압 그리고 이에 따른 노동자들의 좌절감과 혼돈이다. 그러나 그것도 잠시, 노동자들의 불만은 1934년 이후에 본격적으로 표출된다. 그 양상은 아주 다채로워서 노동자들의 공동 결정권을 담보하던 공장 평의회Betriebsrat를 대체한 신임 위원회Vertrauensrat 선거에서 노동자들이 공장에 따라 심지어 80%에 이르기까지 부표(否票)를 던졌다거나, 어느 기업의 근무 외 모임에 종업원 1,200명 중 겨우 12명이 나타났다거나, 또 다른 기업의 단체 영화 관람 행사에 참여한 노동자가 전체 400명 중 4명에 불과했다거나, 회사의 열혈 나치 이사의 결혼 선물을 위한 모금에 700명의 종업원이 고작 12마르크를 냈다거나, 구(舊)사민당 지도자의 장례식에 노동자들이 대거 나타났다거나, 고속도로 건설 현장에서 노동자들이 인터내셔널가를 열창했다거나, "하일 히틀러!Heil Hitler!"라는 인사를 쓰는 노동자들이 드물었다거나 하는 등등이다. 노동자들은 낮은 임금과 들먹이는 물가, 강화되는 공장의 내부 규율 등을 거론하며 특히 나치당과 노동 전선 그리고 그 직원들의 부패를 비난했다. 커쇼는 노동자들이 찬사를 보낸 나치의 정책들도 발견한다. 노동 전선을 혐오하되, 노동 전선이 열성적으로 추진했던 '기쁨에 의한 힘Kraft durch Freude'에는 박수를 보내고, 나치 정권의 고용 창출 정책을 환영했으며, 점점 가시화되던

---

5) Ian Kershaw, *Public Opinion and Political Dissent in the Third Reich, Bavaria 1933~1945*(Oxford · New York : Oxford Univ. Press, 2002).

히틀러의 외교적 성공에 환호했다.[6]

 이상이 1936년 이전의 상황이다. 이제 커쇼는 1936년 이후 완전 고용의 상황으로 나아간다. 우선 그 이전 시기에는 주변 지역의 실업 노동자, 미숙련 노동자, 건설 노동자 등 그야말로 주변적인 노동자들이 주로 불만을 터트린 데 반해, 이제는 공업 중심부의 기계 산업과 군수 산업의 숙련 노동자들이 주축이 되었다. 그들은 자신의 힘을 분명하게 의식하고 있었고, 보다 정치적이었으며, 보다 전투적이었다. 나치 당원이 모여 있는 건물의 유리창을 부수거나 공장 담벼락에 반(反)나치 구호를 휘갈겨놓는 경우도 있었다. 여기서 유의할 사항이 있다. 위에서 열거한 그 다양한 행위들이 '이의dissent', 그것도 심지어 '정치적 이의'일까? 단순한 불만은 아닐까? 이를 의식했음인지, 커쇼는 단순한 불만과는 다른 사항을 첨가한다. '모함죄 Heimtückerei', 다시 말해 체제에 대한 악의적 비난 혐의로 기소된 자의 수가 1938년에는 1936년의 세 배, 1935년의 다섯 배나 증가했다는 것이다. 모함죄는 체제에 의해 범죄로 낙인찍힌 일상적인 악담이다. 그것은 체제가 방관했다면 단순한 불평에 멈추었을 수도 있었을 것이, 정상성의 기준을 일체화된 동원에서 찾던 체제 때문에 정치적 의미를 갖게 된 발언이다. 부가적으로 강조할 사항은 메이슨이 강조했듯이 임금을 개인적으로 인상시키려는 움직임——결근과 병가의 증가, 지각, 공장에서 빈둥거리기, 일하다가 슬며시 나가기, 나가서 술 취해서 들어오기, 직장에서 해고되어 다른 직장에 취직하기 위해 고의적으로 일탈하기 등——역시 강력하게 표출되고 있었다는 사실이다.

 커쇼는 1936년 이전과 마찬가지로 그 이후에도 노동자들이 언제 나치즘에 찬성했는지를 찾아낸다. 이때는 특히 히틀러가 외교에서 성공을 거둔 때였다. 그러나 동시에 커쇼는 그 성공의 이면에 숨은 노동자들의 불안도 발견해낸다. 1938년 이후 전쟁의 기운이 짙어지면서, 노동자들은 전쟁의 공포에 시달리게 되었다. 예컨

---

6) '기쁨에 의한 힘Kraft durch Freude'은 노동 전선의 한 분과 조직으로서 노동자들의 여가 활동을 조직했다. 노동자들은 특히 그 기관이 제공한 여행을 대단히 긍정적으로 평가했다. Ian Kershaw, *Public Opinion and Political Dissent in the Third Reich, Bavaria 1933~1945*, 66~110쪽.

대 지하에 방공호를 파다가 집으로 가버린 노동자들이 그렇다. 하지만 중요한 점은, 커쇼에 따르면 그런 상황에 직면한 노동자, 즉 "자신의 힘을 의식하고 있던" 그 노동자가 간 길은 반(反)나치 쪽이 아니었다. "상황을 변경시킬 수 없고" 또한 "그 상황에서 빠져나갈 수 없다"고 믿었던 그들은 "타조처럼" "자기 자신"과 "생존"에만 몰두했고, "미래에 대한 생각을 배제시켜버렸다"는 것이다. 이것이 무엇인가? 그것은 "실의resignation"이며 "무감동apathy"이다. 커쇼의 결론은 이렇다. "노동 계급은 나치즘으로 전향되지 않았다. 그러나 정치적 힘으로서는 실질적으로 중립화되었다. 망명 사민당의 독일 보고서의 말따나 나치즘의 성공은 노동 계급의 원자화 그리고 과거에는 노동자 내부의 차이점들을 극복하고 상이한 집단들을 하나로 묶어낼 수 있었던 지도부의 괴멸에 있었다."[7)]

유의할 사항이 한 가지 있는데, 이는 사료의 문제다. 예컨대 커쇼와 상반된 시각을 갖고 있는 알프 뤼트케Alf Lüdtke는 커쇼가 나치즘에 대한 노동자들의 "정치적 이의"를 검출해낸 자료에서 노동자의 동의를 발견해낸다.[8)] 이는 두 역사가의 전망이 상이한 탓만은 아니다. 문제는 정작 사료에 들어 있는 정보 자체가 양가적이라는 점에 있다. 그동안 독일의 일상사 연구가 크게 의존해온 주된 각종 보고서들이 바로 그렇다. 망명 사민당이 독일 내부에 심어두었던 첩보원들의 보고서를 취합한 독일 보고서가 그렇고, 친위대 산하 보안국Sicherheitsdienst의 인민 동태 보고서가 그렇고, 도시 감독관Regierungspräsident의 보고서가 그렇다. 그런 보고서에는 심지어 동일한 시점에서 정반대의 정보가 발견되기 일쑤다. 이는 보고서의 내용이 워낙 다양하고 방대하기도 하지만, 보고 내용이 보고자의 전망에 따라 윤색되어 있기 때문이기도 하다. 예컨대 같은 사안을 두고도 친위대 보안국은 노동자의 저항 잠재력을 강조하고, 사민당원은 노동자의 체제 통합을 강조한다.

---

7) Ian Kershaw, *Public Opinion and Political Dissent in the Third Reich, Bavaria 1933~1945*, 110쪽.
8) 알프 뤼트케, 〈"붉은 열정"이 어디 있었는가?〉, 알프 뤼트케 외, 《일상사란 무엇인가》, 나종석 외 옮김(청년사, 2002), 301~372쪽 ; Alf Lüdtke, "The Appeal of Exterminating 'Others' : German Workers and the Limits of Resistance", Christian Leitz (ed.), *The Third Reich*(Oxford : Blackwell, 1999), 155~177쪽.

사정이 이렇다면 보고서는 보다 단단한 다른 자료와 함께 분석되어야 할 것이다. 이런 방법을 택한 연구자로 말만Klaus-Michael Mallmann이 있다. 그는 자르 지방에서의 체제에 대한 일상적 경험을 다루면서 각종 보고서는 물론, 게슈타포의 수사 및 법원의 판결에 이른 사건들을 분석했다.[9)]

우리의 검토 작업에서 말만의 연구가 중요한 것은 그가 저항 대신 커쇼의 "이의" 개념에 준거하면서도 커쇼와 달리 일상에서 나치즘에 대한 동의를 검출해내기 때문이다. 특히 말만은 커쇼가 정치적 이의의 증거로 제시했던 모함죄의 사례들을 분석한다. 1934년 말에 모함죄를 입법화한 나치는 체제에 대한 악담을 '인민저항Volksopposition'으로 분류했고, 많은 역사가들 역시 그 분류를 뒤따라갔다. 말만은 그런 분류에서 정치성을 제거한다. 우선은 욕설의 내용을 검토해보니, 대부분은 체제를 근본적으로 문제 삼은 발언이 아니다. 이는 대부분 나치를 "쓰레기통, 룸펜, 허풍쟁이, 백치, 건달, 멍청한 개자식"처럼 거짓말쟁이나 백수 등으로 묘사하거나, "오입쟁이, 동성애자, 후장 빠는 놈, 기생오라비" 등 성적으로 비하하는 표현들이었다. 게다가 4개년 계획, 군수 정책, 교회 정책, 로카르노 조약의 파기 등 비판하기에는 어느 정도의 배경 지식이 필요한 사안에 대한 욕설은 극히 예외적이었다.

욕설의 내용도 그렇기는 하지만 말만의 분석에서 특히 빛나는 것은 모함 '범법자'들의 사회적 성분과 모함죄가 발생한 구체적인 상황들을 분석한 부분이다. 이를 위해 그는 95건의 모함죄를 분석했는데, 자르 지방이 중공업 지역이었던 만큼 범법자의 65%가 노동자이고, 95%가 남성이며, 25세에서 40세 사이의 청장년이 50%였다는 점은 납득이 가는 노릇이다. 더욱 주목해야 할 사항은 범죄가 벌어진 장소다. 술집이 47%, 작업장이 15%, 집 근처가 11%, 도로가 10%였다. 그리고 범법자의 개인적인 사정 역시 분석했는데, 주로 실업 급여를 신청했다가 거부당한

---

9) Klaus-Michael Mallmann · Gerhard Paul, *Herrschaft und Alltag. Ein Industrierevier im Dritten Reich. Widerstand und Verweigerung im Sarrland 1935~1945*(Bonn, 1991).

실업자, 시장에 좌판을 설치하려다 거부당한 소상인, 입찰에서 경쟁자에게 밀린 중소기업가, 임금에서의 세금 공제를 받아들이려 하지 않은 노동자, 작업장에서 모욕을 당한 노동자들이었다. 악의적인 발언이 터져 나오는 순간적인 상황도 흥미롭다. 돌격대원과 언쟁을 하던 와중이나, 친위대 정복을 입은 사나이와 갑자기 맞부딪쳤을 때, 나치 고위 인사의 라디오 연설을 듣다가, 히틀러 사진을 보았을 때 등이었다. 거칠게 정리하자면, 경제적으로 궁지에 내몰린 중년 아저씨가 술 한잔 마시고 취한 터에 돌격대원이 술집 안으로 들어오는 바람에 울컥했는데, 하필이면 그때 술집에 설치된 라디오에서 괴벨스Joseph Goebbels의 연설이 흘러나오자 크게 흥분해서 즉흥적이고도 순간적으로 "괴벨스 아가리 닥쳐!"라고 화를 낸 것이 그만, 체제에 대한 모함죄로 적시되어 특별 법정에 서게 되었다는 이야기다.[10]

말만의 분석은 소중하다. 음모죄와 같은 대표적인 인민 저항 행위가 실제로는 "지극히 정상적인 사회적 갈등" 혹은 사회적 "부적응의 한 형태"일 뿐이요, 높게 잡아줘도 "사회적 불복종의 최소 형태"임이 입증되었기 때문이다. 그런 행위들은 커쇼가 제시한 "정치적 이의" 개념에도 미치지 못한다. 말만의 해석은 한 걸음 더 나간다. "모함 행위"는 일상적인 생활고에 시달리던 사람이 자신의 불만과 분노를 폭발시킨 것인 만큼, 그때 욕을 먹은 나치 국가와 당은 개인적인 좌절의 책임을 뒤집어쓴 "고전적인 속죄양"이 된 것이고, 역으로 욕을 한 사람은 그 욕설로서 개인적인 불행을 배설한 것이다. 따라서 모함죄는 저항이 아니라 오히려 일상적 불만의 "통풍구"다.[11] 그리하여 체제에 대한 악담은 체제에 대한 불만을 해소시켜주면서 나치즘을 유지시켜주는 수단이다.

말만은 악담에 대한 상황 분석을 발판으로 하여, 특히 악담이 체제를 유지시켜주던 한 수단이었다는 점을 밝히면서 일상의 '작은 사람들'이 궁극적으로 나치 체

---

10) Klaus-Michael Mallmann · Gerhard Paul, *Herrschaft und Alltag. Ein Industrierevier im Dritten Reich. Widerstand und Verweigerung im Sarrland 1935~1945*, 333~338쪽.

11) Klaus-Michael Mallmann · Gerhard Paul, *Herrschaft und Alltag. Ein Industrierevier im Dritten Reich. Widerstand und Verweigerung im Sarrland 1935~1945*, 331쪽.

제에 동의했다고 해석한다. 하지만 이는 비약이다. 악담의 기능과 체제에 대한 동의라는 두 항은 상이한 층위에 있고, 그 두 층위가 서로 연결되기 위해서는 악담을 퍼붓는 사람이 나치의 동원에 참여했다는 고리가 필요하기 때문이다. 말만 자신의 분석은 실제 상황이 굉장히 달랐음을 보여준다. 자르 지역 노동자들은 나치 집회에 참여하지 않고 가급적 빠지는 것이 일반적이었다. 그들은 1923년의 쿠데타에서 숨진 나치를 기리는 기념식이건, 노동 전선 집회건, 노동절 행사건 가급적 멀리했다. 심지어 노동 전선 직원조차 집회에 불참하는 경우가 비일비재했다. 그 상황이 어땠는지는 1938년 히틀러가 자르를 방문했을 때, 해방 광장을 메울 노동자를 강압과 매수를 통해 겨우 조달했던 상황에서 극명하게 드러난다.

게다가 자르 지방 사람들은 외국의 뉴스에 아주 민감했다. 그들은 스트라스부르 방송이건, 스페인에 기지를 둔 방송이건, 영국 BBC의 독일어 방송이건 상관없이, 심지어 라디오 모스크바까지 열심히 청취했다. 이는 외국 방송 청취를 불법화한 1939년 9월 1일 이후에도 전혀 줄어들지 않았으며 오히려 증가했다. 전쟁 상황이 궁금했기 때문이었다. 당시 전국적으로 외국 방송 청취자가 약 200만 명에 달했다. 말만은 이것을 "정보의 허기"를 메우려던 사람들이 만들어낸 "제2의 여론"이었다고 평가한다. 정보의 허기는 물론이거니와 나치 선전에 대한 불신의 표현이다. 이런 사정은 체제에 대한 악담을 도발하던 가장 흔한 것이 나치의 선전 그 자체였다는 사실에서도 확인된다. 나치의 선전을 들으면, 불만이 분노로 증폭되어버렸던 것이다.

심한 경우 금고형 5년에 처해졌던 외국 방송의 불법 청취 행위는 아마 골방에서 몰래 행해졌을 것이다. 이것은 여론의 장이 찢겨져 있었음을 나타내준다. 그래서 말만은 자신의 연구를 총괄하는 결론 중의 하나로, 1935년 이후 나치 일상의 특징은 저항이 아니라 "사회적 지각과 사회적 행위를 자신의 생존과 직접적으로 관련된 것에 국한시키는 것"이었다고 지적한다. 즉 말만은 커쇼의 '정치적 이의'를 단순한 이의로 평가 절하했지만, 작은 사람들의 일상이 개별화되었다는 커쇼의 최종적인 평가에는 동의하고 있는 셈이다. 그렇다면 그 이의와 일상의 원자화는 어떻게 관련되는 것일까? 커쇼보다는 조금 앞서고, 말만보다는 훨씬 앞선 시기에 작은 사람들의 일상에 주목하면서 체제 비판과 일상의 원자화 경향 두 가지를 부각시킨 것은 물론 그 관련성에 주목한 역사가가 있다. 바로 포이케르트다.[12] 포이케르트는 커쇼와 비슷하게, 다양한 나치 및 망명 사민당의 보고서에서 나치 "정부의 거의 모든 정책이" "거의 모든 주민 집단"으로부터 "비판을 받았다"는 점을 발견한다. 그러나 동시에 그는 그런 불만과 비판이 "진정으로 저항적인 하나의 전체로 결집하지 않았다"는 점에 유의한다. 포이케르트는 그 원인을 우선, 그 비판들이 "통상적으로 명료하게 한계 지어진 개별적 측면"에 대한 것이었고, 또한 "사람들은 어느 한 분야에서 나치를 거부한다고 해도 또 다른 분야에서는 나치 체제를 지지했다"는 점에서 발견한다.[13] 그러나 그보다 포이케르트의 주의를 끈 것은 일상의 "원자화" 경향이다.

나치 치하에서 아래의 일상 및 소통이 원자화된 것에는 나치의 전체주의적 경향이 중요한 역할을 했다. 사회를 국가화 혹은 정치화시키려는 전체주의적 동원은 여기에 비판적인 사람들을 그 동원의 문턱 아래로 후퇴시켰기 때문이다. 다시 말해서 사람들은 "공적인 영역에서 사적인 영역으로 후퇴"했던 것이다. 기실 역사가들이 발견해낸 아래로부터의 체제 비판은 대부분 이 사적 영역에서 발화된 것들이며, 나치즘이 모함죄로 처벌한 악담들 역시 바로 이곳에서 나온 것들이다. 그 평범한 욕설들이 '정치적 이의'로 변질된 것은, 그런 사적 영역조차 방치하지 않

---

12) 데틀레프 포이케르트, 《나치 시대의 일상사. 순응, 저항, 인종주의》, 김학이 옮김(개마고원, 2003).

13) 데틀레프 포이케르트, 《나치 시대의 일상사. 순응, 저항, 인종주의》, 89쪽. 아래의 서술은 111~114 · 119~121 · 160 · 164~168쪽. 내용을 압축하기 위해 아래에서는 포이케르트Detlev Peukert 이후에 나온 연구들이지만 포이케르트 논점의 연속선상에 있는 논의들도 함께 결합시켜 제시한다. 필자는 주로 다음 연구들을 참고했다. Carola Sachse (Hrsg.), *Angst, Belohnung, Zucht und Ordnung. Herrschaftsmechanismen im Nationalsozialismus. Mit einer Einleitung von Timothy W. Mason*(Opladen, 1982) ; Wolfgang F. Werner, *Bleib Übrig*(Düsseldorf, 1983) ; Ulrich Herbert, "Arbeiterschaft im 'Dritten Reich'. Zwischenbilanz und offene Fragen", *Geschichte und Gesellschaft* 15(1989), 320~360쪽 ; Klaus Wisotzky, "Zwischen Integration und Opposition. Aspekte des Arbeitsverhaltens im Nationalsozialismus", Anselm Faust (Hrsg.), *Verfolgung und Widerstand im Rheinland und in Westfalen*(Köln, 1992).

으려 했던 나치즘의 전체주의적 성격 때문이었다. 그러나 논리적으로 보면, 공적인 영역으로부터의 후퇴가 곧바로 일상의 원자화를 빚어내는 것은 아니다. 공적 영역과 사적 영역 사이에는 사회라는 부문, 보다 좁히자면 '연대 환경milieu'이라는 층위가 존재하기 때문이다. 그리하여 동원과 거부의 결과가 일상의 원자화로 나타났던 것은, 나치의 동원이 '작은 사람들'의 사회, 특히 노동 운동에서의 전통적인 연대 환경의 파괴를 동반했기 때문이다. 연대 환경의 부재는 개별화 혹은 탈정치화를 의미할 수밖에 없다.

그러나 일상의 원자화는 체제의 동원과 이에 대한 아래의 반응에서만 비롯된 것이 아니다. 그것에는 나치즘과 무관하게 전개되고 있던 근대 산업 사회의 논리, 특히 '미국화'란 개념으로 압축되고 있던 현상, 즉 대중문화의 도래가 중요한 역할을 했다. 여기에서 대중문화란 몰개인적인 문화를 개별적으로 소비하는 현상을 지칭한다. 흥미로운 점은 나치 역시 의도적이고 정책적으로 이 근대적인 현상에 개입했다는 사실이다. 이것은 괴벨스가 의식적으로 추진한 '국민라디오Volksempfänger'의 보급과 히틀러가 열광적으로 추진했던 '국민차Volkswagen'의 기획에서 입증된다. 그러나 그것만이 아니다. 메이슨이 이미 언급한 바 있듯이, 노동 전선의 '기쁨에 의한 힘'이 열성적으로 추진했던 대중적인 여행 프로그램도 마찬가지였다. 이 기관은 극성기였던 1938년에 총 1,030만 차례의 여행을 조직해냈다. 비록 나치의 선전처럼 지중해로 선상 여행을 떠나는 것은 극히 드물었지만, 노동자들은 여기에 열광적으로 반응했다. 여기서 우리는 사적 영역으로 위축되고 개별화되는 현상이 나치즘에서만 발견할 수 있는 고유한 것이 아니라, 나치즘에 의하여 의도적으로 촉진된 일반적인 근대적 현상이었음을 알 수 있다.

일상이 원자화된 세 번째 원인도 대중문화의 확산과 논리를 같이한다. 간전기(間戰期)는 서구 전체에서 노동관계의 합리화, 특히 임금 체제의 분화가 꾸준하게 진행되던 시기였다. 나치는 이 전반적인 흐름을 의도적으로 강화했다. 더욱이 독일에서는 노동 운동의 괴멸로 말미암아 상대적으로 그 경향이 더욱 효과적으로 추진될 수 있었다. 노동자들의 반응은 엇갈렸다. 합리화에 부수되는 노동 강도의 강화는 반감을 불러일으켰지만, 자기 노동력의 상품성을 인식하는 노동자 개인에게 임금 체제의 분화는 생활수준의 개선과 사회적 상승의 가능성을 함축하는 것이었다. 게다가 나치의 군수 정책이 낳은 경제 붐 그리고 그에 따른 노동력 부족 현상은 노동자들의 '개별적인 임금 정책'에 보다 풍부한 기회를 제공했다. 그리고 그 정책은 노동자들로 하여금 전통적인 가치인 '연대'에서 '나의 능력에 입각한 개별적인 상승'으로 시선을 돌리게끔 했었다. 게다가 이것은 노동을 자아실현으로 파악하던 관점이 노동을 순전히 도구적인 태도로 파악하는 시각으로 현저하게 변화하는 과정을 함축하는 것이었다.

일상을 원자화시킨 네 번째 논리는 전쟁 상황에서 나왔다. 전쟁 중 노동자들의 최대 관심은 전쟁 전의 생활수준을 유지하는 것이었다. 적어도 전쟁의 전반부에는 그 바람이 성취되고 있었다. 게다가 전쟁은 또 다른 상승의 기회를 제공했다. 여성 노동을 동원하고 싶지 않았던 나치는 독일 경제에 외국인 노동력을 대거 투입했는데, 한참 시기에 외국인 노동자의 수는 독일 전체 노동력의 25%에 달했다. 심지어 군수 산업에서는 절반이 넘었다. 문제는 그들이 주로 미숙련 노동을 담당했다는 것이다. 따라서 군대에 징집되지 않은 노동자들은 노동자 내부 위계에서 위로 상승할 수 있었다. 전쟁의 후반부에는 상황이 달라진다. 그때 노동자들은 징집과 폭격을 대면해야 했다. 두 가지는 완전히 상이한 층위에 있는 것이었지만, 노동자 개인의 경험은 동일했다. 노동자는 그 개인의 능력이 기업에 필수 불가결해야만 징집을 피할 수 있었고, 폭격이 시도 때도 없이 닥치는 상황에서 삶의 방향타는 일터 및 나와 가족 이외는 아무것도 없었다.

삶은 우연에 의해 결정되는 듯이 보였다. 징집되느냐 아니냐, 동부 전선인가 서부 전선인가, 부상당했는가 아닌가, 동부에 사는가 서부에 사는가, 대도시에 사는가 소도시에 사는가, 도심에 사는가 교외에 사는가 등에 삶이 좌우되고 있었던 것이다.[14] 따라서 유일한 관심은 나와 가족이다. 나머지는 알 수도 없고, 알고 싶지

---

14) Ulrich Herbert, "Arbeiterschaft im 'Dritten Reich'. Zwischenbilanz and offene Fragen", 356쪽.

도 않다. 결과는 총체적인 절망감과 무감동과 고립감이다. 그것은 포이케르트의 정식화대로, "여위고 고립된 채 사회적 관련 및 의미 연관으로부터 벗어난 자아 중심으로의 후퇴"이고, 그렇기 때문에 전쟁 말기에 독일인들은 "그저 모든 것이 어떻게든 끝나버리기만을" 바라게 된다.[15] "여위고 고립된 채 사회적 관련 및 의미 연관으로 벗어난", '나와 가족과 일터'에만 집중하는 인간, 그 원자화된 무관심한 개인이 나치 시대 작은 독일인들이 끝내 도착한 모습이다. 그렇다면 체제에 대한 그들의 동의와 이의는? 이는 그 고립된 인간 존재의 이면이다.

3. 독일인의 일상과 유대인 문제

나치 시대의 일상을 주의 깊게 들여다보면, 아래의 작은 사람들이 나치 체제를 지지하느냐 거부하느냐의 여부는 나치즘이 가진 독특한 그 무엇보다는, 전통적으로 독일적인 혹은 서구의 근대성 일반에 보편적이었던 가치와 긴밀하게 결합되어 있었음을 알 수 있다. 사람들은 질서, 규율, 안전 등을 기준으로 하여 해당 체제를 바라보고 있었던 것이다. 그렇다면 나치즘의 독특한 면모에 대해 사람들은 어떻게 반응했을까? 만일 이 문제가 풀린다면 우리는 나치즘 그 자체에 대한 독일인들의 평가에 보다 가까이 다가갈 수 있을지도 모른다. 가장 나치다운 것? 그것은 역시 유대인 정책이다. 그리고 이 문제에서 일상사적 접근은 결정적이다. 독일의 일상사를 연구 방법론이나 이론적 성찰이 아닌 구체적인 연구 성과에서 보았을 때 아주 두드러지는 영역이 바로 이 부분이기 때문이다. 나치즘, 특히 히틀러에 대한 지지 문제는 과거에도 계속적으로 연구되어온 데 비해, 유대인 문제는 거의 언제나 '위'의 문제로 연구되어왔기 때문이다.

유대인 정책을 본격적으로 아래로부터 접근한 연구자가 위에서 언급한 이안 커

---

[15] 데틀레프 포이케르트, 《나치 시대의 일상사. 순응, 저항, 인종주의》, 372~374쪽.

쇼다. 사실 위에서 언급한 커쇼의 바이에른 연구서에서 가장 영향력을 발휘한 것도 유대인 정책을 다룬 장이다. 그가 내린 결론부터 미리 보자면, 커쇼는 두 가지 사항을 언급한다. 나치의 유대인 정책은 독일인들 사이에서 "나치즘의 위신을 떨어뜨렸다"는 것이 하나요, 그러나 작은 사람들의 반응이나 여론은 나치의 유대인 정책이 나선형적으로 과격화되는 "분위기"를 만들었다는 것이 다른 하나다. 언뜻 보아 모순되는 그 두 가지 정식화를 묶어주는 것은 바로 유대인 문제에 대한 독일인들의 "무관심"이다.[16]

커쇼는 통계부터 언급한다. 나치즘이 집권한 1933년 1월 현재 바이에른의 유대인 수는 4만 1,939명이었고, 이는 바이에른 전체 주민의 0.55%다. 유대인들은 주로 도시에 거주하고 있었으므로 농촌 지역에서는 유대인을 보기가 힘들었다. 이런 상황에서 이미 커쇼 해석의 키워드가 도출된다. 일상에서 보이지 않는 유대인에 대한 작은 사람들의 감정은 별 수 없이 "추상적인 무관심the abstract indifference"이었다는 것이다. 논리적으로 말하자면, 그 추상성은 "근대적 반유대주의"의 주된 특징이다. 커쇼는 종교 및 경제적 현실과 관련된 "전통적 반유대주의"와 인종주의적인 근대적 반유대주의를 구분하는데, 후자의 본질은 바로 그 추상성에 있다. 이를 한마디로 설명하자면, 인종주의적 반유대주의에서는 현실의 유대인이 아무리 모범적인 시민으로 살아도, 혹은 기독교로 개종한 지 아무리 오래됐어도 소용없다. 유대인의 생물학적 본질은 불변하기 때문에, 유대인의 선량한 현실 모습은 그저 위선일 뿐이다.

출발점이 그러했다면 진행은 어떠했는가? 커쇼는 1933년 4월의 보이콧과 1935년 9월의 뉘른베르크 법, 그리고 1938년 11월의 '제국 수정의 밤'이라는 세 번의 계기를 분석한다. 1933년 4월 초에 전국적으로 실시된 유대인 상점에 대한 보이콧은 유대인이 살지 않는 곳에서는 당연히 아무런 관심도 끌지 못했고, 실시된 곳에

---

16) 인용은 Ian Kershaw, *Popular Opinion and Political Dissent in the Third Reich, Bavaria 1933~1945*, 277쪽. 아래의 서술은 224~277쪽.

서는 아주 부정적인 반응을 낳았다. "밥맛없다distasteful"는 것이었다. 이유가 중요하다. 보이콧에서 발휘되고 있던, 제멋대로인 집단적 폭력이 싫다는 것이다. 이 지점에서 커쇼는 예리하다. 그 반응은 "원칙적인 반대"가 아니라는 것이다. 이것은 유대인에 대한 억압이 법에 입각한다면, 그리고 그로써 폭력과 무질서가 배제된다면 굳이 싫어하지 않겠다는 뜻이다.

유대인의 시민권을 빼앗아버린 나치 집권 초기의 입법을 뒤따라 성과 결혼이라는 가장 근원적인 인간 문제에서조차 유대인을 차별했던 뉘른베르크 법은 독일인들에게서 긍정적인 반응을 얻었다. 그 법은 그동안 벌어진 길거리 폭력을 마무리하는 것이었기 때문이다. 그것은 "어느 면으로 보나 유대 민족에 대한 객관적 투쟁"이라는 것이다. 그 법이 "아리아인"과 유대인 사이의 성 관계와 결혼을 금지해버린, 극히 반인륜적인 내용을 담고 있다는 사실은 관심 밖이었다. 물론 그 시기에 독일인들이 정부의 반유대주의 조치에 예민해지는 경우도 있었다. 예컨대 나치가 젖소 매매를 담당해온 유대인 중간 상인들을 시장에서 축출해버리자 농민들은 분노한다. 그동안 그들이 유대인 "브로커"를 아무리 욕했어도, 가장 높은 값을 쳐주는 사람은 바로 유대인 상인들이었기 때문이다. 다시 말해 아래의 독일인들은 자신의 경제적 이익이 침해되면 격렬하게 반응했던 것이다. 그러나 그 분노는 무관심과 동의어다. 따라서 체제가 공고화되는 그 시기 나치의 유대인 정책에 대한 독일인들의 공통적인 정서는 유대 문제 일반에 대한 무관심과 법적 조치에 대한 승인이다.

이것은 제국 수정의 밤에 대한 극히 부정적인 반응을 설명해준다. 1938년 11월 9일, 파리 주재 외교관의 피살 사건을 계기로 괴벨스의 주도하에 온갖 나치 조직들이 가담해 전국의 유대인 성당과 점포를 불태우고 파괴한 사건에 대한 독일인들의 반응은 "구역질"과 "격분"이었다. 파괴와 폭력과 재산 손실이 만연했기 때문이다. 커쇼의 시각은 일관된다. 그 부정적 반응의 이면에는 "합법적인 조치"는 상관없다는 감정이 깔려 있었다는 것이다. 따라서 제국 수정의 밤에 대한 부정적 반응에 놀란 나치가 화끈하지만 인기 없는 길거리 폭력 대신, 조용하지만 극히 효율적인 법적 접근을 택하자 독일인들은 유대인 문제에 대한 관심을 급속히 잃어버린다. 유대인들이 자기 점포를 턱없이 싼 값에 판매하도록 강요당하고, 공공장소에 출입할 수 없게 되고, 일상에서 유대인 표식을 달아야 했지만, 그것은 독일인들의 시야에 들어오지 않았다.

게다가 제국 수정의 밤 이후 망명하는 유대인이 급증하고 남아 있는 유대인들은 사회적으로 철저하게 고립된다. 그리고 '유대인의 집Judenhäuser' 으로 불리는 곳으로 거주가 제한된다. 따라서 독일 국내에 있지만 유대인들은 사실상 게토화된다. 다시 말하면, 독일인들의 일상에서 유대인은 보이지 않게 되었다는 것이다. 따라서 아래의 독일인들은 유대인 문제에 더욱 무관심해진다. 이러한 '분위기'에서 나치의 반유대인 정책은 더욱 강화된다. 그러나 보이지는 않고 관심도 없는데 나치의 선전만 무성하므로, 유대인은 "탈개인화depersonalized"된다. 남는 것은 오로지 추상성이다. 따라서 독일인들은 더욱 무관심해진다. 분위기가 점점 학살수용소와 비슷해지고 있는 것이다. 커쇼의 마지막 문장이 칼날 같다. "아우슈비츠로 가는 길은 증오로 건설되었지만, 무관심으로 포장(鋪裝)되었다." 그리하여 커쇼는 유대인 정책에 대한 독일인들의 반응을 "둔탁한 무감동과 될 대로 되라는 식의 수용"으로 총괄한다. 이것은 우리가 제2장에서 도착했던 중간 결산과 같다.

나치의 유대인 정책에 대한 반응 연구는 추후 계속 이루어진다. 그중 이스라엘 역사가 쿨카Otto Dov Kulka와 그의 제자 뱅키어David Bankier가 가장 많이 인용되는 연구자들이다. 특히 쿨카는 커쇼의 "무관심"의 자리에 "수동적 공모the passive complicity"를 써넣었다. 그렇다고 해서 그가 결정적으로 새로운 양상의 반응들을 발굴해낸 것은 아니다. 그는 다만 보다 풍부해지고 확대되었지만 기본적으로 커쇼와 비슷한 증거를 가지고 더욱 적극적으로 해석한 것이다. 그에 따르면 한편으로는 나치의 유대인 정책의 결정과 집행이 아래의 나치들 및 일부 일반인들의 압력에 떠밀려서 이루어졌고, 다른 한편으로는 특정한 조치들이 독일인들의 항의에 직면해 철회된 예가 많으므로, 유대인 정책에 대한 인민의 침묵은 정부의 정책에 대한 "수동적 공모"로 해석되어야 한다는 것이다.[17]

쿨카의 견해를 어떻게 보아야 할까? 잠시 이에 대한 커쇼의 평가를 보자. 2002년에 출간된 바이에른 연구서의 개정판 서론에서 커쇼는, "수동적 공모"라는 개념이 "설명을 모색하기보다 독일인들의 유죄 여부를 평가하는, 즉 행위를 묘사하기보다 도덕적이고 규범적인" 것이어서 자신은 "사용하기 어렵다"고 말한다.[18] 섣부르게 누구 편을 들어주기에 앞서 잠깐, 나치의 반유대인 조치가 독일인들의 항의 때문에 철회된 구체적인 경우를 살펴보자. 가장 극적인 사건은 1943년 2월 27일부터 3월 6일까지 총 8일 동안 베를린의 장미가(街)Rosenstrasse에서 펼쳐진 장면이다.[19] 유럽 유대인의 절멸을 결정한 지 1년여의 시간이 지난 시점에서 나치 지도부는 아직도 독일에 남아 있던 유대인들, 즉 군수 산업이 내주지 않고 있던 숙련 노동자들과 독일인과 결혼한 유대인들을 학살 수용소로 강제 이송시킨다는 결정을 내렸다. 베를린의 나치 친위대는 괴벨스의 지휘하에 300대의 트럭을 동원해 작전명 '최종적 검거'를 실시했다. 이때 약 1만 명의 유대인을 체포했는데, 그중에서 독일인 여성과 결혼한 유대인 남성들 약 2,000여 명을 장미가에 위치한 유대인 커뮤니티 센터에 감금시켰다.

유대인 노동력을 빼앗기고 싶지 않았던 대기업과 군수 생산의 차질을 우려했던 군부가 항의했지만 소용없었다. 정작 나치에게 악몽으로 다가왔던 것은 감금된 유대인들의 독일인 부인들과 자녀들이었다. 퇴근한 뒤에도 귀가하지 않는 남편에 대한 걱정으로 길거리에 나온 이들이 장미가에 도착해보니, 그곳은 이미 아줌마들이 무리를 이루어 서 있었고, 이들은 곧 군중이 되었다. 한 시점에 600명, 총 인원 6,000명이 모여들었으며, 이들은 그곳에서 남편과 아버지의 존재를 확인하고,

---

17) Otto Dov Kulka, "Die Nürnberger Rassengesetze und die deutsche Bevölkerung im Lichte geheimer NS-Lage- und Stimmungsberichte", *Vierteljahrshefte für Zeitgeschichte* 32(1984), 582~624쪽 ; Otto Dov Kulka · A. Rodrigue, "The German Population and the Jews in the Third Reich", *Yad Vashem Studies* 16(1984), 421~435쪽 ; David Bankier, *The Germans and the Final Solution. Public Opinion under Nazism*(Oxford : Blackwell 1992).
18) Ian Kershaw, *Popular Opinion and Political Dissent in the Third Reich, Bavaria 1933~1945*, 개정판 서론, xxv쪽.
19) 아래 서술에 대해서는 Nathan Stoltzfus, *Resistance of the Heart. Intermarriage and the Rosenstrasse Protest in Nazi Germany*(New York : W. W. Norton & Co., 1996), 209~227쪽.

안위를 묻고, 쪽지를 넣은 샌드위치를 들여보내고, 혹시 밤새 이송될까 봐 24시간 경비를 서고, 경찰이 총으로 위협하면 샛길로 내달으며 흩어지다가 곧바로 돌아왔고, 그러고는 결국 외쳤다. "내 남편을 돌려보내라!" 외침은 곧 항의가 되었다. "살인자들! 살인자들! 살인자들! 살인자들!" 3월 6일 괴벨스는 결단을 내렸다. 모든 유대인 남편이 석방되었다. 나치식 정의던가. 그동안 비밀리에 아우슈비츠로 이송되었던 35명의 유대인 남편들도 집으로 돌아왔다. 히틀러는 언제나처럼 사후적으로 이를 승인했다. 그리고 그 유대인 남편들은 모두 나치 시대를 넘어서 생존하게 된다.

장미가 시위 사건은 참으로 많은 것을 말해준다. 그것은 나치 체제의 한계를 보여주는 것이기도 하고, 나치 체제에서 진정한 저항이 무엇인지 적시해주는 사건이기도 한다. 그리고 그것은 무엇보다도 나치의 치명적 약점이 어디에 있었는지를 드러낸다. 그것은 바로 인민의 여론이었다. 대기업과 군부의 요구에 꿈쩍도 안 하던 나치가 평범한 아줌마들의 외침에 바로 위축되어, 그들의 이데올로기에 가장 부합하는 조치를 너무나도 쉽게 철회해버렸던 것이다. 왜일까? 나치는 자신이 없었기 때문이다. 나치는 아래의 작은 사람들이 자신들을 지지하고 있는지, 지지가 확인되었다 하더라도 그것이 진심인지, 혹시 그 지지를 철회하지는 않을지 전전긍긍하고 노심초사했던 것이다.[20] 나치가 그렇게도 많은 인민 동향 보고서를, 친위대 보안국의 보고서 하나만 하더라도 총 17권에 6,740쪽의 보고서를 작성했던 것도 바로 그 때문이었다.

따라서 쿨카의 "수동적 공모" 테제는 그냥 흘려버릴 수 있는 것이 아니다. 이는 만일 독일인들이 항의했더라면 과연 유대인 절멸 작전이 가능했을까라는 반(反)사실적 물음에 대한 정당한 답변으로 볼 수 있기 때문이다. 그러나 독일인들의 침묵이 쿨카의 테제가 함축하고 있는 것처럼 홀로코스트의 원인으로 승격될 수 있는

---

20) 나치 시대의 독일인들이 당시 체제에 동의하고 있었다고 주장하는 역사가들이 유의해야 할 사항은 바로 나치 스스로가 자신들의 정당성 결핍을 예민하게 인식하고 있었다는 사실이다.

것일까? 이에 대해 명확하게 답하기에 앞서 그 이후의 연구 동향을 살펴보자. 커쇼 이후 유대인 정책에 대한 독일인들의 반응을 묻는 연구 중에서 새로운 성과를 보인 연구는 없다. 아무리 많은 자료를 포개놓아도 커쇼 이상으로 나가기가 힘든 것이 사실이다. 이 문제에 대한 새로운 연구 지평은 전혀 엉뚱한 방향에서 열렸다. 바로 게슈타포 연구다. 이 연구의 개척자는 사회학자 라인하르트 만Reinhard Mann으로서 그는 1979년 독일 사회학 대회에서 〈정치적 침투와 사회적 반응 : 나치 독일에서 게슈타포에의 밀고Politische Penetration und gesellschaftliche Reaktion : Anzeige zur Gestapo in national sozialistischen Deutschland〉를 발표했다. 그리고 그의 업적은 앞서 소개한 말만으로 계승되었는데, 말만은 나치 시대 독일인들은 꿈속에서도 게슈타포의 감시를 받고 있다고 느꼈음에도 불구하고 정작 게슈타포의 수는 그리 많지 않았다는 점을 논증했다. 독일의 8,000만 인구와 정복 지역 전체를 통제한 정치 경찰의 규모가 1만 2,000여 명에 불과했던 것이다.[21]

게슈타포 연구를 유대인 정책과 관련해 연구한 역사가는 캐나다 출신의 젤라틀리Robert Gellately다. 그는 바이에른의 북서부 지구인 저지(低地) 프랑켄 전체를 책임지고 있던 뷔르츠부르크 게슈타포의 파일을 분석했다. 저지 프랑켄의 인구는 84만 명, 유대인은 1933년에 8,520명, 1939년에 3,461명이었고, 게슈타포 요원은 분소 요원까지 합해서 총 28명이었다. 놀라운 일이다. 30명이 채 안 되는 비밀경찰이 84만 명을 그토록 공포에 떨게 만들었기 때문이다. 이 난문에 대한 젤라틀리의 답은 주민들의 자발적인 밀고다. 이로부터 그는 게슈타포가 경찰국가를 유지하는 데 있어 적극적인 수단이었다는 평가는 단지 선입견에 불과하며, 게슈타포는 사실 "반응적인reactive" 기관이었으며, 소수의 게슈타포 요원들이 주민들의 자

---

21) Klaus-Michael Mallmann · Gerhard Paul, *Herrschaft und Alltag. Ein Industrierevier im Dritten Reich, Widerstand und Verweigerung im Sarrland 1935~1945* ; Klaus-Michael Mallmann · Gerhard Paul (Hrsg.), *Die Gestapo—Mythos und Realität*(Darmstadt, 1995) ; Klaus-Michael Mallmann · Gerhard Paul (Hrsg.), *Die Gestapo im zweiten Weltkrieg*(Darmstadt, 2000). 게슈타포 요원의 수는 야라우슈Konrad H. Jarausch의 통계다. 콘라트 야라우슈, 〈독재의 정당화—독일의 나치와 공산주의 지배는 어떻게 대중의 지지를 이끌어냈는가〉, 임지현 · 김용우 엮음, 《대중독재 1—강제와 동의 사이에서》, 551쪽.

발적인 밀고를 기반으로 인종주의 정책을 추진할 수 있었던 만큼 독일인들 사이에 반유대주의가 광범위하게 확산되어 있었고, 나치는 이들의 협조로 반유대주의 정책을 실시한 것이라는 해석을 도출해냈다.[22]

이는 새롭고 충격적인 해석이다. 우선 그의 통계를 보자. 그는 뷔르츠부르크에 보관되어 있는 총 1만 9,000여 개의 게슈타포 파일 중에서 유대인과 관련된 파일 총 175개를 분석했다. 그중에서 유대인과 성 관계를 맺은 혐의로 수사를 받은 "인종 오염죄Rassenschande"가 84건, "친유대적 태도Judenfreunde"가 91건이다. 84건의 인종 오염죄 중에서 주민의 밀고로 수사에 착수한 것이 45건으로 인종 오염죄 전체의 54%에 해당되었다. 다른 수사 도중에 단서가 잡힌 사건이 20건(24%)이고, 나치당 등 여러 나치 기관에서 이첩된 사건이 8건(9%)이었다. 정작 게슈타포가 심어놓은 첩보원의 정보로 수사에 들어간 경우는 겨우 1%에 불과했다. 친유대적 태도는 현실적 범죄가 아니라 잠재적 범죄다. 즉 뭔가가 있지 않을까 하고 수사에 착수한 것들이다. 구체적으로 유대인을 좋은 좌석에 앉도록 해준 식당 주인, 원거리에 있는 유대인 상점에서 물건을 산 고객, 나치의 반유대인 조치에 대해 투덜거린 행인 등이 수사의 대상이 되었다. 총 91건 중에서 밀고가 차지하는 비율이 54건(59%)이었다. 수사의 개시가 범죄의 발생을 의미하는 것도 아니었다. 인종 오염죄 84건 중에서 30건(35.7%)이 사실무근으로 밝혀졌고, 친유대적 태도 91건 중에서 41건(45%)이 역시 근거 없음으로 밝혀졌다.

이 두 가지 유형의 범죄 수사 중 과반수가 주민들의 밀고로 행해진 만큼, 게슈타포의 반유대주의적 활동에 주민들의 참여가 결정적이었다는 평가는 적절하다고 볼 수 있다. 그러나 이 평가에서 독일인들의 반유대주의적 공감을 도출하는 것은 논리적 비약이다. 비약이 아님을 입증하기 위해서는 밀고의 동기가 분석되어야 하는데, 아쉽게도 젤라틀리는 이것을 체계적으로 수행하지 않았다. 다만 그는

---

22) Robert Gellately, *The Gestapo and German Society. Enforcing Racial Policy 1933~1945*(Oxford : New York : Oxford Univ. Press, 1990), 159~184쪽.

나치가 반유대주의 정책을 실시한 이후 독일인이 유대인과의 관계를 단절한 사례 몇 가지를 질적인 증거로서 제시했다. 그러나 정반대의 증거도 있다. 나치의 탄압에도 불구하고 독일인과 유대인의 성 관계는 줄어들지 않았다. 이것은 말만의 분석이기도 하고, 힐베르크Raul Hilberg가 이미 1961년에 내린 평가이기도 하다. 두 역사가는 모두 나치의 인종주의 선동이나 입법이 성욕과 인간적 끌림을 제압할 수 없었다고 해석했다.[23]

젤라틀리의 해석을 적절히 평가하기 위해서는 역시 밀고의 동기가 해명되어야 할 것이다. 뒤셀도르프 게슈타포 파일을 분석한 라인하르트 만에 따르면, 정치 경찰을 통하여 유대인과의 사적인 갈등을 해결하려는 동기에서 밀고를 한 경우가 전체 게슈타포 수사 건수에서 37%를 차지했으며, 나치에 대한 충성심에서 비롯된 밀고가 24%였다.[24] 정치적 충성에 입각하여 친유대적 태도를 밀고한 사람들의 비중은 더욱 낮았을 것이다. 친유대적 태도와 정상적 태도의 경계가 모호했고, 또한 그런 행위는 1941년 말이 되어서야 처벌의 대상이 되었기 때문이다. 즉 그 이전 시기에 친유대적 행위를 확인했다면, 이는 처벌이 아닌 게슈타포의 주목이나 감시로 이어졌고, 따라서 이것은 상대방을 범죄자로 만들지 않으면서 그의 행동반경을 협소화시킬 수 있는 아주 유용한 수단이었다. 만일 이 추측이 적절하다면, 그 정도를 놓고 아래의 독일인들이 반유대주의에 공감해서 게슈타포의 지배에 공모했다는 설명은 다소 과장된 해석으로 볼 수 있다.

그렇다면 그 밀고자들과 여타의 독일인들의 태도를 도대체 어떻게 해석해야 할까? 최근에 나온 또 한 편의 중요한 게슈타포 연구를 검토해보자. 미국의 역사가 존슨Eric A. Johnson은 쾰른과 크레펠트의 게슈타포 파일을 분석했는데, 그는 소수의 게슈타포가 어떻게도 그리 효율적으로 작업했는지에 대한 물음에서 젤라틀

---

23) Klaus-Michael Mallmann · Gerhard Paul, *Herrschaft und Alltag. Ein Industrierevier im Dritten Reich. Widerstand und Verweigerung im Sarrland 1935~1945*, 395쪽 ; Raul Hilberg, *Die Vernichtung der europäischen Juden*(Frankfurt a. M., 1990), 169쪽.
24) 데틀레프 포이케르트, 《나치 시대의 일상사. 순응, 저항, 인종주의》, 371쪽에서 재인용.

리와 답을 달리한다. 크레펠트에서는 게슈타포가 스스로 나서서 유대인 관련 범죄를 수사한 경우가 전체의 19%를 차지할 정도로 컸을 뿐만 아니라, 게슈타포는 일반 경찰 등 다른 치안 기관의 인력을 필요에 따라 동원할 수 있었다는 것이다. 존슨은 주민들의 밀고도 밀고지만 그보다도 게슈타포의 활동 방식, 즉 시기에 따라 억압 대상자를 선택하고 집중하는 전략에서 문제 해결의 열쇠를 찾는다. 게슈타포는 나치 집권 직후 2년간은 좌파에, 1935년에서 1937년까지는 교회에, 1936년에서 1938년까지는 유대인에 집중했다는 것이다.[25] 이 전략이 보이지 않던 주민들에게, 더욱이 게슈타포의 수가 그렇게 적다는 사실을 모르는 상태에서 한 번 수사 대상으로 지목되기만 하면 삶이 파탄으로 치닫게 된다는 것을 너무도 잘 알고 있던 그 사람들에게 게슈타포는 꿈조차 감시하는 존재로 표상되기에 이르렀던 것이다.

이제 유대인 정책 부분을 검토해보자. 쾰른은 인구 75만 명에 유대인은 1만 6,000명이었고, 게슈타포는 시점에 따라 70명 내지 100명이었다. 크레펠트는 인구 17만 명에 유대인은 1,600명, 게슈타포는 14명이었다. 쾰른의 게슈타포 파일은 꽤 유실된 듯하고, 크레펠트의 경우는 문서고 관리자에 따르면 70%가 온전히 남아 있다. 존슨은 1,000개 이상의 파일을 검토했는데, 크레펠트의 파일이 상당 부분 보존되어 있기 때문에 전체의 규모를 짐작하는 데 유용했다. '불법 행위'와 관련된 크레펠트의 유대인 파일은 1933년부터 1945년까지 12년 동안 모두 105개였다. 그러나 크레펠트 유대인 파일은 그것만이 전부가 아니었다. 불법 행위와 관련되어 있지 않은 단순 파일까지 합하면 모두 750개였다. 이것은 모든 유대인 가구마다 파일이 하나씩 작성되었음을 뜻한다. 그러나 앞서 말한 대로 불법 행위 관련 파일은 105개이므로, 유대인들은 15명당 1명(6.6%)이 불법 행위에 연루돼 게슈타포의 수사를 받았다는 계산이 나온다. 이것은 독일인의 경우보다 네 배 많은 것

---

25) Eric A. Johnson, *Nazi Terror. The Gestapo, Jews, and Ordinary Germans*(New York : Basic books, 2000), 83~158쪽.

이었다. 불법 행위에 연루되는 경우는 다양했다. 일례로, 유대인이 "하일 히틀러!"라고 말해서 수사를 받은 경우가 1939년까지 전체 불법 행위의 5%를 차지했다.

젤라틀리의 분석과 비교하기 위해 수사가 개시된 계기와 밀고의 비중, 그리고 그 동기를 살펴보도록 하자. 크레펠트의 경우 1939년까지 게슈타포 수사의 41%가 주민들의 밀고로 시작되었고, 17%가 첩보원의 보고로 시작되었다. 밀고자들은 대부분이 청소년, 청년, 남자, 중간층이었고, 밀고 대상과 밀고자의 관계는 이웃이 15%, 헤어진 애인이 15%, 일터 동료가 4%, 유대인 상점에서 일하던 종업원이 4%였다. 동기는 이웃과의 다툼이 12%, 사랑싸움이 8%, 경제적 갈등이 19%, 정치적 신념이 35%였다. 즉 라인하르트 만이 분석한 뒤셀도르프의 경우보다 나치에 대한 충성심에서 발로된 경우가 더 비중이 높은 것으로 나온다. 이에 반해 쾰른의 경우는 이웃과의 다툼이 38%, 사랑싸움이 8%, 경제적 갈등이 8%, 정치적 신념이 23%를 차지했는데, 이는 라인하르트 만의 연구 결과와 비슷하다.

이상의 검토에서 우리가 일차적으로 확인할 수 있는 사항은 정치적 신념에서 밀고를 한 경우는 전체 밀고 사례의 약 20~30%로, 이는 그리 높은 수치는 아니다. 따라서 일상의 독일인들이 이데올로기적인 공감 때문에 게슈타포의 유대인 억압에 공모했다는 해석은 받아들일 수 없다. 게다가 밀고하지 않은 사람들이 굉장히 많았다는 사실 또한 염두에 두어야 한다. 30% 정도가 소실된 크레펠트 게슈타포의 유대인 범죄 관련 파일 수는 나치 집권 12년 동안 105개였다. 이때 크레펠트의 인구는 17만 명이었다. 하지만 84만 명의 인구를 관리하던 뷔르츠부르크 게슈타포의 파일 중 젤라틀리가 분석한 유대인 파일은 175개였다. 그렇다면 그가 분석한 유대인 파일이 많은 것은 아니다. 오히려 아주 적은 편이다. 또 다른 정황 증거가 있다. 젤라틀리는 뷔르츠부르크 게슈타포 파일의 전체 수가 1만 9,000여 개라고 말하지 않았던가. 말만 역시 자르에서 1935년 한 해에만 1,600여 건의 밀고와 고발을 처리해야 했다고 하면서 "밀고의 봇물"이란 표현을 썼다.[26] 밀고, 특히 사적

---

26) Klaus-Michael Mallmann · Gerhard Paul, *Herrschaft und Alltag. Ein Industrierevier im Dritten Reich. Widerstand*

인 동기에서 비롯된 거짓 밀고가 어찌나 많았는지, 법무부 장관과 내무부 장관은 물론 괴링Hermann Göring까지 나서서 거짓 밀고를 근절할 대책을 논의했다. 물론 방법은 없었다. 그렇다면 어차피 전체 인구의 1%에도 미치지 못했던 유대인의 수가 갈수록 감소한 상황을 감안한다 하더라도, 유대인에 대한 독일인들의 밀고는 그리 많지는 않았다고 해야 할 것이다.

유대인에 대한 밀고가 많지 않았다는 것은 무엇을 뜻할까? 커쇼가 말한 대로 그것은 독일인들의 무관심을 나타내는 것이 아닐까? 존슨의 연구를 다시 보자. 그는 유대인 생존자들에게 설문 조사까지 실시했다. 1996년에 그는 크레펠트 유대인 중 생존이 확인되었거나 생존해 있으리라고 여겨지는 94명에게 설문지를 발송했고, 이들 중 54명으로부터 답장을 받았다. 게슈타포에게 수사를 받았느냐는 질문에 "그렇다"고 답한 사람이 9%였고, "아니다"라고 답한 사람은 89%였다. 물론 그 시대에 살아남은 사람 중에서 수사를 받지 않은 사람이 받은 사람보다 더 많은 것은 당연할 것이다. 그러나 앞서 언급한 크레펠트 유대인 수사 파일과 비교하면, 그것이 실제 상황과 부합된다는 점이 드러난다. 그러나 성격이 비슷한 다른 질문에서는 사정이 달라진다. 게슈타포에 체포될지도 모른다는 공포를 느꼈는가라는 질문에 "전혀 아니다"는 27%, "그렇다"는 20%, "때때로 그랬다"는 42%였다. 즉 실제보다 상상이 강했던 것이다. 원인은 바로 선택과 집중에 입각하고 있던 게슈타포 감시 체제의 효율성에 있었을 것이다.

질문은 이어진다. 나치 집권 이전 독일인들은 친절했는가라는 질문에 "친절"이 74%, "명백히 불친절"이 2%, "혼합"이 11%였다. 또한 나치 집권 이후 독일인들의 태도가 크게 변했는가라는 질문에 "확연히 나빠졌다"가 33%, "크게 변하지 않았다"가 20%, "혼합 내지 점진적인 악화"가 26%, "무응답"이 22%였다. 이 수치는 반쯤 찬 물병처럼 바라보는 입장에 따라 달리 읽힐 수 있는 성격의 것이다. 존슨은 절반의 독일인들이 전체적으로 보아 친절했던 것에 놀란다. 그러나 또 하나의 질

---

und Verweigerung im Sarrland 1935~1945, 230쪽.

문에 대해서는 답변이 크게 달라진다. 독일인들에게서 도움을 받았는가라는 질문에 "그렇다"가 9%, "아니다"가 89%이다. 결국 당시 독일인은 전체적으로 유대인들에게 친절했지만 극소수의 유대인만 도와주었다는 해석이 나오는데, 그 두 가지 사실을 교차시켜서 우리가 얻을 수 있는 결론은 독일인들의 무관심이 아닐까.

이에 덧붙여서 우리는 케케묵은 질문 하나를 던질 수 있으리라. 독일인들이 홀로코스트를 알았을까? 이 문제를 놓고 오랫동안 머리를 싸매온 역사가들이 내리는 평가는 두 가지다. 하나는 동부로 이송된 유대인들이 학살되고 있다는 정보가 여러 경로를 통해 독일 내로 유입되고 있었다는 것이다. 그 통로는 동부 전선에 배치된 병사들의 편지, 적국 비행기의 전단, 수용소에 다녀온 친위 대원이나 게슈타포 요원의 무심결에 튀어나온 말 한마디, 아우슈비츠의 강제 노동 수용소 인근의 공장에서 일한 노동자들의 목격담, 영국 BBC의 독일어 방송이 1942년 말에 내보낸 유대인 학살에 대한 보도 등 굉장히 다양했다. 우리는 앞서 독일인들이 외국 방송을 얼마나 열심히 청취했는지 보았다. 그럼에도 불구하고 독일인들 다수는 홀로코스트를 몰랐다고 대답한다. 이 답변에는 전쟁 직후 독일인 전체에게 덮어씌워진 "집단 범죄"의 책임을 물리치려는 의식, 무의식의 방어 기제가 작동한 탓도 있지만, 그것만은 아니다. 종전 50년이 지난 현시점에 물어보더라도 홀로코스트를 알았다는 사람은 20%에서 40% 사이를 파동한다. 더욱 혼란스러운 점은, 대규모 학살 사건이 벌어졌다는 부분적인 사실은 인지했어도 홀로코스트의 전모는 몰랐다는 독일인들이 많다는 것이다. 존슨은 저명한 역사학자 라인하르트 코젤렉 Reinhart Koselleck의 증언을 곁들이고 있는데, 동부 전선에서 복무했던 그도 키예프 근처에서 벌어진 학살 사건은 알았지만 홀로코스트는 1945년 5월에 가서야 듣게 되었으며, 그것도 처음에는 소련군의 거짓말로 여겼다는 것이다.[27] 이 문제에 천착한 뱅키어의 추측성 결론은 이렇다. 일부 독일인들은 알고 있었고, 알려고 했다면 더 많은 독일인들이 알았을 것이다.[28]

---

27) Eric A. Johnson, *Nazi Terror, The Gestapo, Jews, and Ordinary Germans*, 451 · 458 · 588쪽.

뱅키어의 말을 뒤집으면, 대부분의 독일인들은 유대인 학살에 대해서 알려고 하지 않았다는 것이다. 혹은 부분적인 사실을 인지해도, 전모를 파악하려는 시도는 하지 않았다는 것이다. 이것이 무엇일까? 무관심 혹은 인지 거부Verdrängung 다. 그것은 우리가 아래 독일인들의 일상을 분석한 끝에 도착한 면모, 다시 말해 "여위고 고립된 채 사회적 관련 및 의미 연관으로 벗어나" "체제를 주어진 것으로 받아들이면서 그 자신의 일상의 과업을 수행"하고 나와 가족과 일터에만 집중하는 인간, 즉 원자화된 개인이 유대인 정책에 투영된 모습이다. 이 모습은 기실 앞서 언급한 '장미가 사건'에서도 고스란히 드러난다. 나치의 유대인 탄압을 유일하게 대중적 차원에서 저지시킨 그 사건에서, 독일 여성과 어린이들의 저항을 격발시킨 동인은 바로 가족애였던 것이다. 따라서 장미가 시위 사건은 나치의 유대인 정책에 대한 저항이 아니다. 그것은 오히려 나와 가족에만 집중하던 독일인의 일상, 홀로코스트의 배경이 된 그 원자화된 일상의 증거인 것이다.

그러나 독일인의 일상에는 또 다른 차원이 있다. 유대인과 관련된 밀고에서 우리는 이미 비정치적인 밀고가 압도적으로 많았다는 것과 거짓 밀고가 난무했다는 사실을 안다. 이것은 나치즘에서 가장 중요한 정책과 그 정책의 전위 기관을 이데올로기와 무관한 사적인 이익에 천연덕스럽게 이용하고 있었고, 독일인들이 말로는 독일 민족의 생사가 걸려 있다고 하는 그 투쟁에서 지극히 사적으로 움직였다는 사실을 말해준다. 이는 무엇일까? '전유' 현상이다. 나치의 의도대로라면 독일인의 새로운 윤리로 흡착되어야 할 세계관이 작은 사람들의 일상에서는 한낱 사랑싸움이나 은원의 청산에 이용되고 있었던 것이다.

그러나 문제는 남는다. 그런 전유 현상이 또 다른 방식으로 읽힐 수도 있기 때문이다. 일상의 독일인들이 게슈타포를 이용했다는 사실은 그 자체로 게슈타포의 존재를 전제하는 것임은 물론, 동기와 무관하게 게슈타포에게 존립과 그 정책의 정당성을 마련해주는 것은 아니었을까? 아니면 최소한 게슈타포는 그렇게 믿게

---

28) David Bankier, *The Germans and the Final Solution. Public Opinion under Nazism*, 114~115쪽.

되지 않았을까? 그래서 그들은 유대인들이 학살당한다는 것을 뻔히 알면서도, 유대인을 아우슈비츠로 강제 이송하는 데에 그토록 효율적으로 임하게 된 것은 아닐까? 따라서 나치의 유대인 정책은 노동 정책에서와 마찬가지로 일방통행이 아니라 쌍방 통행이었으며, 그 교차로에서 나치는 홀로코스트로 치달을 수 있었던 것이다. 이 현상을 쿨카처럼 일상의 독일인들이 홀로코스트에 수동적으로 공모했다고 읽어야 할지는 아직 미결이다. 그러나 홀로코스트에 대한 책임의 일단이 일상의 독일인에게도 있음은 인정되어야 할 것이다. 그리고 그 책임을 낳은 구조적 조건은 바로 나와 가족에게만 집중하는, 타인이 나의 존재 조건임을 망각한 원자화된 인간, 바로 근대적인 인간이다.

4. 일상과 저항

글머리에서 필자는 나치 체제에 대한 저항은 분명 없었으나 이러한 평가는 저항 개념을 체제에 대한 전복 의지 및 행위로 규정함으로써 내려진 것으로서, 만일 일상에 주목하게 되면 사태는 달라질 수 있다고 말했다. 그렇다면 나치 시대의 일상을 노동 정책과 유대인 정책에서 개관한 현시점에서 이 사태는 과연 얼마나 다르게 보이는가? 우선 확인할 수 있는 사실은, 노동자들이 일상에서 빈번하게 나치에 대한 부정적인 입장을 표현했으며 기끔은 아주 험한 욕설을 퍼붓고 있었다는 것, 그리고 나치는 그런 욕설을 인민 저항으로 분류하는 동시에 모독죄로 처벌했다는 것이다. 이것이 저항일까? 역사가들의 해석은 엇갈린다. 브로샤트는 그것을 저항으로, 켜쇼는 정치적 이의로, 말만은 어느 시대 어느 체제에나 나타나는 일반적인 불만의 통풍구로 간주했다. 그러나 노동자들의 욕설을 저항 혹은 일반적인 불평으로 예리하게 구분할 현실적인 방법은 없다. 저항을 체제의 한계로 정의하면 그런 욕설은 저항의 증거가 되고, 저항을 체제에 대한 의식적 거부로 정의하면 욕설은 체제와 무관한 일반적인 불만의 징후가 되기 때문이다. 따라서 그것은 역사가의 전망의 문제요, 해석의 문제가 되고 만다.

필자가 보기에 중요한 것은 오히려 그런 욕설이 대부분 사적인 영역에서 발화된 것이라는 사실, 따라서 그것은 노동자의 연대 환경이 파괴됨에 따라 노동자의 일상이 개별화되고 원자화된 상황의 표현이라는 점이다. 노동자 일상의 원자화 현상은 물론 나치 체제의 든든한 버팀목이었다. 원자화된 일상에서 체제에 대한 집단적 저항이 발생할 수는 없는 일이기 때문이다. 그러나 그에 못지않게 중요한 점은 노동자의 존재를 전적으로 포섭하기를 원했던 나치즘이 그런 현상을 못 견뎌했다는 사실에 있다. 그들은 노동자를 원자화시키려 했던 것이 아니라 체제의 적극적 기반으로 구성해내려 했기 때문이다. 게다가 메이슨이 적나라하게 보여주었듯이, 개별화의 또 다른 표현인 노동자의 "개별적인 임금 정책"은 나치의 군수 정책에 엄청난 부담으로 작용하고 있었다. 따라서 노동자 일상의 원자화는 저항의 한계인 동시에 체제의 한계이며, 뿐만 아니라 체제의 족쇄이기도 했다. 그리고 이것은 노동자들이 나치 체제의 구조적 모순과 노동 정책을 개인적 차원에서 적극적으로 전유했기 때문에 벌어진 현상이었다. 그러나 노동자의 개별적인 움직임은 체제의 족쇄로 기능하는 것으로 멈추지 않았다. 그것은 나치 산업 정책의 합리화를 추동했으며, 그 여파는 나치 몰락 이후 서독 경제의 부흥으로 연결되었다.

나치 체제와 일상의 노동자 간의 이런 다층적인 피드백 현상은 유대인 정책에 대한 독일인들의 반응에서도 드러난다. 나치의 유대인 정책과 관련하여 독일인들은 폭력 행사를 혐오하고 법적 조치를 수긍했지만, 그들의 태도는 결국 유대인의 운명에 대한 무관심 혹은 의식·무의식의 인지 거부로 요약될 수 있는데, 이것은 나와 가족 및 일터에만 관심을 집중하는 원자화 현상의 또 다른 표현이다. 독일인들의 무관심은 물론 나치의 유대인 정책이 과격화되는 중요한 조건으로 작용했다. 그러나 그 이면이 있었다. 독일인들은 나치가 그토록 중요시하던 이데올로기 정책을 헤어진 애인에게 복수한다거나 고압적인 고용주를 혼내주는 등의 사적인 용도로 태연하게 이용하고 있었다. 그들은 나치의 유대인 정책을 전유하고 있었던 것이다. 그러나 마찬가지였다. 그들의 전유 현상은 게슈타포라는 홀로코스트의 실행 기관에게 존재의 정당성을 더해주는 것이었다. 나치 산업 정책을 선진화하도록 추동한 그 원자화된 개인——이는 또한 20세기 중반 이후 독일 경제 부흥의 토대가 되기도 했다——은 홀로코스트의 조건이기도 했던 것이다. 그리하여 나치 시대 일상사 연구가 부각한 것은 저항의 유무보다는 타인이 내 존재의 조건임을 망각해버린 극단적인 근대적 개인의 모습이다.

참고문헌

Alf Lüdtke, 〈'타자' 학살의 호소 : 독일 노동자들과 저항의 한계The Appeal of Exterminating 'Others' : German Workers and the Limits of Resistance〉, Christian Leitz (ed.), 《제3제국 The Third Reich》(Oxford : Blackwell, 1999)

Carola Sachse (Hrgs.), 《급여, 훈육, 질서. 나치 지배 메커니즘. 티모시 메이슨의 서론Angst, Belohnung, Zucht und Ordnung. Herrschaftsmechanismen im Nationalsozialismus. Mit einer Einleitung von Timothy W. Mason》(Opladen, 1982)

David Bankier, 《독일인들과 최종 해결. 나치즘 치하의 여론The Germans and the Final Solution. Public Opinion under Nazism》(Oxford : Blackwell, 1992)

Eric A. Johnson, 《나치의 테러. 게슈타포, 유대인, 그리고 평범한 독일인들Nazi Terror. The Gestapo, Jews, and Ordinary Germans》(New York : Basic Books, 2000)

Ian Kershaw, 《제3제국의 여론과 정치적 이의, 바이에른 1933~1945Public Opinion and Political Dissent in the Third Reich, Bavaria 1933~1945》(Oxford · New York : Oxford Univ. Press, 2002)

Klaus Wisotzky, 〈통합과 저항 사이에서. 나치 시대 노동자 태도의 여러 측면Zwischen Integration und Opposition. Aspekte des Arbeitsverhaltens im Nationalsozialismus〉, Arnim Faust (Hrsg.), 《라인란트와 베스트팔렌에서의 박해와 저항Verfolgung und Widerstand im Rheinland und in Westfalen》(Köln, 1992)

Klaus-Michael Mallmann · Gerhard Paul, 《지배와 일상. 제3제국의 어느 공업 지대. 자를란트에서의 저항과 거부 1933~1945Herrschaft und Alltag. Ein Industrierevier im Dritten Reich. Widerstand und Verweigerung im Sarrland 1935~1945》(Bonn, 1991)

──────── (Hrgs.), 《게슈타포―신화와 현실Die Gestapo―Mythos und Realität》(Darmstadt, 1995)

──────── (Hrgs.), 《2차 대전 중의 게슈타포Die Gestapo im zweiten Weltkrieg》(Darmstadt, 2000)

Martin Broszat, 〈불응과 저항Resistenz und Widerstand〉, Martin Broszat (Hrsg.), 《나치 시대의 바이에른Bayern in der NS-Zeit》, Vol. 4(München, 1981)

Nathan Stoltzfus, 《가슴의 저항. 나치 시대의 통혼과 장미가 저항 사건Resistance of the Heart. Intermarriage and the Rosenstrasse Protest in Nazi Germany》(New York : W. W. Norton & Co., 1996)

Otto Dov Kulka, 〈나치 비밀 보고서에 나타난 뉘른베르크 인종법과 독일인들Die Nürnberger Rassengesetze und die deutsche Bevölkerung im Lichte geheimer NS-Lage- und Stimmungsberichte〉,《현대사 계간지 Vierteljahrshefte für Zeitgeschichte》32(1984)

Otto Dov Kulka · Aron Rodrigue, 〈나치 시대 독일인과 유대인 The German Population and the Jews in the Third Reich〉,《야드 바솀 연구 Yad Vashem Studies》16(1984)

Raul Hilberg,《유럽 유대인의 파괴 Die Vernichtung der europäischen Juden》(Frankfurt a. M., 1990)

Robert Gellately,《게슈타포와 독일 사회. 나치 인종 정책의 집행 1933~1945 The Gestapo and German Society. Enforcing Racial Policy 1933~1945》(Oxford · New York : Oxford Univ. Press, 1990)

Ulrich Herbert, 〈제3제국의 노동자들. 중간 결산과 규명되어야 할 문제들 Arbeiterschaft im 'Dritten Reich'. Zwischenbilanz und offene Fragen〉,《역사와 사회 Geschichte und Gesellschaft》15(1989)

Wolfgang F. Werner,《버텨라 Bleib Übrig》(Düsseldorf, 1983)

김학이, 〈나치 독재와 대중〉, 장문석 · 이상록 엮음,《근대의 경계에서 독재를 읽다》(그린비, 2006)

─────, 〈총통국가의 내부 구조와 나치 운동의 파괴적 역동성〉,《서양사론》제45호(1995)

데틀레프 포이케르트,《나치 시대의 일상사. 순응, 저항, 인종주의》, 김학이 옮김(개마고원, 2003)

리차드 오버리,《스탈린과 히틀러의 전쟁》, 류한수 옮김(지식의 풍경, 2003)

알프 뤼트케, 〈"붉은 열정"이 어디 있었는가?〉, 알프 뤼트케 외,《일상사란 무엇인가》, 나종석 외 옮김(청년사, 2002)

임지현 · 김용우 엮음,《대중독재 1─강제와 동의 사이에서》(책세상, 2004)

티모시 메이슨,《나치스 민족공동체와 노동계급》, 김학이 옮김(한울, 2000)

'평등'의 언어와 인종 차별의 정치—
브라운 사건을 중심으로*

조지형**

1. 브라운 사건은 인종 간 평등을 달성했는가?

1954년의 브라운 대 캔자스 주 토피카 교육 위원회 사건Brown v. Board of Education of Topeka, Kansas[1]은 20세기 미국 헌정사에서 가장 위대한 판결이며 미국 역사상 가장 영향력이 큰 판결 중 하나였다. 이 사건은 미국 사회의 가장 뿌리 깊은 사회악이며 딜레마인 인종 문제를 현저하게 개선하고, 노예제 폐지 이후 남부 사회에 만연했던 인종 분리의 법적 토대를 파괴했다. 이 사건으로 공립학교에서의 인종 분리가 위헌으로 선언되었으며, 1950년대 이후 사회 전 영역에서 흑인을 비롯한 소수 세력의 민권 운동이 자극을 받아 분기하게 되었다. 요컨대, 브라

---

* 이 글은 2003년 5월에 《미국사 연구》 제17집에 실린 같은 제목의 논문을 수정·보완한 것이다.
** 서강대 사학과를 졸업하고 같은 학교 대학원에서 서양사 석사 학위를 받았다. 미국 일리노이대학(어배나-샴페인)에서 역사학 박사 학위를 받았다. 현재 이화여대 사학과 교수로 재직 중이다. 《탄핵, 감시권력인가 정치적 무기인가》, 《랑케 & 카 : 역사의 진실을 찾아서》, 《오늘의 역사학》(공저), 《포스트모더니즘과 역사학》(공저) 등을 썼고 《자유로의 탄생 : 미국 여성의 역사》, 《포스트모던 시대의 새로운 문화사》, 《있는 그대로의 미국사》(공역) 등을 옮겼다. 논문으로는 〈사법심사의 역사적 기원〉, 〈프라이버시의 의미와 성의 정치〉, 〈포스트모던 시대의 기호학적 역사학〉, 〈새로운 세계사와 지구사〉 등이 있다.
1) Brown v. Board of Education of Topeka, 347 U. S. 483(1954).

운 사건은 "인종 관계 법률에 관한 혁명적 선언"으로 "20세기 미국사에서 가장 중요한 정치적·사회적·법적 사건"이며 "가장 중요한 사회 혁명"을 이루어낸 판결이었다.[2]

미국 역사에서 18세기를 정치 혁명의 시기라고 한다면 20세기는 사회 혁명의 시기라고 할 수 있다. 그러나 20세기의 사회 혁명을 촉발시킨 모순과 병폐는 이미 미국이 건국될 당시 뿌리 깊게 자리 잡고 있었다. 미국 독립 선언서에서 "모든 사람은 평등하게 태어났다"며 평등의 자연권을 인정했음에도 불구하고, 미국 헌법은 연방의 견고성을 확보하고 연방 해체의 위험을 통제하기 위해 간접적이지만 명백하게 노예제의 존재를 인정했다. 노예제로 인한 헌법상의 내적 모순을 해결하기 위해, 미국 헌법 수정 조항 제14조는 흑인의 시민권을 보장하고 "어떠한 주도 미국 시민의 특권과 면책권을 박탈하는 법률을 제정하거나 시행할 수 없다" 그리고 "어떠한 주도 정당한 법의 절차에 의하지 아니하고는……그 관할권 내에 있는 어떠한 사람에 대하여도 법의 평등한 보호를 거부하지 못한다"고 선언했다.[3] 그러나 남북전쟁과 재건 시기가 종식되면서 사회 각 영역에서 인종 분리를 주장하는 짐 크로Jim Crow 체제가 형성되었고, 백인 우월주의와 인종주의에 경도된 연방 대법원은 수정 조항 제14조의 의미를 축소 해석해 인종 분리를 용인했다. 1896년의 플레시 대 퍼거슨 사건Plessy v. Ferguson[4]의 "분리하지만 평등하다"는 원칙은 이 같은 인종 차별 관행을 인정하는 법적 선언이었으며 동시에 인종 분리 관행을 모든 사회 영역에서 정당화하고 강화하는 역할을 했다.

흑인의 백인 전용 공립학교 입학 문제로 촉발된 브라운 사건에서, 연방 대법원은 인종 분리를 수정 조항 제14조의 '법의 평등 보호'에 위배된다고 결정함으로써

---

2) Robert L. Carter, "The Warren Court and Desegregation", *Michigan Law Review* 67(1968), 237쪽 ; Harvie J. Wilkinson, III, *From Brown to Bakke : The Supreme Court and School Integration, 1954~1978*(New York : Oxford Univ. Press, 1979), 6쪽 ; Alpheus T. Mason, *The Supreme Court : Palladium of Freedom*(Ann Arbor : Univ. of Michigan Press, 1962), 170쪽.
3) 미국 헌법 수정 조항 제14조 제1항(1866년 6월 16일 발의, 1868년 7월 28일 비준).
4) Plessy v. Ferguson, 163 U. S. 537(1896).

인종주의적 사회 정책에 쐐기를 박았다. 모든 사람들에게 보편적으로 적용되는 근본적인 법으로서의 헌법은 "색맹color-blind"이기 때문에 인종 분류에 근거한 주 정부의 사회 정책은 헌법에 어긋난다는 것이다. 물론 브라운 사건을 판결한 연방 대법원이 사적 영역에서의 인종 분리까지 위헌으로 결정했던 것은 아니다. 그러나 연방 대법원은 인종적으로 "분리된 교육 시설은 본질적으로 불평등하다"[5]고 결정함으로써 공공 교육 분야에서 인종 통합의 원칙을 내걸고 인종적으로 분리된 모든 공적 시설이 불평등할 수 있다는 논리를 함축적으로 선언했다.

따라서 사회의 모든 공적 영역에서 인종 분리를 위헌으로 결정하는 일련의 판례들이 브라운 판결의 뒤를 이어 1950년대와 1960년대에 내려졌다.[6] 공공 해수욕장, 공립 골프장, 공립 공원, 공공 도서관, 공항, 공용 건물 내의 시설 등 수많은 공공 시설에서 벌어지던 인종 분리 정책이 금지되었다. 그러나 법적 인종 분리de jure segregation의 위헌 결정은 사실적 인종 분리de facto segregation의 종식을 의미하지도 않았으며 인종 통합의 사회 구현을 의미하지도 않았다.

이 글은 브라운 사건에 대한 최근의 비판적 시각을 충분히 고려하면서 브라운 사건의 판결을 중심으로 인종 차별과 '평등'의 문제를 검토하고자 한다. 플레시 사건의 인종주의적 판결의 내용은 무엇이며 형식주의적 평등의 개념은 무엇인가? 플레시 판결의 '평등'은 브라운 판결의 '평등'과 어떤 관계에 있는가? 브라운 사건은 '분리하지만 평등하다'는 인종주의적 법 원칙을 뒤집어 '분리하면 불평등하다'는 법 원칙을 확정한 가히 혁명적 사건이라고 말할 수 있다. 브라운 판결의 '평등'을 얻어내기 위해 의식 있는 흑인들과 민권 운동가들, 특히 전국 유색 인종 지위 향상 협회(National Association for the Advancement of Colored People,

---

5) Brown v. Board of Education of Topeka, 347 U. S. 483(1954), 495.
6) 물론 브라운 판결에 대한 거센 반발이 일었으며, 그 경향은 대체로 두 가지로 구분될 수 있다. 첫째, 남부를 중심으로 한 백인 우월주의자들은 브라운 사건의 '평등주의적' 시각에 대해 무절제한 비판을 일삼으며 사회 폭동을 일으켰다. 둘째, 보수적인 법률가들은 브라운 사건을 판결한 연방 대법원의 '사법 적극주의judicial activism'를 신랄하게 비판했다. 그들은 브라운 사건을 판결한 연방 대법원이 삼권 분립의 한계를 벗어나 사회 정책을 시행하려고 한다고 주장했다.

NAACP)의 법률 구제단(Legal Defense and Educational Fund, LDF)은 어떤 전략과 노력을 기울였는가? 그리고 브라운 사건의 새로운 법 원칙은 어떤 사회 담론하에서 제시되었고 사회적으로 구성되었는가? 그 사회 담론하에서 브라운 사건의 '평등'은 어떤 의미와 한계를 가지고 있는가? 이 연구는 이와 같은 문제의식에 입각해 브라운 사건의 역사적 위상을 올바르게 자리매김함으로써 '인종 간의 평등'이라는 이념의 역사적 근거를 정당하게 평가하고 이와 관련된 정치·사회·문화 요소들을 점검함으로써 인종적 평등 담론의 권력 관계와 실천을 살펴보고자 한다.

2. 플레시 대 퍼거슨 사건—"분리하지만 평등하다"

플레시 대 퍼거슨 사건은 흑백 인종 분리 체제의 자연스러운 사법적 표현이면서 동시에 분리 원칙에 따라 모든 사회 분야에서 인종 분리 체계를 강화했던 역사적 추동력이었다. 이 사건에서, 연방 대법원은 흑백 인종에게 각각 제공된 공공시설이 평등하다면 이 시설을 사용하는 흑백 인종의 권리는 평등하게 보장되는 것이므로 흑백 인종이 분리되더라도 미국 헌법에 어긋나지 않는다고 선언했다.

플레시 사건은 브라운 사건과 크게 두 가지 점에서 밀접하게 관련되어 있다. 첫째, 플레시 사건에서 정당화된 인종 분리 원칙이 브라운 사건에서는 위헌으로 판단되어 종식되었다는 점이다. 둘째, 플레시 사건의 판결은 7명의 대법원 판사가 지지한 다수 의견과 1명의 판사, 즉 할런John Marshall Harlan 판사가 작성한 소수 의견으로 나뉘었는데, 할런 판사의 소수 의견이 후에 브라운 판결의 법 철학적 원천이 되었다는 점이다. 할런 판사는 소수 의견에서 "우리의 헌법은 색맹이며 또한 시민들 사이의 계급의 존재를 알지도 용인하지도 않는다"[7]라고 선언함으로써

---

7) Plessy v. Ferguson, 164 U. S. 537(1896), 562.

이른바 "색맹 법 철학color-blind jurisprudence"을 제시했다.

플레시 사건은 남부에 만연해 있던 인종 분리에 법적 정당성을 부여했다. 그러나 인종 분리는 단순히 남부 백인들의 작품도 아니었으며 노예제의 연장도 아니었다. 흔히 짐 크로라고 불리는 인종 분리 체제는 다양한 역사적 요인들과 흐름이 복합적으로 얽히면서 구성된 사회 체제였다. 인종 분리는 이미 남북전쟁 이전부터 북부에서 시행되고 있었으며, 때로 흑인들이 자신들만의 단체와 문화 그리고 제도를 견고하게 갖추기 위해서 백인으로부터의 분리를 주장하기도 했다. 또한 남북전쟁 이후 미국, 특히 남부의 재건을 위해 마련한 미국 헌법 수정 조항 제13조(노예제 폐지), 제14조(시민권) 그리고 제15조(흑인 투표권)가 통과되고 흑인을 위한 민권 법안이 입법화됨에 따라 흑인들은 특히 법적·정치적으로 상당한 권리를 누리게 되었으며 극소수의 흑인들은 상당할 정도로 정치권 안으로 깊숙이 진출하기까지 했다. 그러나 남부 백인들은 재건 수정 조항들의 협의 해석[8]과 참정권 향유를 위한 문자 해독 능력 시험 제도, '조부 조항grandfather clause' 등을 통해 흑인의 권리를 극도로 제한하면서 남북전쟁 이전의 상태status quo ante를 점차 회복하고 엄격한 인종 분리를 시행했다. 특히, 1883년의 민권법 사건에서 연방 대법원은 수정 조항 제14조와 제15조의 "어떠한 주도" 흑인의 평등한 권리를 침해할 수 없다는 조문을 주 정부 관리들의 행위로 축소 해석함으로써 사적인 개인과 사적 집단뿐 아니라 주 정부가 인가해준 개인과 기관(법인)이 인종을 하나의 합법적 분류 기준으로 사용할 수 있도록 허용해주었다.[9]

인종 차별적인 주 법의 제정이 조장되는 상황 속에서, 1890년 루이지애나 주 의회는 '승객 편의 증진법Act to promote the comfort of passengers'을 통과시켰다. 이 법에 따르면, 모든 기차 회사는 승객 열차 한 량당 두 개 이상의 객차를 제공하거나 칸막이로 객차 안을 구분해 "백인과 흑인 인종에게 평등하지만 분리되

---

8) Slaughterhouse Cases, 16 Wallace 83 U. S. 36(1873) ; United States v. Harris, 106 U. S. 629(1882) ; Civil Rights Cases, 109 U. S. 3(1883).
9) Civil Rights Cases, 109 U. S. 3(1883).

는 equal but separate 시설을 제공해야" 했다.[10]

뉴올리언스의 의식 있는 흑인들은 '인종 분리 열차법의 합헌성 심사를 위한 시민 회의Citizens' Committee to Test the Constitutionality of the Separate Car Law'를 조직하고 이 법의 합헌성 여부를 시험하기 위해 계획적으로 소송 사건을 만들어 냈다. 시민 회의의 일원인 로돌프 데스된Rodolphe Desdunes의 아들로서 인종적으로 1/8이 흑인인 대니얼 데스된Daniel F. Desdunes은 백인 전용 객차에 탑승해 주 간interstate 여행을 시도했다. 비록 그는 겉보기에 거의 백인과 다름이 없었으나 계획적으로 소송 사건을 만들기 위해 승차 직전에 철도 회사에 자신의 승차 계획을 통지했으므로 곧 열차 차장에게 체포되었다. 루이지애나 지방 법원에서 퍼거슨John Howard Ferguson 판사는 해당 법률이 주 간 통상을 규제하는 연방 의회의 권력을 침해하므로 주 간 열차에 관해서는 위헌이라고 판결했다. 시민 회의는 퍼거슨의 판결을 즉각 환영했다.

데스된 사건과 거의 동시에 시민 회의는 주 내intrastate 열차에 관한 소송을 진행했다. 1892년 6월 7일, 피부색이 매우 희고 외형상 흑인의 모습을 거의 찾아볼 수 없는, 7/8이 백인인 플레시Homer Adolph Plessy가 시민 회의에서 선택되었다. 그는 뉴올리언스에서 출발해 미시시피 주 경계에서 약 30마일 떨어진 코빙턴Covington으로 가는 기차표를 가지고 백인 전용 객차에 탑승했다. 물론 플레시는 미리 승차 계획을 철도 회사에 통보했다. 플레시가 탑승하자마자 열차 차장은 플레시에게 흑인 전용 객차로 옮길 것을 요구했고, 플레시는 이를 거절했다. 그는 1890년 짐 크로 체제하에서 제정된 열차법 위반으로 기소되어 1892년 루이지애나 주의 지방 법원과 대법원에서 유죄 판결을 받게 되자 연방 대법원에 항소했다.

무보수로 플레시의 변호를 맡은 투르제Albion Winegar Tourgée 역시 시민 회

---

10) 물론 이전에도 열차 탑승 시 철도 회사의 규칙과 사회적 관례에 따라 인종 분리가 시행되었다. 예를 들면, 1 등석은 백인 전용이었고 2등석 혹은 '흡연석'은 일반적으로 백인과 흑인이 동석할 수 있었다. 그러나 이 같은 철저한 인종 분리의 법제화는 남부에서는 처음 1887년 플로리다 주에서 시작됐으며 곧이어 미시시피 주(1888)와 텍사스 주(1889)가 그 뒤를 따랐다.

의의 치밀한 배려와 전략 속에서 선임되었다. 투르제의 변론은 루이지애나 열차법이 수정 조항 제13조와 제14조에 의해 보장되는 플레시의 권리를 침해하고 있다는 주장으로 요약된다. 플레시 사건의 기획 단계부터 참여했던 투르제는 인종을 근거로 한 사회적 구분의 모호성과 비합리성을 폭로했다. 만일 승차 계획을 사전에 통지하지 않았다면 플레시는 해당 구간을 아무런 제재를 받지 않고 무사히 여행할 수 있었을 것이다. 결국 흑백 차별이란 피상적인 피부색에 근거한 것으로 비과학적이고 비합리적인 것이라는 것이다. 따라서 투르제는 인종에 의한 구분이 수정 조항 14조의 적법 절차에 위배된다면서 플레시를 변호했다.

또한 투르제는 루이지애나 열차법이 노예제에서 비롯된 흑인의 열등성에 대한 사회적 편견을 재생산하고 백인 우월주의적 사회 체제를 유지하려는 의도를 가지고 있다면서, 이것이 수정 헌법 제13조에 위배된다고 공격했다. 루이지애나 주 정부는 해당 열차법의 인종 분리가 사회의 보건 복지와 공공 안전을 위해 주 경찰권을 행사한 결과일 뿐이라고 주장했다. 그러나 투르제는 백인 어린이들을 보호하기 위해 흑인 유모의 경우에 한하여 백인 전용 객차에 동승할 수 있도록 허용한 조항을 지적하면서, 이 법의 인종 분리 기준이 피부색에 있지 않고 백인에 대한 흑인의 종속성 여부에 있다고 주장했다. 종속성이 분명한 유모인 경우에는 동승을 허락하지만 그 외의 경우에는 공간의 분리를 통해 종속성을 확보하려고 한다는 것이었다. 그는 루이지애나 열차법의 진정한 목적이 공공선을 도모하기 위한 것이 아니라 흑인의 열등한 노예 상태를 재확립하려는 것인 동시에 백인의 사회적 우월성을 확보하기 위한 것이라고 역설했다. 그러므로 투르제는 루이지애나 열차법이 미국 헌법과 사회 정의에 어긋난다고 주장하면서, "정의(의 여신)는 눈을 가린 존재로 묘사되고, 그의 딸인 법(의 여신)은 적어도 색맹이어야 한다"고 역설했다.[11]

---

11) Otto H. Olsen (ed.), *The Thin Disguise*(New York : Humanities Press, 1967), 90쪽에서 재인용. 할런John Marshall Harlan 판사는 투르제Albion Winegar Tourgée의 변호에서 "우리의 헌법은 색맹"이라는 주장을 도출해냈다.

그러나 연방 대법원은 7대 1로 루이지애나 열차법의 합헌성을 지지했다. 다수 의견에서, 브라운Henry Brown 판사는 이 사건이 수정 조항 제13조와 관련된다는 변론은 근거가 없다는 이유로 이를 단적으로 거부하고, 수정 조항 제14조와 관련해 인종 분리와 평등의 문제에 집중했다. 브라운 판사는 그 이유에 대해 다음과 같이 설명하고 있다.

> 본 수정 조항 제14조의 목적은 의심할 나위 없이 두 인종의 법 앞에서의 절대적 평등을 실시하기 위해 고안된 것이지만, 피부색에 근거한 구별을 폐지한다거나 또는 정치적 평등과는 구별되는 사회적 평등을 실현한다거나 또는 한 인종에게 불만족을 가져다주는 상황 속에서 두 인종을 혼합하려 하는 것은 당연히 아니다.[12]

이 판결의 핵심은 우선, 정치적 평등과 사회적 평등의 엄격한 구별에 있었다. 1866년의 민권법Civil Rights Act에 구현되어 있는 것처럼, 정치적 권리가 정치체와의 수직적 관계에서 도출되는 권리라면 사회적 권리는 정치 공동체 내의 시민 간의 수평적 관계에서 도출되는 권리이다. 예를 들면, 참정권은 정치적 권리로서 법에 의해 보장되지만, 원하는 사람과 교제하며 연합할associate 권리는 사회적 권리로서 법에 의해 명시적으로 보장되지 않는다. 물론 남북전쟁의 결과 민권법에 의해 몇몇 사회적 권리가 시대적 중요성 때문에 법의 보장을 받기는 했지만, 모든 사회적 권리가 명시적으로 보장된 것은 아니었다. 사회적 권리(예를 들면, 머무를 호텔을 결정할 투숙객의 권리와 숙박하게 할 주인의 권리)가 서로 갈등을 일으킬 경우, 정부의 개입을 배제한 채 자유 시장과 시민들이 그 결정을 도출하거나 의회가 그 중요성을 설정해 법원이 명할 수 있도록 했다. 더구나 사회적 권리는 전통적으로 연방 정부가 아니라 주 정부에 의해서 보장되어왔다. 따라서 연방 정부는 이를 확고하게 연방 관할 아래에 두고 위헌성 시비를 종식시키기 위해 1866년의 민

---

12) Plessy v. Ferguson, 163 U. S. 537(1896), 544.

권법이 보장했던 권리들을 수정 조항 제14조로 입법화할 필요가 있었던 것이다.

그러나 브라운 판사는 수정 조항 제14조를 정치적 권리의 평등 보호에 국한된 것으로 축소 해석했다. 그는 플레시 사건을 판결하기 1년 전 예일 법대 71주년 기념 연설에서 "정확한 정의exact justice와 평등한 권리의 원칙"은 시대와 상황에 따라 새롭게 변화하는 긴박한 상황에 적절하게 대응하면서 구성된다고 주장하고, 정의와 권리가 "오직 주민의 전통과 습관에 충분히 상응할 때만이"[13] 모든 사람들의 적확한 정의와 권리가 보장된다고 주장했다. 정치적 권리는 법률에 따라 명시적으로 보장되지만, 사회적 권리와 정의는 그 사회의 전통과 습관, 즉 역사성과 사회성에 따라 확정되어야 한다. 말하자면 "합리성의 문제를 결정함에 있어서, 주는 기존에 확립된 주민의 관례, 습관 그리고 전통을 고려하면서 주민의 편의 증진 그리고 공공질서와 공공선의 수호라는 관점에서 자유롭게 판단해야 한다."[14] 따라서 연방 대법원은 루이지애나 열차법이 공동체의 전통과 습관에 부합해 합리적으로 입법화되었는지를 결정하면 되는 것이었다.

이런 맥락에서, 연방 대법원은 문제의 루이지애나 열차법이 수정 조항 제14조가 보장하고 있는 정치적 평등을 침해하지 않았으며 정치 공동체의 합리적인 기준에 따라 사회적으로 인종을 분리하고 있을 뿐이라고 해석했다. 즉, 인종 분리가 "주민의 전통과 습관"의 합리적인 결과인 셈이다. 브라운 판사는 인종 분리를 주정부가 행사하는 경찰권의 한 형태로 파악하면서 그 논거로 매사추세츠 주에서 인종 분리 교육을 인정했던 로버츠 사건을 내세웠다. 1849년 로버츠 대 보스턴 시 Roberts v. City of Boston 사건에서, 작가 멜빌Herman Melville의 장인이며 매사추세츠 주 대법원장이었던 쇼Lemuel Shaw는 가까운 백인 전용 학교에 가고자 했던 5세의 흑인 로버츠Sarah Roberts의 요구를 거절했다.[15] 로버츠의 변호를 맡은

---

[13] Henry B. Brown, *The Twentieth Century, An Address Delivered Before the Graduating Classes at the Seventy-First Anniversary of Yale Law School, on June 24th, 1895*(New Haven, Conn. : Hoggson & Robinson, 1895), 13쪽.
[14] Plessy v. Ferguson, 163 U. S. 537(1896), 550.
[15] 보스턴 시는 1820년 이후 인종 분리 학교를 운영했다. 1820년 이전에는 인종 통합 학교가 운영되었으며 인

섬너Charles Sumner는 "나이 혹은 성, 출생 혹은 피부색, 혈통과 지위의 구별 없이 모든 사람이 법 앞에서 평등하다"고 주장했다.[16] 그러나 쇼 대법원장은 경찰권 행사의 일환으로써 보스턴 시가 나이, 성별, 피부색 혹은 특정 목적에 따라 분리된 학교를 설립해 운영할 권한이 있다고 결론지었다. 브라운 판사가 로버츠 사건을 각별히 내세웠던 이유는 매사추세츠 주가 노예제 폐지론이 매우 강력했었던 자유 주free state였을 뿐 아니라 쇼 대법원장이 경찰권 관련 문제에서 가장 권위 있는 판사였기 때문이었다.

사실, 브라운 판사는 로버츠 사건을 자의적으로 사실과 다르게 해석해 인용했다. 브라운 판사는 로버츠 사건이 일어난 지 6년 후에 매사추세츠 주 의회가 인종 분리 학교를 금지했다는 역사적 사실[17]을 의도적으로 무시하고는 이 사실을 언급하지 않았다. 또한 로버츠 사건과 플레시 사건 사이에 흑인의 평등한 권리를 보장하는 수정 조항 제14조가 입법화되었다는 사실도 거론하지 않았다. 로버츠 사건의 인종 분리 결정은 수정 조항 제14조가 시민권과 관련한 주 행위state action를 제한했다는 점에서 그 법적 유효성이 심각하게 훼손되어 있었다. 더욱이 로버츠 사건에서 로버츠의 변호를 맡은 섬너는 후에 수정 조항 제14조와 1875년의 민권법의 입법화를 주도했는데, 브라운 판사는 로버츠 사건에서의 섬너의 변호 내용과 수정 조항 제14조의 입헌 취지original intent와의 관련성을 의도적으로 무시했다.

플레시 판결의 다수 의견에서 볼 수 있는 또 다른 핵심적 내용은 인종 간의 사회적 차이가 자연스럽고 당연한 것이라는 주장이다. 브라운 판사는 먼저 주의 사회적 구성원의 분류 권한을 포괄적으로 인정했다. 그는 신뢰할 수 없고 독단적이며 불합리적인 방법으로 분류하지 않는 한 주 정부는 어떤 기준에 입각해 분류하든 사회 구성원을 분류할 권한이 있다고 주장했다. 즉, 그는 단순히 인종을 분류

종 분리 학교를 설치하게 된 이유 중 하나는 보스턴의 흑인 시민들이 인종 분리 학교를 요구했기 때문이었다.
16) Roberts v. City of Boston, 5 Cush. 59 Mass. 198(1849), 206.
17) Leonard W. Levy · Douglas L. Jones, *Jim Crow in Boston : The Origin of the Separate but Equal Doctrine*(New York : DeCapo Press, 1974).

기준으로 삼았다고 해서 무조건 위헌이 되는 것이 아니라는 점을 강조했다. 그에게 위헌성을 결정짓는 기준은 분류의 합리성이었다. 달리 말하면, 브라운 판사의 논지는 만약 어떤 한 인종을 의도적으로 겨냥해 부당하고 불평등하게 대우한다면 그것은 당연히 위헌이라는 것이었다. 그는 이런 주장의 사례로 익 워 대 홉킨스 사건Yick Wo v. Hopkins(1886)[18]을 들었다. 이 사건의 발단은 사회적 안전과 공공복지를 이유로 샌프란시스코 시가 목조 건물에 자리 잡고 있는 세탁 업소의 운영을 금지하는 조례에 있었다. 당시 샌프란시스코에는 거의 대부분의 세탁업자가 중국인이었으며, 그들의 사업장은 대부분 목조 건물에 위치하고 있었다. 따라서 샌프란시스코 시의 조례는 법조문 자체에 중국인을 언급하고 있지는 않지만 중국인을 표적으로 삼은 것이 명백했다. 연방 대법원은 해당 조례를 명백하게 인종적 편견이 작용한 것이라고 판단하고 이를 위헌으로 판결했다.

브라운 판사는 샌프란시스코 조례가 "중국인을 대상으로 인위적이고 부당한 차별"을 행사한 것인 반면 루이지애나 열차법은 "합리적인 규제"라고 판단했다.[19] 루이지애나 열차법의 합리성은 인종 분리가 행해지고 있는 워싱턴 D. C.와 다른 주에서 확인되듯이 "기존에 확립된 주민의 관례, 습관 그리고 전통"에 부합될 뿐 아니라 "주민의 편의 증진 그리고 공공질서와 공공선의 수호"에 근거하고 있다고 보았다. 물론 이 주장은 기존의 인종 분리 관습과 정확히 일치하는 것은 아니었다. 일반적으로 백인들만이 열차의 1등석을 차지했던 것은 사실이지만, 2등석은 흑인과 백인이 함께 승차하는 것이 가능했다. 그러나 짐 크로 법으로 인해 인종 간의 교류와 혼합이 분명하고 확실하게 금지되었던 것이다.

루이지애나 열차법의 합리성에 대한 주장 이면에는 형식주의적 논리에 근거한 집단 간의 평등이라는 개념이 자리 잡고 있었다. 그는 분리가 백인으로부터 흑인을 분리하는 것이지만 동시에 흑인으로부터 백인을 분리하는 것이기도 하기 때문

---

18) Yick Wo v. Hopkins, 163 U. S. 500(1886).
19) Plessy v. Ferguson, 163 U. S. 537(1896), 550.

에 그 분리 행위가 차별적이지 않다고 역설했다. 말하자면 그의 평등은 독립적이며 자율적인 개인 간의 평등이 아니라 인종을 기준으로 하여 사회적으로 정의된 집단bloc 간의 평등이었다. 권리(혹은 권리 박탈)의 내용이 무엇이든 상관없이 흑백 인종 모두에게 동일하게 적용된다는 점에서, 플레시 판결의 평등은 실체적 평등이라기보다는 절차적 평등이었던 것이다.

평등에 대한 형식주의적 분석과 백인의 전통과 습관에 근거한 합리성을 신뢰한 브라운 판사는 플레시 사건의 평등 문제를 단순히 흑인의 오해에서 비롯된 심리적 문제로 축소 해석했다. 인종 분리가 "흑인들에게 열등성의 낙인을 찍고 있다"는 흑인들의 생각은 어떤 위헌적인 이유가 루이지애나 법 속에 내재해 있기 때문이 아니라 "흑인들이 그 법에 단지 그런 (인종주의적) 해석을 내리고 있기 때문"이라고 주장한 것이다.[20] '분리하지만 평등하다'는 원칙은 기본적으로 형식주의적 평등 담론에 기초하고 있었다. 그러나 사실상 형식주의적 논리는 백인 우월주의 사회의 비대칭적 권력과 현실을 반영하고 이를 재생산하기 위한 전략이었다. 브라운 판사는 다수 의견서를 마감하면서 "인종적 본능을 근절하거나 신체적 차이에 기초한 구별을 없애려는" 흑인들의 시도는 무모한 것이며 "단지 현 상황의 어려움을 더 악화시킬 뿐이다"라고 자신의 인종주의적인 불편한 심기를 드러냈다.[21]

3. 짐 크로 법 원칙의 모순과 평등의 확대

플레시 사건은 짐 크로 체제의 절정이었으며, '분리하지만 평등하다'는 법 원칙은 짐 크로 체제의 극단적인 표현이었다. 눈부신 도시와 산업 발전 이면에 빈곤과 착취가 만연했던 도금 시대Gilded Age에, 플레시 사건은 형식주의적 평등 이념으

---

20) Plessy v. Ferguson, 163 U. S. 537(1896), 551.
21) Plessy v. Ferguson, 163 U. S. 537(1896), 551.

로 백인 우월주의를 도금한 인종주의적 판례였다. 흑인 노예제를 영구적으로 폐지했던 미국 헌법은 이제 흑인을 2류 시민의 종속적인 지위로 귀속시키고 보편적 세계관으로서 백인 우월주의를 옹호하는 인종주의적 도구로 전락했다. 그러나 우드워드C. Vann Woodward가 정확하게 지적한 것처럼, 플레시 사건은 "짐 크로의 종말의 시작"이었다.[22] 할런 판사의 반대 의견은 다수 의견의 근간을 잠식해 들어갔고, '분리하지만 평등하다'는 법 원칙의 내적 모순이 드러나게 되면서 짐 크로 체제는 붕괴되어 브라운 사건을 서서히 준비하고 있었다.

남부 출신으로 전 노예 소유주였던 할런 판사는 단독으로 플레시 사건의 반대 의견을 작성했다. 그에게 브라운 판사의 다수 의견은 "사악한 논리, 사악한 역사, 사악한 사회학 그리고 사악한 헌법의 혼합물"[23]이었다. 그러나 할런 판사는 형식주의적 평등 담론에도 불구하고 "철도 객차의 승객을 위한 '평등한' 시설이라는 얄팍한 속임수는 어느 누구도 현혹시킬 수 없을 것이며 오늘 (연방 대법원이) 행한 잘못을 속죄해주지도 못할 것"이라고 신랄하게 비난했다.[24]

할런 판사는 루이지애나 열차법의 인종주의적 입법 취지를 지적하면서 이 법이 인신의 자유personal liberty를 보장한 수정 조항 제14조에 어긋난다고 주장했다. 그는 루이지애나 열차법이 흑인과 백인에게 동등하게 적용되는 규칙이라고 항변하고 있지만, "문제의 제정법은 흑인이 차지할 열차 객차에서 백인을 배제하려는 것이 아니라 백인에게 할당되거나 백인이 차지할 객차에서 흑인을 배제하려는 목적에 근거하고 있다는 사실을 모든 사람이 알고 있다"[25]며 루이지애나 열차법의 인종주의를 노골적으로 지적했다. 할런 판사에게는, 열차로 여행하는 동안 백인의 객차에서 흑인을 배제하는 것은 당연히 흑인이 향유해야 할 인신의 자유를 박

---

22) C. Vann Woodward, *The Strange Career of Jim Crow*, 3rd ed.(New York : Oxford Univ. Press, 1974), 147쪽.
23) Robert J. Harris, *The Quest for Equality : The Constitution, Congress, and the Supreme Court*(Baton Rouge : Louisiana State Univ. Press, 1960), 101쪽.
24) Plessy v. Ferguson, 163 U. S. 537(1896), 562.
25) Plessy v. Ferguson, 163 U. S. 537(1896), 557.

탈하는 것으로 여겨졌다. 수정 조항 제14조에 의해 적법 절차를 거치지 아니하고는 박탈할 수 없는 권리로 인정된 인신의 자유가 자의적인 인종 구분으로 침해당하고 있다는 것이었다.

그러나 할런 판사의 관심의 초점은 백인 우월주의에 기반한 카스트 사회 체제에 있었다. 할런 판사는 이렇게 말했다.

> 백인은 이 나라에서 스스로를 지배 인종으로 생각하고 있다. 그리고 지위, 업적, 교육, 부와 권력에서 사실상 그렇다……그러나 헌법의 관점에서 또는 법의 관점에서, 이 나라에는 우월하고 특별한 지배 시민 계급은 없다. 이 나라에는 카스트 제도란 없다. 우리의 헌법은 색맹이며 또한 시민들 사이의 계급의 존재를 알지도 용인하지도 않는다. 시민권이라는 관점에서 모든 시민은 법 앞에서 평등하다.[26]

할런 판사는 미국 헌법이 '색맹'이기 때문에 인종 구분에 의한 시민적 권리의 제한은 위헌적이라는 사실을 분명히 했다. 그는 "법은 인간을 인간으로 파악하며, 이 나라의 최고 법(헌법)에 의해 보장된 그의 시민권이 문제가 되는 경우에 그의 피부색이나 그의 배경은 조금도 고려"하면 안 된다고 역설했다.[27]

그러나 할런 판사의 '색맹' 법 철학에서의 궁극적 관심사는 인종 분리 그 자체가 아니다.[28] 달리 말하면, 그의 반대 의견은 형식주의적 해석에 입각해서 인종 분리를 위헌으로 판단하고자 하는 데 목적이 있었던 것은 아니다. 오히려 할런 판사가 문제를 삼은 것은 루이지애나 열차법에서처럼 인종 분리를 가능하게 하고 동시에

---

26) Plessy v. Ferguson, 163 U. S. 537(1896), 559. 여기에서 "우리의 헌법은 색맹"이라는 할런 판사의 반대 의견은 인종 문제에 관해 끊임없이 논의를 불러일으킨 "문화적 텍스트"를 제공해왔다. T. Alexander Aleinikoff, "Re-reading Justice Harlan's Dissent in Plessy v. Ferguson : Freedom, Antiracism, and Citizenship", *University of Illinois Law Review*(1992), 961쪽.
27) Plessy v. Ferguson, 163 U. S. 537(1896), 559.
28) 최근 할런 판사의 '색맹' 이론은 적극적 평등 실현 조치와 여러 인종적 고려를 기초로 한 사회 복지 정책과 프로그램의 반대 근거로서 이용되고 있다.

이를 필요로 하는 인종주의적 목적, 전략 그리고 사회 현실이었다. 그래서 그의 의견은 현재형이 아니라 미래형과 당위로 읽어야 한다. 즉, '헌법의 관점에서 또는 법의 관점에서, 이 나라에는 우월하고 특별한 지배 시민 계급이 없어져야 하며, 이 나라에는 카스트 제도가 없어져야 한다.' 현실에서는 분명히 백인이 우월한 위치를 차지하고 있고 백인과 흑인은 불평등하지만 헌법은 사회적 계급이 없는 평등을 요청하고 있는 헌정적 괴리를 극복해야 하며, 연방 대법원은 이를 극복하기 위해 성실한 의무와 노력을 다해야 한다는 것, 그것이 할런 판사가 지적하고자 한 바였다.

따라서 할런 판사에게, 짐 크로 법을 통해 영속화시키려는 백인 우월주의 사회 체제는 노예 체제나 다름없었다. 그리고 흑인의 노예 상태를 정당화한 플레시 사건의 다수 의견은 헌법적 논리에 근거한 것이 아니라 백인들의 부당하고 위헌적인 전통과 습관에 근거한 것일 뿐이었다. 할런 판사는 "시민들이 공공 도로 위에 있는 동안, 인종을 근거로 해서 시민들을 자의적으로 분리하는 것은 미국 헌법에 의해 확립된 시민적 자유와 법 앞에서의 평등에 전적으로 위배되는 노예 상태의 한 표상이다. 그것은 어떤 법적 논거로도 정당화될 수 없다"고 선언했다.[29] 또한 흑인을 법적·사회적으로 백인보다 열등한 2류 시민의 지위에 놓는 짐 크로 법은 미국 헌법이 보장하는 공화정체에 위배되는 것으로 간주했다.[30]

물론 사회적 다원주의와 과학적 인종주의가 만연하던 19세기 말의 인물인 할런 판사 또한 인종주의에서 자유롭지 못했다. 그는 백인 우월주의가 "항상 계속될 것이라고 믿어 의심치 않는다"고 고백했다. 그러나 그것은 백인이 백인의 "위대한 유산에 진실하고, 헌법적 자유의 원칙을 굳게 지키게 되면" 그렇게 될 것이라는 것이었다.[31]

---

29) Plessy v. Ferguson, 163 U. S. 537(1896), 562.
30) 미국 헌법 제4장 제4조 : "미국은 연방 내의 모든 주의 공화정체a Republican Form of Government를 보장한다".
31) Plessy v. Ferguson, 163 U. S. 537(1896), 559.

그러나 짐 크로 체제와 '분리하지만 평등하다'는 원칙이 붕괴된 것은 누구보다도 의식 있는 백인들과 흑인들이 노력한 결과였다. 1909년, 그들은 전국 유색 인종 지위 향상 협회NAACP를 설립하고 경제적 문제에 보다 급진적인 자세를 취하는 동시에 정치적·사회적 문제에 더욱 적극적인 전략을 구상했다. 1차 대전의 흑인 참전과 더불어 흑인의 인종적 자부심과 사회의 인종적 인식이 점차 변화하면서, NAACP의 지지 기반이 확대되었고 인종 차별 철폐 운동이 점차 가시적인 성공을 거두게 되었다. 1917년에 주거의 인종 분리를 규정한 캔터키 주 루이스빌의 시 조례가 위헌으로 선언되고, 1926년에는 백인 폭도들이 판결 결정에 결정적인 영향을 준 재판에서 유죄 판결을 받은 흑인이 연방 대법원에서 무죄로 선고되면서,[32] NAACP와 민권 운동가들은 법정 투쟁을 통해 인종 차별을 개선하고 시민권을 향상시키는 데 더욱 깊은 관심을 기울이기 시작했다. NAACP의 1926년 연례 보고서는 법정 투쟁을 흑인의 지위 향상에 "명확하고" "뚜렷한" 공헌을 이룩한 프로그램으로 평가하고 NAACP의 "새로운 발전" 분야로서 법률 구제에 보다 많은 관심을 가져줄 것을 요청했다.[33]

물론 NAACP 내부에서 민권 소송 계획에 대한 이견이 전혀 없었던 것은 아니었다. 1925년 이후 NAACP는 보다 체계적이고 포괄적인 소송 계획을 기획하면서 소송 기금이 절실하게 필요했다. 특히 진보적 성격을 가진 갈런드 기금Garland Fund은 이런 NAACP의 재정적 필요를 어느 정도 만족시켜 주었다.[34] 그러나 재정 지원자, 특히 갈런드 기금의 영향력 있는 이사였던 볼드윈Roger Baldwin은 민권 소송 계획보다는 노동 운동을 통한 인권과 지위 향상을 선호했다. 볼드윈은 흑

---

32) Buchanan v. Warley, 245 U. S. 60(1917) ; Moore v. Dempsey, 261 U. S. 86(1926). 이 사건들과 관련된 전국 유색 인종 지위 향상 협회NAACP의 역할에 관해서는 Charles Kellogg, *NAACP*(Baltimore : Johns Hopkins Univ. Press, 1967), 183~187 · 241~245쪽 참조.
33) NAACP, *Annual Report for 1926*, 3쪽.
34) Richard Kluger, *Simple Justice : The History of Brown v. Board of Education and Black America's Struggle for Liberty* (New York : Vintage Books, 1975), 132~138쪽. 미국 공공 서비스 기금American Fund for Public Service 은 창설자인 찰스 갈런드Charles Garland의 이름을 따서 흔히 갈런드 기금으로 불렸다.

인을 착취하는 사람들이란 결국 "흑인들을 종속 상태에 두기 위해 법이든 법이 아니든 자신들의 목적을 성취할 수 있는 모종의 방법을 모색할 것이기 때문에" 민권 소송 계획은 실패할 것이라고 주장했다.[35] 볼드윈을 비롯한 번치Ralph Bunche와 듀보이스William E. B. Du Bois 같은 NAACP 소수파의 주장은 인종 간 정치·경제적 권력 분배의 변화가 선행되지 않는 한 법률상의 결과는 가시적이고 형식적인 것일 뿐이라는 현실 인식에 기초하고 있었다.

그러나 정치·경제적 불평등 문제를 우선시했던 소수파의 목소리가 민권 소송 계획을 무산시킬 수는 없었다. 톰슨Charles Thompson을 비롯한 NAACP의 다수파는 "소송 이외에 다른 대안은 합리적이지 않고, (아프리카로의) 이민은 생각할 수도 없으며, 폭동은 자멸적인 행동이고, 백인의 공명정대 의식에 대한 호소는 쓸모없는 것 같다"고 주장했다.[36] 더욱이 최근의 연방 대법원 판결들로 다수파의 주장은 더욱 큰 설득력을 얻었다.

민권 소송 계획은 하버드 법대 졸업생으로 하워드 대학교의 법대 학장인 휴스턴Charles Houston, 후에 연방 대법원 판사가 된 마셜Thurgood Marshall 등에게 맡겨졌다.[37] 1939년에 NAACP 산하의 법률 구제단LDF이 마셜의 지도 아래 창설됨으로써 민권 소송 계획은 더욱 구체화되고 체계화되었다.[38] 그들은 '분리하지

---

35) Roger Baldwin to L. Hollingsworth Wood, October 21, 1929. Clement Voce, *Caucasians Only*(Berkeley : Univ. of California Press, 1959), 42쪽에서 재인용.
36) Mark V. Tushnet, *The NAACP's Legal Strategy Against Segregated Education, 1925~1950*(Chapel Hill : Univ. of North Carolina Press, 1987), 12쪽.
37) 민권 소송 계획의 구체적인 전략에 관해서도 이견이 있었다. NAACP 법무팀장이었던 네이선 마골드 Nathan Margold는 '분리하지만 평등하다'는 원칙을 직접적으로 무효화하자는 직접 공격 전략direct attack strategy을 주장했던 반면, 마골드의 후임인 휴스턴은 일련의 판례를 구축하면서 플레시 원칙을 점진적으로 파괴하는 발전 전략developmental strategy을 주장했다. Richard Kluger, *Simple Justice : The History of Brown v. Board of Education and Black America's Struggle for Liberty*, 133~138쪽 ; Mark V. Tushnet, *The NAACP's Legal Strategy Against Segregated Education, 1925~1950*, 16~17쪽.
38) 법률 구제단은 1941년 이후에 대체로 자율적인 조직체로 성장했으며, 1957년에는 NAACP에서 공식적으로 분리되었다. Mark V. Tushnet, *The NAACP's Legal Strategy Against Segregated Education, 1925~1950*, 100쪽 ; Benjamin Hooks, "The Birth and Separation of the Legal Defense and Educational Fund", *Crisis*(1979. 6),

만 평등하다'는 법원칙의 내적 모순을 들춰내면서 점진적인 공격을 감행했다. 그들의 전략은 첫째 단계로 공공시설의 분리 원칙을 수용하되 분리된 시설이 모두 평등하게 갖춰져야 한다는 점에 초점을 맞추어 평등한 시설의 제공을 주장하며, 둘째 단계로 어떤 이유로든 주 정부가 균등한 시설을 흑인들에게 제공해주지 못한다면 백인 전용의 시설을 흑백 인종이 함께 사용할 수 있도록 허용해주어야 한다는 주장을 펼치는 것이었다. 즉, 첫째 단계가 시설의 평등을 주장하는 것이라면 후자는 동일한 시설에 대한 접근성의 평등을 주장하는 것이라 할 수 있다. 그들은 연방 대법원이 불평등한 상황을 쉽게 납득하고 동조할 수 있도록 초등학교나 중·고등학교보다는 법과 대학과 같은 직업 전문학교나 대학원을 주요 소송 대상으로 삼았다. 그리고 그들은 세금을 충실하게 납부할 뿐만 아니라 백인들을 포함한 주위 사람들로부터 존경을 받는 온건하면서 성실한 흑인 시민을 소송 당사자로 내세워 해당 소송에 대한 백인들의 적대감을 최소화하고자 했다.

    NAACP의 계획된 노력의 결과, 게인즈 대 캐나다 사건Missouri ex rel. Gaines v. Canada[39]에서 '분리하지만 평등하다'는 인종주의적 원칙이 전국적으로 뚜렷하게 잠식되기 시작하였다. 즉, 게인즈 사건은 "인종 분리 교육의 종말의 시작이었다".[40] 이 사건은 흑인 전용의 링컨대학교에서 문학 학사를 마친 게인즈Lloyd Gaines가 미주리대학교의 법과 대학에 진학하기 위해 입학 원서를 제출했으나, 입학 담당 직원이었던 캐나다S. W. Canada가 인종 분리의 원칙을 규정한 주 법률에 따라 입학을 허가하지 않으면서 시작되었다. 당시, 링컨대학교는 백인 전용 대학들과 상당히 비슷한 수준의 시설을 갖추고 있었지만 법과 대학이 설치되어 있지 않았으며, 미주리 주에는 흑인을 위한 법률 교육 기관이 전혀 없었다. 캐나다는 게인즈에게 비록 게인즈가 미주리 법대에서 법학 공부를 할 수는 없지만 주 법에 의거해 캔자

218~220쪽.

39) Missouri ex rel. Gaines v. Canada, 305 U. S. 337(1938).

40) A. Leon Higginbotham · William C. Smith, "The Hughes Court and the Beginning of the End of the 'Separate But Equal' Doctrine", *Minnesota Law Review* 76(1992), 1,122쪽.

스, 네브라스카, 아이오와, 일리노이와 같은 인접 주에서 법학을 공부할 경우 장학금을 제공할 수 있다고 통보했다. 그러나 게인즈는 미주리 주의 시민이며 성실한 납세자로서 주립 법과 대학에서 미주리 주의 법률을 수학한 연후에 미주리 주의 법조계에 헌신하겠다는 의지를 굽히지 않고 NAACP에 도움을 요청했다. NAACP는 게인즈 사건의 유효 적절성을 세밀히 검토한 후 소송 비용을 부담하기로 결정하고 변호를 위해 법무 팀을 파견했다.

사실, 2년 전 메릴랜드 주 대법원에서도 이와 거의 유사한 사건을 다뤘다. 앰허스트대학을 졸업한 머레이David Murray는 메릴랜드 주의 시민으로서·메릴랜드대학의 법과 대학에 지원했다. 메릴랜드 주 역시, 다른 주의 법과 대학에 입학하는 흑인에게 제공되는 장학금 제도가 있었다. 그러나 메릴랜드 주 대법원은 머레이의 입학 거부는 수정 조항 제14조에 위배된다고 판결했다. 주 대법원은 '분리하지만 평등하다' 는 원칙을 인정하면서 "주는 평등을 어떤 방법으로 유지할 것인가를 선택"할 수는 있지만 인종 분리는 반드시 "두 인종의 시민들에게 실질적으로 평등한 대우"를 전제로 한다고 지적했다.[41] 다만 다른 주의 법과 대학에 통학하는 것은 장학금을 지원한다 해도 머레이에게 통학 비용 혹은 이사 비용 등 부수적인 비용을 부담하게 해 상당한 경제적 손실을 초래할 뿐 아니라 메릴랜드가 아닌 다른 주의 법률과 법조계 업무를 공부함으로써 머레이의 법률 학습권과 평등권을 현저하게 침해할 것이 예상되었다. 따라서 주 대법원은 메릴랜드 주에 흑인 전용의 법과 대학이 설치되어 있지 않은 상황에서, 다른 주의 법과 대학 진학은 적절한 구제책이 될 수 없다고 주장하고 머레이를 메릴랜드 법대에 입학시키라고 명했다.

미주리 주는 머레이 사건의 판결에서 문제 해결의 암시를 얻고 이를 적극적으로 활용했다. 미주리 주는 주의 판단에 의거해 "필요하거나 실질적이라 판단되면 언제라도" 링컨대학교에 흑인 전용의 법과 대학을 설치하기로 결의하고 서둘러 재정 지원 계획을 발표했다.[42]

---

41) Pearson v. Murray, 169 Md. 478(1936), 484, 483.

그러나 다수 의견을 작성한 휴즈Charles Evans Hughes 대법원장은 흑인 법과 대학의 설립 계획이 충분히 진행되지 않았으며 설치 목적을 선언하는 것만으로는 인종 분리를 유지하기에 충분하지 않다고 판단했다. 그는 법과 대학 설치가 강제적 의무 사항도 아니며 "링컨(대학교)에서 제공되는 법률 교육은 현재로서는 전혀 없다"고 지적했다.[43] 휴즈 대법원장은 미주리 주가 백인들에게 제공하는 법률 교육과 실질적으로 동등한 법률 교육을 게인즈에게 보장하라고 판결했다.

머레이 사건과 게인즈 사건에서, 법원은 플레시 사건을 판결한 대법원과 달리 사회적 집단의 관점이 아닌 개인주의적 관점에서 원고들의 헌법적 침해를 구제하는 수단을 강구했다. 휴즈 대법원장은 "원고의 권리는 개인적인 것이다. 개인으로서 그는 법의 평등한 보호를 받을 권리가 있다"는 점을 강조했다.[44] 평등 보호와 구제 수단에 대한 개인주의적 해석에도 불구하고 휴즈 대법원장은 여전히 '분리하지만 평등하다'는 원칙을 고수하고 있었다. 만약 인종 분리된 법과 대학이 설립되어 있거나 가까운 장래에 분명히 설립될 것이라고 판단했다면 그는 이런 구제책을 내놓지 않았을 것이었다. 그는 여전히 집단 간의 평등을 신뢰하고 있었다. 그럼에도 불구하고 '분리하지만 평등하다'는 원칙에서 명목상의 평등이 아니라 실질적인 평등을 강조함으로써 인종 분리 원칙이 상당히 훼손된 것은 분명했다.

1950년, NAACP의 법률 구제단은 두 개의 인종 분리 소송 사건을 승리로 일궈냄으로써 인종 분리 원칙에 근본적인 타격을 입혔다. 두 사건 중 하나는 스웨트 대 페인터 사건Sweatt v. Painter[45]으로, 휴스턴 시의 우편 배달부였던 스웨트Herman Sweatt가 텍사스대학교의 법과 대학에 입학을 신청하였으나 거부된 사안에 대한 것이었다. 짐 크로 법에 따라 흑인 전용의 텍사스주립대학교에 법과 대학이 설치

---

42) Missouri ex rel. Gaines v. Canada, 305 U. S. 337(1938), 346.
43) Missouri ex rel. Gaines v. Canada, 305 U. S. 337(1938), 346. 판결 후에 미주리 주는 링컨대학에 법과 대학을 설치했다. 그러나 게인즈는 사건이 종결되기 직전인 1939년 초에 행방불명되었다.
44) Missouri ex rel. Gaines v. Canada, 305 U. S. 337(1938), 351.
45) Sweatt v. Painter, 339 U. S. 629(1950).

되어 있기 때문에 그의 입학 신청은 거부되었다. 그러나 스웨트는 텍사스주립대학교가 질적 수준이 낮아 백인 전용의 법과 대학과 균등하지 않으므로 입학 거부는 법의 평등 보호를 박탈하는 것이라고 주장했다. 만장일치의 법원 의견에서, 빈슨Fred M. Vinson 대법원장은 스웨트의 요구대로 텍사스대학교 법과 대학 입학을 명했다. 빈슨 대법원장은 판결의 근거로 명백한 물질적인 차이뿐 아니라 "교수진의 평판, 행정 조직의 경험, 동문들의 지위와 영향력, 지역 사회에서의 위치, 전통과 명성"과 같은 "객관적 측정이 불가능하지만 하나의 법과 대학의 우수성에 이바지하는 특질"까지를 포함하는 "완전한 헌법적 권리"를 고려했다.[46] 사실, 비물질적 요소에 대해 연방 대법원이 깊은 관심을 가지게 된 것은 무엇보다도 NAACP의 설득력 있는 사회학적 입증 자료 덕택이었다.[47]

이로써 평등의 범주가 시설과 같은 물질적 평등에서 특질과 같은 비물질적 intangible 평등까지 확대되었다. 그러나 비물질적 평등이라는 관념은 사전에 기획된 것이 아니었다. 연방 대법원이나 NAACP 모두 이 사건을 통해 구현하고자 하는 어떤 평등 관념을 사전에 염두에 두고 이것을 획득하기 위해 스웨트 사건을 이용한 것은 더군다나 아니었다. 스웨트 사건은 "가능한 많은 평등 관념들 중에서 하나의 평등 관념을 구성해가는 하나의 과정"이었다.[48] 이런 맥락에서, 빈슨 대법원장은 "수정 조항 제14조의 목적과 인종 분리의 영향에 관한 오늘날의 지식이라는 관점에서" 아직까지는 '분리하지만 평등하다'는 원칙을 재검토할 필요를 느끼지 않는다고 말했다.[49] NAACP도 '분리하지만 평등하다'는 원칙의 합헌성에 대해 정면으로 도전하지 않았던 것이다.

또 다른 사건은 오클라호마대학교의 교육 대학원 박사 학위 과정에 진학한 흑인 매클로린G. W. McLaurin과 관련된 사건이다.[50] 짐 크로 법에 의해 매클로린은 대

---

46) Sweatt v. Painter, 339 U. S. 635(1950).
47) Mark V. Tushnet, *The NAACP's Legal Strategy Against Segregated Education, 1925~1950*, 161쪽.
48) Mark V. Tushnet, *The NAACP's Legal Strategy Against Segregated Education, 1925~1950*, 161쪽.
49) Sweatt v. Painter, 339 U. S. 629(1950), 636.

학원 입학 신청이 거부되었으나, 게인즈 사건의 판결로 입학 거부가 위헌적 행위로 확인되면서 대학원에 입학하게 되었다.[51] 그러자 오클라호마 주 의회는 고등 교육 관련법을 수정해 흑인 전용 학교에서는 이수가 불가능한 교과 과정에 지원하는 경우에 한하여 백인 전용 학교로의 입학을 허가하되 "분리의 원칙"에 입각한 교육을 하도록 했다.[52] 주의 규정에 따라 매클로린은 강의실에 붙어 있는 곁방anteroom 의 흑인 지정 좌석에서 수업을 듣고, 도서관의 정규 독서실의 책상이 아니라 1층과 2층 사이의 중2층에 있는 흑인 지정 좌석에서 책을 읽으며, 학교 식당에서도 백인 학생들과는 다른 시간에 흑인 지정 좌석에 앉아 식사를 해야 했다. 매클로린은 일상적인 구속과 불평등을 비열한 방법으로 조장한 짐 크로 법을 고발했고, NAACP의 법무 팀은 인종 분리가 흑인에게 끼치는 사회 심리학적 해악을 증거 자료로 사용했다. 사실, 이 사회 심리학 전략은 후에 브라운 사건에서 더욱 적극적으로 활용될 것이었다.

연방 대법원은 학생이라는 하나의 기준 안에서 흑인과 백인이 통합된 개인 간의 관계라는 관점에서 판결을 내렸다. 만장일치의 법원 의견에서 빈슨 대법원장은 "학생들의 지적 교류를 방해하기 위해 주가 제한을 강제하는 것과 주가 그러한 장애를 전혀 설정하지 않은 곳에서 개인들이 (상호 간에) 교류하기를 거부하는 것은 큰 차이, 즉 헌법적 차이가 있다"[53]고 지적하고 동료 학생들과의 지적 교류를 확보할 수 있는 기회를 박탈해서는 안 된다고 판결했다. 이로써 빈슨 대법원장은 "법의 평등한 보호에 대한 개인적이고 현존하는 권리"를 흑인에게 인정해주었다.[54]

'분리하지만 평등하다'는 원칙은 그 자체의 모순과 민권 운동가들의 노력에 의해서 고등 교육 분야뿐 아니라 사회 분야에서도 서서히 해체되고 있었다. 평등의

---

50) McLaurin v. Oklahoma State Regents, 339 U. S. 637(1950).
51) McLaurin v. Oklahoma State Regents, Civ. No. 4039, 87 F. Supp. 526.
52) Okla. Stat. Ann. 70(1950), 455절.
53) McLaurin v. Oklahoma State Regents, 339 U. S. 637(1950), 641.
54) McLaurin v. Oklahoma State Regents, 339 U. S. 637(1950), 642.

관념은 집단적인 형식주의적 평등에서 물질적인 평등, 나아가 비물질적인 평등까지 포괄하게 되었다. 또한 완전하지는 않지만 평등의 개인주의적 해석이 흑인들에게도 적용되기 시작했다. 이제, 민권 운동가들은 짐 크로 법 원칙의 전자, 즉 분리 담론에 대한 전면 공격을 통해 '분리하지만 평등하다'는 원칙을 완전히 해체할 때가 왔다고 믿게 되었다.

4. 브라운 판결의 평등—인종 통합주의와 동화주의

스웨트 사건과 매클로린 사건의 판결이 있은 지 4년 후인 1954년 5월 17일, 연방 대법원은 만장일치로 브라운 사건의 최종 판결을 내렸다. 사회 공공 영역에서 흑백 인종의 강제적 분리가 위헌으로 선포되었다. 19세기 후반 이후 남부의 사회 각 분야에서 인종 관계의 행위와 사고의 폭압적 규율로서 작동해온 '분리하지만 평등하다'는 법 원칙이 드디어 해체되었다. 그것은 주로 마셜 등의 NAACP의 법무 팀이 길고도 지루한 계획 아래 기울여온 힘겨운 노력 때문이었지만, 시민권과 사회 질서에 대한 연방 대법원의 입장 변화 때문이기도 했다.

흔히 브라운 사건이라고 불리는 사건은 단일 사건이 아니다. 브라운 사건은 다섯 개로 이루어진 별개의 집단 소송 사건들이 연방 대법원에서 통합되어 결정된 것을 말한다.[55] NAACP 법무 팀은 짐 크로 원칙을 파괴하기 위해 신중하게 인종 분리 사건들을 선정했고 이것들을 엮어내는 데 성공했다. 다섯 개의 사건은 캔자스 주, 사우스캐롤라이나 주, 버지니아 주, 델라웨어 주 그리고 워싱턴 D. C.에서

---

55) 5개의 사건은 Brown v. Board of Education of Topeka(캔자스), Briggs v. Elliott(사우스캐롤라이나), David v. County School Board(버지니아), Gebhart v. Belton(델라웨어) 그리고 Bolling v. Sharpe(워싱턴 D. C.)를 말한다. 볼링 대 샤프 사건Bolling v. Sharpe은 함께 논의되었지만, 주(州)state의 사건이 아니라 수정헌법 제14조가 적용되지 않는 연방 관할의 워싱턴 D. C. 사건이라는 이유로 별도의 판결문이 작성되었다. Bolling v. Sharpe, 347 U. S. 497(1954).

각각 발생했다. 이 가운데 몇 가지 사건은 의도적으로 백인 학교와 시설이 거의 균등한 흑인 학교를 선정하여 인종 분리가 끼치는 심리적 해악을 상대적으로 크게 부각시킴으로써 짐 크로 원칙을 파기한다는 계획 아래 마련되었다. 예를 들면, 캔자스 주의 사건은 "건물, 통학 운송 시설, 교과 과정, 교사의 교육적 자질과 관련해 실질적으로 평등한" 경우였다.[56] NAACP 법무 팀은 "인종 분리된 공공 학교는 '평등'하지 않으며 '평등'하게 될 수도 없다"[57]고 주장하면서 인종 분리의 본질적인 불평등성을 문제 삼았다.

사실, 마셜이 정확하게 예상했던 것처럼, 브라운 사건이 제기되기 이전에 이미 연방 대법원의 상당수 판사들이 대학원이나 직업 전문 대학원의 경우처럼 초·중·고등학교의 경우에도 인종 분리가 법의 평등 보호 조항에 위배된다고 생각하고 있었다.[58] 그러나 리드Stanley J. Reed 판사와 잭슨Robert Jackson 판사는 위헌 판결의 적절성과 합리성에 대해 여전히 신중한 입장을 취했고 블랙Hugo Black 판사와 빈슨 대법원장은 인종 통합의 상대적 가치에 대한 부정적인 입장 때문에 모호한 자세를 취했다. 그러나 빈슨 대법원장이 사망한 뒤 워렌Earl Warren 캘리포니아 주지사가 연방 대법원장에 임명되면서 상황이 극적으로 변화되고 연방 대법원은 만장일치의 의견에 도달하게 되었다. 만약 빈슨 대법원장이 주재하는 가운데 브라운 사건이 결정되었다면, "믿어지지 않는 지독한 혼란, 아마도 아홉 개의 다른 의견"[59]이 제시되었을 것이라고 프랭크퍼터Felix Frankfurter 판사는 회

---

56) Brown v. Board of Education of Topeka, 347 U. S. 483(1954), 486.
57) Brown v. Board of Education of Topeka, 347 U. S. 483(1954), 488.
58) Mark V. Tushnet, *The NAACP's Legal Strategy Against Segregated Education, 1925~1950*, 135~137쪽 ; Mark V. Tushnet · Lezin Katya, "What Really Happened in Brown v. Board of Education", *Columbia Law Review* 91 (1991), 1,893쪽 ; Richard Kluger, *Simple Justice : The History of Brown v. Board of Education and Black America's Struggle for Liberty*, 290~294쪽.
59) Philip Elman, "The Solicitor General's Office, Justice Frankfurter, and Civil Rights Litigation, 1946~1960 : An Oral History", *Harvard Law Review* 100(1987), 828~829쪽(interviewed by Norman Silber). 또한 Bernard Schwartz, *Super Chief : Earl Warren and His Supreme Court—A Judicial Biography*(New York : New York Univ. Press, 1983), 72쪽 참고.

고했다. 신임 대법원장 워렌은 친화적인 리더십을 발휘하면서 브라운 사건이 미칠 영향, 특히 남부에서의 사회적 파장을 심각하게 고려해 만장일치의 판결을 이끌어냈다.

워렌 대법원장은 놀라울 정도로 간결하고 평이하며 직선적인 언어로 브라운 사건의 법원 의견을 직접 작성했다. 이는 판결문을 보통 사람들이 읽고 충분히 이해할 수 있도록 만들어 판결의 영향력과 효율성을 높이고자 한 결과였다. 인종 분리 교육이 수정 조항 제14조의 '법의 평등 보호'에 대한 권리를 박탈하는 것인가에 답하기 위해, 워렌 대법원장은 수정 조항 제14조의 입헌 취지와 비준 당시의 관행을 검토했다. 물론 NAACP의 법률 구제단은 흑인의 시민권을 보장한 수정 조항 제14조의 입헌자들framers이 인종 분리된 교육을 반대했을 것이라고 믿었다. 그러나 그들은 수정 조항 제14조의 입헌 취지에 대한 명확하고 객관적인 답변을 연방 대법원에 제시하지 못했다. 1868년 수정 조항 제14조가 비준될 당시, 미국의 공립 교육 제도는 매우 초보적인 수준에 머물러 있었을 뿐 아니라 남부에는 공립학교라고 부를 만한 교육 제도가 전혀 없었다. 심지어 어떤 주에서는 흑인 교육이 금지되어 있기도 했다. 더욱이 수정 조항 제14조를 통과시킨 바로 그 연방 의회에서 워싱턴 D. C.의 인종 분리 교육 실시를 규정한 법안이 통과되었을 뿐 아니라 해방 노예국Freedmen's Bureau이 남부에서 운영했던 인종 분리 교육을 지지하기도 했다. 이런 이유로, 워렌 대법원장은 입헌 취지에 대한 역사적 연구 결과가 "우리가 직면하고 있는 문제를 해결해줄 수 있을 만큼 충분하지 않다"고 판단하고 수정 조항 제14조의 입헌 취지에 대한 어떠한 견해도 "불확정적"이라는 결론을 내렸다.[60]

따라서 워렌 대법원장은 "살아 있는 헌법living Constitution" 이론을 수용하면서 과거가 아닌 오늘의 현실에서 그 해답을 찾고자 했다. 그는 우선 민주 사회에서 교육이 갖는 중요성을 강조한 후 공립학교에서의 분리 교육 문제에 대해 간단

---

[60] Brown v. Board of Education of Topeka, 347 U. S. 483(1954), 488.

명료하게 답했다. "비록 물적 시설과 비물질적 요소들이 평등하다고 할지라도 인종만을 근거로 삼아 공립학교 어린이들을 분리시키는 것은 소수 집단의 어린이들에게 균등한 교육의 기회를 박탈하는 것인가? 우리는 그렇다고 믿는다."[61] 워렌 대법원장은 그 이유를 인종 분리 교육이 "흑인 어린이들에게 유해한 영향"을 끼치고 있다는 사실과 인종 분리에 의한 열등감이 "어린이들의 학습 동기에 영향"을 끼치고 있다는 사실 그리고 "지금까지 행해지지 않았을 것 같은 방식으로 그들의 심성과 지성에 영향을 끼칠 수 있는, 공동체 안에서의 자신의 지위에 관한 열등감을 조성"하고 있다는 사실에서 찾았다.[62]

이 같은 워렌 대법원장의 판단은 무엇보다도 NAACP의 법률 구제단이 제시한 '사회학적' 주장에 근거했다. 그는 판결문의 '각주 11'에 사회학적 혹은 사회 심리학적 연구 성과를 적어 넣음으로써 판결의 정당성을 강화시키고자 했다. 실제로 NAACP 법무 팀은 여러 영향력 있는 학자들의 사회 과학적 주장을 적극적으로 활용했다. 그 가운데 가장 중요한 주장은 케네스 클라크Kennth Clark의 사회 심리학적 연구 성과였다. 그는 흑백 인형에 대한 선호도 반응을 통해 짐 크로 체제 하의 흑인 어린이가 갖고 있는 인성 장애를 측정했다. 흑인 어린이들이 백인 인형을 더 선호한다는 결과가 나왔으며, 이 결과는 분리 교육이 흑인의 자존심에 해악을 끼쳐 결국 흑인의 열등성과 백인의 우월성을 강화시킨 것으로 해석되었다. 달리 말하자면, 플레시 사건에서 주장된 것과는 달리 짐 크로 법의 인종 차별은 "흑인들이 그 법에 단지 그런 (인종주의적) 해석을 내리고 있기 때문"[63]이 아니라 '인형 실험'에서 보듯이 흑인 어린이들에게 객관적으로 분명하게 해악을 끼치고 있다는 것이었다.

이런 인종 차별적인 현실에 대한 판단에 근거해 워렌 대법원장은 짐 크로 체제의 종말을 선언했다.

---

61) Brown v. Board of Education of Topeka, 347 U. S. 483(1954), 492.
62) Brown v. Board of Education of Topeka, 347 U. S. 493(1954), 494.
63) Plessy v. Ferguson, 163 U. S. 537(1896), 551.

공공 교육 분야에서 '분리하지만 평등하다'는 원리는 설 자리가 없다. 인종 분리 교육 시설은 본질적으로 불평등하다. 그러므로 우리는, 원고들과 그와 유사한 처지에 처해 있어 인종 분리 문제를 이유로 소송을 제기한 사람들이 수정 조항 제14조에 의해 보장된 법의 평등한 보호를 박탈당하고 있다고 판결한다……이러한 인종 분리는 법의 평등한 보호를 부정하는 것이라고 선언하는 바이다.[64]

브라운 판결은 인종 통합을 통해 인종과 상관없이 모든 사람들에게 균등한 교육의 기회를 보장하려는 결정이었다. 각 개인은 통합된 사회 속에서 인종에 상관없이 개인으로서 모든 권리를 평등하게 보장받을 것이라는 점에서, 브라운 판결은 개인주의적 평등을 선언했다. 브라운 판결의 평등은 형식 논리의 결과라기보다는 현실 판단의 결과라는 점에서 현실주의적 혹은 경험주의적 평등이었으며 동시에 사회 과학적 논증과 연구 성과에 의지해 흑인의 사회적 권리를 인정했다는 점에서 사회적 평등이었다. 또한 브라운 판결의 평등은 각 주의 '전통과 습관'에 얽매이지 않고 미국 전체를 대상으로 일률적인 적용을 추구했다는 점에서 연방주의적 평등이라고 할 수 있다.

그러나 브라운 판결의 평등은 법적 분리를 위헌으로 선언했지만 사실적 분리와 차별의 현존성을 백안시했다는 점에서는 형식적인 평등이었다. 물론 플레시 판결의 형식주의적 평등에서 진일보한 것은 사실이다. 워렌 대법원장은 "우리의 헌법은 색맹"이어서 인종에 근거한 어떠한 사회적 구분도 거부한다는 할런 판사의 언명을 따랐다. 1954년 브라운 판결이 선고된 그 다음 주 일요일 《뉴욕타임스*New York Times*》는 다음과 같이 적었다. "1896년 플레시 대 퍼거슨 사건에서 8대 1로 결정난 고독한 반대 의견에서 그가 사용한 말들이, 지난 월요일 연방 대법원에서 열렸던 재판에서 만장일치로 판결됨으로써 사실상 이 나라 법의 일부가 되었다……워렌 대법원장의 의견 가운데 할런 판사의 이전 견해와 일치되지 않는 것은 하

---

64) Brown v. Board of Education of Topeka, 347 U. S. 483(1954), 495.

나도 없다."[65]

그러나 워렌 대법원장은 할런 판사가 보여준 백인 우월주의 사회에 대한 비판적 통찰력을 결여하고 있었다. 그는 흑인에 대한 심리적 해악 유무에 상관없이 짐 크로 법의 이면에 깔려 있는 백인 우월주의적 입법 의도와 전략에 대해 적절한 관심을 기울이지 않았다. 달리 말하면, 브라운 판결의 평등은 백인 우월주의에 의해 규정되고 통제되는 사회에 아무런 보호막 없이 흑인을 방치하는 결과를 초래했다.[66] 워렌 대법원장에게는 사회적 약자와 강자가 보이지 않았던 것이다.

1955년, 제2차 브라운 사건에서 연방 대법원은 미루어놓았던 인종 통합의 이행 문제에 대한 판결을 내렸다. 만장일치의 법원 의견에서, 워렌 대법원장은 폭력과 폭동을 수반한 남부의 거친 반항[67]과 평등 실현의 복잡성과 포괄성, 그리고 결국은 연방 대법원의 보수적 성격 때문에 즉각적인 흑백 통합보다는 "매우 신중한 속도로" 인종 통합을 추구할 것을 결정했다. 그리고 연방 지방 법원에 "인종적으로 차별 없는 학교 제도"로의 전환을 지휘하고 감독할 것을 명했다.[68] 그러나 그의 판결은 여전히 백인 중심의 동화주의적 인종 통합을 강조하는 것이었다. 고탠더 Neal Gotanda가 정확하게 지적한 바와 같이, 현실적 차별을 백안시한 브라운 판결의 "색맹의 동화주의적 프로그램은 백인 문화의 헤게모니를 함축하고 있다".[69]

이런 동화주의적assimilationist 통합에 대한 비판은 사실 연방 대법원 못지않게

---

65) *New York Times*(1954년 5월 23일자), E10. 플레시 판결은 7대 1로 결정되었다. 데이비드 브루어David Josiah Brewer가 사건에 불참했기 때문이다. 그러나 할런 판사의 고독한 판결을 강조하기 위해 플레시 판결을 8대 1로 과장해서 묘사하곤 했다.
66) 브라운 사건이 형식적인 평등의 기회만을 제공해 미묘하고 고질적인 제도적 인종주의를 제대로 다루지 못했다는 주장에 관해서는 Roy L. Brooks · Mary Jo Newborn, "Critical Race Theory and Classical-Liberal Civil Rights Scholarship : A Distinction Without a Difference?", *California Law Review* 82(1994), 798쪽 참조.
67) 심지어 5개의 브라운 사건 중 한 사건이 시작된 버지니아 주에서는 1956년 버지니아 주 헌법을 수정해 사립학교에도 주 정부 지원금을 지원하기로 하고, 주 의회에서는 프린스 에드워드 카운티의 모든 공립학교를 폐쇄하는 입법 조치를 단행했다. Griffin v. County School Board of Prince Edward County, Virginia, 377 U. S. 218(1964).
68) Brown v. Board of Education of Topeka, 349 U. S. 294(1955), 301.
69) Neil Gotanda, "A Critique of 'Our Constitution is Color-Blind'", *Stanford Law Review* 44(1991), 60쪽.

NAACP 법무 팀에게도 가해질 수 있다.[70] NAACP 법무 팀은 스웨트 사건과 매클로린 사건 이후 '분리하지만 평등하다'는 짐 크로 법 원칙의 '분리' 부분에만 지나치게 집중해 경직되었으며, 민권 운동의 보다 큰 대의, 즉 차별의 제거를 통한 평등의 성취에 포괄적인 관심을 기울이지 못했다. 1950년 7월, NAACP 이사회는 앞으로의 모든 교육 관련 법정 투쟁은 "비분리의 원칙에 입각한 교육" 문제를 다루며 인종 통합 이외에 인종 분리에 대한 "어떠한 다른 구제책도 허용될 수 없다"고 결의함으로써 평등 문제에 관한 유연한 사고를 사전에 차단시켰다.[71] 그것은 무엇보다도 당시 대중 조직으로 급속히 성장한 NAACP가 폭증하는 회원들에게 일상생활에서의 가시적인 성과를 과시할 필요가 있었기 때문이었다.[72] 또한 2차 대전 이후 냉전 체제가 형성되고 제3세계, 특히 아프리카의 중요성이 강화되면서 미국의 국제적 위신과 리더십의 강화를 위해 국내의 인종 문제를 어떤 방식으로든 해결해야 할 필요가 있는 상황이었고, 연방 대법원뿐 아니라 NAACP 법무 팀 모두 이 점에 공감하고 있었기 때문이었다.[73] 따라서 포괄적으로 말하자면, 브라

---

70) 연방 대법원이 민권 운동가와 NAACP 법무 팀을 "꾀어" 결국 쓸모없는 일에 몰입해 소중한 자원을 소진하도록 하고 "의미 있는 사회 개혁을 거의 내놓지 않았다"는 주장에 관해서는 Gerald Rosenberg, *The Hollow Hope : Can Courts Bring About Social Change?*(Chicago : Univ. of Chicago Press, 1991), 341쪽.

71) Resolution, July 1950, Board of Directors, NAACP Papers, Box II-A-132(Mark V. Tushnet, *The NAACP's Legal Strategy Against Segregated Education, 1925~1950*, 136쪽에서 재인용). 분리 문제에만 집착한 마셜과 NAACP 중앙 본부의 경직된 정책 결정 때문에 여러 지부에서 민권 변호사들이 탈퇴했다.

72) Mark V. Tushnet, *The NAACP's Legal Strategy Against Segregated Education, 1925~1950*, 135쪽.

73) Derrick Bell, "Racial Remediation : An Historical Perspective Current Conditions", *Notre Dame Law* 52 (1976), 12쪽 ; Mary L. Dudziak, "Desegregation as a Cold War Imperative", *Stanford Law Review* 41(1988), 61~120쪽 ; Mary L. Dudziak, *Cold War Civil Rights : Race and the Image of American Democracy*(Princeton : Princeton Univ. Press, 2000) ; John R. Howard, *The Shifting Wind : The Supreme Court and Civil Rights from Reconstruction to Brown*(Albany : State Univ. of New York Press, 1999), 328~329쪽 ; Mark V. Tushnet · Lezin Katya, "What Really Happened in Brown v. Board of Education", 1,916~1,917쪽. 이외에도 경제적 요인을 들 수 있다. 이 시기에 남부 경제는 농촌 플랜테이션 중심의 사회에서 군수 산업과 여가 및 실버산업 중심의 선벨트sunbelt 경제 사회로 변화하면서, 남부의 "경제적 발전이 전통적인 인종 관계의 근간을 더욱 더 잠식해 들어갔다". Robert Haws, "Race and Economy in the South, 1890~1950", Robert Higgs (ed.), *The Age of Segregation*(1978), 89~90쪽 참조.

운 판결은 1950년대 지배적인 사회 담론이 통합과 동화의 코드로 재편되면서, 다른 형태이지만, 미국의 국제적인 리더십과 백인의 국내 지배력을 좀 더 확고하게 하고자 한 사법 결정이었다.

사실 NAACP의 경직성은 민권 운동, 작게는 NAACP 내 소수 세력의 의견이 무시된 결과였다. 이미 1930년대에 NAACP 내부에서 분리와 차별 문제에 대한 심각한 논쟁이 벌어졌다. 1934년 1월, 소수파였던 듀보이스는 〈인종 분리Segregation〉라는 사설에서 분리와 차별을 구분하고 후자를 타파하는 데 역점을 둘 것을 주장했다. 그는 흑인들이 사는 "환경과 (흑인에 대한) 대우가 차별과 전혀 관련되지만 않는다면, (백인과 분리되어) 흑인끼리 사는 흑인(의 삶)에 대해 전혀 반대가 없다"고 주장하면서, "결국 흑인을 해방시킬 사람은……인종 의식적인race-conscious 흑인"이라고 역설했다.[74] 그에게는 분리 학교냐 비분리 학교냐가 중요하지 않고 차별적인 학교인가 아닌가가 중요했던 것이다. 그는 법정 투쟁을 통해 인종 통합을 주장하면서도 실제로는 인종 분리적 조직과 이념을 가진 NAACP의 이율배반적 태도를 비판하면서 흑인의 정체성과 흑인 문화의 특이성을 강조했다. 이와 같은 맥락에서, 1954년에 듀보이스는 일단 브라운 판결을 환영하면서도 브라운 사건의 사회적 한계와 반흑인적인 결과를 초래할 가능성을 놓치지 않고 지적했다. 특히 그는 인종 통합된 학교에서 흑인 어린이들이 겪을 수 있는 인종주의적 학대뿐만 아니라 독특한 흑인 문화에 대한 경멸과 무시를 경계해야 한다고 주장했다.[75]

차별이 극복되지 않는 상태에서의 통합은 백인 중심의 동화를 의미하며, 백인 중심의 사회 속에서 흑인에게 법의 평등이 보장될 것이라고 주장하는 것은 결국 백인 우월주의적 사고방식이었다. 인종 분리를 계속 옹호한다는 점에서 백인 우월주의자나 보수주의자와 언뜻 보기에 비슷한 측면이 있지만, 인류학자이자 작가였던 허스턴Zora Neale Hurston과 같은 소수의 비판적 흑인들은 전혀 다른 관점

---

74) William E. B. Du Bois, "Segregation", *Crisis* 41(1934. 1), 20쪽 ; William E. B. Du Bois, "Does the Negro Need Separate Schools", *Journal of Negro Education* 4(1935), 328~335쪽 참조.
75) Manning Marable, *W. E. B. Du Bois : Black Radical Democrat*(Boston : Twayne, 1986), 171쪽.

에서 브라운 판결을 비판했다. 처음에 흑인들 대부분은 백인과 함께 같은 학교에 다니게 되는 인종 통합을 환영하겠지만, 현실에서는 흑인들이 백인 학교로 통합되는 것이기 때문에 백인은 시혜자로 흑인은 수혜자로 규정될 것이었다.[76] 인종 통합을 통해서만 흑인의 열등성을 극복하고 손상된 자긍심을 회복해 "훌륭한 시민 정신"을 함양하며 "자신의 환경에 정상적으로 적응"[77]하게 될 것이라는 브라운 판결은 결국 흑인의 독립성 결여와 백인 학교(문화)의 우월성을 전제하는 것이며 흑인 문화와 흑인 제도 나아가 흑인들을 폄하하는 것이었다. 이런 맥락에서 1955년 허스턴은 브라운 판결이 자신의 "인종을 존중하기보다는 모욕하는" 것이라고 비난했다.[78] 1961년 맬컴 엑스Malcolm X는 인종 분리의 본질이란 한 인종이 다른 인종을 지배하는 방식이며 전략이라고 지적하고 "우리는 모든 학생이 흑인인 학교가 꼭 인종 분리 학교라고 생각할 필요는 없다"[79]고 말했다. 흑인 문화주의자들Black cultural racialists과 흑인 민족주의자들Black nationalists의 관점에서 보면, 브라운 판결의 평등은 다른 형태이긴 하지만 여전히 흑인의 열등성을 되풀이한 인종주의적 평등일 뿐이었다.

전체적으로 볼 때, 브라운 판결은 백인 중심의 '용광로melting-pot' 사회 철학과 동화주의의 산물인 동시에 흑인의 인종 통합주의적 노력의 결과였다. 그리고 브라운 판결은 분명히 인종 간의 평등보다는 인종의 통합에 더 중요한 가치를 두었다. 브라운 판결의 평등은 법적 분리를 종식시켰다는 점에서 진보적이었지만 사실적 분리와 차별을 고려하지 못하고 여전히 백인 우월주의에 근거하고 있다는 점에서 보수적이었다. 브라운 판결에도 불구하고 흑백의 인종 분리가 오랫동안 끈질기게 남부 사회에 존속할 수 있었던 것은 연방 대법원과 법의 본질적인 한계

---

76) Harvie J. Wilkinson, III. *From Brown to Bakke : The Supreme Court and School Integration, 1954~1978*, 46쪽.
77) Brown v. Board of Education of Topeka, 347 U. S. 483(1954), 492.
78) Zora Neale Hurston, "Court Order Can't Races Mix", *Orlando Sentinel*(1955년 8월 11일자).
79) Malcolm X, *By Any Means Necessary : Speeches, Interviews and a Letter*, George Breitman (ed.)(New York : Pathfinder Press, 1970), 16쪽.

에 기인하는 것임과 동시에 브라운 판결이 가지고 있는 보수적인 한계와 편견에 기인하는 것이었다.

5. 복수적 평등을 위하여

플레시 사건에서 브라운 사건에 이르기까지 평등, 보다 정확히는 백인에 대한 흑인의 평등은 그 의미와 범주를 확대하면서 변모했다. 플레시 사건의 다수 의견에서 사회적으로 정의된 집단 간의 형식주의적 평등은 브라운 사건에서 독립적인 개인 간의 현실주의적 평등으로 나아갔다. 이 과정에서 평등은 시설의 평등과 동일한 시설에 대한 접근성의 평등, 즉 조건의 평등을 포함하면서 변모했다. 사실, 조건의 평등은 '분리하지만 평등하다'는 법 원칙이 존립하기 위한 내재적이면서 필수적인 개념이었다. 그러나 플레시 판결에서 원리상으로만 존재했던 조건의 평등이 현실 속에서 구현된 것은 민권 운동가와 NAACP 법무 팀의 끈질긴 노력 때문이었다.

그러나 '평등'은 흑인과 같은 소수 세력에게는 쟁취해야 할 꿈과 이상이지만 백인과 같은 지배 세력에게는 옹호해야 할 현실이자 이익이었다. 브라운 사건의 평등 역시 NAACP 법무 팀과 민권 운동가들이 긴 세월을 기획하고 투쟁한 결과 얻어진 값진 노력의 결과였지만, 그와 동시에 인종 간 평능에 대한 국내의 요구뿐만 아니라 냉전 시대에 자유 진영의 국제적 지도자로서의 위상과 아프리카 등 제3세계의 정치적 지지의 필요성은 보수주의자들과 연방 대법원으로 하여금 인종 분리 문제를 외면할 수 없게 했던 것이다. 그러나 브라운 판결의 '평등'은 민권 운동가들과 보수주의자들에게 동일한 것일 수는 없었다. 연방 대법원이 말한 평등은 백인 중심의 동화주의를 전제하고 있었다는 점에서, 그리고 백인을 시혜자로, 흑인을 수혜자로 파악했다는 점에서 인종주의적인 평등이었다.

비록 브라운 판결이 미국 헌정사에서는 혁명적 변화를 가져온 것이 사실이라고 하더라도, 그것은 부당한 현실을 개혁한 진보적 결정이라기보다는 당시 사회의 거대 담론이었던 통합의 요청을 보다 완벽하게 구현하고 이를 정당화했던 보수적 결정이었다.[80] 물론 브라운 판결의 인종 통합 원칙이 각 사회 분야에 포괄적으로 적용되면서 사회적으로 인종 관계에 혁명적 변화를 촉발하는 데 현저한 역할을 담당한 사실은 인정된다. 그러나 브라운 판결의 보수성이 특히 닉슨 이후의 신연방주의New Federalism와 관련되면서 인종 관계가 더욱 교묘하게 악화되고 있다는 사실 또한 부인할 수 없다.

또한 미국 흑인의 역사라는 거시적 관점에서 볼 때, 브라운 판결은 통합주의자들의 승리인 동시에 분리주의자들의 실패이기도 했다. 일반적으로 미국 흑인의 역사는 흑백 통합주의자와 분리주의자들 사이의 갈등과 긴장의 역사로 파악된다. 이미 미국 혁명 이후 흑백 간의 '통합' 과 '분리' 는 흑인들의 유토피아적 이상이자 현실 비판적 도구였다. 통합과 분리는 서로 긴장을 유지하면서 인종 관계의 부당성과 불평등에 대한 경계를 늦추지 않게 하는 상호 보완적 역할을 담당해왔다. 그러나 1950년대 흑인 민권 운동의 주도권을 장악한 통합주의자들은 분리주의자들의 목소리를 잠재우면서 브라운 사건을 통해 인종 통합의 이상을 성공적으로 실현했다. 하지만 인종 분리의 장벽이 법적으로는 완전히 제거되었다 하더라도 현실적으로는 교육 분야에서조차 상당 부분 무너지지 않고 아직도 건재하게 남아 있다.

더욱이 브라운 판결의 평등은 흑인의 정체성과 독특성을 백안시하거나 심지어는 심각하게 훼손시킬 수 있는 위험성을 내포한 것이었다. 그렇기 때문에 브라운 판결이 분리주의자들에게는 흑인 인종에 대한 모욕이며 "고통 없는 인종 학살

---

[80] 브라운 사건이 당시 상황을 정당화하는 결함을 가지고 있다는 주장에 관해서는 Louis Michael Seidman, "Brown and Miranda", *California Law Review* 80(1992), 715쪽. 정치적·경제적 이유로 브라운 사건의 판결이 실패했다는 주장으로는 Leslie W. Dunbar, "Not by Law Alone : Brown in Retrospect", *Virginia Quarterly Review* 70(1994), 205쪽. 브라운 판결이 인종 관계에 대한 논의를 격화시키는 선구자적 역할보다는 이를 냉각시키는 법률주의적 역할을 했다는 주장에 대해서는 Bruce Ackerman, *We the People*(Cambridge : Balknap Press of Harvard Univ. Press, 1991), 1·143쪽 참조.

painless genocide"[81]로 간주되기도 했다. 적어도, 브라운 사건을 승리로 이끈 NAACP는 흑인 문화의 다양한 목소리를 경청하고 이를 충분히 변론의 자양분으로 만드는 데 실패했다. 그들은 브라운 사건에서 평등의 문제보다 분리의 문제에 지나치게 집착했다. 심지어 그들은 연방 대법원 결정 이후에 통합을 어떻게 실행할 것인가에 대해 심각하게 고민하지도 않았다.[82] 듀보이스와 같은 사람들의 경고에도 불구하고, 그들은 분리와 차별을 구분하지 못하고 분리와 불평등을 도식적으로 동일시하는 경직성에 사로잡혀 있었다. 평등이 인간관계의 목적으로 분명하게 자리를 잡을 때에만 평등은 원칙으로서 작동하고 실현된다. 그러나 백인을 중심으로 움직이고 있는 미국 사회에서 브라운 판결의 평등은 동화를 위한 도구로 전락했고 흑인의 불평등을 더욱 교묘하게 조장했다. 다문화주의와 적극적 평등 실현 조치affirmative action와 같은 인종 의식적 프로그램에 대한 강한 갈등과 긴장은 부분적으로 브라운 사건이 가지고 있는 보수성과 NAACP의 유연성 결핍에서 기인했다. 미국과 같은 다민족·다문화 사회에서 획일적인 단일적 평등보다 복수적 평등plural equality이 필요한 것은 이런 이유 때문일 것이다.

---

81) Robert Browne "A Case for Separation", Robert Browne · B. Rustin (eds.), *Separatism or Integration : Which Way for America?*(1968), 7~15쪽.
82) James T. Patterson, *Brown v. Board of Education*, 41~42쪽.

참고문헌

Bolling v. Sharpe, 347 U. S. 497(1954)

Brown v. Board of Education of Topeka, 347 U. S. 483(1954)

Buchanan v. Warley, 245 U. S. 60(1917)

Civil Rights Cases, 109 U. S. 3(1883)

McLaurin v. Oklahoma State Regents, 339 U. S. 637(1950)

Missouri ex rel. Gaines v. Canada, 305 U. S. 337(1938)

Moore v. Dempsey, 261 U. S. 86(1926)

Pearson v. Murray, 169 Md. 478(1936)

Plessy v. Ferguson, 163 U. S. 537(1896)

Roberts v. City of Boston, 59 Mass. 198(1849)

Slaughterhouse Cases, 83 U. S. 36(1873)

Sweatt v. Painter, 339 U. S. 629(1950)

Yick Wo v. Hopkins, 163 U. S. 500(1886)

United States v. Harris, 106 U. S. 629(1882)

A. Leon Higginbotham · William C. Smith, 〈휴즈 법원과 '분리하지만 평등하다' 원칙의 종말의 시작 The Hughes Court and the Beginning of the End of the 'Separate But Equal' Doctrine〉, *Minnesota Law Review* 76(1992)

Alpheus T. Mason, 《연방 대법원 : 자유의 수호신 *The Supreme Court : Palladium of Freedom*》(Ann Arbor : Univ. of Michigan Press, 1962)

Bernard Schwartz, 《최고의 대법원장 : 얼 워렌과 그의 연방 대법원 *Super Chief, Earl Warren and His Supreme Court : A Judicial Biography*》(New York : New York Univ. Press, 1983)

Bruce Ackerman, 《우리 국민 *We the People*》(Cambridge : Balknap Press of Harvard Univ. Press, 1991)

Charles Kellogg, 《전국 유색 인종 지위 향상 협회 *NAACP*》(Baltimore : Johns Hopkins Univ. Press, 1967)

Derrick Bell, 《묵계(默契) : 브라운 대 교육 위원회 사건과 미완의 인종적 개혁의 희망 *Silent Covenants : Brown v. Board of Education and the Unfulfilled Hopes for Racial Reform*》(New York : Oxford Univ. Press, 2004)

──────, 〈인종의 재화해 : 역사적 관점과 현황 Racial Remediation : An Historical Perspective

Current Conditions〉, *Notre Dame Law* 52(1976)

Gerald Rosenberg, 《공허한 희망 : 법원은 사회 변화를 가져올 수 있는가?*The Hollow Hope : Can Courts Bring About Social Change?*》(Chicago : Univ. of Chicago Press, 1991)

John R. Howard, 《변화의 바람 : 재건에서 브라운 판결까지 연방 대법원과 민권*The Shifting Wind : The Supreme Court and Civil Rights from Reconstruction to Brown*》(Albany : State Univ. of New York Press, 1999)

Leonard W. Levy · Douglas L. Jones, 《보스턴의 짐 크로 : '분리하지만 평등하다' 원칙의 기원*Jim Crow in Boston : The Origin of the Separate but Equal Doctrine*》(New York : DeCapo Press, 1974)

Leslie W. Dunbar, 〈법만으로는 아니다 : 브라운 사건 회고Not by Law Alone : Brown in Retrospect〉, *Virginia Quarterly Review* 70(1994)

Louis Michael Seidman, 〈브라운 사건과 미란다 사건Brown and Miranda〉, *California Law Review* 80(1992)

Malcolm X, 《수단과 방법을 가리지 않고 : 연설, 인터뷰와 서신*Any Means Necessary : Speeches, Interviews and a Letter*》, George Breitman (ed.)(New York : Pathfinder Press, 1970)

Manning Marable, 《듀보이스 : 흑인 급진 민주주의자*W. E. B. Du Bois : Black Radical Democrat*》 (Boston : Twayne, 1986)

Mark V. Tushnet, 《전국 유색 인종 지위 향상 협회의 인종 분리 교육에 대한 법률 전략, 1925~1950*The NAACP's Legal Strategy Against Segregated Education, 1925~1950*》(Chapel Hill : Univ. of North Carolina Press, 1987)

Mark V. Tushnet · Lezin Katya, 〈브라운 대 교육 위원회 사건의 진실What Really Happened in Brown v. Board of Education〉, *Columbia Law Review* 91(1991)

Mary L. Dudziak, 〈냉전의 명령으로서의 인종 분리 폐지Desegregation as a Cold War Imperative〉, *Stanford Law Review* 41(1988)

──────, 《냉전 민권 : 인종과 미국 민주주의의 이미지*Cold War Civil Rights : Race and the Image of American Democracy*》(Princeton : Princeton Univ. Press, 2000)

Neil Gotanda, 〈'우리의 헌법은 색맹이다'에 대한 비판A Critique of 'Our Constitution is Color-Blind'〉, *Stanford Law Review* 44(1991)

Otto H. Olsen (ed.), 《눈만 가린 기만*The Thin Disguise*》(New York : Humanities Press, 1967)

Philip Elman, 〈법무 차관실, 프랑크푸터 대법관, 민권 소송, 1946~1960The Solicitor General's Office, Justice Frankfurter, and Civil Rights Litigation, 1946~1960 : An Oral History〉, *Harvard Law Review* 100(1987)

Richard Kluger, 《순수한 정의(正義) : 브라운 대 교육 위원회 사건의 역사와 평등을 위한 미국 흑인의 투쟁*Simple Justice : The History of Brown v. Board of Education and Black America's Struggle for Equality*》

(New York : Knopf, 1975)

Robert J. Harris, 《평등을 향한 추구 : 미국 헌법, 연방 의회, 연방 대법원 The Quest for Equality : The Constitution, Congress, and the Supreme Court》(Baton Rouge : Louisiana State Univ. Press, 1960)

Robert L. Carter, 〈워렌 법원과 인종 분리 폐지 The Warren Court and Desegregation〉, *Michigan Law Review* 67(1968)

Roy L. Brooks · Mary Jo Newborn, 〈비판적 인종 이론과 고전적-자유주의적 민권 연구 : 차이 없는 구별?Critical Race Theory and Classical-Liberal Civil Rights Scholarship : A Distinction Without a Difference?〉, *California Law Review* 82(1994)

T. Alexander Aleinikoff, 〈할런 대법관의 플레시 대 퍼거슨 사건의 반대 의견 다시 읽기 : 자유, 반인종주의, 시민권 Re-reading Justice Harlan's Dissent in Plessy v. Ferguson : Freedom, Antiracism, and Citizenship〉, *University of Illinois Law Review*(1992)

2005년 프랑스 '소요 사태'[1])와 무슬림 이민자 통합 문제[*]

박 단[**]

1. 프랑스, 톨레랑스의 나라?

2005년 가을 프랑스에서 날아온 한 가지 소식이 많은 이들을 충격 속으로 몰아 넣었다. 수십 일간 지속된 프랑스의 이민자 '폭동'은 전 세계인의 이목을 끌기에 충분했으며, 국내에서도 최근 수십 년 동안 프랑스에서 일어난 사건 가운데 가장 오랫동안 신문 지상을 뜨겁게 달구었던 사건이 아닌가 생각된다.

무엇이 그렇게 충격적이었을까? 이는 극적인 반전(反轉) 때문인 것 같다. 일반적으로 프랑스는 '자유, 평등, 박애'로 상징되는 인권의 나라로 알려져 있고, '파리에서 온 택시 기사' 넉분에 지구상의 어느 나라보다도 톨레랑스tolérance의 나라로 알려져 있었다. 그런 나라가 인권 유린과 이민자에 대한 차별의 대명사가 되었

---

[*] 이 글은 2006년 2월에 《프랑스사 연구》 제14집에 실린 같은 제목의 논문을 수정·보완한 것이다.
[**] 서강대 사학과와 같은 학교 대학원을 졸업하고, 프랑스 파리 1대학에서 프랑스 현대사로 역사학 박사 학위를 받았다. 현재 한성대 역사문화학부 교수로 재직 중이며, 한성대 이민·인종문제연구소 책임교수, 문화사학회 편집위원장을 맡고 있다. 지은 책으로《프랑스의 문화전쟁—공화국과 이슬람》,《서양문명과 인종주의》(공저) 등이 있고, 옮긴 책으로《프랑스 사회사》(공역),《인간에 관한 가장 아름다운 이야기》 등이 있다.
1) 여기서 말하는 프랑스 '소요 사태'란 2005년 10월 27일부터 11월 17일까지 프랑스 전역에서 일어난 이민자들의 방화 및 시위를 말한다.

으니 많은 이들이 놀랄 만도 했다. 프랑스는 과연 인권을 유린하는 나라이고, 이민자를 차별하는 대표적인 나라라고 할 수 있는가?

몇 해 전부터 프랑스에서 들려오는 소식에 귀 기울였던 사람들이라면 사실 이번 사태가 그렇게 충격적으로 느껴지지 않았을지도 모르겠다. 또 프랑스 현대사를 비판적으로 읽어온 사람들도 이번 사태로 인해 크게 놀라지는 않았을 것이다. 오히려 이번 일과 비슷한 사태가 언제 일어날 것인지 '기대'하고 있었는지도 모른다. 그런 만큼 이번 소요는 프랑스 내에서의 모순이 쌓일 대로 쌓인 나머지 마침내 폭발한 것으로 해석될 수 있을 것이다. '인권의 나라' 프랑스에 어떤 모순이 그렇게 축적되어 있었는가? 이를 이해하기 위해서는 프랑스 이민의 역사와 함께, 사회 경제적 현실, 이민자 통합 문제, 2007년 대권을 둘러싼 프랑스 정계의 움직임, 그리고 프랑스 공화국의 역사까지도 고려해야 한다.

필자는 우선, 이번 사태를 따라 읽지 않은 독자를 위해 사건의 개황을 적시한 후, 이번 사태를 일으킨 주인공들이 누구인지, 그들은 무엇 때문에 프랑스에 왔으며, 그들의 요구 사항은 무엇인지를 알아볼 것이다. 이것은 그들의 불만, 즉 이번 소요 사태의 원인을 추적하는 기반이 될 것이다. 다음으로는 이번 소요가 왜 일어나게 되었는지를 다각도로 살펴보고자 한다. 먼저, 가장 직접적으로 와 닿는 사회 경제적 차별부터 종교 문화적 차이, 프랑스의 통합 모델까지 검토할 것이다. 다음으로는 프랑스가 내놓은 대안을 비판적으로 검토해보고자 한다. 프랑스가 내놓은 대안은 크게 보아 프랑스 정부의 안(案)과 한 개인의 안이기는 하지만 우리가 이 글에서 특히 주목하는 사르코지Nicolas Sarkozy 내무부 장관의 정책이 있다. 사르코지와 이번 사태는 매우 밀접한 관련이 있다. 사르코지 장관이 그동안 내놓은 정치적 프로그램으로 보나 사건 당시 그의 발언이 이번 사태에 기름을 붓는 역할을 한 것으로 보나 사르코지에 대한 분석은 이번 사태의 원인과 해결을 논하는 데 매우 중요하다 할 것이다.

이 글은 전형적인 역사학 논문이 아닐 수도 있다. 그러나 필자는 '현재의 사건'을 심층적으로 이해하기 위해서는 그 사건의 역사적 배경 및 근원에 대한 탐구가 무엇보다 중요하다고 생각한다. 모든 사건이 그렇지는 않다고 하더라도 어떤 사건이 그 자체로서 역사를 가지지 않는 경우는 드물다. 특히 이번 사태와 같이 이민사와 프랑스 공화국의 역사에 대한 이해가 필요한 경우, 이것을 간과하고는 사건의 본질을 꿰뚫을 수 없다고 생각한다. 그런 의미에서 외국의 역사를 공부하는 경우, 현재의 문제에 많은 관심을 갖는 것이 그 나라를 제대로 이해하는 하나의 중요한 수단이 될 수 있을 것이다. 이 글이 그런 한 가지 사례로 기능할 수 있기를 바란다.

2. 소요의 발생과 그 '주인공들'

파리 북쪽 근교 클리쉬 수 부아Clichy sous-Bois에 살고 있는 모리타니 출신 부나 트라오레Bouna Traore(15세)와 튀니지 출신 지에드 베나Zyed Benna(17세)[2]는 10월 27일 저녁 여느 때와 마찬가지로 이웃 동네 리브리 가르강Livry Gargan에서 축구 시합을 했다. 두 사람은 귀가하던 중 프랑스 경찰의 검문검색을 목격하게 된다. 이들은 '지겨운' 검문검색을 피해 달아나다 뜻하지 않게 변전소 담 너머로 몸을 날렸고, 변압기에 떨어져 결국 감전사했다.[3] 이 사건을 계기로 프랑스에서는 약 20일간 전국적으로 약 300개의 도시와 마을에서 자동차 및 공공건물 방화를 포함한 과격한 소요 사태가 발생했다.

언론에 나타난 사건 개황을 살펴보면, 소요가 진정 국면에 접어들었다고 선언된 11월 17일 현재 2,921명이 체포(최연소 피검자 10세)되었으며, 민간인 1명이 사망했고, 장애인 1명이 중화상을 입었다. 공권력의 피해도 만만치 않았는데, 경

---

[2] 이 마을 인구의 70%가 무슬림이다. *Le Nouvel Observateur*(2005년 11월 10일자), 64쪽.
[3] 변전소에 같이 뛰어들었다 유일하게 살아남은 알튕Muhttin Altun은, 경찰이 자신들을 추격했기 때문에 도주했다고 증언했다. 그는 그 후 병원에 입원했다가 12월 15일에야 퇴원했다. *Le Nouvel Observateur*(2005년 12월 15일자).

찰 및 소방관 115명이 부상당했다. 또, 시위자로 오인해 한 청년을 집단 구타한 경찰 5명이 정직당했으며, 그 가운데 1명은 구금당하는 사태까지 벌어졌다. 약 20여 일에 걸친 소요로 차량 9,071대가 불탔으며, 지급 예상 보험료만 최소 2억 유로(2,500억 원)로 추산되고 있다.

10월 27일에 시작된 소요가 그칠 줄 모르자, 프랑스 정부는 결국 정부 직권으로 비상사태법[4]을 12일간 발효시켰다. 1955년 알제리 사태를 진정하고자 입안했으나 1984년 누벨칼레도니Nouvelle Calédonie의 소요 때 한 번 발효한 것을 빼고는 거의 시행된 적이 없었던 법이었다. 그 후 정부는 의회의 승인을 얻어 11월 21일부터 3개월간 그 기간을 연장함으로써 이 소요를 잠재울 수 있었다. 그만큼 정부로서도 소요를 진정시키기에 다급했던 것이다.[5]

한편, 소요 기간 중에 프랑스 내무부 장관인 사르코지가 소요 '주인공들'의 공적(公敵) 1호로 부상했음은 주목할 만한 일이다. 처음에는 프랑스 정부의 이민자 차별에 소극적으로 항의했던 많은 젊은이들이 점차 그 목표를 구체화하기 시작하면서 사태가 확대되었다. 이런 확산에는 물론 사르코지의 역할이 컸다. 사르코지의 '무분별한' 발언들에 분노한 많은 이민 2세, 3세들은 사르코지의 퇴임만이 소요를 진정시킬 수 있다고 믿게 되었다. 사르코지는 무엇을 어떻게 했는가?

동료 이주민의 감전사에 격앙된 이주민 청년들이 "경찰의 과잉 검문 때문"이라며 공정 수사를 요구하자, 사르코지 장관은 "경찰이 과잉 추적한 게 아니다"라며 폭력 시위 청년들을 '쓰레기racaille'라고 표현했다. 사르코지가 이런 용어를 사용한 것이 처음은 아니었다. 이미 지난 9월에도 그렇게 언급한 적이 있는데, 이번 사태 이후 사르코지의 발언이 TV를 통해 반복적으로 방송되었다. 그의 강성 발언 이후 '불에 기름을 부은 듯' 무슬림 청년들의 폭력이 확산되자, 이민자는 물론 프

---

4) 1955년 4월 3일 법.
5) 이 조치는 2006년 1월 4일 조기 해제되었다. 이 법안은 통행금지 실시를 가능하게 하고 판사의 영장 없이 가택 수사를 할 수 있게 하며, 언론 검열, 집회 제한을 가능하게 하는 법이다. 실제 이 법은 거의 집행되지 않았다. *Le Monde*(2006년 1월 2일자).

랑스 시민들 사이에서도 "이번 사태는 사르코지 때문"이라며 사르코지를 비난하는 목소리가 커졌다. 사르코지의 잠재적 대권 경쟁자인 시라크Jacques Chirac 대통령과 드 빌팽Dominique de Villepin 총리는 이 같은 상황에 대해 한동안 침묵하다가, 사태가 걷잡을 수 없이 번지자 뒤늦게 "폭력에는 강력 대응"이라며 한목소리를 냈다. 사르코지 장관은 "소요를 주도하는 부랑아들을 진공청소기로 쓸어버려야 한다"고 강경하게 발언하며 물리력 동원을 지휘했다.[6] 그의 직설적인 발언은 좌파와 우파 모두에게 '너무 심하다'는 비판을 받았지만 일단 대중의 주목을 끄는 데는 성공했다. 사르코지 장관은 11월 9일 이번 소요 사태에 가담했다가 체포되어 유죄 판결을 받은 외국인을 모두 추방한다고 밝혔다. 그는 하원에서 "체류의 합법성 여부와 관계없이 유죄 판결을 받은 외국인은 지체 없이 프랑스 영토에서 추방하도록 각 도지사들에게 요청했다"며 여기에는 체류 허가증을 가진 사람도 포함된다고 강조했다.[7]

 이와 같은 사실에서 우리는 한 가지 의문을 갖게 된다. 대체 감전사한 사람들은 누구이며, 이 사건에 항의하며 소요에 뛰어든 자들은 누구인가? 그들은 무엇 때문에 프랑스에 오게 되었으며, 프랑스 내에 몇 명이나 거주하는가? 주지하다시피, 프랑스는 이민의 나라다. 프랑스는 산업화를 위해 19세기 말부터 이웃 나라들에서 대규모 이민을 받아들였다. 이것은 약 400만 명의 노동력을 상실했던 1차 대전을 기점으로 더욱 증가해 1930년대에는 한때 이민자 수가 이미 300만 명이 넘었으며, 이는 총인구의 7%에 해당했다. 그렇지만 이때까지만 해도 프랑스에 온 노동력은 대부분 폴란드, 이탈리아, 벨기에, 에스파냐 출신으로 유럽계 이민이었으며, 프랑스와 동일한 가톨릭 문화권 이주민이었다. 그렇다고 해서 그들이 프랑스인들에게 특별히 차별을 받지 않았다고는 볼 수 없다. 차별은 인간 본성 가운데 하나여서인지, 인종 차별은 아니었지만 이방인이라는 적대감, 그리고 그들보다

---

6) 사르코지Nicolas Sarkozy 장관은 1968년 5월 혁명 이후 1970년에 시위를 진압하기 위해 의결된 반파괴자법 loi anticasseurs의 신판을 준비 중이다. *Libération*(2005년 11월 29일자).
7) *Le Monde*(2005년 11월 11일자).

못사는 나라 출신이라는 데서 오는 민족 차별은 존재했다.[8] 그렇지만 이들 이민자들은 시간이 지날수록 서서히 프랑스 사회에 동화되었으며, 오늘날에는 더 이상 이민자로 분류되지 않고 있다. 그러면 이번 소요의 주인공들이라고 할 수 있는 북아프리카계 이민들은 언제, 어떤 이유로 프랑스에 오게 되었을까?

크게 보아, 2차 대전 이후 '영광의 30년(1945~1973년)' 동안 알제리 및 모로코, 튀니지 출신의 이민자, 즉 마그레브인Maghrébin이라고 불리는 이주민들이 대규모로 프랑스에 오게 되었다. 이민자들은 국적에 따라 입국 시기가 달랐는데, 마그레브인 이민자들 가운데 가장 많은 수를 차지한 것은 100년 이상 프랑스의 식민지였던 알제리 이민자였다. 1830년부터 프랑스의 식민지였던 알제리는 1954년부터 시작된 독립전쟁으로 1962년 마침내 프랑스로부터 벗어날 수 있었다. 알제리인들의 이주 시기는 알제리 독립전쟁을 전후하여 크게 셋으로 나눌 수 있다. 2차 대전 직후인 1947년부터 알제리 전쟁 발발 시점인 1954년까지만 해도 알제리 이주민들은 대부분 경제적 이유로 프랑스에 건너왔다. 그들은 대부분 독신이었으며, 돈을 벌어 몇 년 내에 귀국할 일시적 이주자들이었다. 이런 양상은 알제리 전쟁 시기에 달라졌다. 1954년 시작되어 장장 8년간 지속된 해방전쟁은 알제리뿐만 아니라 프랑스 이민사에도 획기적인 변화를 가져왔다. 알제리 내에서 일어난 전쟁으로 알제리 농촌은 피폐해졌고, 공업 기반도 황폐화되었다.[9] 일자리를 잃은 사람들 상당수는 자연히 고국을 등질 수밖에 없었으며, 결국 식민지 모국이었던 프랑스로 향할 수밖에 없었다. 다행히 프랑스 경제는 여전히 활황이었기 때문에 이들을 어느 정도 수용할 수 있었다. 프랑스 젊은이들이 알제리 전쟁으로 징집되어 프랑스의 노동력이 줄어든 것도 알제리인들이 프랑스로 이주할 수 있었던 이유 중

---

8) 박단, 〈'하얀외침 검은태양을 통해서 본' 1930년대 프랑스 노동자와 이민 노동자〉,《역사와 문화》제2집(문화사학회, 2000) 참조.
9) Benjamin Stora · Emile Temime, "L'immigration algérienne", Laurent Gervereau · Pierre Milza · Emile Temime (sous la direction de)(이하 s. d.로 줄여 씀), *Histoire de l'immigration en France au XXe siècle*(Paris : Editions d'Art, 1998), 128 · 130쪽.

하나였다. 1962년 알제리가 독립한 후, 프랑스는 독립한 알제리 정부와 여러 차례 회담을 거쳐 알제리인들이 프랑스로 이주하는 것을 제한하려 했다.[10] 알제리 전쟁으로 서로 간의 증오심이 커지자 프랑스의 이런 시도는 한층 강화되었다.

프랑스는 알제리인을 대체할 노동력을 구해야만 했다. 모로코, 튀니지가 우선적인 대안이 되었다. 이 나라들 역시 오랫동안 프랑스의 보호령이었기에 프랑스로서는 쉽게 문호를 개방할 수 있었다. 포르투갈인들 역시 경제적 어려움을 피해 프랑스로 오게 되었다. 1962년에 5만여 명에 불과하던 포르투갈 이주자들은 1968년에는 29만 6,448명, 1975년에는 75만 8,925명으로 급격히 증가했다. 포르투갈 이주민의 증가는 포르투갈의 국내 사정도 있었지만 알제리인 대신 이들을 노동력으로 맞이하고 싶어 했던 프랑스의 정책과도 당연히 부합했다.[11] 1975년에 모로코인들은 25만여 명, 튀니지인들은 14만 명, 아프리카 흑인들은 8만 명에 이르렀다.[12] 그렇다고 알제리인 이주자가 줄어든 것은 아니었다. 알제리 이주민은 알제리 전쟁이 끝난 직후인 1962년 35만여 명에서 1975년에는 그 수가 71만여 명으로 배에 달했다.[13] 그렇지만 이들 숫자는 더 이상 빠르게 증가할 수는 없었다. 제4차 중동전에 이어 1973~1974년과 1978~1980년의 석유 파동으로 세계 경제 위기가 심화되었고, 프랑스도 예외는 아니었다. 프랑스에서의 실업률 고조에 따른 피해는 자연스레 이민자의 몫으로 돌아왔다. 따라서 프랑스는 이민을 통제할 정책을 강구하게 되었다. 그런데 이런 정책은 역설적으로 프랑스의 이민 풍경을 바꾸어 놓는 계기가 되었다.

---

10) David Assouline · Mehdi Lallaoui (s. d.), *Un siècle d'immigrations en France : 1945 à nos jours*(Paris : Syros, 1997), 23쪽.
11) 포르투갈인은 여권이 없어도 자유롭게 프랑스에 들어올 수 있었다. Patrick Weil, *La France et ses étrangers* (Paris : Gallimard, 1991), 68쪽.
12) Yvan Gastaut, "Des Trente Glorieuses à la crise des banlieues", *L'Histoire*, n. 229(1999. 2), 51쪽.
13) Yvan Gastaut, "Des Trente Glorieuses à la crise des banlieues". 1975년의 알제리 이주민 수는 연구자에 따라 차이가 있다. 이들의 평가는 대략 70~90만 명 사이를 오간다. 스토라Benjamin Stora와 테밈Emile Temine은 1975년 프랑스에 거주하는 알제리인을 대략 90만 정도로 파악하고 있다. Benjamin Stora · Emile Temime, "L'immigration algérienne", 128쪽.

프랑스는 귀국 보조금 정책을 시행함으로써 국내에 체류 중인 이민자들의 수를 줄이려고 했는데 보조금을 받으려는 사람은 프랑스가 나가주기를 원했던 알제리인이 아니라 엉뚱하게도 에스파냐 이주민과 포르투갈 이주민 같은 유럽계 이민이었다. 프랑스는 더 이상 마그레브 이민을 받아들이지 않는 대신 가족 재결합 정책을 실시해, 이미 정착한 노동자들에게 가족을 프랑스로 불러들일 수 있게 했다. 이른바 인도주의적 관점에서 시행된 정책이었지만, 한편으로는 모순이 내포된 정책이기도 했다.

 이쯤에서 이런 이민 정책을 내놓았던 프랑스의 이민자 수는 대략 어느 정도인지 검토해보는 것이 좋겠다. 프랑스 내 총 이민자[14] 수는 1954년 176만 5,298명에서 1975년 344만 2,415명으로 증가한다. 약 20년간 거의 두 배가 증가했는데, 이 시기를 '영광의 30년'에 비유해 '이민의 20년'이라고 일컫기도 한다. 그 가운데 마그레브인만을 고려하면, 1975년을 기준으로 할 때 알제리인이 71만여 명, 모로코인이 25만여 명, 그리고 튀니지인이 14만여 명이다. 그 외 아프리카 흑인이 8만여 명, 포르투갈인이 75만여 명이다. 1990년에는 알제리인이 61만여 명, 모로코인이 57만여 명, 튀니지인이 20만여 명, 아프리카 흑인 24만여 명, 포르투갈인 65만여 명으로 집계되는데, 이 수치로 모로코인, 튀니지인, 아프리카 흑인 등이 많이 증가하고, 알제리인, 포르투갈인이 상대적으로 감소했음을 알 수 있다.[15] 이 두 국적의 절대 수치가 감소한 것처럼 보이는 것은 이들 이주민이 그만큼 프랑스인으로 귀화했기 때문인 것으로 판단된다.

 전반적으로 무슬림 이민자는 2차 대전 후 급증했다. 이런 수치는 정확하지 않은 상태로 정치적으로 이용될 때 계속해서 증폭되곤 했다. 최근 소요 기간 중에도 국내 신문뿐만 아니라 프랑스 신문에서도 꾸준히 무슬림 이민자의 수를 500만 혹은 600만으로 언급했다. 이에 대해 프랑스의 저명한 인구학 권위자인 트리발라Michèle

---

14) 여기에서 이민자란 외국에서 태어나 프랑스에 입국한 자로서 프랑스 국적을 취득하지 않은 자를 일컫는다.
15) Yvan Gastaut, "Des Trente Glorieuses à la crise des banlieues", 51쪽.

Tribalat는 500만 혹은 600만 설(說)을 하나의 허구로 지적하며 370만 설을 제기했다. 그녀에 따르면, 최근 20년 내 프랑스 내에서 몇몇 사람들이 무슬림 숫자를 배로 늘렸다고 한다. 1989년 역사가 에티엔Bruno Etienne은 프랑스 내 무슬림 숫자를 약 250만 명으로 추정했다. 1993년에는 통합 고위 위원회가 한 보고서에서 300만으로 발표한 바 있으며, 1994년에는 《르 몽드Le Monde》가 무슬림 이민자 수를 프랑스 인구의 6.5%, 즉 370만으로 제시했다. 1996년 이슬람 관계처는 그 수를 420만으로 제시했으며, 1996년에는 당시 내무 장관 파스쿠아Charles Pasqua가 테러를 언급하면서 500만 무슬림을 거론했다. 최근에는 종교적 상징 착용 금지법[16]에 반대하면서 사르코지가 500~600만의 무슬림을 언급한 바 있으며, 민족전선Front National은 800만을 언급하기까지 했다. 트리발라는 이런 과대 포장이 이슬람 혐오주의를 선동[17]하기 위한 이유라고 말한다.

그러면 왜 이런 상이한 수치가 지속적으로 제시되고 있을까? 프랑스에서는 1872년부터 인구를 조사할 때, 특정인이 어느 종교를 믿는지 조사하는 것도 금지되었다. 더 나아가, 그들의 인종적 기원을 밝히는 것도 금지되었다.[18] 그 결과 이에 대한 공식적 통계는 거의 존재하지 않으며, 무슬림의 숫자를 알기 위해 인구학자와 사회학자는 '무슬림 문화에 속하는' 사람들을 셀 수밖에 없었다. 즉, 이슬람이 지배 종교인 마그레브 국가, 블랙 아프리카, 터키, 파키스탄, 중동 국가 출신의 이민과 '프랑스인'을 헤아릴 수 있을 뿐이었다.[19] 여기에 개종자, 알제리에서 온 아르키Harki,[20] 불법 이민자들을 더한다. 그렇지만 외국 출신 '프랑스인'에 대한 구체

---

16) 공식 명칭은 '정교 분리 원칙의 적용에 있어, 공립 중고등학교에서 종교적 외양을 드러내는 옷이나 상징의 착용을 포괄하는 2004년 3월 15일의 법Loi n. 2004-228 du 15 mars 2004 encadrant, en application du principe de laïcité, le port de signes ou de tenues manifestant une appartenance religieuse dans les écoles, collèges et lycées publics, Journal Officiel du 17 mars 2004' 이다. 이하 '종교적 상징 착용 금지법'으로 줄여 쓴다.
17) L'Express(2005년 12월 4일자).
18) L'Express(2005년 12월 4일자). 이는 미국에서 인구 조사 시 '백인', '흑인', '히스패닉' 등에 표시를 하는 것과 뚜렷이 구분된다. Le Monde(2005년 11월 15일자).
19) L'Express(2005년 12월 4일자).

적인 정보 또한 부족하기 때문에,[21] 일부 학자들은 다양한 자료들을 이용함으로써 대략 500~600만이라는 평가에 도달한 것이다. 이것은 어느 누구도 검증할 수 없는 것이 현실이다.[22]

이런 현실을 타개하기 위해서, 인구학자들은 국립 통계청L'INSEE에 여러 차례에 걸쳐 탄원했고, 이에 국립 통계청은 1999년에 인구 조사를 시행하면서 38만 481명을 익명의 표본으로 해서 부모의 출신 국가를 알아보는 형태로 가구 조사를 실시하게 했다. 그럼으로써 인구학자들은 처음으로 3세대에 대한 구체적 자료를 이용할 수 있었다.[23] 트리발라는 이 자료를 토대로 프랑스에 거주하는 이민자 출신 국가별 인구 통계, 이슬람이 지배적인 나라 출신의 이민 수와 그들의 후손의 수를 작성할 수 있었다. '혈통에 의해 무슬림인 것으로 추정되는 사람'의 수는 '공식적인' 무슬림 수보다 훨씬 적었다. 프랑스에는 500~600만의 무슬림이 있는 것이 아니라, 단지 '아마도 무슬림인 사람'의 수가 370만일 뿐이다. 이들은 이민 1세대와 2세대가 각각 170만 명, 그리고 3세대가 30만 명 미만으로 구성되어 있다. 1995년 실시된 국립 인구청L'INED의 조사에 따르면, 무슬림의 약 3분의 1이 정기적으로 모스크(회교 사원)에 가는 신자로 추정되었다.[24]

지금까지 소요의 '주인공'으로 간주되는 프랑스 내 무슬림의 수를 살펴보았다. 트리발라의 연구 성과를 받아들인다면, 현재 프랑스 내에 거주하는 무슬림의 수는 극우파가 주장하는 무슬림의 절반도 되지 않는다. 즉, 극우파 혹은 우파 정치인들은 무슬림의 수를 과대 포장함으로써 주류 프랑스인들을 불안하게 하고, 그들로 하여금 무슬림을 잠재적 위험 분자로 여기게끔 만들고 있는 것이다.

---

20) 아르키Harki는 알제리 전쟁 당시 프랑스에 충성한 알제리 출신 군인을 뜻한다.
21) 부모의 국적을 알기 위한 정보 수집 행위도 정보 처리 자유 국가 위원회Commission nationale informatique et libertés의 승인을 얻어야만 하며 경찰이나 법원은 자신들이 이용하고 있는 자료조차 보관할 수 없다. *Le Monde*(2005년 11월 15일자).
22) *L'Express*(2005년 12월 4일자).
23) *L'Express*(2005년 12월 4일자).
24) *L'Express*(2005년 12월 4일자).

3. 소요의 원인과 무슬림 이민자 통합 문제

2005년 프랑스 소요의 가장 커다란 원인은 주류 프랑스인의 무슬림 이민자에 대한 차별에 있다고 생각한다. 이 사태에 대한 분석 기사들을 보면, 무슬림 이민자의 높은 실업률과 같은 경제적 요인을 가장 중요한 순위에 두는 경우[25]가 대부분이지만, 문화 종교적 요인도 무시할 수 없다. 문화 종교적 요인 또한 차별과 밀접하게 연관되어 있기 때문이다. 경제적 문제는 소요의 주요 원인이기는 하지만 국내 경제가 활성화됨으로써 어느 정도 해소할 수 있는 문제이고, 문화 종교적 차별 혹은 이슬람 혐오주의는 간접적 원인이지만 해결하기 쉽지 않은 본질적 문제로 남을 가능성이 높다. 한편, 이런 요인과는 별도로 프랑스 공화국의 통합 모델도 다시 생각해볼 문제이다. 프랑스적 통합 방식인 동화주의는 다문화주의라는 영미 계통의 통합 방식과 달리 프랑스가 이민자들까지도 동등한 프랑스인으로 인정한다는 뜻이다. 그렇게 본다면, 이런 원칙에 근거한 프랑스 공화국의 시민, 즉 '평등한 국가'의 시민이라는 이상과 '평등한 국가'의 2등 시민이라는 현실 사이에서 오는 괴리감이 이번 소요의 가장 중요한 원인 가운데 하나일 수 있겠다.

이런 여러 가지 원인의 밑바닥에는 이민 2세대 문제가 깔려 있다. 이민 1세대는 차별을 받으면서도 그것을 내면화하고 겉으로 드러내지 못했다. 먹고살기 급급해서 차별에 저항할 여력이 없었던 것이다. 그러나 2세대는 달랐다. 이민 2세대, 3세대들은 프랑스에서 태어나 '프랑스인'으로 교육받았지만 학교 밖에 나오면 '프랑스인'이 아니었고, 국적은 휴지 조각에 불과했다. '나는 프랑스인인가? 아니면 알제리인 혹은 모로코인인가?' 그들은 정체성으로 갈등하며 고통받고 있다. 어쩌면 이들은 프랑스에서 영원한 이방인일지도 모른다. 국적이 프랑스인이고, 그들의 사고방식이 프랑스적이라고 할지라도 프랑스인들이 그들을 비프랑스인으로 간주하기 때문에 그들은 좌절한다. 프랑스에서는 이민자라고 하면, 바로 북아프리카

---

[25] 예를 들어, *Le Monde*(2005년 11월 15일자)의 경제 분석을 보라.

인을 떠올리고, 더 구체적으로는 알제리인을 떠올린다.[26] 결국 무슬림은 영원히 이민자이고, 백인은 국적이 외국이라 할지라도 계속 '프랑스인'으로 대접받는다. 특히 프랑스에서 일상화되고 있는 검문검색에서 이것은 확연히 드러난다. 이번 소요의 단초를 제공한 사건처럼 말이다. 이런 사실을 바탕에 두고, 사회 경제적 문제부터 시작해 종교 문화 문제, 통합 모델에 이르기까지 이번 소요의 원인들을 고찰해보자.

(1) 사회 경제적 문제

이번 소요 당시 전문가들은 그 원인을 설명하기 위해 많은 수치를 이용했다. 그 가운데에서도 가장 많이 인용되는 것들이 프랑스 내 무슬림의 숫자와 이들의 실업률이었다. 그러나 앞서 살펴보았듯이 프랑스에서는 법으로 인종적 범주에 근거한 통계를 이용하는 것이 금지되어 있다. 프랑스의 대표적인 일간지 《르 몽드》는 국립인구청 소속 일부 전문가의 도움을 받아 인종적 범주 대신 출신 국가에 따른 실업률 통계 수치를 제시했다.[27] 이 통계는 18세에서 40세까지의 이민자를 대상으로 한 것으로 1999년 가족사 연구 조사를 바탕으로 하고 있다. 그 표는 다음과 같다.[28]

제시된 표를 보면, 이탈리아-에스파냐-포르투갈의 이민 2세대와 그 외 이민자들, 특히 마그레브 국가 혹은 터키 출신의 이민 2세대가 실업률에서 뚜렷이 차이를 보임을 알 수 있다. 프랑스인의 평균 실업률이 10% 가까이 됨을 고려할 때, 이탈리아인과 에스파냐인의 실업률은 프랑스인과 거의 차이가 없으며, 포르투갈 출신이 유럽 국가 이민으로는 평균 실업률을 약간 상회한다. 그 외 아프리카 흑인들도 실업률이 높기는 마찬가지다.

---

26) 알제리 전쟁에 대한 나쁜 기억으로 프랑스 여론에는 다음과 같은 방정식이 혼돈되어 사용되고 있다. étranger(외국인)=immigré(이민자)=Arab(아랍인)=Maghrébin ou Nord-Africain(마그레브인 또는 북아프리카인)=Algérien(알제리인). Yvan Gastaut, *L'immigration et l'opinion en France sous la Ve République*(Paris : Seuil, 2000), 71쪽.

27) "Les chiffres qui expliquent la révolte des enfants d'immigrés", *Le Monde*(2005년 11월 15일자).

28) "Les chiffres qui expliquent la révolte des enfants d'immigrés".

부모의 출생 국가	성별	취업률(%)	실업률(%)	비경제 활동 인구 비율(%)
이탈리아-에스파냐	남성	88.6	10.3	1.1
	여성	75.2	14.3	11.3
포르투갈	남성	83.8	14.3	1.9
	여성	74.7	16	9.4
알제리	남성	74.6	23.2	2
	여성	64.6	22.3	13.1
모로코-튀니지	남성	79	19.4	1.6
	여성	66.4	21.7	11.9
사하라 이남 아프리카	남성	78.2	19.2	2.6
	여성	71.4	18.8	9.8
터키	남성	74.4	21.2	4.4
	여성	39.4	29.4	31.2
아시아	남성	76	22.7	1.3
	여성	75.8	11.6	12.6
나티프Natifs[29]	남성	88.3	10.1	1.6
	여성	74.3	13.5	12.2

《르 몽드》의 분석을 바탕으로, 이민 2세대의 생활 조건에 대해서도 몇 가지 사실을 알아보자. 이민 가정의 생활 조건에 대해서는 사회 보조금 수령이나 직접세 납부 이후 남은 가용 소득을 살펴보는 것으로 생활 조건의 일부를 파악할 수 있다. 이민 가구의 경우 가용 소득은 비이민 가구의 가용 소득보다 20% 정도 더 적다. 게다가 가장이 마그레브나 터키 출신인 경우는 세대의 20% 정도가 극빈층(월 소득 602유로 이하)에 해당한다고 볼 수 있는데, 이것은 가장이 그 외 다른 지역 출신인 가구의 6.2%만이 극빈층에 속하는 것과 명백한 차이가 있다. 또한 가장이 마그레브 출신인 가구의 절반 이상이 정부 보조를 받는 주택logements sociaux에 거주하고 있다는 것도 특기할 만한 사실이다.[30] 이민자들은 평균적으로 비이민자

---

29) 부모와 자식 둘 다 프랑스에서 태어난 사람들을 말한다.
30) Le Monde(2005년 11월 15일자).

들보다 더 좁은 공간, 더 시끄러운 공간, 난방이 덜 되는 공간에 거주하고 있다. 가장이 마그레브 출신인 가구의 40%는 한집에 너무 많은 식구가 살고 있는데, 같은 상황에 놓인 비이민 가구의 비율이 5% 정도인 것에 비하면 훨씬 높은 비율이다. 한편, 이민자들은 비이민자들에 비해 병원을 훨씬 덜 찾으며, 이민자의 60%는 스스로 대체로 건강하다고 생각하는 반면 비이민자는 71%가 그렇다고 생각한다.[31]

《르 몽드》는 소요가 한창일 때, 이민 2세대 젊은이들이 부딪히는 가장 어려운 문제가 일자리를 얻는 것이라는 기사를 내보낸 적이 있다.[32] 이 신문은 "학력에 관계없이 마그레브 출신의 이민 2세대는 프랑스인 젊은이보다 두 배 반 정도 실업률이 높다"는 국립 통계청 소속 두 연구원 푸제르Denis Fougère와 푸제Julien Pouget의 연구를 소개했다.[33] 그 이유는 여러 가지가 있겠지만, 결국은 피부색에 기인한 인종 차별이 아닐까 싶다. 11월 9일 공영 방송인 '프랑스3'에 출연한 한 젊은 모로코인은 "우리의 피부색이 곧 우리의 고통이다Notre couleur, c'est notre douleur"라고 말했다. 게다가 '모하메드Mohamed'라는 이름은 '좌오Joao'나 '캉탱Quentin'이라는 이름보다 취업하는 것이 훨씬 어렵다.[34]

이런 경제 외적인 문제가 구조적으로 자리 잡고 있는 한편, 교육 문제도 이들의 실업률을 높이는 주요 변수로 작용한다. 일단 마그레브인들, 특히 그 가운데에서도 알제리인들은 진학률이 낮다. 초등학교 이전부터 시행되고 있는 프랑스식 교육의 한 특징인 낙제와 월반 제도도 그 주요한 이유가 될 것이다. 한 통계에 따르면, 알제리 출신 이민자 가운데 15세 이상의 70.8%는 어떤 학위도 없고 3.1%가 고등학교 졸업증이 있을 뿐이다.[35] 이처럼 진학률이 낮으므로 당연히 취업률도 낮

---

31) *Le Monde*(2005년 11월 15일자).
32) "Portrait des jeunes Français issus de l'immigration : La principal difficulté rencontrée par la deuxième génération est d'accéder à un emploi", *Le Monde*(2005년 11월 15일자).
33) "Portrait des jeunes Français issus de l'immigration : La principal difficulté rencontrée par la deuxième génération est d'accéder à un emploi".
34) "Portrait des jeunes Français issus de l'immigration : La principal difficulté rencontrée par la deuxième génération est d'accéder à un emploi".

을 수밖에 없을 것이다. 이와 같은 여러 요인 때문에 이민자 실업률은 주류 프랑스인들보다 3~5배 정도 높은 것으로 알려져 있다.

이렇게 볼 때, 이민 2세대들이 취업률이 낮은 데에는 단순히 학력이 낮은 것뿐만 아니라 보이지 않는 차별이 존재한다고도 볼 수 있다. 피부색으로 대변되는 그들의 이름prénom, 그리고 사는 지역에 따른 차별이 그 가운데에서도 가장 커다란 특징이다. 그 외에도 창구 등 직접 고객을 대하는 장소에 이들을 잘 배치하지 않아 약사·의사 등 전문직조차 취업에 어려움을 겪기는 마찬가지다. 평등하다고 생각되는 공화국 프랑스에서 자신의 피부색 때문에 취업할 수 없다는 생각이 드는 순간, 이들은 더 이상 정상적인 공화국 시민이 되기 어렵다. 이런 의식을 대변하는 한 여인의 인터뷰 내용이 떠오른다. "그랑제콜Grandes Écoles에 가서 정치인, 의사, 성공한 사람이 나와야 한다. 이민 2세대들이 자동차 도둑놈밖에 되지 않는 사회 구조가 문제다."[36]

(2) 종교 문화의 차별

2005년 소요 주인공들의 대다수는 과거 프랑스의 식민지 출신으로서 차별을 받아왔다. 또한 이들은 대부분 무슬림으로서 주류 프랑스인들에게서 종교 문화적 차별도 받아왔다. 즉 이들의 종교 문화적 차별을 설명하는 데 있어 이들이 식민지인이었다는 것을 따로 떼어놓고 설명하기가 쉽지 않다. 프랑스의 식민지 가운데 국민의 대부분이 이슬람교를 믿는 대표적인 국가가 알제리인데, 프랑스인과 알제리인은 알제리 독립전쟁 과정에서 서로에 대한 증오심이 매우 커졌다. 1961년 10월 파리에서 발생한 프랑스인의 알제리인에 대한 폭력 사태나 알제리 전쟁 중의 고문, 학살 등이 프랑스인에 대한 알제리인의 증오심에 원인을 제공했으며,[37] 프랑

---

35) Ahsène Zehraoui, "Les Algériens, de l'immigration à l'installation", Philippe Dewitte (s. d.), *Immigration et intégration : l'état des savoirs*(Paris : Editions la Découverte, 1999), 124쪽.
36) *L'Express*, TV 소요 기간 중 인터뷰로 날짜는 불명.
37) 노서경, 〈식민 지배의 기억 : 알제리 전쟁과 프랑스 사회〉, 안병직 외, 《세계의 과거사 청산》(푸른역사, 2005)

스인들 역시 알제리 전쟁 중 사망한 프랑스인들 때문에 알제리인에 대한 증오가 깊었다. 그런 이유로, 최근까지도 "프랑스 정부가 공식적으로 전쟁의 실체를 인정하지 않는 가운데 직간접적으로 전쟁에 몸담았던 수많은 생존자들이 저마다 엇갈리는 기억을 곱씹으며 아물지 않는 상처를 어루만지고 있다".[38] 게다가 이번 소요에서 포고한 비상사태법도 앞서 언급한 대로 프랑스가 알제리 전쟁 때 제정했던 법으로, 이번에 이 조치가 발동된 것에 대해 알제리인들은 모욕을 느낀다고 말했다. 그뿐인가? 2005년 가을 논란이 된 "북아프리카에서의 프랑스 지배가 긍정적 역할"을 했다는 법안의 개폐 문제[39]도 프랑스가 과거 식민지 문제를 어떻게 생각하고 있는지를 잘 보여준다. 이것은 현재 알제리인을 비롯한 마그레브인에 대한 프랑스의 인식을 알아볼 수 있는 척도라 할 수 있다. 알제리뿐만 아니라 튀니지 역시 1881년부터 1956년까지 프랑스의 보호국이었으며, 모로코는 1904년 프랑스와 에스파냐의 보호령이 되었다가 1953년 독립했다. 이런 역사를 가진 마그레브 3국은 해방된 이후에도 프랑스인들에게는 여전히 식민지 국가로 간주되곤 했다.

프랑스인들은 과거 이들 식민지를 운영하면서 이들 국가에 진출해 식민지를 통치했지만 식민지인들을 프랑스로 유입시키지는 않았다. 그렇지만 2차 대전 이후 프랑스 내의 노동력이 부족해지자 이들 '식민지인'들은 자연스레 프랑스로 오게 되었다. 프랑스가 마그레브 국가를 통치할 때 식민지인들의 종교는 프랑스 내에서 커다란 문제가 되지 않았지만, 이들이 프랑스로 들어와 정착했을 때에는 이것이 하나의 심각한 쟁점으로 떠오르게 되었다. 즉, 지금 현안이 되고 있는 프랑스 내 무슬림 이민자의 문제는 과거 프랑스의 식민지 지배와 무관할 수 없는 것이다.

과거 유럽계 이민자들은 프랑스인으로 통합되는 데 별 어려움이 없었지만, 무슬림 식민지인들은 프랑스인들과 문화가 너무 달라서 프랑스 사회에 통합되기 힘

참조.
38) 이용재, 〈알제리 전쟁과 프랑스인—식민통치의 상흔과 기억의 정치학〉, 《역사비평》 제63호(2003년 여름), 306쪽.
39) *L'Express*(2005년 11월 29일자).

든 측면이 있었다. 하나의 단적인 예로서, 사르코지 내무 장관은 국영 방송인 '프랑스2'에 출연해 이렇게 말했다. "감전당한 아이들의 부모를 만났다. 그들은 프랑스어를 하지도 못해, 다른 사람이 나서 통역을 해주어야 했다. 그들은 옷도 아프리카식으로 입고 있었다. 그들은 프랑스 사회에 전혀 동화되지 않았다." 사르코지의 이런 표현은 무슬림 이민자 및 아프리카 흑인들이 프랑스 공화국에 전혀 동화되지 않으려 한다는 것을 명백히 드러내는 것이다.

프랑스 사회로의 동화와 관련해 최근 몇 년 사이에 프랑스 사회를 가장 떠들썩하게 한 주제는 무슬림 여학생들의 히잡(hidjab, 무슬림 여성들의 머리 수건) 착용 문제였다. 1989년 파리 근교 크레유Creil에서 발생한 '히잡 사건'은 프랑스인에게는 무슬림이 프랑스에 통합되지 않기를 고집하는 대표적인 행동으로 보였다. 이 사건의 종착역은 일단 2004년 3월로 볼 수 있다. 새로운 법안이 히잡을 착용한 무슬림 여학생들을 학교 밖으로 내쫓을 수 있게 했기 때문이다. 그러나 그 파장은 단순하지 않았다. 2004년 8월 프랑스 기자 말브뤼노Georges Malbrunot와 셰노Christian Chesnot가 이라크에서 한 이슬람 무장 단체에 의해 납치당했을 때, 이 무장 단체의 요구 사항이 바로 2004년 3월 15일 입법된 '종교적 상징 착용 금지법'의 폐지였다. 이는 히잡 사건이 그만큼 국내외적으로 커다란 반향을 일으켰다는 사실을 보여주는 것이다. 여기에서 히잡 사건을 장황하게 설명하지는 않겠으나,[40] 최근 무슬림 이민자의 통합 갈등과 관련해 가장 논쟁이 되었던 사건이므로 간단하게 소개하겠다.

1989년 10월 파리 근교 크레유에 있는 한 학교에서 학교 당국의 요구에도 불구하고 교내에서 히잡을 벗으려 하지 않은 무슬림 여학생들이 퇴학당했다. 이 사건은 프랑스 사회에 커다란 논쟁을 불러왔으며, 종교인·정치인·지식인들 사이에서까지 찬반양론이 분분했다. 그해 11월, 당시 교육부 장관 조스팽Lionel Jospin이 요

---

40) 이 주제에 관해서 더 알고 싶은 사람들은 다음의 책을 참조하라. 박단,《프랑스의 문화전쟁—공화국과 이슬람》(책세상, 2005).

구해 최고 행정 재판소Conseil d'Etat가 다음과 같은 판결을 내렸다. "교내에서 히잡을 착용할 수 있지만 선동이나 선전으로 해석되는 경우는 퇴학이 가능하다." 판결의 모호함으로 인해 히잡을 쓴 여학생들은 프랑스 전역에서 퇴학과 재입학을 반복했으며, 사람들은 판결에 대해 명확한 기준이 필요하다고 생각했다.

2003년, 이라크 전쟁 등과 관련해 무슬림의 정체성에 대한 재논의가 활발해졌다. 시라크 대통령은 2003년 7월 스타지Bernard Stasi를 위원장으로 하는 '20인 위원회'를 구성해 이 문제에 대해 새로운 입법이 필요한지 자문을 구했다. 그 결과로 나온 것이 2004년 3월 15일 상하원에서 통과된 '종교적 상징 착용 금지법'이었다. 이 법은 2004년 9월 학기부터 실시되었으며, 이로 인해 퇴학당하는 학생이 속출했다. 2학기에만 70여 명의 학생이 퇴학당한 것으로 집계되었다. 외부에서는 왜 프랑스가 이렇게 '편협한' 입법을 강행하는지에 대해 거센 논란이 일었는데, '근대 프랑스 공화국의 성립에 대한 역사'를 알지 못하는 사람들은 이해하기 어려운 측면이 있다.

제3공화국이 확고히 자리 잡기 위해 공화주의자들이 취한 행동 가운데 반(反)교권주의가 있다. 이것의 일환으로 나타난 것이 공립학교다. 페리Jules Ferry와 베르Paul Bert는 학교를 가톨릭 교권주의자들의 손에서 벗어나게 하는 조치를 시행했는데, 그 결과 1882년 3월 28일의 법으로 의무 교육과 교육 과정의 세속화가 제도화되었다. 이런 교육 과정의 세속화에 이어 4년 후에는 교사들의 세속화가 진행되어 1886년 10월 30일에 "공립학교에서 교육 종사자는 전적으로 라이크laïque, 즉 성직자가 아닌 사람으로 한정된다"는 법 규정이 명시되었다. 이런 조치 때문에 1880년에 1만 3,000개가 넘었던 종교 재단의 학교가 1912년에는 27개도 채 남지 않게 되었다. 이것은 공화주의자들이 정교분리(라이시테laïcité)라는 원칙하에 교권주의자들에게서 교육권을 쟁취함으로써 얻은 가시적 결과물이었다. 이렇게 얻은 공화국의 '성소(聖所)' 공립학교가 그로부터 약 100년 후 일부 무슬림 소녀들에 의해 침범당했다고 상상해보라! 어떻게 얻어낸 공화국인데……. 이렇게 공립학교의 원칙이 무너지면 공화국도 무너진다는 생각을 하게 되고, 그렇기 때문에 타종교의 '침입'을 받은 공화국(공립학교)은 절대 유약한 모습을 보여서는 안 된다는 것이 프랑스인들의 생각인 것이다. 히잡 착용과 관련해서는 공립학교에서의 무슬림 여학생들뿐만 아니라, 무슬림 여경찰관의 히잡 착용 요구 등 공무원들의 요구도 적지 않았다.

이와는 다른 주제지만, 무슬림 여인들은 병원에서 남자 의사의 진료를 거부하는 등 프랑스인들로 하여금 '문화적 이질감'을 느끼게 하는 면이 많이 있었으며, 일부다처제 같은 것도 그 가운데 하나라고 할 수 있을 것이다. 특히 이번 소요와 관련해 프랑스 고용부 장관 라르셰Gérard Larcher, 집권 여당인 대중운동연합(Union pour un mouvement populaire, UMP) 원내 총무 아쿠아예Bernard Accoyer, 내무부 장관 사르코지 등 우파 정치인은 일부다처제를 소요의 한 원인으로 파악하기까지 했다.[41] 이들에 따르면, 일부다처제에서는 가정에서 아버지의 역할이 부족하기 때문에, 이런 가정에서 자란 아이들은 교육 부재로 인해 반사회적이기 쉽다는 것이다. 그러면서 이런 가정에서 자란 아이들을 어느 기업주가 고용하겠는가라고 의문을 제기했다. 결국, 이들 보수 정치인들은 아프리카 이민자들이 프랑스 사회에 진정으로 통합되지 않았기 때문에 소요가 발생한 것으로 보고 있는 것이다. 그렇지만 일부다처제 가정은 프랑스에서 대략 3만 가구, 많이 잡아도 6만 가구를 넘지 않는 것으로 보인다.[42]

이런 주장을 요약해볼 때, 프랑스인들이 이번 소요의 주요 원인으로 간주하는 것 가운데 중요한 것이 (북)아프리카 이주민의 종교와 문화이다. 즉 이주민들은 '새로운 사회'에 적응하려는 노력을 보여야 한다는 것이다. 그렇지만 현실이 그리 쉽지만은 않다. 그들의 문화는 곧 종교이고, 종교는 곧 그들의 삶이다. 사는 곳이 바뀌었다고 종교 문화가 바뀌기는 쉽지 않은 것이다. 한편 소르망Guy Sorman 같

---

41) 에로Jean-Marc Ayrault 사회당 원내 총무, 발Manuel Valls 사회당 의원 등 좌파는 일부다처제가 프랑스 법에는 반하지만, 이것이 소요의 주요 원인은 아니라고 주장한다. *Libération*(2005년 11월 17일자).
42) 프랑스 내무부는 대략 2만 가구로 추산하며, 이들 대부분은 말리, 세네갈 혹은 감비아 출신으로 보고 있다. *France Soir*(2005년 11월 17일자).

은 학자는 이번 소요의 주인공들 가운데 상당수가 무슬림이 아니라고 주장하며, 문제를 이슬람에서 찾는 것은 잘못이라고 주장[43]하지만, 이라크 전쟁이나 무슬림에 의한 테러 사건이 일어났을 때, 혹은 취업할 때 프랑스인이 이들을 무슬림으로 판단하며 차별하곤 한다는 것을 잊어서는 안 된다.

(3) 프랑스의 이민자 통합 모델

프랑스 사회로의 통합이란 무엇인가? 이번 사태를 이해하는 데 있어 이 문제는 가장 근본적인 질문 가운데 하나이며 핵심일 수 있다. 다소 도식적이라고 해도, 프랑스 제5공화국 헌법 전문 제1조에 나와 있는 프랑스 공화국이 추구하는 정신을 살펴보면 프랑스 공화국이 추구하는 통합 정신을 쉽게 이해할 수 있다. "프랑스는 분리될 수 없는, 비종교적인, 민주적인 그리고 사회적인 공화국이다. 프랑스는 출생지, 인종, 종교의 구분 없이 모든 시민이 법 앞에 평등함을 보장한다. 프랑스는 모든 신앙을 존중한다."

이 구절에는 프랑스의 역사적 경험이 그대로 녹아 있다. 먼저 '분리될 수 없는 indivisible' 공화국을 살펴보자. 혁명 와중인 1793년 공화국 헌법을 제정하면서 당시 집권자인 자코뱅들은 프랑스 공화국이 '분리될 수 없는 공화국'임을 대외에 천명했다. 이 표현은 200년이 훨씬 지난 2003년 9월 시라크 대통령이 만든 스타지 위원회의 발언대에 선 피용François Fillon 사회부 장관의 발언에 잘 나타나 있다. 공화국은 "특정한 종교나 개인 혹은 어떤 공동체가 분열시킬 수 없는 하나의 완전한 실체"[44]라는 것이 그것이다. 그러므로 프랑스 공화국은 영국이나 미국과 같이 '민족마다 다른 다양한 문화나 언어를 단일의 문화나 언어로 동화시키지 않고 공존시켜 서로 승인하거나 존중하는 것을 목적'으로 하는 다문화주의multiculturalisme를 공동체주의communautarisme라 하며 배격한다. 즉 이민자들을 프랑스 공화국의

---

43) "이슈 인터뷰 : 기 소르망", 《중앙일보》(2005년 11월 13일자).
44) *Le Monde*(2003년 9월 16일자).

시민으로 통합(동화)시키려는 시도를 절대 포기하지 않겠다는 것이다. 이민자들은 그들이 프랑스 공화국에 참여하기로 의사를 표현한 이상 프랑스 공화국의 가치를 인정하고 '프랑스인'이 되어야 하는 것이다. 그렇지만 과거 유럽계 이민자와는 달리 무슬림이 대부분인 새로운 이민자들은 프랑스 공화국의 기대에 부응하지 못하고 있다. 앞서 살펴본 바와 같이 그들은 주류 프랑스인들과 종교 문화가 다른 것이다.

이민자들이 프랑스 공화국의 통합 원칙에 부응하지 못하는 것이 이들 이민자들만의 문제인가? 프랑스 사회는 진정 이민자들에게 차별 없는 사회였는가? 프랑스의 통합 모델은 너무 추상적이고 이상적이어서 현실과 동떨어져 있지는 않은가? 단적으로 말해서 프랑스에서는 평등이라는 추상적 이념이 사회 곳곳에 실재하는 차별을 해소할 손발을 묶어버리고 있지는 않은가? 프랑스식 모델이 무슬림 이민자를 만나서는 더 이상 제 기능을 다하지 못하고 있다는 인식이 강하다. 이것은 프랑스식 통합 모델이 현실과 맞지 않으며, 극단적으로는 프랑스식 통합 모델을 수정할 필요가 있을 수도 있음을 뜻한다.

프랑스식 통합 모델은 앞서 이야기한 대로 다문화주의 원칙보다는 동화주의 원칙에 더 가깝다고 할 수 있다. 이 동화주의 원칙에 따르면, 공화국은 공화국의 가치에 찬동하는 사람은 모두 공화국 시민이 될 수 있게 하고, 또 그들을 진정 프랑스인으로 대우해야 한다. 그럼으로써 당연히 새로운 이민자들은 기존 프랑스인과 차별받지 않는 공화국 시민이 되는 것이다. 그렇지만 현실에서는 이 원칙이 제대로 기능하지 못한다. 극우 정파인 민족전선이 주장하는 바와 같이 "아프리카에서 온 이민자들은 프랑스인들과 종교와 문화가 다르기 때문에 결코 프랑스인이 될 수 없다". "프랑스의 민족 정체성은 피와 땅과 종교와 같은 공통된 속성에 기반을 두기 때문에, 프랑스의 민족 정체성을 보호하기 위해서는 프랑스의 역사와 다른 길을 달려온 마그레브 이민자들을 이 사회에서 추방하는 길밖에 없는 것이다."[45]

---

45) H. -G. Simons, *The French National Front*(Colorado : Westview Press, 1996), 164쪽.

이뿐인가? 민족전선은 이들을 향해 "프랑스의 노약자들을 공격하는 자", "프랑스의 사회 복지 자금을 축내는 자", "본국에서도 실업자인 자들로 프랑스인의 일자리를 차지하려는 자", "200만의 실업은 200만의 이민자 때문", "일본에 실업이 없는 것은 이민자가 없기 때문" 같은 말을 거침없이 쏟아냈으며,[46] 지난 2002년 대선에서 보았듯이 프랑스인의 거의 20%가 이런 주장들을 지지하고 있다. 민족전선의 주장이 사실과는 거리가 있다 해도, 어떤 나라에 새로 도착한 이주민이 그 나라의 민족으로 새로 태어나기가 매우 어려운 것은 사실이다. 따라서 '새로운' 사회에서 어느 정도의 '다를 권리le droit à la différence'가 요구된다고 하겠다.

사실, 이번 소요가 일어나기 전부터 프랑스적 통합 모델에 대해서는 이미 많은 논의들이 있었다. 프랑스 내에서 이민 문제의 최고 전문가이며 파리 1대학 교수인 베유Patrick Weil가 지적한 대로 "흑인, 무슬림과 백인 주류 사회는 분명 다른 환경에 있다. 그러나 지금 프랑스는 이 차이를 인정하지 않으려 하고 있다".[47] 이것은 매우 적확한 지적으로 보인다. 이 문제는 문명 비평가로 이름나 있는 소르망도 마찬가지로 제기하고 있다. "실제로 프랑스 본토박이들은 그동안 프랑스가 많은 변모를 겪어 이제는 백인 프랑스인뿐만 아니라 흑인 프랑스인, 아랍인 프랑스인도 존재한다는 사실을 바로 인식하지 못하고 있다. 즉 40세 이상의 연령층은 프랑스가 이제 완전한 다민족 국가, 다문화 국가로 변모했다는 사실을 받아들이지 않는다. 프랑스 사회가 바뀌었다는 명백한 사실을 인정하지 않는 정치인과 지식인의 자기반성 없이는 문제 해결을 기대할 수 없다."[48]

프랑스는 기존의 동화 정책으로 풀지 못하는 모순을 해결하기 위해서 이미 일부 다문화주의 정책을 시행하고 있다. 예를 들어 공립학교에서 학교 급식에 나오는 돼지고기를 먹는 아이들과 그렇지 않은 아이들을 구분하고 있다.[49] 이것은

---

46) H. -G. Simmons, *The French National Front*, 160쪽.
47) 《한국일보》(2005년 11월 7일자).
48) "이슈 인터뷰 : 기 소르망".
49) *Le Nouvel Observateur*(2003년 7월 3일자).

종교적 차별을 엄격히 금지하는 공립학교에서는 있을 수 없는 일이지만 현실적인 어려움 때문에 시행되고 있다. 공영주택HLM의 주택을 배분할 때도 같은 민족이 서로 모이지 않도록 신경을 쓰고 있다는 것, 이것도 프랑스의 공화국 원칙에서는 절대 있어서는 안 되는 일이지만 일어나고 있다.[50] 그뿐 아니라 70년대 초반 한때 마그레브 이민자 2세를 위해 공립학교에서 아랍어 교육을 실시한 적도 있었으며,[51] 르노 국영 자동차 공장에서는 무슬림을 위해 기도소를 설치하기까지 했다.[52] 이런 모든 것이 프랑스의 동화주의 정책과는 모순되는 정책으로 비판받을 수 있는데도, 프랑스는 한편으로 이런 정책을 취하지 않을 수 없었던 것이다. 그러나 이것만으로는 불충분한 것 같다. 이미 500만을 넘는 것으로 추정되기도 하는 무슬림계 이민자들을 하나의 실체로 인정하고, 어느 정도는 '분리될 수 있는 공화국'을 인정해야 오늘날 일어나고 있는 '차별'을 해소할 수 있는 대안이 도출되지 않을까.

4. 소요의 결과 및 대책

(1) 니콜라 사르코지의 '대안'

소르망은 "지난 20년을 돌이켜 볼 때, 우파나 좌파나 엇비슷한 기간 동안 권력을 잡았다. 좌파가 권력을 갖고 있을 때도 달라진 것은 없었다. 사회 통합이나 경제와 관련해 프랑스식 모델에 문제가 있다는 인식을 품은 쪽은 우파, 특히 사르코지 내무 장관이지, 좌파가 아니다. 좌파는 늘 같은 말만 되풀이하면서 프랑스식 모델을 고수하려고 했다. 겸허한 반성이 시작된 곳은 오히려 우파 쪽에서이다"[53]라고

---

50) *Le Nouvel Observateur*(1989년 11월 23일자).

51) Patric Weil, *La France et ses étrangers : L'aventure d'une politique de l'immigration 1938~1991*(Paris : Calmann-Lévy, 1991), 245~246쪽.

52) Gilles Kepel, *Les Banlieues de l'Islam*(Paris : Ed. du Seuil, 1987), 100쪽.

53) "이슈 인터뷰 : 기 소르망".

언급했다. 최근 몇 년간 프랑스에서의 이민자 통합 논의를 지켜본 필자도 이 점에서는 소르망과 의견을 같이한다. 비록 사르코지가 "쓰레기들"을 "진공청소기로 쓸어버려야 한다"는 말을 꺼내 이번 소요 사태가 커지고 무슬림 이민자들을 무시하고 탄압하는 인물로 부각되었으며, 이런 행동으로 2007년 대선에서 극우파 유권자의 지지를 받으려는 냉혹한 현실 정치인으로 그려지기도 했지만, 그가 그동안 제시한 정책들을 찬찬히 들여다보면, 반드시 그렇게만 생각할 수도 없다. 헝가리인 아버지와 프랑스인 어머니를 둔 자칭 '이민자'인 사르코지. 그는 과연 무슬림 이민자 통합에 대해 어떤 생각을 가지고 있는가?

우선, 그가 프랑스의 통합 정책을 수정하기 위해 노력한 점을 간단히 언급해보자. 무슬림 이민자 문제가 본격적으로 불거진 1980년대 이후 누구도 프랑스 통합 모델이 제대로 기능하고 있는지를 의심하지 않았으며, 이 모델을 수정해보려 하지 않는 가운데 사르코지는 다른 정치인들과는 달리 이 모델과 관련해 몇 가지 '용기 있는' 정책을 제시한 바 있다. 첫째는 프랑스의 무슬림들을 위해 국가 혹은 지방 자치 단체가 모스크 건설을 지원하고, 이슬람 성직자 양성을 위해 이슬람 신학교를 설립하는 데에 재정을 지원하자는 주장이다. 그렇게 하려면 1905년 법 제2조[54]를 개정해야 했는데, 사르코지는 법을 수정해서라도 이런 지원을 해야 한다고 강조했다.[55] 그렇지만 프랑스인의 반응은 차가웠다. 두 번째는 시라크 대통령의 반대에도 불구하고 자신이 내무부 장관이었던 2004년 1월 알제리계 교수인 데르무슈Aïssa Dermouche를 쥐라 도의 도지사에 임명한 것이다. 프랑스에서는 비판 받을 여지가 큰 미국식 소수 민족 우대 정책을 과감히 시행한 것이었다. 이 일 또한 프랑스 내에서 많은 논란을 불러일으켰다. 세 번째는 2004년 경제부 장관으로 재직하던 시절, 기업 총수들을 초청해 무슬림 이민자들의 이력서에 적힌 그들의 이름이나 사는 지역에 근거해 그들을 차별하지 말 것을 설득한 점이다. 뿐만 아니

---

54) "공화국은 어떤 종교도 인정하지 않고, 재정을 지원하지 않는다."
55) 가장 최근의 발언 기사는 *Le Monde*(2005년 10월 21일자).

라 그는 '종교적 상징 착용 금지법'의 표결에서 대다수의 의원들과는 달리 법안 통과에 반대표를 행사했다. 물론 그가 무슬림 여학생의 입장을 두둔해서 그렇게 한 것은 아니다. 이 외에도 사르코지는 2005년 10월 이래 '10년 이상 프랑스에 체류하고 세금을 납부하고 있는 이민자에게는 지방 자치 선거권을 부여하자'는 주장을 펴고 있다. 이 제안은 이미 1981년 미테랑François Mitterrand 사회당 후보가 대선 공약으로 내세웠지만, 그가 대통령이었을 때도 실현시키지 못한 정책이다. 2005년 10월 25일 《르 몽드》와의 회견에서 사르코지가 발표한 이 제안은 곧바로 시라크 대통령과 여당 내 다수 의원들의 반격을 받았다.[56] 특히 드 빌팽 총리는 시민권citoyenneté과 국적nationalité을 구분하면서, "국적 소유자만이 지역 혹은 국가 정책의 커다란 방향에 대해 자신의 의사를 표명할 수 있으며", "5년 이상 프랑스에 거주하고 있는 외국인은 국적을 자유롭게 신청할 수 있는 것"이라고 강조했다. 즉 프랑스 국적을 소유한 자만이 투표권을 행사할 수 있다는 말이다.[57] 그렇지만 10월 말 실시된 한 여론 조사에서는 프랑스인의 63%가 사르코지의 의견에 찬성했다.[58]

이런 사항들은 좌우를 떠나 어떤 정치인도 감히 적극적으로 주장하지 못한 내용이다. 물론 이런 사르코지의 행동을 그의 대권 행보와 연계시켜 보는 시각도 분명 존재한다. 그가 이슬람 우대 정책을 강조한 《공화국, 종교, 그리고 희망 La République, les Religions, l'Espérance》(2004)이라는 저서에서 자신이 독실한 가톨릭 신자임을 강조한 부분이나, "프랑스에서 한때 반유대적 행위에 대해 엄격한 조치를 취하지 않은 적이 있다"며 과거 조스팽 사회당 정권을 비난함으로써 유대계의 환심을 샀던 행위들이 순수한 행위로만 보이지는 않는다. 사회당 국회의원인 발Manuel Valls은 "사르코지는 프랑스 국민을 가톨릭 국민, 이슬람 국민, 유대교 국민으로

---

56) *Libération*(2005년 12월 10일자).
57) *Libération*(2005년 10월 26일자).
58) IFOP(프랑스 여론 조사국)이 2005년 10월 27~28일 959명을 대상으로 실시한 여론. *Libération*(2005년 10월 31일자).

갈라서 표를 일구고 있다"[59]고 비난한 것도 충분히 일리가 있다. 과연, 사르코지는 '분리될 수 없는 공화국' 국민을 여럿으로 나누어 자신의 지지자로 만드는 고도의 정치 술수를 쓴 것인가?

이 부분에서 사르코지와 민족전선과의 관계를 이야기하지 않을 수 없다. 2007년 대선에서 이민 문제에 민감한 민족전선 유권자들이 자신을 지지하도록 만들 필요가 있는 사르코지는 이민 문제 해결에 대해 민족전선의 대안과 유사한 여러 가지 방안을 내놓고 있다.[60] 최근 프랑스 좌파는 민족전선의 당수 장 마리 르펜Jean-Marie Le Pen과 사르코지를 합해 장 마리 사르코지Jean-Marie Sarkozy라는 합성어까지 만들어내고 있는 형편이다.[61] 사르코지는 이번 소요 사태에서 이민자들에 대해 강경한 입장을 보임으로써 현 이민 정책에 비우호적인 세력의 표를 확보하는 데 일부 성공했다. 소요가 '공식적으로' 끝난 지 며칠 후, "우리의 (통합) 시스템은 거의 기진맥진해 있다. 우리는 30여 년 전 이래로 실업, 부채 그리고 복지부동을 가져온 정치, 사회, 경제 시스템을 현격히 변화시켜야만 한다. 그렇기 때문에 나는 그것과의 단절을 요구한다".[62] 11월 16일 시행된 여론 조사를 보면 사르코지의 입장이 옳다고 믿는 사람들이 다수이다. 비상사태법의 연장에 찬성하는 의견이 68%, 가족 재결합 규정을 더 엄격히 정의해야 한다는 여론이 56% 그리고 비록 체류증이 있다고 하더라도 유죄 판결을 받은 외국인을 추방해야 한다는 의견이 55%에 이른다.[63]

---

59) 발Manuel Valls 의원은 "긍정적 차별은 소수 민족 우대 정책과 달리, 계층, 지역에 대한 우대도 포함되어야 한다"고 주장했다.
60) 사실 이민자 문제에 대한 사르코지의 구호는 르펜Jean-Marie Le Pen의 구호와 매우 유사하다는 것이 일반적인 지적이다. 예를 들어, 사르코지는 "우리가 프랑스에 살 때, 우리는 프랑스를 사랑한다, 만일 프랑스를 사랑하지 않는다면, 어떤 사람도 당신에게 여기에 머물라고 강요하지 않는다"고 이야기하고, 르펜은 "프랑스를 사랑하거나, 그렇지 않으면, 떠나시오!"라고 주장한다. *Libération*(2005년 11월 29일자).
61) *Libération*(2005년 12월 20일자).
62) 사르코지는 "제도, 정치, 경제, 사회 보장, 공공 기능, 화폐, 대외 정치 등 모든 것을 바꾼 1945년과 1958년의 드골을 보라"고 주장하면서, "자멸하는 프랑스적 모델을 보존하기 위해 땜빵"을 제안하는 시라크-드 빌팽 Chirac-de Villepin에게 복지부동의 책임을 전가하려 한다. *Libération*(2005년 11월 21일자).

그는 여기에서 그치지 않고, 이번 소요를 계기로 프랑스의 이민 정책 전반을 개정할 움직임을 보이고 있다. 일단 단기적으로는 2006년 2만 5,000명의 불법 이민자를 국외 추방하는 것을 목표로 삼고 있다고 상원에서 밝혔는데,[64] 이런 이민자 '탄압' 주장은 다수는 아닐지라도 일부 우파 의원들의 지지를 받고 있다. 이블린Yvelines 도(道)의 대중운동연합 소속 의원인 미야르Jacques Myard는 사르코지의 주장처럼 시위 때 유죄 판결을 받은 자는 지체 없이 추방할 수 있도록 1945년 칙령을 개정할 것을 요구하기도 했으며, "아랍-아프리카 출신의 젊은 이민자들을" 길들이기 위해 '훈련 부대'를 창설하자고까지 주장했다.[65] 인권 연맹의 회장 뒤부아Jean-Paul Dubois는 추방 조치를 비난하며, 이 조치는 바로 극우파 유권자를 향한 선거 운동이라고 주장했다. 녹색당의 마메르Noël Mamère 의원은 사르코지의 행동에 "르펜의 생각을 선점하고 그것을 일반화시키기 위해 이민과 사회 불안을 이용하는 정치적 천박함"이 있다고 주장했다. 그렇지만 사르코지가 '진공청소기'를 언급한 9월에 그가 총재로 있는 대중운동연합의 당원이 하루 평균 350명씩 증가했고, '쓰레기'를 언급한 11월에는 하루 500명씩 늘었으며, 소요 이후에는 하루 1,000명 이상이 당원으로 가입했다. 민족전선도 새로 가입한 당원 수가 이와 비슷하다고 주장했는데, 소요와 관련해 약 20만 명 정도가 대중운동연합에 새로 가입했다는 것[66]은 사르코지가 이민 문제와 관련해 이민자들에 대해 강경책을 선호하던 민족전선의 일부 지지층을 빼앗았다는 것을 의미한다. 사르코지가 이 새로운 당원들을 모아놓고 한 연설은 더 사극석이다. "도시 근교에 만연한 실업, 좌절, 폭력의 첫 번째 원인은 차별도 아니고 학교 교육의 실패도 아니다. 그 첫 번째 원인은 마약 유통과……공화국의 책임 회피이다."[67] 소요의 주요 원인을 한편으로

---

63) 유럽-프랑스 시장 조사 및 여론 조사 연구소CSA에 의해 실시된 이 여론 조사의 결과는 *Le Parisien-Dimanche*에 11월 17일 발표되었다. *Le Monde*(2005년 11월 22일자).

64) *Libération*(2005년 11월 29일자).

65) *Libération*(2005년 11월 29일자).

66) *Libération*(2005년 12월 20일자).

는 이민자들에게 돌리고, 다른 한편으로는 국가의 능력 부재로 보는 것이다. 즉, 소요에 대한 국가의 효과적인 대응이 부족했기 때문에 국가 정책이 변경될 필요가 있다는 주장이다.

사실 무슬림 이민자 문제에 대해서는 좌파든 우파든 다 문제가 있다고 생각한다. 단지 해결책이 다를 뿐이다. 인권, 노동자 문제에 민감한 좌파에서 별다른 해결책을 제시하지 못할 때, 극우파는 간단하고 명료한 해결책을 제시함으로써 일부 국민의 열렬한 지지를 받고 있다. 이것을 잘 알고 있는 사르코지도 이민자 문제의 해결책을 단순화해 적극적으로 제시하고 있다. 그는 우선 불법 이민자와 합법 이민자를 명확히 구분해 불법 이민자를 더 이상 프랑스에 발붙이지 못하게 하려 한다. 어느 정치인보다도 강력한 이민 통제 정책을 취하려는 것이다. 다음으로 사르코지는 일단 합법 이민자, 특히 프랑스 공화국에 기꺼이 참여하려는 이민자에게는 가능한 한 프랑스 사회로의 통합의 길을 열어주려 하고 있는데, 그 방식에서 이민자들의 일부 '다를 권리'까지 인정하는 태도를 보이고 있다. 그가 취한 정책은 미국에서 시행하고 있는 '소수 민족 우대 정책'과 매우 유사하다. 모스크에 대한 국가의 재정 지원 제안이나 데르무슈의 도지사 임명 등이 바로 그러하다. 그렇지만 이번 소요에서도 보았듯이, 전반적으로는 (북)아프리카 이민 2세대들에 대해서 강경한 입장을 보임으로써 이민 문제에 보다 민감한 보수층의 입장을 대변하고 있다. 이는 2007년 대선에서의 승리를 노린 시도라는 것이 일반적인 관측이지만, 프랑스식 사회 모델이 더 이상 제 기능을 수행하기 힘들다는 것을 인식했다는 면에서 또 다른 평가를 받을 만하다.

(2) 프랑스 정부의 대책

사르코지의 '대안'이 이민 정책과 프랑스식 통합 모델 자체에 대한 문제 제기로 볼 수 있다면, 소요 이후 프랑스 정부가 내놓은 대책들은 이번 소요의 근원을

---

67) *Libération*(2005년 11월 22일자).

사회 경제적 차별에 있다고 보고, 그에 대한 장단기적 처방들을 제시한 것으로 볼 수 있다. 관련 대책들로는 대개 이민 관련 법안 정비, 이민자들을 위한 일자리 창출, 이들에게 일자리를 제공하는 기업에 대한 세금 감면 등 저소득층인 이민자 지원책이 있다. 즉, 어떤 처방은 이민자들에게 채찍이 될 수도 있고, 어떤 처방은 당근이 될 수도 있다.

소요가 일단락된 지 10여 일 정도 지난 2005년 11월 29일, 드 빌팽 총리 주재로 열린 관계 장관 대책 회의에서 정부는 이민자들의 손쉬운 국적 취득 수단으로 이용되어온 국제결혼과 가족 재결합 제도를 손질하기로 했다.[68] 이런 제도들은 "격앙된 의원들"이 정부의 이민 정책을 방임 정책이라며 이미 질타한 정책이기도 하다. 이들 의원들은 또한 정부의 '이민 통제력 부재', '망명권의 남용', '위장 결혼 스캔들', '가족 재결합 제도의 남용' 등에 대한 대책을 정부에 요구했는데,[69] 지금은 외국인이 프랑스인과 결혼한 뒤 프랑스에서는 2년, 외국에서는 3년만 배우자와 함께 살면 프랑스 국적을 얻을 수 있지만 2006년 초 정부안이 통과된 후에는 요구되는 동거 기간이 각각 4년, 5년으로 늘어난다. 위장 결혼을 막기 위해 정부는 프랑스인과 외국인이 외국에서 결혼한 경우 이들에게 영사 앞에서 구두 면접을 받게 하고 이들에 대한 강제 조사를 강화하기로 결정했다. 가족 재결합 제도의 혜택을 받을 수 있는 최소 체류 요건도 1년에서 2년으로 연장된다.[70]

아울러 프랑스 정부는 앞서 언급한 대로 아프리카 출신의 일부다처제도 불법화하기로 했다. 프랑스는 1993년부터 일부다처 이민자 가정의 경우 부인 한 명에게만 비자를 내줬지만 나머지 부인들의 불법 이민도 사실상 묵인했다. 또 프랑스에

---

68) *Libération*(2005년 11월 29일자).

69) *Libération*(2005년 11월 29일자).

70) 가족 재결합 제도는 결혼 다음으로 프랑스 내 이민이 증가하게 된 주요 원인이며, 2004년도에 약 2만 5,000명이 이 제도로 프랑스 국적을 얻었다(*Libération*(2005년 11월 29일자)]. 가족 재결합 제도가 처음 실시된 1976년 법령에 따르면, 다음의 경우 가족 재결합이 불가능했다. ① 정상적인 상태에서 프랑스에 1년 이상 체류하지 않은 경우, ② 가족을 부양할 충분한 수입이 없는 경우, ③ 적절한 거주지가 없는 경우 등. Bichara Khader, *Le Grand Maghreb et l'Europe : enjeux et perspectives*(Publisud-Quorum-Cermac, 1995), 221쪽.

오는 유학생들에게도 더욱 까다로운 심사 조건이 적용된다. 유학생 비자를 받기 위해서는 연구 계획서, 학업 및 개인 경력, 프랑스어 능력, 출신 국가와의 관계 등을 증명하는 서류를 필수로 제출해야 한다는 공문이 조만간 각국 대사관에 발송될 예정이다.[71]

이런 조치들은 더 구체화되어 12월 18일 《르 몽드》에 보도되었다. 새로이 준비되고 있는 외국인의 입국, 체류 및 망명권 법규 개혁안[72]은 이민자의 가족, 배우자, 자식들의 체류권 폐지를 준비하고 있다. 이런 시도는 당장 인권 단체들[73]로부터 "비인간적이고 인종주의적"이라고 규정되었다.[74] 이것은 또한 사르코지가 주장해왔던 "선별 이민immigration choisie" 조치로 간주되었으며, 결국 "프랑스 경제에 유리한 외국인만 받아들이는 조치"라고 비난받았다.[75] 이 개혁안은 앞에서 예상했듯이 가족 재결합 정책의 조건, 즉 수입, 거주지, 거주 기간과 관련된 조건을 강화할 것이고, 국제결혼 관련 조항도 강화시킬 것이다. 프랑스인의 외국인 배우자는 "공화국 가치에 통합될 필요성에 부응하지 못하거나 결혼 생활이 오래 지속되지 못했을 경우"로 판단되면, 체류증이 거부될 수 있다. 또한 개혁안에 따르면, 그동안 불안정한 생활을 하고 있는 외국인이라 하더라도 프랑스에 10년 이상 거주하면 체류증을 받을 수 있게 했던 조항이 폐지된다.[76] 사생활 혹은 가정생활을 이유로 적법하게 프랑스에 거주하려는 외국인은 그 (가족) 관계가 적어도 5년 이상 끈끈하게 유지되어왔다는 증거를 제시해야 하며, 거주지의 위치, 면적, 편리성 그리고 자신이 그 집에 거주할 수 있는 경제적인 능력을 가지고 있는지를 입증

---

71) *Libération*(2005년 11월 29일자) ; 《경향신문》(2005년 11월 30일자).
72) 이 법안은 '사르코지 이민 법안projet de loi de Nicolas Sarkozy sur l'immigration'으로 불리기도 한다. *Libération*(2006년 1월 4일자).
73) 구체적으로는 Act Up Paris, imade, Comede, Fasti, Gisti, LDH, Mrap, 9e Collectif des sans-papiers 등이다. *Libération*(2006년 1월 4일자).
74) *Libération*(2006년 1월 3일자).
75) *L'Express*(2006년 1월 5일자).
76) *L'Express*(2006년 1월 5일자).

해야만 한다. 뿐만 아니라 사회 보조금 없이 적어도 최저 생활이 가능할 정도의 월수입이 있어야 한다. 또한 프랑스 공화국에 자신이 통합되었다는 것을 입증해야 하는데, 이것은 프랑스 공화국의 원칙에 그가 개인적으로 찬동하는지 여부와 프랑스어를 구사하는 정도에 따라 평가된다.[77] 한편, 개혁 법안이 대체로 모든 이주를 엄격히 통제하려고 하는 반면, 노동 계약서를 가지고 있는 외국인의 노동(학생) 이민은 유리해지는 측면도 있다. 석사 이상의 학위가 있는 사람은 일자리를 찾을 수 있도록 6개월짜리 체류증이 발급될 것이며, 프랑스 경제 발전에 참여할 수 있는 외국인에게는 3년짜리 체류증이 발급될 것이다.[78]

이런 조치들과 별도로 정부는 교육과 고용에 관련된 다음의 조치들을 제시했다. 드 빌팽 총리는 12월 1일 관련 장관들과 함께 "모든 사람이 기회의 평등을 누릴 수 있도록" 일련의 조치들을 발표했다. 우선, 그는 교육과 고용에 있어서 기회의 균등을 강조하면서 사회 통합 및 기회 균등처를 창설하기로 했다. 이 기관은 도시 정책과 이민자 통합에 드는 재정 문제를 총괄하는 "유일한 운영 기관"이 될 것이다. 다음으로는 가장 어려운 ZEP(교육 우선 지역, Zones d'Education Prioritaire)를 집중 지원하기로 했다. ZEP는 일반적으로 이민자나 빈민이 많이 모여 살아 교육 여건이 열악한 곳을 지칭한다. 드 빌팽 총리는 ZEP에 근무하는 교사들에게 근무 여건 개선과 좋은 조건의 보수를 약속했으며, 비프랑스어권 출신 가정의 아이들이 프랑스어를 잘 배우게 하기 위해 교사들의 교육 개혁 또한 희망했다. 동시에 그는 학부모들의 노력도 요구했는데, 부모들이 "책임 계약"이라는 것을 맺어 아이들이 학교 수업을 등한시할 때, 벌금을 납부하도록 하거나 사회 보장금 수령을 유예할 것을 제안하기도 했다. 세 번째로는 2006년 9월부터 현행 16세부터 직업 교육을 받을 수 있는 나이 하한을 14세로 낮추기로 했다. 총리에 따르면, 직업 교육을 받기로 한 학생은 1년 동안 기업에서 적절한 직무 탐색 기간을 갖게 될 것이고,

---

[77] *L'Express*(2006년 1월 5일자).
[78] *L'Express*(2006년 1월 5일자).

15세부터 진정한 노동 계약을 맺을 수 있을 것으로 보았다. 이것은 이민자 2세들이 학업에 얽매이지 않고, 일찍부터 직업을 가질 수 있는 좋은 방안이 될 것으로 기대되었다. 이와 함께 도시 근교에 공장을 세우는 기업에 대해 세제 감면 혜택을 주기로 했다. 그리고 총리는 기업들이 학위와 관계없이 도시 근교의 젊은이들에게 고용 기회를 줄 것을 요구했으며, 학위나 직업 경력이 부족한 16~22세의 젊은이들에게 일자리를 주는 대신 정부가 기업에게 재정을 지원하겠다는 약속도 했다.[79]

이와 함께 피부색에 따른 인종 차별을 금지하는 법률도 강화시켰다. 차별 철폐국Haute autortié de lutte contre les discriminations et pour l'égalité은 차별에 대해 개인에게는 최고 5,000유로, 법인에게는 최고 2만 5,000유로까지 벌금을 부과할 수 있도록 했다. 총리는 불심 검문을 통해 "젊은이들이 많이 찾는 디스코텍 출입 시 인종 혹은 출신 국가에 따라 차별하지 못하도록 단속"하고 이를 법제화시킬 예정이라고 했다. 마지막으로 총리는 소득이 없는 자들에게 주는 크리스마스 수당을 올해 연장하겠다고 약속했다.[80] 소요에 대한 총리의 이런 대책은 앞서 제시한 엄격한 이민 정책에 비한다면 채찍보다는 당근에 가깝다고 할 수 있겠다. 그렇지만 이런 방법들은 대체로 사회 경제적 원인에 대한 단기적 해결책이다. 이민자들을 내쫓거나, 내쫓지 못할 경우 실업 문제를 해결해 이들을 먹여 살리는 것이 좋은 대안일 수도 있지만 그 다음의 문제, 즉 이슬람 혐오주의와 같은 문화, 종교의 문제는 어찌할 것인가? 결국 프랑스인의 인종 차별적 사고 그리고 통합 모델에 손을 대지 않고는 해결될 수 없지 않은가?

---

79) *L'Express*(2005년 12월 1일자).
80) *L'Express*(2005년 12월 1일자).

5. 2005년 말의 프랑스

소요에 대한 프랑스 정부의 '적극적' 대책들이 나왔지만, 이번 소요와 직간접적으로 관련되었다고 볼 수 있는 여러 법안들이 여전히 프랑스의 무슬림 이민에 대한 적대적 분위기를 잘 설명해준다. 우선 2005년 11월 29일 하원에서 373대 27로 통과된 대(對)테러 법안을 살펴보자. 이 법에 따르면 프랑스 내 대중교통 시설과 종교 시설, 즉 이슬람 사원 및 유대 교회 그리고 백화점 등에 감시 카메라가 본격적으로 설치된다. 현재 감시 카메라는 전국에 6만 대 정도 설치되어 있는데, 영국의 400만 대 수준을 목표로 삼고 있다. 경찰은 더욱더 강력한 수사권을 갖게 되며, 체포 영장 없이 테러 용의자를 구금할 수 있는 기간도 4일에서 6일로 연장된다. 이런 법안에 대해 제1야당 사회당은 당론으로 기권했으며 소수 정당인 녹색당과 공산당이 맹렬히 저항했지만 프랑스 정부의 강력한 의도를 꺾을 수 없었다.[81]

이외에도 '북아프리카 식민 지배에 대한 프랑스의 긍정적인 역할'을 중·고교 역사 수업 시간에 가르치도록 명문화한 이른바 '식민 지배 미화 법률 조항'에 대한 사회당 등의 삭제 결의안이 하원에서 183대 94로 부결됐다.[82] 즉 사회당 원내 총무인 에로Jean-Marc Ayrault가 '2005년 2월 23일 법 제4조'를 폐기하자는 법안을 제출했는데, 공산당, 녹색당, 프랑스 민주 연합 등의 합세에도 불구하고 압도적 표차이로 기각된 것이다.[83] 식민주의에 정통한 역사가 망스롱Gilles Manceron은 이 현상을 "극우파와 정부 여당의 동맹"으로 표현했다.[84] 이 법안에 대해서는 정부 여당 내에서도 반대가 만만치 않았다. 암묵적으로 비판적 입장을 보인 드 빌팽 총리는 "역사를 쓰는 것은 국회에 속하지 않는다고 강조"했다.[85] 시라크 대통령의

---

81) 《경향신문》(2005년 11월 30일자).
82) *Libération*(2005년 11월 30일자).
83) *L'Express*(2005년 11월 29일자·30일자).
84) "entretien avec Gilles Manceron", *L'Express*(2005년 11월 29일자).
85) *Le Figaro*(2005년 12월 9일자).

반응도 드 빌팽과 유사했다. 그는 "공식적인 역사는 존재하지 않는다", "역사를 쓰는 것은 법이 아니다. 그것은 역사가의 문제이다"라고 말했다. 시라크는 이를 위해 '기억을 위한 재단Fondation sur la mémoire'을 설립할 것을 정부에 촉구했다.[86] 이런 일련의 조치에 대해 마메르 녹색당 의원은 "지금 프랑스는 '오웰리언 사회'로 변모하고 있다"고 개탄했다.[87]

이외에 사르코지의 앤틸리스Antilles(서인도 제도) 방문 취소도 그 후유증의 하나인 것 같다. 이것은 두말할 것 없이 프랑스 해외 영토인 과들루프, 마르티니크의 반(反)사르코지 분위기와 관련이 있다. '식민 지배에 대한 프랑스의 긍정적 역할' 법안 문제도 중요한 요인이지만, 사르코지의 '쓰레기' 발언도 한몫한 것으로 보인다. 즉 거의 모든 서인도 제도인들은 "거기〔프랑스의 대도시 근교〕에" 친지를 두고 있다. 이들 모두가 자신들도 이번 소요 사태에 관련되어 있다는 감정을 갖고 있다.[88]

이렇게 볼 때, 2005년 가을 소요가 프랑스에 끼친 영향이 적지 않은 것 같다. 위에 적시한 예들이 비록 이번 소요와 직접적으로 관련되지는 않는다 할지라도 무슬림 이민자를 점점 배척하려는 프랑스 사회의 분위기를 충분히 대변해주고 있다고 볼 수 있기 때문이다. 더욱이 2005년 7월 7일 런던에서 일어난 파키스탄 이민 2세들에 의한 테러 사건, 그리고 2004년 11월 2일 네덜란드에서 영화감독 테오 반 고흐Theo Van Gogh가 모로코 이민 2세에 의해 살해된 사건들이 이번 프랑스 소요 사태와 중첩되면서, 프랑스인들은 점차 732년 푸아티에 전투에서 무슬림 침입자들에게 승리를 거둔 마르텔Charles Martel 혹은 천 년 전의 십자군 전쟁을 생각하게 될지도 모른다. 그렇지만 프랑스에 더 커다란 위기가 오기 전에 '프랑스-프랑스 전쟁'을 끝낼 수 있는 새로운 모델의 통합 정책, 즉 '분리될 수 없는 공화국'이 아니라 새천년에 걸맞은 '분리될 수 있는 공화국'의 출현을 기대해야 할 것이

---

86) *L'Express*(2005년 12월 10일자).
87) 《경향신문》(2005년 11월 30일자).
88) *Le Monde*(2005년 12월 8일자).

다.[89)] 주류 프랑스인들은 '분리될 수 없는 공화국'을 추구하지만, 이미 '500만'을 넘어버린 또 다른 '프랑스인들(무슬림 이민자들)'이 '다를 권리'에 기초한 보다 유연하고 열린 공화국을 프랑스에 요구하고 있다는 점을 잊어서는 안 된다. 이제 며칠 후면 사르코지가 프랑스의 대통령이 될지 알 수 있을 것이다. 사르코지가 프랑스의 대통령이 된다면 프랑스의 이민자 문제는 분명 새로운 국면을 맞이할 것이 틀림없다.

---

89) 프랑스의 저명한 사회학자 비비오르카Michel Wieviorka는 '분리될 수 있는 공화국'의 예를 최근(2006년 10월 12일) 프랑스 의회를 통과한 '터키의 아르메니아인 대량 학살 부인 처벌' 법안에서 찾고 있다. 그는 이처럼 '소수자의 정체성'을 인정하는 공화주의의 새로운 모델을 신공화주의라고 부른다. 여기에는 물론 무슬림 이민자의 정체성이 포함된다. Michel Wieviorka, "Comment les minorités peuvent-elles concilier valeurs universelles et identités particulières?", *Libération*(2006년 11월 13일자).

참고문헌

Ahsène Zehraoui, 〈알제리인들, 이민에서 정착까지Les Algériens, de l'immigration à l'installation〉, Philippe Dewitte (s. d.),《이민과 통합 : 현황Immigration et intégration : l'état des savoirs》(Paris : Editions la Découverte, 1999)

Benjamin Stora · Emile Temime, 〈알제리 이민L'immigration algérienne〉, Laurent Gervereau · Pierre Milza · Emile Temime (s. d.),《20세기 프랑스 이민사Histoire de l'immigration en France au XXe siècle》(Paris : Editions d'Art, 1998)

David Assouline · Mehdi Lallaoui (s. d.),《100년간의 프랑스 이민 : 1945년부터 현재까지Un siècle d'immigrations en France : 1945 à nos jours》(Paris : Syros, 1997)

H. -G. Simons,《프랑스 민족전선The French National Front》(Colorado : Westview Press, 1996)

Michel Wieviorka, 〈소수자들은 어떻게 보편 가치와 개별 정체성을 타협시킬 수 있는가?Comment les minorités peuvent-elles concilier valeurs universelles et identités particulières?〉, Libération(2006년 11월 13일자)

Patrick Weil,《프랑스와 외국인들 : 이민 정책의 굴곡La France et ses étrangers : L'aventure d'une politique de l'immigration 1938~1991》(Paris : Gallimard, 1991)

Yvan Gastaut, 〈영광의 30년부터 대도시 근교의 위기까지Des Trente Glorieuses à la crise des banlieues〉,《역사L'Histoire》, n. 229(1999. 2)

──────,《제5공화국하 프랑스의 이민과 여론L'immigration et l'opinion en France sous la Ve République》(Paris : Seuil, 2000)

L'Express
Le Figaro
Libération
Le Monde
Le Nouvel Observateur

노서경, 〈식민 지배의 기억 : 알제리 전쟁과 프랑스 사회〉, 안병직 외,《세계의 과거사 청산》(푸른역사, 2005)

박단,《프랑스의 문화전쟁─공화국과 이슬람》(책세상, 2005)

──, 〈'하얀외침 검은태양을 통해서 본' 1930년대 프랑스 노동자와 이민 노동자〉,《역사와 문화》제2집(문화사학회, 2000)

이용재, 〈알제리 전쟁과 프랑스인—식민통치의 상흔과 기억의 정치학〉, 《역사비평》 제63호(2003년 여름)

《경향신문》
《중앙일보》
《한국일보》

더 읽을 자료

김세균 외, 《유럽의 제노포비아》(문화과학사, 2006)

　　김세균, 김수행 등이 중심이 되어 최근 영국, 독일, 프랑스 등에서 일어나고 있는 제노포비아 genophobia 현상을 분석한 책이다. 이 책의 특징은 유럽 각국의 제노포비아 현상을 비교 분석하면서, 유럽연합 차원에서 이 현상에 어떻게 대응했는가를 서술하고 있다는 점이다.

데릭 벨Derrick Bell, 《묵계(默契) : 브라운 대 교육 위원회 사건과 미완의 인종적 개혁의 희망Silent Covenants : Brown v. Board of Education and the Unfulfilled Hopes for Racial Reform》(New York : Oxford Univ. Press, 2004)

　　하버드 법대 역사상 최초로 종신 임용된 흑인 교수인 저자는 비판적 인종 이론Critical Race Theory의 주도적인 주창자다. 저자는 브라운 사건을 평가함에 있어서 인종 통합과 인종 평등을 혼동해서는 안 된다고 주장한다. 미국의 냉전적 국가 이익과 이데올로기가 인종 간의 통합(브라운 사건의 승리를 포함)을 가능하게 했지만 흑인을 위한 평등한 교육 기회와 조건은 여전히 이루어지지 않고 있다는 입장에서 저술한 책이다.

데이비드 펠드먼David Feldman, 《영국인과 유대인 : 1840~1914년간 사회관계와 정치 문화Englishmen and Jews : Social Relations and Political Culture 1840~1914》(New Haven : Yale Univ. Press, 1994)

　　펠드먼은 19세기 영국 유대인의 생활을 다양한 측면에서 검토한다. 19세기 말 영국의 유대인 사회는 브리튼 섬 태생의 구 유대인과 동유럽 이민이라는, 서로 이질적인 두 세계로 나뉘어 있었다. 경제적으로 부유한 구 유대인과 달리, 동유럽계 유대인들은 주로 이스트엔드에 거주하면서 의류, 제화, 가구 분야의 소규모 작업장에서 일했다. 이 책은 1880년대 이후 새롭게 증가한 동유럽 유대인들이 기존 유대인 사회와 어떤 관계를 맺었는가라는 주제를 중심으로 19세기 영국 유대인 사회사를 재구성한다.

데틀레프 포이케르트, 《나치 시대의 일상사》, 김학이 옮김(개마고원, 2003)

　　이 책은 나치 시대에 청소년, 노동자, 수공업자, 농민 등 소위 '작은 사람들'이 나치즘을 어떻게 경험하고 해석했는지를 다채로운 시각에서 보여준다. 특히 나치즘 연구사에서 이 책은 기능주의적 시각에 유념하되 일상사의 방법론을 나치즘 역사 전반에 적용시킨 탁월한 종합적 서술이다. 나치 공적 영역의 작동과 사적인 일상 문화의 대비와 교차 및 착종에 대한 서술은 나치즘에 대한 이해에 한 획을 그었다고 할 수 있다. 게다가 이 책은 미셸 푸코Michel Foucault의 생체 정치biopolitique를 나치즘에 적용시킴으로써 나치 시대의 우생학적 실천에 대한 연구를 활성화시키기도 했다.

로드니 힐튼Rodney H. Hilton, 〈불공평한 과세와 민중의 저항Unjust Taxation and Popular Resistance〉, *New Left Review* 180(1990), 177~184쪽

14세기 프랑스 도시들에서 일어난 민중 봉기의 성격을 규명하고자 시도한 간결한 논문. 대표적인 마르크스주의 역사가인 힐튼은 중세 도시사에 관한 여러 연구 성과들을 근거로 14세기 프랑스 도시들에서 일어난 반조세 폭동들이 조세 자체에 대한 거부가 아니라 도시 과두 지배 계급의 불공정한 과세 방식과 부정에 대한 민중의 저항에서 비롯되었다고 결론짓는다.

로이 포터Roy Porter, 《런던의 사회사*London : A Social History*》(Cambridge, Mass. : Harvard Univ. Press, 1998)

이 책은 16세기부터 현재까지 런던의 발전과 쇠퇴, 전통과 변화를 다룬다. 이 책에서 런던은 단순한 도시가 아니라 스스로 성장하고 변화를 겪으며 의식하는 유기체처럼 다가온다. 또한 런던은 영제국의 성쇠를 그대로 표현한다. 로이 포터는 런던 도시 전체를 다루면서도 특히 19세기 부분에서 이스트런던의 빈곤과 하층민의 생활상을 생생하게 묘사한다.

리처드 클루거Richard Kluger, 《순수한 정의(正義) : 브라운 대 교육 위원회 사건의 역사와 평등을 위한 미국 흑인의 투쟁*Simple Justice : The History of Brown v. Board of Education and Black America's Struggle for Equality*》(New York : Knopf, 1976)

브라운 사건에 대한 가장 표준적인 연구서. 흑인 인권 단체인 NAACP(전국 유색 인종 지위 향상 협회)의 끈질긴 장기 전략과 전폭적인 지원으로 브라운 사건이 승리했다는 사실을 빈틈없는 역사 자료로 증명했다. 미국의 인종 평등은 백인이 부여한 것이 아니라 흑인 스스로가 쟁취한 것이라는 관점이 돋보이는 책이다.

마리 클로드 쇼도느레 외, 《공화국과 시민》, 이영목 옮김(창해, 2000)

프랑스 공화국이 탄생한 프랑스 혁명부터 현재까지 공화국과 시민에 관련된 다양한 항목을 사전식으로 엮은 책이다. 특히 이 책은 〈2005년 프랑스 '소요 사태'와 무슬림 이민자 통합 문제〉에서 다루고 있는 공립학교와 비종교성의 문제를 자세히 설명하고 있을 뿐만 아니라 프랑스 공화국의 역사를 전체적으로 쉽게 풀어 쓰고 있다.

미셸 몰라Michel Mollat · 필리프 볼프Philippe Wolff, 《푸른 손톱, 자크와 치옴피 : 14~15세기 유럽에서의 민중 혁명들*Ongles bleus, Jacques et Ciompi : Les révolutions populaires en Europe aux XIVe et XVe siècles*》(Paris, 1970)

이베리아에서 보헤미아, 영국에서 이탈리아에 이르기까지 중세 말 유럽을 휩쓴 민중 봉기 또는 혁명들을 종합한 책. 종교적 · 정치적 운동들을 제외하고, 사회 경제적 성격의 주요한 반란들을 대상으로 농촌과 도시에서의 갈등 구조, 반란의 원인, 전개 과정, 결과들을 세세히 분석한다. 《중세 말의 민중 혁명들*The Popular Revolutions of the Late Middle Age*》(London, 1973)로 영역되었다.

박단, 《프랑스의 문화전쟁―공화국과 이슬람》(책세상, 2005)

프랑스 공립학교 내에서 벌어지고 있는 공화국의 정교분리 원칙과 무슬림 여학생의 히잡 착용 문제를 다루고 있다. '히잡 사건'과 관련해 프랑스의 이민 문제, 극우 정파 문제, 이민에 대한

각 정당의 입장, 그리고 프랑스의 이민자 통합 방식 등을 비판적으로 설명하고 있다.

서양중세사학회 엮음, 《서양 중세사 강의》(느티나무, 2003)

서양 중세사를 연구하는 국내 학자들이 각 시기의 주요한 주제들을 선별하여 분석적으로 서술한 개설서. 중세 유럽사를 형성, 발전, 위기라는 세 국면으로 나누어 사회, 정치, 문화, 일상생활 등 여러 분야의 핵심 주제들을 친절하게 소개하고 있다. 특히 제3부 '중세 유럽의 위기'는 흑사병과 민중 봉기, 백년전쟁, 왕권의 성장 등 중세 말 서유럽의 변화에 대한 기본 지식을 얻는 데 유용하다.

신행선, 〈르낭의 '인종'과 인종주의〉, 《서양사론》 제73호(2002. 6)

《민족이란 무엇인가》로 우리에게 잘 알려진 르낭Ernest Renan의 인종 개념이 오늘날 프랑스의 극우 지식인들이 주장하는 문화적 인종주의와 연관된다는 사실을 입증한 논문이다. 특히 이 논문은 르낭의 무슬림에 대한 인종 차별이 이슬람이라는 종교와 아랍어라는 언어에 대한 편견에 기반을 두고 있음을 잘 보여주고 있다.

알렉스 캘리니코스, 《평등》, 선우현 옮김(울력, 2006)

사회주의적 시각에서 평등의 역사적 기원과 자본주의 체제하에서의 불평등의 심화 문제를 되짚어본 책. 존 롤스John Rawls의 《정의론》 이후 분배적 정의의 본질에 대한 여러 철학자들의 논의——로널드 드워킨Ronald Dworkin의 《자유주의적 평등》, 아마티아 센Amartya Kumar Sen의 《불평등의 재검토》 등——를 자본주의에 대한 비판적 시각에서 재검토한 책으로, 미국의 친자본주의적 정책과 판결에 대한 또 다른 관점을 간접적으로 제공하고 있다.

알베르트 슈페어, 《기억》, 김기영 옮김(마티, 2007)

이 책은 히틀러의 총애를 한 몸에 받던 건축가로 시작해, 2차 대전의 후반기인 1943년에 군수장관이 되어 나치 권력 서열 3위에 올랐던 인물인 슈페어Albert Speer의 회고록이다. 나치가 이미 패전한 상태에서 2년 이상이나 더 버틸 수 있었던 데는 슈페어의 역량이 큰 몫을 했다. 이 회고록이 슈페어 자신을 정당화하기 위해 쓰인 것은 틀림없지만, 나치 리더십의 작동 방식에 대한 통찰을 잘 보여주고 있는 것 또한 사실이다. 나치 지도부를 알기 위해서는 시중의 히틀러 평전보다 오히려 더 유익한 면이 많다.

앨런 팔머Alan Palmer, 《이스트엔드 : 4세기에 걸친 런던 생활The East End : Four Centuries of London Life》(London : John Murray, 1989)

17세기 이후 이스트엔드의 변천사를 다룬 책이다. 스텝니를 비롯한 각 구의 기원, 주민 형성 등의 문제를 살펴보고, 나아가 18세기 이래 이 지역이 빈곤층의 유입지가 된 원인을 추적한다. 팔머는 18세기 이래 영국 사회의 발전 과정에서 나타난 여러 특징들과 이스트엔드의 지리적 위치가 맞물려 이스트엔드가 빈곤의 대명사로 떠올랐다고 주장한다.

최호근, 《서양 현대의 블랙박스. 나치 대학살》(푸른역사, 2006)

이 책은 나치즘에 대해 국내 역사학자가 쓴 유일한 책으로, 그 사실 하나만으로도 읽어볼 가치가 있다. 홀로코스트의 다채로운 전개 양상을 유려하게 그려냈으며, 보통의 홀로코스트 서술이 나치즘이 홀로코스트로 과격화되어간 양상과 그에 대한 유대인의 반응 두 측면 중 어느 한 쪽에 집중하는 것과 달리, 두 측면 모두 골고루 배려한 책이다.

타하르 벤 젤룬, 《인종차별, 야만의 색깔들》, 홍세화 옮김(상형문자, 2004)
원제는 '내 딸에게 설명한 인종주의'다. 프랑스의 대표적 출판사인 쇠유Seuil가 다양한 주제를 대중에게 쉽게 설명하기 위해 펴낸 문고 시리즈 중 하나이다. 초등학교 저학년인 딸과 대화하는 형식을 빌려 인종주의에 대해 용어 하나까지도 상세하고 알기 쉽게 설명한다.

티모시 메이슨, 《나치스 민족공동체와 노동계급》, 김학이 옮김(한울, 2000)
이 책은 나치 노동 정책을 둘러싼 나치 지도부의 의사 형성 과정, 노동 정책의 현실적 실천 양상, 노동 시장의 구체적인 모습, 노동 계급의 대응 방식 등에 대한 풍부한 설명을 담고 있다. 나치즘 연구사에서 이 책은 나치즘에 대한 소위 기능주의적 시각을 노동 정책에 적용시키되, 나치 체제에 대한 분석을 넘어서 노동자의 일상에 대한 관심을 촉발시킨 연구이기도 하다. 원주가 번역되어 있지 않고 논리 전개가 복잡해 독해가 힘든 점이 없지 않지만, 나치즘을 이해하는 데 꼭 필요한 책이다.

제3부

문화—담론과 이미지

제3부 머리말

요즘은 어디서건 문화가 화두다. 미국의 정치학자 새뮤얼 헌팅턴Samuel P. Huntington조차 《문화가 중요하다Culture Matters》라는 책에서 문화를 강조한 바 있다. 그에게 문화란 경제·정치의 발전을 만들어내는 결정적 요인이다. 하지만 그렇게 거창한 것이 아니더라도 음주 문화, 청소년 문화, 아파트 문화 등 오늘날 우리의 일상에서 문화 아닌 것이 없다. 언제부터 문화가 인간의 삶 구석구석을 담아내는 일상적 틀 중 하나가 되었는지 꼬집어 말하기는 어렵다. 다만 분명한 것은 여러 분야에서 사회가 차지하고 있던 자리가 문화로 대체되었다는 사실이다. 근래에는 역사학에서도 사회사보다는 문화사 연구가 훨씬 더 활발하다.

그러나 정작 문화가 무엇인지, 문화사가 무엇인지는 여전히 막연하다. 1970년대 서구 역사학계에서 오랫동안 역사학을 지배해온 사회사에 대한 도전이 시도되면서 등장한 다양한 측면의 새로운 역사 연구 대상과 방법을 뭉뚱그려 문화사라 지칭하기도 하지만, 문화사에서 무엇보다 중요한 것은 문화다. 물론 문화도 문화사도 새로운 개념은 아니다. 이미 19세기에 부르크하르트Jacob Burckhardt가 《이탈리아 르네상스의 문화Die Kultur der Renaissance in Italien》에서 문화의 중요성을 강조한 바 있다. 그러나 주로 예술 분야에 국한된 부르크하르트의 문화사에서 문화란 지극히 제한된 범주에 불과하다. 하지만 오늘날의 문화사는 사회 모든 영역에 출몰할 정도로 광범위하다. 사회사가들이 거대한 구조를 밝히는 데 주력했다면, 문화사가들은 그 구조 속에서 삶을 영위하던 인간들의 구체적인 경험과 그 표상에 주목한다. 문화적 표상은 특정한 시대에 다양한 이미지로 나타나며 그것이 어느 집단에 속해 있느냐에 따라 달라질 수 있다. 특히 문화는 권력, 자본과 미묘한 함수 관계에 있다. 제3부에 수록된 4편의 글들은 이처럼 특정한 시대의 권력이나 자본과의 관계에 따라 형성된 다양한 이미지와 그 이미지가 만들어지는 과정을 보여준다.

우선 김경현의 〈로마 제정 초기(1~2세기) 상류층의 혼인 및 혼외 관계―실제와 담론〉에서는 만들어진 두 이미지가 충돌한다. 정치, 사회적 전환기인 로마 제정 초기는 라틴 문학의 절정기로 다양한 담론들이 풍성하게 생산되었다. 그런데 그 담론들이 그려낸 이 시기 로마의 성 문화는 사뭇 대조적이다. 한편에서는 로마 제정 초기를 간음, 간통이 만연한 부도덕한 사회로 보는가 하면 다른 한편에서는 도덕적 규범이 정착하는 시기로 간주한다. 필자는 이러한 상반된 이미지들에서 착안해서 성 문화에 관한 담론과 실제 사이의 괴리를 치밀하게 포착하고 실제의 모습에 근접하고자 한다. 서로 다른 위치에서 산의 모습을 그린 두 그림을 놓고 지금은 사라져버린 산의 모습을 어떻게 그려야 할까? 필자는 상상력을 동원해서 두 그림들을 교정하며 둘 간의 차이에도 불구하고 공통점을 찾아보고 그 관념적 근원을 추론해간다. 이때 당시의 관련법들이 지도 역할을 하지만 그 역시 정확한 것은 아니다. 결국 그가 읽어낸 것은 성 담론에 깊숙이 침투한 정치적 함의이다. 결혼과 성이 일치하지 않는 로마 사회에서 결혼은 출산을 위한 것이며 국가의 보루이다. 빈번히 간통을 들먹이는 연시(戀詩)건 풍자시건 정숙함을 강요하는 도덕 담론이건 모두 여성을 출산의 도구로 묶어두려는 남성 지배 문화의 경고에 다름 아니다. 이런 경고는 중세를 거쳐 근대 서유럽 사회에서 국가 및 자본과 결합함으로써 더욱 견고해지고 보편화되지 않았는가.

주명철의 〈루이 세바스티앙 메르시에의 앙시앵 레짐 문화 비평〉에서는 80만 명이 사는 18세기 파리의 모습이 펼쳐진다. 우리는 메르시에Louis Sébastien Mercier

의 눈을 따라 마치 만화경 속을 들여다보듯 파리를 관찰할 수 있다. 하지만 필자는 다재다능한 문필가 메르시에가 객관적 관찰자임을 자처함에도 불구하고 그가 보이는 대로 묘사한 것이 아니라 보고 싶은 대로 묘사한 것임을 놓치지 않는다. 볼테르Voltaire를 꿈꾸고 루소Jean-Jacques Rousseau를 흉내 내던 그가 드러낸 파리의 모습은 지체 높은 미식가와 낭비가들이 판치는 불평등한 세상이다. 메르시에야말로 전유와 변질로 점철된 문화 행위의 본보기를 보여주고 있지 않은가. 공권력의 감시와 강요가 제아무리 엄격해도 '밀렵꾼'인 메르시에는 자신의 눈을 통해 보고 상상력을 동원해서 파리를 묘사했던 것이다.

박용희의 〈타문화 인식의 가능성과 한계—세기 전환기 독일 이슬람학자들의 '이슬람 문화' 인식을 중심으로〉는 이슬람 문화에 대한 이미지가 형성되는 과정을 추적한다. 그의 문제의식은 기본적으로 서양인들이 만들어낸 동양에 대한 왜곡된 이미지를 비판한 사이드Edward W. Said의 《오리엔탈리즘Orientalism》 위에 서 있다. 사이드가 규정지은 오리엔트orient란 독일에서는 이슬람 문화를 가리킨다. 독일 학자들의 이슬람 연구는 본래 이슬람 언어에 대한 순수한 학술적 연구에서 출발한다. 그러나 그들은 자신들의 역사 형성 과정에 따라 이슬람 문화를 재단한다. 자연히 종교적 세속화도 민족 국가의 형성도 결여된 이슬람 문화는 중세의 질곡에서 벗어나지 못한 상태에 불과한 것으로 진단될 수밖에 없다. 독일의 이슬람학자들이 제국주의라는 현실 정치 이데올로기와 직접적인 관련이 있건 없건 관계없이 그들 역시 타 문화에 대한 왜곡된 이미지를 형성하는 데 공을 세운 셈이다. 결국 필자는 오리엔트란 서구인들이 역사 속에서 만들어낸 하나의 '상상의 공동체'임을 확인하지만 여기서 그치지 않고 타 문화에 대한 편견이 비단 서구인들의 문제만이 아니며 열린 사고의 문제는 우리 모두의 것이라는 경고를 통해 우리를 뜨끔하게 한다.

김덕호의 〈코카콜라 광고와 미국의 소비문화, 1886~1939〉에서 나타난 문화의 형성 과정은 더욱 적극적이고 노골적이다. 코카콜라는 어떻게 해서 미국 대중문화의 상징이자 미국적 생활 방식을 대표하게 되었을까? 거대한 대중 소비문화가 형성된 20세기 미국 사회에서 무엇보다 중요한 것은 자본력이다. 1차 대전 후의 경제적 풍요와 라디오 등 문화 매체의 발달을 토대로 거대 자본은 전투적인 광고 전략과 결합함으로써 코카콜라와 같은 미국의 이미지를 만들어낸다. 이때 코카콜라가 청량음료냐 강장제냐 하는 것은 중요한 문제가 아니다. 대중 소비문화의 핵심은 이미지다. 코카콜라는 상품을 파는 것이 아니라 이미지를 판다. 이렇게 광고는 코카콜라의 이미지를 자유로운 미국적 가치 및 생활 방식과 일치시킴으로써 미국인들이 미처 의식하지 못하던 잠재적인 욕망을 일깨우고 계급, 나이, 성, 인종을 초월해서 미국 문화의 표상이 된다. 이제 거대 자본은 국경을 넘어 전 세계인들이 공유하는 다국적 대중 소비문화의 이미지를 만들어내기 위해 또 다른 광고 전략을 펼칠 차례가 아닌가.

로마 제정 초기(1~2세기) 상류층의
혼인 및 혼외 관계—실제와 담론*

김 경 현**

1. 서론—문제 제기

 한 사회의 도덕적 기강을 가늠하는 지표로서 성 풍속, 즉 성 관계의 양태에 주목하는 경향은 거의 모든 전통 사회에서 발견되지만, 고대 로마의 경우는 특히 더 그렇다고 생각한다. 최근의 몇몇 연구는 정치·사회적으로 일대 전환기였던 공화정 말 제정 초 로마 상류층에서 무성했던 정치 선전과 도덕주의 담론들의 분석을 통해 이 점을 잘 보여주고 있다. 이에 따르면 물질적 무절제, 정치적 비행과 같은 공·사적 부도덕은 결국 전통적 성 역할의 붕괴 및 문란한 성 관계에서 비롯되거나 최소한 그와 밀접한 관련이 있다는 것이 로마인의 통념이었다고 한다.[1]

---

* 이 글은 2000년 6월에 《서양사론》 제65호에 〈제정 초기(1~2세기) 로마 상류층의 혼인 및 혼외 관계 : 실제와 담론〉이라는 제목으로 실리고, 한국서양사학회 엮음, 《서양의 가족과 성》(당대, 2003)에 〈제정 초기 로마의 상류층의 혼인 및 혼외 관계 : 실제와 담론〉이라는 제목으로 재수록되었던 것을 수정·보완한 것이다.
** 단국대 사학과를 졸업하고 서울대 대학원 서양사학과에서 석사 학위를, 고려대학교 사학과에서 문학 박사 학위를 받았다. 단국대 역사학과 교수를 거쳐, 현재 고려대 사학과 교수로 재직 중이다. 《서양사강의》(공저), 《서양고대사강의》(공저) 등을 썼고, 《고대 그리스사》, 《헬레니즘 세계》 등을 옮겼다. 논문으로는 〈헤로도토스를 위한 변명〉, 〈서양고대의 역사서술과 수사학〉, 〈아우구스투스 시대 문학과 조형물에 나타난 로물루스 왕의 이미지〉 등이 있다.
1) Catharine Edwards, *The Politics of Immorality in ancient Rome*(Cambridge Univ. Press, 1993). 캐서린 에드워

그 통념이 보여주는 제정 초 로마 상류층의 성 풍속에 대한 이미지는 매우 부정적이며, 사실 그것은 19세기 이래 현대 연구자들의 고정관념이기도 했다. 높은 이혼율과 혼외(婚外) 성 관계의 만연, 혼인 및 출산의 기피로 인한 가족의 붕괴 등이 '타락'이라는 이미지의 주요 양상이다. 프랑스의 로마사가 카르코피노Jerome Carcopino는 그런 고정관념의 대변자라 할 만한데, 특히 그는 성 풍속의 타락과 사회 혼란의 책임을 여성에게 돌린 제정 초 문헌의 편견을 그대로 따르고 있다. 공화정 말부터 나타난 '해방된emancipated' 상류층 여성의 자유로운 삶의 방식 때문에 간음과 간통 같은 패륜이 만연해 이는 결국 제정 초 모든 부도덕의 근원이 되었다는 것이다.[2] 그의 책은 이미 반세기 전의 것이며, 그래서 최근 벤느Paul Veyne 같은 학자는 악의적이고 비열한, 다시 말해 파시스트적이고 반여성주의적인 카르코피노의 생각을 진지하게 받아들일 사람은 더 없으리라 단언했다.[3] 하지만 실제는 그렇지 않은 듯한데, 왜냐하면 여전히 진지한 자세로 그 '죽은 말을 두들겨대는' 학자들이 있기 때문이다. 가령 1978년에 프랑스에서 발표된 한 박사 학위논문은 '여성해방'이라는 제정 초의 사회 현상이 성 풍속의 타락을 초래했다는 통념을 반박하는 데 한 장을 할애하고 있다.[4] 분명 타락의 이미지를 주는 오래된 관점은 시간의 덕을 보고 있다. 그러나 최근 그와 상반된 견해가 제시된 바 있는데, 푸코Michel Foucault가 《성의 역사Histoire de la sexualité》 제3권 《자기에의 배려Le Souci de Soi》(1984)에서 취하고 있는 관점이 바로 그것이다. 엄밀히 말하면 그런 관점은 그보다 몇 해 전에 나온 벤느의 논문 〈로마 제정 초의 가족과 사랑La famille et l'amour sous le Haut-

---

즈Catharine Edwards는 서론에서 "로마인들에게 사치와 육욕은 같은 근원에서 나오는 악덕들이었다. 성적 유혹에 빠지기 쉬운 자들은 먹고 마시는 것, 그 밖의 물질적 소유욕에도 탐닉하기 쉽다고 여겨졌다"(5쪽)고 말하고 있다. 정치적 비행과 성적 타락의 관련에 대해서는 Susan Treggiari, "Leges sine moribus", *The Ancient History Bulletin* 8(1994), 86~98쪽을 참조.

2) Jerome Carcopino, *Daily Life in Ancient Rome*(Yale Univ. Press, 1940). 특히 4장 4절 〈페미니즘과 도덕 타락〉을 참조하라.

3) Paul Veyne, *Roman Erotic Elegy*(Chicago, 1988), 69쪽 참조.

4) G. Fau, *L'emancipation feminine dans la Rome antique*(Paris, 1978) 중 특히 8장을 참조.

Empire Romain〉(1978)에서 이미 그 윤곽이 드러나 있었다.[5] 물론《성의 역사》에서 푸코는 벤느의 경우보다 훨씬 원대하게 16세기부터 나타나는 '근대적 주체modern subject' 개념을 전제로 그 전사(前史)를 탐색하고 있다. 근대적 주체란 감옥이나 정신 병원 같은 외재적 권력에 의해 규범화될 뿐 아니라, 사회 규범을 내면화하여 생존을 위한 자기(배려 혹은 통제)의 기술을 획득해가는 윤리적 주체다. 그런데 적어도 자기의 기술에 대한 담론에 관한 한, 서양에서는 그 계보가 기독교를 넘어 고대까지 소급된다는 것이다. 특히《자기에의 배려》에서 푸코는 로마 제정 초(1~2세기)의 몇몇 철학자, 도덕론자들이 수신제가(修身齊家)라는 새로운 도덕적 교훈을 제시한 사실에 주목한다. 그것은 쾌락, 특히 성적 쾌락을 불신하고, 오직 자녀 생산을 위한 혼인의 가치와 그를 위한 부부의 상호적 관계만을 중시하면서 동성애를 위시한 모든 혼외 관계를 거부하는 것이었다.

그런데 푸코는 소수 지식인의 담론을 분석하는 것일 뿐인가, 아니면 그것이 당대 성 풍속의 변화와 어떤 관련을 맺고 있음을 말하려는 것인가? 이 점에서 푸코의 태도는 아주 모호하다. 그는 그 도덕론의 고립성을 빈번히 지적하면서도, 한편으로 그 담론을 만들어낸 정치·사회적 요인——공화정에서 제정으로의 체제 변화 및 혼인의 성격 변화——과 그 담론에 부합되는 실천 사례를 중시한다. 푸코가 그 사례들의 사회적 의미에 대해 늘 신중하고 모호한 태도를 취했다면, 고대사가 벤느는 한층 과감한 입장을 취했다. 벤느는 그 담론이 사회적 변화의 반영이었으며, 심지어 기독교의 승리는 그런 변화의 터전 위에서 비로소 가능했다고 말하기까지 한다.[6] 그렇다면 로마 제정 초기는 근대적 주체의 성립에 이르는 서양의 도덕 진화evolution의 계보에서 하나의 큰 분수령인 셈이다. 다시 말해 1~2세기 로마 상

---

5) 미셸 푸코,《성의 역사 3—자기에의 배려》, 이명목·이혜숙 옮김(나남, 1990) ; Paul Veyne, "La famille et l'amour sous le Haut-Empire Romain", *Annales E. S. C.* 33(1978), 35~63쪽.
6) 예컨대 벤느Paul Veyne는 한 곳에서 이렇게 단언한다. "카이사르에서 마르쿠스·아우렐리우스에 이르는 동안 법률 행위의 도덕에서 내면화된 덕목들의 도덕으로 나아가는 커다란 변화가 일어났다. 그것이 바로 기독교의 승리를 설명해주며, 그 반대가 아니다." Paul Veyne, "La famille et l'amour sous le Haut-Empire Romain", 56쪽.

류층에서는 기독교 시대 이후 대세가 될 절제된──그런 의미에서 도덕적인──성 관계가 역사적·사회적으로 의미 있는 수준으로 발전하고 있었던 것이다.

이처럼 제정 초기 로마 상류층의 성 풍속의 실제에 대해 타락상을 강조하는 낡은 관점과 도덕화에 주목하는 새로운 관점은 현저한 대비를 이루고 있다. 이처럼 상반된 시각이 공존하는 것은 한편으로는 당혹스럽지만 이를 분석해보면 자명한 원인이 있다. 정도의 차이는 있지만 두 관점 모두 성 풍속에 관한 당대의 다양한 담론들 가운데 어느 것(들)만을 선별해, 그것을 실제의 반영이라고 확대 해석하고 있기 때문이다. 1~2세기는 라틴 문학의 절정기로, 당연히 혼인, 가족 및 성의 문제에 대해 아주 판이한 이미지를 갖게 할 만큼 다양한 담론들이 풍부하게 생산된 시기였다. 그것들은 대개 각 장르 특유의 인습적 형식을 좇는 한편 현실에도 조응하면서 이상적 규범이나 실제에 대한 과장, 조롱, 경고를 담고 있었다.

이 글의 목표는 다양한 담론들 전체를 균형 있게 탐색해 궁극적으로 제정 초 로마 상류층의 성 풍속의 실제를 보다 객관적으로 묘사하려는 것은 아니다. 두 시각의 편향성을 고려해보면 이러한 작업이 필요하긴 하지만, 이는 결코 쉽게 해결될 것 같지 않은 과제다. 이 글은 보다 현실적 목표를 추구한다. 즉 우선 상반된 이미지 구성의 근거로 활용된 다양한 담론 형식──연시(戀詩), 풍자시 및 철학적, 도덕적 제안들──을 '다시 읽으려' 하며, 이는 다음의 물음에서 출발한다. 그 담론들은 동일한 사회의 생성물인 까닭에 현상적 차이점들에도 불구하고, 혹 성 관계(혼인 및 혼외 관계)에 대해 동일한 관념 체계를 공유하는 것은 아닐까? 이 의문은 다시 그 관념 체계에 상응하는 성 관계의 실제는 무엇인가라는 문제로 환원되지만, 이 글은 그 '실제'의 문제에 이런 방식으로 접근하려 한다. 결국 논의 가능한 차원은 구체적 '실제'라기보다 패턴(즉 구조)이라고 할 때, 다행히 제정 초 로마의 성 관계 관련법들은 그 구조에 대한 하나의 접근 경로로 활용될 수 있다. 요컨대 실정법이 승인하는 성 관계의 실제 및 그것의 관념적 기반은 무엇이며, 그 양자는 얼마나 담론 세계의 그것에 상응하는가? 이것이 이 글의 중심 주제다.[7]

이런 문제의식에 이르는 과정에서 이 글은 특히 인류학과 고전학에서 제기된 새로운 연구 동향에 적잖이 빚지고 있으며, 이것을 미리 밝혀두는 것은 이 글을 이해하는 데 다소 도움이 될 것이다. 하나는 1960년대 이래 인류학 분야의 일각에서 꾸준히 제기되어온 것으로, 지중해 연안 사회는 사회관계 및 그것을 결정하는 가치 체계에서 다른 지역과 구별되는 특징을 공유한다는 가설이다. 이에 의하면 지중해 사회는 '명예와 수치honor and shame'라는 두 단어로 집약되는 가치 체계를 지니며, 그것은 정치·경제·사회적 국면에서 공·사적 행동의 규칙을 결정한다는 것이다. 특히 성 관계에서 그 가치 체계가 잘 드러나는 지중해 사회는 남성 중심주의, 성 관계의 '이중 기준', 반(反)여성주의misogynism 등의 경향이 아주 강한 가부장제 사회라는 것이다. 제정 초기 로마에서 성 관계를 규제한 법규는 물론이거니와 동시대의 담론을 분석하는 데 지중해 인류학의 성과는 분명 참고할 만한 가치가 충분하다. 다른 하나는 보다 최근의 것으로, 보수적인 고전학 분야까지 흘러 들어온 페미니즘적 연구 동향의 성과다. 특히 주목되는 것은, 가령 담론(즉 문학 작품)의 주제나 화제topos 및 언어에 남성 중심의 성차gender 및 성 관계의 관념이 어떻게 일방적으로 내재화되는가를 분석한 시도다. 그것은 우리에게 담론과 실제의 사회관계를 인식할 때의 유의점, 그리고 담론에 공존하는 성 관계의 관념에 대한 유익한 지식을 제공해줄 것이다.

---

7) 가령 카툴루스Catullus나 티불루스Tibullus의 연시에서 볼 수 있듯이, 고대 로마의 상류층 남성 사이에서 동성애는 분명 무시할 수 없는 현상이었다. 하지만 성 관계의 제도적 규제와 담론의 관계를 주제로 삼는 이 글은 제정 초의 혼인법과 간통법 같은 실정법들이 이성 간의 성 관계만을 문제시했기 때문에, 동성 간의 혼외 관계는 논외로 한다. 로마 시대의 동성애에 대해서는 김경현, 〈고대 로마의 동성애〉, 《역사와 문화》 제4호(2001), 34~76쪽을 참조하라.

2. 아우구스투스의 혼인법과 간통법—상류층의 성 관계의 이원화와 '이중 기준'

공화정 말 제정 초 상류층의 성 관계는 어떤 구조적 특징을 보이는가? 우선 이 문제를 살펴볼 필요가 있다.[8] 다행히 아우구스투스Augustus의 치세에 제정된 두 범주의 입법, 즉 혼인법lex de maritandis ordinibus과 간통법lex de adulteriis은 그에 대한 적절한 단서를 제공한다. 대개 특정 법규는 그것이 관여하는 현실의 파노라마 전체보다 거기서 일탈하는 집단의 주변적 현상들을 반영하며, 그런 점에서 일정하게 그 현실의 구조를 드러낸다고 할 수 있다. 때문에 실제의 구조를 파악하려는 당면 과제에 법률 자료를 활용하는 것은 정당하다. 게다가 아우구스투스 시대의 이 법규들은 향후 2~3세기 동안——즉 대체로 이교(異敎) 시대에—— 로마인의 성 관계를 구조화한 가장 강력한 요인이었다고 보기에 충분한 두 가지 이유가 있다. 첫째로, 그것들은 혼외 관계를 규제할 뿐 아니라 혼인을 강제했다는 점에서 사회 구성원들 모두에 실질적인 영향을 미치고 있었다. 순전히 가족의 자율성, 즉 사적 영역에 방임되어 있던 성 관계의 문제를 공적 영역의 제도적 통제로 전환한 혁신이야말로 그 법들의 가장 괄목할 특징이었다.[9] 둘째로, 비록 입법 과정에서의 저항, 시간의 흐름 속에서 드러난 각종 탈법과 법 취지의 악용 및 부작용, 그리고 간헐적으로 법의 실효성에 대한 회의론이 있었지만 그 법들은 약 200년 남짓 존속했다.[10] 그 기간 동안 빈번한 수정과 보완의 시도들, 특히 《법학제요

---

8) '상류층'이란 모호한 개념이며, 사실 이 글은 그 모호함이 주는 이점을 의식하면서 이 단어를 쓰고 있다. 문헌 증거의 관심은 거의 원로원 계층에 집중되어 있으므로, 상류층이라 말할 때 주로 그들을 염두에 두고 있지만, 원칙적으로 유산층인 기사층equites도 그 범주에서 배제할 수 없다.
9) Dieter Nörr, "The Matrimonial Legislation of Augustus : An Early Instance of Social Engineering", *Irish Jurist* 16(1981), 358쪽. 신체제를 건설하는 과정에서 공화정기의 지배 집단을 통제하는 과제와 관련해 아우구스투스Augustus의 사적 영역에 대한 이런 공세가 실제 어떤 정치·사회학적 효과를 겨냥했는지에 대해서는 비교사적 전망에서 더 고찰할 필요가 있다.
10) 4세기 초 콘스탄티누스Constantinus 황제가 혼인법의 핵심 조항을 폐지하면서, 아우구스투스의 간통법에

Digesta》에서 보듯이 당대 법들의 포괄적 규정들을 구체적으로 적용할 가능성을 의식한 고전기 법학자들의 면밀한 법리적 소견들은 그 법들이 잠재적 활력을 지녔다는 것을 보여주는 명백한 증거다.[11]

그러면 아우구스투스의 혼인법과 간통법은 도대체 어떤 패턴을 성 관계에 강요하려 했던 것일까? 지면의 부족으로 여기서는 세부 조항에 대한 상세한 분석은 생략하고, 다만 특징적 패턴과 관련된 몇 개의 주요 조항만 언급하기로 하자. 우선 한 가지 특징은 그 입법이 '출산을 위한 혼인'을 강제한다는 점이다. 25~60세 사이의 남성과 20~50세 사이의 여성, 즉 자녀 생산이 가능한 모든 남녀는 이혼 혹은 사별 후 소정의 유예 기간을 제외하고는(남성에게는 유예 기간이 없었다) 늘 혼인 상태에 있어야 했다. 하지만 자녀가 없을 경우에는 불이익이 뒤따랐고, 이것을 감수하지 않으려면 재혼하기 위해 이혼할 수밖에 없었다. 혼인은 오직 출산을 위해서만 존재한다는 법의 정신은 이처럼 이혼과 재혼을 강요하는 역설을 내포하고 있었다.[12]

또 다른 특징은 계급 입법적 성격이 농후하다는 점이다. 이는 무엇보다 상벌 규정에 잘 드러나 있다. 첫째로, 미혼자 혹은 자녀가 없는 자는 6촌의 범위를 넘어선 자, 즉 친척이 아닌 자 extranei가 유언으로 남긴 재산을 받을 수 없다는 규정이 있다. 수직적 유대 clientela와 수평적 유대 amicitia의 규모가 사회적 위세의 지표이던 로마 사회의 상류층에서는 친구 혹은 후원자(혹은 피보호민)에게 유산을 남기는 것이 거의 불문의 관행이었다. 따라서 이 처벌 규정은 분명 상류층을 의식한 압박 수단이었다고 보아야 한다.[13] 둘째로, 자녀를 가진 자유민 부부에게 주어진 특혜 역시 주로 상류층에 관련된다. 남편에게는 자녀 수를 기준으로 공직 배정에

의거해 설치된 상설 법정 quaestio de adulteriis은 3세기 초 이래 그 기능을 완전히 잃고만 듯하다. Judith Evans Grubbs, *Law and Family in Late Antiquity*(1995), 112~123 · 205쪽 참조.

11) M. Humbert, *Le Remariage à Rome*(Milano, 1972), 171~172쪽.
12) 김경현, 〈공화정 후기에서 제정 전기 사이 로마 상류층에서 '여성해방'의 실제〉, 《서양고전학 연구》 제11집(1997), 344~345쪽.
13) Ernst Baltrush, *Regimen Morum*(München, 1989), 172~183쪽.

서의 우선권을, 3명의 자녀를 낳은 아내에게는 남편의 후견에서 벗어날 수 있는 민법상의 '해방emancipatio'을 허용했다.[14] 이것 역시 상류층만이 그 효과를 제대로 향유할 수 있음직한 포상이었다. 마지막으로 창녀나 배우 등 법이 정한 '천류(賤流) 여성feminae probrosae'을 제외한 자유민 사이에서 자유로운 배우자 선택은 적법혼matrimonium iustum으로 인정받았지만, 원로원 계층에는 예외 규정이 적용되었다. 그들 자신이나 직계 비속과 해방 노예 신분——즉 노예 출신의 자유민——의 결합은 적법혼으로 인정되지 않았던 것이다. 그 결합은 '사실혼 관계 concubinatus'로서 법적 지위는 얻되, 대신 그 자녀는 자유민 신분과 적자의 지위를 인정받을 수 없었다.[15]

이 두 가지 특징에서 아우구스투스의 궁극적 입법 의도를 읽을 수 있다. 혼인법은 원칙적으로 자유민 전체에 적용되기는 하되, 그 효력은 주로 원로원 신분을 위시한 엘리트층을 겨냥했다는 점이다. 사실 공화정 말부터 엘리트 집단 내에서 심각해진 혼인제의 위기를 고려하면 그것은 꽤 온당한 대응이었다. ① 고위 관직을 둘러싼 경쟁이 한층 치열해지는 가운데, 혼인의 전략적 활용이 과도해져서 혼인의 전략적 효과 자체를 무산시킬 정도로 이혼과 재혼이 극도로 빈번해진 점, ② 비수권(非手權)sine manu 혼인이 보편화되어, 여성이 남편의 통제에서 상당히 자유로워진 점, ③ 내전의 장기화 속에서 출산 기피 심리가 증폭된 점 등 이런 상황 때문에 특히 상류층의 젊은이들은 혼인을 기피하는 경향이 있었다.[16] 그들은 차라리 (역시 혼인을 기피하는) 같은 신분 내의 자유분방한 여성들, 혹은 해방 노예처

---

14) 김경현, 〈공화정 후기에서 제정 전기 사이 로마 상류층에서 '여성해방'의 실제〉, 344쪽.
15) 사실혼이나 내연 관계가 아우구스투스 입법에 의해 제한적이지만 법적인 지위를 획득했다는 견해가 있다. E. Castelli, "Il concubinato e legislazione augustea", *Bolletino dell'Istituto di Diritto Romano* 27(1914), 55~71쪽과 Paul Meyer, *Der römische Konkubinat nach den Rechtsquellen und den Inschriften*(Leipzig, 1895), 23~27쪽을 참조. 전자는 그것이 입법에서 의도치 않은 부산물로 보는 반면, 후자는 원로원 계층에게 해방 노예 계층과의 혼인을 금지한 데 대한 보상이었다는 견해다.
16) 이에 대해서는 김경현, 〈공화정 후기에서 제정 전기 사이 로마 상류층에서 '여성해방'의 실제〉, 333~341쪽을 참조하라.

럼 신분 낮은 여성과의 내연 관계를 택하려 했다. 그래서 혼인법은 그런 내연 관계가 원로원층에서 적법혼으로 발전할 가능성을 봉쇄하려 했던 것이다.

다시 아우구스투스 입법의 특징을 파악하는 과제로 돌아가서, 한 가지 더 확인할 점이 있다. 그것은 주로 간통법과 관련된다. 간통법은 기본적으로 혼인법의 보완물이었다.[17] 어쩌면 당연해 보이는 이 점을 새삼 강조하는 것은 흔히 간통법을 혼인법과 마찬가지로 대증적(對症的) 입법이었다고 인식하기 때문이다. 곧 간통의 만연을 간통법의 입법 배경으로 가정하곤 하는 것이다. 하지만 방금 말했듯이, 공화정 말에 혼인을 꺼리는 '자유 여성'이 화제가 되긴 했어도 유부녀의 간통이 빈번했다는 기록은 보이지 않는다. 간통법은 그 속성상 예방적이며, 이 경우처럼 혼인법과 결부될 때 특히 그러하다. 그것은 남성에게 '출산을 위한 혼인'을 의무화하는 대신 아내의 순결을 보장하겠다는 국가의 약속이었던 것이다. 공화정기와 달리 남편이 간통한 아내를 살해할 권한을 억제하면서도 제3자의 기소를 허용하는 한편, 아내의 불륜을 묵인하는 남편에 대한 규제가 강화된 점 등은 분명 순결한 혼인의 정신에 대한 국가의 의지를 읽을 수 있는 대목이다. 한편 '아버지 닮은 자녀를 낳을' 아내의 덕목을 법제화한 간통법의 이면에, 남편의 혼외 관계를 승인하는 '이중 기준'이 있었다는 점을 지나칠 수 없다. '천류 여성'과의 성 관계는 간통법이 정한 간음stuprum 및 간통adulterium 규정에 저촉되지 않았기 때문이다. 그리고 추측일 뿐이지만 원로원층 남성과 해방 노예 유부녀와의 관계가 과연 간통죄로 처벌되었는지도 의심스럽다.[18] 아무튼 상류층 남성에게는 여러 형태의 혼외 관계가 법적으로 용인되고 있었다. '천류 여성'과의 관계는 체면 때문에 꺼렸다고 해도[19] 해방 노예 같은 낮은 신분의 여성을 다소 지속적인 사랑amor이나 순간적인 육욕voluptas의 대상으로 삼을 수 있었던 것이다.

---

17) P. Csillag, "Das Eherecht des Augusteischen Zeitalter", *Klio* 50(1968), 115쪽.
18) 벤느 역시 비슷한 의문을 제기한 바 있다. Paul Veyne, *Roman Erotic Elegy*, 72~75쪽.
19) 상류층 남성이 '천류 여성'과 관계하면 평판을 잃는다는 관념에 대해서는 Horatius, *Satirae* I. 2 ; Seneca, *De Beneficiis* I. 9. 4를 참조하라.

혼인법과 간통법의 이런 특징을 토대로, 이제 그것이 상류층의 성 관계를 어떻게 구조화하려 했는가를 논의하기로 하자. 혼인법과 간통법은 무엇보다 출산을 위한 성과 사랑, 혹은 육욕을 위한 성을 공간적으로 엄격하게 격리시키려는 시도였다. 혼인은 오직 출산을 위한 것이고, 사랑에 의한 혼인이나 부부 간의 성애는 바람직하지 않으며, 심지어 위험하다고 인식되었다. 이 점에서 역사가 디오 카시우스Dio Cassius가 기록하고 있는, 그 입법에 관련하여 아우구스투스가 한 발언은 매우 시사적이다. 그는 원로원층 외에는 누구든 '애정이나 친밀함 때문에' 해방 노예 여자와 혼인할 수 있다'고 말했다는 것이다.[20] 아우구스투스는 상류층에서 성스러운 출산의 공간을 지키기 위해 에로티시즘 혹은 포르노그래피의 공간을 합법화하는 것이 결코 자신이 내건 도덕 회복의 구호와 충돌한다고 생각하지 않았던 것이다.[21]

3. 연시(戀詩)와 풍자시의 담론—에로티시즘과 반(反)여성주의

이제 '실제의 구조'를 떠나 담론의 세계에 들어가볼 차례다. 과연 동시대의 몇몇 문학 장르에서 나타난 다양한 성 관계의 담론은 '실제의 구조'에 조응하는가? 먼저 흔히 성 풍속 타락의 증거로 애용되어온 두 문학 장르, 즉 라틴 연시와 풍자시부터 살펴보기로 하자.

흥미롭게도 라틴 연시의 수명은 아우구스투스의 생애와 대략 일치한다. 그 효시는 기원전 1세기 중엽의 시인 카툴루스Catullus이며, 마지막은 아우구스투스의 치세 말에 흑해 주변으로 종신 추방당하는 비운의 주인공 오비디우스Ovidius, 그리고 그 사이에 프로페르티우스Propertius와 티불루스Tibullus라는 시인들이다.

---

20) Dio Cassius 56. 7. 2.
21) Leo Ferrero Raditsa, "Augustus' Legislation Concerning Marriage, Procreation, Love Affairs and Adultery", *Aufstieg und Niedergang der Römischen Welt II*, 13(1980), 317 · 338쪽을 참조.

그들은 한결같이 엘레기아elegia의 운율로 '사랑'을 노래하며 대개 시인 자신과 특정 여성과의 관계를 소재로 삼는다. 티불루스처럼 연인 델리아Delia와 (마치 부부 같은) 항구적이고 배타적 관계를 갈망하는 경우도 예외적으로 있지만, 그들의 관계는 원칙적으로 혼외(婚外)에 놓여 있다. 하지만 그것은 분명 일시적 육욕 관계와도 구별된다. 간혹 노골적인 성애의 묘사(즉 포르노그래피)가 보이지만 시인의 관심은 어느 정도 지속적인 정서 관계에 집중된다. '낭만적 사랑romantic love'이 실로 부부애의 성립과 결부된 오직 근대적 현상이라면, 연시의 '사랑'이란 시어는 아마 '열정적 사랑passionate love'으로 그 성격을 규정할 수 있을 듯하다.[22]

시인들이 amica 혹은 puella로 부르는 연인은 매음굴, 극장 등에 터 잡은 공공연한 직업여성, 즉 '천류 여성'은 아니다(그런 의미에서 티불루스의 또 다른 연인 네메시스Nemesis와의 관계는 매우 예외적이다). 가령 시인은 연인의 집을 은밀히 드나들고, 또 그 관계에 대한 침묵을 예의로 여기는 것이다. 게다가 악기를 연주하거나 시를 선물 받을 정도로 교육받은 여성도 있는 것을 보면, 그들은 여러모로 고대 그리스의 화류계 여성hetaira과 흡사하다.[23] 그 부류에 속한 여성은 더러 상류층 출신도 있었지만, 역시 주로 평민층의 '자유 여성'이었다고 짐작된다(제정 초에 평민의 상당수는 노예 출신이었다!). 특히 해방 1세대 여성libertina의 경우 노예 시절의 성 체험 같은 여러 가지 이유 때문에 정상적인 혼인 생활에 실패할 가능성이 높아서, 적어도 그 일부에게 '자유로운' 삶의 방식은 거의 숙명적이었을 것이다. 시인 티불루스와 오비디우스는 그런 '자유 여성'의 외모가 특히 상류층 기혼 여성과 달랐음을 알려준다. 그들은 상류층 기혼 여성의 특징적인 옷차림새로 꼽히는 스톨라stola와 머리띠vitta를 착용하지 않았다는 것이다.[24] 그런데

---

22) Anthony Giddens, *The Transformation of Intimacy : Sexuality, Love, and Eroticism in Modern Societies* (Cambridge, 1992), 37~48쪽.
23) 영어의 courtesan이나 프랑스어의 demi-monde가 대체로 그에 해당한다.
24) 스톨라stola는 발까지 내려오는 긴 겉옷으로, 정숙한 주부matrona라는 단어와 거의 동의어로 사용되었다.

시인이 빠져 있는 사랑의 안타까운 현실은 여러 명의 연적과 경쟁해야 한다는 사실이다. 게다가 시인은 대개 기사층equites 출신의 한낱 '가난뱅이 글쟁이'인 처지에 '돈 많은 연적'을 상대해야 한다. 그 부자 친구는 돈벌이에 신명난 기사층의 사업가이거나 조국에 많은 전리품을 실어 온 원로원층의 장군이다. 그래서 사랑의 시밖에는 줄 것이 없는 시인은 선물을 좋아하는 연인의 사랑을 얻기 위해 아주 힘겨운 '사랑싸움amoris militia'을 벌여야 한다. 하지만 전쟁을 싫어하고 "사랑할 수 있게만 해달라고 애걸하는quaerimus ut……possimus amare"[25] 시인에게, 사랑싸움은 오히려 그들에게 어울리는 전쟁이다. 그리하여 시인은 동맹foedus, 전투bellum, 항복traditio 등 온통 전쟁을 연상시키는 이미지의 시어를 골라 그 사랑싸움을 묘사한다.[26] 한편 연인을 정복하려들면 들수록 역설적이게도 시인은 연인의 '감옥과 사슬'에 묶여 주인domina처럼 군림하는 그녀 앞에 노예 상태servitium로 전락하곤 한다. 요컨대 연시에서는 혼인에서의 남녀 관계가 뒤집혀 있는 것이다.

그렇다면 연시의 바탕에 깔린 이념은 반(反)문화적 페미니즘인가? 분명 그런 견해가 있으며, 전쟁과 혼인 제도에 대한 패러디가 그 근거로 거론된다.[27] 하지만 남녀 관계가 뒤바뀐 상황을 꼭 페미니즘적으로 읽는 것은 상상력의 부족이다. 변덕스런 연인 앞에서 무력한 종이 되는 것, 이것은 벤느의 말처럼 기호 게임이거나 '열정적 사랑'을 판타지화하는 수법이다. 오비디우스가 종종 연인에게 '남편'이 있는 듯 얘기하는 대목, 프로페르티우스와 티불루스가 연인과의 배타적인 관계, 즉 의사pseudo 혼인 관계로 발전하길 염원하는 대목의 효과도 마찬가지다.[28] 말

1세기부터 평민층에서는 스톨라와 머리띠를 착용하지 않는 것이 새로운 유행이었다.

25) Ovidius, *Amores* II. 2. 65.

26) 예컨대 오비디우스Ovidius는 사랑을 '일종의 전쟁militiae species'(*Ars Amatoria* II. 233) 혹은 '밤의 전쟁 nocturna bella'(*Amores* I. 9)으로 묘사한다.

27) Judith P. Hallett, "The Role of Women in Roman Elegy : Counter-cultural Feminism", John Peradotto · J. P. Sullivan (eds.), *Women in the Ancient World*(State Univ. of New York Press, 1983), 241~262쪽.

28) Ovidius, *Amores* I. 4 · 9 · 13, II. 19, III. 4 · 8 ; Ovidius, *Ars Amatoria* I. 579 ; Propertius III. 20. 15~30, I. 4. 15~16, I. 8. 45~46 ; Tibullus I. 1. 59~60, I. 6. 85.

하자면 시인은 엄연한 두 현실, 즉 의무감으로 남편을 대하는 아내나 선물을 밝혀 돈깨나 있는 남자만 찾는 혼외의 연인 그 어느 쪽도 아닌 가난한 자신을 사랑해줄 연인을 꿈꾸고 있다.[29] 그 꿈의 끝은 대개 좌절과 체념이며, 시인은 물론 독자도 애당초 그럴 수밖에 없음을 안다는 점에서 그것은 판타지요, 농담musa iocosa[30]이다. 그리고 그 농담의 기조는 페미니즘이기는커녕 남성성masculinity의 과시에 수반되는 성 윤리의 이중 기준이다.

그 판타지의 맥락은 분명 혼외이지만, 그렇다고 시인이 아우구스투스의 혼인법과 간통법이 구현하는 가치, 즉 순결한 혼인과 출산의 이념에 도전한다고 볼 이유는 없다.[31] 종종 "내 피에서는 결코 군인이 나오지 않으리!nullus de nostro sanguine miles erit"[32]라는 프로페르티우스의 시구가 그런 반문화적 선언의 명백한 근거로 간주되어왔다. 하지만 이 시구는 아우구스투스의 혼인법 제정 이전에 쓰인 것이다.[33] 출산이 몸매를 망가뜨린다는 오비디우스의 언급은 혼외 관계의 연인들과 관련 있으며,[34] 티불루스는 오히려 연인과의 사이에서 '다시 한 무리'의 자식을 가질 것을 꿈꾸기도 한다. 시의 외적·내적 증거는 시인이 혼인 자체를 거부하지는 않음을 보여준다. 실제로 오비디우스는 세 번의 혼인 경력이 있으며, 티불루스는 시 속의 연인 델리아가 정식 아내uxor가 되어주길 갈망한다. 그 밖에 연시들 도처에서 이상적 부부의 사례가 빈번히 나타난다.

오히려 연시의 반문화적 가능성과 관련해 더 문제가 되는 것은, 그것이 혼인의 순결을 조롱함으로써 간통법에 도전했는가 하는 의문이다. 시인이 종종 연인의

---

29) 이런 분석에 대해서는 Jasper Griffin, *Latin Poets and Roman Life*(Univ. of North Carolina Press, 1986)의 6장을 참조.
30) Ovidius, *Tristia* II. 354.
31) 설리번J. P. Sullivan은 특히 프로페르티우스Propertius와 오비디우스의 시들이 아우구스투스 체제의 이념과 법질서에 대한 의도적인 저항을 담고 있다고 주장한다. J. P. Sullivan, "The Politics of Elegy", *Arethusa* 5(1972), 19~25쪽.
32) Propertius II. 7. 14.
33) 이 시의 제작 시기는 기원전 27~23년으로 추정된다.
34) Ovidius, *Amores* II. 13~14.

남편maritus(혹은 vir)에 대해 언급한다는 점이 그 혐의의 주요 근거였다.[35] 그러나 앞서 지적했듯이 시에 등장하는 연인은 가정주부가 아니며, '남편'을 언급하는 것은 판타지의 한 장치였을 뿐이다.[36] 보다 더 강력한 논거는 오비디우스의 《사랑의 기교Ars Amatoria》와 《사랑Amores》의 몇몇 구절이 문제의 아우구스투스 입법에 저촉되며, 그래서 아우구스투스가 그를 제국의 변방으로 추방했다는 가정이다.[37] 이것은 아주 복잡한 논의를 필요로 하는 문제이지만, 여기서는 그 가정에 대한 반대 논거로 결정적인 의문점 한 가지만 언급해두기로 한다. 오비디우스 시의 일부가 추방의 표면적 사유였던 것은 사실이지만, 왜 시가 발표된 지 10년 이상이 지나서야 그런 법적 제재를 가한 것일까? 오비디우스가 애써 변명하고 있듯이, 정작 관련 시구에서 명백하게 아우구스투스의 간통법에 저촉되는 대목을 포착할 수 없으므로, 추방의 원인이 된 그의 '과오error'는 아마 연시와 무관한 정치적 상황이었을 가능성이 크다.[38] 요컨대 오비디우스를 포함해 연시 작가는 어떤 의미에서든 아우구스투스 시대의 정치 문화에 도전한 것이 아니었다. 오히려 그들의 시 세계는 혼인의 순결을 지키기 위해 실정법이 승인한 에로티시즘을 판타지화한 문학의 공간이었다. 《사랑의 기교》에서 오비디우스가 공언하듯이, 그것은 "안전한 사랑, 공인된 비밀"에 대한 노래요, "아무런 범죄도 담기지 않은 노래"였던 것이다.[39]

연시는 오비디우스가 오지로 추방되는 필화 사건과 더불어 라틴 문학에서 완전히 자취를 감췄다. 단명했던 연시에 비해 라틴 풍자 문학의 연륜은 한층 오랜 편이다. 기원전 2세기 말 루킬리우스Lucilius의 《풍자시Saturae》를 효시로, 2세기 초

---

35) Gordon Williams, *Tradition and Originality in Roman Poetry*(Oxford, 1968), 528~554쪽.
36) Wilfried Stroh, "Ovids Liebskunst und die Ehegesetze des Augustus", *Gymnasium* 86(1979), 323~336쪽.
37) Wilfried Stroh, "Ovids Liebskunst und die Ehegesetze des Augustus", 337~352쪽.
38) 오비디우스는 유형지에서 쓴 《슬픔Tristia》의 곳곳에서, 《사랑의 기교Ars Amatoria》란 작품이 자신이 추방된 표면적인 사유였음을 언급하고 있다. 예컨대 "나는 사랑의 교사가 아니다. 그 작품은 이미 응분의 죗값을 치렀다"(Ovidius, *Tristia* I. 1. 67~68). 한편 오비디우스의 추방의 실질적 계기가 되었을 권력 투쟁의 맥락에 대해서는 James C. Thibault, *The Mystery of Ovid's Exile*(Univ. of California Press, 1964), 75~88쪽을 참조하라.
39) Ovidius, *Ars Amatoria* I. 33~34.

유베날리스Juvenalis의 《풍자시Saturae》까지 약 200년 이상에 걸쳐 있다. 그러나 성 관계라는 주제에 할애된 풍자시의 관심은 극히 제한적이다. 유베날리스의 시 일부를 제외하면 호라티우스Horatius의 《풍자시Satirae》(기원전 30년대)와 마르티알리스Martialis의 《풍자 단시Epigrammata》(기원후 80년대)에서 고작 몇 구절을 건질 수 있을 정도다. 하지만 다행스럽게도 유베날리스의 풍자시 제6권은 자료의 결핍을 상쇄해주고도 남는다. 그것은 고대 세계에서 유례없는 여성 풍자의 집약이기 때문이다.

유베날리스의 여성 풍자에서 가장 두드러진 화제는 간통이며, 제6권의 총 675행 중 301행이 간통과 관련되어 있다. 이것은 얼마만큼 사회 현실을 반영할까? 몇몇 상황적 증거는 현실의 반영이라는 가정을 뒷받침한다. 간통법이 제정된 사실, 그리고 역사서, 서간문, 풍자시, 발레리우스 막시무스Valerius Maximus의 《언행록 Factorum ac Dictorum Memorabilium Libri IX》과 같은 도덕 예화집, 심지어 세네카 Seneca와 퀸틸리아누스Quintilianus의 수사학 교본에서도 간통이라는 화제가 빈번히 다루어지는 것이다. 사실 어떤 사회 현실이 당시에 유행하는 문학적 화제에 일정하게 반영된다는 점을 부인할 수 없지만, 그렇다고 그 화제 자체를 사회 현실로 간주하는 것은 너무 단순하다. 공화정 말 이후 제정 초기까지 간통이라는 화제는 권력 정치의 한 요소였다. 공화정 말의 내전기 동안 간통은 정적에 대한 비방과 중상의 상투어였으며, 제정기에는 황실 안팎에서 벌어진 권력 암투의 중요한 계기이기도 했다. 수에토니우스Suetonius의 《황제전Vitae Caesarum》과 타키투스 Tacitus의 《연대기Annales》가 보여주듯, 특히 황실 여인의 배우자 혹은 그 자녀는 황제 권력의 안위나 승계의 주요 변수라는 점 때문에, 빈번히 간통 혐의에 휘말리곤 했다.[40] 황실의 유명한 사건, 그리고 그 사건의 중심에 놓인 여인은 당연히 상

---

40) 필자와 비슷한 관점으로는 Amy Richlin, "Approaches to the Sources on Adultery at Rome", Helene P. Foley (ed.), *Reflections of Women in Antiquity*(Gordon and Breach, 1981), 379~404쪽을 참조. 한편 제정 초의 간통죄 처벌 사례 20여 건 중 절반 이상이 황실과 관련된다는 사실은 그 사건들이 황실에서의 권력 암투에서 비롯된 정치적 성격이 더 강했으며, 간통죄의 속성이 그렇기는 하지만, 특히 사실보다 무고나 혐의에 근거한

류층의 은밀한 화젯거리가 되기 마련이었다. 그 결과 간통, 특히 여성이 주역을 맡는 간통이 상류층 사이의 상투적인 화제가 되곤 했을 것이다. 하지만 실제로 황실은 물론 상류층에서 여성의 간통이 그렇게 빈번했다면, 에드워즈Catharine Edwards의 정당한 의문처럼, 정적을 사생아라고 주장하는 것이 좀처럼 정치적 비방으로 쓰이지 않았던 점을 쉽게 이해할 수 없다.[41]

다시 유베날리스의 풍자시 제6권으로 돌아가서, 거기서 부각되는 여성 간통을 단순히 '사실적' 증거들로 취급하는 데 유의해야 하는 또 다른 이유가 있다. 문학사 및 문화 인류학적 비교 자료들은 그처럼 여성의 간통을 단골 주제로 삼는 반(反)여성주의 담론이 지중해 연안의 사회들이 공유하는 특징임을 시사하기 때문이다. 아테네의 희극 작가 아리스토파네스Aristophanes의 3대 '여성극'은 문학사상 현저한 사례다.[42] 거기서 우리는 여성의 음주, 딴 남자의 아이를 집안에 들여오기, 딴 남자에게 창고 열쇠 넘겨주기 등 궁극적으로 여성의 간통으로 귀결되는 아내의 여러 가지 비행 목록을 읽을 수 있다.[43] 하기야 이런 반여성주의적 담론은 서구 문학사에서 거의 보편적인 현상이다. 하지만 중세 이래 서구의 반여성주의 담론의 두 원류는 유대적인 것과 그리스·로마적인 것이며, 특히 극단적 가부장제 사회였던 그리스·로마의 그것이 각별했다는 점은 인정되고 있는 듯하다.[44]

이와 관련하여 지중해 연안 사회에 대한 최근의 인류학 보고도 흥미로운 비교 자료를 제공한다. 가령 안달루시아에서는 남성들이 누구나 오쟁이 지게 될 것을, 즉 아내의 성욕 때문에 파멸할 가능성을 두려워한다는 인류학자의 보고는 그리

것이었음을 짐작하게 한다. 이에 대해서는 Susan Treggiari, *Roman Marriage*(Oxford, 1991), 509~510쪽을 참조. 한편 제정 초 간통죄 기소 사례의 정치적 의도에 관해서는 T. A. Dorey, "Adultery and Propaganda in the Early Roman Empire", *Univ. of Birmingham Historical Journal* 8(1962), 1~6쪽을 참조.
41) Catharine Edwards, *The Politics of Immorality in Ancient Rome*, 50~52쪽.
42) 아리스토파네스Aristophanes의 희극 작품 *Lysistrata* ; *Thesmophoriazusai* ; *Ekklesiazusai*를 참조하라.
43) Jane F. Gardner, "Aristophanes and Male Anxiety : The Defense of the 'oikos'", *Greece and Rome* 36(1989), 51~62쪽.
44) Katherine M. Rogers, *The Troublesome Helpmate : A History of Misogyny in Literature*(Univ. of Washington Press, 1966), 40~42쪽.

스·로마의 간통 화제와 너무도 닮아 있다. 고대 로마 사회의 증거와 지중해 인류학의 자료 사이의 유사성은 여성의 간통 화제로 그치지 않고, 남성의 간통에 대한 양가적 태도에도 드러난다. 남성에게 간통은 비난거리가 아니라 권력과 남성성의 표상으로도 인식된다는 점이다.[45] 이른바 '지중해 사회론'을 연구한 인류학자들은 그것을 '명예와 수치'의 가치 체계를 특징으로 하는 그 지역 남성의 전형적인 성 관념이라는 가설을 제시한다.[46] 지중해 사회에서는 한편으로 남자의 성적 공격성과 지배성을, 다른 한편으로 '내 여자(특히 아내)'의 성적 순결을 명예와 수치의 주요 준거로 여기는 것이다. 그 결과 아내의 순결을 통제하겠다는 강한 의지의 한편에 아내에게 속을지도 모른다는 불안이 자리 잡으며, 그 불안은 빈번히 여성에 대한 공격성으로 표출된다. 여성에 대한 불안과 공격의 양면적인 심리 구조, 그것이 바로 지중해 사회에서 흔히 나타나는 여성 간통 화제의 근원이다. 이런 점에서 유베날리스의 6권은 서구 문학사 전체에서도 압권으로 평가된다.

간통의 화제에서 핵심적 요소 중 하나는 여성은 어리석고 불완전한 존재imbecillus et invalidus sexus인데, 성욕은 남자보다 강하다는 인식이다. 메살리나 Messalina의 유명한 예화를 위시하여 유베날리스의 6권 전체가 그런 인식을 바탕에 깔고 있거니와, 그것은 루킬리우스, 호라티우스, 마르티알리스의 풍자시에도 공통된 화제로 등장한다. 아내를 창녀와 관계하듯 대하지 말라는 권고, 아내가 능동적이면 어머니를 닮은 아이를 낳는다는 견해, 아내의 외출을 단속하라는 권고 등은 모두 그런 선입견이 만들어낸 지혜다. 그런 아내를 통제하지 못하면 어떤 결과가 초래되는가? 유베날리스는 그 결과에 대한 불안감을 조성하는 데 각별한 관심을 가졌다. 물론 가장 두려운 것은 오쟁이 지는 것이다. 그것도 검투사, 무언극 배우, 가수 나부랭이에 당하기 십상이다. 바람난 아내가 화장, 장신구 등으로 사치하느라 남편의 재산을 탕진하게 될 것 역시 자명한 이치다. 지참금깨나 가져온

---

45) Catharine Edwards, *The Politics of Immorality in Ancient Rome*, 48~49쪽.
46) Julian Pitt-Rivers, *The Fate of Shechem or the Politics of Sex : Essays in the Anthropology of the Mediterranean* (Cambridge, 1977), 23~29쪽.

여자라면 이미 남편과 함께 주연을 즐길 정도가 아니면 남자 위에 군림할 것이다. 그러나 최악의 상황을 알려면 6권의 끝(592~661행)까지 읽어봐야 한다. 출산을 거부한다면, 그나마 사정이 괜찮다. 아내는 딴 남자의 아이를 낳을지 모르며, 필요하다면 이상한 약으로 가족을 호리고, 궁극적으로는 남편을 죽이려들지 모른다는 것이다. 요컨대 유베날리스의 풍자는 간통 여성의 스테레오 타입에 집중되어 있다. 하지만 리클린Amy Richlin의 제안처럼 거기서 보이지 않는 것들을 생각해 봄으로써 그 특징을 한층 분명하게 할 수 있다.[47] 거기서는 다소 근대적으로 보이는 스테레오 타입——오쟁이 진 남편에 대한 조롱, 간통하는 남편, 남편을 빼앗는 여자——이 빠져 있는 것이다. 이들은 역시 하나의 방향을 가리킨다. 풍자시의 반여성주의는 특히 지중해 연안의 강한 가부장제 사회 혹은 명예/수치 문화에서 나타나는 공격적 남성주의의 다른 얼굴이며, 또한 아내에게 남편 닮은 아이를 낳도록 하기 위해 간통법을 제정했던 정치 문화의 반영이다. 따라서 풍자시에서 당대 성 풍속의 실태를 읽으려는 시도는 그저 나이브한 역사 인식에 머무르는 것일 뿐 아니라, 부지중에 풍자 시인들의 이념에 동조하는 셈이 된다.

4. 도덕적·철학적 담론—얼마나 새로운가?

이제 마지막으로 푸코와 벤느가 제정 초에 새로운 성 윤리관의 출현을 주장하는 근거로 삼은 도덕적·철학적 담론에 대해 살펴보도록 하자. 3장에서와 마찬가지로 여기서도 토론의 목표는 이중적이다. 그들이 문제의 도덕적·철학적 담론에 부여하고 있는 역사적 맥락과 여기서 포착한 새로운 성도덕의 구체적 내용들을 비판적으로 검토하는 한편, 그 담론 속에 일탈적 요소가 존재함에도 불구하고 이

---

[47] Amy Richlin, *The Garden of Priapus : Sexuality and Aggression in Roman Humor* (Yale University Press, 1984), 217~218쪽.

념의 기본 구조는 오히려 2~3장에서 분석한 제정 초 성 관계의 실제 및 관념과 비슷한 것임을 밝히려는 것이다.

우선 푸코와 벤느의 테제는 이렇게 요약된다. 제정 초 정치 체제가 군주제로 전환됨에 따라 성과 혼인(혹은 부부 관계)에 대한 상류층 남성의 태도에 변화가 일어난다. 즉 공적 공간에서 타인과의 권력 경쟁을 통해 자아를 실현하던 조건이 소멸됨에 따라 자아실현의 계기가 자연히 자신과 가정으로 집중되고, 또한 정치 경쟁의 소멸과 함께 공화정 후기처럼 혼인을 전략적으로 활용하던 관행도 사라진다는 것이다. 푸코의 말을 빌리면 이렇다. "정치 생활의 새로운 상황이 신분과 임무, 권한과 의무 사이의 관계를 변화시킨 바로 그 순간부터 상반되는 두 가지 현상이 발생했으리라는 것을 추측할 수 있다. 자기 신분과 그것을 가장 눈에 띄게 나타내 주는 요소들……의복, 주거, 관대하고 아량 있는 행동, 소비 행위 등……자신의 신분에 가능한 한 자기를 맞추려고 애쓴다……그와 달리 자신의 정체성을 자기와의 순수한 관계 속에서 규정하려는 태도를 보게 된다……결혼 행위나 정치 게임 내에서의 이런 변화를 통해 우리는 자제의 전통적인 윤리학이 표명되는 상황이 어떻게 변화되었는지를 볼 수 있을 것이다. 자제는 사람이 자기 자신에 대해 행하는 우월함과 한 가정의 범위 안에서 행하는 그것……가정 내에서 아내에 대해 행해지던 우위의 관계는 평등하고 상호적인 형태로 이루어지게 된다."[48] 그리고 이 주장의 근거로 푸코는 1~2세기의 원로원 의원 소(小)플리니우스Plinius의 《서한집 *Epistulae*》에 드러나는 새로운 부부 관계의 사례, 그리고 1세기 후반의 도덕론적 문필가 플루타르코스Plutarchos와 세네카, 무소니우스Musonius 같은 스토아 철학자의 저술을 분석하고 있다.

우선 그 도덕주의 담론의 사회적 의의가 과장되었거나 아니면 적어도 모호하다는 점에 주목할 필요가 있다. 물론 푸코와 벤느는 스스로 그 담론의 고립성을 빈

---

48) 미셸 푸코, 《성의 역사 3—자기에의 배려》, 104~115쪽. 보다 간결한 설명을 위해서는 벤느의 논문 "La famille et l'amour sous le Haut-Empire Romain", 48~50쪽을 참조하라.

번히 언급하고 있다. 가령 푸코는 "제정기의 처음 두 세기는……자기 함양에서 일종의 황금기로 간주될 수 있을 것인데, 잘 알다시피 이 현상은……수적으로 매우 제한된 사회 집단에만 관계된 것"⁴⁹⁾이라거나 "그것은 이후의 세기들에서나……보다 일반적인 효력을 가질 다른 도덕의 초안을 몇몇 엄격한 철학자들이 그렇지 못한 것처럼 보이는 세계 한가운데 고립한 채 정식화시켰다"⁵⁰⁾고 말하는 것이다.⁵¹⁾ 그러나 두 사람은 동시에 모호한 글쓰기의 효과를 십분 활용한다. 즉 그들은 그 담론의 형성 배경으로 제정 초의 정치·사회적 변화를 기술해 양자의 인과 관계를 암시하거나 위의 인용문에서처럼 이를 어느 정도 강조하기도 한다.⁵²⁾ 그런데 그 담론이 그렇게 고립된 것이라면, 과연 그것을 생성한 사회적 배경에 대한 논의가 필요한가?⁵³⁾ 그들의 관점에서 드러나는 또 하나의 문제는 부분을 전체로 과장한다는 점이다. 이미 3장에서 보았듯이, 제정 초의 성과 혼인에 관한 담론 형식은 비교적 다채로웠다. 그런데 그 다양성을 무시한 채 그들은 규범적·철학적 범주의 문헌만으로 제정 초 성 관계의 실천과 담론 전체를 논하려는 것이다. 푸코에게 종종 가해지던 비판, 즉 그의 저술이 문화 구조 속에서 '고립된 전체성an isolated totality'을 만들어낸다는 비판은 여기서도 타당해 보인다.⁵⁴⁾

---

49) 미셸 푸코, 《성의 역사 3—자기에의 배려》, 59쪽.
50) 미셸 푸코, 《성의 역사 3—자기에의 배려》, 258쪽.
51) 벤느 역시 "풍속이 변화했다는 뜻이 아니라……다만 이론적 도덕일 뿐"이라고 말하기도 해, 종종 모호한 입장을 드러낸다. Paul Veyne, "La famille et l'amour sous le Haut-Empire Romain", 55쪽 참조.
52) 에드워즈Catharine Edwards 역시 푸코가 《성의 역사 3—자기에의 배려》 3장, 3절의 분석을 통해 은근히 그 담론이 로마 상류층의 일반적 현상이었던 듯이 과장하려는 저의가 있었음에 주목하고 있다(Catharine Edwards, *The Politics of Immorality in ancient Rome*, 56~57쪽 참조). 사실, 푸코는 '성 담론의 역사'가 아니라 '성의 역사'라는 제목을 택하고 있지 않은가?
53) 물론 푸코가 제정 초의 정치·사회 환경의 변화를 설명한 취지를 선의로 해석하는 견해도 있다. 예컨대 Paul Allen Miller, "Catullan Consciousness, the 'Care of the Self', and the Force of the Negative in History", David H. J. Lamour·Paul Allen Miller·Charles Platter (eds.), *Rethinking Sexuality : Foucault and Classical Antiquity* (Princeton, 1997), 176~178쪽은, 3장의 논의를 반드시 '자기에의 배려'라는 윤리적 실천이 상류층에서 보편화되는 배경으로서가 아니라, 비록 소수이지만 그처럼 자아와의 관계에 집중하도록 선택을 강요하는 객관적 조건을 설명하려는 것이라 이해하고 있다. 그러나 그런 객관적 조건이라면 그것이 굳이 제정 초 로마에 고유한 것이었다고 말하기는 어려울 것이다.

자료의 자의적 선택과 해석은 구체적 사례에 대한 논의에서도 드러난다. 가령 '상호 애정과 조화'에 입각한 부부 관계의 사례로 소플리니우스를 다룬 방식을 보자. 우선, 푸코는 플리니우스의 서한에서 자신의 논지에 적합한 몇 개만을 선택한다. 그리하여 플리니우스를 아내를 열렬히 사랑할 뿐 아니라 아내의 가사(家事)와 자신의 공사(公事)에 관해 서로 대화하고 격려하는 새로운 타입의 가장으로 묘사한다.[55] 그러나 만일 푸코가 그 부부 사이의 엄청난 연령 차——플리니우스는 40대 중반, 그의 아내 칼푸르니아Calpurnia는 10대 초반——를 알았더라면 과연 그것을 조화로운 동반 관계로 보았을까? 플리니우스가 어린 아내를 강렬한 육체적 욕망과 애정으로 대했다는 점은 푸코가 길게 인용한 한 서간에서도 분명하게 드러난다.[56] 하지만 플리니우스와 아내와의 관계는 고전기 그리스의 이상적 부부 관계를 제시한 크세노폰Xenophon의 《가정경영론Oikonomikos》에 나오는 가장 이스코마코스Ischomachos가 그의 아내를 대하는 방식과 본질적으로 다르지 않다. 어린 아내에게 가사는 물론 라틴 문학에 대해서까지 훈육하려 했던 플리니우스의 태도는 전통적인 가장의 태도이지, 부부 관계를 평등하고 상호적인 것으로 혁신하려 했던 남편의 태도는 아니었다.[57] 플리니우스의 진면목은 푸코가 무시해버린 다른 서간에서 오히려 더 잘 드러난다. 즉 고아가 된 조카딸에게 신랑감을 권하면서 그의 원로원 신분, 용모, 인맥, 가문의 재력은 조카딸의 '정숙함'에 대한 보상이 되고도 남는다고 말하는 것이다.[58] 혼인관 및 부부 관계에 대한 플리니우스의 가치관은 분명 새로운 것이 아니었다.

그렇다면 실천이 아닌 담론의 차원에서는 어떤가? 푸코와 벤느에 의하면 그 담

---

54) Paul Allen Miller, "Catullan Consciousness, the 'Care of the Self', and the Force of the Negative in History", 174쪽.
55) 미셸 푸코, 《성의 역사 3—자기에의 배려》, 180쪽.
56) 미셸 푸코, 《성의 역사 3—자기에의 배려》, 97~98쪽.
57) David Cohen · Richard Saller, "Foucault on Sexuality in Greco-Roman Antiquity", Jan Goldstein (ed.), *Foucault and the Writing of History*(Blackwell, 1994), 47~51쪽은 이 점을 잘 지적하고 있다.
58) Plinius, *Epistulae* I. 14.

론이 제시하는 새로운 부부 관계란 ① 혼인의 가치 중시, ② 타자로서 아내에 대한 존중, ③ 균형적 관계에서 비롯하는 화합과 동반의 관계로 특징지어진다.[59]

푸코의 말을 빌려 조금 달리 표현하면 "이 몇몇 텍스트들……거기서 비록 단편적일지라도 부부 생활의 뚜렷한 모델의 초안을 볼 수 있다……가족 체계는……삶의 기술 안에서 성이 다른 두 사람을 연결하는 유대에 비교하면 약간 그 가치를 잃었다. 그것은 자기에의 배려와 둘이 함께하는 삶에 대한 배려가 밀접하게 결합된 것"[60]이다.

푸코의 주장은 과연 그 텍스트가 주는 메시지에 충실한 것인가? 우선 플루타르코스는 가장 부적절한 선택이라 생각된다. 그가 플리니우스, 세네카 등과 로마 문화를 공유한다고 볼 수 없다는 지적을 제쳐놓더라도, 플루타르코스의 《신혼부부에게 주는 충고 Gamika Parrangelmata》에 담긴 제안은 분명 남편의 성적 절제나 균형적인 부부 관계의 명제와는 거리가 있다. 플루타르코스는 신부에게 남편의 외도를 투기하지 말고, 오히려 남편이 성적 방종에 휩싸이지 않음을 감사하라고 충고하고 있다.[61] 그가 '자기에의 배려'에서 스스로 성욕을 절제하는 남편을 전제로 하지 않는다는 점은 다른 글에서도 확인된다. 그는 아내가 질투할지 모르니 성적으로 절제하라고 권하는 것이다.[62] 《신혼부부에게 주는 충고》의 한 곳에 "대화와 동반 관계 homilia te kai symperiphora"에 대한 언급이 있지만 플루타르코스의 훈계는 기본적으로 수직적 부부 관계, 부창부수의 관념을 전제로 한다.[63] 신부는 성 관계에서 수동적이고 지참금이나 미색과는 상관없이 남편의 지도와 성품에 순응해야 하며, 따라서 역으로 신부의 됨됨이는 신랑 하기 나름이라고 충고한다. 신부가 사치하거나 미신에 빠지길 원치 않는다면 신랑은 신부의 "길잡이요, 교사"

---

59) Paul Veyne, "La famille et l'amour sous le Haut-Empire Romain", 48쪽 참조.
60) 미셸 푸코, 《성의 역사 3—자기에의 배려》, 182쪽.
61) Plutarchos, *Moralia* 140.
62) Plutarchos, *Moralia* 768A.
63) David Cohen · Richard Saller, "Foucault on Sexuality in Greco-Roman Antiquity", 53~54쪽 ; Amy Richlin, "Foucault's History of Sexuality", David H. J. Lamour · Paul Allen Miller · Charles Platter (eds.),

가 되어야 하는 것이다.⁽⁶⁴⁾

한편 스토아주의자들인 세네카와 무소니우스의 철학적 가르침에는 어떤 새로운 요소가 담겨 있는가? 우선 혼인의 이념으로 말하면 그 논거는 아우구스투스의 입법 및 그것으로 수렴된 공화정기의 전통적 관념과 흡사하다. "자녀를 출산하여 국가를 성장케poioumenou paidas kai polin auksontos"⁽⁶⁵⁾하기 위해 혼인해야 한다는 무소니우스의 주장은 멀리는 "일시적 쾌락이 아닌 영원한 복지를 위해" 동료들의 혼인과 출산을 촉구했던 기원전 2세기의 원로원 의원 메텔루스Metellus의 논변을, 가깝게는 "국가의 온상(溫床)"에 비유한 키케로Cicero의 혼인 이념을 상기시킨다.⁽⁶⁶⁾

혼인은 출산을 위한 것이므로, 두 스토아주의자는 부부 간에 쾌락적 성 관계를 금지한다. 세네카는 〈혼인론〉에서 아내를 애욕affectus보다 이성으로 대할 것을 권유하며, 아내를 간부처럼 사랑하는 것보다 더 추한 것은 없다고 말한다.⁽⁶⁷⁾ 무소니우스 역시 "혼인에서조차 쾌락을 추구하는 성은 옳지 않다aphrodisia ta de ge hedonen theromena adika kan en gamoi ei"⁽⁶⁸⁾고 경고한다. 이것은 새로운 생각인가? 그렇지 않다. 아내를 성애의 대상으로 삼지 않는다, 다시 말해 혼인은 쾌락의 공간이 아니라는 것은 로마의 오랜 사고방식이었다. 아내는 오로지 출산을 위해 존재한다는 관념 때문이든, 아니면 아내에 관한 한 천부적으로 강한 여성의 성욕을 일깨우는 것은 위험하다는 편견에서든, 아내와의 성애는 기피되었다. 성욕을

Rethinking Sexuality : Foucault and Classical Antiquity, 158쪽 참조. 리클린Amy Richlin은 《신혼부부에게 주는 충고》에 나오는 16개의 권고 사항이 기본적으로 여필종부의 이념을 바탕으로 한다고 분석하고 있다.

64) Plutarchos, *Moralia* 145.
65) Musonius 14.
66) 소크라테스처럼 저술을 남기지 않은 것으로 알려진 무소니우스Musonius의 가르침은 C. E. Lutz가 편집한, "Musonius Rufus", *Yale Classical Studies* 10(1947), 3~147쪽에 수록되어 있다. 메텔루스Metellus의 연설에 대해서는 Gellius, *Noctes Atticae* I. 6을, 키케로Cicero의 비유에 대해서는 *De Officiis*, I. 54를 참조하라.
67) 〈혼인론〉은 제롬Jerome, 《요비아누스 반박론Adversus Iovinianum》에 인용된 몇 개의 단편으로만 남아 있다. 그에 관해서는 Susan Treggiari, *Roman Marriage*, 216~219쪽과 Seneca, *De Matrimonio* 84를 참조하라.
68) Musonius 12.

채우려 할 때는 노예와 관계했다는 스키피오 아프리카누스Scipio Africanus의 예화,69) 그리고 이미 언급한 것이지만, 원로원 계층에게만은 '친밀함'을 위해 낮은 신분과 혼인하는 것을 용납하지 않았던 아우구스투스의 결단, 이는 모두 그런 사고방식을 반영한다.

두 스토아주의자의 제안 가운데 한 가지 색다른 것은 남성의 혼외 성 관계를 금지하는 대목이다. 세네카는 아내에게는 정절을 요구하면서 자신은 정부를 두는 남성의 사악함을 힐난하고 있으며, 무소니우스는 아내가 아닌 여성이나 노비와 성 관계를 갖는 것은 자제력이 없는 사람이나 할 일이라고 못 박고 있다.70) 이것은 혼인 밖에서 일어나는 남성의 성애에 관용적이던 당대 로마인의 성 관념이나 실제와는 분명 대조적이다. 세네카는 부부 간 의무의 상호성을 이유로 들고 있지만 그 금지의 궁극적인 근거는 '쾌락을 위한 성'에 대한 불관용이며, 그 점에서 '자제력'을 강조한 무소니우스와 다를 바가 없다. 그리고 성욕 절제의 요구는 출산(궁극적으로 국가)을 위한 성이라는 명제와 표리를 이룬다고 보아도 좋을 것이다. 그런데 두 스토아주의자들의 금지에 어떤 역사적·사회적 의미를 부여해야 하는 것일까? 그 대답은 부정적이다. 사실 플라톤Platon의 《파이돈Phaidon》이 잘 예시하듯 그리스·헬레니즘 철학에서 정념(情念), 즉 육체적 욕망 일반을 극복하는 것은 '철학을 하는' 데 필수 조건이었다. 두 스토아주의자들, 특히 무소니우스의 경우, 훈시의 맥락은 역시 '철학자의 삶'이다. 그는 아내와 딸 그리고 왕도 '철학을 해야 한다philosopheton'고 강조하고 있다.71) 그런데 철학적 삶을 위한 훈시에서 이 스토아주의자들, 특히 무소니우스는 경쟁 관계에 있던 에피쿠로스주의의 다른 실천 방안들을 의식해야 했으리라는 점에 유의할 필요가 있다. 가령 '철학자도 혼인해야 하는가?'라는 질문에 대해 에피쿠로스주의는 아무래도 좋다고 답변한 반면 스토아주의는 출산과 국가를 위한 혼인의 의무를 역설했던 것이다.72) 이처럼

---

69) Valerius Maximus, VI. 7. 1.
70) Seneca, *De Ira* II. 28. 7 ; Seneca, *Epistulae* 94. 26 ; 95. 37 ; Musonius 12.
71) Musonius, 3~4, 8. Seneca, *Ad Marciam* 16. 1에서도 비슷한 생각을 엿볼 수 있다.

공공 생활에 참여하는 것을 철학적 삶에 필수라고 간주한 점은 로마에 들어온 스토아주의의 주요 특징이지만 결코 새삼스러운 얘기는 아니었다. 푸코도《성의 역사》제2권《쾌락의 활용-L'usage des plaisirs》에서 주목하듯이, 플라톤의《법률Nomoi》같은 기원전 4~3세기의 문헌 속에서 국가를 위해 여성은 물론 남성의 모든 성 활동을 부부 관계에만 국한하려 했던 선례를 찾을 수 있기 때문이다.[73] 요컨대 스토아주의자들의 제안은 특별히 제정 초 로마 사회를 배경으로 하는 고유한 성찰이라기보다 철학적 삶의 실천이라는 오랜 진부한 담론의 일환이었던 것이다.

그럼에도 불구하고 성욕의 제한과 관련해, 푸코는 스토아주의자들의 제안과 그리스 선례들의 차이를 매우 중시한다. 즉 후자와 달리 전자에서는 '부부 간의 성적 상호 충실성'이 강조되는데,[74] 이것은 바로 그리스와 로마의 성 윤리관을 구별케 하는 중대한 차이라는 것이다. 그러나 뉘앙스에 불과한 것을 그렇게 무겁게 다루어도 좋을지 의문이다. 아리스토텔레스Aristoteles도 이미 "혼인이 지속되는 한, 배우자 어느 한쪽의 부정은 불명예로 간주해야 한다"고 충고했던 사실은 차지하더라도, 문제의 스토아주의자들이 상정하는 이상적 부부 관계는 과연 수평적이고 상호적인 것인가?[75] 더 나아가 그들은 성의 평등을 상정하는가? 여성도 이성을 소유하며, 따라서 철학 훈련, 즉 교육을 통해 남자다움virtus을 성취할 수 있다고 말하는 점을 보면 그렇게 생각할 수도 있다. 그러나 무소니우스는 여성도 철학을 해야 하는 이유에 대해 이렇게 말한다. 그래야 "여성이 주제넘지 않고……가정을 잘 관리할 것"이며 "순종하며, 손수 일할 것stergein kai autourgein"이기 때문

---

72) Musonius 14는 '철학을 하는 데 혼인이 장애물인가?'라는 주제에 대해 다루고 있다. 이 점에서 스토아주의자들이 에피쿠로스주의의 제안을 의식하고 있었다고 가정하는 견해로는 Marcel Benabou, "Pratique matrimoniale et Representation Philosophique", *Annales E. S. C.* 42(1987), 1,263~1,264쪽을 참조하라.
73) 미셸 푸코,《성의 역사 2—쾌락의 활용》, 신은영·문경자 옮김(나남, 1990), 3장〈가정관리술〉. 특히 183~184쪽 참조.
74) 미셸 푸코,《성의 역사 2—쾌락의 활용》, 163·183쪽 ; 미셸 푸코,《성의 역사 3—자기에의 배려》, 183·191쪽을 참조.
75) 이와 같은 아리스토텔레스Aristoteles의 입장은 Marcel Benabou, "Pratique matrimoniale et Representation Philosophique", 1,262쪽에서 재인용했다.

이다.[76] 이것은 수평 관계라기보다 이미 플루타르코스에서 보았던 수직 관계와 비슷하다. 확실치는 않지만 세네카의 생각도 크게 다르지 않다. 그는 분명한 이유를 밝히지 않은 채 부부 역할의 평등에 대해 언급하고 있지만,[77] 그가 수평적 부부 관계를 염두에 둔 것이 아님을 시사하는 단서들이 훨씬 우세한 편이다. 그는 오디세우스와 페넬로페를 이상적인 부부의 모델로 삼았으며, 무엇보다 여성에 대한 강한 편견을 가지고 있었기 때문이다. 그는 '여성적인 것과 수치스러운 것humile ac muliebre'을 동일시하며 심지어 여성성을 동물성ignobilis bestia과 비교하기도 한다.[78] 그가 보기에 여성이 철학을 통해 덕을 갖춘다는 것은 곧 '남자답게' 행동하게 됨을 의미하는 것이었다.

물론 성의 불평등과 부부의 수직 관계를 전제한다고 해서 부부 관계의 상호성이 원칙적으로 배제되지는 않는다. 말하자면 무소니우스가 권고하듯이 부부가 "서로에 대한 배려kedemonia peri allelous"[79]를 가질 수 있는 것이다. 하지만 이 점에서 스토아주의의 제안은 얼마나 새로운가? 그다지 새로워 보이지 않는다. 로마의 전통적인 부부 관계는 성애는 물론 애정이 배제된 것이었음에도 불구하고, 가정 관리를 위한 역할 분담과 그에 기초한 동반자 관계라는 인식을 수반한 것이었다. 가령 남편이 제사, 자녀의 양육과 혼담 등 가사에서 주부의 고유한 역할을 존중했던 예는 풍부하다. 혼인의 성스러움이 더 강했던 공화정 초기로 거슬러 올라갈 것도 없다. 혼인과 이혼이 비교적 자유로워진 공화정 말기에도 여전히 그 관념은 한 묘비명에 뚜렷한 흔적을 남기고 있다. 기원전 40년대에 상류층의 한 남편이 죽은 아내에 바친 유명한 송덕비 〈투리아 송사Laudatio Turiae〉가 그것이다. 투리아Turia는 임신할 수 없었던 부덕한 여자였건만, 그 남편은 아내의 정절

---

76) Musonius 3.
77) Seneca, *De Beneficiis* III. 18. 1.
78) 이에 관한 사료와 해석을 위해서는 C. E. Manning, "Seneca and the Stoics on the Equality of the Sexes", *Mnemosyne* 26(1973), 170~177쪽을 참조하라.
79) Musonius 13A.

pudicitia, 신의fides, 복종obsequium을 칭송한 뒤, 생전에 그녀와의 '친밀한 동반 관계comitas, facilitas'를 회상했던 것이다.[80] 따라서 '부부애, 의무감, 즉 사랑에 의한 복종'이 공화정 시대에 볼 수 없었던 제정 초의 새로운 현상이라는 벤느의 주장은 동의하기 어렵다.[81]

5. 결론

이상의 긴 논의를 요약해보기로 하자. 이 글은 제정 초 로마 상류층의 성 관계에 대해 각기 '타락의 만연'과 '도덕화의 맹아'라는 상반된 이미지를 제시하는 현대의 두 시각을 비판적으로 검토하고 있다. 그 출발점은 두 시각이 제정 초의 다양한 담론들 가운데 각각 서로 다른 유형들에 의존하고 있어서, 결코 실제를 균형 있게 반영하지 못한다는 가정이었다. 그렇다고 이 글의 목적이 보다 균형 잡힌 실제를 제시하려는 데 있는 것은 아니다. 오히려 실제의 구체성은 물론 그에 대한 도덕적 평가는 사실상 무익하거나 불가능한 문제로 간주하고, 대신 제정 초 로마의 성 관계 관련 실정법들이 개인들의 성 관계의 선택을 강하게 규제했다는 의미에서, 그 실정법에 대한 분석이 '실제의 구조'에 접근할 수 있게 한다고 보았다. 그래서 제2장은 아우구스투스의 혼인법과 간통법의 내용을 분석하고 있고 그 결과 다음의 결론을 제시하고 있다. 즉 혼인법과 간통법은 특히 상류층에서 출산을 위한 혼인을 강제하고 또 그 혼인의 순결성을 보장하려는 국가의 의지를 강력하게 집약하고 있으며, 국가는 특히 혼인의 순결성을 보장하기 위해 한편으로는 간통을 규제하고, 다른 한편으로는 '적법혼' 밖의——즉 내연 관계concubinatus나 매춘의——성 관계에 대해서는 그것을 관용해 범법화하지 않는 방법을 취하고 있

---

80) Jane F. Gardner · Thomas Wiedemann, *The Roman Household : A Sourcebook*(London, 1991), 48~52쪽. 전통적인 부부애의 관념에 대해서는 Susan Treggiari, *Roman Marriage*, 229~261쪽을 참조하라.
81) Paul Veyne, "La famille et l'amour sous le Haut-Empire Romain", 48쪽.

다. 다시 말해 국가는 남성에게 출산을 위한 혼인과 성애를 위한 혼외 성 관계라는 성 관계의 이원화, 이중 기준을 허용하고 있다는 것이다.

이 글은 또 다른 목적을 지닌다. 즉 로마 제정 초의 다양한 담론은 상반된 시각의 근거로 활용될 만큼 서로 이질적인 것이 아니라 어쩌면 성차 및 성 관계의 문제와 관련해, 대체로 제2장에서 확인한 '실제의 구조'에 상응하는 '관념의 구조'를 공유할 수 있다는 가정을 논증하는 것이다. 그러기 위해 제3장과 제4장에서는 각 담론 형식에 내재한 관념을 다시 분석하고 있다. 특히 제3장에서는 제정 초 상류층의 성 도덕이 여성의 방종으로 인해 타락했다는 오랜 통념의 근거로 활용되어온 연시와 풍자시를 검토한다. 연시는 종종 아우구스투스의 성 관계 관련 입법에 대한 도전이며 뒤집혀진 남녀 관계를 묘사한다는 점에서 반체제적이고 페미니즘적이라고 해석되어왔으나, 이 글은 그것과는 다른 해석을 제시한다. 연시는 시인과 연인의 관계가 기본적으로 혼외 관계이며, 그런 점에서 아우구스투스가 합법화한 성애eroticism(혹은 포르노그래피)의 공간을 시인이 판타지화하거나 게임의 형식으로 표현한 결과이므로, 반체제적이지도 페미니즘적이지도 않다. 그것은 오히려 실정법이 구현하는 국가 및 남성(가장) 중심의 이원적 성 관계의 구조에 순응하는 세계를 그리고 있다. 한편 성차의 규범을 넘어서고 간통을 위시한 문란한 성 관계를 주도하는 여성들에 대한 공격을 담은 풍자시에 관련해서는, 그것이 실제를 반영한다고 인정할 수 없는 근거를 제시한다. 즉 그리스-로마 문학의 여성 풍자에서 나타나는 전형적인 반여성주의적 화제들은 지중해 사회에 토착적인 가치 체계의 일환으로 보아야 한다는 것이다. 즉, 남성의 성적 공격성에 대해서는 관용적이거나 종종 과시적이면서 여성의 성에 대해서는 강한 불신과 두려움을 갖는 '이중 기준'의 남성 중심주의(혹은 가부장제)가 현저하다는 지중해 인류학의 보고들은 여러모로 로마 제정 초의 풍자시의 맥락을 제대로 점검할 수 있는 비교 자료로서 가치가 크다고 생각한다. 요컨대 연시와 풍자시는 제2장에서 검토한 성 관계의 이원화와 이중 기준에 부합하는 담론의 형식으로 볼 수 있는 것이다.

마지막으로 제4장은 제정 초의 도덕·철학적 담론에서, 당대의 정치·사회적 상황에 조응하면서 새로운 성 관계의 도덕률을 정립하려는 움직임이 있었다는 푸코와 벤느의 가정을 재검토한다. 그 결과 이런 담론의 내용은 두 연구자의 가설을 그렇게 분명히 보증하지 않는다는 결론에 이르렀다. 우선 그들이 근거로 삼았던 문헌들과 사례들은 그것들이 속해 있는 맥락 속에서 파악할 때 서로 정합적이지 않음을 알 수 있다. 특히 플루타르코스와 플리니우스의 사례는 부적절한 논거들이었다. 스토아주의자들인 무소니우스와 세네카는 그들의 좀 더 유력한 근거로 남는 것이 사실이다. 특히 당대 로마 사회의 통념 및 관행과는 달리 그들이 남성의 혼외 성 관계를 금지한 대목이 그렇다고 할 수 있다. 그것은 분명 새로운 점이지만 성적 절제의 실천이 당대 로마의 정치·사회적 변화에 조응하는, 따라서 역사성을 갖는 성 도덕의 혁신이라고 주장하기에는 근거가 너무 취약하다. 더욱이 남성의 혼외 성 관계의 금지가 부부(혹은 남녀)의 수평적·상호적 원칙에 입각한다는 점에서 새롭다고 한 주장은 성립하기 어렵다. 오히려 남성의 성적 절제를 요구하는 것은 철학자는 성욕을 포함한 모든 욕망을 절제해야 하며, 성은 다만 국가에 대한 의무라는 점에서만 용납된다는 오래된 그리스-헬레니즘 철학의 명제를 따르는 것으로 간주해야 하며, 그렇다면 그 요구가 제정 초 로마의 상황에서 갖는 각별한 역사적 의미는 소멸된다. 그렇다고 제4장의 궁극적인 의도가 철학적·도덕적 담론조차 제2장에서 분석한 성 관계의 이원적 구조에 부합됨을 논증하는 것은 아니다. 그 의도는 보다 소극적이다. 즉 단지 푸코와 벤느가 가정하는바 제정 초의 정치·사회적 상황에 조응해 성 윤리의 새로운 모델(도덕화)이 등장한다는 가설을 해체하는 데 있다. 그럼에도 불구하고 그 담론을 구성하고 있는 문필가들 대부분이 지닌 성차 및 성 관계의 관념은 대체로 당대의 상류층 남성들과 공통점이 많다고 여겨진다. 1~2세기 로마 상류층 속에서 사회적으로 의미 있고 또 한편으로 다가올 기독교적 성 윤리를 예비하는, 성 관계의 관념의 태동을 찾는 것은 다소 무리라 생각된다.

참고문헌

Dio Cassius, 《고대 로마*Antiquitates Romanae*》
Gellius, 《아테네의 밤*Noctes Atticae*》
Jerome, 《요비아우스 반박론*Adversus Iovinianum*》
Marcus Tullius Cicero, 《의무론*De Officiis*》
Musonius, C. E. Lutz (ed.), *Yale Classical Studies* 10(1947)
Ovidius, 《사랑*Amores*》·《사랑의 기교*Ars Amatoria*》·《슬픔*Tristia*》
Plinius, 《서간*Epistulae*》
Plutarchos, 《신혼부부에게 주는 충고*Gamika Parrangelmata*》·《도덕론*Moralia*》
Propertius, *Poetry*
Seneca, 《혼인에 관하여*De Matrimonio*》·《분노에 관하여*De Ira*》·《서간*Epistulae*》·《마르키아에게 보내는 글*Ad Marciam*》·《자선에 관하여*De Beneficiis*》
Tibullus, *Poetry*
Valerius Maximus, 《9권의 기억할 만한 언행록*Factorum Dictorumque Memorabilium Libri Novem*》

Amy Richlin, 〈푸코의 성의 역사Foucault's History of Sexuality〉, David H. J. Lamour · Paul Allen Miller · Charles Platter (eds.), 《성을 다시 생각하기 : 푸코와 고전 고대*Rethinking Sexuality : Foucault and Classical Antiquity*》(Princeton, 1997)
Anthony Giddens, 《친밀함의 변화 : 근대 사회의 성, 사랑, 에로티시즘*The Transformation of Intimacy : Sexuality, Love and Eroticism in Modern Society*》(Cambridge, 1992)
C. E. Manning, 〈성 평등에 관한 세네카와 스토아주의Seneca and the Stoics on the Equality of the Sexes〉, *Mnemosyne* 26(1973)
Catharine Edwards, 《고대 로마에서 부도덕의 정치*The Politics of Immorality in ancient Rome*》(Cambridge Univ. Press, 1993)
David Cohen · Richard Saller, 〈푸코와 고대 그리스-로마의 성Foucault on Sexuality in Greco-Roman Antiquity〉, Jan Goldstein (ed.), *Foucault and the Writing of History*(Blackwell, 1994)
Dieter Nörr, 〈아우구스투스의 혼인법 : 사회 공학의 초기 사례The Matrimonial Legislation of Augustus : An Early Instance of Social Engineering〉, *Irish Jurist* 16(1981)
E. Castelli, 〈내연 관계와 아우구스투스의 입법Il concubinato e legislazione augustea〉, *Bolletino dell'Istituto di Diritto Romano* 27(1914), 55~71
Ernst Baltrush, 《풍속의 감독*Regimen Morum*》(München, 1989)

G. Fau, 《고대 로마의 여성 해방L'emancipation feminine dans la Rome antique》(Paris, 1978)

Gordon Williams, 《로마 시에서의 전통과 독창성Tradition and Originality in Roman Poetry》(Oxford, 1968)

J. P. Sullivan, 〈연시의 정치The Politics of Elegy〉, *Arethusa* 5(1972)

James C. Thibault, 《오비디우스 유형의 미스터리The Mystery of Ovid's Exile》(Univ. of California Press, 1964)

Jane F. Gardner, 〈아리스토파네스와 남성의 불안 : 가정의 수호Aristophanes and Male Anxiety : The Defense of the 'oikos'〉, *Greece and Rome* 36(1989)

Jane F. Gardner · Thomas Wiedemann, 《로마 가족 : 사료집The Roman Household : A Sourcebook》(London, 1991)

Jasper Griffin, 《라틴 시인과 로마의 생활Latin Poets and Roman Life》(Univ. of North Carolina Press, 1986)

Jerome Carcopino, 《고대 로마의 일상생활Daily Life in Ancient Rome》(Yale Univ. Press, 1940)

Judith Evans Grubbs, 《고대 후기의 법과 가족Law and Family in Late Antiquity》(1995)

Judith P. Hallett, 〈로마 연시에서 여성의 역할 : 반문화적 페미니즘The Role of Women in Roman Elegy : Counter-cultural Feminism〉, John Peradotto · J. P. Sullivan (eds.), *Women in the Ancient World*(State Univ. of New York Press, 1984)

Julian Pitt-Rivers, 《세켐의 숙명 혹은 성의 정치 : 지중해 인류학 시론The Fate of Shechem or the Politics of Sex : Essays in the Anthropology of the Mediterranean》(Cambridge, 1977)

Katherine M. Rogers, 《골칫거리 동반자 : 문학에서 반여성주의의 역사The Troublesome Helpmate : A History of Misogyny in Literature》(Univ. of Washington Press, 1966)

Leo Ferrero Raditsa, 〈아우구스투스 혼인 관련 입법, 생식, 사랑, 그리고 간통Augustus' Legislation Concerning Marriage, Procreation, Love Affairs and Adultery〉, *Aufstieg und Niedergang der Römischen Welt II*, 13(1980)

M. Humbert, 《로마의 재혼Le Remariage à Rome》(Milano, 1972)

Marcel Benabou, 〈혼인 관행과 철학적 표상Pratique matrimoniale et Representation Philosophique〉, *Annales E. S. C.* 42(1987)

P. Csillag, 〈아우구스투스 시대의 혼인법Das Eherecht des Augusteischen Zeitalter〉, *Klio* 50(1968)

Paul Allen Miller, 〈카툴루스의 의식, '자기에의 배려', 역사에서 부정의 힘Catullan Consciousness, the 'Care of the Self', and the Force of the Negative in History〉, David H. J. Lamour · Paul Allen Miller · Charles Platter (eds.), *Rethinking Sexuality : Foucault and Classical Antiquity*

Paul Meyer, 《법 문헌과 비문에 보이는 로마의 내연 관계Der römische Konkubinat nach den Rechtsquellen und den Inschriften》(Leipzig, 1895)

Paul Veyne, 〈로마 제정 초의 가족과 사랑La famille et l'amour sous le Haut-Empire Romain〉,

     Annales E. S. C. 33(1978)

―――――, 《로마의 연시*Roman Erotic Elegy*》(Chicago, 1988)

Susan Treggiari, 《로마의 혼인*Roman Marriage*》(Oxford, 1991)

―――――, 〈풍속 없는 법Leges sine moribus〉, *The Ancient History Bulletin* 8(1994)

T. A. Dorey, 〈로마 제정 초의 간통과 선전Adultery and Propaganda in the Early Roman Empire〉, *Univ. of Birmingham Historical Journal* 8(1961)

Wilfried Stroh, 〈오비디우스의 연시와 아우구스투스의 혼인법Ovids Liebskunst und die Ehegesetze des Augustus〉, *Gymnasium* 86(1979)

김경현, 〈고대 로마의 동성애〉, 《역사와 문화》 제4호(2001)

―――, 〈공화정 후기에서 제정 전기 사이 로마 상류층에서 '여성해방'의 실제〉, 《서양고전학 연구》 제11집(1997)

미셸 푸코, 《성의 역사 2―쾌락의 활용》, 신은영·문경자 옮김(나남, 1990)

―――, 《성의 역사 3―자기에의 배려》, 이명목·이혜숙 옮김(나남, 1990)

루이 세바스티앵 메르시에의 앙시앵 레짐 문화 비평*

주 명 철**

1. 머리말

앙시앵 레짐ancien régime의 파리를 연구하는 학자라면 루이 세바스티앵 메르시에Louis Sébastien Mercier(1740~1814)를 적어도 한 번씩은 언급할 정도로, 메르시에는 그 시대의 중요한 증인이다. 다니엘 로슈Daniel Roche는 최근에 책임편집을 맡은 책의 서론에서 메르시에를 언급하면서 말을 꺼냈다.

세바스티앵 메르시에는 파리를 잘 안다. 왜냐하면 그는 이 도시에서 태어났고, 다른 곳에서 산다는 것을 생각조차 할 수 없었기 때문이다. 게다가 그는 거기서 철학과 도덕의 성찰거리를 계속 찾을 수 있었다.[1]

---

* 이 글은 2006년 2월《프랑스사 연구》제14호에 실린 같은 제목의 논문을 수정·보완한 것이다.
** 서강대 영문학과와 같은 학교 대학원 사학과를 졸업하고 프랑스 파리 1대학에서 역사학 박사 학위를 받았다. 현재 한국교원대 역사교육과 교수로 재직 중이다. 저서로는 박사 학위 논문을 우리말로 번역 출판한《바스티유의 금서》,《다이아몬드 목걸이 사건과 마리 앙투아네트 신화》,《서양 금서의 문화사》,《지옥에 간 작가들》,《파리의 치마 밑》이 있고, 역서로는 로버트 단턴의《책과 혁명》, 다니엘 로슈의《지방의 계몽주의》, 다니엘 모르네의《프랑스 혁명의 지적 기원》,《사생활의 역사 1》(공역) 등이 있다. 주로 18세기 프랑스의 사회와 문화를 다룬 논문을 쓰고 있다.

메르시에는 20대 초에 습작 한두 편을 《메르퀴르 드 프랑스Mercure de France》에 발표하더니, 20대 중반부터 많은 작품을 써서 널리 이름을 떨쳤다. 그는 혁명기에도 신문을 발행하는 한편 정계까지 진출해 활약한 인물이다. 메르시에는 대중을 즐겁게 해주기 위해서 73권이나 썼다고 자랑할 정도로 다작가였다.[2] 그는 소설가, 극작가, 연극 이론가, 어휘 연구가, 신문 기자, 수필가, 열렬한 논쟁가로 유럽 여러 나라에 널리 이름을 날렸다. 그럼에도 불구하고 1989년 프랑스 혁명 200주년 기념 학술 대회에서도 그는 큰 주목을 받지 못했다. 다행히 1990년대에 들어서면서 그의 작품을 엮은 책이 발간되고 그의 작품을 본격적으로 연구한 결과가 나왔는데,[3] 우리나라에서는 주로 금서를 쓴 베스트셀러 작가로 소개되는 데 그쳤다.[4] 이 글에서는 메르시에의 작품 중에서 《파리의 모습Tableau de Paris》[5]과 한두 가지 작품을 바탕으로 그를 소개하는 동시에, 그가 자신이 속한 사회와 문화를 어떻게 보았는지 살펴보려 한다.

---

1) Daniel Roche (Dir.), *La ville promise : Mobilité et accueil à Paris(fin XVIIe-début XIXe siècle)*(Paris : Librairie Arthème Fayard, 2000), 7쪽.
2) Bibliothèque de l'Arsenal, ms. 15081(I. I), f. 379.
3) Louis Sébastien Mercier, *Tableau de Paris*, t. 2, Jean-Claude Bonnet (Dir.) (Paris : Mercure de France, 1994) ; *Le Nouveau Paris* (Paris : Mercure de France, 1994) ; Jean-Claude Bonnet (Dir.), *Louis Sébastien Mercier : un hérétique en littérature*(Paris : Mercure de France, 1995) ; Enrico Rufi, *Le rêve laïque de Louis Sébastien Mercier entre littérature et politique*(Oxford : Voltaire Foundation, 1995), viii · 234쪽 ; Elisabeth Bourguinat, *Les rues de Paris(au XVIIIe siècle)*(Paris : Paris-Musées, 1999). 물론 19세기와 20세기에도 그의 업적을 다룬 책은 많다. *Louis Sébastien Mercier : un hérétique en littérature*에서 보네Jean-Claude Bonnet가 제공하는 참고 문헌 정보(483~489쪽)를 참조할 것. 메르시에의 작품을 더 잘 이해하기 위해 다음과 같은 연구서는 필수적이다. Arlette Farge, *La Vie fragile : Violence, pouvoirs et solidarités à Paris au XVIIIe siècle*(Paris : Hachette, 1986) ; Arlette Farge, *Vivre dans la rue à Paris au XVIIIe siècle*(Paris : Gallimard · Julliard, 1992) ; Daniel Roche, *Le Peuple de Paris*(Paris : Aubier-Montaigne, 1981).
4) 주명철, 《서양 금서의 문화사》(길, 1996) ; 로버트 단턴, 《책과 혁명》, 주명철 옮김(길, 2003). 특히 《책과 혁명》에서는 메르시에의 작품 《2440년, 한번쯤 꾸어봄직한 꿈L'an deux mille deux cent quarante, Rêve s'il en fût jamais》을 분석하고, 일부를 발췌해서 싣고 있다.
5) 이것을 《파리의 풍경》으로 옮겨야 적절하다는 의견도 있다. 그러나 '풍경'이라는 말에서 우리가 기대하는 것과 실제로 메르시에가 쓴 내용은 조금 차이가 있으며, '모습'은 '풍경'이라는 뜻도 포함하기 때문에 큰 문제는 없다고 본다.

앙시앵 레짐 말, 여론은 일시적으로 형성되고 사라지는 것이 아니라 늘 존재하면서 기존의 체제 수호자들과 주도권을 다투고 있었다. 여론을 이끌어간 두 집단은 작가와 법률가였다. 특히 작가는 새로운 의미의 정치 언어를 만들어 내면서 앙시앵 레짐의 변화를 촉구했다. 예를 들어 '사회 계약론'은 홉스Thomas Hobbes와 로크John Locke가 주창한 것이었지만 루소Jean-Jacques Rousseau를 거치면서 완전히 새로운 의미를 가진 말이 되었다. 메르시에는 볼테르Voltaire나 디드로Denis Diderot의 영향을 받기도 했지만 루소의 영향을 가장 많이 받았으며 루소의 문체를 본받아 글을 쓰려고 노력했다.[6] 그는 수많은 극작품을 썼으며 신문 기사처럼 직설적인 문체로 자기가 속한 세계의 약점을 그려냈다. 사실, 그가 살던 시대의 중요한 매체인 신문은 연극처럼 반복되던 앙시앵 레짐의 시간을 일직선으로 흐르게 만들었다. 왜냐하면 신문을 연속적으로 읽으면 사건이 일어나고 발전하여 귀착되는 과정을 알 수 있기 때문이다. 1776년 파리에서 최초의 일간지 《주르날 드 파리 Journal de Paris》가 발간되고, 영국에서 잡지 《쿠리에 드 뢰롭 Courrier de l'Europe》이 수많은 독자를 확보하던 시대에,[7] 메르시에는 인기 있는 작가였다. 그러므로 이 글은 메르시에의 작품 세계뿐만 아니라 앙시앵 레짐 말기의 문화를 이해하는 데 도움이 될 것이다.

2. 생애와 작품

작가의 생애와 작품은 얼마나 밀접한 관련이 있을까? 예를 들어, 사드 후작 Marquis de Sade은 실제로 여성을 납치해서 폭력을 휘둘렀고 그래서 감옥에 갇혔다. 그러나 그의 작품은 그가 실제로 하지 않은 행위도 묘사한다. 그러므로 우

---

6) 로버트 단턴, 《책과 혁명》, 211~212쪽.
7) 《쿠리에 드 뢰롭 Courrier de l'Europe》에 대해서는 주명철, 〈테브노 드 모랑드의 비밀정보원 활동〉, 《서양사론》 제84호(2005. 3), 39~74쪽 참조.

리가 사드 후작의 생애를 잘 모른다 해도 큰 실수를 저지르지 않고 그의 작품을 이해할 수 있을 것이다. 그러나 사드 후작과 달리 메르시에는 파리의 거리를 활보할 수 있었다. 그런 그가 파리에 대해서 얘기하고, 거기서 본 풍속에 대해 교훈적인 글을 썼다는 것을 감안하면 그의 생활과 작품을 연결해서 이해하는 것이 바람직하다.[8] 메르시에는 1740년 6월 6일, 퐁뇌프와 루브르의 중간에 위치한 케 드 레콜Quai de l'Ecole에서 태어났다. 아버지는 메스 출신의 칼 제조·연마사이며, 어머니는 석수장이의 딸이었다. 1741년 동생 샤를 앙드레가 태어났고, 1743년 어머니가 사망했다. 메르시에는 유년기에 본 가난한 선생들과, 자신의 초중등학교 시절을 여기저기서 묘사했다. 메르시에는 예수회가 폐지되면서 교사 자리가 빈 덕택에 1763년부터 1765년까지 보르도에 있는 마들렌 중등학교의 담임교사로 재직할 수 있었다. 그 뒤, 파리로 돌아와 한때 상트페테르부르크로 가서 기회를 잡으려고 했으나 여권을 발급받지 못했다.

메르시에는 1776년 대학 입학 자격bachelier, 1777년 학사 자격licencié을 얻었지만, 일찍이 열일곱 살(1757년)에 테아트르 프랑세에서 볼테르의 〈브루투스Brutus〉를 보면서 문학의 꿈을 꾸기 시작했다고 회고했다. 그의 문체는 간결하며, 그의 좌우명——한 줄이라도 쓰지 않고서는 하루가 지나지 않는다nulla dies sine linea[9]——이 보여주듯이, 그는 글을 빨리, 많이 썼다. 그의 문체는 신문 기사에 적합했다.[10] 그는 일찍부터 문학에 대한 의견을 담은 소품을 쓰고,[11] 《파리의 모습》에서 문단을 분석하거나 1801년에 나온 《새 말 사전》[12]에서 언어와 "문체의 혁신"에 대

---

8) 이 부분은 *Tableau de Paris*, t. I, "Introduction", I~LII쪽 내용을 정리했다. 여기서 따로 출처를 밝히지 않고 직간접으로 옮기는 글은 모두 보네가 쓴 글을 이용한 것임을 밝혀둔다.
9) Bibliothèque de l'Arsenal. ms. 15081(I. I), f. 380. 그리고 이 좌우명은 《밤에 쓰는 모자*Mon bonnet de nuit*》(Neuchâtel, 1784)에 공식적으로 등장했다.
10) Shelly Charles, "L'écrivain journaliste", Jean-Claude Bonnet (Dir.), *Louis-Sébastien Mercier : un hérétique en littérature*(Paris : Mercure de France, 1995), 85쪽.
11) *Bonheur des gens de lettres*(1763) ; *Discours sur la lecture*(1764) ; *De la littérature et des littérateurs*(1778).
12) *Néologie ou vocabulaire des mots nouveaux, à renouveler ou pris dans des acceptions nouvelles*, par Louis Sébastien Mercier, membre de l'Institut national de France, A Paris, An IX(1801). 원제를 번역하면 《새로운 용법으로

해 고찰하면서 문학적 소명 의식을 보여주었다. 한마디로, 그는 애초부터 당시 문단의 상황을 보기 드물 정도로 명석하게 비평했다. 그는 위대한 문인을 닮고 싶어 했다. 그는 "우리 시대에 수다스러운 파리인들이 가장 많이 주목하는 세 사람"으로 프로이센의 왕(프리드리히 2세), 볼테르, 루소를 꼽았다.[13] 메르시에가 1766년에 발표한 첫 작품 《아랍 시인 이제르벤 이야기 Histoire d'Izerben, poète arabe》는 볼테르를 본받아 쓴 것이었다. 그는 또 루소를 가장 존경했고, 루소를 프랑스 혁명의 선구자로 찬양했다.[14]

다음 작품은 마르몽텔Antoine Marmontel의 방식을 좇은 《도덕적 이야기 Contes moraux》로 《메르퀴르 드 프랑스》에 실렸다가 1769년에 한데 엮어 발간되었다. 메르시에는 또 1766년에 같은 종류의 이야기를 담은 《철학적 꿈 Songes philosophiques》을 쓰고, 이듬해에는 독일어 작품을 각색한 《야만인 L'Homme sauvage》을 발표했다. 그가 대대적으로 성공하고 널리 이름을 떨친 작품은 1770년에 발표한 《2440년, 한 번쯤 꾸어봄직한 꿈 L'an deux mille deux cent quarante, Rêve s'il en fût jamais》이었다.[15] 그러나 이 작품은 저자의 이름을 밝히지 않고 나왔기 때문에, 당시 사람들은 오랫동안 볼테르의 작품이라고 생각했다. 1784년 독일이나 에스파냐에서도 이 작품이 볼테르의 것이라고 여겨졌다.[16] 또 이 작품을 루소의 것이라고 생각하는 사람도 있었다.[17] 그는 이렇게 위대한 계몽사상가를 본받는 데 성공했다. 이 작품을 쓴 뒤

쓰거나 새로 수용된 낱말 가운데 빌려온 새 말 사전》이나 이하 본문에서 《새 말 사전》으로 줄여 쓴다.

13) *Tableau de Paris*, t. I, "La nouvelle Athènes", 45쪽.

14) *De J. J. Rousseau, considéré comme l'un des premiers auteurs de la Révolution*, par M. Mercier, A Paris, Chez Buisson, Imprimeur-Libraire, rue Hautefeuille, N° 20(1791. 6). "그[장 자크 루소]는 박력 있고 부드러운 표현으로, 수사적 허구에 찬 사람들에게는 이치에 맞는 도리를, 향락적인 사람들에게는 진정한 즐거움을, 그릇된 길로 접어든 예술에는 자연의 단순성을, 의심하는 사람에게는 계시의 평온함을 되찾아주었다."

15) 이 작품은 1786년 새로운 판으로 재발간되었다. "저자의 말"에서 메르시에는 초판이 나온 뒤 수많은 해적판이 나왔는데, 특히 스위스 뇌샤텔 출판사 la Société Typographique de Neuchâtel가 해적판을 제작하고, 저자가 쓰지도 않은 내용까지 덧붙였다고 비난했다. 자신은 1786년의 증보판을 내면서 새로운 내용을 추가해서 3권으로 만들었다고 독자에게 말했다. 1786년 판, "Avis de l'auteur", v~vi쪽.

16) Enrico Rufi, *Le rêve laïque de Louis Sébastien Mercier entre littérature et politique*, 72~73쪽.

17) Enrico Rufi, *Le rêve laïque de Louis Sébastien Mercier entre littérature et politique*, 73쪽.

10년 동안 메르시에는 극작에 전념했고, 그의 재능을 인정한 디드로는 그에게 "당신은 프랑스인의 극작가가 될 것입니다Monsieur, vous serez le dramaturge des Français"라고 예언했다고 한다. 그의 극작품 50여 편 가운데 30여 편이 발간되었다. 마리 앙투아네트Marie Antoinette는 메르시에가 1770년에 쓴 《탈주병 Le Déserteur》을 보고 울기까지 했으며, 개인 금고를 열어 메르시에에게 은급을 하사했다. 1772년의 작품 《극빈자 L'Indigent》도 대성공을 거두었다. 1775년의 《식초 장수의 손수레, 3막극 Brouette du vinaigrier, en trois actes》는 유럽 전체의 무대에서 "굴러다녔다"고 메르시에가 자랑할 정도였다.[18]

당시 그의 연극은 사람들을 불러 모았지만, 그가 쓴 연극론은 별다른 주목을 받지 못했다. 그러나 그의 연극론은 극작보다 오늘날 더 주목을 받을 만하다. 그는 1778년 잇달아 연극론 두 편을 발간했다.[19] 이 작품들은 그의 경력에 중요한 전기를 마련했다. 그는 이제 분리파le dissident로 행동했다. 다시 말해서, 그는 그 시대의 연극론을 비판하면서, 제 나름의 연극론을 주장하기 시작했다. 신문은 그의 극작에 대해서는 환영했지만, 연극론에 대해서는 냉담했다. 프랑스의 비평가들──엘리 프레롱Elie Fréron, 장 프랑수아 드 라 아르프Jean-François de La Harpe, 샤를 팔리소Charles Palissot de Montenoy, 사바티에 드 카스트르Antoine Sabatier de Castres──은 그가 연극에 대해 내놓은 새로운 제안을 거들떠보지도 않았지만 독일의 레싱Gotthold Ephraim Lessing과 실러Johann Christoph Friedrich von Schiller는 곧바로 반응을 보였다. 메르시에는 신문에 매력을 느끼고 작품을 쓰기 시작할 때부터 틈틈이 신문에 글을 발표하다가 1775년 《부인들의 신문 Journal des dames》의 편집장을 맡고부터 정기적으로 글을 올렸다. 그러면서 파리에 관한 원고가 쌓였고, 메르시에는 나중에 《파리의 모습》을 발간할 때 그것을 이용했다. 1777

---

18) *Tableau de Paris*, t. II, ch. 547, 39~40쪽. 정확하게는 "내가 그것을 유럽의 모든 극장에서 내 나름대로 굴러다니게 만들었고, 비평가들은 깜짝 놀랐다"고 말했다. 이 작품에 대해서는 제4장 '민중이 주는 교훈'에서 따로 다루겠다.

19) *Du théâtre ou Nouvel Essai sur l'art dramatique ; Nouvel Examen de la tragédie française.*

년, 그는 도라Claude Joseph Dorat에게 편집장 자리를 물려주었다. 그는 1770년 대에 파니 드 보아르네Fanny de Beauharnais의 살롱과 라 레니에르Grimod de La Reynière의 연극 비평 모임에 드나들면서 여러 친구를 사귀었다. 그중에는 메르시에처럼 파리의 생활을 보고한 레티 드 라 브르톤Nicolas-Edme Rétif de La Bretonne,[20] 영Arthur Young과 셰익스피어William Shakespeare의 작품을 번역한 르 투르뇌르Pierre Le Tourneur, 퀴비에르 팔메조Cubières-Palmézeaux, 드 살Delisle de Sales이 있었다.

메르시에는 여러 차례 해외를 여행하면서 대중과 만났다. 1780년 봄에는 런던으로 가서 《파리와 런던의 비교 검토Parallèle de Paris et de Londres》를 썼고, 1787년에는 독일로 가서 실러의 《도둑들Brigands》 공연을 열광적으로 관람했다. 그는 스위스에서 가장 오래 머물렀다. 메르시에는 1781년 3월 말 뇌샤텔 출판사la Société Typographique de Neuchâtel에서 《파리의 모습》을 두 권으로 발간한 뒤, 그해 7월부터 1785년 봄까지 스위스에서 지냈다. 그는 《파리의 모습》 때문에 추적을 받을까 봐 두려워하기도 했지만 "알프스 산맥의 발치에서" 그 작품을 보완하려는 이유로 스위스에 남아 있었다. 1782년 1월, 《파리의 모습》을 네 권짜리로 새로 발간했다. 그리고 1783년 6월, 다시 네 권을 추가했다. 그 사이에 메르시에는 새 작품을 썼다. 이렇게 해서 1784년 2월, 두 권짜리 《밤에 쓰는 모자Mon bonnet de nuit》를 발간했는데, 이 작품은 《파리의 모습》 속편의 전주곡이었다. 1786년에는 다른 출판사에서 《파리의 모습》 두 권이 더 나왔다. 메르시에는 파리로 돌아간 뒤, 《파리의 모습》 9권부터 12권을 이름 모를 출판인이 발행토록 했다. 1789년이 되어서야 12권을 한꺼번에 찍은 유일한 판이 프랑스에서 완성되었다. 비평가들은 이 작품에 대해 비교적 신중한 반응을 보였지만, 대중은 이 작품에 열렬히 호응했다. 메르시에는 자기 책이 "유럽 전역에서 읽혔다"고 평했다. 이처럼 오직 펜만 가지고 재정적으로 윤택한 생활을 하던 메르시에는, 이미 《2440년, 한번쯤 꾸어봄직한

---

20) *Les Nuits de Paris ou le Spectateur nocturne*(Londres, 1788~1789), 14 parties en 7 vol., in~12.

꿈》에서 거대한 혁명을 맞이했다.

메르시에는 혁명 직전에 정치적인 글을 쓰기도 하면서 혁명에 대비했다.[21] 그는 원장 신부 브리자르l'abbé Brizard와 함께 루소 전집(1788~1793)을 발간했고, 1792년에도 정치적 의도를 담은 《프랑스 혁명의 일류 저자로 꼽히는 장 자크 루소에 대하여》[22]를 발간했다. 그는 1789년 10월 1일에 신문[23]을 창간했다. 그러나 이 인기 있는 신문을 카라Jean-Louis Carra에게 빼앗기자 1795년 자비를 들여 이 신문을 되찾았고, 《자유로운 사람들의 연단Tribune des hommes libres》이라는 이름으로 다시 발간했다. 그동안(1791~1793년), 메르시에는 지롱드파를 대변하는 《이달의 기사Chronique du mois》에도 참여했다. 비록 자코뱅파와 가깝게 지내고, 특히 1789년 결혼 증인으로 선택한 데물랭Camille Desmoulins과 가까이 지냈지만 그는 온건주의자였다. 그래서 파리 근교의 센 에 우아즈를 대표하는 의원으로 국민공회에 나간 그는 왕을 감금하는 것은 찬성했지만 죽이는 것은 반대했다. 그는 자기 견해를 증명하기 위해 1793년 1월 7일 긴 연설을 했다. 그리고 그는 6월 18일 로베스피에르Maximilien-François-Marie-Isadore de Robespierre와 대립했다. 그러나 그는 벌을 받지 않았다. 사람들이 그의 연설에 동의하지 않았지만, 그것은 진짜 위대한 연설이었기 때문이다. 이때 그의 좌우명은 이른바 "죽지 말고 이기자 vaincre sans mourir"였다. 그는 지롱드파를 위해 청원에 서명했기 때문에 1793년 10월 6일부터 1794년 10월 24일까지 감옥에 갇혔지만 잘 적응한 덕분에 살아남을 수 있었다.

확신에 찬 공화주의자였던 메르시에는 당파성을 가진 사람들을 경멸했다. 그는 《새로운 파리Le Nouveau Paris》(1798)에서 신문과 민중 협회를 비뚤어지고 치명적인 반대 세력이라고 고발했다. 왜냐하면 이들이 국민 대표의 유일한 합법적인 주권을 온전히 지키지 못하게 만들었기 때문이다. 테르미도르 반동 이후, 그는 500

---

21) *Notions claires sur les gouvernements*(1787).
22) 원제는 주 14번을 참조하라.
23) "par une société d'écrivains patriotes et dirigé par M. Mercier", *Annales patriotiques et littéraires de la France*.

인 위원회에 들어가 1796년에 여러 차례 연설과 보고를 했다. 그는 특히 데카르트 René Descartes의 무덤을 팡테옹으로 이장하자는 앙드레 셰니에André Chénier의 제안에 반대했으며, 언어 교육과 화가에게 면허장을 주는 것에 대해 연설했다. 1795년에 메르시에는 학사원Institut 회원이 되었고, 1797년에는 중앙 전문학교 Ecoles centrales의 역사 교수가 되었다. 그는 강의 원고를 발간하고 싶어 했지만, 오늘날 그것이 어디 있는지 찾을 수 없다. 그는 칸트Immanuel Kant를 알리려고 노력했고, 가장 흥미로운 두 작품──《새로운 파리》,《새 말 사전》──을 발간했다. 그는 떠들썩하게 관념론자를 공격했으며 학사원에서 토론을 했다. 그리하여 그는 스스로 말했듯이 "고대사와 고대 문학"의 자리로 "강제 이주"를 당했다. 메르시에는 말년에 거의 풍자문만 썼다. 그는 말년에 바로Varrot d'Amiens에게 아주 유쾌하게 선언했다. 앞으로 자신은 사태가 어떻게 변하는지 호기심만으로 살아가겠다고 말이다. 그는 결국 나폴레옹 제국이 무너지는 것을 보았고, 아주 만족스럽게 지내다가 1814년 4월 25일 세상을 떠났다.

3. 메르시에의 눈[24]

우리는 18세기 부르주아의 눈으로 당시 파리의 모습을 본다. 메르시에는 우리에게 자신의 눈을 빌려주었다. 메르시에의 눈은 우리를 파리의 구석구석으로 안내하면서 거리, 사람, 제도, 풍습을 하나하나 소개한다. 우리는 그 덕택에 220여 년 전의 파리로 한걸음에 다가가서 세계 곳곳에서 온 사람들을 만난다. 메르시에의 말대로 "생각할 줄 아는 사람이라면 파리에서 인류에 관한 모든 것을 알 수 있다".[25]

---

24) 이 부분을 쓰는 데 Jean-Rémy Mention, "L'oeil : modes d'emploi. Les psychés de Louis Sébastien Mercier", Jean-Claude Bonnet (Dir.), *Louis Sébastien Mercier : un hérétique en littérature*, 153~198쪽에서 영감을 받았다.

25) *Tableau de Paris*, t. I, ch. 1, "Coup d'oeil général", 23쪽.

우리는 파리의 거리에서 하루 종일 보도 위에 누워 있는 아시아 사람들, 랩랜드 사람들, 조그만 말다툼에도 배를 가르는 일본인, 자기가 어느 시절에 사는지도 모르는 에스키모, 검은색 피부를 갖지 않은 흑인, 칼을 차고 다니는 퀘이커 교도들을 만난다.[26]

메르시에는 '보는 일'을 강조한다. 그러나 그는 눈으로 볼 수 있는 것만 보지 않는다. 그가 실제로 칼을 찬 퀘이커 교도나 배를 가르는 일본인을 보았다고 믿는 독자는 없다. "나는 파리에 대해서 말하겠다. 그러나 그곳에 있는 건축물, 신전, 기념 건축물, 명소에 대해서는 다른 사람들이 이미 썼으므로 여기서는 말하지 않겠다"고 그는 단호하게 이야기한다.[27] 그는 광장이나 거리를 지형학적으로 묘사하기보다는 정신적 측면과, 그것의 순간적 변화와 차이를 보겠다고 말한다.[28] 그러면서도 메르시에는 '보는 일'을 중시했다.

파리의 모든 입자들이 살아 움직이면서 뇌를 진동시켜 사상을 낳게 하지 않는다 할지라도 언제나 수없이 많은 예술, 직업, 노동, 다양한 관심거리로 자극을 받아 일찍부터 눈이 크게 뜨이고, 아무것도 주시하지 않을 나이에 벌써 주시하는 일을 삼가지 않는다. 매 순간, 모든 감각은 질문을 받는다. 금속은 단련되고 모든 형태로 바뀐다. 금속을 분지르고, 줄로 갈고, 닦아서 빛을 내고, 모양을 잡는다……가게 앞을 지날 때 자연을 변형시키는 예술이 외치는 소리에 정신은 무기력한 상태에서 번쩍 깨어난다. 과학은 도처에서 우리를 부르고, 우리에게 말한다. "보시오"라고.[29]

그러나 메르시에는 우리에게 육체의 눈뿐만 아니라 마음의 눈도 빌려준다.

---

26) *Tableau de Paris*, t. I, ch. 1, "Coup d'oeil général", 23쪽.
27) *Tableau de Paris*, t. I, "Préface", 13쪽.
28) *Tableau de Paris*, t. I, "Préface", 14쪽.
29) *Tableau de Paris*, t. I, "Préface", 25쪽.

상상 속에서 여행을 할 줄 아는 사람이라면, 인도에서 짠 눈부신 천을 깔고 앉아 중국이나 일본에서 생산한 도자기에 향기로운 차를 끓여 페루의 은광에서 캐낸 은으로 만든 찻숟갈로 아프리카에서 잡혀 온 불행한 흑인들이 아메리카에서 재배한 설탕을 퍼 넣는 사람들의 모습을 볼 수 있을 것이다."[30]

그러면서도 "나는 이 저작에서 오직 화가의 붓만 손에 들었고, 어떤 것도 철학자의 깊은 성찰의 대상으로 삼지 않았다"고 고백한다.[31] 그는 눈과 마음으로 볼 수 있는 것을 그리되, 그것의 철학적 존재 이유까지 파헤치지는 않는다. 그는 그 같은 일은 자기 몫이 아니라고 생각했다.

메르시에는 자기가 태어난 파리를 우리에게 안내하면서 은근히 자부심을 내비친다. 그는 "파리의 공기는 특별한 공기"라서, 재능을 가진 사람은 파리의 공기를 마셔야 그것을 완성시킬 수 있다고 말한다.[32] 그러나 특별한 공기를 마시면서 산다고 해서 모든 사람이 메르시에의 눈처럼 부지런할 수 있을까? 그는 "파놉티콘 panopticon"의 간수처럼 모든 곳을 본다. 그러나 그는 붙박이처럼 앉아서 모든 구석을 보는 것이 아니라 발품을 팔고 상상력을 동원해서 파리를 본다. 그의 눈을 달고 있는 우리가 오히려 "파놉티콘"의 간수 같다. 우리는 가만히 앉아서 그가 쓴 작품을 읽기만 하면 된다. 거기서 자신의 능력을 은근히 과시하는 메르시에의 눈을 좇아가면 그만이다. "모든 거리의 모퉁이에서 눈을 자극하는 감동적인 그림들, 보고 들을 줄 아는 사람에게는 인상적이고 대조적인 그림들의 진열장"[33]을 거의 모두가 무심코 지나쳤을 테지만, 메르시에만은 파리의 일상생활을 놓치지 않는다. "눈을 가진 사람이라면 누구나 곰곰이 생각하지 않기란 불가능"하기 때문이다.[34]

---

30) *Tableau de Paris*, t. I, ch. 1, "Coup d'oeil général", 28쪽.
31) *Tableau de Paris*, t. I, ch. 1, "Coup d'oeil général", 17쪽.
32) *Tableau de Paris*, t. I, ch. 1, "Coup d'oeil général", 24쪽.
33) *Tableau de Paris*, t. I, ch. 1, "Coup d'oeil général", 27쪽.
34) *Tableau de Paris*, t. I, ch. 1, "Coup d'oeil général", 26쪽.

그러나 메르시에는 자기가 본 것만이 전부이며 자기 생각만이 옳다고 말하지 않는다. "1,000명이 같은 곳을 여행할 때 각자 똑같은 것을 보고서도 자기 나름대로 쓸 것"이기 때문이다.[35] 그러므로 그의 《파리의 모습》은 독자로 하여금 저자와 자신을 비교하도록 만든다. "독자는 비교함으로써 대상을 다시 보고, (저자가 제대로 보지 못한 것과) 비교하고 싶은 욕망에 은밀히 사로잡힐 것이다."[36] 이렇게 메르시에는 자기 책의 독자가 비판 정신을 갖기를 바랐다. 비교는 비판의 첫걸음이기 때문이다. 메르시에는 다른 사람과 다르게 볼 수 있으므로 철학적 사유의 차이까지 강조하거나 강요할 필요는 없다고 생각하는 것 같다.

메르시에는 페니키아나 이집트 사람들의 불확실한 역사보다는 자기 앞에서 살아 움직이는 사람들에게 더 많은 관심을 기울인다. 그는 "80만 명이 어깨를 부딪치며"[37] 살아가는 파리를 관찰한다. "진흙탕의 도시Ville de boue"라는 뜻의 라틴어 뤼테시아[38]에서 시작한 파리는 다행히 "어떤 천사의 엉덩이에서 나와, 어느 정도 정화력이 있는 센의 강물"[39]이 흐르는 덕택에 적당히 먼지나 때를 벗을 수 있다. 이 도시에서는 날마다 사람이 죽고 태어난다. 방금 죽어가는 환자에게 설교하던 사제가 젊은이 한 쌍의 결혼식을 주재하고, 공증인은 이제 갓 태어난 부부에게 죽는 날에 대해 말한다. 앞날을 생각하지 않고 그저 사랑하는 두 사람을 위해 법은 앞날을 예고해주는 것이다.[40] 법이 선견지명을 갖고 있다 해도, 파리 주민 전부를 먹여 살리는 일은 정치적으로 가장 큰 관심사다. 주민 가운데 20만 명 이상이 미식가이자 낭비벽이 있었기 때문에 먹고사는 일에서 벌써 불평등이 판을 친다. 지체 높은 공작은 짐꾼보다 세 배나 더 많이 먹으면서도 빵을 짐꾼보다 더 비싸게

---

35) *Tableau de Paris*, t. I, "Préface", 15쪽.
36) *Tableau de Paris*, t. I, "Préface", 14~15쪽.
37) *Tableau de Paris*, t. I, ch. 1, "Coup d'oeil général", 26쪽. 이 수치는 조금 많은 편이다. 역사학자들은 대체로 60만 명 남짓이라고 계산한다.
38) *Tableau de Paris*, t. I, ch. 455, "Décrotteurs", 1,255쪽.
39) *Tableau de Paris*, t. I, ch. 4, "Physionomie de la grande ville", 35쪽.
40) *Tableau de Paris*, t. I, ch. 1, "Coup d'oeil général", 26~27쪽.

사지 않는다. "사물이 뒤죽박죽인 곳에서 이처럼 믿을 수 없는 질서가 지배하고 있음을 보면서 어찌 놀라지 않을 수 있겠는가?"[41]

메르시에가 비록 철학자처럼 원리를 제시하려고 시도하지 않는다 할지라도, 보고 들은 것을 바탕으로 일어나는 생각을 정리하고 있음을 알 수 있다. 우리가 일상생활의 궤적을 그리듯이, 메르시에도 늘 다니는 길과 뜻하지 않게 들어서는 길, 거기서 늘 만나거나 어쩌다 만나는 사람과 사물을 자연스럽게 《파리의 모습》에서 나열하고 있다. 메르시에는 어떤 생각으로 이 작품을 썼을까? 그는 누군가 100년 뒤에라도 자기 작품을 찾아주기를 기대한다. 누군가 그렇게 한다면, 그것에 대해 메르시에는 이렇게 말할 것이다.

> 내가 그림을 잘 그렸기 때문이 아니라, 내 관찰이 우리의 광기와 이성을 이용할 다음 세기의 관찰과 연결되기 때문이리라. 자기 시대의 잘못을 고치기에 알맞은 유익한 진리를 말하고자 하는 작가라면 자신과 함께 살아가는 사람들에 대한 지식을 언제나 가장 중요하게 여기리라. 이것만이 오직 내가 바라는 영광이라고 말할 수 있다.[42]

파리, 불평등한 조건이 만들어낸 차이가 두드러진 곳. 메르시에는 파리의 역사적 변화보다는 현실을 더 많이 보고자 했다. 그는 파리의 기념 건축물이나 신전, 명소에 대해서는 말하지 않겠다고 못 박았지만 파리의 역사를 완전히 외면할 수는 없었다. 그래서 메르시에는 우리에게 단순히 눈을 빌려주는 데 그치지 않고, 파리의 역사를 배우기 위해 "함께 걸읍시다"라고 권유한다.

우리 조상이 세운 건축물들을 한번 살펴보자. 이렇게 하면 과거 수백 년의 역사를 배울 수 있다. 모든 교회, 기념 건축물, 네거리는 저마다 진기한 역사적 특성을 보여준다. 광신이 만들어

---

41) *Tableau de Paris*, t. I, ch. 1, "Coup d'oeil général", 27쪽.
42) *Tableau de Paris*, t. I, "Préface", 18쪽.

낸 것은 모두 내 기억에 남을 것이다. 왜냐하면 고대의 어리석은 짓이 바로 그런 기념 건축물에 고스란히 남아 영원히 전해오기 때문이다.[43]

파리는 마치 테세우스가 타던 배처럼 낡은 부분을 그때그때 새 것으로 바꿔 붙였기 때문에 처음 건설할 때의 조각은 남아 있지 않다. 그동안의 역사도 뽕밭이 바다로 변한 격이다.[44] 수백 년 전으로 거슬러 올라가보면 인간의 처지가 얼마나 바뀌었는지 알 수 있다. 진정한 족보를 연구한다면 조상 가운데 노예가 한 사람도 없는 왕이나, 반대로 왕이 한 사람도 없는 노예란 없을 것이다.[45] 프랑스인은 로마인보다 자랑스러운 조상을 가졌다. 로마인의 조상은 기껏해야 목동인 로물루스가 아니던가? 그러나 프랑스인의 조상은? 프랑크족이다. 메르시에는 "자유를 사랑하는 정복자"의 피가 자신에게 흐르고 있음을 자랑한다.[46]

메르시에와 함께하는 파리의 역사 더듬기는 페 토 디아블 거리la rue du Pet-au-Diable[47]와 티르 부댕 거리la rue Tire-Boudin[48]에서 시작한다. 티르 부댕, 하필이면 이 고약한 이름의 거리가 출발점인가? 중세부터 티르 비Tire-V라고 불리던 거리는 1419~1421년에 노골적인 이름을 조금 순화해 티르 부댕 거리가 되었다. 창녀촌이 있다는 이유로 이렇게 불리던 거리는 오늘날 마리 스튀아르(메리 스튜어트) 거리로 거듭났다. 메르시에는 이곳에서 "뤽상부르, 팔레 루아얄, 튈르리로 연결되는 아름다운 거리들을 본다".[49] 가장 가난한 거리에서 보는 사치스러움, 이것은 얼마나 극단적인 대조인가! 우리는 이때 겹눈을 갖는다. 메르시에가 우리

---

43) *Tableau de Paris*, t. I, ch. 178, "Promenons-nous", 425쪽.
44) *Tableau de Paris*, t. I, ch. 178, "Promenons-nous", 425쪽.
45) *Tableau de Paris*, t. I, ch. 178, "Promenons-nous", 426쪽.
46) *Tableau de Paris*, t. I, ch. 178, "Promenons-nous", 426~427쪽.
47) 이 거리의 다른 이름은 투르니케 생 장 거리였다. 1838년 케 드 로텔 드 빌부터 뤼 드 리볼리 사이의 로보 Lobau 거리에 편입되었다. Jacques Hillairet, *Dictionnaire historique des rues de Paris*(Les Editions de Minuit, 1957 · 1961).
48) '티르tire'는 꺼내기, 또는 뽑기를, '부댕boudin'은 순대를 뜻한다. 남성의 생식기와 관련된 이름인 것 같다.
49) *Tableau de Paris*, t. I, ch. 178, "Promenons-nous", 427~428쪽.

에게 빌려준 눈은 파리의 가장 천한 계층의 눈이 되었기 때문이다. 메르시에는 우리에게 "제국은 조그만 마을에서 시작되고, 해양 강국은 낚싯배에서 출발했다"는 사실을 일깨워주고자 했다.[50] 심지어 파리에서 "가장 건전한 구역은 서민이 사는 포부르 생 자크이며, 가장 불건전한 구역은 시테 구역"이라고 단언한다.[51] 이처럼 메르시에는 언제나 민중에 대해 특별한 마음을 품고 그들을 관찰하고 있다. 그것은 당연하다. 민중의 조상 가운데 왕도 있었을 텐데, 지금 처지가 불쌍하다고 해서 눈길을 주지 않는 것은 불공평한 일이 아닌가? 그는 "민중의 생계 수단에 대해" 특별한 관심을 쏟는다.[52]

4. 민중이 주는 교훈

메르시에는 〈하루의 시간Les heures du jour〉이라는 글에서 민중이 부지런히 움직이고, 사회적으로 천대를 받으면서도 사실상 경제의 기초적인 활동을 하는 모습을 관찰하고 자세히 보고했다. 메르시에는 이렇게 열심히 사는 민중의 모습을 오늘날의 우리가 봐도 존경스러울 정도로 묘사했다. 그런데 게으른 사람들이 민중이 일하는 소리 때문에 늦잠을 잘 수 없다고 불평하는 모습은 안쓰럽다. 차라리 한밤중에 마차 소리에 깨어난 소부르주아가 아내와 함께 아기를 만드는 모습이 미소를 짓게 만든다. 메르시에는 소리, 냄새 따위를 적절히 동원해 파리 민중의 삶을 생생하게 전해주고 있다. 그는 앙시앵 레짐의 신분 사회에서 밑바닥에 있는 사람들의 삶을 화가의 붓으로, 도덕론자의 색을 섞어 그렸지만 그것이 우리가 보기에 지나칠 정도로 편파적이지는 않다. 그러나 여성주의 시각에서 그의 글을 읽으면 그가 말하는 민중에는 여성이 거의 등장하지 않는다는 점을 발견할 수 있

---

50) *Tableau de Paris*, t. I, ch. 178, "Promenons-nous", 428쪽.
51) *Tableau de Paris*, t. I, ch. 4, "Physionomie de la grande ville", 35쪽.
52) *Tableau de Paris*, t. I, ch. 325, "Pain de pommes de terre", 861쪽.

다. 일찍 잠들었다가 한밤중의 시끄러운 소리 때문에 깬 소부르주아의 아내는 단지 "그의 반쪽sa moitié"으로 나오며, 그가 언급하는 여성은 오직 밤거리의 창녀로 등장하거나 동틀 녘에 물을 길어 파는 여성일 뿐이다. 게다가 메르시에가 창녀 덕택에 강간이 줄었다고 한 말은 분명 문제가 있다. 그러나 오늘날에도 여성의 역할을 어머니가 아니면 창녀에 한정시키는 사람이 있음을 생각해볼 때 남성 우월주의 문화가 사회적으로 훨씬 우세하던 시대에 살던 메르시에도 그 시대의 한계를 벗어나지 못했다는 사실만 확인하고 지나가도록 하자.[53)]

민중의 근면성을 찬양하는 생각은 이미 《식초 장수의 손수레, 3막극》[54)]에 잘 나타나 있다. 메르시에는 이 작품에서 자기가 바라는 세상이 어떤 것이며, 그런 세상을 만들 수 있는 사람이 누구인지 밝혔다.

> 내가 보고 싶은 모습은 이슬 한 방울이라도 더 받아먹으려고 두 팔을 활짝 벌리고 서 있는 커다란 참나무 밑에서 덩굴을 뻗은 보잘것없는 식물도 수액을 빨아들이는 장면이다. 가장 훌륭한 경제 제도의 비밀을 발견할 사람은 누구인가? 그는 아마도 거대하고 괴물 같은 재산을 잘게, 더 잘게 난도질할 수 있는 사람일 것이다. 그는 어떤 사람들이 쇠약해지는 동안 수종에 걸려 질식한 환자에게 가장 시급한 치료약을 찾아낼 수 있는 사람일 것이다.[55)]

메르시에는 거대하고 괴물 같은 재산을 잘게 쪼개서 골고루 나눠 줄 수 있는 제도를 기대했다. 그가 사는 시대의 제도는 그렇지 못했기 때문에 아마도 그가 꿈꾸는 제도는 더욱 절실했을지 모른다. 앙시앵 레짐의 경제 제도는 도시가 농민을 착취하고 귀족이 평민을 착취하는 세제에 바탕을 두고 있었다. 한마디로, 가난한 사람의 주머니에서 나온 세금을 모아서 특권층에게 은급, 금리를 지급했던 것이다.[56)]

---

53) *Tableau de Paris*, t. I, ch. 330, "Les heures du jour", 873~881쪽.
54) *La Brouette du vinaigrier, en trois actes*, par M. Mercier, A Londres et se trouve à Paris, Chez les Libraires, qui vendent les nouveautés.
55) *La Brouette du vinaigrier, en trois actes*, v쪽.

그러므로 '괴물 같은' 재산을 잘게 쪼개서 원주인에게 돌려줄 필요가 있었다.

이 연극의 줄거리는 오늘날의 연극 작품에 비해 몹시 단순하다. 등장인물은 식초 장수 도미니크와 아들, 거물급 도매상 들로메와 딸, 딸의 지참금을 노리고 청혼한 쥘포르, 들로메 집안의 보석상과 하인이다. 메르시에는 쥘포르를 가장 이기적인 사람으로 그리고 있지만 다른 등장인물들이 상대적으로 착하기 때문에 쥘포르는 다른 사람들에 비해 이기적이고 '나쁜' 사람으로 보일 뿐이다. 들로메는 딸의 행복을 위해서 어느 정도 재산을 가진 사람을 원하지만 딸은 식초 장수의 아들과 사랑에 빠진다. 딸은 아버지를 거역할 수 없어서 고민한다. 돈과 사랑 사이의 고민이지만, 돈이 사랑보다 우세한 분위기다. 그러다가 들로메는 파산하고, 쥘포르는 지참금이 나오기 어렵다는 사실을 알고 도망친다. 이제 모든 상황이 반전을 맞는다. 도미니크는 식초 수레를 끌고 들어와 들로메와 최후의 협상을 한다. 들로메는 도미니크의 아들과 자기 딸이 사랑하는 것을 알지만, 자신은 딸을 시집보낼 만큼 재산이 없기 때문에 안타까워한다. 최소한 젊은이들이 살 집이라도 장만할 돈이 필요한데, 자기 처지에서는 불가능하다는 얘기다. 식초 장수 도미니크는 손수레 위에 있는 통에서 돈을 꺼내면서, 자기가 그때까지 모은 금화 3,778루이와 자루 여섯 개에 1만 2,000리브르가 있다고 말한다. 모두 9만 리브르 남짓이니, 들로메가 젊은이들의 결혼 자금으로 생각하던 1만 에퀴[57]의 거의 두 배가 되는 금액이다. 도미니크가 오직 자식의 행복만을 바라보면서 45년 동안 모은 돈은 평소에 빚을 얻어 쓰면서 잘살다가 하루아침에 파산한 도매상인과 그의 딸 그리고 자기 아들의 운명까지 바꿔 놓았다.

이렇게 단순한 줄거리의 연극에서 우리는 메르시에의 망설임을 읽을 수 있다. 돈의 힘을 인정하고 싶지 않으면서도 어쩔 수 없이 그 힘을 인정해야 하는 마음이 드러난다. 이 연극에서 우

---

56) Daniel Roche (Dir.), *La France des Lumières*(Paris : Fayard, 1993), 제9장 "Le Roi et les peuples" 참조.
57) 프랑스 혁명 전의 화폐 단위는 리브르였다. 금화 1루이는 리브르의 가치가 높을 때 20리브르, 낮을 때 24리브르였다. 은화 1에퀴는 6리브르였다. 1리브르는 20수, 또는 20솔이었다.

리는 시대의 변화를 읽을 수 있다. 첫째, 도매상, 또는 금융 시장의 국제적 성격이 드러나고 있다. 들로메는 20년 이상 멀리 외국에까지 투자해 국제적 신용을 쌓은 거물급 도매상이다.[58] 둘째, 지식의 세계가 라틴어 중심, 또는 성직자 중심의 세계에서, 실용적인 외국 언어를 중시하는 것으로 바뀌었다. 앞에서 말했듯이,[59] 1760년대 메르시에 자신도 중등 교육의 담당자였던 예수회 신부들이 쫓겨난 덕을 보지 않았던가? 셋째, 민중이 프랑스 경제에서 차지하는 위치가 드러나고 있다. 이것은 앙시앵 레짐의 경제 제도가 가난한 사람들의 주머니에서 나온 돈을 모아 특권층의 생활을 보장해주던 현실을 보여준다.[60]

사실, 메르시에의 연극에서 터무니없는 내용을 지적하는 것은 쉬운 일이다. 예를 들어, 45년 전부터 식초를 팔던 사람의 아들이 언제부터인가 도매상의 딸과 함께 공부하고 놀았다는 설정은 쉽게 수긍하기 어렵다. 9만 리브르를 45년 동안 모았다는 대목은 더욱 놀랍다. 해마다 평균 2,000리브르——하루 평균 5~6리브르——를 모을 수 있었다는 말인데, 먹고 입고, 자식을 외국에 보내고, 시골에 작은 채소밭이 딸린 집도 장만한 식초 장수의 하루 수입은 도대체 얼마였다는 말인가? 그러나 당시 사람들은 메르시에의 작품에서 논리적 모순을 찾으려고 식초 장수의 손수레가 굴러다니는 극장에 가지는 않았을 것이다. 메르시에가 말하고자 하는 내용에 공감하고, 무엇인가 교훈을 얻을 수 있거나 재미가 있기 때문에 극장에 갔을 것이다. 그렇다면 메르시에는 이 연극에서 무슨 말을 하고 싶었던 것일까? 연극 대본을 읽으면서 짐작해볼 때 메르시에는 민중의 힘이야말로 이 세상을 지탱하는 힘이라고 선언하는 것 같다. 대부분의 사람들은 쥘포르처럼 "돈의 이름으로 뭉치고, 경멸하고, 헤어지고, 서로 상처를 입힌다".[61] 특히 사회의 서열에서

---

58) Pierre Goubert · Daniel Roche, *Les Français et l'Ancien Régime, t. I : La Société et l'Etat*(Paris : Armand Colin, 1984), 182~183쪽.
59) 이 글의 제2장 '생애와 작품' 참조.
60) Daniel Roche (Dir.) *La France des Lumières*, 260~263쪽.
61) *La Brouette du vinaigrier, en trois actes*, iii쪽.

꼭대기로 갈수록 돈의 영향을 더 많이 받는다. 그러나 메르시에가 생각하듯이, 빨간 모자를 쓰고 앞치마를 두른 채 "몸에 좋은 산acid salutaire"을 팔러 다니는 식초 장수는 미래를 위해 오늘을 희생한다. 그는 자신보다는 오직 자식의 행복만을 위해서 45년 동안 모은 돈을 흔쾌히 내놓았다. 그리고 돈에게 말한다.

> 이 해로운 쇠붙이여. 너는 이 세상에서 얼마나 나쁜 짓을 했던가, 한 번이라도 좋은 일을 하거라. 나는 눈부신 한순간을 위해 너를 사슬에 얽매었다. 이제 내가 원하던 순간이 왔다. 나가거라, 가서 사랑과 덕이 살 집에 평화와 안전을 가져다주렴. 나는 가끔 너를 가지고 할 수 있는 좋은 일을 즐길 것이다. 들로메와 딸, 그리고 내 아들……그들은 모두 성실한 사람이다.[62]

하찮은 직업을 가진 사람들은 자기 자신에 대한 희망이 별로 없기 때문에 자식에게 희망을 걸고, 자식이 잘되면 자기가 잘되는 것과 같다고 생각했던가? 아무튼, 메르시에의 식초 장수는 민중 계급 관객이 꿈꾸던 것을 이루었다. 믿기 어려울 정도로 많은 돈을 모았고, 그 돈으로 외아들에게 행복한 미래를 마련해주었기 때문이다. 다행히 사업가 들로메도 상식적이고 착한 사람이다. 그래서 복을 받을 만하다. 이 연극에서 가장 이기적인 사람으로 등장하는 쥘포르는 복을 받을 자격이 없기 때문에 장인이 될 들로메가 파산하자 꿈을 이루지 못하게 된다. 이처럼 착한 사람만 '모이고, 이기적인 사람을 솎아내는 이야기는 아마 현실적으로 가장 약한 저지에 있는 사람이 꿀 수 있는 꿈이 아니었을까? 사회에서 가장 밑바닥에 있는 사람이 정의롭고 너그럽다는 주제는 《청색 문고Bibliothèque bleue》에서도 볼 수 있다. 예를 들어, "착한 미제르le bonhomme Misère" 이야기는 가난은 영원히 존재하겠지만 가난한 사람은 도덕적으로 건강하다는 교훈을 담고 있다.[63] 메르시에는 민중 계급이 도매업자 들로메의 운명까지 바꿔주는 이 연극을 사실로 만들

---

62) *La Brouette du vinaigrier, en trois actes*, 3막 5장, 93쪽.
63) 주명철, 〈앙시앵 레짐 말기 파리 민중의 독서와 읽을거리〉, 《역사와 문화》 제3호(푸른역사, 2001), 91~127쪽.

기 위해 18세기 초에 실제로 일어난 일을 다루었다고 말했다. 그는 식초 장수 이야기가 수많은 이야기책에 실릴 정도로 유명하며, 자신은 주인공과 비슷한 또래의 노인에게서 이야기를 들었다고 말했다. 노인의 말로 식초 장수의 이름은 ********이라고 했다.[64] "아스테리슴(하나 이상의 별 표시로 이루어진 이름)"은 관련자의 명예를 생각해주는 척하면서, 이야기를 믿음직스럽게 만들고 싶어 하는 작가들이 흔히 쓰던 수법이다.[65] 메르시에는 이 이름 모를 실존 인물을 도미니크라고 소개하면서, 진실을 강조했다. 그러나 메르시에는 《파리의 모습》에서 식초 장수의 본명을 스발레트Svalette라고 밝히면서 "내가 없었다면 이렇게 훌륭한 아버지들의 본보기는 잊히고 말았을 것"이라고 말한다.[66]

> 극을 쓰는 시인은 모든 것을 그리는 화가다. 그는 인간 생활의 모든 부분을 자세히 그린다. 왕의 화려한 의복과 죄수복 모두를 그린다. 그는 우연한 것, 일시적인 외부의 치장에 머물지 않는다. 그는 마음(핵심)을 추구한다……따라서 시인의 눈에는 덕만이 위대하고, 악덕만이 사악할 뿐이다……그는 왕관을 원하지 않고, 진실한 것을 원한다. 이것이 그가 요구하고, 그리고 싶은 것이다. 그런데 그가 그릴 대상은 마르지 않는 샘물 같다.[67]

메르시에가 그리는 대상은 파리 시내에 널려 있었고, 메르시에는 대부분의 부르주아가 신분 상승을 꿈꾸는 시대에도 작가의 의무를 충실히 수행하기 위해 민중의 편에서 생각했다. 그가 비록 앙시앵 레짐의 경제 제도를 바로잡을 만한 이론을 내놓지 못했다 할지라도 민중을 착취하는 구조만큼은 제대로 진단해 고발했음을 확인할 수 있다.

---

64) *La Brouette du vinaigrier, en trois actes*, v~vi쪽.
65) 주명철, 《서양 금서의 문화사》, 348~352쪽.
66) *Tableau de Paris*, t. II, ch. 547, 39쪽.
67) *La Brouette du vinaigrier, en trois actes*, vi~vii쪽.

5. "밀렵"[68]과 '반(反)감시'

파리 민중은 정치적으로 존재하지 않는다. 영국의 민중은 집단적으로 자기 이익을 판단하고 스스로 갈 길을 정할 수 있지만 파리의 민중은 자격, 집, 특권이나 임무를 가지고 있긴 해도 집단적으로 자기 이익에 적합한 것을 식별할 만한 확실한 능력을 갖지 못했다. 파리의 민중은 교육도 받지 못했을 뿐만 아니라 글도 읽지 못하기 때문이다. 그들은 출판의 자유를 조금도 누리지 못하기 때문에 앞으로도 오랫동안 법적 능력을 인정받지 못할 것이다. 그들의 애국심은 계발되지 않았기 때문에 어쩌다 분출되는 경우가 있다 해도 금세 시들해진다.[69] 게다가 파리에는 공식적인 입이 없기 때문에 진리의 강력하고 직설적인 외침을 분출할 수 있는 방법이 없다. 그리하여 진리는 통치자의 귀를 울리지 못한다. 진리는 공공의 폐단이 주는 부담을 민중보다 덜 안고 사는 소수의 품에서 나올 뿐이다. 그러나 이 소수도 진리를 아주 소심하고 에둘러 말할 뿐이다. 민중에겐 말할 권리도 없고 자기 의견을 듣게 할 권리도 없으므로, 공적인 문제에 대해서는 어떤 활동도 할 수 없고 무기력할 뿐이다. 파리의 다중 la multitude은 정치적으로 어리석고 무지하다.[70]

---

68) 이 글에서 중심 개념으로 쓴 낱말 "밀렵braconnage"은 세르토Michel de Certeau가 쓴 말로서, 특히 책과 독서를 연구하는 역사가들에게 영향을 주었다. 세르토는 책의 내용——텍스트——을 지은이가 잘 경작한 밭에 비유하고, 독자는 그 밭을 아무렇게나 짓밟고 다니면서 자기가 유익하다고 생각하는 것만 가져가는 사람에 비유했다. 한마디로, 독자는 "밀렵꾼"처럼 저자의 밭을 제멋대로 돌아다닌다는 것이다. 이 말은 중요한 뜻을 함축한다. 글을 쓴 사람보다 글을 읽는 사람이 중요하다는 논리로 발전할 수 있기 때문이다. 옛날 같으면 책을 읽고 지은이의 의도를 알아내려고 노력했지만, 오늘날의 독자는 그것이 불가능하지는 않다 하더라도, 그것이 과연 어떤 의미가 있는지 의심한다. 독자는 기껏해야 자기가 지은이의 의도라고 생각한 것을 찾아낼 수 있기 때문이다. 그러므로 독자는 지은이가 생각하지도 못한 뜻을 찾아낼 수 있다. 이것이 "밀렵"의 장점이다. 그것은 창조적인 책읽기이기 때문이다. 주명철, 〈밀렵꾼들의 잔치판〉[로제 샤르티에·굴리엘모 카발로 엮음, 《읽는다는 것의 역사》, 이종삼 옮김(한국출판마케팅연구소, 2006)의 서평], 《프랑스사 연구》 제15호(한국프랑스사학회, 2006. 8), 165~174쪽. 그리고 세르토의 이론을 해설한 내용은 피터 버크, 《문화사란 무엇인가》, 조한욱 옮김(길, 2005), 132~135쪽 참조.

69) *Tableau de Paris*, t. I, ch. 232, "Plébéiens", 583쪽.

70) *Tableau de Paris*, t. I, ch. 232, "Plébéiens", 583~584쪽.

이들에게 공적인 의견을 가질 수 있는 공중le public을 기대할 수 있을까? 정치, 경제, 사회적으로 중요한 일이 생길 때마다 존재하던 여론은 1750년대부터 항상 존재하는 것으로 알려졌다. 주로 작가와 법률가들이 여론을 조성하고 이끌었다. 그러나 메르시에가 관찰한 민중은 중앙 시장에서 각 구역의 작은 시장으로 연결되는 유통망에 걸린 채 살아남기 바빠서 여론의 존재에 대해서는 잘 모른다. 그럼에도 불구하고, 경찰의 보고서 같은 것에는 불특정 다수의 의견이 올라가 있다. 오늘날에도 여론을 만들거나 반영하는 공중이 존재하는지조차 헷갈릴 때가 많은데, 사정은 메르시에가 살던 때도 다르지 않았다.

> 공중은 존재하는가? 공중이란 무엇인가? 어디 있는가? 그들은 어떻게 자기 의지를 표현하는가? 그들이 등한시하거나 또는 열중할 때 종종 의견을 표시한다고 스스로 생각하지 않는가? 고위직에게 "공중이 인정하지 않는다"고 말해보라. 그는 이렇게 대답할 것이다. "내게도 나를 인정해줄 공중은 있다. 나는 내 공중을 중시한다."[71]

메르시에는 공중의 실체를 파악하기가 어렵다는 사실을 인정했다. 그는 파바르 Ch. Simon Favart가 《아카주와 지르필Acajout et Zirphile》(1744)에서 묘사한 "공중 선생Monsieur le Public"의 모습을 인용한다.

> 만일 어떤 화가가 그를 그린다면 그 모습은 이럴 것이다. 긴 머리에 줄 장식을 단 옷을 입고, 머리에는 (성직자의) 빵모자를 쓰고, 옆에 칼을 차고, 짧은 외투를 걸치고, 붉은 뒤축을 단 구두를 신고, 손에는 까마귀 입 모양 손잡이가 달린 지팡이를 짚고, 어깨에 견장과 왼쪽 단춧구멍에 십자가를 단 채 오른팔에 모피 완장을 두른 사람이다. 이 사람은 옷차림과 거의 똑같은 방식으로 추론한다는 사실을 알 수 있다.[72]

---

71) *Tableau de Paris*, t. II, ch. 803, "Monsieur le Public", 1,473~1,474쪽.
72) *Tableau de Paris*, t. II, ch. 803, "Monsieur le Public", 1,474쪽.

이처럼 파바르는 보수적인 특권 계급과 공중을 똑같이 보고 있었다. 다시 말해서, 파바르는 성직자(빵모자)와 귀족(붉은 뒤축을 단 구두, 견장 따위)을 한데 합친 모습으로 공중을 그리고 있었다. 그러나 메르시에는 파바르의 공중을 인정하지 않았다.

1780년 메르시에가 익명으로 발표하고, 1787년 3월에 처음으로 공연한 《사기꾼, 또는 사크로통 박사 Charlatan, ou le Docteur Sacroton》에서는 공중을 이렇게 묘사한다.

> 공중은 모든 종류의 인물, 위대한 인물의 온갖 허수아비들로 구성되어 있다. 사기꾼은 자신의 제자가 덜덜 떨면서 퐁뇌프 다리에서 처음 시연할 때 대담하게 마음을 먹고 이들을 이용하라고 부추긴다. 그는 제자에게 어마어마한 관중을 있는 그대로 보라고 소리친다. 제자는 공중이란 허수아비의 모임에 지나지 않는다고 확신하면서 대담하게 말문을 열고, 장광설을 늘어놓는다.[73]

이런 표현은 1783년에 나온 《파리의 모습》 제6권에서 조금 더 신중해졌다.

> 공중은 이해하지도 못하면서 격렬히 판단하지 않는다. 온갖 의견의 충격에서 마침내 진리의 목소리를 담고, 결코 사라지지 않는 판결문이 나온다. 그러나 이 공중은 소수다. 그들에게는 걱정이나 당파심, 또는 성급함이란 없다. 그들은 교위직의 부속실에 존재하지 않는다. 마담 드 세비녜는 그들에 대해 이렇게 말했다. "공중은 미치거나 부당한 존재가 아니다." 또 어떤 재치 있는 여성은 이렇게 말했다. "이성은 언제나 합리적으로 끝을 맺는다."[74]

메르시에의 공중은 비록 소수일지라도 합리적인 존재로서, 고위직이 제멋대로

---

73) *Tableau de Paris*, t. II, ch. 803, "Monsieur le Public", 1,475쪽.
74) *Tableau de Paris*, t. II, ch. 803, "Monsieur le Public", 1,475쪽.

이용할 수 있는 존재가 아니다. 이 소수가 공중의 이름으로 진리의 목소리를 내고 공중을 이끈다.

그렇다면 민중은 어떻게 공중으로 편입될 수 있을까? 역사에서 교훈을 찾을 수는 없는 것일까? 메르시에는 과거의 테베, 티르, 페르세폴리스, 카르타고 같은 도시가 기둥 몇 개만 남기고 사라진 것을 보면서 "현대의 모든 대도시도 똑같은 혁명을 겪을 것"이라고 단언한다.[75] 왕실의 역사를 보아도 부침이 심하다. 전쟁, 흑사병, 기근, 지진, 홍수, 화재, 정치적 변혁이 일어나지 않는다 해도, 수백 년을 거쳐 느린 변화가 제국의 밑동을 허물어뜨리고 옛사람들의 먼지 위에 새 사람들이 새 제국을 건설하게 마련이다. 그러므로 언젠가는 파리도 사라질 것이다.[76] 메르시에가 살던 시대로부터 1,700여 년 전에 베수비오 화산이 폭발해 헤르쿨라눔, 폼페이가 용암과 화산재 속에 묻힌 사례는 파리의 미래를 말해주는 듯하다. "우리 도시는 2,000년 뒤 호기심 많고 세심한 사람들의 눈길에 어떻게 비칠까?"[77] 1755년 11월 1일 리스본에 지진이 일어나 4,500명이 죽고, 20만 명이 재산을 잃었다. 모두 20억 리브르의 피해를 입었다. 인간사의 흥망성쇠를 이처럼 잘 보여주는 사례가 어디 있을까? 그러나 역설적으로 지진이 리스본을 구했다. 정치적인 관점에서 보면 그렇게 말할 수 있다. 포르투갈은 개혁이라는 재난을 당하기 전에 지진이라는 돌발 사태에 정복되었다. 이렇게 해서 개인의 재산은 평준화되고 모든 사람의 마음과 정신은 통일을 이루고 결국 위협적인 혁명을 피할 수 있었다. "인간이 오랫동안 뒤집어엎으려 들지 못한 것을 지진은 단 3분 동안에 때려 부쉈다."[78] 이런 구절을 읽는 치안 당국은 검열 제도를 작동시켜 메르시에의 입을 막고 싶지 않았을까?

파리는 "부자 3만 명이 가난한 사람 20만 명이 먹을 식량을 축내고 있는" 곳이

---

75) *Tableau de Paris*, t. I, ch. 355, "Que deviendra Paris?", 979쪽.
76) *Tableau de Paris*, t. I, ch. 355, "Que deviendra Paris?", 980~981쪽.
77) *Tableau de Paris*, t. I, ch. 355, "Que deviendra Paris?", 983쪽.
78) *Tableau de Paris*, t. I, ch. 355, "Que deviendra Paris?", 984~985쪽.

다.[79] 이런 곳을 그대로 두어서는 안 된다. "극소수가 더욱 더 많은 재산을 집중해 극심한 풍요로움을 누리고, 재산 상태의 불평등을 더욱 끔찍하게 심화시킬 때 이 거대한 몸은 더 이상 가누지 못하고 털썩 주저앉아 멸망할 것"이기 때문이다.[80] 파리는 이대로 가면 저절로 주저앉거나 자연의 힘으로 사라질 것이다. 이렇게 역사의 순환이나 뜻하지 않은 종말을 말하는 메르시에는 비관론자인가? 그에게는 희망이란 없는가? 언뜻 보면, 메르시에에게는 희망이 없는 것 같다. 그는 민중이 배우지 못하고 글을 읽지 못해서 자신에게 유리한 것이 무엇인지 가려낼 능력을 갖추지 못했다고 한탄하지 않았던가? 그러나 그에게는 희망이 있다. 그는 비록 소수일지라도 합리적인 공중에게 희망을 걸었다. 그런 공중은 어느 한편에 치우치지 않고 격정에 사로잡히지 않은 채 영원히 지속할 판결문을 내놓을 것이다. 그들이 민중을 이끌어주면 된다. 사실, 민중은 삶 그 자체로서 모든 사람과 사상의 원천이었기 때문에 메르시에는 그들을 소중히 대하고 이끌어줘야 한다고 생각했다.

갈고리를 가지고 구정물 속에서 발견한 것을 모아 등에 진 광주리에 담아 넣는 사람을 보는가? 외면하지 마시라……이 천한 넝마가 우리의 도서관을 장식할 원료다. 그것은 인간 정신의 값진 보석이 될 것이다. 이 넝마주이가 몽테스키외, 뷔퐁, 루소보다 앞서 있다.[81]

메르시에가 보기에 민중은 만물의 근원이다. 넝마주이는 계몽사상가보다 우선한다. 메르시에 자신도 넝마주이가 주워 오는 종이에 민중을 위한 판결문을 담았다. 그는 자기 책이 리스본 지진 같은 재난에도 부디 살아남아주기를 간절히 바란다.

내 책이여, 부디 불길이나 야만인의 손에서 벗어나라. 후손들에게 파리의 모습이 어떠했는지 말해주어라. 내가 시민으로서 의무를 다했음을 말해주어라. 도심에 질병과 죽음의 발작을 가

---

79) *Tableau de Paris*, t. I, ch. 337, "Consommation", 911쪽.
80) *Tableau de Paris*, t. I, ch. 355, "Que deviendra Paris?", 981쪽.
81) *Tableau de Paris*, t. I, ch. 184, "Le chiffonnier", 452쪽.

져다주는 비밀 독약을 모른 체하지 않았음을 말해주어라.[82]

이처럼 메르시에는 자신이 공중에 속하고, 민중의 본래 가치를 회복시켜줄 수 있다고 생각하는 한편, 책에 희망을 걸었다. 그런데 어떤 책이 희망을 줄 것인가? 왕립 도서관에 가보자. "이 천재적인 건축물은 수많은 책이 인간정신을 풍부하게 만들지 못한다는 사실을 증명하는 어리석음의 증거이기도 하다. 겨우 100권 정도에 이 도서관의 풍요로움과 진정한 영광이 깃들어 있다."[83] 이 도서관의 긴 서가에 꽂힌 수없이 많은 책 가운데 100여 권만이 중요하고 나머지는 무의미하게 자리만 차지하고 있다.[84] "인간 정신은 이 호화로운 수집품 속에서 오히려 비참해 보인다. 바로 그곳이 인간의 이성이 유약하다는 사실을 한탄해야 마땅한 곳이다."[85] 그러나 이 같은 책이 모두 쓸모없다고 해서 없앨 필요가 있을까? 책이 무슨 죄가 있다고? "바보는 책 내용을 믿기 때문에 책과 함께 더욱 바보가 되듯이, 천재는 그것을 믿지 않기 때문에 바보가 읽은 책에서 유일하고 위대한 진리를 끌어낼 수 있다."[86] 그러므로 독자에게 달렸다. "어리석음은 책 속에 들어 있지 않다. 그것은 독자에게 들어 있다."[87] 우리가 가고 난 뒤에도 책은 살아남아 거기서 진리를 발견할 독자를 만날 수 있다는 희망은 메르시에뿐만 아니라 작가라면 누구나 품을 수 있는 것이다.

우리는 여기서 다시 한번 메르시에의 눈을 의식한다. 파리에 "80만 명"이 살아가지만, 그의 눈처럼 파리를 관찰한 눈이 있었던가? 파리는 수백 년 동안 누더기처럼 기워서 만든 복합체이지만, 메르시에는 거기 살고 있는 사람들과 그들이 처한 현실을 관찰하고 보고서를 썼다. 그의 보고서는 사람과 사물을 보이는 그대로

---

82) *Tableau de Paris*, t. I, ch. 355, "Que deviendra Paris?", 981쪽.
83) *Tableau de Paris*, t. I, ch. 194, "Bibliothèque du roi", 479쪽.
84) *Tableau de Paris*, t. I, ch. 194, "Bibliothèque du roi", 480쪽.
85) *Tableau de Paris*, t. I, ch. 194, "Bibliothèque du roi", 480쪽.
86) *Tableau de Paris*, t. I, ch. 194, "Bibliothèque du roi", 481쪽.
87) *Tableau de Paris*, t. I, ch. 194, "Bibliothèque du roi", 481쪽.

묘사하기보다는 그가 보고 싶은 대로 보고 쓴 것이다. 그는 2,000년 뒤에도 살아남을 책을 쓰고 싶었다. 후손들에게 자기가 시민의 의무를 다했음을 말해주는 책을 남기고 싶었다. 한 걸음 더 나아가, 자연 재해로 거의 모든 문명이 파괴된 뒤에 "과학의 불길을 다시 지필 수 있는 책"을 남기고 싶었다.[88] 그러므로 그는 "파놉티콘"의 간수처럼 모든 것을 관찰하려고 노력했다.

그러나 메르시에는 간수처럼 한자리에서 모든 구석을 볼 수 없었기 때문에 파리의 모든 구석을 "밀렵꾼"처럼 직접 침범한다.[89] 그는 마치 독자가 책을 읽듯이 파리를 읽는다. 앙시앵 레짐의 수호자들이 제아무리 파리를 어리석게 만들어놓았다 할지라도, 그 속에서 현명한 교훈과 지혜를 찾아내는 것이 메르시에 같은 독자의 몫이다. 그리하여 그는 제멋대로 읽는다. 공권력은 공식적 가치 체계를 수립해놓고 자신이 정한 방식대로 사람들이 읽어야 한다고 했지만, 메르시에 같은 사람은 시키는 대로 읽지 않고 금지된 의미를 생산하는 '창조적 읽기'를 한다. 그것은 미셸 드 세르토Michel de Certeau라면 "밀렵"이라고 부를 행위다. 그래서 메르시에의 작품은 파리의 "밀렵" 보고서이다. 물론 이 보고서는 나오자마자 경찰의 추적을 받았다. "밀렵"으로 가치 체계와 질서를 파괴한 보고서를 검열 제도가 어찌 눈 감아주겠는가? 메르시에는 자신의 눈을 우리에게 빌려주고, 더 나아가서 우리의 눈으로 그 보고서를 보라고 주문하면서 앙시앵 레짐 시대의 "파놉티콘" 감시 체제를 무력화시키고 자신의 '반(反)감시 체제'를 작동시켰다. 사실, 앙시앵 레짐 문화의 한 속성인 '엿보기'는 경찰을 제외하고 생각할 수 없는 "파놉티콘" 감시 체제다. 루이 15세에게 치안총감이 자랑한 대로, 길에서 세 사람이 이야기할 때 그 가운데 한 명은 경찰의 끄나풀이라고 할 정도로 긴밀한 감시 체제다. 메르시에는 이 같은 감시 체계에 갇혀 있었지만 오히려 그것을 거꾸로 작동시켰다. 그리고 그는 혼자서도 모든 것을 감시했다. 그런 행위를 시민의 의무라고 생각하면서.

---

88) *Tableau de Paris*, t. I, ch. 355, "Que deviendra Paris?", 984쪽.
89) 피터 버크, 《문화사란 무엇인가》, 132~135쪽.

일찍이 1771년에 나왔지만 1786년에 3권으로 다시 나온 《2440년, 한번쯤 꾸어봄 직한 꿈》은 '이상향'인 미래의 파리를 다루었다. 그는 어디에도 존재하지 않는 '유토피아'가 아니라 당시 독자가 살고 있는 파리를 무대로 이상향을 그렸다. 700년 뒤의 파리를 만나는 당대의 독자 가운데 메르시에가 무슨 뜻으로 그런 '꿈 이야기'를 들려주는지 모르는 사람이 있었을까? 단턴Robert Darnton은 이 작품에서 메르시에가 노리는 효과를 극대화하기 위해 이용한 세 가지 기본적인 기술을 분석했다.

첫째, 구체적인 묘사로 그의 미래관을 사실 보도처럼 보이게 만들어준다. 둘째, 정교한 각주를 달아 두 사람이 대화하도록 한다. 다시 말해 미래의 시점에서 말하고 있는 본문의 화자와 현재의 시점에서 통렬히 비난하는 각주의 비평자로 하여금 대화하도록 만들고 있는 것이다. 끝으로, 루소풍의 수사법을 이용해 앙시앵 레짐의 제도에 저자와 독자가 함께 맞서도록 하는 역할을 하고 있다.[90]

메르시에의 사례에서 우리는 문화적 행위의 본질적인 모습을 본다. 제아무리 공권력이 자기가 세운 가치 체계를 강요하고, 그것을 제대로 유지하기 위해 검열 제도와 감시 체제를 활발히 작동시킨다 할지라도, 피지배층은 겉으로는 거기에 따르는 것처럼 보이는 때에도 자신의 생활 속에서 그 가치 체계를 제 나름대로 전유하며, 그 결과로 그것을 변질시키는 데 이바지했다. 게다가 메르시에 같은 사람은 감시 체제에 의식적으로 저항하는 "반감시 체제"를 작동시켰다. 우리는 그의 사례에서 프랑스 혁명의 문화적 기원을 찾을 수 있다. 메르시에는 연극이 여론의 법정 노릇을 하기 시작하는 시대에 수많은 극작품과 연극론을 쓰는 동시에 "밀렵꾼"의 자세로 파리의 모습을 읽어내고 보고서를 작성한 다음 여론의 심판을 기다렸다. 그는 프랑스 혁명 직전에 신문도 발행했다. 그가 경제적으로 안정된 생활을 누릴

---

90) 로버트 단턴, 《책과 혁명》, 215~216쪽.

수 있었던 것은 그의 글을 돈으로 사는 대중이 있었기 때문이다. 메르시에의 글은 사회적 의사소통의 그물에서 활발히 교환되고 또 확산되고 있었기 때문에 우리는 그의 글을 당시 문화를 이해할 수 있는 입구로 삼을 수 있다. 우리가 그를 주목하는 이유는, 메르시에가 한마디로 말해서 "장기적 중세"[91]가 끝나는 시점의 문화적 변화를 이끌거나 이용하고, 정치적 민주화가 시작된 혁명기에 정치 활동에 참가한 작가들의 세계를 잘 보여주기 때문이다.

6. 맺는 말

메르시에는 앙시앵 레짐의 문화를 비평하면서 바스티유 감옥에 갈 뻔했지만 시대의 분위기 덕택인지 무사할 수 있었다. 뇌샤텔의 서적상 말레François Mallet는 뇌샤텔 출판사의 심부름으로 파리에 갔다. 말레는 미라보Honoré Gabriel Riquetti Mirabeau 백작에게 《봉인장Lettre de cachet》과 《에로티카 비블리온Erotica biblion》의 인세 250루이를, 메르시에에게 《파리의 모습》 인세 6,000리브르를 지불하러 갔다가 체포되었다.[92] 메르시에는 망설이지 않고 문제의 책을 가지고 파리 치안총감 르누아르Jean-Charles-Pierre Lenoir를 찾아가서 "이 책의 저자를 찾으신다고 들었습니다. 여기 책과 저자가 함께 왔습니다"라고 말했다.[93] 1780년대 외무 대신 베르젠Charles Gravier Vergennes은 외국에서 들여오는 책은 파리 서적상-인쇄업자 조합 사무실에서 반드시 검사를 맡아야 한다고 명했다. 금서를 막는 동시에 프랑스의 서적 출판 산업을 보호하려는 이유였다. 하지만 프랑스 국내에서는 저자

---

91) 자크 르 고프, 《서양 중세 문명》, 유희수 옮김(문학과지성사, 1992). 르 고프Jacques Le Goff는 중세의 절대다수의 문화적 동질성이 프랑스 혁명이 일어날 때까지 유지되는 데 주목했다.
92) 주명철, 《서양 금서의 문화사》, 190쪽.
93) Enrico Rufi, Le rêve laïque de Louis Sébastien Mercier entre littérature et politique, 4쪽. 르누아르Jean-Charles-Pierre Lenoir는 당시를 회고하는 글에서, 메르시에가 바스티유를 피해 망명 생활을 했으나 싫증을 느낀 나머지 "파리로 돌아와 경찰에 붙으려 했다"고 썼다(Archives de Lenoir, Bibliothèque Municipale d'Orléans, Ms. 1423).

가 굳이 이름을 밝히지 않는 경우 웬만한 작품에 대해서는 경찰이 눈감아주는 분위기였다. 그렇다고 해도 원칙적으로는 프랑스 사회를 자유롭게 비판할 수 없었으며, 메르시에 같은 사람이 금서를 발간하고 치안총감 앞에 당당히 나타났는데도 무사했던 것은 예외적인 일이었다. 검열 제도가 늘 존재했고 그 희생자도 분명히 존재했기 때문이다.[94]

메르시에는 유명해질 만큼 유명해져 있었다. 제정기에 메르시에는 나폴레옹 황제를 우습게 묘사했다는 이유로 당국에 불려 갔다. 치안총감 드 로비고Anne-Jean-Marie-René Savary, duc de Rovigo가 "당신은 황제를 칼 같은 인간homme-sabre이라고 했다"고 비난하면서 감옥에 넣겠다고 하자, 메르시에는 "나는 황제 폐하를 조직적인 칼sabre organisé이라고 했소……그것은 지성과 힘을 뜻하는 거요……(그리고) 나를 비세트르 병원에 넣겠다고요?……당신이? 나는 유럽에 두루 유명한 사람이요. 나를 그런 감옥에 무명인으로 집어넣을 수는 없을 거요"라고 맞섰다.[95] 그는 어째서 이렇게 당당할 수 있었는가? 그는 시대의 변화를 잘 알았고, 또 변화를 이끌어가는 사람이었기 때문이다. 그는 공중의 여론을 주도하거나 여론의 관심을 끌 만한 작가였다. 그는 앙시앵 레짐의 문화가 여론의 영향을 받을 수 있을 만큼 변화한 시대에 여론을 가장 쉽게 움직일 수 있는 연극과 소설로 큰 성공을 거두었다. 이것이 우리가 메르시에를 잘 연구해볼 만한 이유라 할 수 있다. 오늘날 프랑스 혁명의 문화적 기원을 다중 매체에 의한 여론 조작에서 찾을 수 있는데, 메르시에를 그런 관계 속에서 관찰할 필요를 확인할 수 있는 것이다.

---

94) 주명철,《서양 금서의 문화사》, 237~238·263쪽 이하 참조.
95) "Portrait de Mercier par Fleury : 'Mercier le dramaturge'", Jean-Claude Bonnet (Dir.), *Louis Sébastien Mercier : un hérétique en littérature* 460~461쪽.

참고문헌

Bibliothèque de l'Arsenal, ms. 15081(I, I)

Arlette Farge, 《위험한 삶 : 18세기 파리의 폭력, 권력, 연대감 La Vie fragile : Violence, pouvoirs et solidarités à Paris au XVIIIe siècle》(Paris : Hachette, 1986)

──────, 《18세기 파리의 거리에서 살기 Vivre dans la rue à Paris au XVIIIe siècle》(Paris : Gallimard · Julliard, 1992)

Daniel Roche (Dir.), 《계몽주의 시대의 프랑스 La France des Lumières》(Paris : Fayard, 1993)

──────, 《약속 받은 도시 : 17세기 말부터 19세기 초까지의 파리의 유동성과 접대 La ville promise : Mobilité et accueil à Paris(fin XVIIe-début XIXe siècle)(Paris : Librairie Arthème Fayard, 2000)

──────, 《파리의 민중 Le Peuple de Paris》(Paris : Aubier-Montaigne, 1981)

Elisabeth Bourguinat, 《18세기 파리의 거리 Les rues de Paris, au XVIIIe siècle》(Paris : Paris-Musées, 1999)

Enrico Rufi, 《문학과 정치 사이에서 루이 세바스티앵 메르시에의 세속적 꿈 Le rêve laïque de Louis Sébastien Mercier entre littérature et politique》(Oxford : Voltaire Foundation, 1995)

Jacques Hillairet, 《파리 거리의 역사 사전 Dictionnaire historique des rues de Paris》(Paris : Les Editions de Minuit, 1957 · 1961)

Jean-Claude Bonnet (Dir.), 《새로운 파리 Le Nouveau Paris》(Paris : Mercure de France, 1994)

──────, 《루이 세바스티앵 메르시에 : 문학의 이단자 Louis Sébastien Mercier : un hérétique en littérature》(Paris : Mercure de France, 1995)

──────, 《파리의 모습 Tableau de Paris》, 2 vols.(Paris : Mercure de France, 1994)

Jean-Rémy Mention, 〈눈의 사용법. 루이 세바스티앵 메르시에의 심리 현상 L'oeil : modes d'emploi. Les psychés de Louis Sébastien Mercier〉, Jean-Claude Bonnet (Dir.), 《루이 세바스티앵 메르시에 : 문학의 이단자 Louis Sébastien Mercier : un hérétique en littérature》, 153~198쪽

Louis Sébastien Mercier, 《2440년, 한번쯤 꾸어봄직한 꿈 L'an deux mille deux cent quarante, Rêve s'il en fût jamais(Londres, 1776)

──────, 《새로운 용법으로 쓰거나 새로 수용된 낱말 가운데 빌려온 새 말 사전 Néologie ou vocabulaire des mots nouveaux, à renouveler ou pris dans des acceptions nouvelles》, A Paris, An IX(1801)

──────, 《식초장수의 손수레, 3막극 La Brouette du vinaigrier, en trois actes》, A Londres et se trouve à Paris, Chez les Libraires, qui vendent les nouveautés

────────, 《프랑스 혁명의 일류 저자로 꼽히는 장 자크 루소에 대하여*De J. J. Rousseau, considéré comme l'un des premiers auteurs de la Révolution*》, A Paris, Chez Buisson, Imprimeur-Libraire, rue Hautefeuille, No 20(1791. 6)

Pierre Goubert · Daniel Roche, 《프랑스인과 앙시앵 레짐 1권 : 사회와 국가*Les Français et l'Ancien Régime, t. I : La Société et l'Etat*》(Paris : Armand Colin, 1984)

Shelly Charles, 〈신문 편집인 작가*L'écrivain journaliste*〉, 《루이 세바스티앵 메르시에 : 문학의 이단자*Louis Sébastien Mercier : un hérétique en littérature*》, 83~120쪽

로버트 단턴, 《책과 혁명》, 주명철 옮김(길, 2003)
자크 르 고프, 《서양 중세 문명》, 유희수 옮김(문학과지성사, 1992)
주명철, 《서양 금서의 문화사》(길, 1996)
────, 〈테브노 드 모랑드의 비밀정보원 활동〉, 《서양사론》 제84호(2005. 3), 39~74쪽
피터 버크, 《문화사란 무엇인가》, 조한욱 옮김(길, 2005)

타 문화 인식의 가능성과 한계―
세기 전환기 독일 이슬람학자들의 '이슬람 문화' 인식을 중심으로[1)*]

박용희**

1. 문제 제기

서양인들에게 '오리엔트orient'란 어디이며, 이 개념으로 그들은 어떤 상(像)을 떠올리는가? 사이드Edward W. Said의 《오리엔탈리즘Orientalism》이 국내에 소개된 이후 '오리엔트'는 곧 '동양(東洋)' 전체를 의미하는 것으로 인식되고 있다. 그러나 사실 이 책에서 다뤄지는 시기의 독일어 사용권에서 '오리엔트'는 이슬람 문

---

* 이 글은 2001년에 〈이슬람문화의 역사적 이해. 독일 이슬람학자의 오리엔트 연구에 나타난 이슬람문화(1882~1930)〉라는 제목으로 《독일연구》 창간호에 실린 논문을 수정 · 보완한 것이다.
** 서울대 서양사학과를 졸업하고 독일 베를린 자유대학에서 석사 학위와 독일 베를린 훔볼트대학에서 박사 학위를 받았다. 현재 서울대, 덕성여대 등에서 강의하고 있다. 《일상사란 무엇인가》, 《유럽의 재발견 : 신화와 정체성으로 본 유럽의 역사》를 옮겼으며, 논문으로는 〈칸트와 헤르더의 비유럽 사회와 문화에 대한 인식〉, 〈"역사와 지리의 민족화" : 알사스-로렌을 둘러싼 독일과 프랑스 역사가들의 태도〉, 〈문명의 역사적 비교〉, 〈막스 베버와 조셉 니담의 중국 문화 인식〉 등이 있다.
1) 이 글의 원래 의도는 에드워드 사이드Edward W. Said가 제기한 오리엔탈리즘의 문제를 유럽인들의 이슬람관을 통해 확인하려는 차원에만 국한된 것은 아니었다. 오히려 유럽인들의 이슬람관을 인간들의 타 문화 인식이 가지는 근본적인 문제와 타 문화 인식의 가능성이란 측면에서 바라보고자 했다. 그러나 거시적으로 문화를 이해하고자 하는 이들이 빠지기 쉬운 보다 본질적인 문제에 대해 좀 더 명확하게 지적하지 못한 점이 아쉬움으로 남는다. 즉, 이슬람에 관련된 세부적인 사항에 대한 면밀한 이해도 없이 '이슬람 문화' 혹은 '유럽 문화'와 같은 거대 문화권을 상정하는 것은 문명을 하나의 관찰 대상으로 여기는 이들이 지닌 중대한 문제임에 틀림없다.

화권을 지칭하는 개념이었다. 아울러 이 개념을 통해 많은 서양인들은 "정신병 증세를 보인 무하마드Muhammad가 창시한 종교"를 기반으로 "전 유럽을 공포로 물들인 침략자들"의 문화를 떠올리는 경향이 있었다.[2] 그러나 과연 이슬람 문화에 대한 이런 이해가 장구한 이슬람 문명과 서구 문명의 관계사나 상호 인식의 역사를 꿰뚫어온 변함없는 '기억'이었을까? 아니면 단지 유럽인들이 만들어낸 타 문화에 대한 여러 이미지 중 하나에 불과한 것일까?[3]

이 글은 이슬람이라는 이웃한 타 문화에 대한 서양인들의 이해가 계속된 변화를 거쳐왔으며, 특히 19~20세기 학술적 '오리엔트' 연구를 통해 형성된 이슬람관은 두 문명의 기나긴 관계사의 한 단면일 뿐이라는 인식에서 출발한다. 서양인들에게 '오리엔트'는 역사 속에서 일종의 "상상의 공동체imagined community"로서 그들의 의식 세계 속에서 구성되고, 변화해온 그 나름의 역사를 가지고 있다고 전제할 수 있다.[4]

또한 이렇게 형성된 타 문화에 대한 이해는 이것을 생산해낸 구체적인 주체를 틀림없이 가지고 있다. 사실 서양인들은 오랫동안 거의 종교적 차원에서 기독교

---

2) 이슬람 문화권은 7세기 초반 그 종교의 형성 이래 기독교 유럽의 적이자 대화의 상대로서 오랜 논란의 대상이 되었던 것으로 알려져 있다. 이 지역에 대한 유럽인들의 태도에 대해 개괄적으로 정리한 글에 대해서는 다음 글을 참조하라. Maxime Rodinson, "The Western Image and Western Studies of Islam", J. Schacht · C. E. Bosworth (eds.), *The Legacy of Islam*(Oxford : Oxford Univ. Press, 1974), 9~62쪽 ; Annemarie Schimmel, "Europa und der islamische Orient", M. C. Ahmed (Hrsg.), *Islamische Kultur-Zeitgenössische Strömungen-Volksfrömmigkeit*, M. C. Ahmed (Hrsg.), *Der Islam*, Bd. III(Berlin, 1990), 336~387쪽 ; Albert Hourani, *Islam in European Thought* (Cambridge : Cambridge Univ. Press, 1991).

3) 에드워드 사이드 역시 자신이 '오리엔탈리즘'이라 표현한 부정적 이슬람관이 근대 유럽사의 산물임을 밝히고 있다. 특히 유럽의 근대적 자기 정체성 형성 과정에서 '타자'로서 작용하는 이슬람의 역할에 대해서는 다음 글을 참조하라. Wolfgang Reinhard, "Der Andere als Teil der europäischen Identität. Vom Barbaren zum edlen Wilden", Mariano Delgado · M. Lutz-Bachmann (Hrsg.), *Herausforderung Europa. Wege zu einer europäischen Identität*(München, 1995), 132~152쪽 중 특히 133쪽.

4) "상상의 공동체"로서의 민족의 인위적 구성에 관해서는 Benedict Anderson, *Imagined Communities. Reflections on the Origin and Spread of Nationalism*(London : Verso, 1983)을 참조하라. 또한 문화 역시 인위적 구성의 산물로 파악될 수 있는데, 이에 대해서는 다음 글을 보라. Reinhold Viehoff · Rien T. Segers (Hrsg.), *Kultur, Identität, Europa : Über die Schwierigkeiten und Möglichkeiten einer Konstruktion*(Frankfurt a. M., 1999).

에 대비되는 이교(異敎)로서 이슬람을 이해하고 있었으며, 그런 인식의 바탕에는 유럽의 기독교도 및 신학자들의 역할이 컸다.[5] 이와 달리 근대적 이슬람 인식의 중요한 한 축은 학술적 동기에서 이슬람에 접근하기 시작한 학자들의 작업을 통해 형성되기 시작했다.[6] 독일의 이슬람학자들은 19세기 초반부터 형성되기 시작한 오리엔트학Orientalistik이란 틀 내에서 이슬람 문화에 대한 학술적 접근을 시도함으로써 무지에서 비롯된 이슬람 사회에 대한 오해를 극복하고 이슬람 문화에 대한 역사적 이해를 추구했다.

이와 같은 이슬람학자들의 노력은 합리적이고 이성적인 이슬람 인식의 대표적인 예로 파악되기도 했다. 그들이 보여준 타 문화에 대한 애정과 관대한 자세는 문명 간 이해의 모범적 태도로 인정되었던 것이다.[7] 그러나 1978년 팔레스타인계 미국인 사이드가 《오리엔탈리즘》을 내놓은 이후 서구인들의 이슬람관은 서양중심주의, 백인 우월감, 제국주의 지배와 연관된 문화적 지배 욕구 등의 차원에서 비판적으로 검토되었다. 제국주의자든 학술 연구자든 서구인들이라면 모두 '오리엔트'에 대해서는 부정적인 견해를 이미 갖고 있다는 사이드의 주장은 이후 서구인들이 이슬람관을 비판적으로 바라볼 수 있는 가능성을 열어놓았다.[8] 이 글은 우선

---

5) 이에 대해서는 다음 글을 참조할 수 있다. 이종경, 〈중세 유럽의 이슬람 인식〉, 한국서양사학회 엮음, 《서양 문명과 인종주의》(지식산업사, 2002).
6) 이런 의미에서 사이드는 이슬람 사회와 문화에 대한 학술적 접근이라는 차원에서 '오리엔탈리즘'을 이해하고 있기도 하다. 유럽인들의 이슬람관 전반에 관해서는 다음을 참조할 수 있다. 박용희, 〈유럽인들의 이슬람관 : 오래된 편견, 변화하는 선입견, 고안된 "타자관"〉, 역사학회 엮음, 《제45회 전국 역사학대회. 공동 주제 : 문명 간의 상호인식》(2002).
7) 이런 인식은 기존의 오리엔트학 내부에서 지배적이었다. 이에 대해서는 Enno Littmann, *Der deutsche Beitrag zur Wissenschaft vom Orient*(Stuttgart · Berlin, 1942) ; Johann Fück, *Die arabischen Studien in Europa*(Leipzig, 1955) ; Rudi Paret, *Arabistik und Islamkunde an deutschen Universitäten. Deutsche Orientalisten seit Theodor Nöldeke*(Wiesbaden, 1966)를 참조하라.
8) 사이드의 주장은 그 후 활발한 찬반 토론을 불러일으켰다. 이에 대해서는 Jürgen Lütt, "Die Orientalismus-Debatte im Vergleich : Verlauf, Kritik, Schwerpunkt im indischen und arabischen Kontext", Hartmut Kaelble · Sürgen Schriewer (Hrsg.), *Gesellschaft im Vergleich : Forschungen aus Sozial- und Geschichtswissenschaften*(Frankfurt a. M., 1998), 511~567쪽을 참조하라.

서구의 이슬람관에 대한 사이드의 비판적 작업이 원칙적으로 타당성을 가진다는 것을 인정하고, 따라서 독일의 이슬람학자들 역시 '오리엔탈리즘'으로 정리된 담론에서 자유롭지 않다는 것을 전제로 한다. 그러나 이 글은 이들의 이슬람관을 단순히 하나의 담론, 즉 포괄적인 언설(言說) 차원에서 이해함으로써 비판의 기능에 충실하기보다는, 그들의 학술적 작업을 직접 살펴봄으로써 그 작업의 동기, 나아가 그것을 통해 형성된 이슬람관의 구체적인 상(像)과 그 형성에 영향을 미친 제반 요소들을 분석해보고자 한다.

왜 독일의 이슬람학자들은 다른 문화권, 다른 종교 및 언어에 관심을 가졌을까? 그리고 그들은 과연 학술적 작업을 통해 어떤 상을 만들어냈을까? 그리고 그 과정에서 어떤 요인들이 작용했을까? 물론 이 글은 한편으로는 오늘날까지도 전 세계적으로 상당히 보편적이며 일반적인 문화의 이미지image가 형성된 역사를 밝힌다. 따라서 이 글은 이들 학자들이 이슬람을 인식하는 데에서 드러나는 한 문화에 대한 인식의 특징적 요소들, 그리고 그것의 시대적 한계를 비판적으로 확인하는 것에 그 목적이 있다.

그러나 이 글은 다른 한편으로 그런 비판적 인식을 넘어 이슬람학자들의 이슬람관 분석을 통해 인간 보편적 현상으로서의 타 문화 인식이 가진 근본적인 문제와 그 가능성을 살피는 일로 나아가고자 한다. 따라서 이 글에서는 이슬람학자들의 이슬람 문화 및 역사 이해에서 단순히 옳고 그름을 따지는 데 주안점을 두기보다는, 여러 연구에서 나타나는 타 문화에 대한 구체적인 상과 그것의 형성에 작용한 것으로 보이는 관점들을 분석할 것이다. 그리고 이를 통해 인간 사회에서 형성되는 타 문화관의 근본적인 문제점을 인식하고, 나아가 보다 긍정적인 타 문화관이 어떻게 가능할지를 가늠해보고자 한다.

2. 독일에서의 오리엔트학, 특히 이슬람학의 성립과 발전

독일에서 학문으로서의 이슬람 연구가 시작된 것은 19세기 초반에 영국, 프랑스 그리고 네덜란드의 오리엔트학에서 영향을 받으면서부터다.[9] 많은 학자들이 파리, 빈, 레이덴 등지에서 사시Silvester de Sacy(1758~1838), 함머 푸르크슈탈Joseph von Hammer-Purgstall (1774~1856)과 같은 아랍 연구가 밑에서 공부했고, 이들에게 직접적으로 영향을 받으면서 문헌학적 방식에 입각해 이슬람권의 언어를 연구하기 시작했다.[10] 19세기 초반에 이미 독일의 오리엔트학은 다수의 연구자들의 노력에 힘입어 상당한 양의 연구 자료를 확보하기에 이른다. 19세기 중반에는 이슬람에 대한 자료, 특히 역사적 자료나 연대기의 편찬 작업이 진행되기도 했다.[11]

방대한 양의 역사적 사료들이 편찬되면서 오리엔트학 전공자들 사이에서는 새로운 인식이 생겨나기 시작했다. 비록 대다수의 학자들은 여전히 문헌학적 방식

---

9) 유럽에서 최초로 아랍어 수업이 진행된 것은 1587년 콜레주 드 프랑스Collège de France에서다. 이후 1613년 네덜란드 레이덴대학교, 1632년 케임브리지대학교, 1634년 옥스퍼드대학교에 아랍어과가 신설되었다. 이때부터 이슬람학은 히브리어와 성서 연구라는 보조적 위치에서 발전하기 시작했고, 18세기 말 프랑스에 현대 오리엔트 언어 연구원école des Langues Orientales Vivantes이 설치됨으로써 근대적 오리엔트학의 성립이 가능하게 되었다. 이에 대해서는 Albert Hourani, *Islam in European Thought*를 참조하라.

10) 사시Silvester de Sacy의 제자였던 본대학의 프라이타크Wilhelm Freytag(1788~1861), 라이프치히대학의 플라이셔Heinrich L. Fleischer(1801~1888), 함머 푸르크슈탈 Joseph von Hammer-Purgstall의 제자였던 베를린의 뤼케르트Friedrich Rückert(1788~1866)는 독일 오리엔트학의 선구자들이다. 특히 플라이셔는 문헌학적 방법론에 입각한 실증적 언어 분석법을 도입했고, 이로부터 오리엔트의 언어 연구는 20세기 초반까지 독일 오리엔트학의 주류를 형성했다. 그 외에 괴팅겐대학의 하인리히 에발트Heinrich Ewald(1803~1875)는 이슬람 문화권 내의 언어들을 셈족의 언어라고 전제하고, 세계의 다른 지역의 언어들과 비교하는 비교 언어학적 연구의 전통을 세웠다.

11) 뷔스텐펠트Ferdinand Wüstenfeld(1807~1899년)는 이븐 히삼Ibn Hisam의 《무하마드 연대기*Muhammad-Biographie von Ibn Hisam*》를 비롯해 《메카 시의 연대기*Chroniken der Stadt Mekka*》 및 지리학적 · 전기적 저술을, 스웨덴 출신의 토른베르크Carl Johan Tornberg(1807~1877)는 이븐 알아티르Ibn Al-atir의 《연보*Chronik des Ibn al-Atir*》를, 그리고 네덜란드의 라인하르트 도치Reinhart Dozy 역시 수많은 아랍 저작들을 편찬했다. 이런 원서 편찬 작업은 계속되어 20세기 초엽에는 고이예Michael Jan de Goeje의 주도로 1879~1901년 사이에 앗 타바리at-Tabari의 《연대기*Annalen*》가, 자하우Eduard Sachau의 주도로 1904~1918년 사드Ibn Sa'd의 《예언자의 추종자들 *Tabaqat*》이 편찬되었다.

에 입각해 아랍 언어 연구에 주력하고 있었지만, 일부 연구자들은 연구를 언어학적 차원에 한정하는 데 강한 이의를 제기하고 아랍 연구의 범위를 역사 및 문화 쪽으로 확장해야 할 필요성을 절감하고 있었던 것이다. 그들은 당시 역사학의 영향을 받으면서 획득한 역사주의 방법론에 입각해 이슬람 지역의 사료를 비판적으로 검토하면서 이슬람의 역사를 재구성하려 했다.[12]

이런 노력은 당시 유럽의 학계의 풍토에서 큰 의미가 있었다. 전통 역사학이 언어의 장벽과 유럽적 현상으로서의 필헬레니즘Philhellenism 때문에 이슬람에 대한 관심을 증대시킬 수 없었던 것에 반해,[13] 현지어에 능통한 학자들이 이슬람에 쏟는 관심은 다른 문화에 대한 심층적 이해의 가능성을 보여주었다. 그러나 사실 이런 관심은 오리엔트학 내부에서도 폭넓은 지지를 얻지는 못했다. 대부분의 학자들은 스스로를 "책상 앞의 서생(書生)Stubengelehrte"으로 인식하며 정치, 역사, 문화 등 사회 현실과 무관한 언어 연구에 주력했다.[14] 이런 상황에서 이슬람 역사에 관심을 가진 소수의 학자들만이 당시 오리엔트학의 주류 연구인 언어학적 연구의 한 귀퉁이에서 독자적으로 연구를 진행할 수 있었을 따름이다. 이런 오리엔트학 내부에서의 역사와 문화에 대한 연구 방향을 '이슬람학'이라 한다.

독일에서는 19세기 초반 유대인 출신의 바일Gustav Weil(1808~1889)의 작업으로 인해 이슬람에 대한 관심이 일기 시작했다. 그는 젊은 시절 장기간 아랍에 머무르면서 수집한 사료들을 기반으로 "비판적이고 역사적인 방법"[15]에 의거해

---

12) 오늘날 역사주의는 매우 다양한 개념적 이해가 가능하여 하나의 합의된 개념을 도출하지 못하고 끊임없는 논쟁을 불러일으키고 있다. 이 글에서는 독일의 역사가 랑케Leopold von Ranke 이래 확립된 '실증주의적 방법론'과 '비판적 사료 검토'를 역사주의적 방법론이라고 이해하는 오리엔탈리스트의 역사주의 이해에 국한하여 다루고자 한다.
13) 랑케는 세계사 서술을 위해 아랍어 공부의 필요성을 절감했으나 어려워 결국 포기했다고 고백했다(Ernst Schulin, *Die weltgeschichtliche Erfassung des Orients bei Hegel und Ranke*(Göttingen, 1958), 188쪽). 또한 몸젠Theodor Mommsen은 필헬레니즘Philhellenism의 입장에서 이슬람을 "헬라스적인 것의 사형인"이라고 혹평했다(Theodor Mommsen, *Römische Geschichte*(Berlin, 1884), 611쪽).
14) 이런 맥락에서 그들은 자신들의 학문을 가리켜 "난초와 같은 학문Orchiedenwissenschaft"이라고 했다.
15) 19세기 독일 이슬람학자들은 랑케에 의해 확립된 전통 역사학의 방법론에 대해 잘 이해하고 있었고 이를

이슬람의 역사를 서술하기 시작했다. 기존의 아랍 역사서를 면밀하게 검토한 바 있던 그는 이슬람 역사를 실증적으로 재구성할 수 있으리라 생각했다. 그리고 1843년에 무하마드 전기 《예언자 무하마드, 그의 생애와 가르침 Muhammed der Prophet, Sein Leben und seine Lehre》, 1845년부터 1862년까지 총 5권에 달하는 《칼리프의 역사 Geschichte der Chalifen》 등의 주저들을 발표했으며, 자신의 저작에 코란을 비롯한 이슬람의 초기 기록들을 사료로 이용하기도 했다.

이슬람학의 형성에 기여한 또 다른 이슬람학자로 오스트리아 출신의 크레머 Alfred von Kremer(1828~1889)를 들 수 있다. 바일이 이슬람에 대한 사료에 입각해 이슬람 역사를 실증주의적으로 재구성했다면, 크레머는 단지 사건사적 측면에서 이슬람을 합리적으로 조명하는 차원을 넘어 거시적 관점에서 이슬람이라는 문화권의 구조를 밝히고자 했다. 이와 같은 방식을 스스로 '문화사 Kulturgeschichte'라 정의한 크레머는 특히 이슬람을 하나의 "정치적이고 종교적인 체제"로 이해하면서 그 체제의 구조적·발전적 특징을 밝히려 했다.[16] 그러나 바일이 실증주의적 사관에서 지나치게 사건 중심의 정치사를 지향했다면, 크레머 또한 문화사란 이름으로 '오리엔트'에 대한 서투른 일반론을 제시하는 데 그쳤다.

이 글에서 다루는 19세기 후반 독일의 이슬람학자들은 이런 한계를 극복하고 이슬람 문화에 대한 세련된 문제 설정과 독자적 연구 방향을 개발함으로써 학문의 발전에 기여했다. 이런 노력을 통해 19세기 후반의 독일 이슬람학은 다수의 역사 및 문화 연구가들을 배출함으로써 세계 이슬람학의 선도적 위치로 올라서고 있었다.[17]

기반으로 이슬람의 역사를 연구하고자 했다. 이에 대해서는 Yonghee Park, *Auf der Suche nach dem Orient. Die historische Erfassung des "islamischen Orients" durch deutsche Islamwissenschaftler zwischen 1880~1930*(Berlin, 2000)를, 특히 이 책의 35쪽 이하를 참고하라.

16) Alfred von Kremer, *Culturgeschichte des Orients unter den Chalifen*, 2 Vols.(Wien, 1875~1877). 여기서는 Alfred von Kremer, *Culturgeschichte des Orients unter den Chalifen*, Vol. 1, "Vorwort", III쪽을 참조.

17) 전문적 이슬람학자들뿐만 아니라 때로는 전문적인 언어 연구가들도 이슬람의 문화와 역사에 대해 관심을 가졌으며 이와 관련한 많은 구체적인 작업을 수행했다. 이런 연구자로는 뇔데케 Theodor Nöldeke, 뮐러 August

이 글에서는 이렇게 이슬람의 역사와 문화를 전문적으로 다루기 시작한 연구자들만을 주된 분석의 대상으로 삼아 그들의 이슬람관을 분석하고자 한다. 이렇게 대상을 한정하는 것은 다음과 같은 점에서 그 의의를 갖는다. 무엇보다 대부분의 오리엔트학자들이 자신들의 연구 대상을 실증적인 언어 연구에 국한함으로써 이슬람에 대한 자신들의 논조나 관점을 명확히 드러내지 않거나 은폐된 형태로 제시했다면, 이 글에서 다루게 될 학자들은 이슬람의 역사나 정치적 측면을 아우르면서 비교적 자신들의 관점을 명확히 하고 있었다. 따라서 이 글은 이런 연구자들 중에서도 논의의 대상을 몇 명의 학자로 한정해 비판적인 분석의 심도를 높이고자 한다. 이 글에서 주된 분석의 대상이 되는 이들은 1880년부터 1930년 사이의 가장 저명한 이슬람학자로 꼽히는 벨하우젠Julius Wellhausen(1844~1918), 골트치어Ignaz Goldziher(1850~1921), 하르트만Martin Hartmann(1851~1918), 베커Carl Heinrich Becker(1876~1933) 등이다.

3. 역사학적 이슬람 연구와 그 동기

개신교 신학자이자 괴팅겐대학 셈어학과 교수 벨하우젠은 정치사적으로 이슬람을 연구하기 시작했다. 일찍이 구약을 신학적 관점이 아닌 역사적 관점에서 비판적으로 이해하고 《이스라엘의 역사Geschichte des Israels》(1878)를 발표하면서 학계의 주목을 받기 시작한 그는 1880년경부터 이슬람의 초기 역사를 다루기 시작했다.[18] 그는 무하마드 등장 이전의 아랍 사회부터 서기 750년 우마이야 왕조의

Müller, 그림메Hubert Grimme, 헬Joseph Hell 등을 꼽을 수 있다.
18) 벨하우젠Julius Wellhausen의 초기 작업은 주로 무하마드의 출현 이전과 메디나Medina로의 이주 후를 다루고 있다. 그의 주저로는 *Muhammed in Medina, Das ist Vakidis Kitab al-Maghazi in verkürzter deutscher Wiedergabe* (Berlin, 1882) ; *Reste arabischen Heidentums gesammelt und erläutert*(Berlin, 1897) ; "Medina vor dem Islam", *Skizzen und Vorarbeiten*, Heft 4(Berlin, 1889) ; "Muhammads Gemeindeordnung von Medina", *Skizzen und Vorarbeiten*, Heft 4 ; "Seine (Muhammads) Schreiben und die Gesandtschaften an ihn", *Skizzen und*

몰락에 이르는 이슬람의 정치사를 서술했다.[19] 여기서도 그는 이슬람을 하나의 종교적 교의로 이해하기보다는 아랍 민족의 구체적 역사 속에서 이해함으로써, 초기 이슬람의 역사를 정치적 공동체의 형성이라는 관점에서 다루었다.

벨하우젠이 이슬람의 정치 구조가 어떻게 형성되었는지에 관심을 집중했다면, 부다페스트 출신의 유대인 골트치어는 이슬람의 신앙 체계를 다루기 시작했다. 비록 그는 독일령 외부 지역 출신이기는 했으나 라이프치히에서 공부했고 독일의 이슬람학 발전에 지대한 공헌을 했다. 독일 관념론의 영향을 받은 그는 인간의 '이념'이나 '정신'이 인류사의 가장 큰 추동력이라 생각했고, 이슬람 문화에서 이것은 종교적 교의의 다양한 발전을 통해 드러났다고 생각했다. 그래서 그는 코란Koran과 하디스Ḥadith를 연구했고,[20] 이 경전들을 편찬하고 해석하는 과정에서 무하마드의 사후에 이슬람이 다양한 방향으로 발전한 것을 이해했다.[21] 비록 그는 이슬람 종교를 체계적으로 이해하기 위한 개설서를 집필하려고 시도하지는 않았으나, 이슬람 종교의 분파적·신비주의적 발전에 이르는 다양한 발전의 방향을 파악하게 하는 수많은 저술을 남겼다.[22]

사회학적 방법론을 도입해 이슬람 연구에 새로운 길을 제시한 사람은 베를린에 있는 오리엔트 언어 연구소Seminar für die Orientalischen Sprachen의 교수 하

Vorarbeiten, Heft 4 등이 있다.

19) Julius Wellhausen, *Das arabische Reich und sein Sturz*(Berlin, 1902). 이는 그의 대표작으로 이후 종교사 연구에 지대한 영향을 끼쳤다.

20) 하디스Ḥadith는 무하마드의 행적을 기록한 글이다. 주로 무하마드의 추종자와 그 측근들에 의해 구전되던 것이 3대 칼리프 오스만 시기에 채집되었다고 전해진다. 그러나 골트치어Ignaz Goldziher는 이런 구전의 신빙성을 의심했고, 따라서 그 기록은 구전되던 얘기들이 기록자들의 종교적, 정치적 필요에 의해 각색된 것으로 이해되었다. 그러나 오늘날 코란Koran과 하디스가 적어도 구전의 올바른 채집이라는 사실은 부인되지 않는다. 이에 대해서는 Montgomery W. Watt, *Der Islam*, Vol. 1(Stuttgart, 1980)을 참고하라.

21) 이와 관련한 골트치어의 대표작으로 다음의 글을 꼽을 수 있다. *Die Zahiriten. Ihr Lehrsystem und ihre Geschichte*(Leipzig, 1884) ; *Muhammedanische Studien*, Vol. 1·2(Halle, 1889) ; *Vorlesungen über den Islam*(Heidelberg, 1910) ; *Die Richtungen der islamischen Koranauslegung*(Leiden, 1920).

22) 그는 여러 권의 대표적 저술 이외에도 수많은 논문을 남겼다. 그가 저술한 문헌의 목록은 다음 글을 참고하라. Ignaz Goldziher, *Gesammelte Schriften*, Josef Desomogyi (Hrsg.), 6 Vols.(Hildesheim, 1967~1973).

르트만이었다. 앞 세대 연구자들이 종교나 국가의 범주에서 이슬람을 연구했다면, 그는 이슬람에 대한 다각적인 역사 서술을 위해 관점을 확장해야 한다고 주장했다.23) 따라서 그는 당시로서는 혁신적인, 경제적 · 사회적 · 국가법적 · 정치적 차원에서 이슬람 사회를 연구했다. 이를 통해 그는 이슬람 문화 인식에서 단지 종교나 국가의 영역으로 환원되지 않는 종합적 사회 이론을 지향했다.24) 그는 이를 바탕으로 이슬람 문화권의 현실 문제에 특히 관심을 갖기 시작했다. 그러나 당시에는 현실 문제에 관심을 갖는 것을 학자로서 경계해야 할 일탈 행위로 간주하고 이를 폄하하는 분위기가 오리엔트학자들 사이에 만연하고 있었다.25) 그래서 동료들은 현실 문제에 대한 적극적 관심을 표현한 그를 "일간지 기고가Tagesschriftsteller"라며 조롱하기도 했다.26) 그러나 그는 오리엔트에서의 독일의 이익을 위해서는 이슬람의 현 상황과 전망에 대한 연구가 필요하다고 역설했다.

한편 함부르크의 '식민 연구소Kolonialinstitut' 역사 분과 교수이자 바이마르 시기에 문화부 장관을 역임하기도 했던 베커는 이슬람의 문화사를 서술하려고 시도했다.27) 다른 연구자들이 문헌학적인 작업을 통해 실증적 역사학을 추구했다면 베커는 크레머의 영향을 받아 '종합적 사고synthetische Überlegung'라는 관점에

---

23) 하르트만Martin Hartmann은 기존의 이슬람학 연구가 많은 허점을 가지고 있으며 이슬람 문화 전반에 대한 조망을 불가능하게 한다고 주장했다. 특히 그는 이론화의 부재를 강력히 비판했으며 분석적이고 실증적인 방법을 도입해 다양한 방면에서 이슬람에 접근할 것을 주장했다. Martin Hartmann, *Islam, Mission, Politik* (Leipzig, 1912), "Vorwort", XII쪽.
24) 하르트만은 베커Carl Heinrich Becker에게 보내는 서간문에서 이와 같은 종합적 사회 이론을 '사회학'이라고 명명했다. 이에 대해서는 Ludimila Hanisch (Hrsg.), *Islamkunde und Islamwissenschaft im Deutschen Kaiserreich. Der Briefwechsel zwischen C. H. Becker und Martin Hartmann, 1900~1918*(Leiden, 1992), 57쪽을 참조하라.
25) 당시 이슬람학자들은 현실 사회의 문제와 거리를 유지할 때 학술적 연구는 객관성을 담보할 수 있으리라 생각했다. 이런 이유로 현실 사회 문제에 대해 직접적으로 자신의 태도를 표명하는 것을 학자로서의 본분을 망각한 행위로 생각했음에 틀림없다. 베커는 이런 상황에 대해 잘 기술하고 있다. 이에 대해서는 Carl Heinrich Becker, "Martin Hartmann", *Islamstudien*, Vol. 2(Leipzig, 1932), 481~490쪽 중 특히 485쪽을 참조하라.
26) Carl Heinrich Becker, "Martin Hartmann", 481쪽.
27) 베커의 함부르크 식민 연구소Kolonialinstitut 교수 취임은 오리엔트학 사상 역사 분과 최초의 교수 임용이라는 점에서 이슬람학의 발전에 획기적 전기를 가져왔다.

서 이슬람 문화에 접근해야 한다고 주장했다.[28] 이런 관점에서 그는 이슬람 문화와 유럽 문화는 그리스 문화라는 한 뿌리에서 나왔지만 각기 다른 길을 간 것으로 이해했다. 아울러 베커는 하르트만의 영향을 받아 이슬람의 현실 문제가 중요한 연구 분야라고 주장했다. 그는 특히 바이마르 공화국 시기에 이슬람학 교수 직을 내놓고 관직으로 진출하게 되면서 이슬람의 사료에 입각한 전문적인 작업을 하기보다는 주로 이슬람 문화에 대한 일반론이나 이슬람의 현실과 독일의 아랍 지역에서의 이해관계를 다루었다.[29]

이상에서 언급한 연구자들은 비슷한 시기에 활동했으며 상호 밀접한 영향 관계에 있었다. 따라서 이들을 학술적 연구의 발전사라는 측면에서도 바라볼 수 있으나 학술사적으로 개괄해보는 것이 이 글의 목적은 아니다. 전술했듯이 이 글에서는 동일한 시대적 배경에서 이뤄진 학술적 작업들이 어떤 동기에서 개별 연구자들에 의해 수행되었는지, 또한 이 작업을 통해 이슬람 문화에 대한 이미지가 어떻게 형성되었는지를 밝히는 데 주력하고자 한다.

시대적 배경으로 보건대 이슬람학자들의 연구는 명백하게 19세기 독일의 제국주의적 팽창이라는 시대적 상황과 밀접한 관련이 있다. 서방 제국들의 제국주의 정책과 뒤늦은 독일의 오리엔트로의 진출은 오리엔트 사회에 대한 전반적인 관심이 높아지는 계기가 되었다. 특히 비스마르크Otto von Bismarck 이래 독일의 오리엔트 진출 시도는 빌헬름Willhelm 2세 시대 바그다드 선로 건설 사업으로 이어졌고, 이런 상황에서 오리엔트학자들 사이에도 특히 터키와 아랍에 대한 관심이 증대되었다.[30]

그러나 이슬람학자들의 오리엔트에 대한 관심은 현실적 필요라기보다는 학술

---

28) '종합적 사고synthetische Überlegung'는 베커가 사용한 개념이다. Carl Heinrich Becker, "Martin Hartmann", 481~490쪽 중 특히 489쪽.
29) 베커는 현실 이슬람에 대한 많은 글들을 신문에 기고했다. 그는 자신의 글들을 묶어서 《이슬람 연구 Islamstudien》(Leipzig, 1924·1932)라는 2권의 책으로 발표했다.
30) 터키와 독일 제국의 관계에 대해서는 다음 글을 참조하라. Wilhelm van Kampen, *Studien zur deutschen Türkeipolitik in der Zeit Wilhelms II*(Kiel, 1968).

적 차원의 것이었다. 대부분의 연구자들은 교육이나 교양Bildung에 대한 강한 지향에서 이슬람 연구의 동기를 찾았다. 우선 대부분의 학자들은 신학을 공부하다가 이슬람 연구로 옮아갔다는 전기적 공통점이 있다. 특히 벨하우젠이나 베커와 같이 프로테스탄트적 환경에서 자란 사람들, 바일이나 골트치어처럼 유대 집안 출신 학자들은 각각 프로테스탄트 및 유대교의 신학을 공부하는 과정에서 이슬람에 대한 흥미를 갖게 된다. 따라서 초기의 이슬람학자들은 자신들의 연구를 현실 정치라는 구체적 이해와 연계시킬 생각을 하지 않았다.

그러나 그 뒤를 이은 하르트만이나 베커와 같은 이슬람학자들은 현실 이슬람 문화권의 문제를 다루기 시작했으며, 이는 당시 독일의 제국주의적 팽창과 그로 인한 이슬람 문화에 대한 관심의 증가가 그 직접적인 원인이기도 했다. 따라서 하르트만은 현실 이슬람 사회의 사정에 대한 체계적 인식의 필요를 느끼고 개혁 과정에 있는 터키 사회와 문화, 터키 지배하의 아랍 문제, 중국에서의 이슬람 등과 같은 주제에 관심을 갖기 시작했다. 베커 역시 독일과 이해관계에 있는 터키, 중국 및 아프리카의 문제를 다루었다.

그러나 하르트만이나 베커도 자신의 연구를 직접적인 정치적 필요와 연결시키는 데에는 일정한 거리감을 갖고 있었다. 다른 이슬람학자들과 마찬가지로 하르트만은 자신의 작업이 "현실 정치에서의 직접적 이용이라는 차원을 넘어선 학문적 인식이라는 이상"[31]을 추구하는 것이라 이해했고, 베커도 자신의 연구를 단순히 독일의 제국주의적 이해에 기여하는 것으로만 바라보지는 않았다. 오히려 이들은 이슬람 사회에 대한 객관적 이해가 필요하다고 생각했으며, 이를 통해 현실 이슬람 사회의 자생적 발전에 대한 희망을 드러내기도 했다. 그들은 자신들의 이슬람 연구가 당시 이슬람 사회의 객관적 상황을 분석하고 발전의 대안을 제시하는 것으로 이해했던 것이다.

---

31) Ludimila Hanisch, "Einleitung", Ludimilia Hanisch (Hrsg.), *Islamkunde und Islamwissenschaft im Deutschen Kaiserreich. Der Briefwechsel zwischen C. H. Becker und Martin Hartmann, 1900~1918*, 26쪽.

따라서 이슬람학자들은 그들의 학술적 연구를 통해 제반 선입견으로부터 자유롭고 가치중립적인 '오리엔트' 인식을 지향했다. 그들은 실제로 상당한 양의 사료를 발굴했고 방법론적으로도 지속적인 발전을 이룩했다. 물론 그럼에도 불구하고 당시의 이슬람학자들이 객관적이고 가치중립적으로 오리엔트를 인식하기에 이르렀다고 볼 수는 없다. 그들은 "결코 모든 선입견을 부숴버릴 수 있는 천사도 아니었고, 다양한 방식으로 그들의 인종적 · 종교적 · 정치적 견해를 갖고 있었던 인간들"[32]에 불과했던 것이다. 따라서 그들은 연구 대상을 자기의 관점에서 볼 수밖에 없었고, 곧 자기중심적인 사고방식에서 자유로울 수 없었다.

4. 이슬람학자들이 공유한 지배적 관점들

(1) 세속적 관점에서 본 이슬람

유럽인들에게 이슬람 문화는 오랫동안 종교적 관점에서의 관심 대상이었다. 7세기 무하마드가 창시한 이슬람교는 뒤이은 칼리프들의 시기와 우마이야 및 아바스 왕조의 시기에 서로는 스페인, 동으로는 바그다드를 넘어 지금의 이란 영토에 이르기까지 빠른 속도로 팽창했다. 비록 비잔틴 제국의 저항으로 팽창이 일시적으로 저지되긴 했으나, 곧 발칸 반도로 북상하면서 유럽에 직접적인 위협 요소로 등장했다. 그러나 무엇보다 중세 유럽에서 이슬람 문화는 유럽 기독교 문화와 대비되는 이교도들의 세계로 인식되었다. 기독교는 자기와 동일한 일신교적 바탕에서 출발했음에도 불구하고 예수를 신으로 인정하지 않으며 삼위일체설을 부인하는 이슬람을 인정할 수 없었으며, 따라서 이슬람은 개종의 대상이었을 뿐이다.

그러나 근대 초기에 접어들면서 이런 종교적인 측면에서의 이슬람 인식은 점차 변화하게 된다. 이 과정에서 이슬람과의 지속적인 접촉과 직접적인 경험이 타자

---

32) Ekkehard Rudolph, *Westliche Islamwissenschaft im Spiegel muslimischer Kritik*(Berlin, 1991), 161쪽.

이해에 긍정적으로 작용했을 것이다. 하지만 무엇보다 근대 유럽적 현상으로서 종교에 대한 인식의 변화가 중심적 역할을 했다. 즉, 종교는 더 이상 신에 의한 구원의 약속이 아니었고, 교회는 이것을 관할하는 유일한 틀도 아니었다.[33]

이슬람학자들은 이와 같이 변화하는 종교관 속에서 학술 연구를 시작했다. 따라서 그들의 문제의식은 이슬람에 대한 신학적 의심에서 확실히 멀어져 있다. 그러므로 그들은 종교의 교리를 연구하고 분석하는 신학적 방식으로 이슬람 문화에 접근하지 않았다. 벨하우젠은 초기 이슬람의 역사를 아랍 사회의 법적·정치적 발전이라는 관점에서 서술했다. 그는 이슬람 종교 형성 이전의 아랍 사회를 다신교, 피의 복수가 이뤄지고 있는 원시적 단계의 사회로 보았다.[34] 그리고 이와 같은 아랍 사회를 국가 없는 무정부 상태로 인식하고,[35] 무하마드의 등장과 종교의 창시 과정을 이러한 상황의 극복 과정으로, 즉 국가의 확립 과정으로 파악했다. 무엇보다 그는 무하마드의 메카 시기와 메디나 시기를 엄격히 구분하고 히즈라Hijrah[36]를 메카 시기의 일신교적 종교성으로부터 정치적 종교, 아랍 민족의 종교로의 전환으로 이해했다.[37]

따라서 무하마드가 확립한 이슬람 종교 공동체인 "움마Ummah"는 "알라의 보호 공동체"로 아랍 사회의 내적 불화와 외적 안정을 위한 정치적 필요에 의해 건설된 공동체로 이해되었다.[38] 또한 벨하우젠에 따르면 이렇게 설립된 공동체는 무하마드 자신과 네 명의 칼리프 시기에 아랍 제국으로 발전했다.[39] 이와 같이 종교

---

33) 유럽에서의 종교에 대한 관점과 이슬람교에 대한 인식의 변화에 대해서는 Albert Hourani, *Islam in European Thought*를 참조하라.
34) Julius Wellhausen, *Ein Gemeinwesen ohne Obrigkeit. Rede zur Feier des Geburtstages seiner Majestät des Kaisers und Königs am 27. Januar 1900 im Namen der Georg-August-Universität Göttingen*(Göttingen, 1901), 5쪽.
35) Julius Wellhausen, *Reste arabischen Heidentums gesammelt und erläutert*, 225쪽.
36) 히즈라Hijrah란 632년 무하마드가 박해를 피해 메카에서 메디나로 이주한 사건으로, 이 해가 이슬람의 히즈라력 원년(元年)이 되었다.
37) Julius Wellhausen, "Muhammads Gemeindeordnung von Medina", 76쪽.
38) Julius Wellhausen, "Muhammads Gemeindeordnung von Medina", 76쪽.
39) Julius Wellhausen, *Das arabische Reich und sein Sturz*, 33쪽.

적 현상의 본질을 정치적 측면에서 이해함으로써 벨하우젠은 초기 이슬람의 형성 과정을 아랍 민족의 정치적 발전 과정으로 파악했던 것이다.

이슬람의 종교적 측면에 관심을 기울이기 시작한 골트치어 역시 종교를 하나의 성스러운 교리로 더 이상 인정하지 않았다. 철학자 슐라이어마허Friedrich Schleiermacher의 영향으로 종교를 인간들의 "절대적 힘에 의지하려는 경향의 표현"으로 이해했던 골트치어는 나아가 이슬람을 종교적 형태를 띤 "아랍 민족의 정신이나 윤리"로 봄으로써 이슬람의 종교사를 이슬람의 사상사로 바꿔놓았다.[40] 원래 그는 독실한 유대 가정 출신이었으나 후에 개혁 유대교의 가이거Abraham Geiger 등에 영향을 받아 유대교를 합리적 윤리의 수준으로 끌어올려야 한다고 생각했다. 아울러 이슬람의 형성 역시 합리적으로 설명되어야 한다고 주장했다. 이런 생각에서 골트치어는 코란과 하디스를 무하마드 시기에 만들어진 종교로 이해하기보다 수세대에 걸친 다양한 사상적 발전의 결과물로 이해했다. 따라서 이슬람의 경전은 무하마드가 신에게서 전해 받은 계시의 기록이 아니라, 무슬림들의 정치적이고 이념적인 상호 투쟁이 반영된 역사적 기록이라고 생각했다. 나아가 이런 신앙의 기록이 이후 무슬림에 의해 다양하게 해석되었던 것은 이슬람이 다양한 방향으로 발전할 수 있었던 한 원인이었다는 것이 그의 주장이었다. 그리고 이와 같은 이슬람 내적인 사상의 발전뿐만 아니라 다른 문화에서 받은 영향이 이슬람의 발전을 이끌어냈다고 주장함으로써 다양한 역사적 해석의 기틀을 마련했다.[41]

종교를 인간이 만든 하나의 신앙 체계로 이해하고 그 전개 과정을 역사적으로 이해하려는 경향은 하르트만과 베커에게서 더욱 두드러지게 나타났다. 무엇보다 이들은 이슬람을 이해하는 관점을 확대해야 한다고 주장했다. 특히 베커는 이슬람을 종교로만 이해하는 것을 거부하면서 이슬람을 종교, 국가 이념, 문화로 분리해서 다루어야 한다고 역설했다.[42] 종교는 문화를 인식하는 여러 요소들 중의 하

---

40) 골트치어는 슐라이어마허Friedrich Schleiermacher의 영향을 받았다고 인정하는데, 이에 대해서는 다음의 글을 참조하라. Ignaz Goldziher, *Vorlesungen über den Islam*, 1쪽.
41) 이와 같은 관점은 문명 간 관계사의 한 예로 높이 평가될 수 있을 것이다.

나이며, 따라서 그것의 위상은 지나치게 과대평가되어서는 안 된다는 것이다. 이런 맥락에서 그들은 이슬람을 이해하기 위해서는 종교뿐만 아니라 경제, 사회적 요인들을 적극적으로 고려해야 한다고 주장하기에 이르렀다.

하르트만과 베커는 현실의 이슬람 종교를 바라보는 데에서도 훨씬 세속적이었다. 즉 그들은 이슬람 사회가 지나치게 종교적인 것에 좌우되는 것을 전근대적인 현상으로 바라보았다.[43] 따라서 그들은 종교 개혁과 같은 단계를 거침으로써 종교가 개인의 신앙 차원으로 축소된 유럽의 경우와 비교해 이슬람 문화는 낙후된 상태에 있다고 이해했다. 이와 같은 이슬람 이해가 독일 프로테스탄트 또는 개혁 유대교의 종교 이해에 바탕을 두고 있음은 명백한 사실이다.[44] 이제 종교는 개인이 신앙 차원에서 스스로 선택해야 할 사항이지 제도적 차원에서 강요되어서는 안 되는 것이었다. 게다가 역사적으로 형성된 종교 역시 윤리적 또는 정치적 차원이라는 비종교적 요인들에 의해 이해되어야 하는 것이었다. 이런 탈종교적·세속적 관점은 모든 이슬람학자들의 근본적인 인식을 구성하고 있었다. 이를 통해 기존의 기독교적 입장에서 적대시되며 기독교와 경쟁적인 종교로 인식되던 것에서 벗어나 이슬람은 이제 다른 종교, 역사를 가진 문화적 단위로 인정되기 시작했다.

(2) 민족의 관점에서 본 이슬람

한편으로 이슬람학자들은 당시에 지배적이던 인종적·종족적 관점에서 자유로울 수 없었다. 무엇보다 19세기의 오리엔트학자들은 별다른 이의를 제기하지 않

---

42) Carl Heinrich Becker, "Der Islam als Problem", *Islamstudien*, Vol. 1(Leipzig, 1924), 3쪽.
43) Martin Hartmann, *Fünf Vorträge über den Islam*(Leipzig, 1912), 117쪽.
44) 벨하우젠의 프로테스탄트적 종교 이해와 그로 인한 이슬람 인식의 변화에 대해서는 다음 글과 비교하라. Josef van Ess, "From Wellhausen to Becker : The Emergence of 'Kulturgeschichte' in Islamic Studies", Malcom H. Kerr (ed.), *Islamic Studies : a Tradition and its Problems*(Malibu : Undena Publications, 1980), 27~51쪽 중 특히 42쪽. 골트치어의 개혁 유대교적 종교 이해와 그로 인한 이슬람 인식의 변화에 대해서는 다음 글을 참조하라. Bernad Lewis, *Islam in History. Ideas, Men and Events in the Middle East*(London : Alcove Press, 1973), 127쪽.

고 셈족이란 인종을 상정하고 있었다. 그리고 이 인종에는 유럽인이나 아랍인이 속하는 것으로 여겨지고 있었다. 대부분이 독일 각 대학의 셈족어학과의 교수였던 오리엔트학자들이 이런 인종관을 갖고 있었음에 틀림없다. 당시 저명한 오리엔트학자 중의 하나였던 스트라스부르대학의 뇔데케Theodor Nöldeke는 "셈족의 인종적 특성"을 명시적으로 주장하고 있었다.[45]

그러나 이슬람학자들은 이슬람 연구에서 아리안적 유럽과 셈족의 오리엔트라는 생물학적 구분에 큰 의미를 부여하지 않았다. 이슬람학자들은 아랍의 역사와 문화를 파악하는 데 셈족이라는 단위보다는 문화적 단위로서 이슬람을 바라보아야 한다고 생각했다. 특히 벨하우젠은 셈족이라는 규정이 '오리엔트' 민족의 수수께끼를 푸는 열쇠가 아니라 오히려 이를 방해하는 요인이라고 생각했다.[46] 골트치어 역시 그의 청년기 연구에서 셈족과 아리아족을 구분하고 아리아족의 우월성을 주장하는 인종주의 오리엔트학자 르낭Ernest Renan(1823~1892)을 통렬히 비판했다.[47]

이와 같이 이슬람학자들은, 비록 그들이 셈족의 동질성을 부인하지 않았다는 점에서 인종주의적 요소가 없었다고는 할 수 없으나, 이슬람 문화를 분석하는 데 있어서 그 의미를 강조하지는 않았다. 대신 대부분의 이슬람학자들은 이슬람을 분석하면서 '민족Volk'을 중요한 분석 대상으로 삼았다. 그들은 대부분 이슬람 문화권이 몇 개의 민족——크게 아랍인, 페르시아인, 터키인——으로 구성되어 있고, 그 민족들은 각기 고유한 특성을 가지고 있다고 전제했다. 따라서 벨하우젠은

---

45) Theodor Nöldeke, *Orientalische Skizzen*(Berlin, 1897), 1쪽.

46) Julius Wellhausen, *Muhammed in Medina. Das ist Vakidis Kitab al-Maghazi in verkürzter deutscher Wiedergabe*, 24쪽.

47) 르낭Ernest Renan은 인종주의적 관점에 입각해 셈족은 신화를 갖는 것이 불가능하다는 결론을 내렸다〔Ernest Renan, "Histoire générale et système comparédes langues sémitiques", *Œvres Complètes*, vol. 8(Paris, 1948), 585쪽〕. 이에 대해 청년 골트치어는 성서를 신화적으로 분석해 유대인들도 신화를 가지고 있다고 반박했다. 그는 카인Cain과 아벨Abel의 형제 간 싸움을 밤과 낮의 변화, 아브라함Abraham을 황혼기 저녁의 하늘, 사라Sarah를 달로 해석했다. 이에 대해서는 Ignaz Goldziher, *Der Mythos bei den Hebräern und seine geschichtliche Entwicklung*(Leipzig, 1876)을 참고하라.

아랍의 역사와 문화를 파악할 때 역사 서술의 범주로 셈족이라는 인종적 단위보다는 민족적 단위를 사용했다. 이어서 그는 660년에서 750년까지 바그다드를 중심으로 발전한 우마이야 왕조까지의 초기 역사를 아랍 민족의 역사로 파악했다.[48] 그는 민족을 '하나의 이상적이고 근원적인 인간사의 단위'로 생각했으며, 개개의 민족에는 각자의 고유한 특성이 모든 것에 앞서 전제되는 것으로 이해했다. 벨하우젠은 각 민족마다 이런 선험적인 민족적 특성을 보유하는 것이 가장 이상적이며, 그것은 민족 국가의 틀 속에서 가능하다고 보았다. 따라서 그는 이슬람의 초기 역사에서 우마이야 왕조까지를 "가장 건강한 상태"라고 보았으며, 바그다드로 수도를 옮긴 아바스 왕조(750~1258)를 아랍 제국이 민족 단위를 넘어 국제화하는 단계로, 건강한 아랍 민족의 특성을 상실하게 되는 과정으로 묘사했다.[49] 이를 통해 보건대 그가 민족에 대해 우선적으로 의미를 부여했다는 사실은 명확하며, 이런 생각은 명백히 프로이센-민족주의적 사고로부터 영향을 받았음을 추측할 수 있다.[50]

민족에 대한 의미 부여는 골트치어와 하르트만의 연구에서도 간과될 수 없는 점이다. 그들은 벨하우젠과 마찬가지로 근본적으로 이슬람 사회 내부의 민족적 갈등을 얘기하고 있었다. 예를 들면 그들에게 아바스 왕조의 창출을 초래한 시아파의 정치화는 아랍인들에 대항하는 페르시아인들의 민족적 봉기였다.[51] 그러나 물론 이슬람의 등장과 민족 간의 갈등에 대해 골트치어와 하르트만은 상이한 입장을 취하게 된다. 골트치어가 이슬람의 민주적 성격을 강조하고 아랍 세계의 이슬람화를 민족 갈등의 해소 과정으로 이해했다면,[52] 하르트만은 벨하우젠과 마찬

---

48) Julius Wellhausen, *Das arabische Reich und sein Sturz*, 83쪽.
49) Julius Wellhausen, *Das arabische Reich und sein Sturz*, 85쪽.
50) 이에 대해서는 Josef van Ess, "From Wellhausen to Becker : The Emergence of 'Kulturgeschichte' in Islamic Studies", 43쪽을 참조하라.
51) Ignaz Goldziher, *Muhammedanische Studien*, Vol. 2, 69쪽.
52) 골트치어는 무하마드의 출현 전과 그 후를 각각 '무루바muruwa'와 '딘din'으로 구분하여 설명했다. 무루바가 아랍의 귀족적 혈연 윤리라면, 딘은 이슬람의 등장과 함께 형성된 민주적이고 인종에 무관한 종교적 공

가지로 이슬람의 팽창 과정에 대해 매우 부정적이었다. 하르트만에 의하면 "이슬람의 국제주의적 성격이 아랍의 민족적 성격을 파괴했다"[53)]는 것이었다.

그러나 대부분의 학자들은 이슬람 문화권 내의 현재적 상황에 대한 진단에서는 일치된 결론을 내놓았다. 즉 이슬람은 기존 아랍의 영역을 넘어 국제적 차원으로 확장되었고, 따라서 각각의 민족들이 하나의 종교인 이슬람에 귀의했음에도 불구하고 여전히 민족적 성격은 잠재된 형태로 살아남아 있다는 주장이었다. 물론 그렇지만 이슬람 문화권이 장래에도 여전히 민족적 차이가 작용하는 사회가 될지에 대해서는 일관된 결론에 도달한 것으로 보이지 않는다. 대표적으로 골트치어는 이런 민족적 구분이 이슬람 사회의 미래를 구축하는 데 중요한 변수로 작용할 것이라 생각하지 않았다. 이에 반해 하르트만은 아랍 사회의 발전이 민족의 단위에서 이루어져야 한다고 생각했으며, 아울러 이 과정에서 각 민족의 고유한 속성이 중요한 역할을 할 것이라고 보았다.[54)] 이런 점에서 벨하우젠과 마찬가지로 하르트만에게도 이슬람 인식에 민족주의적 관점이 중요하게 작용하고 있다는 사실을 알 수 있다.

그러나 대부분의 이슬람학자들에게 이런 민족에 대한 구분은 생물학적 인종주의와는 명백히 다른 것이다. 우선 대부분의 학자들이 이슬람 문화권 내의 다른 민족이라 여겼던 터키인이나 페르시아인에 비해 아랍 민족에 대한 특별한 호의를 가지고 있었다는 점이 흥미롭다.[55)] 물론 이것은 결코 인종적 특성에 근거를 두고 있지는 않았다. 비록 벨하우젠이 아랍 민족에 대한 호의를 숨기지 않았지만, 이는 어떤 특정 인종에 대한 생물학적 본질에 근거하는 것은 아니었다. 골트치어 역시

동체 윤리를 말한다. 따라서 그는 이슬람의 범인종적·민주적 성격을 높이 평가했다. Ignaz Goldziher, *Muhammedanische Studien*, Vol. 2, 80쪽 참조.

53) Martin Hartmann, *Die arabische Frage*(Leipzig, 1909), 76쪽.
54) 하르트만은 이슬람의 새로운 시대는 민족적 각성과 함께 시작될 수 있다고 주장했다. Martin Hartmann, *Die arabische Frage*, 64쪽.
55) 특히 하르트만은 시리아인에 대한 호의를 공공연히 표명했다. 이에 대해서는 Martin Hartmann, "Islam und Arabisch", *Der islamische Orient, Berichte und Forschungen*, Vol. 1(Berlin, 1905), 10쪽을 참조하라. .

아랍인들의 종교적 진지함에 대해 호의적이었고, 하르트만은 아랍인들에게서 근대화의 가능성을 보았다. 특히 그는 이슬람 문화의 장래와 연관해 터키의 패권주의가 갖는 문제점을 지적하면서 아랍인의 민족주의적 가능성을 주장했다.[56] 이슬람학자들의 민족관은 생물학적 인종주의에 근거한다기보다는 이슬람 사회의 발전, 특히 민족 국가의 실현이라는 요구와 밀접히 연관되어 있다. 그것을 수행할 능력이 있는 민족이냐, 아니면 그것을 거부하면서 이슬람 세계의 패권을 범이슬람주의 틀에서 확보하려는 민족이냐 하는 점이 이들이 이슬람의 민족을 바라보는 가장 중요한 기준이었다.

(3) 근대화에 대한 기대—인류 역사 발전의 보편적 길에 대한 믿음

이슬람학자들은 아랍에서 형성된 문화적 단위라는 관점에서 이슬람을 바라보았다. 그들은 아랍에서 형성된 하나의 문화를 독자적인 것으로 인정하고, 과거 아랍 문화가 화려했다고 인식했다. 그에 비해 이슬람 문화의 현재는 유럽에 비해 낙후된 상태라는 인식이 이슬람학자들에게 만연해 있었다. 일찍이 벨하우젠과 골트치어는 이슬람의 현재를 낙후된 상황이라고 명시적으로 드러내지는 않았으나, 이슬람 사회가 개혁될 필요가 있다고 언급했다.[57] 이슬람 사회의 개혁에 대한 필요성은 이슬람의 현재를 중심적으로 연구하는 하르트만이나 베커에게서 두드러지게 나타났다. 그들 역시 중세 이슬람의 영화를 인정했다. 그러나 유럽이 종교 개혁과 근대적 민족 국가의 출현과 함께 발전의 길을 간 것에 비해 이슬람은 여전히 범이슬람주의적 세계주의에 얽매여 있다고 이해했다.

베커는 이슬람의 과거와 현재에 대한 더욱 명백한 이분법을 구사하고 있었다. 그에 따르면 이슬람 문화는 유럽과 마찬가지로 고대 그리스 문명에 연유하며, 따라서 이슬람 문화도 유럽과 동일한 뿌리에서 출발하는 것이었다.[58] 그러나 그는

---

56) Martin Hartmann, *Reisebriefe aus Syrien*(Berlin, 1913), 45쪽.
57) Ignaz Goldziher, *Vorlesungen über den Islam*, 283쪽.
58) 이에 대해서는 다음 글들을 참조하라. Carl Heinrich Becker, *Christentum und Islam*(Tübingen, 1907) ; Carl

근대 이슬람을 잘못된 발전의 길을 선택한 후진적 사회라고 이해했다. 그에 따르면 이는 고대의 유산을 제대로 계승하지 못한 결과이며, 구체적으로 유럽의 르네상스와 종교 개혁과 같은 과정이 이슬람 사회에서는 일어나지 못한 탓이었다.[59] 따라서 이런 의미에서 베커는 이슬람이 여전히 유럽의 중세에 해당되는 질곡에 빠져 있다고 주장하기에 이르렀던 것이다.

이런 맥락에서 베커와 하르트만은 이슬람이 이런 질곡에서 벗어나기 위해서는 근대적 개혁의 길밖에 없다는 결론을 내렸다. 우선 하르트만은 이슬람 사회의 교육 개혁, 여성 해방, 자본주의화의 필요성을 역설했다. 그러나 무엇보다 그는 이슬람 사회의 미래를 위해서는 이런 사회적·경제적 상황의 발전뿐만 아니라 정신적 개혁이 필요하다고 강조했다. 그는 이슬람 사회의 발전을 저해하고 있는 가장 중요한 요소로 이슬람 종교를 꼽았다. 그러나 무슬림들의 종교적 삶 그 자체가 문제라기보다는 종교 개혁 이전의 유럽이 그러했듯 제도화된 종교가 문제였다. 또한 국제주의적인 이슬람이 민족 국가의 발전을 저해하는 상황도 이슬람의 발전을 가로막는 요소였다.[60]

이런 인식은 명백히 유럽 문화가 걸어갔던 길로서 종교의 세속화와 민족 국가의 형성이 진보의 일반적 행로라는 판단에 근거한다. 이러한 종교의 세속화와 민족 국가에 기인한 발전은 이미 벨하우젠의 민족 국가 이상과 골트치어의 합리적

Heinrich Becker, "Der Islam im Rahmen einer allgemeinen Kulturgeschichte", *Zeitschrift der Deutschen Morgenländischen Gesellschaft*, Vol. 76(1922), 18~35쪽 ; Carl Heinrich Becker, *Das Erbe der Antike im Orient und Okzident*(Leipzig, 1931).

59) 베커는 그노시스(Gnosis, 영지주의)의 예를 들면서 유럽과 이슬람의 차이를 주장하고 있다. 그의 주장에 따르면 유럽은 그리스적 유물인 그노시스와의 투쟁을 통해 자신의 위치를 재정립했으나, 이슬람은 말뿐인 극복이요, 실제로는 민중적 차원에서 그노시스를 받아들이고 있다고 비판하면서 그 실례가 이슬람의 신비주의적 경향이라고 주장한다. 이에 대해서는 Carl Heinrich Becker, *Das Erbe der Antike im Orient und Okzident*, 15쪽을 참조하라.

60) 하르트만은 술탄 아브뒬하미드Abdülhamid 2세(1842~1918)에 의해 추진 중이던 범이슬람주의를 "정치적 환상"이라고 비난했다. Martin Hartmann, "Der Islam 1907", *Mitteilungen des Seminars für Orientalische Sprachen zu Berlin*, Vol. 2(1908), Zweite Abt., 207~233쪽. 여기서는 특히 233쪽.

종교관에서 드러난다. 이는 하르트만과 베커에 이르러 근대적 개혁이라 명시되며, 그 개혁의 주된 내용은 근대적 민족 국가의 건설과 합리적 사회의 건설에 있다고 주장되기에 이른다. 따라서 이런 점에서 이슬람학자들은 유럽 중심적인 사고방식으로부터 자유롭지 않았으며, 이는 그들이 역사의 보편적 발전으로서의 근대화에 대한 기대를 갖고 있었다는 점에 기인하는 것이었다.

그러나 대부분의 학자들은 무엇보다 아랍 민족들 스스로가 개혁의 주체가 되어야 한다는 점에서는 의견이 같았다. 그들의 학술적 연구를 독일의 제국주의적 요구와 연결시키기를 거부한 벨하우젠이나 골트치어뿐 아니라 하르트만과 베커 역시 이슬람 문화의 운명은 이슬람인들의 손에 달려 있다는 인식을 공유했다. 따라서 그들은 특히 영국과 같은 다른 제국주의 국가들이 추진하고 있는 이슬람의 식민지화가 위기 상황을 조장한다고 생각했다.[61] 그리고 이런 상황을 극복하기 위해서는 아랍인 스스로가 개혁을 통해 근대화를 이룩하는 길밖에는 다른 도리가 없다고 보았다. 이런 맥락에서 그들은 유럽의 모범을 따른 개혁, 특히 독일의 도움을 받아 근대적 의식 체계와 사회 체계를 수립할 것을 아랍인들에게 권유했다.

(4) 독일의 이해 관철을 지향하는 관점—학술적 연구와 정치적 요구의 상관관계

이상에서 본 바와 같이 이슬람학자들은 이슬람을 하나의 독자적인 문화로 이해하고 그것의 발전 과정을 인정했다. 비록 그들의 연구가 위에서 언급한 관점들에 의해 굴절되고 때로는 왜곡되었지만, 그들은 자신들의 세계관 및 학문관에 의거해 이슬람 문화의 역사적 발전을 합리적으로 설명하고, 나아가 그 현실적 문제에 대한 해결책을 제시했다. 이것은 무엇보다 인류 역사의 보편적 발전에 대한 믿음을 근거로 한다. 일찍이 크레머가 "인류의 보편사Universalgeschichte 서술을 위한 그의 [자신의] 프로젝트의 일환"으로서 이슬람의 문화사를 서술하고자 했을 때, 일각에서는 역사의 일반적 법칙에 대한 요구가 제기되었다.[62] 이런 요구는 그 이후의 이

---

61) Martin Hartmann, *Fünf Vorträge über den Islam*, 113쪽.

슬람학자들에게 이슬람 문화를 적어도 유럽 문화와의 관계 속에서, 또는 인류 문화 발전의 보편적 과정이란 관점에서 바라보게 했다.

베커의 경우에서 볼 수 있듯이 이슬람학자들은 이슬람 문화를 유럽 문화와 뿌리는 같지만 다르게 발전한 것으로 인식했다. 그러나 이슬람학자들의 이슬람 인식은 당시 지배적이던 담론의 구조에서 자유로울 수는 없었다. 유럽인은 자기의 시각으로 타자를 관찰할 수밖에 없었으며, 이슬람학자들의 학술적 연구에도 19세기 말엽의 제국주의적 역학 관계가 반영되고 있었다는 사실 역시 부인할 수 없다. 이런 점을 사이드는 무엇보다 오리엔트학자들에게 나타나는 학술적 연구와 정치적 요구의 내적 연관성이란 점에서 논파했다.[63] 그리고 이런 사실은 이슬람학자들의 연구가 비록 제국주의적 요구와 직접적으로 연결되어 있지 않았다 하더라도 그들이 항상 자신들의 작업을 독일 민족의 이해와 연결시켰다는 점에서 명백하게 드러난다.

하르트만은 오리엔트 내에서 자국의 이해를 관철시키기 위해 이슬람의 현재적 상황에 대한 연구가 필요하다고 보았고 이를 바로 자신의 연구에 적용했다. 비록 그가 독일의 제국주의를 서유럽, 특히 영국의 제국주의와 구별해 독일의 해외 활동은 단지 상업적인 것에 한정된 것이어야 한다고 주장했으나, 다른 한편으로는 이런 경제적 이익을 추구하는 것이 절대적으로 필요하며, 경제적 이익을 위해 이슬람 문화를 이해해야 한다고 강력히 주장했다.[64] 이런 맥락에서 그는 식민지 관리와 군인 양성을 위한 기관에서 이슬람의 문화와 역사를 강의해야 한다고 생각했다.

나아가 베커는 학문의 이상이 정치적 요구와 분리된 형태로 나타나서는 안 된다고 주장했다. 그는 독일의 이해가 걸려 있는 터키의 1차 대전 참여 문제나 독일의 문화 정책 등에 대해 언급하기를 주저하지 않았다. 특히 1차 대전이 발발했을

---

62) Alfred von Kremer, *Culturgeschichte des Orients unter den Chalifen*, 2 Vols.(Wien, 1875~1877). 여기서는 Alfred von Kremer, *Culturgeschichte des Orients unter den Chalifen*, Vol. 1, "Vorwort", VIII쪽을 참조.
63) Edward W. Said, *Orientalism*(New York : Pantheon Books, 1978), 32쪽.
64) Martin Hartmann, *Reisebriefe aus Syrien*, "Vorwort", XIV쪽.

때 독일의 오리엔트학자 중 일부가 터키의 참전을 "성전(聖戰)Heiliger Krieg"이라 부르며 부추기는 행위를 한 바 있다. 이에 대해 네덜란드의 오리엔트학자 스노우크 휘르흐로녜Christiaan Snouck Hurgronje가 공격했을 때, 베커는 이에 대해 민족주의적 관점에서 격렬히 대응했다.[65] 그는 스노우크 휘르흐로녜의 평화주의에 대항해 독일의 전쟁 정책의 불가피함을 주장했다. "우리가 잔인하거나 즐기기 위해 이런 일을 벌이는가? 우리는 불행히도 평화로운 유토피아에 살고 있지 않다. 우리가 살고 있는 곳은 처참한 현실이요, 민족의 존립을 위해서는 적으로 가득 찬 세상에 대항해 존립을 위한 전쟁을 할 수밖에 없다."[66] 이런 감정적 반응에서 볼 수 있듯 베커는 민족의 이해라는 이름으로 모든 현실을 합리화했다.

그러나 하르트만과 베커는 오리엔트에서 영국과 러시아의 "폭력적" 제국주의 정책을 비판하면서 직접적 식민지 경영에 반대했다.[67] 그에 따르면 독일의 이해는 전적으로 경제적인 것에 국한되며, 또한 독일의 이해 관철은 동시에 '오리엔트'의 자주적 발전과 상반되지 않는다고 생각했다. 그리고 그는 이런 생각에서 독일의 경제적 팽창을 적극적으로 지지했다. 이런 생각은 명백히 독일의 열강화 정책을 시대적 소명으로 생각하던 당시의 지배적 담론 구조와 동일하다. 그러나 아울러 이런 소명 의식은 이슬람의 미래를 위한 유럽의 문화적 사명, 특히 스스로를 이슬람 근대화의 조력자라고 여기던 인식이 혼재되어 있었다. 따라서 이들의 이슬람 문화에 대한 인식은 다른 동시대인들보다 훨씬 덜 경직되어 있고, 또한 보편주의적인 생각으로 순화되어 있다는 점을 간과할 수는 없을 것이다.

---

65) 스노우크 휘르흐로녜Christiaan Snouck Hurgronje는 1915년 《데 지드De Gids》라는 계간지에 "독일제 성전Heilige Oorlog made in Germany"이라는 제목의 글을 발표했다. 이 글에서 그는 오스만 제국이 독일과의 동맹 관계하에 1차 대전에 참전하는 것을 "성전"이라 합리화하는 것을 비판했으며, 아울러 이를 조장하는 빌헬름 제국의 입장을 "반문명적 행위"로 간주했다. 베커는 이에 민족주의적 입장에서 격렬히 반박했고, 그 후 이 논쟁에 대해 정리한 글을 발표했다. Carl Heinrich Becker, "Die Kriegsdiskussion über den Heiligen Krieg", *Islamstudien*, Vol. 2, 281~309쪽.

66) Carl Heinrich Becker, "Die Kriegsdiskussion über den Heiligen Krieg", 288쪽.

67) Carl Heinrich Becker, "Der Islam und die Kolonisierung Afrikas", 187~210쪽. 여기서는 188쪽.

5. 결론

'오리엔트'의 언어를 연구하는 학자들의 일각에서 이슬람의 문화와 역사를 연구하는 이슬람학의 전통이 생겨났다. 이 글에서는 19세기 후반 및 20세기 초반의 독일 이슬람학의 대표적 인물이라고 할 수 있는 네 명의 학자들을 통해 그들의 이슬람관과 몇몇 중요한 관점들을 살펴보았다. 결론적으로 이슬람학자들에게 이슬람은 더 이상 중세적인 의미에서의 이교도들의 집단도, 적대적 정치 세력도 아니었다. 그들에게 이슬람은 역사적으로 형성된 하나의 문화였고, 그 형성에는 종교와 정치가 가장 중요한 역할을 했다는 인식이 일반적이었다.[68] 이런 인식은 전적으로 그들의 합리적인 학술 작업의 결과물이었다. 그러나 그렇다고 그들의 작업이 학술적이라는 명목하에 중립적이고 객관적으로만 이루어졌다고만은 볼 수 없다. 비록 독일 역사주의의 실증주의적 방법론에 입각해 객관주의적 역사 인식이란 목표를 설정했으나, 이슬람학자들은 자신의 시각으로 이슬람을 바라볼 수밖에 없었던 것이다.

위에서 네 가지 근본적인 사고 체계가 그들의 이슬람 인식에 결정적인 역할을 했음을 밝혔다. 우선 그들의 합리주의적 시각에 입각하자면 종교는 인간이 만든 신앙이나 행위 체계였다. 따라서 그들은 종교를 세속적 입장에서 바라보고, 그것이 역사 속에서 수행한 역할을 중심으로 연구했다. 이로 인해 그들은 이슬람을 정치적·윤리적 측면에서 관찰했고, 이슬람이 종교를 중시하는 것을 쉽사리 전근대적 유물로 간주했다.

나아가 그들은 민족을 하나의 이상적 단위로 바라보았다. 그리고 그것이 이슬람의 팽창주의적 국제주의로 대체된 것에서 이슬람 문화의 문제점을 찾았다. 이

---

68) 이런 인식은 크레머Alfred von Kremer로부터 시작되었다. 그 후 하르트만이나 베커가 다양한 관점에서 이슬람에 접근할 것을 적극적으로 주장했으나 기존의 정치사적·종교사적 틀을 크게 벗어나지 못했다. 크레머의 이슬람 인식에 대해서는 Alfred von Kremer, *Geschichte der herrschenden Ideen des Islams, Gottesbegriff, Prophetie und Staatsidee*(Leipzig, 1868), 240쪽을 참조하라.

러한 민족에 대한 강조는 민족 및 민족주의가 자기 정체성의 가장 중요한 축으로 작용한 당시 서구인들의 시대 인식의 반영이다. 그러나 이들의 민족 인식은 생물학적 인종주의에 근거한 것은 아니었으며, 따라서 그들은 각 민족들의 특성을 논하면서 혈연적 요소에 근거하는 논리를 펼치지는 않았다.

그들의 이슬람 인식에서 무엇보다 중요한 것은 근대화의 필연적 전개에 대한 믿음이었다. 그들은 대부분 근대 이전의 이슬람의 번영과 근대의 낙후성을 대비시킴으로써 이슬람 사회에 개혁이 필요하다는 것을 역설했다. 그리고 개혁이 필요하다는 인식은 앞에서 언급된 이슬람 인식, 즉 이슬람 문화가 종교의 세속화와 민족 국가를 이루지 못했다는 인식과 밀접히 연결되어 있었다. 따라서 그들은 이슬람 사회에서 서구 유럽과 같이 종교 개혁과 자주적인 민족 국가의 성립에 의해 근대 사회가 형성되기를 바랐던 것이다.

끝으로 그들은 이슬람 사회를 바라보면서 자기 민족의 이해라는 측면을 간과하지 않았다. 비록 그들이 가치중립적인 학문을 지향한다고 표방했지만, 그들은 끊임없이 이슬람의 현재적 상황에 대해 의견을 개진했으며 그 과정에서 아랍에서의 독일의 이해관계가 고려되었다. 특히 그들은 서구 제국주의의 폭력적 식민주의를 비판했으며, 독일의 제국주의는 서구 다른 국가의 제국주의와는 달리 경제적 목적만을 추구한다고 생각했다. 그리고 나아가 독일의 경제적 이해 추구와 이슬람 사회의 근대화는 상보적 관계에 있을 수 있다는 전제하에 독일의 이해와 이슬람의 개혁을 연결시키려 했다.

민족 및 민족주의가 자기 정체성의 가장 중요한 축으로 작용한 19세기 및 20세기의 서구인들에게 동양과 서양, 아시아와 유럽, "아침의 땅Morgen-land"과 "저녁의 땅Abendland" 등과 같은 초(超)민족체적 구분은 문화적 자기 인식과 타자 인식의 직접적 표현 양태였다. 따라서 서구인들에 의해 구성된 이슬람이란 일종의 자기 인식이 역으로 적용된 결과물이었다. 이슬람학자들의 예를 통해 보았듯이 이슬람은 그 자체의 역사와 발전 구조 속에서 이해되기보다는 유럽의 눈을 통해 재단되었다. 따라서 그들에게 이슬람은 서구적인 보편적 발전의 길을 걷지 못한 후진 사회, 따라서 뒤늦게나마 보편적 발전을 실현해가야 할 사회로 이해되었다.

이런 유럽적 관점에 의한 이슬람 인식은 오늘날 명백히 비판적으로 이해되어야 한다. 그들이 이슬람 문화권의 미래적 국가상의 이상으로 제시한 민족이란 관점의 보편성은 오늘날 재고의 여지가 있는 문제다. 영국의 오리엔트학자 와트Montgomery W. Watt가 바르게 지적했듯이, 이슬람 사회에서 민족이란 서구적 개념의 대입물에 지나지 않는 것이었다. 오늘날 우리에게 아랍인, 페르시아인, 터키인에 대한 구분은 너무나 자명한 민족의 구분으로 간주되고 있지만, 이런 구분이 이슬람의 과거를 반영한 정당한 구분인지, 그리고 그것이 미래에도 의미 있는 구분으로 사용될 수 있을지는 확신할 수는 없는 문제다.[69] 아울러 오늘날 근대화라는 현상이 인류 보편적 발전의 길로 이해되기보다는 단지 유럽의 특수한 발전 경로로 파악되는 것을 염두에 둔다면 유럽인들의 근대화에 대한 보편주의적 시각은 명백히 자기중심적, 자기 우월적 사고를 반영하고 있다.

그럼에도 불구하고 이슬람학자들의 시도를 완전히 무의미한 것으로 간주할 수는 없다. 비록 그들이 선입견과 편견에 가득 찬 형태로 이슬람을 이해했다고는 하지만, 다른 한편으로 그들의 노력은 낯선 문화와 사회를 이해하고자 하는 의미 있는 시도였다. 그리고 이런 맥락에서 요구되는 것은 그런 노력을 단순히 비판하기에 앞서 그것과 연관된 보다 본질적인 문제를 제기하는 것이다. 그것은 바로 인간 사회에서 이루어질 수 있는 타 문화 이해의 한계와 가능성 문제이다. 과연 진정한 문명 간 상호 이해는 가능할 것인가? 그렇지 않으면 그것은 본질적으로 불가능한 영역인가? 과연 인간은 타 문화를 자기의 목적을 위해 조작하고 왜곡할 수밖에 없는 존재인가? 그러나 오리엔탈리즘 논쟁 과정에서 제기된 고든David C. Gordon의 주장은 이런 질문과 관련해 상당한 시사점을 제공한다. "서양의 학자들은 오리엔트를 서구적인 시각에서 볼 수밖에 없다. 기껏해야 그들의 구성, 그들의 관점, 그들의 신화가 유동적이고, 열려 있으며, 타 문화를 존중하며, 편협하지 않기를 바랄

---

[69] Montgomery W. Watt, *Der Islam*, Vol. 1, 173쪽.

뿐이다. 그 이상은 아닌 것이다."[70] 그리고 이런 열려 있음에 대한 요구는 단지 서양의 학자들에만 해당되는 것은 아닐 것이다.

---

70) David C. Gordon, "Orientalism", *Antioch Review* 40(1982), 581쪽.

참고문헌

Albert Hourani, 《유럽 사상 속의 이슬람*Islam in European Thought*》(Cambridge : Cambridge Univ. Press, 1991)

Annemarie Schimmel, 〈유럽과 이슬람권 오리엔트Europa und der islamische Orient〉, M. C. Ahmed (Hrsg.), 《이슬람 문화-최근 경향-민속신앙*Islamische Kultur-Zeitgenösische Strömungen-Volksfrömmigkeit*》, M. C. Ahmed (Hrsg.), 《이슬람*Der Islam*》, Bd. III(Berlin, 1990)

Benedict Anderson, 《상상의 공동체. 민족주의의 기원과 전파에 대한 성찰*Imagined Communities. Reflections on the Origin and Spread of Nationalism*》(London : Verso, 1983)〔윤형숙 옮김(나남, 2002)〕

Bernad Lewis, 《역사 속의 이슬람. 중동의 이념, 인간, 사건들*Islam in History. Ideas, Men and Events in the Middle East*》(London : Alcove Press, 1973)

David C. Gordon, 〈오리엔탈리즘Orientalism〉, 《안티오크 리뷰*Antioch Review*》 40(1982)

Edward W. Said, 《오리엔탈리즘*Orientalism*》(New York : Pantheon Books, 1978)〔박홍규 옮김(교보문고, 1991)〕

Ekkehard Rudolph, 《무슬림들의 비판을 통해 본 서구의 이슬람학*Westliche Islamwissenschaft im Spiegel muslimischer Kritik*》(Berlin, 1991)

Enno Littmann, 《오리엔트학에 대한 독일의 기여*Der deutsche Beitrag zur Wissenschaft vom Orient*》(Stuttgart · Berlin, 1942)

Ernst Schulin, 《오리엔트에 대한 헤겔과 랑케의 세계사적 이해*Die weltgeschichtliche Erfassung des Orients bei Hegel und Ranke*》(Göttingen, 1958)

Järgen Lätt, 〈비교를 통해 본 오리엔탈리즘 논쟁 : 인도 및 아랍권에서의 경과, 비판, 그리ㄱ 강조점 Die Orientalismus-Debatte im Vergleich : Verlauf, Kritik, Schwerpunkt im indischen und arabischen Kontext〉, Hartmut Kaelble (Hrsg.), 《비교를 통해 본 사회 : 사회 과학과 역사 과학에서의 연구들*Gesellschaft im Vergleich : Forschungen aus Sozial- und Geschichtswissenschaften*》(Frankfurt a. M., 1998), 511~567쪽

Johann Fäck, 《유럽의 아랍학*Die arabischen Studien in Europa*》(Leipzig, 1955)

Josef van Ess, 〈벨하우젠에서 베커까지 : 이슬람 연구에서 '문화사'의 등장From Wellhausen to Becker : The Emergence of 'Kulturgeschichte' in Islamic Studies〉, Malcom H. Kerr (ed.), 《이슬람 연구 : 전통과 문제점*Islamic Studies : a Tradition and its Problems*》(Malibu : Undena Publications, 1980)

Ludimila Hanisch, 〈서문Einleitung〉, Ludimila Hanisch (Hrsg.), 《독일 제국 시기의 이슬람지(誌)와

이슬람학. 베커와 하르트만의 서신들, 1900~1918*Islamkunde und Islamwissenschaft im Deutschen Kaiserreich. Der Briefwechsel zwischen C. H. Becker und Martin Hartmann, 1900~1918*》(Leiden, 1992)

Maxime Rodinson, 〈이슬람의 서구 이미지와 서양 연구The Western Image and Western Studies of Islam〉, J. Schacht · C. E. Bosworth (eds.),《이슬람의 유산*The Legacy of Islam*》(Oxford : Oxford Univ. Press 1974), 9~62쪽

Montgomery W. Watt,《이슬람*Der Islam*》, Vol. 1(Stuttgart, 1980)

Reinhold Viehoff · Rien T. Segers (Hrsg.),《문화, 정체성, 유럽 : 구성의 문제와 가능성*Kultur, Identität, Europa : Über die Schwierigkeiten und Möglichkeiten einer Konstruktion*》(Frankfurt a. M., 1999)

Rudi Paret,《독일 대학 내의 아랍학과 이슬람지. 테오도어 뇔데케 이래 독일 오리엔트학자들*Arabistik und Islamkunde an deutschen Universitäten. Deutsche Orientalisten seit Theodor Nöldeke*》(Wiesbaden, 1966)

Theodor Mommsen,《로마사*Römische Geschichte*》(Berlin, 1884)

Wilhelm van Kampen,《빌헬름 2세 시기 독일의 대(對)터키 정책 연구*Studien zur deutschen Türkeipolitik in der Zeit Wilhelms II*》(Kiel, 1968)

Wolfgang Reinhard, 〈유럽 정체성의 일부로서의 타자. 야만인에서 고상한 미개인으로Der Andere als Teil der europäischen Identität. Vom Barbaren zum edlen Wilden〉, Mariano Delgado · M. Lutz-Bachmann (Hrsg.),《도전으로서의 유럽. 유럽 정체성을 향한 길 *Herausforderung Europa. Wege zu einer europäischen Identität*》(Mänchen, 1995), 132~152쪽

Yonghee Park,《오리엔트를 찾아서. 1880~1930년 사이 독일 이슬람학자들의 이슬람권 오리엔트에 대한 역사적 이해*Auf der Suche nach dem Orient. Die historische Erfassung des "islamischen Orients" durch deutsche Islamwissenschaftler zwischen 1880~1930*》(Berlin, 2000)

박용희, 〈유럽인들의 이슬람관 : 오래된 편견, 변화하는 선입견, 고안된 "타자관"〉, 역사학회 엮음,《제45회 전국 역사학대회. 공동 주제 : 문명 간의 상호인식》(2002), 43~53쪽

이종경, 〈중세 유럽의 이슬람 인식〉, 한국서양사학회 엮음,《서양문명과 인종주의》(지식산업사, 2002)

코카콜라 광고와 미국의 소비문화, 1886~1939*

김 덕 호**

1. 머리말―어떻게 코카콜라는 미국의 문화적 상징이 되었는가

앤디 워홀Andy Warhol은 예술의 영역을 대중에게까지 널리 확대시킨 이른바 '팝 아트pop art' 계열의 대표적인 예술가였다. 그는 캠벨Campbell 사의 수프 깡통에서 먼로Marilyn Monroe에 이르기까지 미국의 보통 사람들이 일상에서 부딪치는 물건들과 사람들을 예술의 소재로 삼았다. 또한 코카콜라를 소재로 삼기도 했는데, 코카콜라에 대해서 다음과 같은 말을 남긴 것으로도 유명하다. "미국에서 기막히게 좋은 것이 있다면 그것은 부자나 가난한 사람이나 모두 똑같은 콜라를 마신다는 점이다. 대통령도, 리즈 테일러도 더 좋은 콜라를 마실 수 없다."[1]

이 인용문에서 워홀의 결정적인 실수는 그가 언급한 것이 코카콜라였지 보통

---

* 이 글은 1996년 12월에 《미국사 연구》 4집에 실린 같은 제목의 논문을 수정·보완한 것이다.
** 뉴욕주립대학(스토니 브룩) 사학과에서 박사 학위를 받았다. 현재 한국기술교육대 교양학부 교수로 재직 중이다. 공저로 《시민계급과 시민사회》, 《미국의 정치개혁과 민주주의》, 공편저로 《현대 미국의 사회운동》이 있으며, 공역으로 《있는 그대로의 미국사》, 《옥스퍼드 유럽현대사》가 있다. 논문으로는 〈전간기 미국사회에서의 문화충돌과 대중매체〉, 〈21세기에도 '팍스 아메리카나'는 가능한가?〉, 〈해방 이후 한국에서의 소비와 미국화 문제〉, 〈미국화인가 세계화인가 : 코카콜라를 통해서 본 글로벌리즘〉 등이 있다.
1) 금동근, "20세기 열전 : 팝아트 거장 미 앤디 워홀(1928~1987)", 《동아일보》(1996년 7월 22일자).

명사로서의 콜라를 의미했던 것이 아니라는 점이다. 워홀의 주장은 코카콜라가 미국 사회에서 어떤 의미를 갖는지 알 수 있는 척도를 제공한다. 랠프 로렌Ralph Lauren이 만든 '폴로Polo'는 미국의 상류 계층만이 입을 수 있지만, 코카콜라는 미국인의, 미국인에 의한, 미국인을 위한 청량음료였다. 이 점이 코카콜라가 모든 미국인들로부터 사랑을 받게 된, 나아가 단순한 음료수가 아닌 미국 문화의 일부가 될 수 있었던 큰 요인이기도 하다.[2]

코카콜라는 비영어권 국가에서 '오케이OK' 다음으로 가장 널리 알려진 영어 단어다. 어떤 면에서 보면 미국인들이 코카콜라를 사는 것은 "단지 맛이 아니라 이미지를 사는 것"이기도 하다.[3] 따라서 코카콜라는 미국인들에게 단순한 청량음료도 단순한 상품도 아니다. 그것은 우리가 미국을 연상할 때 자유의 여신상, 성조기, 엉클 샘 등과 더불어 자연스럽게 떠오르는 이미지이기도 하다. 나아가 작가 마크 펜더그래스트Mark Pendergrast도 강조하듯이 코카콜라는 "미국 역사의 축소판 microcosm"이 되어 "소비 패턴뿐만 아니라 여가 생활, 노동, 광고, 섹스, 가정생활, 애국심에 관한 태도까지 바꾸는 데"에도 영향을 미쳤다.[4] 따라서 코카콜라는 미국 대중문화를 상징하기도 하며, 미국적 생활양식을 대표하기도 한다.

도대체 성분의 99%가 물과 설탕인 음료수가 어떻게 미국 문화를 상징하고 냉전 시대에는 '미국 문화의 첨병' 혹은 '자본주의의 우유' 역할을 하게 되었을까? 언론인 앨런Frederick Allen, 3rd은 "설탕과 물로 된 병을 국가적 상징으로 끌어올린 설명하기 어려운 연금술"이야말로 코카콜라의 '비법secret formula'이라고 주장한

---

2) 앤디 워홀Andy Warhol의 이런 주장은 코카콜라 본사가 위치한 애틀랜타에 1,500만 달러를 들여 1990년 8월에 개장한 코카콜라 박물관인 'the World of Coca-Cola'에도 다음과 같이 전시되어 있다. "대통령도 코크Coke를 마시고, 리즈 테일러도 코크를 마시며, 당신 또한 코크를 마신다는 것을 당신은 알고 있다. 코크는 코크이며, 당신이 돈을 얼마나 더 쓰든 더 좋은 코크를 가질 수는 없다. 모든 코크는 똑같으며, 모든 코크는 좋은 것이다." Ted Friedman, "The World of the World of Coca-Cola", *Communication Research* 19(1992. 10), 662쪽 주 5.
3) William Heuslein, "Image is everything", *Forbes* 157(1996년 1월 1일자), 141쪽.
4) Mark Pendergrast, *For God, Country and Coca-Cola : The Unauthorized History of the Great American Soft Drink and the Company that Makes it*(New York : Collier Books, 1993), 11쪽.

다.[5] 이 글의 주목적은 앨런이 주장하고 있는 코카콜라의 '비법'이 어떻게 형성되었는지에 대해 나름대로 대답하고자 하는 것이다. 즉, 코카콜라가 어떻게 미국 사회를 대표하는 청량음료가 되었는지, 나아가 미국 소비문화의 상징이 될 수 있었는지를 이해하려는 것이다. 이런 과정을 통해 다른 무엇보다도 코카콜라 사의 광고가 중요한 역할을 했다는 점을 1880년대 이른바 '도금 시대Gilded Age'에서 1930년대 대공황 시대까지의 미국 사회와 연관시켜 밝히고자 한다.

2. 코카콜라, 광고, 그리고 대량 소비 사회의 형성

(1) 코카콜라의 탄생

애틀랜타의 매약(賣藥)patent medicine 조제사인 존 펨버튼John S. Pemberton 박사는 1886년 코카coca 잎에서 코카인을, 콜라kola나무 열매에서 카페인을 추출해 코카콜라를 만들었다. 코카콜라는 펨버튼이라는 천재가 독자적으로 만든 상품이기도 했지만 19세기 후반의 미국이라는 시대의 산물이기도 했다. 코카콜라는 당시의 수많은 엉터리 약들과 마찬가지로 코카인 성분이 있는 매약으로 출발했다.[6] '도금 시대'는 남북전쟁 이후 미국이 농업 중심의 국가에서 산업 중심의 자본주의 국가로 넘어가는 전환기였다. 이 시대에는 그 발전 속도가 어찌나 빨랐던지 많은 사람들, 특히 화이트칼라 계층은 '신경 쇠약neurasthenia'이라는 마음의 병으로 고통받고 있었다. 농촌이나 남부 지역에는 의사들이 부족했기 때문에 대부분의 사람들은 매약이라는 만병통치약 비슷한 것에 의존할 수밖에 없었다. 코카콜라는 바로 이런 시대의 산물이었다. 동시대의 많은 약들처럼 코카콜라도 사

---

5) Frederick Allen, 3rd, *Secret Formula : How Brilliant Marketing and Relentless Salesmanship Made Coca-Cola the Best-Known Product in the World*(New York : Harper Business, 1994), 17쪽.
6) Mark Pendergrast, *For God, Country and Coca-Cola : The Unauthorized History of the Great American Soft Drink and the Company that Makes it*, 10쪽.

람들의 불안, 피로, 두통 등을 치료해준다는 '신경 강장제nerve tonic'로 선전되고 판매되었다.[7]

코카콜라는 당시 최고로 인기 있던 강장제인 '마리아니 주(酒)Vin Mariani'를 흉내 내는 과정에서 탄생했다. 1884년 가을 전직 대통령이었던 율리시스 그랜트Ulysses S. Grant는 자신이 후두암에 걸린 사실을 알게 되었으며, 이 사실은 언론을 통해 미국인들에게 널리 알려졌다. 그랜트도 자신의 병의 진행 상태를 공표하게끔 허용했다. 그 과정에서 많은 미국인들이 자연스레 암의 고통을 줄여주는 데 코카인이라는 '기적의 약'이 결정적인 역할을 하고 있다는 것을 알게 되었다. 그랜트에게 코카인을 제공했던 사람은 코르시카 태생의 프랑스인 안젤로 마리아니Angelo Mariani였다. 마리아니는 약제사로서 코카 잎의 효능에 일찍 눈을 떠 그것을 상품화하는 데 성공했다. 당시 마리아니는 이미 기업가의 반열에 들어 있었다. 그가 만든 최고의 인기 상품은 보르도 산 포도주와 코카인을 혼합한 '마리아니 주'였는데 1880년대 초에는 전 세계를 상대로 사업을 벌이고 있었다. 에디슨Thomas Alva Edison, 교황 피우스Pius 10세, 에밀 졸라Émile Zola 등 많은 유명 인사들도 '마리아니 주'를 높이 평가했다.[8]

이런 명성 때문에 여러 나라에서 모방자들이 속출했는데 특히 미국의 매약업자들은 앞 다투어 비슷한 제품을 만들어냈다. 펨버튼도 바로 그런 사람들 중 하나였다. 그는 '마리아니 주'의 주성분에 콜라 열매에서 추출한 내용물을 섞어서 '프렌치 와인 코카French Wine Coca'를 만들었다. 그리고 이 '와인 코카'는 코카콜라의

---

7) Mark Pendergrast, *For God, Country and Coca-Cola : The Unauthorized History of the Great American Soft Drink and the Company that Makes it*, 10~11·13쪽. 19세기 영국 빅토리아기의 대표적 문예 비평가인 매슈 아널드 Matthew Arnold도 남북전쟁 이후의 미국인들이 지나친 걱정과 과로로 극히 신경질적이라고 증언하고 있다. Seymour Lipset, *The First Nation : The United States in Historical and Comparative Perspective*(New York : Basic Books, 1963)《미국사의 구조》, 이종수 옮김(한길사, 1982), 133~134쪽).
8) 적어도 마리아니의 선전 책자에는 위의 유명 인사들이 그렇게 평가한 것으로 쓰여 있다. Frederick Allen, 3rd, *Secret Formular : How Brilliant Marketing and Relentless Salesmanship Made Coca-Cola the Best-Known Product in the World*, 22~23쪽.

전신이므로 혈통적으로는 '마리아니 주'가 코카콜라의 할아버지뻘이라고 볼 수 있다.[9]

펨버튼은 1885년의 광고를 통해 미국인이 "이 세상에서 가장 신경질적인 국민"이라고 주장하면서 그의 새로운 매약인 '프렌치 와인 코카'가 신경 쇠약, 변비, 투통, 우울증, 위장 장애, 나아가 성적 능력 저하까지도 치료할 수 있는 만병통치약인 양 선전했다.[10] 그런데 펨버튼이 코카콜라를 만들려고 애쓸 당시 애틀랜타는 술의 판매를 둘러싸고 논쟁이 벌어지고 있었다. 한편에서는 반금주법 운동을 벌이고, 다른 한편에서는 금주법 실시를 강력하게 주장했던 것이다. 결국 1885년 11월 25일 애틀랜타와 풀턴 카운티는 근소한 표 차로 금주법을 통과시켰다. 금주법은 7개월의 유예를 둔 다음에 1886년 7월 1일부터 시행될 예정이었다. 펨버튼은 '프렌치 와인 코카'로 큰돈을 벌기 시작하려는 순간 커다란 장벽에 부딪히게 되었다. 법이 어디까지를 술로 정의하느냐에 따라 사업의 성패가 결정될 상황이었다. 그는 사력을 다해 '프렌치 와인 코카'의 성분을 바꾸는 데 주력했다. 1885년 겨울부터 1886년 봄까지 코카 잎과 콜라 열매가 혼합된 '절주 음료temperance drink'를 만들고자 애쓴 결과, 펨버튼은 마침내 코카콜라를 만들었다.[11]

---

9) Mark Pendergrast, *For God, Country and Coca-Cola : The Unauthorized History of the Great American Soft Drink and the Company that Makes it*, 24-26쪽.

10) Mark Pendergrast, *For God, Country and Coca-Cola : The Unauthorized History of the Great American Soft Drink and the Company that Makes it*, 26~27쪽. 앨런Frederik Allen, 3rd은 이 음료를 French Wine of Coca로 기록하고 있다. Frederick Allen, 3rd, *Secret Formular : How Brilliant Marketing and Relentless Salesmanship Made Coca-Cola the Best-Known Product in the World*, 24~26쪽.

11) Mark Pendergrast, *For God, Country and Coca-Cola : The Unauthorized History of the Great American Soft Drink and the Company that Makes it*, 7~8·29~30쪽. 앨런은 프렌치 와인 콜라에서 코카콜라로 발전되었다는 주장은 사실이 아니라고 본다. 또한 금주법 때문에 코크를 만들었을 것이라는 추정도 논리적이지만 사실이 아니라고 생각한다. 왜냐하면 금주법 때문에 술집들이 문을 닫았지만, 주류 판매량이 줄지 않았기 때문이라는 것이다. 그러나 분명히 펨버튼John S. Pemberton은 금주법의 시행 예정을 심각하게 받아들였으며, 그렇기 때문에 코카콜라를 "나의 절주 음료"라고 불렀다. Frederick Allen, 3rd, *Secret Formular : How Brilliant Marketing and Relentless Salesmanship Made Coca-Cola the Best-Known Product in the World*, 26쪽.

(2) 초기 코카콜라 광고(1886~1919)

ㄱ. 도금 시대

1880년대와 1890년대의 매약업자들은 광고에 의존해 상품을 팔았기 때문에 누구보다도 먼저 광고의 중요성을 인식하고 있었다. 원료비는 판매 원가의 10% 이하에 불과했기 때문에 그들은 광고비 투자를 중요한 판매 전략으로 생각하고 있었다. 수많은 경쟁 업체들 중에서 자신의 제품을 알리기 위해서는 광고가 필수적이었다. 따라서 매약은 당시 광고 시장의 가장 큰 광고주들 중의 하나였다. 그들은 로고, 등록 상표, 사회적 지위를 이용하는 등의 방법으로 대중들에게 그들의 상품을 선전했다. 어떤 면에서 보자면 그들은 단순히 상품이 아니라 이미지를 팔았던 최초의 사업가들이었다.[12]

코카콜라를 화학적으로 만든 사람은 펨버튼이었지만 코카콜라에 영혼을 불어넣은 사람은 프랭크 로빈슨Frank M. Robinson이었다. 로빈슨은 오늘날 우리가 연상할 수 있는 코카콜라 이미지의 기초를 만든 사람이었다. 많은 사람들은 로빈슨이 코카콜라 역사의 숨은 영웅이며, 코카콜라가 오늘날 전 세계적인 명성을 갖게 된 것도 로빈슨 때문이라고 보고 있다. 사실상 초기 20여 년간 로빈슨은 코카콜라의 광고를 제작했으며, 이들 광고가 오늘날의 코카콜라를 만드는 데 원동력이 되었다.[13] 그는 일찍부터 광고의 중요성을 인식하고 있었다.

로빈슨은 메인 주 출신의 양키로서 1885년 12월 남부의 애틀랜타로 내려와 펨버튼과 동업을 시작했다. 펨버튼은 조제를, 로빈슨은 광고를 포함한 판매를 담당하기로 일을 분담했다. 그는 1887년 펨버튼이 만든 매약인 '절주 음료'에 코카콜라라는 이름을 붙인 인물이었다. 로빈슨은 코카콜라의 두 가지 주요 성분인 코카

---

12) Mark Pendergrast, *For God, Country and Coca-Cola : The Unauthorized History of the Great American Soft Drink and the Company that Makes it*, 12~13쪽.

13) Mark Pendergrast, *For God, Country and Coca-Cola : The Unauthorized History of the Great American Soft Drink and the Company that Makes it*, 58쪽.

와 콜라에서 이름을 따오면서 콜라의 K를 앞 글자와 통일시키기 위해 C로 바꾸었으며, 두 단어를 이음줄로 연결하여 Coca-Cola라고 이름 붙였다. 그런 다음 Coca-Cola를 스펜서식 서체의 필기체 로고로 만들어 상표에 그려 넣었다. 1886년 6월 6일에 코카콜라의 등록 상표 특허를 신청한 펨버튼은 6월 28일에 특허를 받아냈다.[14]

그러나 코카콜라가 오늘날의 명성을 갖게 된 데에는 무엇보다도 아사 캔들러Asa Candler의 공헌을 무시할 수 없다. 펨버튼은 당시 유사한 성격의 수많은 경쟁품들과의 싸움에서 코카콜라를 부각시키지는 못했으며, 오직 캔들러가 "지극히 의심스런 방법으로" 코카콜라를 매수한 뒤에야 코카콜라는 살아남을 수 있었다.[15]

사실 캔들러는 자신의 지병인 편두통과 위장병에 코카콜라의 효능을 보았기 때문에 무엇보다도 코카콜라를 의약품으로 선전하고자 했다. 그렇다고 탄산수 매장에서의 판매도 무시할 수 없었다. 그래서 캔들러는 1890년에 코카콜라를 여름이건 겨울이건 계절과 관계없이 마실 수 있는 탄산수라고 선전하면서, 동시에 의사들이 심신 피로, 두통, 우울증을 제거하는 데 망설이지 않고 코카콜라를 추천한다고 선전했다. 비록 그는 코카콜라의 주 고객이 전문인들을 포함하는 화이트칼라 층이라고 강조했지만 코카콜라 사는 광고를 통해 명확하게 구별되는 효능 두 가지를 열거했다.[16] 이처럼 초기 코카콜라 광고에는 당시 건강에 자신 없어하던 화이트칼라 계층을 위한 자양 강장제로서의 이미지와 일반 대중을 겨냥해 갈증을 해소하기 위한 탄산음료로시의 이미지가 모두 공존하고 있었다.

---

14) Mark Pendergrast, *For God, Country and Coca-Cola : The Unauthorized History of the Great American Soft Drink and the Company that Makes it*, 32 · 35쪽 ; Frederick Allen, 3rd, *Secret Formular : How Brilliant Marketing and Relentless Salesmanship Made Coca-Cola the Best-Known Product in the World*, 18 · 25쪽.

15) Mark Pendergrast, *For God, Country and Coca-Cola : The Unauthorized History of the Great American Soft Drink and the Company that Makes it*, 18쪽.

16) Mark Pendergrast, *For God, Country and Coca-Cola : The Unauthorized History of the Great American Soft Drink and the Company that Makes it*, 57쪽 ; Frederick Allen, 3rd, *Secret Formular : How Brilliant Marketing and Relentless Salesmanship Made Coca-Cola the Best-Known Product in the World*, 36쪽.

코카콜라 사는 처음 20년 동안 불과 30명 이하의 인원으로도 승승장구할 수 있었는데, 이런 비약적인 성장의 원인은 무엇보다도 공격적인 광고에 있었다. 제품의 성격상 코카콜라는 품질이 타사 제품보다 월등하다는 것을 객관적으로 증명하기 어려웠다. 제조 공정은 거의 바뀌지 않았고, 원료비도 큰 변동이 없었다. 문제는 마케팅이었다. 그리고 마케팅의 관건은 광고였다.

1890년대 이후 코카콜라 사의 운영자인 캔들러는 광고를 로빈슨에게 맡기는 한편, 판매는 자신의 외종질인 새뮤얼 도브스Samuel Dobbs에게 맡겼다. 회사를 법인화한 1892년 이후 10개월간의 활동에 관한 최초의 연례 보고서에 의하면 2만 2,500달러가 원료비로 충당되었고 1만 1,400달러가 광고료로 사용되었다.[17] 로빈슨은 광고 예산을 늘리면서 신문, 포스터, 시계, 달력, 쟁반, 컵 받침, 온도계, 연필, 전차 등에 이르기까지 "마시자 코카콜라. 맛있고 상쾌한Drink Coca-Cola, Delicious and Refreshing"이라는 간결한 문구를 널리 선전했다. 1898년 한 해 동안에만 100만 개 이상의 판촉 용품이 뿌려질 정도였다.[18]

코카콜라의 판매량이 늘고 시장이 커지면서 로빈슨은 전문 광고인에게 광고를 맡겼다. 로빈슨은 자신의 오랜 친구인 메슨게일St. Elmo Messengale에게 코카콜라 사의 초기 광고를 위탁했다. 메슨게일은 시대의 흐름을 읽고 그것을 광고에 적극적으로 반영할 만큼 혁신적이었다. 사람들이 즐기기 시작하던 스포츠, 영화, 자동차 등을 배경으로 하거나 인물을 활용해 광고를 만들었다. 예를 들어, 그는 1903년 자전거 경기 우승자인 잭 프린스Jack Prince가 코카콜라를 선호한다는 발언을 신문 광고에 넣었다. 1905년에는 유명한 야구 선수인 냅 라조이Nap Lajoie를 모델로 기용해 다른 운동선수들이 위스키나 맥주, 포도주 같은 술을 즐길 때 라조이

---

17) Mark Pendergrast, *For God, Country and Coca-Cola : The Unauthorized History of the Great American Soft Drink and the Company that Makes it*, 62~63쪽 ; Frederick Allen, 3rd, *Secret Formular : How Brilliant Marketing and Relentless Salesmanship Made Coca-Cola the Best-Known Product in the World*, 69쪽.
18) Mark Pendergrast, *For God, Country and Coca-Cola : The Unauthorized History of the Great American Soft Drink and the Company that Makes it*, 66~67쪽.

는 코카콜라를 즐긴다는 신문 광고를 만들었다.[19)]

메슨게일은 소비자들을 직접 모델로 쓰기도 했다. 무성 영화가 인기 있는 것을 간파하고는, 영화를 보러 온 사람들이 중간 휴식 시간에 코카콜라를 사려고 길게 줄을 서 있는 모습을 광고에 활용했다. 그런가 하면 자동차가 인기를 끌기 시작하자 운전자들이 피크닉 도중 레스토랑 앞에 차를 주차해 놓고 코카콜라로 갈증을 해소한다는 광고를 만들기도 했다. 자동차를 배경으로 한 이 광고는 그가 만든 광고 가

〈그림 1〉 코카콜라의 초기 광고 포스터[20)]

운데서도 꽤 유명했는데, 차에 타고 있던 사람들은 전부 상류층으로 보인다. 이 광고처럼 메슨게일 광고의 약점은 광고의 모델이나 배경이 서민적인 것과 거리가 있어서 마치 코카콜라 사가 차별화 전략에 따라 부유층이나 전문직 계층만을 코카콜라의 주 고객으로 삼고 있다는 인상을 주었다는 점이다.[21)]

ㄴ. 혁신주의 시대

1895년 로빈슨은 캔들러에게 여성들을 포함한 많은 고객들로부터 코카콜라의 의약품적인 효과를 선전한 광고에 반대하는 편지를 자주 받는다고 보고했다. 즉

---

19) Frederick Allen, 3rd, *Secret Formular : How Brilliant Marketing and Relentless Salesmanship Made Coca-Cola the Best-Known Product in the World*, 74쪽.

20) Gyvel Young-Witzel · Micael Karl Witzel, *The Sparkling Story of Coca-Cola*(Stillwater, MN : Voyageur Press, 2002), 48쪽.

21) Frederick Allen, 3rd, *Secret Formular : How Brilliant Marketing and Relentless Salesmanship Made Coca-Cola the Best-Known Product in the World*, 74쪽.

소비자들은 코카콜라를 마실 때 약을 먹는 것 같은 기분 때문에 죄의식을 느끼는데, 이런 기분을 느끼지 않게 만들었으면 좋겠다는 것이었다. 로빈슨은 이런 소비자들의 의견에 동조하면서, 코카콜라를 의약품이 아닌 청량음료로 인식시키는 것이 미래를 보다 긍정적으로 맞이할 수 있는 지름길이라고 주장했다. 왜냐하면 누구도 목마르지 않은 경우는 없기 때문이었다. 그는 "우리가 대중들에게 광고해야 할 시기에 소수의 사람들에게 광고하고 있다는 것을 알게 되었다"[22]고 말했다.

로빈슨의 판단은 옳았다. 1898년에 일어난 미국-스페인 전쟁Spanish-American War은 코카콜라의 강장제로서의 역할을 위축시켰다. 왜냐하면 의회가 음료를 제외한 의약품에만 전쟁 특별세를 부과했기 때문이었다. 이때 국세청장은 코카콜라를 음료가 아닌 의약품으로 분류해 특별세를 내라고 요구했다. 코카콜라는 즉각적으로 소송을 제기해 자사의 승리를 얻어냈다. 그럼에도 코카콜라 사는 완전히 의약품적인 성격을 포기하지 않았다.[23]

그러나 20세기 초 혁신주의의 바람이 거세게 불면서 모든 병을 치료할 수 있는 것처럼 광고하던 매약에 대한 비난이 급증하자, 코카콜라를 자양 강장제로 선전하던 코카콜라 사 또한 곤경에 처하게 되었다. 사회 개혁의 분위기에서 이윤만을 추구하던 기업들은 여러 가지 추문을 폭로하는 기사로 타격을 받게 되었다. 특히 1906년 2월에 출간된 업턴 싱클레어Upton Sinclair의 《정글The Jungle》은 시카고에 위치한 혐오스러운 고기 포장 공장의 실태를 보여줌으로써 국민 보건에 대한 전국적인 관심을 끌어냈다. 이런 시대적 분위기 속에서 연방 정부 화학 국장인 하비 와일리Harvey W. Wiley가 매약 업체를 비난하고 나섰다. 와일리는 순정 식의약품법Pure Food and Drug Act의 필요성을 강조하면서 그 법안이 1906년 의회

---

22) Mark Pendergrast, *For God, Country and Coca-Cola : The Unauthorized History of the Great American Soft Drink and the Company that Makes it*, 66쪽.
23) Henry A. Rucker(Collector of Internal Revenue) v. The Coca-Cola Company (Rucker Case). Mark Pendergrast, *For God, Country and Coca-Cola : The Unauthorized History of the Great American Soft Drink and the Company that Makes it*, 67쪽.

에서 통과되는 데 결정적인 역할을 했다. 결과적으로 이 법안은 의료 효과를 부풀렸던 매약 업체들의 광고에 재갈을 물리고 '매약 시대'를 마감시키는 데 커다란 공헌을 했다.[24]

코카콜라 사는 처음에는 이 법안의 통과에 대해서 부정적인 입장을 견지했으나 캔들러의 동생이며 조지아 주 대법원 판사였던 존 캔들러 John Candler의 조언을 받아들여 이 법안을 지지하게 되었다. 이 법안에 찬성함으로써 국민들에게 신뢰감을 심어줄 수 있으며, 나머지 매약 업체들과 분명하게 차별화할 수 있으리라는 계산 때문이었다. 이 법안이 통과되자마자 코카콜라 사는 코카콜라가 "순수하고" 건강에 좋은 "위대한 전국적인 절주 음료the Great National Temperance Beverage"라고 선전했다. 또한 피로 회복에 도움이 되며, 특히 순정 식의약품법에 의해 보증된다는 광고를 내보냈다.[25]

판매 책임자인 도브스 또한 코카콜라의 광고에 지대한 관심을 갖고 있었다. 그러나 그의 광고 전략은 로빈슨과 달랐다. 로빈슨이 코카콜라를 청량음료로서 전국민을 대상으로 판매하고자 했다면, 도브스는 순정 식의약품법이 시행되는데도 불구하고 코카콜라를 피로 회복이나 체력 보강 등의 강장제로서 중간층 및 상류층을 주 소비자로 삼고자 했다. 따라서 그는 로빈슨과 광고 및 마케팅 전략을 둘러싸고 사사건건 대립했다. 사실 그것은 회사의 운영을 둘러싼 헤게모니 쟁탈전이라는 성격이 더 강했다. 도브스는 로빈슨에게서 일을 배워 나중에는 그를 능가하고자 했다. 무엇보다는 도브스는 야심이 있었다. 그는 캔들러의 후계자 자리를 넘보고 있었다. 1906년 캔들러는 로빈슨과 도브스의 광고와 마케팅을 둘러싸고 벌어진 헤게모니 싸움에서 마침내 도브스의 손을 들어주었다.[26]

---

24) T. J. Jackson Lears, *Fables of Abundance : A Cultural History of Advertising in America*(New York : Basic Books, 1994), 157쪽.
25) Mark Pendergrast, *For God, Country and Coca-Cola : The Unauthorized History of the Great American Soft Drink and the Company that Makes it*, 111쪽 ; http://www.cocacola.com. 1996년 5월 13일.
26) Frederick Allen, 3rd, *Secret Formular : How Brilliant Marketing and Relentless Salesmanship Made Coca-Cola the Best-Known Product in the World*, 74~75쪽.

그 결과 도브스는 로빈슨과는 달리 다시 한번 코카콜라를 청량음료만이 아닌 강장제로서의 역할을 광고에서 보여주고자 했다. 예를 들어, 1907년의 《함스워스 독학자 잡지Harmsworth Self-Educator Magazine》에 실린 광고는 코카콜라가 육체적 과로와 정신적 스트레스에 지친 도시의 화이트칼라 계층에게 피곤한 심신을 회복시켜주고, 활력을 되찾아준다고 강조했다.[27] 도브스는 코카콜라 병조림 업자bottler인 벤저민 토머스Benjamin Thomas가 모든 사람들을 대상으로 코카콜라를 광고해야 한다고 주장하자, 코카콜라가 음료라는 것을 인정하면서도 코카콜라는 그 이상이라고 대답했다. 그는 코카콜라가 "단순히 음료이기만 하다면 우리는 우월성이나 특별한 장점이 있다고 주장할 어떠한 근거도 없게 된다"[28]고 말했다.

도브스는 메슨게일에게 맡겼던 광고의 대부분을 떠오르는 광고계의 샛별인 빌 다아시Bill D'Arcy에게 맡겼다. 다아시는 이후 반세기 동안이나 코카콜라 사를 위한 광고를 전담했다. 다아시는 광고에 이야기를 부여하고자 했다. 이것은 기본적으로 도브스가 요구하는 것이었다. 그는 여기에 흥미를 더했다. 그렇기 때문에 다아시가 만든 광고는 단순하면서도 감정에 호소하고 있었다. 즉, 일찍이 그는 감성 광고를 시도했던 것이다. 이것은 무엇보다도 다아시가 인간 본성을 잘 파악하고 있었기 때문에 가능한 일이었다. 1905년까지 메슨게일의 광고는 대부분 대학생을 포함한 화이트칼라 계층을 모델로 삼아 제작되었다. 그러나 1906년 이후 다아시의 광고는 점차 모든 미국인을 상대로 호소하고 있었다. 예를 들어, 1907년의 한 광고에서는 코카콜라를 계급이나 나이, 성을 초월한 "위대한 미국의 음료"라고 설명했다.[29]

---

27) T. J. Jackson Lears, *Fables of Abundance : A Cultural History of Advertising in America*, 159쪽.
28) Samuel Dobbs to Benjamin Thomas, 1907년 4월 2일, Exhibit 19-1, Bottler Case, 1,307~1,308쪽. Mark Pendergrast, *For God, Country and Coca-Cola : The Unauthorized History of the Great American Soft Drink and the Company that Makes it*, 108쪽에서 재인용.
29) Frederick Allen, 3rd, *Secret Formular : How Brilliant Marketing and Relentless Salesmanship Made Coca-Cola the Best-Known Product in the World*, 78쪽 ; Mark Pendergrast, *For God, Country and Coca-Cola : The Unauthorized History of the Great American Soft Drink and the Company that Makes it*, 100쪽.

1차 대전 직전에는 코카콜라 광고를 싣지 않는 매체는 거의 없을 정도였다. 모든 것이 광고의 대상이 되었다. 1900년에는 광고료로 약 8만 5,000달러를 썼으나, 1912년에는 무려 100만 달러를 초과하게 되었다. 코카콜라가 당시 미국에서 가장 많이 선전된 상품이라는 도브스의 주장은 틀린 얘기가 아니었다. 많은 경우 미국인들은 어디에서건 코카콜라의 이미지와 만나게 되었다. 예를 들어 1913년 코카콜라는 탄산수 매장에서 사용하는 쟁반 200만 개, 성냥갑 1,000만 개, 압지blotters 2,000만 장, 야구 카드 2,500만 장을 포함해 1억 개 이상의 코카콜라 로고를 미국인에게 제공했다. 따라서 코카콜라가 미국인의 일상생활의 일부가 되기 시작했다는 것은 너무도 당연했다. 미국의 모든 지역에서 수많은 사람들이 가축이나 곰, 코끼리, 벌에 이르기까지 사랑하는 동물들에게 코카콜라라는 이름을 지어주고, 그 사실을 사진을 찍어 코카콜라 사로 보내거나 편지로 알려왔다.[30]

ㄷ. 1차 대전

　코카콜라 사의 위기는 1차 대전 때 찾아왔다. 미국이 참전하기로 결정한 1917년 4월 이전부터 연방 정부는 식량 원료의 제한 및 배급을 결정했다. 코카콜라 사는 설탕에 대한 할당량과 시럽 판매에 대한 특별세 때문에 고전을 면치 못했다. 게다가 다른 원료도 부족했으며 세금 때문에 이윤을 거의 남길 수가 없었다. 코카콜라 사는 큰 위기에 빠지게 되었다. 도브스는 회사를 살리기 위해 1917년 한 해 동안 코카콜라 사의 전속 변호사인 허시Harold Hirsch와 더불어 동분서주했으며, 워싱턴을 쉴 새 없이 들락거렸다. 그 결과 간신히 전년도와 같은 양의 설탕을 확보할 수 있었다.[31]

　그러나 정부의 식품 국장인 허버트 후버Herbert Hoover는 그해의 마지막 두 달

---

30) Mark Pendergrast, *For God, Country and Coca-Cola : The Unauthorized History of the Great American Soft Drink and the Company that Makes it*, 91~92쪽.
31) Frederick Allen, 3rd, *Secret Formular : How Brilliant Marketing and Relentless Salesmanship Made Coca-Cola the Best-Known Product in the World*, 89쪽.

동안은 설탕의 할당량을 반으로 줄이겠다고 공표했다. 어려운 상황이 불가피하다고 깨달은 도브스는 다아시와 함께 '설탕 군인 만들기Making a Soldier of Sugar'라는 광고 문안을 만들었다. 코카콜라 사는 이 광고를 통해 전쟁이라는 위기 상황에서 비록 그들이 전방의 병사처럼 총을 들고 싸울 수는 없지만, 그들이 설탕을 통제하는 정부의 시책에 적극 협조함으로써 후방에서도 애국할 수 있다는 메시지를 전달하고 있었다. 즉, 이 광고는 애국심이라는 미국인들의 소중한 가치에 호소하고 있었다. 후버가 이 광고에 흡족해했음은 물론이다. 후버는 1918년 봄부터는 코카콜라 사에 설탕의 할당량도 늘려주었고, 시럽의 생산량도 전쟁 전의 80%까지 허용해주었다. 코카콜라의 판매량은 1917년의 1,200만 갤런에서 1918년의 1,000만 갤런으로 줄었지만, 코카콜라 사는 살아남을 수 있었다.[32]

코카콜라 사는 또 다른 광고——예를 들어 1918년 7월 《코스모폴리탄Cosmopolitan》에 실린 광고——를 통해 자본주의 체제 내에서 하나의 기업으로서의 코카콜라 사의 희생은 전쟁이라는 비상 상황에서는 당연하며, 기업의 이익보다 애국심이 더 중요하다는 점을 은연중에 강조했다. 전쟁이 끝나고 규제가 풀렸을 때 그동안 억눌렸던 소비자들은 코카콜라를 폭발적으로 찾았다. 그리하여 1919년에는 전해의 거의 두 배인 1,900만 갤런의 판매량을 기록했다. 잔으로 계산하면 약 25억 잔으로, 미국의 모든 사람들이 한 해 동안 일인당 30잔을 마신 셈이었다.[33]

이렇듯 코카콜라 사는 훗날 대공황 시대나 2차 대전 때와 마찬가지로, 현실을 냉정히 파악해 적극적인 마케팅 및 광고 전략을 펼치면서 역경을 전화위복의 계기로 삼았다.

---

32) Frederick Allen, 3rd, *Secret Formular : How Brilliant Marketing and Relentless Salesmanship Made Coca-Cola the Best-Known Product in the World*, 89~90쪽. 다아시Bill D'Arcy는 이 광고가 나간 첫날 도브스Samuel Dobbs와 함께 후버Hebert Hoover를 찾아갔을 때 후버가 이 광고를 책상 위에 올려놓고 있었으며, 그가 마음을 열고 있었기 때문에 대화가 매우 잘 풀렸다고 회고했다.
33) T. J. Jackson Lears, *Fables of Abundance: A Cultural History of Advertising in America*, 222쪽 ; Frederick Allen, 3rd, *Secret Formular : How Brilliant Marketing and Relentless Salesmanship Made Coca-Cola the Best-Known Product in the World*, 90쪽.

(3) 1920년대 광고

1920년대에 미국인들은 사회적으로나 문화적으로 급격한 변화를 목격하게 되었다. 1920년대 미국은 농촌 중심에서 도시 중심 사회로, 농업 사회에서 산업 사회로, 생산 중심 사회에서 소비 중심 사회로, '청교도-공화주의적 · 생산자-자본가 문화'에서 역사가 워렌 서스먼Warren Susman이 '풍요의 문화culture of affluence'라고 부르는 현대적 가치로 이행했다.[34] 미국인은 더 많은 여가와 휴식을 원했다. 그 '풍요의 문화'는 일련의 새로운 커뮤니케이션 기술의 발명이 가져온 '통신 혁명'과 밀접한 관련이 있었다. 라디오와 영화가 새로운 문화 매체로 등장해 단시일 내에 미국인들의 문화 영역에 깊숙이 자리 잡았다.

대량 생산과 대량 소비 속에서 미국 사회는 대중 사회mass society로 진입하고 있었으며, 대중 사회는 또한 대중문화mass culture를 만들어냈다. 대중문화는 무엇보다도 미국적인 특성을 지녔다. 왜냐하면 당시 미국이 대량 생산과 대량 소비에 기초한 최초의 대량 소비사회mass consumer society가 되었기 때문이다. 그런 소비사회를 유지하기 위해서는 여러 제도들——백화점, 행정부, 은행, 유통 기관 등——뿐만 아니라 광고까지도 변화해야 했다.[35] 1920년대 미국은 소비자 사회라는 복음 속에서 눈부신 기술 발전을 보여주었다. 1929년쯤이면 평균적인 미국인은 대중 속의 한 사람이 되었다. 그는 대기업을 위해 일을 했고, 대기업에서 표준화되어 대량 생산된 물품을 구입했으며, 도시의 규격화된 아파트에서 살았다. 그는 대중지를 읽거나 영화를 보거나 라디오 방송을 들었다. 그는 "새로운 시대New Era의 새로운 대중인mass man"[36]이었다. 당시의 언론인이었던 앨런은 1919~1929년 사이의 미국 사회가 얼마나 눈부시게 변화했는가를 스미스Smith 부부라는 가

---

34) Warren Susman, *Culture as History : The Transformation of American Society in the Twentieth Century*(New York : Pantheon Books, 1984), xx쪽.

35) William Leach, *Land of Desire : Merchants, Power, and the Rise of a New American Culture*(New York : Vintage Books, 1994), 11~12쪽.

36) David Shannon, *Between the Wars : America, 1919~1941* (Boston : Houghton Mifflin, 1965), 104쪽.

상 인물들의 하루 일과를 통해 설득력 있게 보여주었다.[37]

일찍이 보스턴의 백화점 재벌이었던 필린Edward A. Filene은 대량 생산이 대량 소비를 가능케 하는 소비문화에 대한 대중 교육이 필요하다는 것을 알고 있었다. 그는 "대량 생산은 대중에 대한 교육을 필요로 한다. 대중은 대량 생산의 세계 속에서 인간답게 행동하는 법을 배워야 한다……그들[대중]은 읽고 쓰는 능력뿐만 아니라 교양을 획득해야 한다"[38]고 주장했다. 대중 사회가 성립하기 위해서는 상품의 대량 생산에 따른 대량 소비가 이루어져야 한다. 그리고 필린이 지적했듯이, 대량 소비는 소비문화 내에서 대중에게 교육되어야 했다. 그런데 1920년대 미국 사회에서 소비문화가 성숙할 수 있었던 가장 확실한 매체는 바로 광고였다.

언론인 월터 리프먼Walter Lippmann은 광고가 미국 사회에서 지니는 중요성을 일찍이 간파하고 있었다. 그는 대기업이 광고를 통해 생산뿐만 아니라 소비까지도 통제하려 한다고 주장했다. "보라, 동쪽의 하늘은 추잉껌으로 붉게 타오르고, 북녘 하늘은 칫솔과 속옷으로, 그리고 서쪽은 위스키로, 남쪽은 페티코트로, 하늘 전체는 괴기스럽게 요염 떠는 여인들로 빛나고……당신이 잡지를 훑어볼 때 거기에는 자동차와 베이킹파우더, 코르셋 그리고 코닥의 숲 사이로 기사가 실개천처럼 졸졸 흐르고 있다."[39] 그러나 이런 광고의 홍수에 대한 경고는 1920년대에는 무의미해졌다. 왜냐하면 광고는 1920년대 미국 대중문화의 일부가 되었고, 광고 없는 매스미디어나 소비사회는 생각할 수도 없었으며, 광고 없는 미국의 일상생활을 아마도 미국인들 자신이 견뎌내지 못했을 것이기 때문이다. 광고는 1920년

---

37) Frederick Allen, 3rd, *Only Yesterday : An Informal History of the 1920s*(New York : Harper & Row Publishers, 1964), 1~12쪽.

38) Stuart Ewen, *Captains of Consciousness : Advertising and the Social Roots of the Consumer Culture*(New York : Basic Books, 1976), 54~55쪽. Christopher Lasch, *The Culture of Narcissism*(New York : Warner Books, 1979), 136쪽에서 재인용.

39) Walter Lippmann, *Drift and Mastery*(1914), 52~53쪽 ; Stuart Ewen, *All Consuming Images : the Politics of Style in Contemporary Culture*(New York : Basic Books, 1988), 《이미지는 모든 것을 삼킨다》, 백지숙 옮김(시각과언어, 1996), 65~67쪽에서 번역 참조.

대 미국인들이 언제 어디서나 만나게 되는 일종의 대중 매체가 되었다.

"풍요-여가-소비자-쾌락 지향의 새로운 세계"를 지향하던 미국인들은 그들의 소망을 충족시켜줄 대상을 찾고 있었다. 광고는 그들의 소망을 채워주었을 뿐만 아니라 새로운 욕구도 만들어냈다.[40] 역사가 조지 마우리George Mowry의 표현을 빌리자면 광고는 '현대적 마술modern black art'이며, 1920년대의 광고인들은 중세의 연금술사도 하지 못했던 것을 성공적으로 해냈다. 광고는 대량 소비를 부추겼으며, 경제의 견인차 역할을 맡았고, 미국이라는 이 지상에서 가장 물질적인 사회에 환상을 만들어냈다.[41] 광고는 대중 사회에서 수없이 쏟아져 나오는 상품들을 소비자에게 알릴 수 있는 가장 강력한 수단이었다. 나아가 광고는 소비자의 욕망까지도 창조해낼 수 있었다. 쿨리지Calvin Coolidge 대통령도 광고를 "더 나은 사물들을 위해 욕망desire이 창조되는 방식"이라고 날카롭게 관찰했다.[42] 이러한 1920년대 미국의 소비사회에서 코카콜라 사의 광고는 단연 광고계의 선두 주자였으며 기린아였다.

캔들러 집안이 코카콜라 사를 매각한 이후, 코카콜라 사는 여러 면에서 1920년대 대기업의 전형을 보여주었다. 코카콜라 사는 캔들러 시대처럼 일가친척이 경영을 좌지우지하는 가족 기업에서 벗어나 정부 간섭을 극소화하고 경영과 이윤을 극대화할 수 있게끔 조직을 운영했다. 또한 그들은 시장 조사 연구원, 광고업자, 심리학자, 홍보 전문가, 변호사 등 전문인에게 일을 맡겼다. 게다가 1920년대의 시대적 상황은 코카콜라 사에 유리하게 작용했다. 미국은 1차 대전 후 경기가 회복되어 대공황 전까지 경제적 호황을 구가하게 되었다. 또한 1920년대는 무엇보다도 금주의 시대였다. 코카콜라 사는 그들이 항상 추구했던 "건전한 가족 음료,

---

40) Warren Susman, "Culture and Civilization : the Nineteen-Twenties", *Culture as History : The Transformation of American Society in the Twentieth Century*, 112쪽.

41) George Mowry (ed.), *The Twenties : Fords, Flappers and Fanatics*(Englewood Cliffs, N. J. : Prentice-Hall, 1963), 14~15쪽.

42) Stuart Ewen, *Captains of Consciousness : Advertising and the Social Roots of the Consumer Culture*, 37쪽. Christopher Lasch, *The Culture of Narcissism*, 137쪽에서 재인용.

불법인 술의 대안으로서 온건한 음료"⁴³⁾를 실현할 수 있게 되었다.

1920년대는 자연 과학을 모델로 한 사회학, 심리학, 경제학 등의 사회 과학이 미국 사회의 모든 분야에서 신뢰감을 획득했던 시기였다. 사회 과학자들은 자연 과학적 원리와 방법론을 사회 현상에 적용하는 것이 가능하며 또한 필요하다고 역설했다. 1920년대부터 인기를 끌기 시작한 광고업에서도 예외가 아니었다. 특히 대기업은 소비 창출을 위한 광고에 심리학을 적극적으로 응용했다. 왓슨John B. Watson이 주도하던 행동주의 심리학 및 프로이트Sigmund Freud 심리학은 소비자들의 심리 테스트에 활용되거나 나아가 대중으로서의 소비자를 통제하는 데까지 응용되었다.⁴⁴⁾ 바야흐로 '과학적' 광고가 풍미하기 시작했다.

1923년 로버트 우드러프Robert Woodruff가 새로이 코카콜라 사를 이끌어가게 되었다. 이후 60년 이상 그는 코카콜라 사를 지배했다. 코카콜라 사람들에게 우드러프는 가히 신적인 존재였다. 그의 인생과 코카콜라는 떼려야 뗄 수 없는 불가분의 관계였다. 코카콜라는 그였으며, 그는 코카콜라였다. 즉, 코카콜라는 그의 또 다른 자아였다. 우드러프는 시대의 변화를 읽을 줄 알았다. 그는 '새로운 시대'에 코카콜라를 파는 것이 기술art일 뿐만 아니라 과학science이라고 보았다. 따라서 마케팅 전략도 바뀔 수밖에 없다고 생각했다. 1923년 우드러프는 정보부를 통계부로 확대 개편했다. 이후 이 부서는 시장 조사의 선구적 역할을 해냈다. 통계부는 또한 코카콜라의 판매를 어떻게 극대화할 것인가에 대해서 과학적으로 접근하고자 애썼다.⁴⁵⁾

우드러프는 소극적이거나 방어적인 광고 전략은 좋은 것이 아니라고 판단했다.

---

43) Mark Pendergrast, *For God, Country and Coca-Cola : The Unauthorized History of the Great American Soft Drink and the Company that Makes it*, 181~162쪽.
44) Philip Cushman, *Constructing the Self, Constructing America : A Cultural History of Psychotherapy*(New York : Addison-Wesley Publishing Company, 1995), 154~155쪽.
45) Frederick Allen, 3rd, *Secret Formula : How Brilliant Marketing and Relentless Salesmanship Made Coca-Cola the Best-Known Product in the World*, 175쪽 ; Mark Pendergrast, *For God, Country and Coca-Cola : The Unauthorized History of the Great American Soft Drink and the Company that Makes it*, 165쪽.

그래서 코카콜라 광고가 앞으로는 더욱 부드럽고 신사적인 분위기를 연출해야 한다고 생각했다. 그는 코카콜라가 대단히 중요한 상품은 아닐지라도, 작은 것이지만 "인생을 조금 더 편안하고 즐겁게 만드는 데" 그 역할을 다할 것이라고 강조했다.[46] 이런 생각은 겸손한 것처럼 보이지만 사실은 코카콜라를 일상생활에 빠질 수 없는 필요 불가결한 상품으로 인식시키고자 하는 의도가 깔린 전략이었다.

우드러프는 코카콜라의 명성을 유지하는 것이 가장 중요하다면서 품질과 변함없는 맛을 강조했다. 그러나 동시에 그는 코카콜라만의 독특성을 소비자들에게 심어주기 위해 코카콜라에 신비함을 부여하고자 애썼다. 그의 이런 신념은 광고에 대한 비상한 관심으로 나타났다. 우드러프는 천재적인 광고인 아치 리Archie Lee를 통해 자신의 신념을 현실화시킬 수 있게 되었다. 리는 코카콜라의 광고에 철학을 부여했다. 우드러프는 코카콜라를 미국 제1의 청량음료로 만드는 것에 만족할 수 없었다. 그의 목표는 코카콜라를 단순히 갈증을 해결해주는 음료가 아닌 미국 사회의 일부로 만드는 것이었다. 즉, 코카콜라를 미국인들에게 "인생의 유쾌한 것들 중의 하나"로 인식시키는 것이었다. 그는 자신의 생각을 리와의 대화를 통해서 구체화시켰다. 둘은 코카콜라에 대해 상당히 일치된 견해를 보였다.[47]

리는 1919년 다아시의 광고 회사에 입사해 코카콜라의 광고 제작에 참여하게 되는데, 무엇보다도 그의 공헌은 코카콜라의 광고를 근본적으로 변화시킨 데 있었다. 리는 광고에서 자신이 해야 할 일이 아이디어를 제공하는 것이라고 생각했다. 그는 코카콜라 광고에 친숙함과 단순함뿐만 아니라 이와 더불어 의미를 불어넣으려고 했다. 그는 광고를 통해 코카콜라를 단순한 상품이 아닌 살아 있는 어떤 것으로 만들고자 했다. 그는 코카콜라에 생명과 인격을 부여하고자 했다.

1920년대 초까지 대부분의 광고는 코카콜라 광고와는 달리 메시지가 길고, 부

---

46) Mark Pendergrast, *For God, Country and Coca-Cola : The Unauthorized History of the Great American Soft Drink and the Company that Makes it*, 163쪽.

47) Frederick Allen, 3rd, *Secret Formula : How Brilliant Marketing and Relentless Salesmanship Made Coca-Cola the Best-Known Product in the World*, 164~168쪽.

정적인 이미지를 사용하고 있었다. 어떤 면에서는 소비자의 공포심을 자극하기도 했다. 예를 들어 후버Hoover 진공청소기는 "더러운 융단은 위험하다"라는 문구로 광고했고, 질레트Gillette 면도기는 "그렇게 당황해보기는 난생 처음이었다" 따위의 긍정적이지 못한 광고를 만들었다. 그러나 코카콜라는 소비자들에게 즐겁고 편안한 기분을 느끼도록 했다. 코카콜라 광고 문안은 "일할 때나 놀 때 목마름을 즐기자enjoy thirst at work or at play"고 호소했다. 왜냐하면 코카콜라는 "언제나 기쁨에 넘치고always delightful" "시원하고 기분 좋은 곳cool and cheerful place"에 있기 때문이라고 주장했다.[48)]

다음의 코카콜라 광고들은 이미지가 본질에 우선하다는 것을 보여준다. 이른바 '브랜드 이미지' 전략이었다. 문제는 본질이 아니라 이미지였다. 코카콜라는 마시는 음료가 아니라 마시는 행위를 통해서 얻을 수 있는 어떤 이미지여야만 했다. 코카콜라 사야말로 광고가 단순히 "상품들을 선전한다기보다는 하나의 생활양식으로서의 소비를 증진하는 것"[49)]임을 보여주었다. 아래의 코카콜라의 광고 이미지들은 1920년대 미국인들에게 크게 공감을 주었는데, 이 광고들이 바로 그들이 평소 욕망하던 이미지들을 전달하고 있었기 때문이었다.

ㄱ. '리츠 보이Ritz Boy'

1925년에 리는 '리츠 보이'라 불리는 유명한 광고를 만들어냈다. 이 광고는 하얀 제복의 리츠 호텔 급사와 비슷한 복장을 한 소년이 쟁반에 코카콜라 병과 잔을 얹고 마치 주문을 받아 막 서비스를 제공하는 듯한 그림에 "하루에 600만 잔"이라는 문안이 새겨져 있었다. 미국 전역에 5,000개가 넘는 대형 광고판을 통해 퍼진 이 광고는 미국인들에게 여러 의미를 분명하게 전해주었다. 이 광고는 코카콜라를 마시는 사람들은 누구나 리츠 호텔에서처럼 최상급의 서비스를 받을 자격이

---

48) Mark Pendergrast, *For God, Country and Coca-Cola : The Unauthorized History of the Great American Soft Drink and the Company that Makes it*, 164쪽.
49) Christopher Lasch, *The Culture of Narcissism*, 136쪽.

있다는 것과 코카콜라 사는 소비자들이 원한다면 언제 어디서나 리츠 보이처럼 즉각적으로 서비스를 제공한다는 것을 보여주고 있다. 그렇기 때문에 코카콜라 가격인 단돈 5센트면 상류 계급의 사람들이 리츠 호텔에 머물면서 최고의 서비스를 받듯이, 누구나 최상층의 사회적 신분에 속한다는 암시를 받았다.[50)]

대량 생산과 대량 소비가 실현되던 대중의 시대 한가운데에서 대중은 뭔가 특별한 사람, VIP로 대접받고 싶어 했다. 그렇기 때문에 그들은 리츠 호

〈그림 2〉 코카콜라 광고판(1925). '리츠 보이Ritz Boy'[51)]

텔 같이 소수의 사람들만이 출입할 수 있는 곳에서 봉사를 받고 싶은 욕구가 있었던 것이다. 따라서 '리츠 보이' 광고는 소비자들에게 자연스런 감동을 줄 수 있었다. 이 광고는 코카콜라와 특급 호텔을 동일시하는 이미지를 제시함으로써 미국인에게 코카콜라는 비록 최저 가격에 제공되지만, 코카콜라가 소비자에게 줄 수 있는 즐거움은 최상의 것이라는 메시지를 전달했다. 따라서 일부 사람들에게 코카콜라는 일찍이 소비 민주주의를 실천하고 있는 것으로 보였다.

ㄴ. '상쾌한 휴식The pause that refreshes'

길게 보자면 19세기 후반 이후 진행된 본격적인 산업화와 대서양 건너편으로부터의 대량 이민, 그리고 도시로의 인구 이동으로, 짧게 보자면 1920년대 경기 호

---

51) Frederick Allen, 3rd, *Secret Formula : How Brilliant Marketing and Relentless Salesmanship Made Coca-Cola the Best-Known Product in the World*, 168쪽.
50) Gyvel Young-Witzel · Micael Karl Witzel, *The Sparkling Story of Coca-Cola*, 91쪽.

황으로 인해 미국인들은 끊임없이 움직이고 시간에 쫓기며, 항상 긴장과 불안에 시달려왔다. 그들은 진실로 휴식이 필요했다. 짧은 시간이나마 일에서 벗어나 쉬고 싶었고, 긴장을 풀 수 있는 시간과 수단이 필요했다. 이때 바로 코카콜라가 그 역할을 자처하고 나섰다.

리는 1923년 "휴식을 취하면서 당신 자신을 상쾌하게 하라. 우리나라는 지구상에서 가장 바쁜 나라다. 아침부터 저녁까지 일이 끝이 없다"라는 광고 카피를 만들었다. 그러나 이 카피는 바쁘다는 것과 과중한 일을 강조하는 부정적인 인상을 주었으며, 문안도 다소 길어 바꿀 수밖에 없었다. 중요한 것은 그 바쁜 와중에도 잠깐의 휴식 시간 동안 코카콜라는 기분 전환을 해줄 수 있다는 것을 보여준다는 점이다. 왜냐하면 이 시대의 미국인들, 특히 도시에 사는 샐러리맨들은 속도에 대한 끝없는 욕구에 시달리면서 모든 일이 빨리 처리되기를 기대했기 때문이다. 그들은 동시대인의 표현에 의하면 "탄산수 매장에서의 빠른 점심, 빠른 요리법, 빠른 타블로이드판 신문"을 원했다. 그들은 끊임없이 일에 쫓겼다. 오늘날 한국인들이 조급증에 걸려 "빨리빨리!"를 외쳐대듯이 1920년대의 미국인들도 그러했다. 정신없이 돌아가는 하루 중에서 짧지만 편안한 휴식이 더더욱 필요했다.[52]

마침내 그는 1929년 '상쾌한 휴식'이라는, 오늘날까지도 인구에 회자되는 명구문을 내건 일련의 광고를 만들어냈다. 미국인들은 바쁜 하루 일과 중에도 코카콜라를 마시는 동안은 즐거움을 맛볼 수 있다는 이미지에 동의하게 되었다. '상쾌한 휴식'. 이 얼마나 미국인들이 간절히 원했던 것이던가! 게다가 그 광고는 바쁘게 살아온 미국의 많은 샐러리맨들에게 그런 휴식을 가질 자격이 있다고 호소하는 것이었다. 한 여비서가 바쁜 하루의 일에서 잠시나마 벗어나, 타자기에서 약간 물러나 한 손에 코카콜라를 들고 미소 짓고 있는 광고였다. 이 광고는 일과 중의 휴식은 반드시 코카콜라와 함께라는 이미지를, 코카콜라는 비록 짧은 시간이지만

---

52) Mark Pendergrast, *For God, Country and Coca-Cola : The Unauthorized History of the Great American Soft Drink and the Company that Makes it*, 164~165쪽.

만족스러운 휴식을 준다는 이미지를 전달하기에 충분했다. 그들은 일과 중에 별도로 시간을 내어 휴식을 취할 여유가 없었다. 그런데 코카콜라가 그런 휴식을 제공하겠다고 나선 것이다. 코카콜라를 마시는 동안 잠깐이나마 휴식을 즐길 수 있다는 메시지는 미국인들에게 감명을 주기에 충분했다. 그 결과 리의 '상쾌한 휴식'은 당대 최고로 유명한 광고 문안이 되었다.

이렇듯 코카콜라 사는 코카콜라의 판매 및 광고 전략을 통해 대중 사회에서 소비자들이 어떻게 상품을 구매하

〈그림 3〉 코카콜라 광고 포스터(1929). '상쾌한 휴식The Pause That Refreshes'[53]

는지, 그 동기는 무엇인지 등을 '과학적'으로 접근하고 조사해 소비자들이 무엇을 원하는지를 철저히 파악할 수 있었다. "대중을 따르라Follow the crowds"는 코카콜라 사의 표어가 되었다. 그렇기 때문에 1930년 《광고 시대Advertising Age》라는 잡지가 코카콜라 사의 소비자 접근 방식을 "코카콜라는 소비자와 함께 일어나고 잠든다"라고 평한 것은 결코 과장이 아니었다. 코카콜라는 언제 어디서나 소비자 옆에 있고자 했다. 우드러프는 소비자의 "욕망의 손길이 미치는 범위 안에within arm's reach of desire" 코카콜라가 항상 있어야 한다고 주장했다. 알래스카에서 애리조나 사막에 이르기까지, 춤 강습소, 미용실, 경찰서, 볼링장, 건설 현장, 이발소, 차량 정비 업소 등에 이르기까지 코카콜라는 미국인들의 일상생활에 녹아들어갔다.[54]

---

53) Frederick Allen, 3rd, *Secret Formular : How Brilliant Marketing and Relentless Salesmanship Made Coca-Cola the Best-Known Product in the World*, 260~261쪽 사이의 광고 그림 no. 28.

1920년대 코카콜라 광고는 동시대에서 가장 필요로 하는 시대정신과 개인적 욕망——특별한 사람으로 대접받기, 바쁜 일과 속의 짧은 휴식 등——을 찾아내어 소비자에게 감동을 주고 있었다.

(4) 대공황 시대의 광고

미국의 흑인 조 루이스 Joe Louis와 독일의 백인 막스 슈멜링 Max Schmeling이 맞붙은 1938년 세계 권투 헤비급 챔피언 쟁탈전은 미국인에게 잊지 못할 추억을 남겨주었다. 미국인들은 이 시합을 민주주의와 나치즘의 대결의 상징으로 이해했으며, 이 시합으로 미국인들은 잠시나마 흑백을 초월해 단결했다. 라디오로도 실황 중계된 이 권투 시합은 많은 미국인들을 긴장시키고 흥분시키며 열광시켰다. 크로스 리 회사의 표본 조사에 의하면 라디오를 보유한 가정의 약 57.6%가 이 권투 경기를 청취했다.[55]

이런 체험은 남부 아칸소 주의 스탬프스에 살고 있던 흑인 노동자와 소작인들의 경우도 예외가 아니었다. 그들은 마야 엔젤루 Maya Angelou의 할머니가 운영하는 잡화점에 삼삼오오 모여 앉아 라디오 아나운서의 목소리에 귀를 기울이고 있었다. 루이스가 어려운 상황에 빠지면 그들은 거의 숨을 쉴 수조차 없었다. 마침내 루이스가 이기자, 엔젤루의 증언에 의하면 "사람들은 생명수 ambrosia인 양 코카콜라를 마셨으며, 크리스마스인 양 막대 사탕을 먹었다". 승리의 환호는 한 시간 이상이나 지속되었다.[56] 이와 같이 라디오는 멀리 떨어진 곳에서의 승리를

---

54) Mark Pendergrast, *For God, Country and Coca-Cola : The Unauthorized History of the Great American Soft Drink and the Company that Makes it*, 167쪽.

55) Daniel Aaron · Robert Bendiner (eds.), *The Strenuous Decade : A Social and Intellectual Record of the Nineteen-Thirties*(Garden City, N. Y. : Anchor Books, 1970), 392쪽 ; Harvey Green, *The Uncertainty of Everyday Life 1915~1945*(New York : Harper Perennial, 1993), 195쪽.

56) Lawrence Levine, "The Folklore of Industrial Society : Popular Culture and Its Audience", *American Historical Review* 97(1992. 12), 1,394~1,395쪽. 슈멜링 Max Schmeling은 1957년 아리아족의 우월성에 대한 상징에서 벗어나 독일의 코카콜라 제조업자로 변신했다(Mark Pendergrast, *For God, Country and Coca-Cola : The Unauthorized History of the Great American Soft Drink and the Company that Makes it*, 231쪽).

현장에서 보는 듯한 생생한 느낌을, 코카콜라는 그들에게 이런 흥분 뒤의 짜릿함과 즐거움을 선사해주었다. 흑인들에게도 코카콜라는 생활의 일부였다. 루이스의 권투 시합은 우리에게 1930년대 미국 문명이 상징하는 두 가지를 보여준다. 라디오와 코카콜라가 그것이다.

코카콜라 사는 대공황 속에서 어느 다른 기업보다도 먼저 정상 상태로 돌아왔다. 많은 미국인들이 여전히 직장을 잃고 거리를 배회하거나 시름에 잠겨 있을 때 코카콜라 사는 오히려 번영을 구가하고 있었다. 그러나 코카콜라 사도 대공황 초기에는 위기가 있었다. 코카콜라 사는 대공황 때문이 아니라 금주법의 폐지로 인해 예측되는 상황과 관련해 1931년과 1932년 연속으로 매출액이 감소했다. 그러자 코카콜라 사는 더욱 광고에 전념했다. 코카콜라 사는 1차 대전이라는 위기가 닥쳤을 때 그랬던 것처럼, 주저하거나 순응하기보다는 오히려 그런 상황을 적극적으로 최대한 이용했다. 그들은 어려운 시기일수록 회사는 더욱 투자를 해야 하며, 특히 광고에 대한 지출을 늘려야 한다고 생각했다. 코카콜라 사는 광고비를 대폭 늘려 1932년에는 500만 달러 이상을 투자했다.[57]

만약 인쇄 매체에 실린 광고들만 보고 1930년대의 모습을 추정한다면, 우리는 결코 이 시대가 대공황의 시대였다는 것을 알 수 없을 것이다. 왜냐하면 그 광고들은 동시대 미국인들이 마음속에서 원하던 소망을 보여주기 때문이다. 예를 들어, 공황이 절정에 이르렀던 1933년 유력한 전국지였던 《굿 하우스키핑 Good Housekeeping》 편집자의 한 친구는 우리가 그 잡지의 광고면만을 살펴본다면 미국이 경제적 어려움에 빠져 있다는 것을 도저히 알 수 없을 것이라고 꼬집어 지적했다.[58] 많은 경우 미국인들은 비참한 현실을 인정하기보다는 도피를 선택했다. 광고업의 경우 이 시기 동안 광고량은 줄어들지 않았으며, 광고의 내용 또한 1920년대보다 더 자극적이고 유혹적인 내용들을 포함하고 있었다. 1930년대의 광고는 정확하게

---

57) Frederick Allen, 3rd, *Secret Formular : How Brilliant Marketing and Relentless Salesmanship Made Coca-Cola the Best-Known Product in the World*, 204쪽.
58) T. J. Jackson Lears, *Fables of Abundance : A Cultural History of Advertising in America*, 236~237쪽.

〈그림 4〉 대공황기의 코카콜라 광고, '정상 상태로의 회복bounce back to normal'[59]

현실을 거꾸로 보여주고 있는 것이다.

코카콜라 사의 광고도 예외는 아니었다. 그들은 광고를 통해 보통 사람들이 대공황기의 경제적 어려움이라는 현실에서 벗어나도록 했다. 광고는 5센트를 투자해 코카콜라를 마시게 되면 저렴한 가격으로 즐거움을 되찾게 되고, 잠시나마 골치 아픈 현실도 잊을 수 있다는 메시지를 전달했다. 리의 광고 카피처럼 5센트면 "정상 상태로의 회복bounce back to normal"이 가능했다. 당시 한 잡지 광고는 젊은 여성이 한 손에는 코카콜라 잔을 들고 다른 한 손으로는 자신의 찡그린 얼굴을 밀어내면서 활짝 핀 얼굴을 보여주고 있었다.

코카콜라는 어렵고 힘든 현실을 잊게 해줄 수 있다는 메시지를 충분히 전달한 것이다. 더 나아가 캔터키 주의 더비Derby 경마장, 뉴올리언스의 마르디 그라Mardi Gras 축제, 뉴멕시코 주의 칼스배드Carlsbad 석회 동굴, 옐로스톤 국립공원 내의 올드 페이스플Old Faithful 간헐천 등을 배경으로 한 코카콜라 광고는 미국인들이 갈망하던 바로 그 휴식 장면이었다. 대부분의 미국인들은 대공황이라는 짜증나는 현실에서 잠시나마 떠나 있기를 원했다.[60] 코카콜라 광고는 미국인들의 현실 도피 심리를 정확하게 읽고 있었다. 대공황 시절 코카콜라의 매출이 증가했다는 것은 사람들이 현실을 외면했다는 사실의 간접적 증거가 된다.

---

59) Chris H. Beyer, *Coca-Cola Girls : An Advertising Art History*(Portland, Oregon : Collectors Press, 2000), 122쪽.
60) Mark Pendergrast, *For God, Country and Coca-Cola : The Unauthorized History of the Great American Soft Drink and the Company that Makes it*, 179쪽 ; Frederick Allen, 3rd, *Secret Formula : How Brilliant Marketing and Relentless Salesmanship Made Coca-Cola the Best-Known Product in the World*, 208쪽.

1910년 도브스는 아침 식탁을 제외하고는 어디서나 코카콜라를 볼 수 있다고 주장했다. 그러나 1930년에 이르면 많은 사람들이 아침 식사마저 커피가 아닌 코카콜라와 더불어 빵으로 해결했다. 심지어 몇몇 사람들은 코카콜라만으로 아침을 해결하기도 했다.[61] 코카콜라 사는 1930년대 불황 속에서도 소비 대상을 최대한 늘리는 데 주력했다. 이처럼 코카콜라 사의 또 다른 1930년대 광고 전략은 기존의 광고가 포함하지 않았던 소비자층을 대상으로 했다. 다음의 몇몇 광고들은 코카콜라 사가 어떻게 매스미디어를 이용해 그 이미지를 대상에 일치시켰는가를 보여 준다. 당시 많은 분야에서 사치 혹은 불필요의 영역에 있던 코카콜라를 필요의 영역으로 바꾸는 데 그 광고들이 큰 역할을 했다.

ㄱ. 가정과 주부

1930년대부터 미국 가정에 냉장고가 자리 잡기 시작했다. 따라서 가정에서도 코카콜라를 냉장고에 보관하고 마실 수 있게 되었다. 이제 주부와 어린이들이 실질적인 소비자로서 커다란 시장을 형성하게 되었다. 코카콜라 사는 이렇듯 신기술에 따른 일상생활의 변화에 맞추어 미국의 2,500만 가정을 상대로 한 마케팅을 펼쳤다. 그들은 냉장고 보관용으로 여섯 개들이 팩을 대대적으로 선전해 가정주부들이 슈퍼에서 코카콜라를 손쉽게 살 수 있게 했다. 여섯 개들이 팩이 처음 만들어진 것은 1923년이었으나 당시는 가정용 냉장고가 널리 보급되지 않았기 때문에 1930년대에야 비로소 대중적인 인기를 끌게 되었다. 1950년대까지는 six-box라고 불렸던 이 팩에는 "My Six Appeal"이라는 문구를 삽입해 은근히 성적인 것을 연상케 했다.[62]

---

61) Mark Pendergrast, *For God, Country and Coca-Cola : The Unauthorized History of the Great American Soft Drink and the Company that Makes it*, 178쪽.

62) Mark Pendergrast, *For God, Country and Coca-Cola : The Unauthorized History of the Great American Soft Drink and the Company that Makes it*, 168 · 180쪽 ; Frederick Allen, 3rd, *Secret Formula : How Brilliant Marketing and Relentless Salesmanship Made Coca-Cola the Best-Known Product in the World*, 134쪽.

1932년 코카콜라 사는 요리와 파티 예절의 대가로 알려진 앨런Ida Bailey Allen 여사가 쓴《당신이 손님을 접대할 때 : 무엇을 어떻게 할 것인가When You Entertain : What to Do, and How》라는 소책자 수백만 부를 가정에 배포했다. 당시 그녀는 방송 프로그램인 '라디오 주부 모임The Radio Home-Makers Club'을 진행하면서 수많은 미국의 주부들을 사로잡고 있었다. 주부들은 손님 접대 시 이웃이나 남편의 회사 사람들로부터 망신을 당하고 싶지 않았기 때문에 그녀의 요리법과 접대 예절에 관한 라디오 방송을 열심히 청취하고 있었다. 앨런 여사는 128쪽의 소책자에서 초대 시 올바른 의상, 게임, 요리 등에 대해서 설명하고 있다. 그녀는 이 책에서 노골적으로 코카콜라를 선전하지는 않았다. 이 책 26쪽에나 가서야 처음으로 "코카콜라나 토마토 주스 칵테일이 카나페에 잘 어울린다"고 언급한다. 그러나 그 뒤에서 코카콜라를 이용해 어떻게 칵테일을 만들고, 요리를 만들 것인가 등 즐거운 사교 모임에 코카콜라가 어떻게 잘 어울리는지에 대해서 설명한다. 코카콜라 사는 이후 코카콜라를 음식과 더불어 광고에 등장시켰다. 그리하여 소비자들로 하여금 코카콜라가 어떤 요리와 음식에도 '자연스러운 동반자a natural partner'라는 이미지를 심어주었다. 그 결과 핫도그, 피자, 햄버거 같은 대중적인 음식을 코카콜라와 함께 먹는 것은 아주 자연스런 미국 식사의 풍경이 되었다.[63]

ㄴ. 영화

리는 1930년대 미국 사회에서 다른 어떤 광고 매체보다도 영화의 광고 효과가 뛰어나다는 것을 간파했다. 이미 1922년경 영화 관객은 매주 평균 4,000만 명에 이르렀다. 1927년 유성 영화talkie가 도입된 이후 영화 인구는 폭발적으로 증가했

---

63) Mark Pendergrast, *For God, Country and Coca-Cola : The Unauthorized History of the Great American Soft Drink and the Company that Makes it*, 180~181쪽. 특히 이 책의 마지막 장은 〈상쾌한 휴식을 집으로 불러오기〉라는 제목이 암시하듯이, 코카콜라에 관한 많은 정보를 담고 있었다. 예를 들면 여섯 개들이 팩을 어떻게 주문하고, 저장하고, 급속 냉각시키고, 손님들에게 제공할 수 있는가에 대해서도 자세히 언급하고 있었다. Randy Schaeffer · William Bateman, "When you entertain", *The Cola Call*(1985. 11), 6~7쪽.

다. 매주 평균 관람객은 1926년 5,000만 명에서 1930년 9,000만 명으로 거의 두 배가량 증가했다. 1935년경이면 미국 성인의 40%가 적어도 매주 한 편씩 영화를 즐기기 위해 25센트를 아끼지 않았다.[64]

리는 1930년대 할리우드 영화가 대공황하에서 현실 도피의 역할을 수행하고 있다는 것을 알고 있었다. 그는 코카콜라의 광고에 조앤 크로퍼드Joan Crawford, 클라크 게이블Clark Gable, 그레타 가르보Greta Garbo, 캐리 그랜트Cary Grant, 진 할로Jean Harlow, 모린 오설리번Maureen O'Sullivnan 등 당시의 쟁쟁한 영화배우들을 등장시켰다. 나아가 영화 속에 콜라를 등장시켜 주인공들이 코카콜라를 마시는 장면을 관객들이 자연스럽게 받아들이게 했다. 예를 들어, 1939년에 제작된 〈시험조종Test Pilot〉라는 영화의 주인공이었던 스펜서 트레이시Spencer Tracy가 "코카콜라 두 병 주시오two Coca-Colas, please"라고 주문했을 때 약 6,000만 명의 트레이시 팬들은 그가 코카콜라를 맛있게 마시는 장면을 놓치지 않고 보았을 것이다.[65] 영화가 끝난 다음 많은 관객들이 코카콜라를 찾았으리라는 것은 너무도 당연하다.

코카콜라 사는 1930년대에 영화 광고를 매우 즐겨 만들었는데, 리가 관찰했듯이 영화 광고가 "많은 사람들로 하여금 그것[코카콜라]을 너무 적극적으로 의식하게 되어 그들이 무의식적으로 사"게끔 하기 때문이었다.[66] 리는 현대 심리학에서 언급하는 암시 효과에 대해서 알고 있었던 것이다. 영화를 보는 동안 관객은 자연스럽게 자신을 주인공과 동일시하게 된다. 따라서 영화 속 주인공이 코카콜라를 마시는 행위는 많은 경우 영화가 끝난 후에 관객들이 코카콜라를 찾게끔 했다. 영화는 코카콜라를 사라고 한마디도 언급하지 않았지만, 노골적으로 코카콜

---

64) Melvin DeFleur · Sandra Ball-Rokeach, *Theories of Mass Communication*, 4th edn.(New York & London : Longman, 1982), 63쪽, 표 3 ; Harvey Green, *The Uncertainty of Everyday Life 1915~1945*, 205쪽.
65) Mark Pendergrast, *For God, Country and Coca-Cola : The Unauthorized History of the Great American Soft Drink and the Company that Makes it*, 179~180쪽.
66) Archie Lee to Robert Woodruff, 1931년 8월 25일. Mark Pendergrast, *For God, Country and Coca-Cola : The Unauthorized History of the Great American Soft Drink and the Company that Makes it*, 179쪽에서 재인용.

라를 사라고 압력을 가하는 광고보다 훨씬 더 효과적이었다. 영화 속의 광고는 훨씬 더 은밀하고, 간접적이고, 정교했으며 무엇보다도 고객들이 거의 의식하지 못했다.

ㄷ. 라디오

19세기 말과 20세기 초 소리 기술의 진보로 인한 전화, 전축, 라디오는 미국인들이 즐겨 애용하는 전기 제품이 되었다. 전축과 라디오의 발명은 미국인들에게 듣는 즐거움을 선사했다. 클래식 음악의 경우, 대도시의 음악관에 직접 가지 않고도 레오폴드 스토코프스키Leopold Stokowski가 지휘하는 필라델피아 오케스트라 연주를 감상할 수도 있었다. 특히 라디오는 단순히 음악만을 전달하는 '소리 상자music box' 일 뿐만 아니라 날씨나 뉴스에 이르기까지 온갖 정보를 제공하는 '마법 상자magic box' 이기도 했다. 라디오는 이미 1922년경 폭발적 인기를 얻어 전국에서 라디오광이 나타나기도 했다.[67]

1929년 1월 매사추세츠 공과대학MIT의 스타치Daniel Starch 교수가 행한 NBC 전국 조사는 미국인들이 평균적으로 세 집당 한 집꼴로 라디오를 보유하고 있으며, 보유 가정의 80%가 매일 라디오를 듣는다는 것을 보여주었다. 게다가 농촌이건 도시건 좋아하는 방송 프로그램은 거의 똑같았다. 이 시기에는 라디오가 미국 전역을 이어주고 있었으며, 어느 면에서는 미국 문화에 단일성을 부여하고 있었다.[68]

라디오는 빠른 속도로 미국인의 일상생활에 자리를 잡아가고 있었다. 광고를 통해서도 그 사실을 알 수 있는데, 1928년에서 1934년 사이에 라디오 광고가 3.16배 증가한 반면, 신문 광고는 30%, 잡지 광고는 45% 감소했다. 본격적인 라디오 시대는 1930년대에야 가능했다. 1925년에는 400만 대의 라디오가 보급되었지만 가구당 0.145대였으며, 1930년에는 1,300만 대로 가구당 0.434대였다. 1935년에

---

[67] Frank Biocca, "The Pursuit of Sound : Radio, Perception and Utopia in the Early Twentieth Century", *Media, Culture and Society* 10(1988. 1), 65~70쪽.
[68] Harvey Green, *The Uncertainty of Everyday Life 1915~1945*, 188쪽.

는 3,050만 대, 가구당 0.956대로 거의 한 집에 한 대꼴로 보급되었으며 1940년에는 5,100만 대로 가구당 1.463대가 되었다.[69]

코카콜라 사도 라디오 시대에 맞추어 광고를 내보내기 시작했다. 라디오 보유 가구가 600만을 넘어선 1927년, 코카콜라 사는 NBC 네트워크를 통한 14개 방송국에서 내보내던 연속극의 스폰서가 되었다. 이 연속극은 일종의 낭만적 방송극이었는데, 두 남녀 주인공이 결혼하는 과정은 미국 대중이 코카콜라를 사랑하게 되는 과정을 연상시켰다.[70] 그럼에도 불구하고 코카콜라 사는 라디오를 적극적인 광고 수단으로 이용하지는 않았다. 1920년대에는 전국을 잇는 네트워크가 부족하다는 이유로 라디오 광고의 중요성을 무시했으며, 1930년대에는 라디오 네트워크가 미국 전역을 포괄하게 되었어도 라디오 광고에 신중했다. 코카콜라 사가 라디오 광고에 적극적이지 않았던 또 다른 이유로는 코카콜라가 기본적으로 이미지 광고 전략을 목표로 시각에 호소하는 데 역점을 두었기 때문에 청각에 호소하는 라디오 광고에는 별로 어울리지 않았다고 볼 수 있다.[71]

ㄹ. 어린이와 빨간 산타

당시 12세 이하의 어린이를 광고에 등장시키는 것은 관례상 금지되어 있었다. 그러나 코카콜라 사는 간접적으로 미래의 잠재적 고객을 상대로 한 광고를 만들어냈다. 무엇보다도 어린이들을 매료시킨 것은 코카콜라 사가 만든 일련의 산타클로스 광고였다. 이 작업에 결정적인 공헌을 한 사람은 스웨덴 태생의 화가 해든

---

69) Harvey Green, *The Uncertainty of Everyday Life 1915~1945*, 190쪽 ; Melvin DeFleur · Sandra Ball-Rokeach, *Theories of Mass Communication*, 89쪽, 표 4.
70) Frederick Allen, 3rd, *Secret Formula : How Brilliant Marketing and Relentless Salesmanship Made Coca-Cola the Best-Known Product in the World*, 175쪽.
71) 라디오는 매체의 특성상 제한이 있었기 때문에 주된 방송 광고는 담배, 비누, 약, 식품류로서 1931년 광고의 2/3를 차지했다. 라디오가 소매용 및 지역용 광고물을 놓고서 인쇄 매체와 경쟁을 벌이게 되는 시기는 2차 대전 이후에나 가능했다. William Leiss, et al., *Social Communication in Advertising*, 2nd edn.(New York : Routledge, 1990), 104쪽.

선드블럼Haddon Sundblom이었다.

선드블럼이 1931년 12월 이제는 고전이 된 산타클로스를 만들기 전까지 미국인들의 상상력이 만들어낸 산타는 노란색, 푸른색, 혹은 녹색 등 다양한 색상의 복장을 입고 있었으며, 대부분 산타는 키가 크거나 날씬했다. 중요한 점은 이전의 산타는 개성 없이 그저 평범했다는 것이다. 그러나 선드블럼은 빨간 모자에 빨간 옷을 입고, 검은색 장화를 신었으며, 키가 작고, 뚱뚱하며, 하얀 구레나룻이 있는 데다 마음씨 좋게 생기고 행복해 보이는 얼굴을 한 산타의 이미지를 만들어냈다. 선드블럼의 산타는 아이들에게 수많은 장난감들을 나눠주는 크리스마스 전날 밤의 그 바쁜 와중에 잠시 쉴 때 코카콜라를 마셨다. 그의 광고는 코카콜라를 누구에게도 강요하지 않았다. 코카콜라 사는 단 한 번도 산타클로스 신화를 이용해서 장사를 했다는 이유로 비난받지 않았다. 오히려 어린이들과 부모들은 크리스마스가 다가올 때마다 올해는 코카콜라 광고에서 또 어떤 산타의 모습을 볼 수 있을까 기대하게 되었다. 이제 미국에서는 아이들도 어른들도 코카콜라 없는 크리스마스는 생각할 수 없게 되었다. 그렇기 때문에 코카콜라 사가 만든 산타는 미국인의 크리스마스 문화에 큰 영향을 미치게 되었으며, 나아가 오늘날까지도 전 세계 사람들이 상상하고 있는 산타의 이미지가 되었다.[72]

그들이 코카콜라를 상품 이상으로 생각했다는 것은 결코 허풍이 아니었다. 코카콜라는 1930년대 말에는 급기야 미국 문명이 만들어낸 대표적인 상품이 되어 있었다. 싱클레어 루이스Sinclair Lewis는 1933년 《앤 비커스*Ann Vickers*》라는 소설을 발표했는데, 이 소설의 주인공은 코카콜라를 매일 마셨다. 리는 루이스의 소설이 코카콜라가 얼마만큼 미국인의 생활에 스며들어 있는가를 보여주는 단적인 예라고 생각했다. 리의 견해로는, 루이스의 소설은 평균적인 미국인을 보여주고 있으며 미국인의 생활에서 코카콜라가 전화기만큼이나 일상적인 부분이 되었다

---

72) Mark Pendergrast, *For God, Country and Coca-Cola : The Unauthorized History of the Great American Soft Drink and the Company that Makes it*, 181쪽 ; Frederick Allen, 3rd, *Secret Formula : How Brilliant Marketing and Relentless Salesmanship Made Coca-Cola the Best-Known Product in the World*, 208쪽.

〈그림 5〉 어린이들을 겨냥한 1930년대 코카콜라의 산타클로스 광고[73]

는 것을 보여주었다. 노벨 문학상 수상자의 대중 소설에까지 코카콜라가 등장한다는 것은 분명히 코카콜라가 미국인들과 친밀하다는 것을 의미했다.[74]

1938년 저명한 언론인 윌리엄 앨런 화이트William Allen White는 잡지 《라이프 Life》가 그의 고희를 기념해 특집호를 제작하고자 했을 때, 그는 자신이 탄산수 매장에서 코카콜라를 마시는 장면을 찍어야 한다고 고집했다. 왜냐하면 그의 생각에 "코카콜라는……미국이 의미하는 모든 것의 승화된 본질the sublimated essence of all that America stands for"[75]이기 때문이었다. 1939년 "코카콜라만큼 미국적인as American as Coca-Cola"이라는 문구가 《워싱턴 포스트The Washington Post》를 비롯한 여러 언론 매체에 등장해 퍼지기 시작했다.[76] 코카콜라는 대공황 속에서도 단지 5센트짜리 청량음료로 남아 있었던 것이 아니라 미국적 생활양식으로 편입되었다. 이제 코카콜라는 미국인들이 즐겨 찾는, 미국인들이 함께 있고자 하는, 미국인들이 애정을 가지고 대하는 존재가 되었던 것이다.

---

73) Gyvel Young-Witzel · Micael Karl Witzel, *The Sparkling Story of Coca-Cola*, 109쪽.

74) Frederick Allen, 3rd, *Secret Formula : How Brilliant Marketing and Relentless Salesmanship Made Coca-Cola the Best-Known Product in the World*, 206쪽.

75) William Allen White to Ralph Hayes, 1938년 3월 9일. Mark Pendergrast, *For God, Country and Coca-Cola*, 198쪽에서 재인용.

76) Frederick Allen, 3rd, *Secret Formula : How Brilliant Marketing and Relentless Salesmanship Made Coca-Cola the Best-Known Product in the World*, 224쪽.

3. 맺음말—코카콜라 광고의 중요성

우리는 코카콜라 사의 광고를 중심으로 코카콜라의 초창기인 1880년대 '도금 시대'부터 1930년대 대공황 시대까지 어떻게 코카콜라가 미국의 일상생활의 일부가 되고 나아가 미국 문화를 상징하게 되었는가를 살펴보았다. 기본적으로 코카콜라 사는 시대가 요구하는 것을 광고를 통해 최대한 반영할 수 있었다. 코카콜라 사는 미국의 어느 대기업보다 일찍이 제품의 품질과 더불어 이미지를 선전했으며, 1920년대에 이르러서는 제품의 이미지를 더욱 강조했다.

코카콜라 사는 19세기 후반 급속한 산업화로 인해 많은 미국인들이 노이로제나 두통 등 신경 계통의 이상을 호소하거나, 너무나 바쁜 일상생활 때문에 건강에 자신이 없을 때 마시는 자양 강장제로 선전했다. 동시에 갈증이 날 때나 사회적 만남이 있는 곳에서도 꼭 필요한 청량음료라고 선전했다. 1차 대전 중에는 애국심에 호소해 코카콜라 사의 이미지를 고양시킬 수 있었다. 소비 사회 및 대중 사회의 진입을 알리던 1920년대에는 광고를 통해 코카콜라의 품질보다는 코카콜라의 이미지를 선전했다. 도시의 샐러리맨들이 연일 계속되는 격무에 시달리며 간절히 휴식을 원하고 있었을 때, 코카콜라 사는 이런 휴식에 대한 갈증을 풀어줄 수 있다는 광고를 통해 미국인들의 시대적 소망을 충족시켜줄 수 있었다. 또한 1930년대 대공황 시대에는 미국인들의 도피 심리를 이용해 그들이 소망하는 바를 광고를 통해 보여주어 그들이 현실을 잊을 수 있게 도왔다. 나아가 코카콜라 사는 소비 대상을 주부, 어린이로까지 확대하면서 미국인들에게 코카콜라가 그들의 일상생활에서 필요 불가결하다는 생각을 심어주었다.

이렇듯 코카콜라 광고는 신문이나 잡지뿐만 아니라 일상생활에 필요한 온도계, 시계, 쟁반, 컵, 포스터, 달력 등을 이용해 하루 24시간, 1년 365일 동안 쉬지 않고, 코카콜라를 마실 때건 아니건, 의식적이건 무의식적이건 코카콜라를 연상하게끔 유도했다. 사회학자 장 보드리야르Jean Baudrillard가 주장하듯이 "유행이 미추(美醜)를 초월해 있는 것처럼, 또 현대적인 사물의 기호 기능이 유용무용(有用無

用)을 초월해 있는 것처럼 광고는 진위(眞僞)를 초월해 있다".[77] 코카콜라 사의 광고도 마찬가지였다. 코카콜라 광고의 그림과 문안이 사실이건 허위건, 진실되건 조작되었건, 중요한 점은 그 광고가 미국 소비자를 만족시켜 설득력을 갖게 되고 나아가 감명을 주었다는 데 있다. 코카콜라 사는 코카콜라의 이미지를 미국적 가치, 즉 미국인들이 소중히 여기는 가치와 생활양식에 일치시켰다. 또한 코카콜라 사의 광고는 소비자들의 잠재해 있던 소망을 의식 수준으로 끌어올리고 그들이 의식하지 못했던 욕망을 일깨워주었다. 여기에 코카콜라 사의 빛나는 성공이 존재하고, 코카콜라 광고의 위대함이 존재하며, 또한 코카콜라가 미국 소비문화를 대표할 수 있었던 중요한 요인이 존재한다.

위에서 살펴본 것처럼 1880년대부터 1930년대까지 코카콜라 사의 광고는 당시의 미국인들이 원하던 시대적 가치 및 그들이 원하던 개인적 욕망을 최대한 반영하고 있었다. 코카콜라는 2차 대전이 일어날 때쯤이면 미국적 생활양식의 일부로, 나아가 미국 문화의 상징으로 자리 잡게 되었다.

---

77) Jean Baudrillard, *La société de consommation : ses mythes ses structures*(Paris : Editions Denoël, 1970)[《소비의 사회 : 그 신화와 구조》, 이상률 옮김(문예출판사, 1992), 187쪽].

참고문헌

Christopher Lasch, 《나르시시즘의 문화 The Culture of Narcissism》(New York : Warner Books, 1979)

David Shannon, 《전간기 미국, 1919~1941 Between the Wars : America, 1919~1941》(Boston : Houghton Mifflin, 1965)

Frank Biocca, 《소리에의 추구 : 20세기 전반 라디오, 지각 그리고 유토피아 The Pursuit of Sound : Radio, Perception and Utopia in the Early Twentieth Century》, Media, Culture and Society 10(1988. 1)

Frederick Allen, 3rd, 《비법 : 어떻게 눈부신 마케팅과 혹독한 판매술은 코카콜라를 세계에서 최고로 알려진 상품으로 만들었을까 Secret Formula : How Brilliant Marketing and Relentless Salesmanship Made Coca-Cola the Best-Known Product in the World》(New York : Harper Business, 1994)

Harvey Green, 《일상의 불확실성 1915~1945 The Uncertainty of Everyday Life 1915~1945》(New York : Harper Perennial, 1993)

Jean Baudrillard, 《소비의 사회 : 그 신화와 구조 La société de consommation : ses mythes ses structures》(Paris : Editions Denoël, 1970)〔이상률 옮김(문예출판사, 1992)〕

Lawrence Levine, 〈산업 사회의 민속학 : 민중 문화와 그 청중들 The Folklore of Industrial Society : Popular Culture and Its Audience〉, American Historical Review 97(1992. 12)

Mark Pendergrast, 《신, 국가, 코카콜라를 위하여 : 위대한 미국 청량음료와 그것을 만든 회사에 대한 비공인 역사 For God, Country and Coca-Cola : The Unauthorized History of the Great American Soft Drink and the Company that Makes it》(New York : Collier Books, 1993)

Melvin DeFleur · Sandra Ball-Rokeach, 《매스컴 이론 Theories of Mass Communication》, 4th edn.(New York · London : Longman, 1982)

Philip Cushman, 《자아 만들기, 미국 만들기 : 심리 치료의 문화사 Constructing the Self, Constructing America : A Cultural History of Psychotherapy》(New York : Addison-Wesley Publishing Company, 1995)

Randy Schaeffer · William Bateman. 〈당신이 접대할 때 When you entertain〉, 《콜라 콜 The Cola Call》(1985. 11)

Seymour Lipset, 《최초의 국가 : 역사적이고 비교적 시각에서 본 미국 The First Nation : The United States in Historical and Comparative Perspective》(New York : Basic Books, 1963)〔《미국사의 구조》, 이종수 옮김(한길사, 1982)〕

Stuart Ewen, 《의식의 우두머리들 : 광고와 소비문화의 사회적 뿌리 Captains of Consciousness : Advertising and The Social Roots of the Consumer Culture》(New York : Basic Books, 1976)

T. J. Jackson Lears, 《풍요의 우화 : 미국 광고의 사회사*Fables of Abundance : A Cultural History of Advertising in America*》(New York : Basic Books, 1994)

Ted Friedman, 〈코카콜라 세계의 세계The World of the World of Coca-Cola〉, 《커뮤니케이션 연구 *Communication Research*》 19(1992. 10)

Warren Susman, 《역사로서의 문화 : 20세기 미국 사회의 변화*Culture as History : The Transformation of American Society in the Twentieth Century*》(New York : Pantheon Books, 1984)

William Leach, 《욕망의 나라 : 상인, 권력 그리고 새로운 미국 문화의 흥기*Land of Desire : Merchants, Power, and the Rise of a New American Culture*》(New York : Vintage Books, 1994)

Willam Leiss, et al., 《광고에서의 사회적 의사소통*Social Communication in Advertising*》, 2nd edn.(New York : Routledge, 1990)

더 읽을 자료

강상중, 《오리엔탈리즘을 넘어서》, 이경덕·임성모 옮김(이산, 1997)
　　이 책은 단순히 서구인이 동양에 대해 갖는 선입견을 비판적으로 사고하는 것을 넘어, '타자'를 응시하는 서구인들의 시선이 근대/전근대, 서양/동양, 식민자/피식민자, 백인/유색인 등과 같이 '자기'와 '타자'를 대비시키는 구도 속에 있음으로 해서 발생하는 문제를 포괄적으로 다룬다. 특히 서구의 오리엔탈리즘에 대한 비판을 넘어 '일본적'으로 굴절된 오리엔탈리즘을 근대 문화 비판이란 관점에서 접근하고 있다는 점에서 주목할 만하다.

니시카와 나가오, 《국경을 넘는 방법》, 한경구 옮김(일조각, 2006)
　　유럽인들의 동양관으로서의 오리엔탈리즘에 대한 사이드의 비판적 문제의식을 일본인의 관점에서 타 문화 인식의 문제로 전환시켜 논의하고 있다. 특히 '문화'와 '문명'이라는 서구에서 기원하는 개념이 일본의 근대화 과정에서 수입되는 경로에 주목하면서 서구적 개념이 일본적 개념으로 전유되는 과정을 밝히고 있다. 이런 분석은 문화 간 전이 현상에 특히 주목하는 것이며, 이를 통해 '일본적인 것' 혹은 '일본 고유문화'에 대한 주장의 허구성을 폭로하고 문화 본질주의를 해체하는 것으로 나아가고 있다.

다니엘 로슈, 《지방의 계몽주의》, 주명철 옮김(동문선, 2002)
　　다니엘 로슈의 박사 학위논문을 바탕으로 한 이 책은 사회 문화사 연구의 훌륭한 사례이며, 신문화사의 주요 주제를 발전시킨 명저이다. 종래의 관점에서는 프랑스 혁명의 빛으로 계몽사상가들을 조명해 그들을 반체제 인사로 인식하는 경향이 강했지만 이제는 그들을 체제의 발전과 궁극적으로 국가의 합리화에 이바지한 사람들로 이해하는 경향이 주류를 이루고 있다. 이 연구는 지방의 주요 도시 32곳에 설립된 아카데미에서 활동한 회원들의 사회적 위치, 수입, 인간관계, 지적 활동을 밀도 있게 복원했다. 아날 학파의 방법론을 보여줄 수 있는 도표와 통계 자료를 번역하지 못한 한계가 있지만, 본문만 읽어도 독자는 사회사란 어떤 역사이며 문화사란 또 어떤 것인지 직접 체험할 수 있을 것이다.

로버트 단턴, 《책과 혁명》, 주명철 옮김(길, 2003)
　　로버트 단턴은 프랑스 혁명 이전의 금서를 연구해 세계적인 명성을 얻은 학자이다. 이 책에서는 금서의 유통 방식을 이해하고 대표적인 금서 3편을 분석한 뒤, 여론의 힘과 프랑스 혁명의 관계를 파헤치고 이 3편의 내용을 직접 읽을 수 있게 제시했다. 저자가 25년 동안 방대한 사료를 해독하고 분석해 쓴 이 책은 그가 계획한 3부작의 하나로, 구미 학계에서 크게 주목을 받은 명저이다.

마리아 루시아 G. 팔라레스-버크, 《탐史》, 곽차섭 옮김(푸른역사, 2006)
　　'현대 역사학의 거장 9인의 고백과 대화'라는 부제가 말하듯이, 이 책은 저자가 인류학, 사회사, 사상사, 사회 문화사, 미시사 같은 이름으로 부를 수 있는 다양한 방법론을 실제 역사 연구에 적용해서 서양 사학계에서 두루 인정받는 역사가 아홉 명과의 대담을 엮은 책이다. 이 책에 실린 아홉 명은 주로 영국, 프랑스, 미국, 이탈리아의 역사가들로서, 새로운 역사학의 흐름을 앞에서 이끌어가는 사람들이다. 잭 구디, 에이사 브릭스, 내털리 제이먼 데이비스, 케이스 토머스, 다니엘 로슈, 피터 버크, 로버트 단턴, 카를로 긴즈부르그, 퀜틴 스키너를 나이순으로 배열하면서 그들의 작업을 자신의 입으로 설명하게 하는 인터뷰는 읽는 이에게 생생한 현장감을 전달하면서 역사학의 최신 경향을 가르쳐준다.

마크 펜더그라스트Mark Pendergrast, 《신, 국가, 코카콜라를 위하여 : 위대한 미국 청량음료와 그것을 만든 회사에 대한 비공인 역사For God, Country and Coca-Cola : The Unauthorized History of the Great American Soft Drink and the Company that Makes it》(New York : Collier Books, 1993)

부제가 암시하듯이, 어떻게 코카콜라가 미국을 대표하는 청량음료가 되었는가를, 치밀하게 원사료에 근거하여 뒤에 나오는 앨런Allen, Frederick, 3rd의 책 Secret Formula : How Brilliant Marketing and Relentless Salesmanship Made Coca-Cola the Best-Known Product in the World보다는 좀 더 학술적이고 문화사적으로 이해하고자 했다. 《코카콜라의 경영기법》(세종대학교출판부, 1995)이라는 다소 부적절한(?) 제목으로 번역되었으나, 완역도 아닌데다가 종종 잘못된 번역이 눈에 띈다.

무소니우스Musonius

로마 시대 스토아주의자 무소니우스 루푸스는 '로마 시대의 소크라테스'라 불릴 정도로 소크라테스를 사표로 삼은 철학자였다. 그 역시 제자들과의 대화를 통해 강론만 했을 뿐 글을 남기지 않은 점에서 소크라테스와 비슷했다. 후일 제자들의 회상하여 기록한 그의 가르침이 여기저기에 흩어져 있던 것을, 고전학자 C. E. Lutz가 편집하여 출간했다. 남녀 할 것 없이 철학을 해야 하는 이유를 설명하는 것이 그의 기본적인 관심사이지만, 그 밖에 일상생활에 실제로 필요한 교훈 혹은 처세훈을 담은 작은 명제들도 남겼다.

스튜어트 유언Stuart Ewen, 《의식의 우두머리들 : 광고와 소비문화의 사회적 뿌리Captains of Consciousness : Advertising and The Social Roots of the Consumer Culture》(New York : Basic Books, 1976)

이 책은 기본적으로 미국에서는 드문 마르크스주의적 시각을 보여주고 있다. 미국에서의 소비자의 탄생과 대기업이 노동 계급을 대량 소비자로 변화시킨 과정에 대해 설명하고 있다. 다만 아쉽게도 지나치게 이념에 얽매여 모든 것을 이론 틀에 넣으려 하는 결점이 있다.

에드워드 사이드, 《오리엔탈리즘》, 박홍규 옮김(교보문고, 1991)

서구인들의 비서구관에 대해 비판적인 문제 제기를 하고 있는 책이다. 서구인들의 타 문화에 대한 관심이 그들의 자기중심주의, 백인 우월감, 제국주의 지배와 연관된 문화적 지배 욕구 등의 차원에서 이루어졌음을 밝히고 있다. 특히 이 책에서는 오리엔탈리즘이 서구의 근대성을 비서구에 강제한 식민 담론으로서 그 진면목을 드러낸 것으로 간주되고 있다.

오비디우스Ovidius, 《사랑의 기교 Ars Amatoria》

    오비디우스는 공화정 말의 카툴루스를 위시해 제정 초의 프로페르티우스, 티불루스, 갈루스에 이어지는 연시love elegy 장르의 전통을 계승하여 그 장르를 완성한, 천부적인 연시 작가이다. 사랑, 영웅, 그리고 변신 같은 작품들 모두에 연시적 분위기가 배어 있지만, 특히 《사랑의 기교》는 오비디우스의 연시, 아니 라틴 연시의 압권이라 할 수 있다. 이 작품의 한국어 번역본 《사랑의 기교》(열린책들, 1996)가 나와 있다.

제롬 카르코피노Jerome Carcopino, 《고대 로마의 일상생활Daily Life in Ancient Rome》(Yale Univ. Press, 1940)

    고대 로마의 일상생활에 관한 개론서. 출간된 지 오래되었지만, 여전히 읽을 가치가 있는 고전적인 책으로, 최근 한국어 번역본 《고대 로마의 일상생활》(우물이있는집, 2003)이 출간되었다. 로마 시와 그 주민, 가옥과 거리, 교육과 종교, 직업, 로마인의 하루 등에 관한 장들이 있지만, 〈로마 제정 초기(1~2세기) 상류층의 혼인 및 혼외 관계—실제와 담론〉과 관련해서는 제4장 〈결혼, 여성과 가족 : 미덕과 악습〉을 읽는 것으로 족하다.

주명철, 《다이아몬드 목걸이 사건과 마리 앙투아네트 신화》(책세상, 2004)

    이 책에서는 프랑스 혁명기에 단두대에서 사형을 당한 왕과 왕비의 이미지가 여론에서 어떻게 조작되고 바뀌는지 추적했다. 특히 왕비 마리 앙투아네트는 악의에 가득 찬 험담과 소문에 시달렸다. 루이 14세가 확립한 절대주의 왕권은 그의 증손자 루이 15세 때 많이 손상되었고, 손자인 루이 16세 때 더욱 결정적으로 놀림감이 되었다. 거기에는 왕비 마리 앙투아네트를 둘러싼 추문이 크게 한몫했다. 심지어 왕비가 밴 아기가 시동생의 아기라고 비방하는 글이 나돌 정도였다. 특히 왕비를 사칭한 사기꾼이 160억 원짜리 목걸이를 사취한 다이아몬드 목걸이 사건은, 사람들이 왕비가 이 사건에 직접 관련된 것이라고 생각할 정도였다. 그만큼 왕비의 인기는 땅에 떨어졌고, 그 이유 때문에 혁명이 일어난 것은 아니지만 일단 혁명이 일어나자 왕과 왕비의 운명은 바람 앞의 등불처럼 되었다. 그것은 왕비를 둘러싼 '신화'가 나쁜 방향으로 작용한 결과이기도 했다. 문화사의 한 주제인 여론의 힘을 연구한 책이다.

주명철, 《서양 금서의 문화사》(길, 2006)

    저자의 박사 학위논문을 바탕으로 1990년에 발간한 《바스티유의 금서》(문학과지성사, 1990)를 새로 고쳐 쓰고, 계몽주의 시대의 사회와 문화, 프랑스 혁명이라는 더 큰 맥락을 이해할 수 있도록 필요한 부분을 덧붙여 새로 낸 저서다. 이 책에서 계몽주의 시대의 성격을 좀 더 잘 이해하려고 문화적으로 가장 소외된 계층인 민중의 읽을거리를 살펴보는 부분을 덧붙였는데, 거기서 우리는 계몽주의의 현실이 사회의 어디까지 뿌리를 내리고 있는지 파악할 수 있다. 그리고 중상비방문 작가로 유명한 테브노 드 모랑드의 《갑옷 입은 신문장이》를 소개함으로써 《바스티유 금서》에서 자주 언급한 중상 비방문의 내용이 어떤 것인지 독자가 직접 체험할 수 있게 했다. 또 마지막 부분에서 프랑스 혁명이 문화적으로 어떤 변화를 가져온 것인지를 서술함으로써 금서가 사회에서 어떤 의미를 가지고 있는지 총체적으로 관련지을 수 있도록 했다.

T. J. 잭슨 리어스T. J. Jackson Lears, 《풍요의 우화 : 미국 광고의 사회사Fables of Abundance : A Cultural History of Advertising in America》(New York : Basic Books, 1994)

광고사에 대한 새로운 시각을 제시하고 있으며, 19세기부터 20세기까지 미국에서의 광고의 발생과 성장을 '풍요의 신화'를 만든 소비 사회의 형성과 연결시켜 문화사적으로 설명하고 있다.

프레더릭 앨런 3세Allen, Frederick, 3rd, 《비법 : 어떻게 눈부신 마케팅과 혹독한 판매술은 코카콜라를 세계에서 최고로 알려진 상품으로 만들었을까Secret Formula : How Brilliant Marketing and Relentless Salesmanship Made Coca-Cola the Best-Known Product in the World》(New York : Harper Business, 1994)

언론인 출신의 저자는 코카콜라의 비법을 마케팅과 판매 전략, 그리고 코카콜라를 움직인 주요 인물에 초점을 맞추어 풀어나가고 있다. 《코카콜라의 신화》(열린세상, 1995)라는 제목으로 2권으로 번역되었다.

플루타르코스Plutarchos, 《신혼부부에게 주는 충고Gamika Parrangelmata》

도덕주의자 플루타르코스의 방대한 도덕론적 에세이들을 총칭하여 《도덕론Moralia》이라 부른다. 여기 소개하는 작은 에세이 《신혼부부에게 주는 충고》는 마치 혼인을 앞둔 신혼부부를 위한 훈계로, 일종의 주례사 같은 분위기의 글이다. 거기에는 부부 관계 일반에 관한 로마 시대 그리스인의 전형적인 관념이 축약되어 있다. 플루타르코스의 충고는 로마인의 사고방식보다는 그리스인의 사고방식에 더 가까운 편이다.

제4부

한국사와
서양사의 만남

제4부 머리말

 근자에 한국사와 서양사 사이의 칸막이가 한결 낮아진 듯하다. 한국사 연구자들과 서양사 연구자들이 지면을 통해서건 학술 토론장에서건 동일한 문제의식이나 주제를 놓고 비교 연구를 하는가 하면 방법론의 교류도 활발하다. 서양사 연구를 통해 축적된 경험을 바탕으로 우리의 과거와 현실을 이해하고 설명하려는 일부 서양사 연구자들의 고민과 문제의식도 치열하다. 서구에서의 새로운 연구 성과를 소개하는 차원에서 진일보한 이러한 시도와 노력은 그 자체로서 반갑고 고무적인 일이다. 제4부에 수록된 4편의 글들도 한국사와 서양사 사이의 직접적인 대화와 소통을 추구하고 있다. 처음 두 편은 최근 서구에서 가장 활발한 연구 성과를 내고 있는 문화사를 통해 방법론의 교류를, 나머지 두 편은 서구의 사료를 통해 기존의 해석에 대한 재검토를 시도한 글이다.

 안병직의 〈한국 문화사 어떻게 서술할 것인가?—구미 학계의 문화사 연구 경향에 비추어〉는 최근 한국사에서도 유행하기 시작한 문화사 연구자들에게 친절한 길잡이 역할을 한다. 최근 한국사에서도 결혼, 가례, 제사, 음식, 부부 생활 등 다양한 일상생활의 측면들이 역사 연구의 주제로 부각되고 또 방대한 양의 고문서가 꾸준히 발굴되면서 문화사적 접근은 그 가능성이 무한하다. 1970년대 이후 구미 역사학계에서 새롭게 등장한 문화사 연구의 의미와 방법론이 지닌 정확한 의미를 설명하면서 필자는 한국사에서 문화사를 시도하기 위해서는 무엇보다도 종래의 문화사 인식이 근본적으로 바뀌어야 함을 강조한다. 문화사는 사상과 예술에 초점을 맞춘 좁은 의미의 문화사도 문명의 개념에 준하여 정치, 경제, 사회, 문화의 흐름을 개별적으로 파악하고 종합하는 문명사도 아니다. 역사를 새롭게 인식하고 새로운 방식으로 서술하기 위해서는 역사를 보는 시각, 역사 서술의 주제와 대상, 연구 방법, 특히 사료의 이용 등에서 근본적인 변화가 전제되어야 한다.

이영림의 〈사생활의 역사를 통해 본 조선의 유교 문화〉는 근대 서유럽 사회와 유교 문화에 지배된 조선 사회로 시각을 좁혀 두 사회를 비교하며 문화사의 적용을 모색한다. 필자가 두 사회의 비교 가능성을 착안한 것은 무엇보다도 중앙 집권적인 국가의 역할 때문이다. 근대 서유럽 사회에서는 국가의 역할과 사회적 긴장 관계 속에서 귀족 중심의 사적 세계가 형성되고 또 강요와 모방, 전유의 과정을 통해 예절이 확산된다. 조선에서 통치 이념이자 사회 규범으로서의 유교가 사사로운 인간관계와 일상생활의 일거수일투족을 지배하는 존재 양식으로 정착하는 과정도 동일한 맥락으로 이해된다. 이렇듯 조선의 가부장 문화를 공적 억압이 재생산되고 강화되는 사회적 지배 도구로 읽게 되면 처첩 질서와 제사, 정절 이데올로기에서 미묘한 권력 투쟁의 실체가 드러나지 않겠는가. 나아가 가족과 여성을 가부장적 통치 구조 내에 편입시킨 문화적 행위, 예컨대 강요와 주입의 일방통행만이 아닌 갈등과 거부, 모방과 전유, 경쟁이 꿈틀대던 삶의 현장이 드러나지 않겠는가. 특히 여성사에서 문화사를 통한 새로운 연구의 가능성은 무궁무진해 보인다.

한국전쟁에 관한 다음의 두 글은 연구 시각이나 방법론 차원의 만남에서 더 나아가 서양의 사료를 통해 직접 한국사와 서양사의 만남을 시도한다. 필자들은 한국사에서도 가장 민감한 부분들 중 하나인 6·25전쟁에 관해 지금까지 알려진 것과는 다른 새로운 측면을 제시하는 동시에 한국사와 서양사 양측에 대한 기존의 해석을 재검토한다. 물론 한국사와 서양사의 이러한 만남은 사료의 한계로 인해 지극히 제한될 수밖에 없을 것이다. 그러나 서구의 엄청난 문서고 속에는 아직 발굴되지 않은 한국사 관련 사료들이 잠자고 있을 것이며 또한 기존의 사료에 대한 재해석도 가능한 만큼 앞으로도 두 편의 글은 서양사 연구자들에게 훌륭한 시사점을 제공하리라 기대된다.

박지향의 〈한국전쟁과 영국 노동당 정부〉는 다양한 국가 문서를 토대로 서로 간의 영향 관계를 분석한다. 우선 필자는 2차 대전 후 집권에 성공한 영국 노동당 정부의 미묘한 입장을 설명한다. 1945년 이후 최초로 다수 집권당으로 정권을 잡은 노동당 정부는 국내에서 진보적인 개혁에 성공을 거두었음에도 불구하고 대외 정책에서 불안정한 행보를 보인다. 필자는 노동당 정부가 냉전 체제의 수장격인 미국에 무조건 보조를 맞춘 것이 아님을 강조한다. 노동당 정부는 국제적인 이해관계에서 독자적인 노선을 유지하려고 애썼고 신중한 아시아 정책을 펴지 않을 수 없었으며 막 공산화에 성공한 중국도 중요한 변수로 여길 수밖에 없었다는 것이다. 이때 벌어진 한국전쟁이 노동당 정부의 외교적 딜레마를 가중시키고 결국 1951년 선거에서 노동당이 패하는 과정이 차분하게 분석된다. 늘 서양이 우리에게 미친 일방통행식의 영향 관계에 익숙한 우리로서는 적어도 6·25전쟁의 경우 영국이 한국에 미친 영향보다는 한국이 영국에 미친 영향이 더 크다는 필자의 해석에 눈이 가지 않을 수 없다.

황동하의 〈스탈린과 한국전쟁의 발발—중·소 관계를 중심으로〉 역시 러시아 기밀문서를 토대로 한국전쟁에서 소련과 북한의 역할에 대한 기존의 해석을 재검토한다. 필자는 김일성과 스탈린, 마오쩌둥의 서로 다른 정치적 계산이 한국전쟁으로 귀결된 과정을 치밀히 보여줌으로써 지금까지 우리가 알고 있던 한국전쟁에 대한 인식을 새롭게 한다. 스탈린은 김일성의 남침 계획에 미온적이었으나 동아시아에서 마오와의 경쟁 관계를 의식해 남침을 승인해주었다는 것이다. 단 스탈린은 북한이 중국을 한국전쟁에 끌어들여야 한다는 전제를 달았다는 것이다. 이렇듯 김일성이나 스탈린의 독단적 결정의 산물로 간주되던 한국전쟁을 중국과 소련 간의 복잡한 동아시아 패권 경쟁의 시각에서 재해석한 필자의 시도는 동아시아라는 큰 틀, 나아가 세계사 속에서의 한국사 읽기의 본보기를 보여주는 좋은 사례다.

한국 문화사 어떻게 서술할 것인가?— 구미 학계의 문화사 연구 경향에 비추어*

안 병 직**

1. 구미 학계의 문화사 연구 경향

서양 역사 서술의 전통에서 문화사의 연원은 18세기 계몽 시대로 거슬러 올라간다. 문화라는 말 자체가 인간성의 진보를 굳게 믿던 계몽 시대의 산물이었다. 18세기 후반에 등장한 문화라는 용어는, '경작'이라는 뜻의 라틴어 어원이 시사하듯이, 인간의 정신을 가꾼다는 의미를 담고 있었다. 그리하여 문화는 인간의 지적 능력과 도덕적 품성을 함양하는 '교육'과 거의 동의어로 사용되었다. 문화라는 말과 마찬가지로 문화사도 계몽에서 유래하였다. 볼테르Voltaire는, 비록 문화사라는 용어를 쓰지는 않았지만, 전쟁이나 국왕의 통치보다는 예술이나 과학 같은 인간 정신의 진보를 보여주는 역사 서술을 주창하였다.[1]

---

* 이 글은 2002년 12월에 《한국사론》 제35호에 실린 같은 제목의 논문을 수정·보완한 것이다.
** 서울대 서양사학과를 졸업하고 같은 학교 대학원 서양사학과에서 석사 학위를, 독일 빌레펠트대학에서 박사 학위를 받았다. 현재 서울대 서양사학과 교수로 재직하고 있다. 《유럽의 산업화와 노동계급》, 《오늘의 역사학》, 《세계의 과거사 청산》 등의 저술을 펴냈고, 주요 논문으로는 〈한국사회에서의 '기억'과 '역사'〉, 〈픽션으로서의 역사—헤이든 화이트의 역사론〉, 〈계몽사상과 유럽의 이념〉, 〈분단시대 독일문제와 동·서독의 역사교육〉 등이 있으며, 미하엘 슈튀르머Michael Stürmer의 《독일제국, 1871~1919》를 옮겼다.
1) Fritz Stern (ed.), *The Varieties of History. From Voltaire to the Present* (London : Macmillan, 1970), 1~45쪽.

그러나 계몽 시대에 등장한 문화사는 19세기에 접어들어 역사 서술의 주변적인 현상에 머물렀다. 정치사에 치중하는 역사주의 역사학이 근대 역사학의 모델이 됨으로써 대학을 중심으로 이뤄지는 직업적이고 전문적인 역사 연구에서 문화사가 차지할 자리는 없었다. 그럼에도 문화사의 전통은 사라지지 않고 명맥을 유지할 수 있었다. 거기에는 부르크하르트Jacob Burckhardt의 역할이 컸다.

부르크하르트는 역사에 대한 독특한 시각과 접근 방식을 통해 문화사를 체계적인 역사 서술의 한 방식으로 정립하고자 하였다. 그는 역사를 연대기와 같이 종적으로 서술하는 대신 한 시대를 횡적으로 관통하여, 역사를 구성하고 움직이는 특징적인 요소가 무엇인지 밝히고자 하였다. 그리하여 그는 국가, 종교, 문화라는 역사의 세 축을 제시하였는데, 그것은 각각 인간의 정치적 욕구, 형이상학적 욕구, 물질적 및 정신적 욕구에 대응하였다. 그는 그중에서도 문화를 역사 서술의 가장 중요한 대상이라고 보았다. 부르크하르트에 따르면 국가와 종교는 강제성이 지배하며, 상호 대립되는 영역이었던 반면 문화는 양자를 매개하고, 인간이 자유를 획득하는 영역이었기 때문이다. 부르크하르트에게 문화란 물질생활, 학문과 예술, 사교와 예절 등을 포함한 포괄적인 것이었다. 그러나 부르크하르트가 실제 역사 서술에서 관심을 가진 것은 이러한 포괄적인 의미의 문화 전체가 아닌 예술 분야였다. 부르크하르트에 따르면 자유로운 인간 정신의 정수는 예술 작품으로 표현되며, 문화는 예술을 지배하는 자유로운 창조 정신에 의해 모든 역사적 변화에도 불구하고 전통과 연속성을 유지할 수 있다는 것이다.[2]

부르크하르트의 역사관은 20세기에 접어들어 호이징하Johan Huizinga를 비롯한 많은 역사가들에게 영향을 미쳤고, 문화사는 독특한 역사 서술의 한 유형으로 자리 잡았다. 문화사의 고전적인 유형에 속한다고 할 수 있는 부르크하르트나 호이징하의 역사 서술은 정치사 중심의 전통 역사학의 한계를 벗어나 역사 서술의

---

2) Jörn Rüsen, "Jacob Burckhardt", Hans-Ulrich Wehler (Hrsg.), *Deutsche Historiker*(Göttingen, 1973), 241~262쪽.

새로운 영역을 개척하였다는 점에서 주목할 만하다.

그러나 다른 한편으로 그들의 문화사 서술은 몇 가지 문제점과 한계를 안고 있다. 우선 부르크하르트나 호이징하에게 문화는 본질적으로 어떤 특정 사회나 특정 집단만이 소유한 것을 의미한다. 즉 문화는 야만의 존재를 전제한 것이고, 문화적 창조력이 없는 사회나 집단은 문화를 갖지 못한 야만의 상태로 존재한다는 인식이 암묵적으로 깔려 있는 것이다. 뿐만 아니라 부르크하르트와 호이징하는 문화를 주로 관념적이고, 미학적인 관점에서 인식한다. 다시 말해 그들은 문화사 서술에서 문화를 정치와 경제, 사회 등과 아무런 관련을 갖지 못한, 독자적이고 고립된 영역으로 취급한다. 그런 점에서 문화의 경제적 토대와 물질적 기반을 강조하는 마르크시스트 역사가들의 인식과는 대조적이다.[3]

한편 대략 1970년대 이후 구미 역사학계에서는 고전적 문화사와는 또 다른 유형의 문화사가 등장하였다. 종종 '신문화사'라고 일컬어지는 새로운 유형의 문화사는 문화에 대한 역사가들의 새로운 인식과 관심을 반영한 것으로서, 지난 약 4반세기 동안 구미 역사학계의 동향 가운데 가장 두드러지며, 가장 주목할 만한 현상이다.

이 새로운 유형의 문화사는 현대 구미 역사학을 주도하는 흐름이라고 할 수 있지만, 정작 그것이 구체적으로 무엇을 의미하는지 파악하기란 그리 쉽지 않다. 새로운 문화사가 역사 서술의 주제, 대상, 방법론 등과 관련하여 체계적이고 하나로 통일된 이론이나 패러다임을 제시하고 있는 것이 아니기 때문이다. 대학의 교과, 교수 직 등 제도적인 측면에서도 새로운 문화사의 영역은 확립되어 있지 않다. 그동안 미국, 영국, 프랑스, 독일, 이탈리아 등 여러 나라에 나타난 새로운 역사 서술 경향이 모두 문화사라는 이름을 내건 것도 아니다. 오히려 심성사, 일상사, 역사 인류학, 미시(微視) 역사, '언어로의 전환linguistic turn' 등 다양한 용어들이 등장하였다. 하지만 이러한 여러 경향들은 역사 인식 및 서술의 이론과 실제의 측

---

3) Peter Burke, *Varieties of Cultural History*(Ithaca : Cornell Univ. Press, 1997), 184~191쪽.

면에서 사실상 서로 명확하게 구분하기 어렵고, 특히 역사 서술의 새로운 과제로서 문화에 주목한다는 점에서는 모두 같은 입장이다.

그렇다면 근래에 새롭게 구미 역사학계에서 논의되는 문화란 무엇을 의미하며, 새로운 문화사란 어떤 것인가? 왜 역사가들은 문화를 통해 역사가 새롭게 서술될 수 있다고 주장하는가? 역사 서술의 새로운 시도로서 문화사의 의의는 무엇인가? 이러한 물음에 답하는 하나의 출발점은 새로운 문화사가 구조주의적 사회사라는 기존의 지배적인 역사 서술 경향을 비판하고 극복하려는 시도였다는 사실을 인식하는 것이다.

새로이 문화사에 관심을 갖는 역사가들은 그동안 주로 사회사라는 이름 아래 진행된 역사 연구들이 구조나 구조적 변화의 과정에만 관심을 집중하였을 뿐, 정작 역사의 주역인 인간은 소홀히 하였다고 비판한다. 그들은 인간을 구조의 '꼭두각시'로 전락시킨 구조주의 사회사에 맞서 인간을 다시 역사의 중심에 놓고자 한다. 그리하여 그들은 구조 그 자체보다 구조에 대한 인간의 경험에 주목한다. 사회적 현실이 어떠하였는가보다는 사람들이 그 현실을 어떻게 인식하고 이해하였으며, 그것에 어떤 의미를 부여하였는가가 그들의 관심사인 셈이다.

그러나 문화사가 현실 자체보다 인간이 경험한 현실에 관심을 갖는다고 해서, 구조라는 역사의 '객관적' 측면을 대신하여 인간의 경험이라는 역사의 '주관적' 측면을 강조한다고 생각해서는 안 된다. 문화사는 오히려 구조와 인간, 객관적 요소와 주관적 요소를 구분히는 이분법적 역사 인식을 극복하고자 한다.[4] 그것은 문화사의 본질을 이해하는 데 가장 핵심적인 개념인 문화에 대한 그들의 논의에서 잘 나타난다.

그동안 역사가들 사이에 거의 일상어가 되다시피 한 문화라는 용어는 비록 하나로 합의된 개념은 아니지만, 대체적으로 다음과 같은 의미로 사용된다. 문화는

---

4) 다시 말해 문화사는 구조를 객관적으로 주어진 것, 인식 주체와는 분리되어 독립적으로 존재하는 것으로 간주하고, 그리하여 계열적인serial 집단 자료의 분석을 통하여 계량화하려는 시도를 거부한다. 아울러 인식 주체의 현실 인식 과정을 오로지 심리적·관념적인 것으로만 보는 시각도 거부한다.

인간이 사회적 현실을 인식하고 해석하며 나아가 대응 방식을 결정하는 데 바탕이 되는 준거 틀frame of reference을 제공하는 것으로서, 한 공동체 내 전체 혹은 일부 구성원들이 공유한 가치나 규범, 믿음, 성향 등을 뜻한다. 달리 표현하면 문화는 개인이나 집단으로 하여금 사회적 현실을 진위, 선악, 미추, 호오 등으로 의미 있게 해석하도록 하고, 사회적 관계들을 상호 교류, 유대 혹은 단절 등으로 설정하거나 조정해나가게 하는 범주를 제공하는 것이다.

톰슨Edward P. Thompson이 18세기 영국 농촌 지역의 식량 폭동을 분석하면서 지적한 이른바 '도덕 경제moral economy'의 관념은 문화의 의미를 잘 보여주는 한 가지 예다. 즉 기근이나 곡가(穀價) 앙등 시기의 투기와 매점 매석 행위를 규탄하는 농촌 하층민들의 폭력적 집단행동은 농촌 공동체 사회를 지배해왔던 전통적 가치 규범의 산물이었는데, 폭동을 일으킨 농민들에 따르면 경제 활동은 자본주의적 시장 가격이 아니라 공동체의 관습적인 '공정 가격'에 따라야 한다는 것이다.[5]

문화사에서 논의되는 이러한 문화의 개념에는 객관적 구조와 주관적 경험이라는 이분법이 적용되지 않는다. 문화를 통해 양자가 매개되고 결합하기 때문이다. 즉 문화는 현실에 대한 표상representation이지만, 동시에 현실은 문화적 표상을 통해서만 인식되고 의미를 갖는다는 것이다. 그 점에서 문화는 사회 현실을 반영하는 동시에 문화 자체가 현실을 구성한다고 볼 수 있다. 달리 표현하면 한 사회 집단이 공유한 사고와 행동 규범 등은 그들이 처한 삶의 현실 속에서 틀을 갖춘다. 이 과정에서 사회 현실이 의미를 가지게 되며, 그리하여 그 사회에서 사고와 행동 규범 등이 질서를 갖추고 구조화되는 것은 사람들이 내면화된 가치와 규범 체계를 통해 그 현실을 인식하고 경험할 때라는 것이다.

이처럼 새로운 문화사에서 문화의 개념은 우리가 흔히 사용하는 일상적 의미,

---

5) Edward P. Thompson, "The Moral Economy of the English Crowd in the Eighteenth Century", *Customs in Common*(New York : The New Press, 1993), 185~259쪽.

즉 학문과 예술, 종교, 사상과 이념, 법과 제도 등을 총괄하여 일컫는 것과는 완전히 다르다. 즉, 문화는 단순히 정치, 경제, 사회 등과 구분되는 별개의 부분 영역이나 혹은 그것들에서 파생된 종속 영역이 아니다. 오히려 문화는 정치적 지배 관계, 경제적 소유 관계, 사회적 계급 관계를 반영함과 동시에 그것들을 규정하는 것으로서 그런 관계들에 영향을 미치고 변화를 가져오는 것이다. 다시 말해 정치·경제 혹은 사회적 현실이 특정 개인이나 집단의 일상에서 구체적으로 인식되고 경험될 때는 항상 문화적인 매개 과정을 거치고, 그런 관계들의 경험이 수용, 거부, 저항 등의 형태로 처리될 때도 언제나 문화적으로 결정된다는 뜻이다.

이러한 맥락에서 보면 문화사는 정치사나 경제사 혹은 여성사나 노동사처럼 전체 역사의 한 부분으로서, 그 영역을 경계 지을 수 있는, '부분의 역사'가 아니다. 오히려 그것은 사실상 역사 일반과 같다. 본질적으로 역사는 언제나 문화적 측면을 지니며, 모든 역사는 문화사의 관점에서 서술될 수 있기 때문이다.[6]

예컨대 민족주의와 제국주의, 심지어 자본주의의 문화사가 가능하고, 실제로 문화의 측면에서 이러한 주제에 접근하여 주목할 만한 성과를 거둔 연구들이 나온 지 오래다. 특히 계급, 민족, 성(性) 등이 객관적으로 주어진 구조적 현실이 아니라 사람들이 현실을 인식하고, 의미를 부여하며, 차별성을 규정함으로써 생겨난 문화적 산물이라는 인식은 역사가들 사이에서 이미 널리 일반화된 것이다.[7]

결국 문화사의 새로움은 역사 서술의 주제나 대상이 아니라, 대상을 파악하는 시각과 관점, 그리고 방법론에 있다고 할 수 있다. 그리하여 문화사의 주요 경향

---

6) Ute Daniel, *Kompendium Kulturgeschichte : Theorien, Praxis, Schlüsselwörter*(Frankfurt a. M., 2001), 11~13쪽.
7) 민족을 민족적 관념과 정체성을 통해 형성되는 '상상의 공동체imagined communities'로 파악하는 베네딕트 앤더슨Benedict Anderson의 연구는 민족에 대한 문화사적 접근의 대표적인 경우라 할 것이다[베네딕트 앤더슨, 《민족주의의 기원과 전파》, 윤형숙 옮김(사회비평사, 1996)]. 제국주의와 관련해서는, 제국주의 현상을 제국에 대한 상상과 표상, 경험의 측면에서 이해하고 접근하려는, 근래 제국주의 연구의 새로운 경향을 지적할 수 있다. 한편 자본주의의 문화사는, 자본주의의 역사를 경쟁과 이윤 추구에 대한 사람들의 인식과 관념의 관점에서 서술하는 것이 될 것이다. 자본주의에 대한 문화사적 접근과 관련해서는 자본주의와 프로테스탄티즘의 윤리에 대한 막스 베버Max Weber의 유명한 논제를 다시 한번 음미할 필요가 있다.

가운데 하나는, 역사 서술의 대상인 인간의 행위나 행위의 산물을 문화적 상징성의 관점에서 파악하려는 것이다. 다시 말해 문화사는 말, 글, 조형물, 몸짓, 의식(儀式) 등을 동원한 인간의 의사 표현 행위 모두를 그가 속한 집단의 문화를 반영한 것으로 간주하고, 문화의 상징적 표현으로서 그것들이 함축한 의미를 해석하고 이해하는 데 역사 연구의 초점을 맞추고자 하는 것이다.

문화적 상징의 세계를 역사 연구의 대상으로 삼고, 상징의 의미에 대한 탐구를 역사 서술의 본질로 인식한다는 점에서 문화사는 인류학으로부터 많은 영향을 받았다. 1960년대 이후 인류학계에서는 문화를 인과적 설명이 아닌 의미 해석의 대상으로 접근함으로써 구조주의 인류학에 대하여 새로운 패러다임을 모색하였는데, 이러한 움직임이 역사가들로 하여금 문화에 관심을 가지고 연구하도록 자극하는 계기가 되었다. 특히 수탉 싸움이라는 상징적인 행위의 의미를 해독함으로써 발리 섬 원주민들의 낯선 문화를 이해하고자 한 기어츠Clifford Geertz의 시도는 문화사 연구에 큰 자극을 주었다. 그리하여 단턴Robert Darnton, 데이비스Natalie Zemon Davis 등은 '고양이 대학살'이나 종교 폭동 등 근대 초 유럽의 농촌이나 도시 지역에서 발생했던 폭력적 집단행동을 분석하면서, 그것을 공동체적 가치와 믿음을 반영한 의례적(儀體的)인 상징 행위라는 관점에서 이해하고자 한다.[8]

인류학자들의 연구는 역사가들로 하여금 상징과 의미라는 역사의 새로운 측면에 눈뜨게 한다. 그리고 그것은 역사적 대상을 하나의 텍스트로 간주하고 그 의미를 해독하는 새로운 방법론을 제시한다. 그러나 다른 한편으로 인류학의 영향은 역사를 보는 역사가들의 시각을 제한하기도 한다. 예컨대 문화의 상징성에 초점을 맞춘 문화사 서술은 폭동과 같은 집단행동의 의미를 단지 일면적으로만 파악하는 데 그친다. 다시 말해 문화적 상징 행위라는 관점에서 바라보는 폭동은 공동체의 통합과 질서를 반영하며 동시에 그것을 다시 강화하는 현상으로 나타날 뿐

---

[8] 로버트 단턴, 《고양이 대학살》, 조한욱 옮김(문학과지성사, 1996) ; Natalie Zemon Davis, "The Rites of Violence", *Society and Culture in Early Modern France*(Stanford : Stanford Univ. Press 1975), 152~188쪽.

이다. 그러나 폭력적 집단행동을 계기로 공동체 성원들 사이에 분열과 '권력 투쟁'이 발생하고, 공동체의 질서가 재편되며, 가치와 규범 체계까지 바뀌는 결과가 나타날 수 있다.[9]

이러한 관점에서 샤르티에Roger Chartier는 문화사의 연구에 도입된 인류학적 모델의 한계를 지적하고 문화사 서술의 새로운 전략을 제시한다. 그는 기어츠나 단턴의 경우처럼 문화를 '숨 쉬는 공기'와 같이, 공동체의 성원이 모두 공유하는, 통일되고 일관된 상징체계로서 상정하는 태도를 비판한다. 그가 주목하는 것은 우선, 사회 현실이 범주적 인식 과정에서 '표상화represent' 되는 측면이다. 샤르티에에 의하면 '표상'은 결코 한 사회 혹은 한 공동체의 구성원 누구에게나 동일하거나 중립적인 것이 아니다. 사회적 삶 속에서 만들어지는 표상은 그 사회나 공동체 안의 사회적 관계에서 개인이 속하는 집단에 따라 달라질 뿐만 아니라, 나아가 권력과 지배의 문제를 둘러싸고 집단별로 서로 경쟁하고 대립하기도 한다.[10]

아울러 집단적 표상은 그 의미가 고정되고 명확한 것이 아니라 유동적이며 모호한 측면을 지닌다. 그리하여 샤르티에가 이른바 '실행practice'이라고 부르는 것, 다시 말해 말, 글, 그림, 몸짓, 의식 등을 동원하여 현실에 의미를 부여하는 실제적인 행위를 통해 나타나는 현실의 모습은 현실에 대한 표상과 다를 수 있다. 샤르티에에 의하면 그것은 표상과 실행 사이에 소위 '전유(專有)appropriation', 즉 개인이나 부분 집단이 전체 집단의 집단적 표상을 나름대로 자기 것으로 만들어, 현실을 해석하고 의미를 창출하는 과정이 개입되기 때문이다. 샤르티에는 표상과 실행 사이에 존재하는 이러한 간극을 지적하고, 표상뿐 아니라 실행과 전유도 문화사 서술에 포함되어야 함을 역설한다. 이처럼 표상, 전유, 실행의 세 측면에서 접근하는 문화사 서술은 문화의 통일성과 일관성 대신 다양성과 단절성의 요소를

---

9) 수잔 디잔, 〈E. P. 톰슨과 나탈리 데이비스 저작 속의 군중, 공동체, 그리고 종교의식〉, 린 헌트 엮음, 《문화로 본 새로운 역사. 그 이론과 실제》, 조한욱 옮김(소나무, 1996), 78~110쪽 참조.
10) Roger Chartier, "Text, Symbols and Frenchness. Historical Uses of Symbolic Anthropology", *Cultural History : Between Practices and Representations*(Ithaca : Cornell Univ. Press, 1988), 95~111쪽.

강조하며, 연속성과 정태적 측면이 아니라 변화와 역동성을 부각하게 된다. 달리 표현하면 문화는 고정되거나 행위자의 외부에서 선험적으로 주어지는 것이 아니라, 행위자가 일상에서, 매일매일, 실천적인 목적을 위해 만들어가는 것이다. 그리고 그것은 공동체의 통합과 질서를 유지할 뿐만 아니라, 실행을 통해 새로운 권력을 창출하고 변화를 가져오기도 한다.[11]

한편 문화사 연구에서 또 하나 두드러진 경향은 이른바 '언어로의 전환'을 표방하는 흐름이다. 언어로의 전환이란 한마디로 문화적 표상이나 실행에서 언어의 역할을 주목하고 역사 서술의 대상으로서 언어의 중요성을 강조하는 경향이다. 이러한 시도는 기호학적 언어 이론에 바탕을 둔, 언어에 대한 새로운 인식을 전제로 한다. 즉, 언어란 단순히 현실을 반영하는 것이 아니라, 현실을 규정하고 현실에 의미를 부여하는 것이라는 인식이다. 그리하여 린 헌트Lynn Hunt는 프랑스 혁명기에 등장한 다양한 정치 담론을 대상으로, 어떻게 그것이 새로운 공동체 의식의 창출에 이용될 수 있었는지, 동시에 어떻게 그것이 권력 창출의 수단이자 권력 그 자체로서 정치·사회적 투쟁의 새로운 영역으로 자리 잡게 되었는지 보여준다.[12]

인류학적 문화사 서술과 마찬가지로 언어로의 전환에서도, 역사 서술의 본질은 역사적 대상을 하나의 텍스트로 파악하고 그 의미를 이해하는 것이다. 다만 후자의 경우 텍스트를 분석하고 다루는 방법을 인류학이 아니라 문학 비평에서 찾고자 한다. 텍스트에 일관되고 통일된 의미를 부여하려는 저자의 시도를 배제하고, 텍스트가 지닌 의미의 다양성을 해독해야 한다는 해체주의deconstructionism 비평 이론은 역사가들에게도 텍스트화된 역사를 다루는 새로운 전략을 제시한다.

그리하여 샤르티에는 담론을 고유하고, 절대적이며, 단 하나의 의미를 가진 이데올로기의 산물이 아니라, 문화적 표상에 의존하는 실행의 한 형태라고 본다. 언어적 실행으로서 담론이 함축한 의미는 다양하며, 체계와 일관성이 없다. 담론은 백

---

11) Roger Chartier, "Text, Symbols and Frenchness. Historical Uses of Symbolic Anthropology", 1~16쪽.
12) Lynn Hunt, *Politics, Culture, and Class in the French Revolution*(Berkeley : Univ. of California Press, 1984).

지 상태로 수용되는 것이 아니기 때문이다. 그것은 책과 책을 읽는 독자의 관계와 같다. 독자는 사회적 삶의 조건이 모두 동일한 진공 상태에 존재하는 것이 아니며, 그래서 같은 책이라도 그 의미는 독자에 따라 다를 수 있다. 그런 맥락에서 주목할 것은 책이라는 텍스트의 전유 과정, 곧 책 읽기라는 행위이다. 샤르티에와 진즈부르그Carlo Ginzburg는 18세기 프랑스의 농민이나 16세기 이탈리아의 한 방앗간지기의 책 읽기에 대한 분석을 통해, 종종 '창의적 오독'을 수반하는 책 읽기는 그 자체가 창조적 과정임을 보여준다.[13]

책 읽기라는 행위가 책의 의미를 바꾸어놓는다는 것은, 담론이 실행에 의해 변형되고 재구성되기도 함을 의미한다. 바로 그 점이 프랑스 혁명과 계몽사상의 관계에서 샤르티에가 주장하는 역설적인 논지의 핵심이다. 그에 따르면 계몽사상이 혁명을 초래한 것이 아니라 혁명이 계몽사상을 만들었다. 혁명 이전에 다양하고 분열되었던 계몽의 담론은 혁명의 과정에서 혁명을 정당화해야 할 필요성을 느낀 혁명가들에 의해 계몽사상이라는 통일적인 이데올로기로 체계화되었다는 것이다.[14]

샤르티에의 입장은 역사의 언어적 측면을 지나치게 강조하고 담론에만 매달리는 경향에 대한 비판을 담고 있다. 문화사의 대상이 언어적 실행으로만 축소될 수 없으며, 그와 긴밀하게 관련된 정치적 혹은 사회적 실행들도 똑같이 고려되어야 한다는 것이다. 이미 지적한 것처럼 '새로운' 문화사의 영역은 결코 새로운 것이 아니다. 새로운 것이 있다면 역사를 보는 관점과 역사에 대한 접근 방식이다. 문화사에서는 인간과 구조적 현실로서 인간을 둘러싼 사회가 변증법적으로 통합된다. 인간의 경험은 사회적 현실 속에서 만들어지는 표상에 의존하지만, 동시에 인간은 표상의 전유와 실행을 통해 끊임없이 그 현실을 만들고, 표상을 재구성한다. 표상, 전유, 실행을 매개로 한 인간과 사회 사이의 이 역동적인 관계를 역사가가

---

13) Roger Chartier, "Figures of the 'Other'. Peasant Reading in the Age of the Enlightenment", *Cultural History : Between Practices and Representations*, 151~71쪽 ; 카를로 진즈부르그, 《치즈와 구더기》, 김정하 외 옮김 (문학과지성사, 2001).
14) 로제 샤르티에, 《프랑스 혁명의 문화적 기원》, 백인호 옮김(일월서각, 1998).

정확하게 포착하기란 결코 용이한 것이 아니다. 문화사가 미시 역사의 경향을 띠는 것, 즉 서술 대상이 한 사건, 마을, 개인 등으로 시공간적으로 축소되는 것은 결코 우연이 아니다. 그렇다고 문화사를 사소하고 지엽적인 것에 대한 호기심이나 새롭고 이색적인 것에 매료되는 지적 유행의 산물로 치부해서는 안 된다. 그것은 시대착오적인 개념과 거대 이론에 의존한 사회사적 방법으로는 파악하기 어려운, 본질적으로 낯설고 모호하며, 복합적인 역사의 의미를 최대한 정교하게, 그리고 실제 역사적 경험에 가장 가깝게 이해하려는 시도이다.

2. 한국 문화사 서술의 바람직한 방향

문화사로의 전환이라는 근래 구미 역사학의 조류가 한국사 연구에 시사하는 바는 무엇인가? 구미 학계의 문화사 연구 경향에 비춰 볼 때 한국 문화사 서술의 바람직한 방향은 어떤 것인가? 새로운 문화사에 대한 구미 학계의 논의를 수용한다는 것은 무엇보다 한국 문화사에 대한 종래의 인식을 근본적으로 바꾼다는 것을 의미한다. 한국 문화사는 이제 '한국 문화에 관한 역사'가 아니라 '문화사의 관점에서 본 한국사'로 이해해야 한다. 지금까지와 같이 문화를 사회의 한 부분으로 간주하고, 사상과 예술 등 문화의 여러 측면에 초점을 맞추거나, 혹은 문명의 개념에 준하여 정치, 경제, 사회, 문화의 흐름을 개별적으로 파악하고 종합하는 것은 문화사 서술의 바람직한 방향이 아니다.

바람직한 것은 한국사를 문화사의 관점에서 서술하는 것이다. 문화사의 관점에서 역사를 서술한다는 것은 본질적으로 역사를 새롭게 인식하고, 새로운 방식으로 역사를 서술한다는 의미다. 그것은 역사를 보는 시각, 역사 서술의 주제와 대상, 역사 연구 방법, 사료의 이용 등에서 근본적인 변화를 전제로 한다. 그 점에서 문화사는 한국사 연구의 지평을 확대하고 한국사 서술의 일대 전기를 마련할 것이다. 아래에서는 구미 학계의 문화사 연구 경향이 한국 문화사 연구에 시사하는 바를 몇 가지 지적하고자 한다.

1. 그동안 구미 학계에서 진행된 문화사 연구의 성과와 의의는 무엇보다도 문화에 대한 전통적인 인식을 극복하였다는 데 있다. 문화는 더 이상 야만과 대비되는, 그리하여 특정 사회나 혹은 한 사회 내 특정 집단에 국한된 것이 아니다. 다시 말해 그것은 한 사회를 지배하고, 교육받은 소수 엘리트층의 미적 감각이나 미학적 행위의 산물만이 아니다. 문화는 오히려 민중 혹은 서민이라 부를 수 있는, 피지배층에 속하는 대다수 평범한 사람들의 집단적 표상과 실행을 통해 표출되고 구현되는 것이다. 구미의 문화사 연구가 이른바 '민중 문화popular culture'에 집중되고, 나아가 많은 연구들이 민중 문화의 독자성과 창의성을 적절히 지적하고 강조하는 것도 우연이 아니다.

사실 문화사는 '위로부터'가 아니라 '아래로부터'의 시각으로 서술되는 역사라고 할 수 있다. 그것은 계급, 성, 종교, 인종 등의 요인에 의해 불평등이 지배하는 사회 현실 속에서 희생과 고통을 겪었던 사람들의 고난과 역경에 찬 삶의 모습을 보여주고자 한다. 동시에 그들이 패배와 좌절을 겪으면서도 불평등한 사회 현실에 맞서 저항하던 모습과 그 힘의 원천을 밝히고자 한다. 현실 역사뿐 아니라 역사 서술에서도 종종 소외되거나 침묵이 강요당한 사람들이 역사적으로 주어진 사회 현실에 따라 피동적인 삶을 살았던 것이 아니라, 자기 삶의 주체로서 능동적이고 적극적으로 삶을 꾸렸다는 것이 문화사가 주는 메시지다. 그 점에서 문화사 연구는 아직도 한국사 서술에 큰 영향력을 미치는 지배 엘리트 중심의 시각에서 벗어날 수 있는 계기가 될 것이다.

2. 문화를 통해 역사에 접근하고자 할 경우 무엇보다 역사에서 일상의 세계에 주목해야 한다. 이미 언급하였듯이 구미 역사학계에서 논의되는 문화는 매우 역동적인 것이다. 문화는 일상에서 매일매일 실행하고 끊임없이 새로 만들어가는 것으로 일상적 삶의 전략이자 생활 방식이라고 할 수 있다. 구미의 문화사가 노동

과 여가를 포함한 일상의 삶 전체를 대상으로 하고 있는 것은 결코 우연이 아니다. 문화사가 관심을 갖는 일상적 삶의 면면은 구체적으로 다음과 같다.

첫째, 의식주 및 노동과 관련된 가장 기본적인 물질생활의 측면들로서, 예를 들면 농작물, 가축, 작업 도구와 작업 방식, 음식, 복식, 주거 생활 등이 이에 속한다. 둘째, 생로병사와 관련된 육체적 삶의 영역들로서 구체적으로 피임, 임신, 낙태, 출산, 양육, 노령화, 죽음, 질병과 의술 등을 포함한다. 셋째, 가족 및 공동체 생활의 영역으로서 가구와 가족의 구성, 결혼과 부부 관계, 부모와 자녀 관계, 주인과 하인 관계, 이웃 관계, 신분 및 계급 관계, 공동체의 신앙, 주술, 관습, 규범, 범죄와 일탈 행위, 처벌 등을 들 수 있다. 그런데 문화사가 이처럼 다양한 영역으로 이뤄진 일상에 주목하는 것은 바로 그러한 일상의 세계에서 사회적 현실에 대한 집단적 표상의 틀과 테두리가 만들어지기 때문이다.[15]

3. 문화사는 상징과 언어라는 역사 서술의 새로운 측면에도 관심을 기울이고 있다. 그동안 구미 문화사의 연구 성과는 문화적 상징 행위로서 카니발이나 샤리바리charivari(집단 야유) 등이 어떤 의미를 갖는지 잘 보여준다.[16] 의식과 의례는 한국인의 역사적 삶에서도 중요한 비중을 차지한다. 관혼상제의 가례, 공동체적 축제와 제례, 세시 풍속과 놀이 등의 문화적 의미를 밝히는 것은 한국 문화사 서

---

15) 일상의 면면이 어떻게 문화사의 연구 대상이 될 수 있는지 보여주는 가장 좋은 본보기로서 엠마뉘엘 르루아 라뒤리, 《몽타이유 : 중세 말 남프랑스 어느 마을 사람들의 삶》, 유희수 옮김(길, 2006)을 들 수 있다. 이 책은 14세기 전반 인구 약 200~250여 명에 불과하였던 프랑스 남부 피레네 산맥의 작은 산골 마을 몽타이유 주민들의 일상적 삶의 면면을 대상으로 그들의 문화와 가치관, 집단 심성을 파헤치고 있다. 이 책이 초점을 맞추고 있는 일상의 세계는 주민들의 의식주, 가축, 해충 등에서부터 몸짓, 청결, 성(性)과 결혼, 질병, 죽음, 시공간의 개념, 주술 등에 이르기까지 매우 다양하다.
16) 샤리바리charivari의 가장 전형적인 형태는 젊은 여성과 혼인하려는 늙은 홀아비를 대상으로 밤중에 마을 주민들이 몰려가 그릇을 두들기고 노래를 부르면서 집단으로 조롱하고 망신을 주는 행위이다. 샤리바리는 공동체적 규범에서의 일탈을 공개적으로 규탄함으로써 사회적 통제의 기능을 수행하는 의례적 행위라고 할 수 있다. Peter Burke, *Popular Culture in Early Modern Europe*(New York : Harper Torchbooks, 1978), 191~204쪽 ; Edward. P. Thompson, "Rough Music", *Customs in Common*, 461~531쪽 참조.

술에서도 매우 중요한 과제다. 특히 오늘날의 관점에서는 대단히 낯설고 이해하기 어려운 의례적 행위들——예컨대 보쌈——은 발리 섬의 수탉 싸움이나 근대 초 프랑스의 '고양이 대학살'처럼 문화적 상징성의 측면에서 흥미로운 주제가 될 수 있다.

아울러 상징의 세계가 반드시 행위의 영역에만 국한되지 않는다는 점도 잊지 말아야 한다. 구미의 문화사 연구는 꿈이나 환상과 같은 비현실의 세계도 문화적 상징의 관점에서 역사 서술의 중요한 주제가 될 수 있음을 보여준다.[17]

언어와 담론의 연구 역시 한국 문화사 서술에서 진지하게 고려해야 할 과제다. '언어로의 전환'에 대해 구미 학계에서 논란이 없는 것은 아니지만, 언어와 담론 분석의 중요성은 모두 인정하고 있다. 실제 계급이나 성별gender 같은 역사 연구의 핵심적인 주제를 다루는 데 담론 분석은 거의 필수적이다. 역사에서 담론의 역할에 주목하는 역사가는 계급을 규정하는 것이 물질적 이해관계가 아니라 그것을 상정하고 집단적 정체성의 범주를 결정하는 계급에 대한 담론이라고 말한다. 계급이 이른바 계급의식, 즉 경제적 이해관계에 상응하는 집단적 동질 의식보다는 직종, 성, 민족, 종교 등의 여러 요인 때문에 내부적으로 언제나 정체성의 분열을 보인다는 점에서 이러한 주장은 새겨들을 만하다. 성의 담론 역시 마찬가지다. 남성과 여성의 정체성과 역할을 규정하는 성의 담론은 남녀 성별의 사회적 위상과 관련하여 긴장과 갈등, 대립이 전개되는 영역이고, 그 점에서 성과 관련된 사회적 불평등의 문제를 규명하는 중요한 열쇠를 제공한다. 담론이 정체성 형성과 '권력' 투쟁의 장(場)이었다는 사실은 한국사에서도 예외가 아닐 것이다. 예컨대 소위 대의명분을 내세워 행위의 성격을 규정하고 정당화하려던 다양한 언설들은 한국사에서 쉽게 찾을 수 있는 정치 담론의 형태가 아닐까 싶다.

---

[17] Peter Burke, "The Cultural History of Dreams", *Varieties of Cultural History*, 23~42쪽.

4. 문화사에 대한 구미 학계의 논의에서 간과할 수 없는 것은 문화의 다양성을 강조하는 목소리다. 문화를 시대정신의 표현으로 보는 고전적인 인식은 이제 구미 학계에서는 더 이상 통용되지 않으며, 한 시대, 한 사회의 문화를 통일적이고 동질적인 것으로 간주하는 입장은 비판의 대상이 된 지 오래다. 문화의 다양성은 다른 무엇보다도 엘리트 문화와 민중 문화의 분리와 차이에서 단적으로 드러난다. 그러나 그뿐만이 아니다. 새로운 연구에 의하면 르네상스 문화는 민중들에게는 전혀 미치지 못한 엘리트 문화였으며, 뿐만 아니라 이 시기의 엘리트 문화가 모두 르네상스 스타일이었던 것도 아니다. 문화가 신분이나 계급뿐 아니라 그 밖의 다른 여러 가지 요인에 의해 다양하게 분화되는 현상은 민중 문화의 경우도 마찬가지다. 즉 활자보다는 주로 구전에 의존하며, 비공식적인 성격이 강한 민중 문화는 직업, 성, 세대, 종교, 지역 등의 차이에서 비롯되는 다양한 변종으로 구성된다.[18]

문화의 특징이 통일성이 아니라 다양성에 있으며, 단수가 아니라 복수의 문화가 존재한다는 사실은 한국 문화사 서술에서 반드시 유념해야 할 사항이다. 한국의 문화를 주로 민족 문화의 관점에서 파악하고 동질적인 하나의 문화로 이해하는 것이 그동안 한국사 연구의 지배적인 경향이었기 때문이다. 그러나 민족 문화라고 여기는 문화는 사실상 일부 교육받은 지배층의 문화에 지나지 않으며, 통일되고 동질적인 성격의 문화라는 의미에서 민족 문화란 엄밀히 말해 결코 존재하지 않았다고 할 수 있다. 오히려 한국 문화 역시 엘리트 문화와 민중 문화로 분리되고, 아울러 엘리트나 민중 문화 모두 내부적으로 다시 세분화되는 다양한 성격을 가졌을 것이다.

따라서 한국 문화사 서술에서 바람직한 것은 가급적 한국 문화의 다양성을 부각시키는 것이다. 그 가운데에서도 그동안 소홀히 하거나 간과하였던 것, 즉 엘리트 문화에 비해 민중 문화, 민중 문화 가운데에서도 소외되었던 주변인의 문화에 관심을 기울일 필요가 있다. 특히 주목해야 할 것은 성의 역할이다. 성의 차이가 문

---

18) Peter Burke, *Popular Culture in Early Modern Europe*, 23~64쪽.

화의 다양성과 어떻게 관련되는가, 여성의 문화가 엘리트 문화와 민중 문화에서 어떤 의미를 갖는가 하는 물음은 여성사에 대한 높은 관심과 흥미를 감안할 때 한국 문화사 서술에서 빠뜨릴 수 없는 문제다.

구미의 문화사 연구에는 이러한 주제와 관련하여 참고할 만한 것이 있다. 예컨대 근대 초 유럽에서는 엘리트층에 속한 일부 여성들이 엘리트 문화와 동시에 민중 문화와도 관련을 맺음으로써 두 문화를 병용하였다는 지적이 있다. 규방 문학 등을 고려하면 한국 문화사에서도 문화의 중개자로서 여성의 역할에 대한 문제 제기가 가능할 것이다.[19]

5. 문화의 다양성은 서로 다른 문화들 사이의 상호 관계에 대한 문제를 제기한다. 이 문제에 대해서는 구미 학계에서도 근래 관심을 집중하고 있는데, 피터 버크 Peter Burke는 그 가운데 대표적인 경우이다. 그는 문화들 사이의 '만남encounter'을 샤르티에가 언급한 표상 및 실행에 덧붙여 문화사 연구의 핵심 과제로 꼽고 있다. 버크에 의하면 문화 간의 만남은 언제나 문화의 변용을 수반하는 상호 작용의 과정이다. 다시 말해 다양한 문화는 상호 접촉을 통해 서로 영향을 주고받으며, 한 문화의 영향은 다른 문화에 의해 일방적으로 수용되는 것이 아니라 항상 선별, 수정, 변형된다는 것이다.[20]

한국 문화사 서술과 관련하여 문화적 변용의 문제는 두 가지 차원에서 논의될 수 있다. 그 하나는 우리 문화와 외래문화와의 만남의 측면이다. 다른 모든 사회 혹은 민족의 경우와 마찬가지로 우리 문화 역시 고립된 상태로 존재한 것이 아니라 다른 문화와 끊임없이 접촉해왔던 만큼 외래문화의 영향은 우리 문화를 구성하는 본질적인 요소라 할 만하다. 따라서 가까운 중국이나 일본, 혹은 먼 서양의

---

19) 엘리트 집단 출신 여성에 의한 엘리트 문화와 민중 문화의 병용에 관해서는 Peter Burke, *Popular Culture in Early Modern Europe*, 65~76쪽 ; Emmanuel Le Roy Ladurie, *Montaillou : The Promised Land of Error*(New York : G. Braziller, 1978), 251~258쪽.

20) Peter Burke, "Unity and Variety in Cultural History", *Varieties of Cultural History*, 193~212쪽.

외래문화와 접촉하면서 그 문화들이 우리 문화에 어떻게 수용되고, 이 과정에서 문화적 변용을 초래하는 것이 무엇인가 하는 점은 한국 문화사에서 당연히 제기되어야 할 물음이다.

문화의 변용은 우리 문화 내부의 측면에서도 매우 흥미 있는 주제다. 구미 역사학계의 경우 문화 변용에 관한 논의는 그동안 주로 엘리트 문화와 민중 문화의 관계에 초점이 맞춰져 있었다. 구미 학계의 연구 성과는 한마디로 말해 민중 문화의 독창성과 역동성의 측면을 발견한 데 있다. 즉 민중 문화는 끊임없이 전파되는 엘리트 문화의 영향을 받으면서도, 그것을 수동적으로 수용하고 모방한 것이 아니라 나름대로 독특하게 변환시켜 자기 것으로 만들었다는 것이다. 나아가 민중 문화는 엘리트 문화에서 영향을 받았을 뿐만 아니라 거꾸로 엘리트 문화에 영향을 미치기도 하였다.

문화의 변용은 문화사 서술이 집단적 표상과 더불어 전유와 실행의 측면에 각별히 유의해야 함을 다시 한번 일깨운다. 책의 의미는 읽기에 따라 달라진다는 것을 이미 앞에서 언급하였다. 그렇다면 한국 문화사 서술에서도 사람들이 어떤 책을 읽었느냐가 아니라 어떻게 읽고, 어떻게 이해하였느냐 하는 질문을 던져야 할 것이다. 민중들이 접하는 책을 대상으로 서술하는 문화사는 민중 문화가 아니라 오히려 엘리트가 민중에게 부과하고 주입하는 문화의 역사로 그칠 수 있다. 예를 들면 《심청전》이나 《춘향전》에 담긴 효도와 정절의 관념은 지배 계급이 민중을 '교화'하기 위해 전파하는, 사실상 자신들의 도덕과 행동 규범이며, 따라서 민중들의 가치관과 동일시해서는 안 된다는 것이다. 아마 민중들의 성 모럴은 《춘향전》과 같은 고전 작품의 내용보다 훨씬 더 개방적이었을 것이다. 종교도 마찬가지다. 지배 엘리트가 제도화한 종교와 민중이 믿고 따르는 신앙 사이에는 큰 괴리가 있을 수 있다. 한국 문화사는 불교와 유교 등 체계적인 교리와 교의를 갖추고 제도화된 종교의 영역에만 머물러서는 안 된다. 오히려 그것은 비공식적이며, 미신과 주술적 사고가 지배하고, 제도 종교와는 무관하게 일상의 삶에서 생성된 가치관과 우주관을 반영하는 민간 신앙의 세계에도 눈을 돌려야 한다.

6. 전유와 실행에 의한 문화의 변용을 고려하면 문화적 유산과 전통에 대한 인식도 재고해야 한다. 문화는 하나의 전통으로서 자동적으로 지속되며, 그 의미도 하나로 고정된다는 전통적인 인식은 이미 더 이상 받아들이기 어려운 것이 되었다. 전승되는 문화의 수용자는 그것을 자동적으로 받아들이는 것이 아니라, 오히려 자신의 조건과 환경에 따라 창의적으로 새로운 변화를 가한다. 구미 역사학계 일각에서는 오랫동안 지속된 전통이라고 생각하였던 것이 사실상 비교적 근래에 새로이 창조된 것에 불과하다는, 소위 '전통의 창조invention of tradition'를 지적하는 목소리도 있다.[21] 전통이란 창조된 것이라는 역설적인 주장 역시 문화에서 전유와 실행이 갖는 중요성을 뒷받침하는 것이라고 할 수 있다. 다시 한번 강조하지만, 문화는 매일매일의 일상에서 새로운 과제에 당면하여 실천을 통해 새로이 만드는 것이라 할 수 있다.

7. 문화사적 관점에서 한국사를 서술하기 위해서는 사료에 대한 인식도 달라져야 한다. 역사의 상징적·언어적 측면에 접근하기 위해서는 무엇보다 새로운 사료를 발굴하고 이용하는 것이 절대적으로 필요하다. 문화사 서술에는 전통적으로 역사가들이 이용해왔던 공식적인 문헌 자료는 물론이거니와 개인적이고 비공식적인 성격의 문서, 즉 일기, 서찰, 여행 및 체험 기록 등이 담긴 개인 문집과 고문서, 그리고 고전 시와 소설을 비롯한 문학 작품 등이 중요한 역할을 할 것이다. 그러나 문화사 서술에 유용한 사료는 문자화된 문헌 자료에 국한되지 않는다. 전설, 설화, 민담, 민요, 판소리, 속담 등의 구전 자료, 그리고 그림, 사진, 조각, 건축, 의복, 탈 등의 조형물, 나아가 각종 가례, 민속, 무속 의례 등 온갖 다양한 자료를 한국 문화사 서술에 이용할 수 있을 것이다.

마지막으로 한국 문화사 연구와 관련하여 제안하고 싶은 것은 이 작업에 한국

---

21) Eric Hobsbawm · Terence Ranger (eds.), *The Invention of Tradition*(Cambridge : Cambridge Univ. Press, 1983).

사 연구자들만이 아니라 동양사와 서양사 연구자들도 동참하는 것이 바람직하다는 점이다. 동·서양사 연구자들은 한국 문화사 서술에 여러 가지 형태로 기여할 수 있다. 어떤 주제를, 특히 어떤 사료를 이용하여 어떻게 연구할 것인가 하는 문화사의 주제, 방법론, 사료의 이용 등에서 한국사 연구자들은 동·서양사 연구자로부터 유익한 정보와 조언을 얻을 수 있을 것이다.

그뿐 아니다. 문화의 변용과 관련하여 이미 지적하였듯이 외래문화는 우리 문화를 구성하는 본질적인 요소 가운데 하나다. 그 점에서 우리와 가까운 중국, 일본, 인도, 혹은 먼 유럽과 미국 등에서 유래한 외래문화에 대한 깊이 있는 이해가 절대적으로 필요할 것이다. 한마디로 말해 한국 문화사 편찬 작업이 한국사와 동·서양사 사이의 벽을 허물고 학문적 교류를 활성화하여 역사 연구 전체가 한 단계 도약하는 계기가 되기를 바라마지 않는다.

참고문헌

Natalie Zemon Davis, 《근대 초 프랑스의 사회와 문화*Society and Culture in Early Modern France*》(Stanford : Stanford Univ. Press, 1975)
Peter Burke, 《문화사의 다양성*Varieties of Cultural History*》(Ithaca : Cornell Univ. Press, 1997)
―――――, 《근대 초 유럽의 민중 문화*Popular Culture in Early Modern Europe*》(New York : Harper Torchbooks, 1978)
Roger Chartier, 《문화사 : 실행과 표상 사이*Cultural History : Between Practices and Representations*》(Ithaca : Cornell Univ. Press, 1988)
Ute Daniel, 《문화사 편람 : 이론, 실제, 핵심어*Kompendium Kulturgeschichte : Theorien, Praxis, Schlüsselwörter*》(Frankfurt a. M., 2001)
Wolfgang Hardtwig · Hans-Ulrich Wehler (Hrsg.), 《오늘의 문화사*Kulturgeschichte Heute*》(Göttingen, 1996)

게오르그 이거스, 《20세기 사학사》, 임상우 · 김기봉 옮김(푸른역사, 1999)
김기봉, 《'역사란 무엇인가'를 넘어서》(푸른역사, 2000)
나탈리 제먼 데이비스, 《마르탱 게르의 귀향》, 양희영 옮김(지식의풍경, 2000)
로버트 단턴, 《고양이 대학살》, 조한욱 옮김(문학과지성사, 1996)
로제 샤르티에, 《프랑스 혁명의 문화적 기원》, 백인호 옮김(일월서각, 1998)
리하르트 반 뒬멘, 《역사인류학이란 무엇인가》, 최웅찬 옮김(푸른역사, 2001)
린 헌트 엮음, 《문화로 본 새로운 역사 : 그 이론과 실제》, 조한욱 옮김(소나무, 1996)
안병직 외, 《오늘의 역사학》(한겨레신문사, 1998)
에드워드 톰슨, 《영국노동계급의 형성》, 나종일 외 옮김(창작과비평사, 2000)
위르겐 슐룸봄 엮음, 《미시사와 거시사》, 백승종 외 옮김(궁리, 2001)
조한욱, 《문화로 보면 역사가 달라진다》(책세상, 2000)
카를로 진즈부르그, 《치즈와 구더기》, 김정하 외 옮김(문학과지성사, 2001)

사생활의 역사를 통해 본 조선의 유교 문화*

이 영 림**

1. 머리말

《사생활의 역사 Histoire de la vie privée》 전5권 가운데 1, 3, 4권이 2002년 2월 우리말로 번역·출간되었다. 2권과 5권이 빠진 절름발이 상태임에도 불구하고 《사생활의 역사》는 인문서로서는 출판계의 성공 사례로 간주될 만큼 언론의 조명을 받았다. 뿐만 아니라 서양사 및 비서양사 연구자들, 심지어 일반 독자층에게도 유례없는 관심의 대상이 되었다. 문화사적 시도라는 이 책의 학문적 성향과 역사의 대중화라는 시대적 요구 외에 사생활이라는 우리말이 갖는 통속적인 뉘앙스도 책의 선전에 적지 않은 역할을 했으리라 짐작된다. 그래서인지 이 책에 대한 과분한 대접이 내심 불편했던 게 솔직한 심정이다. 하지만 이 책의 기획 의도와 탄생 과정을 살펴보면 이 책이 학문적 완성도에서 실패작이라는 서양 사학계 일각의 따

---

* 이 글은 2003년 5월에 《사회와 역사》 제63집에 실린 같은 제목의 논문을 수정·보완한 것이다.
** 이화여대 영문과를 졸업하고 같은 학교 대학원 사학과에서 석사 학위를, 고려대에서 박사 학위를 받았다. 현재 수원대학교 사학과 교수로 재직 중이다. 《앙시앵 레짐》, 《사생활의 역사 3》을 옮겼으며 논문으로는 〈프롱드난 시기 파리의 민중의식과 정치문화—마자리나드 분석을 중심으로〉, 〈얀센주의와 프롱드난〉, 〈태양-왕에서 인간-왕으로 : 정치사 부활과 루이 14세 연구〉, 〈앙시앵 레짐기의 '국민' 개념—얀센주의 논쟁을 중심으로〉 등이 있다.

가운 비판은 쉽게 수긍이 가지 않는다. 이런 이중 감정은 아무래도 필자가 《사생활의 역사 3—르네상스부터 계몽주의까지》(이하 부제 생략)를 번역한 입장 때문인 듯하며, 《사생활의 역사 3》을 다룬 이 글 역시 변명과 비판의 이중성을 띠고 있음을 부정하기 어렵다.

뒤비Georges Duby가 1권에 있는 총 서문에서 언급했듯이, 《사생활의 역사》는 일반 대중을 대상으로 한 기획에서 출발했다. 더구나 이 책의 내용이나 접근 방식도 새로운 것은 아니다. 이미 1970년대부터 사회사의 '장기 지속의 감옥'에 갇혀 버린 인간성을 복원해내기 위한 학문적 도전과 보완 작업으로 역사가들은 구조와 계급 대신 성, 가족, 죽음, 사랑, 의복, 음식물 등에 관심을 기울여왔다. 물론 사적 세계는 그 이전부터 논의되었다. 1962년 하버마스Jürgen Habermas가 18세기 공적 영역의 탄생 기반으로 사적 세계의 개념을 제시한 이후 특히 근대사가들은 심성사, 여성사 등 다양한 시각에서 사적 세계의 존재에 주목해왔다. 그런데 이제 공적 세계의 대비 개념이 아닌, 사적 세계 그 자체가 사생활의 역사라는 자못 도발적인 이름으로 당당하게 역사 무대의 주인공으로 등장한 것이다. 이 새로운 발상에 따라 3권의 저자들 14명은 각자의 분야에서 이룩한 독창적인 연구 성과를 다듬어 새로운 모습으로 선보였다.

《사생활의 역사》가 프랑스에서 처음 출간된 지 15년이 지난 지금 사적 세계에 대한 논의는 서구 학계는 물론 우리에게도 더 이상 신선한 충격으로 다가오지는 않는다.[1] 더구나 이미 다양한 지면을 통해 3권에 대한 서양사 연구자들의 서평[2]

---

1) 사학사적 시각에서 《사생활의 역사Histoire de la vie privée》를 언급한 연구로는 Arlette Farge, "L'Histoire sociale"(1995), *L'Histoire et le métier d'historien en France, 1945~1995*, François Bédarida (éd.)(Paris : Editions de la Maisons des sciences de l'homme, 1995), 281~300쪽이 있지만 정작 3권에 대한 서평은 빈약하기 짝이 없다. 필자가 찾은 바로는 L. Wolff, *Journal of Social History*(1990)와 Sarah C. Maza, *American Historical Review*(1987)의 짧은 서평이 전부다. 서구 학계에서는 사생활의 역사가 본격적으로 논의되기보다는 사회성이나 공적 영역에 대한 연구와 더불어 거론되었다. 하버마스Jürgen Habermas의 공적 영역과 사생활의 관계를 분석한 D. Goodman, "Public Sphere and Private Life : Toward A Synthesis of Current Historiographical Approaches to the Old Regime", *History and Theory*, no. 1(1992), 1~20쪽과, 사회성sociabilité의 연구로는 1966년 모리스 아귈롱Maurice Agulhon이 최초로 프로방스 지방에 대해 연구한 것을 시작으로 미셸 보벨

이 발표된 마당에 책의 전체적인 내용에 대한 논의나 사학사적 자리 매김은 불필요한 듯하다. 이 글은 다만 '르네상스에서 계몽주의까지'라는 부제로 출간된 3권을 통해 근대 초 프랑스를 중심으로 사생활의 역사의 진정한 의미를 되짚어봄으로써 이미 다양한 측면에서 사적 세계의 역사를 모색하고 있는 한국사 연구와의 비교 가능성을 찾아보고자 할 따름이다.

2. 공적 영역과 사적 영역의 변증법적 관계

'과연 사생활의 역사란 가능한가?' 《사생활의 역사》 전권의 책임 편집자인 아리에스Philippe Ariès가 3권의 서문 〈사생활의 역사를 위하여〉에서 첫마디로 던진 이 질문은 아무래도 심상치 않다. 사생활이란 개념 자체가 얼마나 모호하고 그 경계가 불분명한가? 하물며 굳게 닫힌 사생활의 장막 뒤에 자리 잡은 역사를 어떻게 서술하겠다는 말인가? 섣부르게 단정 짓자면 사생활의 역사는 어차피 시간의 흐름에 따라 다양한 모습으로 드러나거나 드러내 보인 이야기일 수밖에 없다. 역사가는 일상에서의 구체적인 체험과 내면세계의 변화를 복원해내기 위해 그 감춤과 드러남의 미묘하고 아슬아슬한 경계를 추적할 수 있을 뿐이다. 이런 점에서 보면 사생활의 역사는 공적 영역에 발을 내민 사적 영역의 역사고, 공적 영역과 사적 영역의 만남의 역사다. 아리에스가 던진 질문의 진정한 함의는 바로 여기에 있다. 사생활의 역사는 사회성sociabilité, 다시 말해 "사회생활에 관한 특정한 태도"[3]의 역

Michel Vovelle, 장 피에르 귀통Jean-Pierre Gutton 등이 주로 촌락 차원의 종교적 공동체를 통한 사회성의 제도화 과정을 추적했다. Maurice Agulhon(1966), *La Sociabilité méridionale. Confréries et associations dans la vie collective en Provence orientale à la fin xviiie siècle*(Aix-en-Provence, 1996); E. François, "Les Formes de sociabilité en France du xviiie siècle au milieu xixe siècle", *Revue d'histoire moderne et contemporaine*, no. 2(1987), 453~472쪽.
2) 최갑수, 〈사생활의 역사: 개인, 가정, 국가〉, 《프랑스사 연구》 제7집(2002), 133~148쪽; 성백용, 〈방대한 역사 탐사의 모험〉, 《창작과 비평》(2002년 가을), 437~444쪽; 차영길·임승휘·변기찬, 《서양사론》 제74호(2002), 203~225쪽.

사인 것이다.

아리에스의 문제 제기에 따라 3권은 사생활이 아직 일상생활 속에 확고히 자리 잡기 이전인 16~18세기 사회성의 변화를 출발점으로 삼았다. 집 안에서, 거리에서, 심지어 광장에서도 터놓고 지내던 중세 말의 집단적 사회성이 점차 소수에게 한정된 사회성으로 바뀌면서 사적 영역의 윤곽이 드러나고 그 경계선은 끊임없이 이동했다. 이렇듯 사회성을 변화시키고 서로 뒤엉켜 있던 공적 영역과 사적 영역을 분리시킨 요인은 무엇인가? 1부는 그 요인으로 근대 국가의 형성과 종교적 변화, 독서의 확산을 꼽는다. 그중에서도 공적 권위의 화신인 근대 국가야말로 사적 영역을 형성시킨 주인공이다. 여기에서 우리는 아리에스가 처음 제시한 공적 영역(공동체에서의 공개적 영역)과는 다른 또 하나의 공적 영역을 목격하게 된다. 중세 말 이후 공공질서 유지와 전쟁 수행 등 새로운 역할을 떠맡게 된 국가와 관련된 영역이 바로 그것이다. 가난한 지방 귀족 앙리 드 캉피옹Henri de Campion의 예는 새로운 유형의 국가의 존재와 사적 영역의 관계를 잘 보여준다. 출세에 대한 야망에 사로잡힌 그는 사적인 유대 관계를 동원해서 공적인 지위를 얻어야 했던 것이다. 이렇듯 사적 이해관계와 공적 임무, 사적 야망과 충성심이 뒤섞인 중세적 심성을 가진 그에게서 공적 지위를 박탈하고 정치적인 좌절을 맛보게 한 것은 바로 국가다. 자신이 섬기던 주군 보포르Beaufort 공작과 오를레앙Orléans 공작이 왕권에 맞서 일으켰던 프롱드 난에서 패하자 그는 망명지에서 회고록을 집필하며 쓸쓸한 여생을 보낸다. 그에게 사적 영역이란 무엇보다도 '국가나 국가의 업무 이외의 영역'을 뜻한다.

공적 기능과 사적 행위를 구분시킨 국가는 사회 공간에 남아 있는 폭력을 통제하고 길들이기 위해 예절이라는 이름으로 새로운 사회적 존재 방식을 강요한다. 이런 국가의 억압과 강요에 부딪치면서 사적 영역은 점점 더 그 윤곽이 분명해졌고 독자적인 것이 되었다. 허용된 것과 금지된 것, 보이는 것과 감추어진 것, 공개

---

3) 구체적으로 사회성은 타인에 대한 호의를 의미한다. 《백과전서》, 제15권(1765), 250~251쪽.

적인 것과 내밀한 것 사이의 경계는 단순히 개인이 촌락이나 공동체에서 분리되는 과정에서 생긴 것이 아니라 국가의 역할에 따라 달라졌던 것이다.

2부에서는 이렇게 해서 윤곽이 드러난 사적 영역의 자기 형성 과정을 다루고 있다. 저자들은 연대기적 구성을 무시한 채 서로 다른 접근 방식으로 세분화된 공간과 가구, 음식, 의복 등의 물질적 측면에서 내면적 감수성과 신앙심의 영역에 이르기까지 다양한 모습의 사적 영역을 펼쳐놓았다. 사적 영역화의 첫 번째 국면은 집단으로부터의 분리다. 따라서 사적 영역화는 무엇보다 먼저 타인의 이목에서 벗어난, 비밀스런 공간을 확보하려는 노력으로 나타났다. 모두 함께 기거하면서 누구나 거리낌 없이 드나들던 하나의 공간에 칸막이가 쳐지고 세분화되었다. 우선 잠자는 모습을 감추기 위해 침실이 생기고, 책들을 꽂아둔 서가가 독립적인 공간인 서재bibliothèque로 발전했다. 또 침실 옆에 다양한 용도의 곁방cabinet이 생겼다. 이런 현상은 기능적 측면이 강조된 공간의 전문화와는 다르다. 예컨대 자물쇠가 달린 서류장이 놓였던 공간이 곁방으로 독립하게 되었다고 해서 이것을 사적 영역화라고 볼 수는 없다. 오히려 그보다는 열쇠로 열고 잠글 수 있는 서류장의 존재야말로 사적 영역화의 초보적인 형태라고 볼 수 있다.

그러나 은밀함과 비밀스러움을 추구하는 것은 사생활의 전제 조건에 지나지 않는다. 이 책 어디에서도 사생활에 대한 명확한 개념이 제시되어 있지는 않지만 사적 영역의 파노라마는 시종일관 자아와 관련된다. 예절, 우정과 사랑, 독서와 글쓰기, 맛과 멋의 추구, 어린이에 대한 인식 등은 자아와 타인에 대한 인식의 변화를 보여준다. 특히 서로 비슷한 입맛과 취향을 지닌 사람들끼리 가지는 다양한 모임과 연회는 사생활의 주요한 부분이었다. 여기에서 우리는 사적 영역화의 두 번째 국면인 우정을 목격할 수 있다. 육체적 쾌락을 얻기 위해 관계를 맺었던 여자와의 만남이 후미진 공간에서 이루어진 비밀스런 행위였음에도 불구하고 사생활의 일부가 되지 못한 것은 바로 그런 맥락에서다.

자아에 대한 인식은 끝없이 타인과의 구별을 추구했고 점점 더 안으로 파고들었다. 그와 더불어 사적 영역은 내밀한 것에서 비밀스러운 것으로 그리고 누구에게도 고백할 수 없는 것으로 좁혀져갔다. 하지만 이 책에서 사생활의 주인인 개인은 이데올로기적 차원에서의 개인이 아니라 일상생활에서의 개인이다. 역사가들은 편지, 가정 일지, 일기, 그림, 추억이 담긴 물건을 분석해 일상생활의 편린들 속에서 드러나는 자아 인식의 변화를 복원해냈다. 예컨대 가족과 몸, 질병에 대한 사고의 변화뿐만 아니라 가정 안에서 일어나는 식사와 음식 준비, 하인 거느리기와 아이 돌보기에서 부속물과 주변 인물에 대한 태도의 변화가 펼쳐진다. 특히 프랑스의 부농 구베르빌Gouverville의 가정 일지와 영국의 해군 관리 새뮤얼 핍스Samuel Pepys의 일기는 내밀한 삶의 단면들을 현미경처럼 세밀하게 보여준다. 이렇게 해서 지속적이고 거대한 구조적 흐름을 꿰뚫어 보려는 사회사가들의 그물망이 놓쳐버린 살아 있는 인간의 생생한 모습이 재현된다. 우리는 저자를 따라 때로는 불법 가택 침입자의 시선으로, 때로는 관음증 환자의 시선으로 겉으로는 단란하면서도 복잡다단한 가정의 실내나 내밀한 침실에서 일어나는 매일 매일의 행위를 들여다 볼 수 있다. 이런 측면에서 본다면 사생활의 역사는 일상생활사이고 미시사인 것처럼 보인다.

하지만 어디서건 삶의 현장은 그렇게 고요하고 안락하지만은 않다. 일상생활에서의 구체적인 체험을 다룬 3부에 의하면 사적 개인은 결코 일상의 영역에 갇힌 존재가 아니며 따라서 사생활은 아직 개인적인 의미로 인식되거나 실현되지 않았다. 사생활은 집단적인 억압이 지나친 경우나 틈새에서 그 정체가 드러났기 때문에 이때까지만 해도 개인의 사생활은 모든 사람들에게 알려지고 노출되었다. 연애, 신앙생활, 모임 등과 동일시되는 사생활은 은둔과 비밀의 영역인 동시에 휴식의 영역이지만 완전히 밀폐된 것이 아니었으며 모순과 갈등으로 점철되었다. 사적 영역화의 또 다른 국면이자 사생활의 요체인 가정생활도 마찬가지다. 한편으로는 호시탐탐 사적 영역을 노리는 외부 세계의 눈과 억압, 다른 한편으로는 사생활의 요체를 둘러싼 동심원들 사이의 긴장으로 말미암아 사생활은 결코 고요하고 편안한 것만은 아니었다. 사적 영역화의 세 국면인 집단으로부터의 분리, 우정, 가정적 내밀성은 일치하기도 했지만 서로 경쟁적이었기 때문이다.

가정이 진정한 의미에서 사생활의 구심점으로 확고하게 자리 잡게 된 것은 19세기부터다. 그렇다면 국가의 역할이 강화되고 공동체의 사회성이 후퇴하면서 공백 상태에 놓인 사회 영역은 무엇으로 메워졌을까? 개인을 보호하는 가장 든든한 울타리는 물론 가정이었다. 하지만 사적 영역화의 첫 번째 단계는 가정과는 무관하다. 이 시기에 가정은 지배와 억압의 공간인 동시에 경제 단위이자 공적 권위의 세포 조직이었다. 가정의 핵심은 여성이 아닌 가장이었으며 여성은 단지 부수적인 역할을 맡았을 뿐이다. 그나마 사적 보호막으로서의 가정의 존재는 상속, 토지, 유산, 혈통 등에 기반한 고위 법관들과 귀족에게 국한되었다. 독자적으로 생계를 유지할 수 없었던 민중층은 다양한 조직망을 통해 삶을 영위했다. 그런 조직망 가운데 하나에 불과한 가정은 다양한 외적 종속망에 연루되어 있었다. 자연히 민중층의 일상생활은 항상 외부를 향해 열려 있었고 그들은 항상 타인의 주시 속에 살았다.

사람들은 가정을 추구했지만 이루지 못한 목표를 위해 가정 이외의 공간이 필요했다. 비슷한 기질이나 취향을 지닌 사람들이 가정 밖에서 새로운 모임을 만들게 된 것은 바로 이 단계에서다. 사적 개인은 홀로 남게 된 시간에 고독과 사색, 글쓰기를 즐기기도 했지만 이 시기에는 타자를 통해 자아를 발견하게 해주는 우정이야말로 개인으로 하여금 자율성을 주장하고 또 그것을 느끼게 만들었던 것이다. 모임이나 연회에서의 동질성은 사회적 신분이나 재산에 관련된 문제라기보다 취향의 공유와 관련된 문제였다. 17세기 말이 되자 사회성은 취향의 공유를 통해 형성된 우정에 기반해 체계화되었으며, 선택된 소수의 사람들끼리의 사생활이 삶의 원천이자 핵심 요소가 되었다.

하지만 사적 존재인 인간은 결코 공적 세계와 동떨어진 존재가 아니다. 첫 번째 사적 영역화에 도달한 주역들인 이른바 '교양층'은 중간 귀족층에 속하는 인물들이다. 절대 군주정의 강화와 더불어 공적 권위의 영역에서 배제된 귀족들은 엄격한 궁정 문화의 억압을 수용하는 한편 궁정 문화에서 벗어나 자유롭고 은밀한 새로운 삶의 방식을 추구했다. 그들은 복잡한 역사적 현실 속에서 단절이나 타협을 통해 공적 권위에 의존하거나 그것에 대항하면서 독자적인 존재의 영역을 확보해 냈던 것이다. 결국 사적 영역화는 공동체적인 공적 영역과의 분리 과정인 동시에 공적 권위의 영역과의 긴장과 대립으로 점철된 이중 과정인 셈이다. 이렇게 형성된 사적 영역은 자유롭고 대등하게 다른 사람들과 의사소통을 하는 제3의 공적 영역의 기반이 되었다. 여기에서 우리는 사적 영역의 확립과 근대 국가 성장의 변증법적 관계를 목격할 수 있다.

3. 강요와 거부, 모순과 역전의 드라마

《사생활의 역사 3》에서 다룬 중세 말부터 19세기 이전까지의 시기는 모든 측면에서 공적인 권위가 사적인 행위와 완전히 분리되지 않고 이중성을 띠었던 앙시앵 레짐 시기에 해당하며 일부 측면에서는 프랑스 혁명기까지 포함한다. 14명의 저자들은 전체적으로는 기존의 시대 구분 틀을 받아들이고 다양한 측면에서 근대의 진보를 인정한다. 그러나 그들은 근대의 진보를 단선적이고 직선적인 인과 관계로 설명하기보다는 과거의 것과 미래의 것이 현재 속에 공존하는 동시에 갈등을 벌이는 긴장 상태로 묘사한다.

복잡하게 뒤엉킨 여러 갈래의 변화 속에서도 17세기 말은 뚜렷한 이정표로 부각된다. 아리에스에 의하면 정치, 사회, 경제, 심지어 문화사에서의 근대는 16세기부터 시작할지 모르지만 심성의 측면에서는 17세기 말이 분수령을 이룬다.[4] 3권의 편집자인 샤르티에Roger Chartier도 17세기 말을 일종의 전환기로 본다. 그러나 그는 17세기 말의 중요성을 아리에스와는 약간 다른 각도에서 설명한다. 엘리아스Norbert Elias의 문명화 이론을 받아들인 샤르티에게 17세기 말은 루이

---

4) 필립 아리에스·조르주 뒤비 책임 편집, 로제 샤르티에 편집,《사생활의 역사 3》, 이영림 옮김(새물결, 2002), 19쪽.

14세 치하의 '예절과 문명화를 통한 사회 지배가 절정에 달한 시기'이다.[5] 인간성의 구조적 변화, 다시 말해 집단 심성의 변화가 나타난 것은 이 절대 군주정의 완성된 형태와 궁정 문화 및 예절의 강요를 통해서라는 것이다. '사생활의 역사는 국가의 틀에 좌우될 문제가 아니라 문명적 차원에서 다루어야 할 주제'임에도 불구하고 샤르티에가 프랑스를 출발점으로 해서 근대 사생활의 역사에 접근한 이유는 바로 이것 때문이다. 반면 19세기에 사생활의 전형적인 모델을 제시하게 되는 영국의 상황은 프랑스의 사례와 견주기 위해 간간히 등장할 뿐이다. 영국에서는 프랑스보다 거의 한 세기나 앞선 16세기에 이미 내밀한 사생활을 기록한 일기가 나타나기 시작했으며, 17세기 프랑스 요리책에서는 궁정 요리가 주를 이루고 요리사가 가히 왕실의 위엄을 갖추었던 데 비해 영국에서는 대부분 가정주부들을 대상으로 한 요리책이 유행하고 또 종종 여성들이 직접 요리책을 썼는데도 말이다.[6]

샤르티에는 기본적으로 아리에스의 설명 틀을 받아들이면서도 권력과 지배의 문제를 중첩시킴으로써 논의를 훨씬 더 복잡하고 역동적으로 전개할 수 있는 근거를 제공한 셈이다. 17세기 말 집단 심성의 변화와 더불어 완성된 첫 번째 사적 영역화는 사회 지배를 위한 정치 의지의 구현이라는 일방적이고 단순한 방식으로 설명되지 않았다. 요컨대 사적 영역화의 첫 주자들인 중간 귀족들의 행보는 그리 간단하지 않다. 그들은 한편으로는 중앙 집권적이고 강압적인 군주권과 무조건적인 복종을 요구하는 궁정 문화에 대항하기 위해서, 다른 한편으로는 자신들과 사회적 긴장 관계에 있던 신흥 귀족 및 부유한 부르주아에게 신분적 우월성을 과시하기 위해서 안락하고 편안하면서도 폐쇄적인 자유를 추구하는 다양한 귀족 문화의 영역을 개척해냈다. 검을 찰 수 있는 권리와 용맹스러움을 자신들의 특권으로 여겼던 귀족들은 이제 우아함, 예절, 미각, 문학적 취향 등에 대한 독점을 고집했다. 그렇게 함으로써 자아와 자아를 드러내려는 욕구인 사회적 구별 짓기가 귀족

---

5) 필립 아리에스·조르주 뒤비 책임 편집, 로제 샤르티에 편집, 《사생활의 역사 3》, 782쪽.
6) Roger Chartier, "Trajectoire et tensions culturelles de l'Ancien Régime", A. Burguière·J. Revel (éd.) *Les formes de la culture*(Paris : Seuil, 1993), 328쪽.

들의 일상생활의 모든 차원에 도입되고 적용되었다.

그러나 소수만의 선별된 이 귀족 문화는 귀족 사회의 울타리 밖으로 퍼져나갔다. 같음과 다름을 추구하는 인간의 본성은 문화적 헤게모니 전파에 얼마나 유용한 도구인가. 귀족들이 궁정 문화와 예절을 가로채어 자신들만의 것으로 만들었듯이, 신분 상승의 욕망에 사로잡힌 신흥 귀족과 부르주아가 귀족 문화에 끝없는 탐욕을 드러냈다. 앙시앵 레짐하에서 프랑스인들의 삶을 실질적으로 지배했던 것은 계급적 이해관계나 종교적 이상이라기보다 귀족에 대한 갈망과 귀족 취향이었다. 17세기 초 이후 귀족의 작위가 붙은 영지를 사들이고 관직과 귀족 작위를 사들여 평민의 딱지를 떼고 신분 상승의 밧줄을 타고 오른 신흥 귀족들과 부르주아들은 이제 귀족 사회 내부에 침투하기 위해 귀족들의 예절과 취향을 모방하기 시작했다. 17세기에 프랑스에서는 예절서가 크게 성공을 거두고[7] 식사 예절과 음식 맛, 의복, 실내 장식, 초상화, 글 읽기와 쓰기, 유모 두기가 유행했다. 이렇게 해서 귀족의 모든 것은 정치·사회·문화 구조와의 긴장 속에서, 그리고 현실적 자아와 이상적 자아와의 충돌 속에서 사적 개인의 구별 짓기와 모방, 가로채기라는 복잡한 경로를 거치며 아래로 퍼져나갔다. 문화란 위로부터 아래로의 강제와 주입만이 아니라 아래로부터 위로의 모방과 전유가 난무하는 긴장과 충돌의 무대가 아닌가. 이 책의 저자들이 '영향'이라는 단어 대신 '자기 것으로 만들기', '가로채기' 등의 표현을 즐겨 사용한 것은 바로 이런 맥락에서다.

하지만 선별된 폐쇄적인 문화가 '민주화'되는 바로 그 순간, 모든 방면에서 귀족적 취향인 사치와 예절을 무기로 부르주아에 대한 사회적 우월성을 지키려고 안간힘을 쓰던 귀족들은 마침내 모든 것을 버리고 자연의 품으로 귀향한다. 위대한 소비자였던 귀족들은 이제 음식 자체의 순수한 맛을 즐기고 다시 손으로 빵을 자르며, 우아하지만 소박한 옷을 입고 장식이 없는 간결한 실내에서 글을 읽음으

---

[7] 엘리아스 Norbert Elias가 《궁정 사회 Die höfische Gesellschaft》에서 궁정 의례의 증거로 채택한 17세기의 수많은 예절서들은 사실상 부르주아와 지방 귀족들을 대상으로 쓰인 것들이다.

로써 부르주아의 허를 찌른 셈이다. 한때 부러움과 모방의 대상이었던 진한 양념과 화려한 레이스 장식, 정중한 예의범절은 18세기에 이르면 천박한 부르주아의 상징이자 경멸의 대상으로 전락했다. 예절과 교육도 국가의 사치 단속령이나 궁정 의례처럼 지배층의 감시와 억압 체제에 다름 아닌 것으로 여겨졌다. 사적 세계에 안주하던 디드로Denis Diderot와 올바크 남작baron d'Holbach 등이 다시금 정치에 대해 격렬한 토론을 벌이며 새로운 제3의 공적 영역[8]을 형성하게 된 것은 이때부터였다. 그들이 폐쇄주의와 배타성을 거부하면서 추상적이며 보편적인 것을 지향하고 모든 계층에게 문호를 개방한 것도 바로 이때부터였다. 강요와 배척의 굴레는 고스란히 여성에게 뒤집어씌운 채. 이 긴장과 모순, 역전의 드라마!

거부와 방어, 모순과 역전의 변증법은 비단 국가나 사회 구조와의 외적인 관계에만 국한된 문제는 아니며 겉모습과 외적인 관행에만 관련된 것도 아니다. 개인의 내면세계를 기록한 일기장은 그 자체가 드러내기와 감추기의 끝없는 싸움의 결과물일 뿐만 아니라, 거기서 드러난 몸과 자아에 대한 인식에서도 기존 사고방식과의 긴장 관계를 볼 수 있다. 예컨대 사람들이 자신의 몸을 관찰하고 병과 고통을 줄이기 위해 최선을 다하게 된 것은 충만하고 전통적인 가계 보존 의지와 자유로운 삶을 영위하려는 개인적 열망이 갈등을 겪고 타협한 결과이다. 순환적인 생명 주기에 대한 인식을 초월해 어린이가 가정의 핵심적인 위치를 차지하게 된 것도 같은 맥락이다. 이웃과 친척들로 구성된 외부의 공동체적인 공적 영역과 가정이라는 지극히 사적인 영역의 갈등은 18세기에 어린이의 탄생을 통해 조화를 이루었던 것이다.

여러 장에서 중복될 정도로 많은 지면을 차지한 문학의 여러 유형 역시 단순히 사적 영역의 존재나 사회성의 변화를 입증해주는 증거로 열거되기보다는 사적 영역과 공적 영역 사이의 긴장 관계 속에서의 발전 과정을 보여준다. 구토, 거인, 미

---

8) 이 책은 어디까지나 사적 영역에 초점을 맞추고 있는 만큼 제3의 공적 영역에 대해서는 그 탄생과 존재에 대해서만 언급할 뿐 더 이상 논의를 발전시키지는 않는다.

치광이가 등장하는 라블레François Rabelais의 문학은 중세 민중 문화의 단순한 계승이 아니라 새로운 예절 규범의 강요에 대한 반발이다. 유토피아 문학은 절대주의의 메아리인 동시에 절대주의에 대한 거부로 해석된다. 나아가 문학 장르와 관행의 변화 그 자체를 통해 사적 세계가 구축되거나 혹은 문학이 고유의 방식으로 사회와 관계를 맺는 과정이 분석되기도 했다. 예를 들어 회고록은 공적 행위를 찬양하는 가운데 사적 영역을 노출시킨다. 반면 일인칭 소설과 서간체 소설 등은 철저하게 사적이고 내면적인 성격을 띰으로써 그 사실성을 인정받았지만 바로 가장 사적인 영역을 공개함으로써 새로운 공적 영역을 창조했던 것이다.

이처럼 사적 영역화를 수반한 새로운 가치 체계의 전이와 침투 과정은 결코 단순하게 묘사되지는 않았지만 그 방향은 항상 위에서 아래로다. 그럼에도 불구하고 우리가 지금까지 살펴본 사적 영역화의 물결은 아무래도 글을 읽지도 쓰지도 못했으며 침실이나 침대 덮개 등 사생활을 지킬 만한 최소한의 물건마저 소유하지 못한 사회 밑바닥 계층과는 무관해 보인다. 그렇다면 사생활은 어떻게 해서 노동과 일상이 혼재되어 있던 민중층에게까지 침투할 수 있었을까? 귀족과 부르주아의 전유물로 간주되던 사생활과 예절이 민중층에게 강요되고 주입된 근거는 무엇인가? 여기에서도 근대 국가의 역할은 막중하다.

폭력과 과세권을 독점한 국가로서는 무엇보다 먼저 공공질서를 유지하는 것이 시급했다. 이때 국가가 내세운 것이 공익 개념이다. 공익 개념은 '이치에 맞게 개화된 풍습에 따라 살 수 있도록 하는' 문명의 개념이 확대된 것으로, 엘리아스의 문명화 이론과 같은 맥락이다. 엘리아스는 귀족과 부르주아의 사회적 운명에 초점을 맞추었지만, 국가의 사회 통제력과 그로 인한 인간성의 구조적 변화를 골격으로 하는 그의 설명 틀은 민중층에게 더 잘 들어맞는 셈이다.

공권력과 교회의 간섭으로 공동체적인 민중 문화의 전통인 사육제carnival와 샤리바리charivari는 점차 쇠퇴하게 된다. 가족의 요구에 따라 방탕한 아들이나 술주정뱅이 남편을 구금해주는 국왕의 봉인장 제도가 확대되면서 가정의 문제를 해결하는 주도권은 이웃과 공동체 대신 가장과 상징적 가장인 국왕에게 넘겨진다.

민중층의 입장에서 보면 명예 지키기, 즉 사생활의 보호는 경제적 가치와 관련된 문제이다. 추문은 민중층이 일거리를 유지하고 거처를 정하는 데에 치명적인 영향을 미치기 때문이다. 서서히 민중층의 일상생활도 사적 영역의 울타리에 안주하게 되지만, 그 사적 보호막을 지켜주는 안정 장치는 바로 공적 권위였다. 결국 민중층에게 사생활은 신분적 우월성의 표시와는 거리가 먼 것이었으며 오히려 국가의 공익 개념과 일치했던 것이다. 공익에 대한 이런 개념과 권력 행사 방식은 프랑스 혁명기에도 그대로 이어졌다.

하지만 우리는 안다. 또 다른 거부와 역전의 드라마가 펼쳐지리라는 것을. 왕이라는 무서운 아버지의 강요로 순화와 개화에 순종하고 있는 민중이라는 어린이가 언젠가는 그 품을 박차고 뛰쳐나가리라는 것을.[9]

교양층의 사적 영역화가 순응과 거부, 역전이라는 복잡한 경로를 거친 반면, 민중층의 사적 영역화가 국가의 강요와 주입을 통해 형성된 이유는 무엇인가? 그것은 결국 빵 문제이다. 물질적 조건의 차이를 전제로 한 이런 설명은 구체적인 사례를 들며 흥미롭게 전개되었지만 어쩐지 석연치가 않다. 귀족들이, 하물며 신흥 귀족과 부르주아가 정말 경제적 이해관계에서 자유로웠을까? 경제 문제에 초연한 척하면서도 실제로는 무섭게 돈에 집착하는 이중 심리야말로 사적 영역화의 추동력 가운데 하나가 아니었을까? 국왕에 대한 충성심과 심지어 우정까지 궁극적으로는 물질적 이해관계에서 비롯된 것임을 밝힌 최근의 연구[10]를 굳이 거론하지 않더라도, 낡은 성을 단장하기 위해 부유한 부르주아 출신 며느리를 맞아들인 귀족의 허위의식에 대한 고발은 17세기 프랑스 문학의 간판 격인 몰리에르Molière의 단골 주제가 아닌가. 더욱 특기할 만한 것은 이 책에서 물질적 조건에 지배되는 민중층과, 경제 문제에 구애받지 않고 예절과 취향을 추구하는 사회 문화적 엘

---

9) 린 헌트,《가족 로망스》, 조한욱 옮김(새물결, 2000) 참조.
10) Charles Kettering, "Patronage in Early Modern France", *French Historical Studies*, no. 2(1992), 839~862쪽 ; Laurent Bourquin, *Noblesse seconde et pouvoir en Champagne aux xvie et xviie siècles*(Paris : Publication de Sorbonne, 1994).

리트층인 교양층은 마치 유리벽으로 차단된 것처럼 보인다는 점이다. 그들은 같은 공간 안에서 생활하면서도 나란히 각자의 궤도에 따라 변화할 뿐 둘 사이에는 만남도 갈등도 없다.

전체적으로 외적 자극과 그로 인한 집단 심리의 변화가 개인의 심성에 각인되어 외적으로 드러난 모습을 정교하게 분석한 점은 《사생활의 역사 3》이 지닌 장점이 아닐 수 없다. 그러나 물질적 측면이 초래하는 심성의 변화는 거기에서 빠져 있다. 오랫동안 역사학을 지배해온 사회 경제적 해석에 대한 피해 의식 때문일까? 아니면 문화적 측면을 강조하고 싶어서일까? 어쨌거나 저자들은 한결같이 자본주의와 사회 경제적 측면에 대해서는 침묵을 지키거나 서술을 전개하면서 전제로 삼을 뿐이다. 그 점이 이 책의 한계임은 분명하다. 하지만 영국에서 이미 오래전에 문자 해독률의 증가와 책의 보급, 독서 습관의 형성을 경제적 개인주의의 발달과 관련지어 설명한 연구 성과가 나오고,[11] 종교의 선택과 공간의 세분화, 일기 쓰기의 유행은 당연히 사회 경제적 변화와 맞물린 현상임에도 불구하고, 사적 영역화에 작용한 요소로 정치와 종교, 글의 사용 등 정치·문화적인 측면만을 거론한 점은 아무래도 의도적인 것처럼 보인다. 영국을 모델로 근대의 진보를 설명하는 고전적인 사회 경제사적 준거 틀을 대체하기라도 하려는 것일까? 아무튼 《사생활의 역사 3》은 프랑스의 근대 국가를 모델로 한 가설과 해석을 선보이면서 서유럽에서의 사생활의 역사를 앞으로의 과제로 제시하고 있다.

4. 한국사와 사생활의 역사

《사생활의 역사》가 강조하듯이 공적 영역과 사적 영역은 어차피 영원한 짝패다.

---

11) Lawrence Stone, *The Family, Sex and Marriage in England, 1500~1800*(New York : Penguin Books Ltd., 1977) 참조.

실제로 지금 우리 사회의 도처에서 사적 영역은 공적 영역과 충돌하고 있다. TV의 인기 프로그램인 연예인들의 사생활 폭로와 몰래 카메라부터 가정 폭력의 고발과 간통법까지 사생활의 요체인 가정은 결코 신성불가침의 영역이 아니다. 더구나 우리의 정치 현실은 여전히 사적인 유대 관계와 인맥을 토대로 작동하지 않는가.

이제 공과 사의 문제를 우리의 과거에 던져보자. 과연 한국사에서 사생활의 역사는 가능한가? 아리에스가 《사생활의 역사》의 첫머리에서 제시했던, 근대 초 서유럽에서 개인적 내밀성과 우정에 기반한 사회성의 변화를 통해 형성된 사적 영역화의 과정을 한국 역사에 문자 그대로 적용하는 것이 가능할까? 그렇지 않다면 《사생활의 역사》가 한국사에 시사하는 바는 무엇일까? 이 물음에 답하기 위해서는 먼저 한국사 연구의 전반적인 성과와 동향을 파악해야겠지만 한국사에 문외한인 필자로서는 불가능한 일이다. 따라서 이 글에서는 단지 사생활의 역사에서 제시된 다양한 시각과 방법론들 중 한국사에 적용할 수 있는 것은 무엇인지 논의해보기로 하자.

'사생활의 역사'를 책 제목으로 내건 만큼 《사생활의 역사》는 사적 영역과 공적 영역의 아슬아슬한 경계를 오가면서도 정치사의 영역을 침범하지 않으려고 자제하는 듯한 모습이 역력하다. 하지만 편집자인 샤르티에가 결론 부분에서 "사생활의 역사를 통해 다양하고 지속적인 의미의 공적 영역의 역사를 함축적으로 제시하고자 했다"[12]고 언급했듯이, 사생활의 역사는 사적 세계를 둘러싸고 있는 울타리 안에 갇힌 역사가 아니다. 여성의 역사가 여성만의 역사가 아니라 여성의 시각에서 새롭게 쓰인 역사이듯이, 사생활의 역사는 공적 영역의 역사를 새로운 시각에서 재조명할 수 있는 기회를 제공한다. 실제로 절대 왕권이 지배하고 공적 영역과 사적 영역이 혼재했던 프랑스 앙시앵 레짐 시기를 다룬 이 책은 강력한 중앙집권적 관료 체제가 유지되는 가운데 관/공이 중첩되고 공/사가 긴밀하게 결합되

---

12) 필립 아리에스·조르주 뒤비 책임 편집, 로제 샤르티에 편집, 《사생활의 역사 3》, 783쪽.

었던 조선 사회를 이해하는 데 몇 가지 시사점을 던져 준다. 특히 사적 세계의 형성을 국가의 역할과 사회적 긴장 관계 속에서 설명하는 방식은 주목할 만하다.

물론 사적 세계가 역사 연구의 소재로 등장한 것 자체는 이제 한국사에서도 그다지 새롭지 않다. 사회 경제적 측면에서 구조 변동에 초점을 맞춘 사회사가 풍미하던 한국사에서도 이미 일상적 영역에서의 미시적 생활사 연구의 필요성이 강조되고 있다.[13] 또한 대중을 위한 기획물인 생활사 시리즈[14]가 아니더라도 방대한 양의 고문서 연구를 통해 출산, 결혼, 가훈, 제사, 주거, 음식, 의복, 부부 생활 등을 보여주는 일상생활사 연구가 역사 연구의 중심 무대에서 확고한 위치를 차지하게 되었다.[15] 좀 더 최근에는 이처럼 일상의 다양한 모습들을 단순히 열거한 수준에서 나아가 일상생활을 영위한 사람들 사이의 관계 및 주변 사회와의 관계가 추적되기도 했다. 예컨대 주거 형성과 건축물에 대한 민속학 연구는 결혼 관계 및 가족 구성원간의 관계뿐만 아니라 가족 관계에 영향을 미친 지배 이념과의 연관성에 주목했다.[16] 여성사 연구는 더욱 함축적이다. 효자, 열녀, 처첩 질서, 정절 이데올로기, 재가 금지 등 유교적 사회 규범의 미세 구조가 정착하는 과정을 분석한 여성사가들은 가족과 결혼을 사회적 권력관계의 시각에서 바라본다.[17]

통치 이데올로기이자 일상생활을 통제하는 생활 규범으로 작동한 유교 문화는 사실상 사적 영역의 시각에서 되새겨볼 만한 의미심장한 주제이다. 조선 사회는

---

13) 신용하 외, 《한국사회사의 이해》(문학과지성사, 1995). 서구 학계의 새로운 연구 방법을 소개한 서양 사학자들의 글도 최근 몇 년간 다수 발표되었다. 그중 한국사에서의 수용 가능성을 모색한 글로 안병직, 〈한국문화사 어떻게 쓸 것인가—구미 역사학계의 연구 경향에 비추어〉, 《한국문화사의 체계와 방향 설정을 위한 기초 연구》, 2002년 국사편찬위원회 학술세미나, 87~99쪽 ; 김호, 〈우리에게 포스트모던 역사학이란 무엇인가〉, 《포스트모더니즘과 역사학》(푸른역사, 2002), 318~342쪽.
14) 한국역사연구회 편, 《조선시대 사람들은 어떻게 살았을까?》 1·2(청년사, 1996) ; 정연식, 《일상으로 본 조선시대 이야기》 1·2(청년사, 2001).
15) 최승희, 《조선시대 생활사》(역사비평사, 1996) ; 문옥표 외, 《조선 양반의 생활세계》(백산서당, 2004)
16) 김광언, 《한국의 주거민속지》(민음사, 1994).
17) 조은, 〈모성.성.신분제〉, 《사회와 역사》 제51집(1997), 109~139쪽 ; 이재경, 〈조선 전기 혼인 규제와 성의 정치〉, 《사회와 역사》 제58집(2000), 11~36쪽.

유교 사회와 동일시된다. 조선 사회에 동질성을 부여한 유교 문화는 언제 어떻게 정착하게 되었을까? 건국에 성공한 새 왕조와 권력 다툼에서 살아남은 자들에게 무엇보다 시급한 것은 사회 질서의 확립이었다. "예의 핵심은 질서에 불과할 뿐이다"[18]라고 한 정도전은 예의 도입을 국가 통치 철학의 맥락에서 이해하고 있음을 보여준다. 유학을 통치 이념이자 도덕의 원리로 받아들인 신진 사대부들은 사회 통제 기제로 예를 체계화한다. 국가 질서에 관계되는 국조오례의(國朝五禮儀)와 개인적인 규범으로서의 관혼상제의 사례(四禮)가 동일선상에 위치하게 되면서 충과 효가 일치하는 가부장적 질서에 기반한 유교 문화가 확립되었던 것이다.

《한국 사회의 유교적 변환》[19]은 이렇게 도입된 유교 문화가 조선 초기 지배층의 일상생활에 미친 영향을 분석했다. 이 책에서 유교 문화는 사회 변동의 원동력으로 작용한다. 1980년대까지 한국사 연구자들의 주된 연구 성과인 사회 변동론이 사회 경제사의 맥락에서 왕조 교체를 정당화해준 반면, 이 책은 경제적 동기보다는 유학을 통해 조선 사회의 변화를 설명한다. 조선 사회의 골격을 이루는 가부장 질서는 조선의 건국 이후 가장 주요한 변화 중 하나였다. 하지만 조상 숭배, 상속 제도 등은 유교의 전래와 더불어 자연스럽게 정착한 사회 풍습이 아니다. 이런 유교 문화의 정착은 권력의 침투 과정과 마찬가지다. 부계 조상을 정점으로 한 부계 집단들은 공동의 유대감을 배양하고 그 영향력을 과시할 목적으로 족보 편찬에 주력하고 제사를 통해 친밀감을 돈독히 했다. 이렇듯 수도에서건 지방에서건 유교를 토대로 한 학문 생활, 엄격한 가부장적 질서, 제사 문화, 가시적인 소비 등이 요구되면서 유교적 생활양식이 형성되었다.

가정생활과 교육은 유교 이데올로기를 주입하는 문화적 훈련 과정이다. 그중에서도 부계 사회를 지탱하는 데 제사보다 더 적절한 방법은 없다. 공적 영역과 사적 영역을 아우르는 의미 체계인 제사는 위계질서를 재확인하는 자리인 동시에

---

18) 정도전, 〈禮典總序〉, 《朝鮮經國典》. 조희선, 〈유교화와 여성의 신앙생활〉, 최홍기 외, 《조선 전기 가부장제와 여성》(아카넷, 2006), 306쪽에서 재인용.
19) 마르티나 도이힐러, 《한국 사회의 유교적 변환》, 이훈상 옮김(아카넷, 2003).

종교적 의미를 강요함으로써 산 사람들과 죽은 사람들을 하나의 부계 집단의 성원으로 결합시킨다. 경건한 분위기 속에서 이루어지는 제사는 장자 우대와 불균등 상속, 서자와 여성의 지위가 합리화되고 강요되는 순간이다. 후처가 사당에 봉안되는 순간 장자는 계모를 어머니로 모시면서 자신의 위치를 재확인할 수 있고 이복형제들을 동생으로 분류함으로써 경쟁에서 배제시킬 수 있다. 처첩의 등위를 엄격하게 설정한 것도 같은 맥락에서다.

《한국 사회의 유교적 변환》에 의하면 제사는 단순히 죽은 사람에 대한 예찬이 아니라 그 이상이다. 죽은 사람에 대한 의례에서 산 사람들의 경쟁과 갈등, 억압과 복종의 구도를 읽어냄으로써 이 책은 통치 이념이자 사회 및 가족 제도를 규정짓는 사회 규범으로서의 유교가 사사로운 인간관계와 일상생활의 일거수일투족을 지배하는 존재 양식으로 정착하는 과정을 보여준다. 이런 설명 방식은 권력과 예절의 역학 관계를 설명한 엘리아스의 문명화 과정 논리와 유사하다. 이렇듯 조선 사회에서 가부장제는 공적 억압이 재생산되고 강화되는 사회 지배 도구로 작동했던 것이다. 자연히 가족이란 개인의 사적 보호막이라기보다 가장 미세한 국가 권력의 지배 단위에 더 가깝다.

하지만 지배층의 범주에 국한된 이 책에서 유교 문화는 위에서 아래로의 강요와 침투를 통한 일종의 문화적 지침에 불과하다. 이것만으로는 유교 문화로 동질화된 조선 사회 전체의 밑그림을 그릴 수 없으며 서민층과 천민층의 사적 영역에 파급된 유교 문화의 존재를 설명할 수도 없다. 하지만 가부장제에 대한 실증적 연구 성과에 의하면 조선 사회에서 그 이전과는 뚜렷이 구분되는 부계 중심의 유교 문화가 형성된 것은 17세기 후반이 아닌가.[20] 더구나 이때쯤은 이미 사회 경제적 변화로 인해 가부장 문화를 토대로 한 신분제가 해체되는 시기가 아닌가. 신분제의 해체와 가부장제의 심화라는 이 기묘한 역관계를 어떻게 설명해야 할까?

이제 질문의 방식을 좀 더 역동적으로 바꾸어보자. 조선 사람들은 언제부터 왜

---

20) 최재석, 《한국 가족제도사 연구》(일조각, 1983).

유교 문화를 받아들였을까? 사람들은 통치 이데올로기로서 주입되고 강요됨으로써 사회를 변화시킨 유교 문화를 어떻게 생각했으며 어떤 반응을 보였을까? 조선 사회 역시 강요와 주입식의 일방통행만이 아니라 모방과 전유, 갈등과 거부가 꿈틀대던 삶의 현장이 아니었겠는가?

조선 사회에서 예는 권력과 부의 분배 및 신분적 특권의 지표이다. 나를 포함한 우리와 타인을 구별 짓고 다시 우리 안에서 복잡한 서열로 구별 짓기를 통해 구성원들을 길들이는 방식은 불평등 구조를 재생산한다. 국가 공권력과의 긴장과 충돌 속에서 사족층이 지역 사회에서 지배 체제를 구축해가는 과정은 바로 이런 맥락으로 설명할 수 있는 대목이다. 가부장제, 관혼상제, 의례 등이 사회 현실 속에서 내면화된 양반 문화의 가치 체계에 주목한 최근의 향촌 사회사 연구[21]는 비록 정교하지는 않을지라도 신분적 불평등 구조의 내면화를 보여준다. 이렇게 보면 가부장제의 정착은 위기에 처한 사족 지배층이 지역 사회에서의 지배권 강화라는 사적 이해관계를 위해 동원한 사회적 차별화 전략의 하나인 셈이다.

나아가 조선 후기 지배 권력과 양반층에 저항하는 민중 문화가 형성되었음에도 불구하고 가부장 문화가 상민과 노비층의 가족생활에까지 적극적으로 받아들여지고 관습화되었으며, 유교 문화의 흔적만 남은 오늘날까지도 명맥을 유지하고 있는 이유 역시 같은 맥락으로 설명할 수 있다. 조선 후기에 신분제가 해체되고 다양한 수단을 통한 신분 상승의 기회를 거머쥔 신양반층은 누구보다도 가부장 문화의 확고한 지지자들이다. 가부장 문화는 양반 문화의 상징이었기 때문이다. 여기서 우리는 마치 신분 상승에 집착한 나머지 귀족 문화의 주요 고객이 되고 그 탐욕이 오늘날 명품 열풍으로 이어진 근대 유럽의 부르주아를 보는 듯하다. 신분 차별에 의한 구별 짓기와 인간 내면의 심리적 변화의 복잡한 함수 관계는 되풀이될수록 더욱 단단해진다. 가부장 문화도 시간의 흐름과 더불어 더욱 완고해졌다. 가부장 문화를 토대로 형성된 신분제가 해체되면서 가부장 문화가 오히려 더욱 광

---

21) 박재홍 외,《근대사회변동과 양반》(아세아문화사, 2000).

범위하고 역동적으로 파급된 까닭은 바로 여기에 있는 것이 아닐까?

여기에 성적 불평등 구조의 자기 재생산 방식이 가세하면 그 힘은 더욱 치열해진다. 최근의 여성사 연구, 특히 《조선조 사회와 가족》이 주목한 것은 바로 이런 권력 구조와 사회 규범의 성적 불평등 구조이다.[22] 정절을 목숨처럼 여기고 열녀와 효부 모델을 이상으로 삼던 조선의 여인들이야말로 유교적 규범과 가치 체계를 내면화하고 몸소 실천한 주인공들이 아닌가. 사회적 억압의 최대 희생자인 여성이 바로 그 억압 기제의 수호자로 변신한 이 역설은 여성에게 독자적인 사회적 주체로서의 삶이 봉쇄된 불평등 사회에서 필사적으로 성적, 신분적 구별 짓기를 고수하는 것만이 여성의 살길이었음을 보여준다. 더구나 정절을 지키려는 춘향의 모습은 정절의 미덕이 양반층의 독점물은 아니었다는 증거이다. 결국 조선 사회는 가족과 여성을 가부장적 통치 구조로 편입시키는 미묘한 권력 투쟁의 과정이었던 것이다.

그러나 우리는 가부장제의 억압 속에서 여성들이 확보한 여성들만의 고유 영역을 놓칠 수 없다. 남성 위주의 유교 문화에 복종했음에도 불구하고 여성들은 전통적으로 고사와 치성 등 민간 신앙을 유지해오지 않았는가. 여성의 신앙생활이야말로 조선 사회에서도 사생활의 역사를 읽어낼 수 있는 틈새가 아닐 수 없다. 실제로 유교적 질서에 따라 불교와 기타 음사가 금지되었음에도 불구하고 여성들은 왕실과 민가를 가릴 것 없이 이를 계속 유지함으로써 유교 문화에 이중적인 반응을 보인 셈이다.[23] 종사 숭배와 제사에 헌신하면서도 집신굿을 계속한 여성은 보조자로서의 역할만이 주어지는 주자가례에 대한 불만 속에서 독자적이고 주체적인 역할을 추구하며 자아 구현의 길을 모색한 것이 아닐까? 외부 세계와 접촉할 수 있었던 절로 가는 길, 행위의 주체가 될 수 있던 무속을 통해 여성은 가부장 문화와는 상이한 세계를 경험한 것이 틀림없다. 여기서 우리는 유교 문화라는 외적 자극을

---

22) 최홍기 외, 《조선 전기 가부장제와 여성》(아카넷, 2004) ; 이이효재, 《조선조 사회와 가족》(한울, 2003).
23) 조희선, 〈유교화와 여성의 신앙생활〉, 293~329쪽.

수용하고 동화한 동시에 갈등을 겪고 거부한 다양한 여성들의 반응을 목격할 수 있다. 아무튼 가부장제로 인한 여성의 소외감과 압박감, 그리고 그것으로부터 탈피하고자 하는 욕구 등은 담론 분석을 통해 좀 더 정교하게 분석할 필요가 있다.

이런 맥락에서 보면 조선 사회 내에서도 유교 문화에 대한 긴장과 갈등이 드러나는 대목을 여러 군데서 찾아볼 수 있다. 최근에는 유교적 지배 이념과 괴리를 보이는 농민층의 일상 세계가 거론되었으며[24] 양반층 내부에서 나타난 유교적 정치 이념과 가족 차원의 효 사이의 긴장 관계가 지적되기도 했다.[25] 다른 한편 저명한 문인들 간의 사우 관계나 정략결혼, 서당 교육, 강학, 독서 등의 구체적 경험을 통해 사회에 내재하고 있는 억압과 긴장 관계의 실체를 거꾸로 파악할 수도 있을 것이다. 이런 맥락에서 보면 유교적 정치 이념에 입각한 공론(公論)[26] 정치 역시 사적 측면에서 재조명될 필요가 있다.[27] 학연과 문벌을 중심으로 뭉친 붕당의 사적 인맥과 공적 담론으로 은폐된 상소의 사적 성격이 분석된다면 전통적인 정치사상사의 발전적 맥락에 위치한 공론 정치의 실체를 좀 더 복합적으로 이해할 수 있을 것이다.

5. 맺음말

사생활의 역사에서 가장 어려운 문제는 구체적인 일상에서 작용하는 외적 자극

---

24) 이훈상, 〈한국사에서의 근대성을 둘러싼 글쓰기 주체와 공공성의 한국적 양식의 모색〉(박광용의 〈17, 18세기 조선의 국가와 공론〉에 대한 토론문), 《역사에서의 공공성과 국가》, 제44회 전국역사학대회(2001), 109쪽.
25) 김동춘, 〈유교와 한국의 가족주의〉, 《경제와 사회와》 제55집(2002년 가을), 93~118쪽.
26) 공론의 개념은 이 글에서 논의될 문제는 아니지만 사적 영역에 기반한 서구의 공적 영역과는 차이가 있음을 밝혀둔다.
27) 이 점에서 지방과 중앙, 개인과 사회의 접점을 찾으려는 시도를 앞으로의 과제로 제시한 미국의 한국사학자들의 연구는 눈여겨볼 만하다. 마르티나 도이힐러, 〈한국의 유교적 변화 : 포괄적 고찰〉(2002) · 김자현, 〈조선시대 문화사 어떻게 쓸 것인가—자료와 접근방식에 대하여〉, 《한국사 연구 방법론과 방향 모색》, 2002년 국사편찬위원회 국제학술대회, 91~100 · 119~134쪽.

과 그 영향이 인간의 생각과 태도를 어떻게 변화시켰는지 파악하기가 결코 쉽지 않다는 점이다. 이는 곧 사료의 문제이기도 하다. 새로운 역사는 새로운 사료의 발굴을 통해서만이 아니라 기존의 사료에 대한 재해석을 통해서도 가능하다. 특히 사적 영역의 역사를 복원하는 작업은 지금까지의 지배층 및 남성 편향적인 사료 해석과는 전혀 다른 새로운 사료와 새로운 방식의 사료 읽기를 요구한다.

사적 영역의 존재를 드러낼 만한 사료를 찾기란 근대 유럽 사회에서도 그리 쉬운 일은 아니다. 인쇄술의 도입에 힘입은 독서 혁명 덕분에 상대적으로 일찍 문자 문화 사회로 진입했음에도 불구하고 글쓰기는 주로 정치적 인물이나 귀족, 부르주아 등 소수에게 국한되었으며 그나마도 남성 위주였기 때문이다. 더구나 공적인 측면이 개입되지 않은 사생활이 기록되기 시작한 것은 17세기 후반부터이다. 그렇다고 해서 그 이전에 사생활이 존재하지 않았던 것은 아니다. 따라서 《사생활의 역사 3》의 저자들은 재판 기록, 유언장, 회고록, 자서전, 편지, 가정 일지 등에서 드러내기와 감추기의 교묘한 줄다리기를 파헤쳐 사생활의 존재를 발굴해낼 뿐만 아니라 가옥 구조, 실내 장식, 초상화와 삽화 그리고 문학 작품과 요리책에서까지 사생활의 발자취를 추적한다.

한국사에서도 관찬 사료인 실록 외에도 문집, 일기 등 다양한 고문서들이 발굴되어 사회사나 생활사[28]에서 활용되었다. 그 밖에도 다양한 사료들에 대한 새로운 읽기가 가능하다. 여성 사회에서 널리 보급된 국문 소설들과 그림, 서예 등 다양한 장르의 비정통 사료들과 민속학에서 활용되고 있는 노동요나 민요를 통해 당시 가족 구조의 애환과 설움을 추출해낼 것이다. 그러나 한국사에서 더 중요한 문제는 질적 연구와 함께 계량적 접근을 병행할 필요가 있다는 점이다. 족보나 호적 등 일정한 형태의 변화를 추적할 만큼 충분한 양의 사료에 대한 통계 처리를 통해 객관적 지표가 제시된다면 사료 선택과 자의적 해석의 위험성을 보완할 수 있을 것이다.

---

28) 이미 《정신문화 연구》, 제19권(정신문화연구원, 1996)은 일기를 통한 생활사 연구의 사례를 선보인 바 있다.

《사생활의 역사》에서 계량화는 거부되지도 포기되지도 않았다. 오히려 이 책의 저자들은 오랫동안 서구 사학계에서 축적된 계량적 연구를 논의의 기반으로 삼고 있다. 유언장과 유산 목록, 공증 문서나 결혼 계약서의 서명자 수에 대한 통계 처리는 불만스럽기는 해도 문자 해독과 책의 소유, 결혼과 죽음에 대한 태도 등 인간의 삶에 대한 거시적인 사회 문화적 지표를 제시해주기 때문이다. 이 점에서 보면 사생활의 역사는 결국 사회 문화사적 연구 업적의 토대 위에 서 있으며 나아가 사회사의 뿌리에 닿아 있는 셈이다.

Arlette Farge, "L'Histoire sociale", *L'Histoire et le métier d'historien en France, 1945~1995*, F. Bédarida (éd.)(Paris : Editions de la Maisons des sciences de l'homme, 1995), 281~300쪽

Charles Kettering, "Patronage in Early Modern France", *French Historical Studies*, no. 2(1992), 839~862쪽

D. Goodman, "Public Sphere and Private Life : Toward A Synthesis of Current Historiographical Approaches to the Old Regime", *History and Theory*, no. 1(1992), 1~20쪽

E. François, "Les Formes de sociabilité en France du xviiie siècle au milieu xixe siècle", *Revue d'histoire moderne et contemporaine*, no. 2(1987), 453~472쪽

Laurent Bourquin, *Noblesse seconde et pouvoir en Champagne aux xvie et xviie siècles*(Paris : Publication de Sorbonne, 1994)

Lawrence Stone, *The Family, Sex and Marriage in England, 1500~1800*(New York : Penguin Books Ltd., 1997)

Maurice Agulhon, *La Sociabilité méridionale. Confréries et associations dans la vie collective en Provence orientale à la fin xviiie siècle*(Aix-en-Provence, 1966)

Roger Chartier, "Trajectoire et tensions culturelles de l'Ancien Régime", A. Burguière · J. Revel (éd.), *Les formes de la culture*(Paris : Seuil, 1993), 328쪽

김광언, 《한국의 주거민속지》(민음사, 1994)
김동춘, 〈유교와 한국의 가족주의〉, 《경제와 사회》 제55집(2002년 가을), 93~118쪽
김자현, 〈조선시대 문화사 어떻게 쓸 것인가—자료와 접근방식에 대하여〉, 《한국사 연구 방법론과 방향 모색》, 2002년 국사편찬위원회 국제학술대회, 119~134쪽
김호, 〈우리에게 포스트모던 역사학이란 무엇인가〉, 《포스트모더니즘과 역사학》(푸른역사, 2002), 318~342쪽
린 헌트, 《가족 로망스》, 조한욱 옮김(새물결, 2000)
마르티나 도이힐러, 《한국 사회의 유교적 변환》, 이훈상 옮김(아카넷, 2003)
─────, 〈한국의 유교적 변화 : 포괄적 고찰〉, 《한국사 연구 방법론과 방향 모색》, 2002년 국사편찬위원회 국제학술대회, 91~100쪽
박재홍·허권수·지승종·정진상·김준형, 《근대사회변동과 양반》(아세아문화사, 2000)
신용하 외, 《한국사회사의 이해》(문학과지성사, 1995)
안병직, 〈한국문화사 어떻게 쓸 것인가—구미 역사학계의 연구 경향에 비추어〉, 《한국문화사의 체계

　　　　와 방향 설정을 위한 기초 연구〉, 2002년 국사편찬위원회 학술세미나, 87~99쪽
이이효재, 《조선조 사회와 가족》(한울, 2003)
이재경, 〈조선 전기 혼인 규제와 성의 정치〉, 《사회와 역사》 제58집(2000), 11~36쪽
정연식, 《일상으로 본 조선시대 이야기》 1·2(청년사, 2001)
조은, 〈모성, 성, 신분제〉, 《사회와 역사》 제51집(1997), 109~139쪽
최승희, 《조선시대 생활사》(역사비평사, 1996)
최홍기 외, 《조선 전기 가부장제와 여성》(아카넷, 2004)
한국역사연구회 편, 《조선시대 사람들은 어떻게 살았을까?》 1·2(청년사, 1996)

한국전쟁과 영국 노동당 정부*

박 지 향**

1. 머리말

1950년 6월 한국전쟁이 발발했을 때 영국에서는 노동당이 집권하고 있었다. 1900년에 창당되었지만 40여 년 동안 한 번도 단독으로 집권해보지 못했던 노동당은 1945년 여름, 2차 대전이 끝난 직후 실시된 선거에서 예상 외로 처칠Winston Churchill이 이끄는 보수당을 압도적인 의석 차로 누르고 다수 집권당이 되었다. 노동당의 압승은 수년간 계속되어온 대(對)나치즘 전쟁에 시달린 국민들이 새로운 사회를 열망한다는 여망의 표현이었다. 그리고 국민의 기대를 업고 출범한 노

---

* 이 글은 1994년 3월에 《역사학보》 제141집에 〈영국 노동당과 한국전쟁〉이라는 제목으로 실린 논문을 수정·보완한 것이다.
** 서울대 서양사학과를 졸업하고 같은 학교 대학원에서 석사 학위를 받았다. 뉴욕주립대학에서 철학 박사 학위를 취득하고 뉴욕 프랫대학, 인하대 교수를 거쳐 현재 서울대학교 교수로 재직 중이다. 도쿄대학과 케임브리지대학의 객원교수를 거쳤다. 저서로 *Profit-Sharing and Industrial Co-partnership in British Industry 1880~1920 : Class Conflict or Class Collaboration?*, 《영국사 : 보수와 개혁의 드라마》, 《제국주의 : 신화와 현실》, 《슬픈 아일랜드》, 《일그러진 근대》, 《영웅 만들기》(공저), 《해방 전후사의 재인식》(공편저), 《영국적인, 너무나 영국적인》이 있고, 역서로 《만들어진 전통》(공역)이 있다. 그 외 "Women of Their Time : the Growing Recognition of the Second Sex in Victorian and Edwardian England", 〈간디 다시 읽기 : 근대문명 비판을 중심으로〉, 〈아일랜드·인도의 민족운동과 한국의 자치운동 비교〉 등 국내외 저널에 50여 편의 논문을 발표했다.

동당 정부가 과감하게 사회주의 정책을 실시할 수 있는 절호의 기회였다. 노동당의 승리는 부르주아 세계의 종식을 의미하며 세계적인 사회주의의 흐름을 상징하는 듯 보였다. 그러나 1945년의 기대는 1950년을 계기로 사라져버리고 말았다. 1950년 6월 한국전쟁이 발발하자 재무장과 사회 복지 제도의 희생이라는 문제를 둘러싸고 노동당 내 분열이 심각해졌고 노동당은 1951년 10월 총선에서 보수당에게 패배하고 말았다.

1945~1951년의 노동당 정부가 대단히 진보적인 사회 복지 정책을 수립했으며 나름대로 사회주의 경제 질서를 도입하고자 노력했던 점은 사실이다. 그러나 노동당 정부가 출범했을 당시 어느 누구도 무엇이 사회주의 경제 체제인지를 정확히 모르고 있었다. 노동당 정부는 막연하게 국유화 및 계획 경제 등을 염두에 두었다. 이런 모호성에도 불구하고 노동당 정부는 많은 변화를 가져왔다. 철도, 광산업 등 기간산업의 국유화로 전체 산업의 20%가 국유화되었고, 사회 보장 및 복지 제도가 재조직되어 가족 수당, 국민 의료 보험 등이 도입되었다. 좌파 성향의 역사가들은 1945~1951년의 노동당 정부를 "현실이 아닌 신화와 환상의 세계로 은퇴할 위험"[1]에 처해 있다고 평가하기도 했다.

국내 정책에 대한 찬사와는 달리 노동당 정부의 외교 정책은 일방적인 친미-반소의 냉전적 외교 노선이었다고 규정되며, 이런 외교 노선으로 인해 영국은 미국의 종속국이 되었다고 비판받아왔다.[2] 그러나 이 글은 이런 평가에 이의를 제기하면서, 한국전쟁 동안에 있었던 노동당 정부의 정책을 고찰하고자 한다.[3] 노동당

---

1) Eric Hobsbawm, "Past Imperfect, Future Tense", *Politics for a Rational Left*(London : Verso, 1989), 172쪽.
2) 영국과 미국 간의 '특별한 관계'는 학자들은 말할 것도 없고 양국의 정치인들도 즐겨 사용하는 문구다. 일반적으로 '특별한 관계'는 우호적 관계를 의미하지만 그 의미에 동의하지 않는 사람도 있었다. 미 국무 장관 애치슨Dean Gooderham Acheson은 "물론 영국과 미국 간에는 특별한 관계가 존재해왔다. 우리의 공통된 언어와 역사가 그것을 확인한다. 그러나 특별한 관계가 곧 우호적 관계를 의미하지는 않는다"고 주장했다. Allen Bullock, *Foreign Secretary, 1945~1951*, Allen Bullock, *Ernest Bevin*, vol. 3(Oxford : Oxford Univ. Press, 1985), 772쪽에서 재인용.
3) 박지향, 〈영국노동당 정부, 1945~1951 : 대외정책을 중심으로〉,《유럽사의 구조와 전환 : 이민호 교수 정년

정부의 대외 정책을 고찰하는 데에 한국전쟁은 중요한 계기를 마련해 준다. 전쟁이 발발하자 영국은 미국 다음으로 가장 큰 규모의 군사력을 파견했을 뿐만 아니라 소련 및 중국과의 관계에도 적극적으로 개입했는데, 이 과정에서 종종 미국과의 갈등을 무릅쓰고 나름대로의 대아시아 정책을 추구했다.[4]

이 글은 다음과 같은 주장을 제시하고자 한다. 첫째, 일반적으로 영국은 한국전쟁의 수행과 그를 둘러싼 정치적 관계 속에서 별로 중요하지 않은 역할을 한 것으로 인식되어왔다. 그러나 피상적인 인식과는 달리, 영국은 한국전쟁과 그를 둘러싼 국제 관계에 상당히 깊숙이 관여하고 있었다. 둘째, 한국전쟁 기간에 노동당이 집권했다는 사실이 영국의 대한(對韓) 정책 및 대미(對美) 정책에 영향을 미쳤다는 사실이다. 이제까지의 영국 대외 정책에 관한 연구는 외교 정책에 관한 한 노동당과 보수당은 차이가 없었다고 주장해왔다. 그러나 한국전쟁 동안 보여준 노동당 정부의 태도는 그 주장이 옳지 않음을 일깨워준다. 셋째, 영국이 한국전쟁에서 행한 역할보다는 오히려 한국전쟁이 영국에 미친 영향이 더욱 중요하다. 한국전쟁은 노동당 내 좌파와 우파의 분열을 야기해 아물지 못할 상처를 남겼을 뿐만 아니라 경제적으로도 영국 산업에 심각한 타격을 끼쳐 영국 경제가 상대적으로 쇠퇴하는 계기가 되었다. 특히 이 문제는 전쟁과 경제력의 쇠퇴의 상관관계라는 현실적 문제에 시사점을 제시한다는 점에서 중요하다.[5]

기념논총》(느티나무, 1993) 참조.
4) 영국은 세계 대전 직후 미국, 소련과 더불어 여전히 강대국으로 인식되고 있었고, 실제로 세계 곳곳에서 군사·경제적인 이해관계를 유지하고 있었기 때문에 국제 관계에서 미국 못지않게 중요한 역할을 담당했다. 영국 스스로는 전후 세계에서의 영국의 위치를 "2와 1/2에서 1/2"이라고 표현했다.
5) 한국전쟁과 영국의 경제적 쇠퇴에 관해서는 박지향, "Wasted Opportunities? : the Rearmament Programme in the 1950s and the Failure of the British Economic Policy", *Journal of Contemporary History*, vol. 32, no. 3(Summer, 1997) 참조.

2. 한국전쟁에서의 영국의 역할

(1) 초기의 미지근한 반응

영국 대외 관계에 관한 기존의 연구는 노동당 정부와 보수당 정부의 차이점을 고려하지 않는다. 이 글은 노동당 정부 역시 세계 도처에서 영국의 이해관계를 유지하려는 정책을 추구했다는 점을 인정한다. 하지만 그럼에도 불구하고 노동당 정부가 보수당 정부보다는 훨씬 더 진보적인, 그리고 미국의 압력으로부터 독립적인 노선을 취하려고 노력했다는 점을 지적하고자 한다. 만약 1950년 당시 보수당이 집권하고 있었다면 영국군 파견은 더 큰 규모로, 더 신속하게 이루어졌을 것이다. 보수당은 노동당보다 미국과의 특별한 관계에 훨씬 집착했고, 개인적으로도 처칠은 미국 정부 지도자들과 더욱 가까웠다. 포츠담 회의에서 처칠은 서거한 루스벨트Franklin D. Roosevelt 대통령을 대신해 참석한 트루먼Harry Shippe Truman에게서 좋은 인상을 받았고 두 사람은 곧 가까워졌다. 처칠은 그 유명한 '철의 장막' 연설을 위해 미주리 주 풀턴으로 여행했을 때에도 트루먼과 동행했다.[6]

노동당 정부는 역사적으로나 지리적으로나 영국과 소원한 한국에 대해 직접적인 관심이나 의무를 느끼고 있지 않았으며, 태평양전쟁이 끝난 이래 한국이 미국의 영향권에 속한다는 것을 인정하고는 별로 간섭하지 않았다. 1949년 말 중국 공산당이 중국 본토를 점령하자 영국 정부는 만약 비슷한 상황이 한국에서 전개된다면, 다시 말해 북한이 무력으로 남한을 점령하게 된다면 어떻게 할 것인가를 고려해야만 했다. 서울 주재 영국 공사관의 견해는 "영국은 한국에서 보호해야 할 이해관계가 거의 없으며 보호를 제공할 수도 없다"는 것이었다.[7] 영국 내각도 공사

---

6) John Colville, *The Fringe of Power : Downing Street Diaries 1939~1955*(London : Hodder & Stoughton, 1985), 636쪽.
7) 한국에 진출해 있는 영국 기업은 단지 셋뿐이었다. 영국 외무부 문서FO 371/84078, 영국 외무부 문서FK 1018/1. 이 글에서 인용하는 영국 정부 기록은 큐Kew에 있는 Public Record Office에 소장되어 있고, 미국 정부 기록은 워싱턴 D. C.의 National Archives와 메릴랜드 주의 National Record Center에 소장되어 있다.

관의 견해에 동의했다. 한국은 미국의 영향권으로 간주되었을 뿐만 아니라 영국의 직접적 관심 영역은 세계 도처에 산재해 있었다. 우선 2차 대전이 끝난 후 영국의 가장 큰 관심사는 유럽이었다. 영국 정부는 북대서양조약기구NATO의 성립과 독일의 재무장 문제, 그리고 마셜 플랜Marshall Plan하에 수행되고 있는 경제 부흥 등에 관심을 쏟고 있었다.

영국은 그 외에 영국의 영향권으로 간주되는 중동 지역과 지중해 연안에도 관심을 가졌다. 영국이 아시아에서 가장 중요하다고 생각한 곳은 얼마 전 영국으로부터 독립해 영연방의 중요한 일원이 된 인도였고, 1948년부터 공산 게릴라와의 내전이 벌어지고 있는 말라야, 그리고 중국 본토가 공산화되면서 직접적으로 위협을 받고 있는 홍콩이었다. 아시아에서 영국의 무대는 극동 지역이 아니라 남아시아 및 동남아시아였던 것이다. 한국의 지정학적 위치가 영국의 무관심을 야기한 주된 원인이었다. 영국의 외무장관 베빈Ernest Bevin은 한국의 지정학적 위치와 한국민의 정치적 미경험을 토대로 한국의 장래를 비관적으로 판단했다. "러시아는 제정 시대 이래로 한반도의 완전한 지배를 외교 정책의 목표로 설정했고 앞으로도 그럴 것이라는 사실은 자명하다"는 주장이었다. 게다가 베빈은 한국인들의 "극도의 정치적 미성숙과 무책임"이 소련으로 하여금 그들의 목표를 달성하도록 만들 것이라고 생각했다. 따라서 베빈은 한국이 오랜 기간 동안 다른 나라의 보호와 후견을 필요로 할 뿐만 아니라 전쟁이 끝난 후에도 끊임없는 내부 소요와 전복 시도에 직면하리라고 예견했다.[8]

1950년 6월 25일 한국에서 전면전이 시작되었다는 급보를 받은 애틀리Clement Attlee 수상의 최초의 반응은 무관심이었다. 그의 첫 번째 발언은 "미국이 개입하지 않는 한 상관할 바 없다"였다. 그러나 미국은 즉각적으로 한국전에 개입하기로 결정했고 그 결정을 전해 들은 수상의 생각도 달라져야 했다. 6월 25일 아침까지만 해도 무관심했던 애틀리 수상은 그날 오후에 트루먼 정부가 한국전쟁에 군사력

---

8) 영국 내각 문서CAB 129/41 C. P.(50) 193쪽. 베빈의 한국에 관한 비망록.

을 파견하기로 했다는 보고를 받자 이렇게 말했다. "양키를 지지해야만 하겠군." 수상은 같은 날 저녁, 하원에서 "이 적나라한 침략은 견제되어야 한다"고 선언했다.9)

피상적으로 보면 영국의 한국전쟁 개입은 미국의 압력 때문이라고 해석할 수 있으며 이제까지의 한국전쟁에 대한 연구 대부분이 실상 그렇게 간주해왔다. 그러나 미국의 압력이 아니더라도 영국은 당연히 한국전쟁에 개입하게 되어 있었다. 비록 애틀리의 첫 반응이 시사하듯이 한국에서의 분쟁은 영국에게 먼 땅의 이야기로 생각되었지만, 영국 정치 지도자들은 곧 한국 문제를 국제 관계의 맥락에서 파악하게 되었다. 즉 소련의 침략 정책에 대한 경계, 나토 회원국으로서 자신의 위치, 유엔을 통한 침략자에 대한 징계 정책 등의 여러 요인을 고려할 때 한국전쟁은 고립된 문제가 아니었던 것이다. 따라서 노동당 정부는 유엔 안전보장이사회의 결의에 따른다는 입장을 취했으나 우선은 한국에서 일어난 분쟁을 평화적인 방법으로 해결하고자 했다. 그리하여 7월 초, 영국은 한국 문제를 조속히 해결하기 위해 소련에게 북한군이 즉각적으로 군사 활동을 중지하고 38도선 이북으로 철수하도록 소련이 영향력을 행사해줄 것을 비밀리에 요청했다.10)

그러나 노동당 정부가 한국전쟁을 중요하게 생각한 것은 전쟁 그 자체보다 전쟁이 가져올 세계적 여파 때문이었다. 한국전쟁이 발발하자 베빈은 소련이 아시아를 선제공격하면서 곧 유럽까지 침범할지 모른다고 우려했다. 따라서 유럽이 한국에서 일어나고 있는 상황을 더 심각하게 받아들여야 한다고 판단했으며, 특히 소련군이 주둔하고 있는 오스트리아와 베를린에서 돌발 사태가 일어날지도 모른다고 우려했다.11) 영국에게 가장 중요한 문제는 서유럽의 방위였고, 애틀리와 베빈은 끊임없이 한국전쟁으로 인해 유엔이 "극동 지역에 필요 이상의 노력을 경주하는 함정"에 빠져서는 안 된다는 것을 강조했다. 그들은 한국에서의 유엔군의 역할이 침

---

9) Kenneth Harris, *Attlee*(London : Weidenfeld and Nicholson, 1984), 454쪽.
10) CAB 128/18 C. M. 48(50). 영국의 접근은 극비리에 이루어졌는데, 소련 정부가 먼저 양국이 주고받은 내용을 발표하자 노동당 정부도 할 수 없이 하원에서 이를 인정했다.
11) CAB 128/18 C. M. 78(50).

략에 대한 집단적 방위라는 유엔의 결의를 상징한다는 점에서 그 중요성을 인정했지만, 한국이 서방에게 전략적으로 중요한 곳이 아니기 때문에 유럽과 중동 지역에서 한국으로 군사력을 빼돌리는 것은 절대로 받아들일 수 없다는 입장을 취했다.[12]

이런 영국 정부의 주장은 미국 내 아시아 우선주의자들을 겨냥한 것이기도 했다. 즉 내각은 서방 세력이 아시아에 너무 깊이 개입하지 말아야 한다고 주장하면서 "극동에서의 사건은 긴급한 사건이다. 중동 지역은 전략상 매우 중요하다. 그럼에도 불구하고 서유럽과 대서양 전체 지역의 방위는 전략상 가장 중요한 필요성으로 남아 있다"는 입장을 6월 27일에 재확인했다.[13] 노동당 정부는 한국전쟁에 지상군 파견을 고려하지 않았던 것이다.

그러나 미국은 '특별한 관계'를 내세워 영국에게 모범을 보이라고 강요했다. 마침내 영국은 전쟁이 시작되고 1개월이 지난 7월 20일부터 24일까지 워싱턴에서 영국군 합참 의장단과 미 군부와의 회의를 거친 결과 지상군 파견이라는 "매우 강한 정치적·심리적 이유"를 고려하게 되었고, 2개 연대를 파견하기로 결정했다.[14] 미국은 여기에 만족하지 않고 한국에서의 전투 상황이 긴박한 만큼 홍콩이나 말라야에 주둔하고 있는 영국군을 급파하도록 요구했다. 그러나 영국 정부는 이 요구를 완강히 거절했다. 미국의 요청에 화가 난 베빈은 미 국무장관 애치슨Dean Gooderham Acheson에게 더 이상 영국 정부의 결정에 간섭하지 말라고 쏘아붙였다.[15]

영국이 한국에서 전면전에 참가하고 있을 때에도 한국은 영국에게 사소한 관심사일 뿐이었다. 전쟁이 격렬하게 진행되고 북한군이 남한 전체를 점령하는 것이 시간문제로 보이던 7월 중순에도, 영국 합참 의장단은 당시 공산주의자들의 민족해방 게릴라전에 휩쓸려 있던 말라야의 방위를 영연방에 닥친 가장 중요한 군사

---

12) CAB 128/18 C. M. 73(50) ; CAB 128/18 C. M. 78(50).
13) 수상실 문서PREM 8/1200.
14) FO 371/84192 FK 1202/2 ; FK 1202/2g.
15) FO 371/84159 FK 1202/6G Bevin to Sir Oliver Franks ; FO 800/462 FE/50/31 Bevin to Sir Oliver Franks. 그러나 영국은 결국 8월 17일 홍콩으로부터의 군대 파견을 결정했다. FO 371/84192 FK 1202/10.

적 현안으로 간주했다. 영연방 수상 회의에서, 오스트레일리아 수상이 합참 의장에게 만약 오스트레일리아나 다른 영연방 국가가 영국을 도와 분쟁 지역에 파병을 한다면 어떤 지역이 적합할지를 묻자, 합참 의장은 한국이 아니라 말라야라고 답변했다.[16]

처칠은 이런 노동당 정부의 미지근한 태도를 맹렬하게 공격했다. 처칠은 한국전쟁에 즉각적으로 개입한 미국 정부의 태도를 냉전 시대가 도래한 이후 계속 소련에게 당하기만 하던 서방 측이 반전할 수 있는 전환점이라고 간주해 환영했으며, 애틀리가 한국을 지원하기로 결정했을 때 이 결정을 뜨겁게 지지했다. 처칠이 볼 때 북한군의 무력 침공은 명백히 소련의 세계적 침략 구상의 일환이었으며, 무슨 수단을 써서라도 그것에 즉시 대응해야 했다. '철의 장막'이라는 용어를 만들어낸 장본인으로서는 당연한 분석이었던 것이다. 8월 26일 처칠은 하원에서 애틀리 내각이 지상군 파견을 미루고 있는 것을 맹렬히 비판했다.

> 유엔은 6월 27일, 북한의 무력 침략에 대항해 남한을 방어하도록 회원국들에게 요청했는데, 사회주의 정부는 유엔의 요청에 따를 것인지 않을 것인지를 결정하는 데 한 달이나 걸렸다. 작은 규모의 군사력을 본국에서 파병하는 것을 결정하는 데에 또 한 달이 걸렸다. 이제 그 병사들이 실제로 출발할 때까지 또 한 달이 걸릴 것이다.[17]

뿐만 아니라 처칠은 원정군을 본국이 아닌 홍콩에서 신속하게 파병할 것을 주장했는데, 이것이 바로 미국이 원하는 바였다. 9월 12일 처칠은 미국이 영국 정부의 태도에 크게 실망하고 있음을 우려하면서 또다시 파병이 지연되는 것을 비난했다.

---

16) CAB 128/18 C. M. 46(50).
17) Martin Gilbert, *Winston Churchill : Never Despair, 1945~1965*(London : Heineman, 1988), 552~553쪽.

(2) 적극적 정책으로의 전환

한국전쟁이 발발했을 때 미지근한 태도를 보이던 영국은 계속되는 미국의 압력과 인도와 중국이라는 요인 때문에 적극적인 정책을 펴게 되었다. 인도는 한국전쟁이 일어나자 스스로 남한과 북한의 중개자로 나섰다. 인도를 영연방의 어느 나라보다도 중요시하던 노동당 정부는 인도의 태도로 인해 어쩔 수 없이 한국전쟁의 진행 과정에 관심을 기울이게 되었다. 중국과의 관계도 영향을 주었다. 전쟁 초에 중국은 참전 의사가 전혀 없는 것처럼 보였다. 노동당 정부의 중국에 대한 태도는 보수당뿐만 아니라 미국과도 확실히 달랐으므로, 중국이 전쟁에 개입한 이후 노동당 정부는 미국과 큰 갈등을 겪게 된다. 중국 공산주의자들에 대한 처칠의 안목은 미국 정치 지도자들과 같았다. 그들은 마오쩌둥(毛澤東)을 위시한 중국 지도자들을 티토Josip Broz Tito와는 달리 스탈린Iosif Vissarionovich Stalin의 통제에 의해 움직이는 허수아비로 보았다. 그들은 또한 2차 대전 이래 서방 세력이 그들의 친구인 장제스(蔣介石)의 국민당을 포기하고 국민당을 공산주의자들에게 항복하게 만든 것은 수치라고 주장했다.[18]

이에 반해 노동당은 마오쩌둥 정권에 대해 미국보다 훨씬 우호적이었다. 노동당 정부는 1949년 10월 중국 공산당 정부가 들어서자 곧 이 사실을 인정하고 다음해 1월 중국에 대사를 파견했다.[19] 동시에 미국에게도 중국 공산 정권 수립이라는 어쩔 수 없는 상황을 받아들이도록 설득하는 한편, 유엔에서의 대표권 문제 등 중국 문제가 해결되지 않는 한 극동 지역의 안보는 위험에 처해 있으리라는 견해를 강력히 표명했다. 한국전쟁이 발발하자 베빈 장관은 즉시, 만약 대만이 군사적 갈등의 장(場)이 된다 해도 영국은 대만을 지키려는 미국의 노력을 지지하지 않을 것이라고 밝혔다. 베빈은 한국전쟁 중에도 한국 문제를 해결하기 위해서는 "중국

---

18) Callum A. MacDonald, *Korea : the war before Vietnam*(London : Macmillan, 1986), 130쪽.
19) 그러나 중국은 영국에 대한 의구심을 버리지 않아 런던에 대사를 파견하지 않았으며, 베빈은 영국 측의 모든 노력에도 불구하고 양국의 외교 관계에 진전이 없음을 한탄했다. CAB 128/18 C. M. 52(50) ; FO 800/462 FE/50/41.

에는 오직 중화인민공화국만이 존재한다"는 인식이 꼭 필요하다고 강조했다.[20]

트루먼과 달리 애틀리는 중국 공산당 지도자들이 공산주의자들이긴 하지만 스탈린주의자는 아니라고 믿었다. 애틀리와 베빈 등 노동당 지도자들은 또한 중국 공산주의에서 강한 민족주의와 외국에 대한 강한 반발의 전통을 감지했다.[21] 따라서 중국 정부를 모스크바에 의해 조종되는 허수아비 정권으로 간주해버리는 것은 잘못이라고 생각했다. 서방은 두 공산 세력을 분열시키는 정책을 추구해야 하며, 중국과 소련 사이는 이미 한국전쟁으로 분쟁이 일어날 수밖에 없다는 것이 노동당 정부의 분석이었다. 즉, 소련이 한국에서 전쟁을 시작함으로써 대만을 무력으로라도 통일하고자 하는 중국의 열망을 꺾어버렸다는 것이다.[22] 영국 정부는 이런 중국관을 갖고 있었기 때문에 1950년 말 중국이 한국전쟁에 개입할 가능성이 높아졌을 때에도 중국의 참전 가능성을 강력히 배제했다. 영국 정부는 중국이 그들에게 돌아오는 직접적인 이익 없이 단지 소련의 지시에 따라 행동하지는 않으리라고 판단했던 것이다. 물론 그런 판단은 오류였음이 드러났다.

애틀리는 중국의 공산화를 동유럽의 공산화보다 훨씬 너그러운 태도로 받아들였다. 애틀리는 아시아의 생활수준이 유럽보다 낮고, 아시아에서 공산주의가 민족주의와 결합되어 있기 때문에 중국의 공산화 또한 성공할 가능성이 높을 수밖에 없다고 판단했다. 애틀리는 한국과 중국을 기본적으로 아시아적 문제라고 규정짓고, 이 문제로 서방과 아시아 간에 괴리가 생기지 않을까 염려했다. 중공군이 개입하고 유엔군이 쫓겨 남하하면서 트루먼 정부가 핵무기의 사용을 고려하고 있던 12월 초, 애틀리는 미국을 저지하기 위해 황급히 워싱턴을 방문했다. 한국에서 핵무기를 사용하면 3차 대전이 일어날지도 모른다는 공포가 주된 동기였지만, 아시아에서만 두 번이나 핵무기를 사용한다면 서방이 아시아인의 생명을 가치 없는 것으로 간주하고 있다는 비난을 모면할 길이 없음을 깨달았던 것이다.[23]

---

20) FO 800/462 App/FE/51/7.
21) PREM 8/1200 애틀리와 캐나다 내각의 회의(1950. 12. 9).
22) PREM 8/1409 Sir David Kelly to Bevin(1950. 7. 18).

이런 애틀리와 베빈의 대(對)아시아관은 인도 수상 네루Jawaharlal Nehru에게서 많은 영향을 받았다. 한국에서 위기가 계속되는 동안 인도야말로 영국 정부가 아시아인들의 생각을 접할 수 있는 창구였으며, 애틀리와 베빈은 지속적으로 네루와 의견을 교환했다. 물론 영국은 미국에 대해 보였던 것과 비슷한 가부장적 권위의식을 가지고 있었고 영국으로부터 독립한 지 이제 3년밖에 안 되는 인도의 외교 능력을 불신했다. 그러나 노동당 정부는 대체로 네루의 의견을 존중했고 인도가 아시아에서 큰 영향력을 행사하고 있다고 믿었다. 네루에게는 그 나름대로 한국전쟁을 바라보는 시각이 있었다. 네루는 서방 세력이 아시아에서 일어나고 있는 거대한 혁명적 변화를 제대로 인식하지 못하고 있다고 생각했고 서방 세력의 아시아 정책에 비판적이었다. 아시아인에게는 공산주의와 제국주의라는 두 개의 악 중에서 전자가 후자보다 "더 적은 악"이고, 만약 둘 중 하나를 선택해야만 한다면 아시아인들은 제국주의보다는 공산주의를 택하리라는 것이 네루의 분석이었다. 네루도 스탈린의 팽창주의를 심각하게 우려했기 때문에 서방 세력의 아시아 정책이 오히려 스탈린의 입지를 강화하고 있음을 안타까워했다. 특히 네루는 유엔에서 서방 세력이 중국 공산 정부를 배제한 것이 중국에 대한 아시아인들의 동정심을 조장하고 서방에 대한 불신을 낳게 했다고 판단했다.[24]

네루는 아시아에서 가장 인구가 많은 인도와 중국이 국제 관계에서 아시아를 지도하고 대표해야 한다고 확신했다. 그는 한국전쟁이 발발하자 신생 독립국의 수상으로서는 놀라울 정도로 적극적으로 중재에 나섰다. 인도의 입장은 다음과 같이 정리된다. 즉 한국 문제는 유엔 안전보장이사회에서 논의되고 해결되어야 하며, 중국 공산 정권이 대만 정부를 대신해서 안전보장이사회에 출석하고, 중국의 대표권 문제에 대한 항의로 불참했던 소련도 돌아와서 안전보장이사회가 제 기능을 발휘해야 한다는 것이었다. 여기까지는 노동당 정부와 인도 정부의 인식

---

23) FO 800/452 FE/50/47.
24) PREM 8/1409 Nehru to Attlee(1950. 7. 21).

에는 차이가 없었다. 그러나 네루는 이런 조치가 북한군의 38도선 이북으로의 복귀 등의 전제 조건 없이 이루어져야 한다고 생각한 점에서 노동당 정부와 의견을 달리했다.[25] 네루는 7월 초 자신의 주장을 스탈린과 애치슨에게 보냈고, 네루의 서신을 받은 스탈린은 곧 다음과 같이 회신했다.

> 나는 귀하의 평화를 위한 발의를 환영하는 바입니다. 유엔 안전보장이사회를 통하여 한국 문제를 조속히 해결하자는 귀하의 의견에 동감하며, 이사회에는 중화인민공화국을 포함하는 5개국의 대표가 참여해야 할 것입니다.[26]

스탈린의 답변은 모든 국제적 문제를 논의하기에 앞서 중국 공산 정권의 대표권을 인정해야 한다는 자신의 입장을 되풀이하는 것이었고 네루도 그런 스탈린의 입장을 받아들였다. 그러나 애틀리와 베빈이 볼 때 한국전쟁의 발발과 중국의 유엔 대표권 문제는 아무 상관이 없는 별개의 문제였다. 게다가 스탈린의 답변은 네루도 인정한 사실, 즉 한국에서의 갈등이 북한의 공격으로 시작되었다는 점을 전적으로 무시하고 있었다.[27]

미국은 중국에 대한 영국 정부의 견해에 전적으로 반대했다. 우선 미국은 영국 정부와는 달리, 중국이 크렘린의 절대적인 영향을 받고 있다는 주장을 굽히지 않았다. 미국은 또한 한국전쟁이 아시아 국가들에게 특별한 이해관계를 갖는 아시아적 문제라는 영국 정부의 견해에 반대했으며, 네루 정권의 대외 정책을 탐탁히 여기지 않았기 때문에 네루가 한국 문제에 특별한 관심을 보이고 관여하는 것에도 민감하게 반응했다. 미국은 한국이 아시아에 위치하고 있다는 사실 때문에 네루가 이 문제에 특별한 관심을 가진다는 것은 말도 안 된다고 반박했다. 한국은

---

25) PREM 8/1409 Attlee to prime ministers of Canada, Australia, New Zealand, South Africa(1950. 7. 20).
26) PREM 8/1409 Foreign Office to Washington(1950. 7. 18).
27) CAB 129/18 C. M. 47(50) ; FO 800/462 FE/50/27 ; PREM 8/1409 Attlee to Bevin(1950. 7. 18) ; PREM 8/1409 Attlee to Nehru(1950. 7. 20).

미국에게 더욱 특별한 관심사이고, 한국에서 일어나는 일은 태평양 지역에 아주 중요한 영향을 미치며, 한국에서의 침략 행위는 바로 세계적인 문제라는 주장이었다.[28]

한국전쟁 초부터 중국의 향방은 서방 측의 최대 관심사 중의 하나였으나, 중국은 인천 상륙 작전 이후 유엔군이 급속히 북진하기 전에는 개입 의사가 전혀 없는 것처럼 보였다. 그러나 1950년 9월 이후 중국 정부는 위협을 느끼기 시작했고 인도를 통해 개입 가능성을 강력히 시사했다. 즉 저우언라이(周恩來)는 북경 주재 인도 대사 파니카르Kavalam Madhava Panikkar를 통해 남한군이 38도선을 넘는 것은 상관하지 않겠으나 유엔군이 38도선을 넘는다면 좌시하지 않겠노라고 경고했던 것이다.[29] 그러나 맥아더 사령부는 말할 것도 없고 영국 정부도 중국의 의도를 오판해 그들의 경고를 단지 허세로 치부해버렸다.[30] 어쨌든 중공군은 10월 중순 대규모로 한국전쟁에 투입되었고 이제 전쟁은 맥아더Douglas MacArthur의 표현대로 전적으로 새로운 전쟁으로 탈바꿈했다.

(3) 노동당 정부의 새로운 제안

한반도 최남단까지 쫓겨 있던 유엔군이 인천 상륙 작전을 계기로 북진을 시작하자 노동당 정부는 이때가 정치적 해결책을 시도할 호기라고 판단해, 1950년 11월에 대략 북위 40도선에서 압록강-두만강에 이르는 지역을 비무장 완충 지대로 만들자고 제안했다. 영국은 여러 가지 이유로 한국에서 분쟁이 빨리 타결되기를 원하고 있었다. 우선 중국과의 전쟁은 유럽의 안보만이 아니라 식민지인 홍콩을 위태롭게 한다는 현실적 계산이 있었다. 게다가 역사적·지리적으로 중국이 한반

---

28) PREM 8/1200 애틀리-트루먼 워싱턴회의 기록(1950. 12. 4).
29) FO 800/462 FE/50/37.
30) 중국은 맥아더Douglas MacArthur의 호전적 발언으로 위협을 느꼈지만 한국전에 개입함으로써 산재해 있는 문제들을 해결해보고자 한 것도 전쟁에 개입하게 된 동기였던 것 같다. 특히 유엔에서의 대표권 문제가 그러했다.

도에 직접적인 이해관계를 갖고 있다고 생각한 노동당 정부는 11월 이전에 한국의 미래에 관한 중국의 이해관계를 인정하는 유엔 결의안을 상정하려고 두 차례나 시도했다. 노동당 정부는 한국 문제를 해결하는 데에 중국이 어떤 형태로든 관여하게 마련이라는 사실을 중공군의 개입이 실현되기 전에 이미 인식하고 있었던 것이다.

노동당 정부는 군사적으로 전선을 안정시킨 후 정치적 해결을 모색한다는 기본 입장을 고수했다. 1950년 10월 7일에 유엔에서 통과된, 유엔 감독하에 선거를 치러 한국의 통일을 이루자는 결의안은 영국이 기초한 것이었다. 베빈은 이 결의안을 제안한 다음 날, 아직 중국이 개입하지 않고 있는 상태였는데도 결의안을 토론하는 자리에 중국을 초대하자고 애치슨에게 건의했다. 그러나 이때는 영국도 실상 중국이 전쟁에 개입하겠다는 위협을 단지 허세로 간주하고 있었다. 그러나 10월 중순 중공군과의 최초의 교전이 발생하자, 노동당 정부는 11월 13일에 정주-흥남을 잇는 선부터 압록강-두만강까지를 비무장 완충 지대로 하여 유엔과 중국이 함께 감독하는 등의 구체적 협상안을 제안했다. 다른 서유럽 국가들도 지금이 한국 분쟁을 협상으로 해결할 적합한 시기이며, 그 해결책으로는 영국이 제시한 완충 지대를 설치하는 것이 가장 바람직하다는 점에 동의했다.[31] 이때는 아직 유엔군이 영국이 제시한 정주-흥남선의 훨씬 북쪽에 전진해 있었기 때문에 영국의 제안은 유엔군 측의 희생을 요구하는 것이었다.

맥아더는 노동당 정부의 제안에 대해 "북한 땅의 상당 부분을 내주어 중국 공산분자들의 비위를 맞추려는 영국의 의도는 1939년 9월 29일 영국, 프랑스, 이탈리아가 뮌헨에서 취한 행동[32]에서 역사적 전례를 발견할 수 있다"면서 비난을 퍼부었다.[33] 맥아더는 나아가 비무장 완충 지대를 설치할 것이 아니라 오히려 중공군

---

31) 미국 국무부 문서 795.00/11-3050 MacWilliams to Acheson.
32) 세 나라 지도자들이 뮌헨에서 히틀러와 만나 그의 요구대로 체코슬로바키아의 일부를 독일에 넘겨주기로 한 것.
33) Peter N. Farrar, "A Pause for Peace Negotiation : the British Buffer Zone Plan of November 1950",

을 추적하기 위해 유엔군 비행기가 한중 국경선을 월경할 수 있어야 한다는 월경 추격설을 주장했다. 맥아더와는 달리 애치슨은 영국의 제안을 심각하게 고려했지만, 11월 24일 유엔군의 총반격이 시작되자 정식으로 영국의 제안을 거절했다. 수일 내로 거대한 중공군의 총 공격으로 유엔군의 후퇴가 시작되자 영국이 제안했던 한반도의 '목neck' 선조차도 유지할 수 없게 된 것은 주지하는 바와 같다. 만약 영국 측 제안이 받아들여졌다면 그 후 3년 가까이 계속된 중국과의 전쟁은 없었을 것이었다. 트루먼은 후에 "우리는 그때 한반도의 목에서 멈추었어야 했다. 그것이 바로 영국이 원하던 것이었다"라고 후회했다고 한다.[34]

(4) 핵무기 사용 논란

중국의 개입으로 전쟁이 전혀 새로운 양상으로 전개되고 미국이 심각하게 핵무기의 사용을 고려하고 있을 때, 노동당 정부는 또 한 차례 미국과 갈등을 겪으며 미국의 강경 노선을 억제하는 역할을 했다. 노동당은 물론 나름대로 핵무기 개발에 열성이었고, 노동당이 집권할 당시 영국은 미국과 소련 다음으로 세 번째 핵무기 보유국이 되지만, 핵무기는 어디까지나 전쟁 억제용이라는 입장을 고수했다. 이에 반해 보수당은 핵무기를 억제용이 아니라 공격용 무기로 간주했다. 처칠은 "우리가 먼저 공격당할 때까지 절대로 핵무기를 사용해서는 안 된다"는 주장은 마치 "총에 맞아 죽을 때까지 총을 쏘아서는 안 된다는 주장"과 같다며 반박했다.[35]

인천 상륙 작전으로 호전되고 있던 정세가 중공군의 투입으로 다시 악화되어 유엔군이 남쪽으로 쫓기자 미국 정부는 핵무기 사용을 진지하게 고려하게 되었다. 11월 말 트루먼 대통령은 기자 회견에서 미국은 한국전쟁 발발 이래 항상 핵무기 사용을 고려해왔으며, 핵무기 사용의 결정권은 전장의 최고 사령관에게 있다고 발언했다.[36] 전장의 최고 사령관은 바로 맥아더였는데, 맥아더의 끊임없는

The Korean War in History(London : Humanities, 1989), 69쪽.
34) Peter N. Farrar, "A Pause for Peace Negotiation : the British Buffer Zone Plan of November 1950", 66쪽.
35) Martin Gilbert, *Winston Churchill : Never Despair, 1945~1965*, 575쪽.

호전적 발언을 상기할 때 이제 세계는 핵전쟁의 위험에 직면한 것처럼 보였다. 트루먼의 발언이 있은 후, 런던 주재 미 대사관의 비아냥거림에 따르면, 영국 하원은 "1945년 노동당이 정권을 잡은 이래로 가장 심각하고, 열성적이고, 책임감 있게 외교 문제에 대한 논의"를 벌였다.37) 동시에 노동당 의원 100여 명은 정부가 다시 전쟁의 종결을 위해 솔선할 것과 만약 핵폭탄이 투하된다면 영국군을 한국에서 철수해야 한다고 촉구하는 내용의 편지를 수상에게 전달했다.38)

노동당 정부의 입장은 핵무기 사용의 결정권이 전장의 책임 사령관이나 미국 정부에게만 있는 것이 아니라 한국에서 싸우고 있는 유엔군을 구성하고 있는 모든 나라들에게 있다는 것이었다. 실상 1944년 영국과 미국은 협정을 맺어 쌍방의 동의 없이는 제3국에 대해 핵무기를 사용하지 않겠다고 약속했다. 2차 대전이 끝난 후 미국은 이 조항을 없애기 위해 노력했고, 결국 이 협정을 무효화하는 법을 통과시켜 영국의 거부권을 빼앗았다. 이처럼 핵무기 사용에 대한 최종 결정권의 소재가 모호한 상태에서 미국의 핵무기가 영국 영토 내에 배치되어 있는 민감한 상황이 전개되고 있었다. 한국전쟁은 이 민감한 문제를 화약고로 만들었다. 만약 미국이 한국에서 핵무기를 사용하고 그것이 소련을 자극한다면, 소련은 영국에 배치되어 있는 미군 핵 기지를 가장 우선적인 공격 목표로 삼을 것이기 때문이었다. 트루먼 대통령의 발언은 영국으로 하여금 핵전쟁의 최전방에 놓여 있는 자신의 모습을 깨닫게 했다.

12월 2일 황급히 워싱턴으로 날아간 애틀리 수상은 미국 정부가 핵무기 사용의 독재권을 포기하도록 트루먼을 설득했고, 애치슨이 너무 심하게 양보했다고 불만스러워할 정도로 미국 정부의 양해를 얻어냈다. 즉 애초에 희망했던 대로 핵무기

---

36) 백악관은 트루먼 Harry Shippe Truman의 발언을 즉시 수정하여 핵무기 사용의 결정권은 미국 대통령에게만 있다고 선언했으나, 이 발언 또한 미국 대통령 한 사람만의 결정권을 주장한 것이어서 핵무기 사용에 대해서 미국과 함께 결정권을 갖고 있다고 믿어온 영국 정부를 당혹케 했다.
37) Kenneth Harris, *Attlee*, 461쪽.
38) Hugh Dalton, *The Political Diary of Dalton*, Ben Pimlott (ed.)(London : Jonathan Cape, 1986), 49쪽.

사용에 대한 공동 결정권을 약속받지는 못했지만 적어도 한국전쟁에서 핵무기를 사용하지는 않으리라는 미국 정부의 확약을 받았던 것이다. 애틀리는 핵전쟁의 위험에서 세계를 건졌다고 할 수 있다. 물론 애틀리의 개입이 없었다 하더라도 트루먼 행정부는 핵무기를 사용하지 않았을 것이라는 주장이 있고 그에 따라 애틀리의 역할을 축소하려는 평가도 있지만, 당시 분위기는 애틀리의 노력이 없었다면 세계가 핵전쟁에 직면했을 것이라는 관측이 지배적이었다.

한국전쟁 내내 영국과 미국은 중국에 관해 의견을 달리했다. 중공군의 반격으로 유엔군의 후퇴가 계속되자 1951년 1월 미국은 중공군의 개입을 비난하는 유엔 결의안을 상정했고, 이때 영국과 미국의 심각한 갈등이 또 한 차례 드러났다. 나름대로의 원칙과 대미 관계라는 양자 사이에서 고민하던 애틀리 내각은 결국, 중국을 침략자로 규탄하는 것이 한국 문제를 해결하는 데에 전혀 도움이 되지 못한다는 판단 아래 미국의 결의안에 동의하지 않기로 결정했다. 외무 장관 베빈은 미국의 뜻에 따를 것을 주장했고 일부 각료들은 결의안 가결에서 기권할 것을 제의했으나, 기권은 "강대국이 중요 사안을 취급하는 데 취하는 나약한 길"이라는 이유로 그 제안은 기각되었다.[39] 미국은 습관대로 영국의 비협조가 야기할 결과를 들먹이며 협박했다. 애치슨은 워싱턴 주재 영국 대사에게 중국을 침략자로 규탄하지 못한다면 유엔은 국제연맹과 같은 무기력한 기구로 전락할 것이며 나토는 위험해질 것이라고 경고했다.[40] 그러나 노동당 정부는 이런 미국의 압력에도 자신의 뜻을 굽히지 않았다.

워싱턴과 런던을 오가는 숨 가쁜 협상의 결과 결국 두 나라는 타협을 보았다. 두 나라는 시종 강경한 어투로 중국을 일방적으로 비난하는 내용을 담고 있던 미국의 초안을 영국의 제안대로 수정한 뒤 캐나다의 발의에 의해 유엔 총회에서 통과시키는 것으로 마무리 지었다. 노동당 정부는 이 성공에 기뻐서 어쩔 줄 몰랐다.

---

39) CAB 128/19 C. M. 9(51).
40) PREM 8/1438 American Embassy to Bevin(1951. 1. 8).

노동당 정부는 "우리의 인내와 굳건한 태도가 미국의 태도를 완화시켰다"고 판단했다. 내각은 애틀리 수상에게 영국 정부의 노력으로 미국의 유엔 결의안 초안이 얼마나 바뀌었는가를 하원에서 연설하도록 건의하는 한편, 정부 백서에 이를 기록해 영구히 남김으로써 대국민 선전에 최대한 이용하기로 결의했다.[41]

이상에서 살펴본 바와 같이 노동당 정부는 한국전쟁이 발발한 이후 전선이 교착 상태에 빠진 1951년 봄까지 중요한 국면마다 적극적으로 개입했다. 영국이 영향력을 행사한 것 가운데에는 비무장 지대에 대한 제안처럼 상당히 중요하지만 실패한 경우도 있었고, 핵무기 사용에 대한 결정권이나 중국에 대한 결의안처럼 성공한 경우도 있었다. 한 가지 분명한 점은 이제껏 피상적으로 주장되어오던 것과 달리, 노동당 정부가 종종 미국과의 갈등을 마다하지 않는 대외 정책을 추구했다는 것이다.[42] 그리스를 포함한 지중해 연안 지역이나 중동 지역에 대한 영국의 정책은 미국의 그것과 큰 차이가 있는 것이 아니었으나 아시아 정책에서는 두 나라가 뚜렷하게 다른 입장을 취했다. 베빈 영국 외무 장관은 이에 대해 "우리는 극동 지역에 관한 한 서로 다른 정책을 추구하는 것에 동의했다"[43]고 표현했다.

영국이 미국과 다른 독립적인 대외 관계를 주장할 수 있었던 것은 주로 두 가지 요인에 바탕을 두고 있었다. 영연방의 존재와 영국 국민의 반미주의가 그것이었다. 영국에게는 미국과의 관계가 매우 중요했지만 영연방 역시 그에 못지않게 중요했다. 영연방은 세계에서 서방 세계와 아시아 국가들을 결합하는 유일한 그룹이었으며, 그중에서도 인구가 많은 인도와 파키스탄이 가장 중요하다고 간주되었다. 노동당 정부는 특히 인도가 아시아에서 큰 영향력을 행사하고 있다고 믿었기 때문에 한국전쟁에 관한 인도의 의견을 존중함으로써 미국과의 동맹 관계까지도

---

41) CAB 128/19 C. M. 10(51).
42) 한국전쟁 기간의 영미 관계를 상세하게 다루고 있는 피터 로Peter Lowe는 미국과 노동당 정부의 관계를 일방적인 것으로 보아 영국은 미국과의 갈등을 감당할 수 없었다고 주장한다. Peter Lowe, "The frustrations of alliance : Britain, The United States, and the Korean War, 1950~1951", *The Korean War in History*.
43) PREM 8/1439 Bevin to Attlee(1951. 1. 12).

희생할 각오가 되어 있었던 것이다.

노동당 정부는 또한 국내 여론을 고려해야 했다. 한국전쟁이 발발한 당시 영국 내에는 반미 감정이 널리 퍼져 있었고 여론은 특히 정부가 미국의 정책에 무조건 따르는 것에 매우 민감하게 반응했다. 애틀리 내각에서 가장 친미적인 각료의 한 사람인 게이츠켈Hugh Gaitskell은 한국전쟁이 시작된 후 영국 국민의 반미 감정이 더욱 강화되었다는 사실을 간파했다. 게이츠켈은 이런 반미 감정이 미국의 부에 대한 시기심과 미국이 영국을 새로운 전쟁에 끌어들이려 한다는 공포심이라는 두 가지 요인에 기인한다고 보았다. 영국 국민은 미국이 대(對)히틀러 전쟁에 일찍부터 참전해 경제적·군사적 부담을 영국과 함께 나누어야 했다고 느끼고 있었다. 더군다나 영국 국민은 미국의 거만함에 모욕을 느끼고 있었다. 미 행정부가 영국과 미국 사이의 '특별한 관계'를 강조하면서도 한편으로는 미 의회가 마셜 플랜을 토의할 때 자선가 같은 태도를 보인 것이 영국 국민이 느낀 불만이었다.[44]

게이츠켈은 미국에 대한 적대감이 우파에서든 좌파에서든 똑같이 강하다고 보았다. 대단히 많은 노동당 소속 의원들이 반미적이라는 사실이 보수당을 보다 친미적으로 만들고 있다는 의견도 있지만 그것은 피상적인 관찰이다. 실상 영국 국민은 우파, 좌파 할 것 없이 국가의 자존심에 상처를 받고 있었고, 자신들이 미국보다 상대적으로 나약하다는 것을 인정하고 싶지 않았다. 게이츠켈은 더 나아가 만약 영국에 파시즘이 재발한다면 그것은 아마 반미주의에 근거할 것이라고까지 생각했다.[45] 애틀리 수상도 영국 국민의 반미 감정을 알고 있었기 때문에 "우리 국민이 조야한 반미주의에 휩쓸린다면 그것은 모스크바의 게임에 따르는 것"이라고 우려했다.[46] 그러나 이 글에서 살펴보았듯이 가장 친미적이라고 할 수 있는 베

---

44) Hugh Gaitskell, *The Diary of Hugh Gaitskell, 1945~1956*, Philip Williams (ed.)(London : Jonathan Cape, 1983), 316~318쪽.
45) Hugh Gaitskell, *The Diary of Hugh Gaitskell, 1945~1956*, 319쪽.
46) Dalton Papers, section 9/18, fol 15, Attlee to Dalton, 1951. 1. 27. Peter Lowe, "The frustrations of alliance : Britain, The United States, and the Korean War, 1950~1951", 92쪽에서 재인용.

빈조차도 간혹 미국의 제멋대로인 행동 때문에 화가 났다. 미국에서 점점 커지는 반공산주의 히스테리는 영국을 포함한 동맹국들을 긴장시켰고, 특히 한국전쟁이 발발하자 영국 국민은 이 전쟁이 공산주의에 대항하는 십자군 전쟁 같이 되어서 중국 본토로까지 확대되고 궁극적으로는 3차 대전이 될지도 모른다는 공포에 떨었다. 그들의 눈에는 미국의 경험 부족과 미숙한 외교술이 금방이라도 전쟁을 야기할 것으로 보였으며, 특히 미국 국민의 비이성과 비합리성을 생각할 때 그것은 충분히 가능한 일이었다.[47] 1951년 봄이 되면 한국에서의 전세는 교착 상태에 빠지게 되고, 그해 10월 총선에서 정권을 내놓은 노동당은 더는 한국 문제로 미국과 갈등을 벌일 필요가 없게 되었다. 그러나 그전에 노동당 정부는 한국전쟁으로 인한 갑작스런 군비 확장 예산이 야기한 재정 위기로 당내에서 큰 파란을 겪었고, 마침내 선거에서도 패배하게 되었다.

3. 한국전쟁이 영국에 미친 영향

한국전쟁은 정치적 · 경제적 측면에서 영국에 매우 중요한 영향을 미쳤다. 첫째, 전쟁으로 인해 노동당 내의 우파와 좌파가 분열되어 결국 1951년 10월에 실시된 총선거에서 노동당은 패배했고 그 후 1964년까지 13년 동안 집권하지 못했다. 둘째, 보다 중요하게는 영국 경제에 심각한 타격을 줌으로써 영국의 상대적 쇠퇴를 불러왔다. 우선 한국전쟁의 정치적 영향을 살펴보자.

한국전쟁 초만 해도 모든 사람들이 즉각적으로 북한의 침략을 징계하기로 한 유엔의 결의를 히틀러에 대한 실패한 유화 정책과 비교하면서 환영했다. 노동당 내의 좌파도 마찬가지였다. 그러나 전쟁의 비용이 점점 증가하면서, 그리고 전쟁이 정치적으로 점차 지지하기 어렵게 됨으로써 한국전쟁에 대한 합의가 와해되기

---

47) CAB 128/19 C. M. 9(51).

시작했다. 이승만 정권의 반민주적 행위, 전쟁에서 행해지는 잔학 행위에 대한 보도, 맥아더 장군의 38도선 이북으로의 진군과 그의 극우적 발언들, 더 나아가 유엔군이 중국 국경까지 진군함으로써 중국과의 전쟁으로 확대될 위험을 무릅쓰고 있다는 우려와 이런 사태에 노동당 정부가 강력하고 책임감 있게 대처하지 못하고 있다는 불만이 바로 지지 기반이 몰락한 원인이었다.

6월 27일 노동당 정부가 한국에서의 침략을 회원국 공동의 노력으로 저지하기로 한 유엔 결의를 준수할 것을 천명하자 노동계는 즉시 이를 환영하는 입장을 표명했다. 노동조합총회 및 협동조합연합 등은 28일 성명을 발표해 한국에서의 공산 침략을 극악한 공격 행위라고 규정하고, "영국 노동 운동은 유엔 안전보장이사회의 결의를 지지하며, 공산 침략으로부터 한국을 보호하고자 하는 미 대통령의 조치를 승인한 애틀리 수상의 행동에 전적으로 지지를 보낸다"고 선언했다.[48] 10월 초에 열린 노동당 전당 대회에서도 정부에 대한 지지를 재확인했다. 먼저 단상에 오른 신웰Emanuel Shinwell 국방 장관은 한국전쟁에서의 유엔군의 역할을 집단적 방위의 빛나는 예라고 찬양하면서 소련에게 국제 관계 악화의 책임이 있다는 연설을 했다. 노동당 정부가 국방비를 전체 국가 수입의 10%로 늘리고 방위 의무를 18개월에서 2년으로 늘린 것도 정당화되었다.

이어 베빈이 단상에 올랐다. 그의 임무는 여전히 설복되지 않고 있는 소수 극좌파를 잠잠하게 하는 것이었다. 베빈은 연설에서 1930년대에 히틀러를 제어하지 못한 서방의 과오를 지적하고 영국은 다시는 그런 잘못을 저지르지 않으리라는 각오를 천명했다. 그는 한국전쟁에서 침략의 교묘한 조직이 적나라하게 드러났다고 주장하고 만약 그 자리에 모인 다른 노동당원들이 내각의 일원이었다면 어떤 태도를 취했겠는가 반문했다. 영국군의 파견은 유엔 조약하의 집단적 방어의 일환으로서 당연한 것이다. "우리가 이것을 원한다고 생각하십니까? 지난 수년간 평화로운 세상을 만들기 위해 기울여온 노력에도 불구하고 우리가 지금 이 전쟁

---

48) 미국 국무부 문서 795.00/6—2850 Douglas to Acheson(1950. 6. 28).

에 휩쓸리는 것을 좋아한다고 생각하십니까? 어느 각료가 하원에 나가 36억 파운드를 지출하도록 요구하는 것을 좋아하겠습니까?" 베빈은 정부의 예산안을 반대하는 사람들만이 평화를 사랑하는 사람들이라고 자부하지 말라고 경고한 후에, 문제는 평화를 얻는 방법이라고 결론지었다.[49] 베빈의 연설은 전당 대회에 모인 사람들을 설득시키기에 충분할 정도로 인상적이었다. 노동당 정부의 외교 정책에 대한 비판은 후에 다시 살아나게 되지만 적어도 1950년 전당 대회에서는 사람들이 베빈과 애틀리 내각의 외교 정책을 승인하는 분위기였다. 전당 대회에 모인 사람들의 절대 다수가 영국이 한국전쟁에 개입하는 것을 지지했다. 당내 좌파가 제출한 외교 정책에 대한 비판 안은 486만 표 대 88만 표라는 압도적 차로 부결되었다.

그러나 한두 달 사이에 분위기는 완전히 달라졌다. 그사이 중국의 개입 같은 새로운 사태가 일어나자 많은 노동당원들, 특히 사회주의에 경도되어 있는 나이 많은 당원들이 불만을 품게 되었던 것이다. 그들은 소련과의 전쟁을 원하지 않았으며 영국이 애초에 한국전쟁에 개입했어야 했는지 근본적 문제에 의문을 품게 되었다. 그들은 이승만의 군대와 경찰이 잔학 행위를 저지르고 있다는 보도에 분노했고,[50] 미군이 북한 지역을 폭격하자 충격을 받았으며, 트루먼이 핵무기 사용을 언급하자 당황했다. 이들은 애틀리가 12월 워싱턴 회담에서 영국의 입장을 강력하게 주장하지 못했다고 생각했으며, 영국이 이제 미국의 위성국이 되어버렸고 독립성을 상실한 채 전쟁으로 끌려 들어가고 있다고 믿었다.[51] 정부에 대한 이런 불신이 1951년 선거에서 노동당이 패배한 중요한 원인이 되었다.

무엇보다도 정부를 궁지로 몰아넣은 문제는 재무장이었다. 재무장은 빵이냐, 총이냐라는 양자택일의 문제를 단도직입적으로 부상시켰다. 재무장은 한국전쟁

---

49) Allen Bullock, *Foreign Secretary 1945~1951*, 815쪽.
50) 특히 남한군에 의해 벌어지고 있는 잔학 행위에 대해 언론이 떠들어대자 내각은 이를 논의했으나, "한국인들이 양편 모두에서 잔인하게 전쟁을 치르고 있다는 사실은 의심할 바 없다"고 결론지었다. CAB 128/18 C. M. 71(50).
51) Hugh Dalton, *The Political Diary of Dalton*, 495쪽.

자체보다는 공산 세력의 침략에 대비해 나토군을 강화해야 할 필요성 때문에 거론됐다. 나토는 1948년에 결성되었지만 독일의 재무장과 가입 여부를 둘러싼 견해차로 총사령관이 임명되지 않은 채 아직 틀이 잡히지 않은 상태였다. 이제 한국에서 공산 세력이 남한을 침략하자 미해결 문제들을 조속히 해결해 나토를 강화시켜야 할 당위성이 명백해졌다. 한국전쟁이 발발하고 한 달 후인 7월 25일 크립스Richard Stafford Cripps 재무 장관은 긴급 조치로 국방비를 1억 파운드 늘릴 것을 제안했고, 8월 1일에는 1951~1954년간 총 34억 파운드를 지출하고 그 외 군사 장비 지출로 8억 파운드를 지출하는 예산안을 내각에 제출했다. 34억 파운드 중 영국이 28억 5천만 파운드를 부담하고 나머지 5억 5천만 파운드는 미국이 부담한다는 계산이었다.[52]

광부 출신으로 당내 좌파의 지도자이며 전후 영국 복지 국가 탄생의 산파 역할을 한 베번Aneurin Bevan 보건 장관은 이 예산안에 정면으로 맞섰다. 그는 "이제까지 우리 외교 정책은 공산주의 침략 야욕에 대한 최선의 방어책은 위협받고 있는 나라들의 경제적·사회적 수준을 향상시키는 것이라는 개념에 기초해왔는데, 이제 미국은 이런 정치적·사회적 방어를 포기하고 군사적 재무장으로 대처하려 한다"며 비난했다.[53] 그러나 베번의 반대는 지지를 받지 못했고 크립스의 예산안은 결국 내각의 동의를 얻었다. 베번 등 반대파들은 이 엄청난 규모의 예산안이 실제로는 실행되지 않으리라고 자위하면서 통과를 묵인하기로 결정했다.

이렇듯 향후 4년간 지출될 국방비 예산액 34억 파운드는 영국 경제가 처한 형편으로 볼 때 무리한 액수였다. 그런데 미국은 더 나아가 12월 워싱턴 회의에서 영국에게 국방비를 더욱 늘리라고 압력을 가했다. 애틀리 수상은 미국에게 핵무기를 사용하기에 앞서 영국 정부의 승인을 받는다는 약속을 얻어내는 대가로 군비 증액에 동의하고 말았다. 워싱턴 회의 직후인 1951년 1월, 영국은 향후 3년간

---

52) Allen Bullock, *Foreign Secretary 1945~1951*, 799쪽.
53) John Campbell, *Nye Bevan and the Mirage of British Socialism*(London : Weidenfeld and Nicholson, 1987), 220쪽.

국방비로 47억 파운드를 지출하기로 결정했다. 그 액수는 미국 측이 요구한 60억 파운드에는 미치지 못하지만 영국이 처한 경제 형편에서는 도저히 감당하기 어려운 것이었다. 몇 개월 전에 책정된 34억의 예산도 실현 불가능한 것으로 판단된 터였다. 47억 파운드의 국방비가 국가 예산에서 차지하는 비율은 14%로서 미국의 18%에는 못 미치지만 다른 어떤 나토 국가보다도 높았다.

이 예산안이 가져올 경제적 결과는 한마디로 암울했다. 예산안을 편성한 재무 장관[54] 스스로가 묘사한 암울한 예측에 의하면, 다른 산업에 종사하는 60만 명의 노동력을 방위 산업으로 전출시켜야 하며, 수출과 투자, 주택 건설과 소비자의 수요가 전부 차질을 빚을 것이었다. 게다가 이처럼 엄청난 예산을 들여 집행하고자 하는 방위 산업이 계획대로 진행되리라는 보장도 없었다. 우선 달러 부족과 미국이 국방을 위해 추진하고 있던 사재기로 인해 영국이 필요로 하는 원료와 장비를 획득할 수 있을지부터가 의문이었다. 게이츠켈은 향후 2년간 생산은 증가하지 않고 감소할 것이라고 예측했다.[55]

국방비의 증가는 결국 복지 정책의 희생에 의해서만 가능했다. 노동당 정부가 택한 결정이 바로 그것이었고, 정부는 이제까지 완전 무상이던 국민 의료 보험의 일부를 유상화하는 법안을 의회에 제출했다. 베번은 장관 직에서 물러나더라도 이 법안에 반대하기로 결심했고, 재무 장관 게이츠켈은 나름대로 예산안이 부결되면 사직하겠다고 선언했다. 국방비를 둘러싼 당내 좌파와 우파의 갈등이 표면화된 것이다. 예산안이 토의되었을 때 당의 정책에 불복한 30명의 노동당 의원들이 기권했고 5명이 부표를 던졌지만 예산안은 결국 통과되었고, 베번은 미리 밝혔던 대로 내각에서 사퇴하고 말았다. 베번과 더불어, 당시 상무 장관이었으며 1964년에 노동당 정부의 수상이 된 윌슨Harold Wilson과 다른 각료 한 명이 사임했다.

---

[54] 1950년 2월 선거 직후 내각의 변동이 있어서 베번Aneurin Bevan은 노동부로 자리를 옮겼고, 건강이 악화된 크립스Richard Stafford Cripps 대신 게이츠켈Hugh Gaitskell이 재무 장관으로 임명되었다. 베번은 실상 재무 장관 자리를 원했기 때문에 당내 우파에 대한 베번의 불만은 고조되었다.

[55] John Campbell, *Nye Bevan and the Mirage of British Socialism*, 226쪽.

이제 완전 무상이던 의료 보험은 의치와 안경에 한해 환자가 요금을 부담하는 부분 유상제로 바뀌었다. 이 사건으로 노동당 내부와 노동 운동 전반에 존재하는 다른 분열도 가속화됐으며, 1950년 하반기부터 노사 관계도 점점 악화되었고, 영국 국민의 반미 감정도 강해졌다.

한국전쟁으로 부각된 재무장 계획에, 국내 문제인 국민 의료에 대한 비용 부담과 대외 문제인 냉전이라는 두 문제가 함께 맞물려 노동당의 분열을 초래했던 것이다. 이제 노동당은 1945년의 기대와 약속이 다 소진된 지친 정당이었다. 애틀리 내각의 많은 각료들이 1940년 처칠이 이끈 전시 거국 내각에 입각한 이래 줄곧 각료로 남아 있었다. 그들은 지쳐 있었고 몇 명은 실상 건강이 극도로 악화되어 있었다. 국방 예산안을 둘러싼 당의 분열이 심화된 상태에서, 1951년 4월 노동계의 거목으로 노동조합 운동의 충성심을 노동당에 결집시키는 데에 결정적 역할을 하던 베빈이 세상을 떠났다. 이렇게 나약해진 정부가 계속 집권할 수 없다는 사실은 자명했다. 예산안을 둘러싼 분열이 있은 지 6개월 후, 그리고 마지막 선거가 있은 지 단 20개월 만에 애틀리는 다시 국민의 신임을 묻기로 결정했다. 노동당은 한국전쟁 과정에서 나타난 양당의 차이를 부각시켜 보수당을 전쟁을 옹호하는 당으로 몰면서 스스로를 평화의 실현자로 부각시키는 선거 캠페인을 벌였고, 보수당은 높은 물가와 "노동당이 저질러놓은 엉망진창"을 근거로 노동당을 공략했다. 결과는 예상대로 보수당 321석, 노동당 295석, 자유당 6석, 아일랜드 독립당 3석으로, 노동당은 집권 6년 만에 정권을 내주게 되었다.[56]

정권을 이어받은 보수당 정부는 궁극적으로 47억 파운드라는 국방비가 실행되기 어렵다는 사실을 밝혔다. 원자재와 장비의 조달이 어려웠고, 원자재의 구입이 가능한 경우에도 이미 한국전쟁으로 인해 원자재의 가격이 너무 올라 국제 수지의 심각한 위기를 초래했기 때문이다. 그 결과 1951~1952년의 국방비는 계획되었던 12억 5,000만 파운드보다 적게 지출되었고, 궁극적으로 1951~1954년의 국

---

56) Malcolm Smith, *British Politics, Society and the State*(London : Macmillan, 1990), 188쪽.

방 예산은 42억 7,900만 파운드로 삭감되었으며, 실제로는 38억 7,800만 파운드만이 지출되었다.[57] 이처럼 예산안 자체가 실현 불가능한 것이었다면 구태여 노동당이 분열되지 않고 조용히 넘어갔어도 되지 않았느냐는 후세의 안타까움이 있지만 노동당의 내분은 이미 엎질러진 물이었다.

노동당의 내분은 1950년대를 거쳐 계속되었고 1960년대에 잠시 치유되는 듯했으나 1970년대에 또다시 심화되어 1979년 선거에서 패배한 후 당내 분파가 갈라져 나가 신당을 창당하는 등, 그 상흔이 끝내 아물지 못했다. 노동당의 내분이 더욱 아쉬운 것은 1945~1950년의 노동당 정부가 거의 이상적일 정도로 통일되고 단합된 모습을 보여주었기 때문이다. 2차 대전 이후 새로운 사회를 창출해내고자 하는 국민적 각오와 동의를 이끌어나가던 노동당의 모습은 1951년 이후 사라져버렸고, 그 후 노동당은 한 번도 1945~1950년의 단합된 모습과 지도력을 보여주지 못했다.

장기적 안목에서 볼 때 노동당의 분열보다 더욱 심각한 결과는 한국전쟁이 영국 경제에 미친 타격이었다. 최근 특히 이 문제에 주목해, 한국전쟁이 영국 경제에 무리한 주문을 하여 영국 산업을 정상적인 궤도로부터 일탈시켰다는 주장이 제기되었다.[58] 세계 대전 직후 심각한 위기에 봉착했던 영국 경제는 마셜 플랜하에서 착실하게 부흥에 성공했고, 1950년이 되자 마셜 원조도 더는 필요하지 않게 되었다. 그해 영국의 국제 수지는 1945년 이후 처음으로 흑자를 보였고, 생산 총액과 수출도 1946년에 비해 77%나 증가했으며 외환 보유도 예상보다 훨씬 나아졌기 때문에 경제협력처Economic Cooperation Board는 영국에 대한 원조를 대폭 삭감했다.

영국 경제는 착실하게 회복되고 있었는데, 한국전쟁이 새로운 부담을 가져다주

---

57) John Campbell, *Nye Bevan and the Mirage of British Socialism*, 246쪽.
58) 이에 대한 논의는 Alec Cairncross, *Years of Recovery, British Economic Policy 1945~1951*(London : Methuen, 1985) ; Peter Hennessy, *Never Again, Britain 1945~1951*(London : Vintage, 1993) ; Sidney Pollard, *The Wasting of the British Economy*(London : Croom Helm, 1984) 등을 참조할 것.

었다. 우선 한 가지는 미국이 재무장과 전쟁 대비용으로 원자재를 사재기함으로써 각종 원자재의 국제 가격을 인상시켜 영국의 무역 수지 적자를 초래했을 뿐만 아니라 생산에 차질을 가져왔다는 점이다. 이미 1950년 7월에 《뉴스 크로니클 News Chronicle》은 한국전쟁이 각국의 재무장에 필요한 원자재의 비축 경쟁을 야기하고 그 결과 곧 심각한 인플레이션과 물가 상승이 있을 것이라고 예견했다. 6월 23일 당시 톤당 591파운드이던 주석은 7월 10일에 613파운드가 되었고, 파운드당 1실링 11펜스이던 고무는 2실링 4펜스로 값이 올랐다.[59] 영국은 미국과 달리 거의 전적으로 수출입에 의존하는 경제였기 때문에 원료 부족 문제는 영국에게 매우 심각했으며, 1950년 12월 워싱턴에서 있었던 애틀리-트루먼 회담에서도 영국과 미국은 이 문제를 핵무기 못지않은 중요한 안건으로 다루었다.[60] 결과적으로 1949년 12월과 1951년 6월 사이, 영국 수출 총액은 26%밖에 증가하지 않았는 데 반해 원자재 가격은 115%나 상승했고, 국제 수지는 1950년 3억 파운드 흑자에서 1951년에는 4억 파운드 적자로 7억 파운드나 곤두박질했던 것이다.[61]

단기적인 생산과 수출의 감소는 보다 장기적인 결과를 낳았다. 재무장 분야에서의 생산 급감이 영국 경제의 확장을 위한 투자와 수출 증진의 중심이었던 기계 공업에 타격을 입혔던 것이다. 특히 기계와 숙련공이 부족해지자 내각은 재무장 생산이 국내 소비 산업이나 수출 산업에 우선권을 갖는다고 결정했다.[62] 이런 정책을 펼치면서 일차적으로는 수출이 손해를 보았지만 장기적으로는 새로운 투자로 기술을 개신할 길이 막히게 되었다. 수출의 감소와 새로운 투자에 의한 신기술 개발이라는 영국 경제가 직면한 최대 과제가 바로 한국전쟁으로 인한 재무장으로 타격을 받은 것이다. 1950~1960년대에 들어 영국의 최대 경쟁국이 된 독일과 일본을 영국과 비교해 볼 때, 특히 "영국이 탱크와 비행기를 만드는 동안 그들은 경

---

59) 미 국무부 문서 795.00/7—1150 London to State Dept(1950. 7. 11).
60) CAB 128/18 1950. 12. 12 ; PREM 8/1200 Record of Conversation st the State Department(1950. 12. 7).
61) Sidney Pollard, *The Wasting of the British Economy*, 36쪽.
62) CAB 129 C. P. (51) 20(1951. 1. 19).

제적 성공을 성취하게 해준 기계를 제작하고 있었다"[63]는 사실을 감안한다면 한국전쟁 직후 진행된 재무장이 영국 경제에 미친 장기적 영향은 심각한 것이었다.

재무장은 영국을 진퇴양난에 몰아넣었다. 만약 미국의 요구대로 국방비를 증강하려면 미국의 상당한 지원 없이는 불가능했고, 만약 미국의 지원이 없다면 국제 수지의 엄청난 적자를 감수해야 했기 때문이었다. 어느 쪽이 되더라도 전후 5년간의 피눈물 나는 노력이 수포로 돌아가고 영국은 또다시 미국에 전적으로 의존하는 처지가 될 것이었다. 더 나아가 새로운 국방 예산은 민간보다 군사적 목표를 우선시하고, 국제 수지의 균형을 위해 국내 소비를 더욱 희생하면서 수출에 우선권을 주는 경제 정책을 추구하도록 강요했다. 이는 곧 새로운 생산, 투자, 수출의 패턴을 요구하는 것일 뿐 아니라, 영국 국민의 생활수준을 저하시키고, 그동안 착실하게 진행하던 경제 회복을 다시 반전시키는 것이었다. 47억 파운드의 재무장 계획하에서는 소비 품목들을 대량 수출함으로써만 무역 수지의 균형을 유지할 수 있을 터인데 이것은 처음부터 불가능한 일이었다.[64]

그럼에도 불구하고 노동당 정부는 재무장을 결정했던 것이다. 그 이유는 무엇인가? 역사가들은 그것이 미국의 뜻을 거스르지 않으려는 영국 정부의 의도에서였다고 판단해왔다. 또 다른 원인은 영국이 여전히 강대국의 꿈을 버리지 않고 있었다는 사실에 있다. 그러나 무엇보다도 중요한 사실은 노동당 정부는 물론 당시 재무부에서 영국 경제를 책임지고 있던 고급 관리들조차 재무장이 영국 경제에 장기적인 악영향을 미칠 것을 인식하지 못했다는 점이다. 그들은 영국 경제의 쇠퇴가 일시적인 현상이며 재무장이 야기한 단기적인 위기가 지나면 영국 경제는 곧 건전한 상승 궤도로 회복할 것이라고 낙관하고 있었다. 이런 지배 엘리트의 낙관적 태도 및 사태를 올바로 파악하지 못한 잘못이 영국 경제를 상대적으로 쇠퇴하게 했던 중요한 원인으로 지적될 수 있는 것이다.[65]

---

63) Sidney Pollard, *The Wasting of the British Economy*, 37쪽.
64) 많은 재무부 기록들이 이 문제를 심각하게 언급하고 있다. T 229, T 230 분류 번호 아래의 기록들을 참조할 것. 그 외 Peter Hennessy, *Never Again, Britain 1945~1951*, 415쪽도 참조.

한국전쟁이 영국 경제에 미친 영향을 통계적으로 정확하게 입증하는 작업은 매우 어려울 것이다. 한국전쟁이 없었다면 영국이 독일과 비슷한 경제적 기적을 경험했으리라는 주장도 과장된 것이다. 그러나 한국전쟁과 재무장의 압박이 없었다면 영국 경제는 훨씬 순탄하고 지속적인 성장을 경험했을 것이라는 점은 확실하다 하겠다.

4. 맺음말

영국이 결국 한국전쟁에 깊숙이 관여하게 되었다 해도 그것은 노동당 정부가 처음부터 의도한 것이 아니었다. 한국이 그다지 중요하지 않다는 인식에도 불구하고 한국전쟁이 발발한 후 1년 동안 노동당 정부는 의식적으로 혹은 어쩔 수 없이 한국을 둘러싼 여러 문제에 직접적으로 개입하지 않을 수 없었다. 강대국으로서의 영국의 역할, 냉전에 대처하는 영국의 적극성, 미국의 가장 중요한 동맹국으로서의 위치, 그리고 한국전쟁 기간 중 매우 적극적인 중개자의 역할을 맡은 인도와의 긴밀한 관계 등으로 인해 영국은 원하지 않았다 하더라도 어떤 역할을 맡지 않을 수 없었기 때문이다.

이 글에서 살펴보았듯이 노동당 정부가 전적으로 미국의 뜻대로 움직인 것은 아니었다. 비록 노동당 정부가 미국과의 '특별한 관계'를 유지하는 정책을 추구했다고는 하지만 두 나라는 종종 갈등 관계에 있었다. 노동당 정부의 대외 정책은 한편으로는 사회 민주주의 이데올로기의 바탕 위에서, 다른 한편으로는 영국과 미국의 관계 못지않게 때로는 영제국 및 영연방의 결속이 더욱 중요하다는 판단 하에 추구되었다.

---

65) 이 문제에 대해서는 박지향, "Wasted Opportunities? : the Rearmament Programme in the 1950s and the Failure of the British Economic Policy" 참조. 그 외 Economic Section의 책임자였던 로버트 홀Robert Hall의 일기 *The Robert Hall Diaries 1947~1953*, Alec Cairncross (ed.)(London : Unwin Hyman, 1989)도 참조.

한국전쟁이 없었다면 노동당은 역사상 최초의 단독 사회주의 집권당으로서 더 오랜 기간 사회주의의 추구를 시도했을 것이다. 한국전쟁 후 추진된 재무장 정책은 가뜩이나 독일 등의 경쟁에 쫓기던 영국 산업에 심각한 타격을 가해 영국 경제의 상대적 쇠퇴를 가속화했다. 이런 점에서 영국이 한국전쟁에 끼친 영향보다는 한국전쟁이 영국에 끼친 영향이 더 심각했다고 말할 수 있다. 한국전쟁은 극동의 한 작은 나라에서 일어난 분쟁이 서양의 중심 국가에 어떤 파문을 불러일으킬 수 있는지를 보여주는 역사의 한 예다.

참고문헌

미국 국무부 문서
영국 내각 문서CAB
영국 수상실 문서PREM
영국 외무부 문서FO/FK

Alec Cairncross, 《1945~1951년 재건기의 영국 경제 정책 Years of Recovery, British Economic Policy 1945~1951》(London : Methuen, 1985)

Allen Bullock, 《외무 장관 1945~1951 Foreign Secretary 1945~1951》, Allen Bullock, 《어니스트 베빈 Ernest Bevin》, vol. 3(Oxford : Oxford Univ. Press, 1985)

Callum A. MacDonald, 《한국 : 베트남전 이전의 전쟁 Korea : the war before Vietnam》(London : Macmillan, 1986)

Eric Hobsbawm, 〈불완전한 과거, 긴장된 미래 Past Imperfect, Future Tense〉, 《합리적 좌파를 위한 정치학 Politics for a Rational Left》(London : Verso, 1989)

Hugh Dalton, 《돌턴의 정치적 일기 The Political Diary of Dalton》, Ben Pimlott (ed.)(London: Jonathan Cape, 1986)

Hugh Gaitskell, 《휴 게이츠켈의 일기, 1945~1956년 The Diary of Hugh Gaitskell, 1945~1956》, Philip Williams (ed.)(London : Jonathan Cape, 1983)

James Cotton · Ian Neary, 《역사 속의 한국전쟁 The Korean War in History》(London : Humanities, 1989)

John Campbell, 《베번과 영국 사회주의의 신기루 Nye Bevan and the Mirage of British Socialism》(London : Weidenfeld and Nicholson, 1987)

John Colville, 《권력의 가장자리 : 다우닝가 일기 1939~1955년 The Fringe of Power : Downing Street Diaries 1939~1955》(London : Hodder & Stoughton, 1985)

Kenneth Harris, 《애틀리 Attlee》(London : Weidenfeld and Nicholson, 1984)

Malcolm Smith, 《영국의 정치와 사회 그리고 국가 British Politics, Society and the State》(London : Macmillan, 1990)

Martin Gilbert, 《윈스턴 처칠 : 결코 실망하지 않다 1945~1965년 Winston Churchill : Never Despair, 1945~1965》(London : Heineman, 1988)

Peter Hennessy, 《다시 오지 않는 1945~1951년의 영국 Never Again, Britain 1945~1951》(London : Vintage, 1993)

Peter N. Farrar, 〈평화 협상을 위한 중지 : 1950년 11월 영국의 완충 지대 계획A Pause for Peace Negotiation : the British Buffer Zone Plan of November 1950〉,《역사 속의 한국전쟁 The Korean War in History》

──────, 〈동맹의 좌절 : 영국, 미국 그리고 한국전쟁, 1950~1951년The frustrations of alliance : Britain, The United States, and the Korean War, 1950~1951〉,《역사 속의 한국 전쟁 The Korean War in History》

Robert Hall,《로버트 홀의 일기 The Robert Hall Diaries 1947~1953》, Alec Cairncross (ed.)(London : Unwin Hyman, 1989)

Sidney Pollard,《영국 경제의 낭비 The Wasting of the British Economy》(London : Croom Helm, 1984)

박지향, 〈낭비된 기회? : 1950년대 재무장 계획과 영국 경제 정책의 실패Wasted Opportunities? : the Rearmament Programme in the 1950s and the Failure of the British Economic Policy〉, *Journal of Contemporary History*, vol. 32, no. 3(Summer, 1997)

박지향, 〈영국노동당 정부, 1945~1951 : 대외정책을 중심으로〉,《유럽사의 구조와 전환 : 이민호 교수 정년기념논총》(느티나무, 1993)

스탈린과 한국전쟁의 발발 ―
중·소 관계를 중심으로*

황 동 하**

1. 한국전쟁, 무엇이 뜨거운 감자인가

한국전쟁은 왜 일어났는가? 이에 대한 많은 연구가 있으며 그 연구에는 하나의 공통된 특징이 있다. 당시 한국을 둘러싼 강대국들, 특히 소련과 중국이 어떤 역할을 했느냐 하는 것이다. 이 문제는 한국전쟁 관련 연구에서 끊임없는 논쟁거리였다. 그 가운데서도 스탈린Iosif Vissarionovich Stalin이 한국전쟁이 발발하는 데서 어떤 역할을 했는가가 논쟁의 핵심이다.[1]

1950년 6월 25일 북한이 남한을 침공하자 대부분의 서구 정치가와 정책 결정자

---

* 이 글은 2003년도 12월에《서양사론》제79호에 실린 같은 제목의 논문을 수정·보완한 것이다.
** 숙명여대 사학과를 졸업하고 같은 학교 대학원에서 석사 학위와 박사 학위를 받았다. 현재 국민대학교 사회과학대학 유라시아 연구소 책임연구원으로 재직 중이다.《필사적인 포옹 : 독·소 불가침 조약 성립에 대한 연구》,《러시아학 입문》을 썼고《러시아 혁명의 진실》을 옮겼으며, 논문으로는〈국가 상징과 현대 러시아 국가정체성〉,〈소련의 전시 포스터에 등장하는 어머니 이미지에 대한 연구―독·소 전쟁 초(1941~1943) 포스터「Родина-Мать зовет!」를 중심으로〉, "자연발생적인 탈-스탈린화spontaenous de-Stalinization" : 러시아인들이 되돌아본 '대조국전쟁'의 한 단면〉,〈소비에트 정치 포스터에 나타난 스탈린 개인숭배의 정치문화사〉등이 있다.
1) 기존의 논의는 김학준의 글에 상세히 정리되어 있다. 김학준,〈한국전쟁의 기원과 전개〉, 광복 50주년 기념 사업회·한국학술진흥재단 엮음,《광복 50주년 기념 논문집》2(1995), 65~72쪽.

들은 곧바로 그것을 "소련의 침략 행위"[2]로 여겼다. 한국전쟁은 소련의 세계 적화라는 커다란 음모하에 일어난 것이며, 이를 위해 겉으로는 북한을 내세웠지만 실질적으로는 소련이 주동자라는 것이다. 이런 견해는 한국전쟁에 관한 스탈린의 정책이 본래부터 세계 적화를 위한 대외 침략의 하나로 세워진 것이며, 팽창 일변도의 성격을 지닌 것임을 주장한다. 그와 달리 스탈린이 한국전쟁의 발발에서 부수적 역할을 했다는 견해도 있다. 이 견해에 따르면 한국전쟁은 기본적으로 "한국인이 한국을 침략(Koreans invade Korea)"[3]한 '내전'이었다. 당시 스탈린은 신중하고 사려 깊은 외교가였으며, 소련의 외교도 신중하고 방어적인 기조에 입각해 있었다고 한다. 러시아가 한국전쟁에 대한 기밀문서를 공개하자,[4] 이런 논쟁에 포

---

[2] 리David Rees는 북한의 침공을 "소련의 전쟁 계획"으로 서술했다(David Rees, *Korea : The Limited War* (Baltimore : Penguin, 1964), 19쪽). 이와 비슷하게 데이비드 달린David Dallin은 스탈린이 "공격을 계획, 준비, 주도했다"고 결론 내렸다(David Dallin, *Soviet Foreign Policy After Stalin*(Philadelphia : J. B. Lippincott, 1961), 60쪽).

[3] Bruce Cumings, *The Origins of Korean War*, Bruce Cumings, *The Roaring of the Cataract, 1947~1950*, vol. 2(Princeton : Princeton Univ., 1990), 445~448・619쪽.

[4] 한국전쟁과 관련된 사료집은 다음과 같다. 외무부 엮음, 《한국전 문서 요약(1941. 1~1953. 8)》(외무부, 1996) ; Kathryn Weathersby, "Soviet Aims in Korea and the Origins of the Korean War, 1945~1950 : New Evidence from Russian Archives", Cold War International History Project(이하 CWIHP로 줄여 씀), *Working Paper*, no. 8(Woodrow Wilson International Center for Scholars Washington, D. C., 1993. 11) ; Kathryn Weathersby, "The Soviet Role in the Early Phase of the Korean War : New Document Evidence", *The Journal of American-East Asian Relations*, vol. 2, no. 4(1993년 겨울), 425~458쪽 ; Kathryn Weathersby, "To Attack, or Not to Attack? Stalin, Kim Il Sung and the Prelude to War, 1950~1951", CWIHP, *Bulletin* 5(1995년 봄) ; Kathryn Weathersby, "Should We Fear This? Stalin and the Danger of War with America", CWIHP, *Working Paper*, no. 39(2002. 7) ; Vladislav Zubok・Constantine Pleshakov, *Inside the Kremlin's Cold War. From Stalin to Khrushchev*(Cambridge, MA : Harvard Univ. Press, 1996) ; A. V. 토르쿠노프, 《한국전쟁의 진실과 수수께끼 : 김일성-스탈린-모택동 기밀문서》, 구종서 옮김(에디터, 2003). 그리고 새로이 공개된 사료를 통한 연구 저작은 다음과 같다. Sergei Goncharov・John Lewis・Xue Litai, *Uncertain Partners : Stalin, Mao and the Korean War*(Stanford, CA : Stanford Univ. Press, 1993) ; Chen Jian, *China's Road to the Korean War : The Making of the Sino-American Confrontation*(New York : Columbia Univ. Press, 1994) ; 윌리엄 스툭, 《한국전쟁의 국제사》, 김남균・김지민・김형인・조성규 옮김(푸른역사, 2000) ; A. V. Torkunov・E. P. Ufimtsev, *Koreiskaya problema : Novyi vzglyad*(Moscow : "Angel" Publishing Center, 1995) ; Guang Zhang, *Mao's Millitary Romanticism : China and the Korean War*(Lawrence, KS : Univ. of Kansas Press, 1995) ; Vojtech Mastny, *The Cold War and Soviet Insecurity : The Stalin Years*(New York : Oxford Univ. Press, 1996).

함되어 있던 많은 의문이 하나둘 풀렸다. 그 자료 덕분에 남한 침공 구상은 김일성에게서 나온 것이고, 스탈린이 이것을 승인했다는 사실이 더욱 뚜렷이 입증되었다. 1949년 초부터 김일성은 스탈린에게 여러 차례에 걸쳐 남침 계획을 승인해 줄 것을 요청했다. 그러나 스탈린은 그런 제안을 거부했다. 대신 스탈린은 김일성에게 남한 내의 내부 투쟁을 지원하라고 권고했다. 그 다음에는 김일성의 제안을 원칙적으로 받아들이기는 했지만, 남한 침공에는 꽤 많은 준비가 필요하다고 했다. 이때까지도 스탈린은 김일성의 제안을 거부하는 태도를 굳게 지켰다. 스탈린의 이와 같은 견해가 바뀐 것은 1950년 4월이었다. 이때 스탈린은 마오쩌둥(毛澤東)을 위시한 중국 공산당이 김일성의 남한 침공을 승인해야 한다는 조건을 달아 김일성의 남한 침공을 받아들이기에 이른다.[5] 그러면서 스탈린은 "우리는 통일 reunification을 향한 조선 사람들의 제안에 동의한다"[6]고 선언했다. 이는 김일성의 남침 계획에 대한 스탈린의 태도가 바뀌었음을 뜻했다.

그러면 왜 스탈린은 동아시아 정책을 바꾸었을까? 이 문제는 많은 의문을 불러왔다. 스탈린의 정책이 본래부터 '팽창 일변도'라거나, 또는 처음부터 끝까지 '방어적·수세적'이라거나 여러 가지 견해가 제기되었다. 그러나 스탈린 본인의 입을 통해 확인된 것은 거의 없다. 앞서 스탈린이 "조선 사람들의 제안에 동의한다"고 밝히면서 덧붙인 '변화된 국제적 상황에 비추어'라는 표현이 그의 정책이 변화하게 된 이유를 짐작케 하는 단 하나의 단서일 뿐이다. 하지만 스탈린은 그러한 변화가 무엇을 뜻하는지에 관해서는 구체적으로 말하지 않았다.

그렇다면 스탈린이 김일성의 남한 침공 계획을 승인하게 된 배경과 동기는 무엇인가? 스탈린은 어떤 계기로 정책 선회를 결정했는가? 그리고 그 결정 과정에서

---

5) Geoffrey Roberts, *The Soviet Union in World Politics. Coexistence, Revolution and Cold War, 1945~1991* (London : Routledge, 1999), 33~34쪽.
6) "소련 외무성 제8600호 암호 전보, 비신스키가 베이징 소련대사관에(필리포프가 마오쩌둥에게), 1950년 5월 14일, 러연방 문서관, 폰드 45, 목록1, 파일 331, 리스트 55". A. V. 토르쿠노프, 《한국전쟁의 진실과 수수께끼 : 김일성-스탈린-모택동 기밀문서》, 125쪽.

나타난 스탈린의 외교는 어떻게 평가할 수 있는가? 이 글은 이런 점을 새로이 공개된 사료를 중심으로 분석하고자 한다.

2. 1950년 스탈린이 바라본 국제 정세

1950년 1월, 김일성은 평양 주재 소련 대사 슈티코프Terentii F. Shtykov에게 "통일을 생각하느라 잠도 못 잔다"[7]고 말하면서 중국 혁명이 성공한 지금이 남한을 해방시킬 수 있는 기회라고 주장했다. 그달 말 스탈린이 생각을 바꾸기 시작했다. 스탈린은 1950년 1월 30일의 전문에서 "이 문제에 대해 김의 계획을 도울 준비"를 했다고 밝혔다.[8] 또한 스탈린은 언제든 이 문제를 가지고 김일성과 대화를 나눌 수 있다고 긍정적으로 답변했다.

그에 따라 김일성은 1950년 4월 8일에서 4월 25일까지 모스크바를 비밀리에 방문하여 스탈린과 직접 대화를 나눴다. 그러나 이 회담을 기록한 문서는 지금까지 찾지 못했다. 그래서 그 자리에 있던 사람들의 회고에 의존해 회담에서 어떠한 이야기가 오고갔는지 추론해볼 수밖에 없다.[9] 소련 외무성이 1966년에 작성한 〈한국전쟁의 배경에 관한 보고〉에 따르면, 스탈린은 1950년 3월과 4월 북한 지도자가 모스크바를 방문한 동안 마침내 마오가 김일성의 군사적 계획에 동의하면 실행해도 좋다는 단서를 달아 그것을 승인했다는 것이다. 스탈린은 소련이 어떤 군사적 행동을 취하기 전에 중국이 그 계획에서 적극적인 소임을 할 것이라는 확신을 얻길 원했다.[10]

---

7) Shtykov to Vyshinsky, 19 Jan. 1950. Kathryn Weathersby, "To Attack, or Not to Attack? Stalin, Kim Il Sung and the Prelude to War, 1950~1951", 8쪽.
8) Kathryn Weathersby, "To Attack, or Not to Attack? Stalin, Kim Il Sung and the Prelude to War, 1950~1951", 9쪽.
9) 김철범 엮음, 《한국전쟁에 관한 진실 : 40년 후의 증언》(을유문화사, 1991), 105~106쪽.
10) Shen Zhihua, "Sino-Soviet Relations and the Origins of the Korean War : Stalin's Strategic Goals in

김일성이 남침 계획을 제의한 것은 결코 처음이 아니었다. 한반도의 무력 통일을 촉구하는 많은 전보가 북한에서부터 날아들었지만, 스탈린은 이 모든 제의를 묵살했다. 스탈린은 북한군이 남한군에 군사적 우위를 점하고 있지 못하는 상황과 미국의 전쟁 개입 가능성을 제기하며 김일성의 남침 계획을 반대했다.[11] 1949년만 해도 스탈린은 한반도에서 전쟁 계획을 갖고 있지 않았던 것이다.

2차 대전 뒤 소련은 평화 공존, 세계 혁명, 그리고 국가 안보라는 전략적 목표를 세웠다. 이런 전략 목표는 하나의 정식화된 위계를 갖고 있는 것이 아니라, 구체적인 현실 상황에 따라 여러 가지로 쓰였다. 하지만 갈등이 일어날 경우 국가 안보는 언제나 우위를 점한다. 러시아에서 '안보'란 것은 그저 정책 순위의 문제가 아니라 필요할 때 그것을 위해 다른 모든 가치를 기꺼이 희생할 수 있는, 일종의 강박 관념과 같았다.[12]

이 세 가지 목표 사이에 빚어지는 빈번한 모순 때문에, 스탈린의 외교 정책은 전후에 줄곧 바뀌었다. 그렇지만 기본적으로 소련은 전쟁 때 서방과 맺은 동맹 체제, 즉 구체적으로는 전후 문제 처리와 국제 질서를 설정한 1945년 얄타-포츠담 체제를 그대로 유지하는 정책을 추구하고자 했다.[13] 이런 사실은 최근 공개된 러시아 문서를 통해 입증되었다. 스탈린은 전후 서방과의 관계를 고려하면서 매우 신중한 대외 정책을 펼쳤으며, 다른 지역의 사회주의 혁명에 대한 지원에도 결코 적극적이지 않았다. 말하자면, 전후 소련의 정책은 미리 짜인 계획에 의해 실행되었거나 이데올로기적 문제로 인식된 것이 아니라, 구체적인 사건에 따라 그때그때 수행되었다는 것이다.[14] 따라서 전후 스탈린 외교 정책의 기본 원칙은 전쟁이

---

the Far East", *Journal of Cold War Studies*, vol. 2, no. 2(2000년 봄), 54쪽.

11) Kathryn Weathersby, "Should We Fear This? Stalin and the Danger of War with America", 5쪽.

12) 제프리 호스킹, 《소련사》, 김영석 옮김(홍성사, 1988), 24~25쪽.

13) Vladislav Zubok, "Stalin's Plans and Russian Archives", *Diplomatic History*, vol. 21, no. 2(1997년 봄), 298쪽.

14) Melvin P. Leffler, "Inside Enemy Archives : The Cold War Reopened", *Foreign Affairs*(1996. 7·8), 122~123쪽.

한창일 때 이루어진 서방과의 동맹 관계의 연장선상에서 서방과 협력 관계를 유지하는 것이었다. 동아시아에서 스탈린이 추구한 외교 정책의 기본 원리도 얄타 회담과 포츠담 회담에서 논의된 것에 따라 서방과의 협력 관계 속에서 소련의 안보와 이해관계를 지켜내는 것이었다.[15] 스탈린은 '현상(現狀)'을 무너뜨리거나 뒤엎어버리는 일을 두려워했으며 국제적 분규로 이어질지도 모르는 국외의 중대한 사회적 분쟁에 깊이 말려드는 일을 피하고자 했다.[16] 구체적으로 스탈린은 동아시아에서 미국과 협력 관계를 유지하면서 만주에서 소련의 영향력을 유지하려고 했다. 이를 통해 스탈린은 전후 일본의 부흥과 재무장이 끼칠 안보 위협을 덜어내려 했다. 일본의 부흥과 재무장은 동아시아에서 소련의 안보에 가장 커다란 위협 요인이었기 때문이다.

소련이 일본을 동북아시아에서 주요한 안보 위협으로 인식한 것은 얄타 회담과 한국 문제에 대한 일련의 내부 보고서에 잘 나타나 있다. 1945년 2월 얄타 회담에서 스탈린은 사할린 남부와 쿠릴 열도에 대한 통제권, 중국 동부 철도와 대련의 만주항과 여순항의 임차, 그리고 외몽골에서 소련의 영향력 유지를 요구했다. 남쿠릴 열도를 제외시켰지만, 이런 요구는 극동에서 러시아의 지위를 1905년 러일전쟁 패배 이전으로 되돌려 놓는 것이었다.[17] 스탈린은 국민당과의 조약 체결을 위한 협상에서 다음과 같이 말했다. "일본이 독일처럼 조건 없이 항복을 받아들인다고 해도 망하지는 않을 것이다……우리는 일본을 포위해야 한다. 우리에게 다른 길은 없다. 우리는 일본을 동서남북 사방에서 공격받기 쉽도록 만들어야 한다. 그러면 일본은 잠잠해질 것이다."[18]

특히 소련이 일본을 경계하게 된 요인은 태평양전쟁의 종결 과정에서 미국이

---

15) Sergei Goncharov · John Lewis · Xue Litai, *Uncertain Partners : Stalin, Mao and the Korean War*, 87쪽.
16) 아이작 도이처, 《러시아 사상사(1917~1967)》, 편집부 옮김(종로서적, 1983), 136쪽.
17) Kathryn Weathersby, "Soviet Aims in Korea and the Origins of the Korean War, 1945~1950 : New Evidence from Russian Archives", 10쪽.
18) Sergei Goncharov · John Lewis · Xue Litai, *Uncertain Partners : Stalin, Mao and the Korean War*, 3쪽.

맡은 역할 때문이었다. 미국은 소련이 태평양전쟁에 참전하도록 스탈린을 설득했다. 스탈린은 독일이 항복한 후에 참전하겠다고 약속했으며, 루스벨트Franklin D. Roosevelt는 참전에 대한 대가로 1905년 러시아가 일본에 패전하기 전까지 러시아가 동북아에서 지녔던 세력권을 회복시켜주겠다고 얄타 회담에서 약속했다. 그러나 미국이 역사상 처음으로 원자탄 실험에 성공하자, 미국은 이제 스탈린의 지원 없이도 일본을 패배시킬 수 있다고 확신하게 되었다. 실제로 미국은 소련의 참전 이전에 일본의 항복을 받아내려고 히로시마에 원폭을 투하했고, 그 뒤 일본은 미국의 일방적인 점령하에 놓이게 되었다. 태평양전쟁을 주도했던 미국은 자신만이 일본의 미래를 결정할 것이라는 점을 분명히 했다. 루스벨트는 미국 혼자서 일본을 점령 통제하고 일본이 전쟁 동안 점령한 섬들을 지배하며, 중국을 통일 국가로 만들어 미국에 의존적인 정부로 만들기로 결정했다.[19] 그에 따라 동북아 지역에서 소련의 입지는 축소되었다. 이와 같은 스탈린의 대일 인식, 더 나아가 미국의 일본 정책에 대한 스탈린의 인식은 결국 소련의 대한반도 정책을 결정하는 데 중요하게 작용했을 것으로 보인다. 스탈린은 일본이 재무장하여 아시아 본토로 진출하기 위해 한국을 발판으로 삼아 소련의 극동 지역을 다시 위협할 수도 있다고 생각했다. 그렇기 때문에 일본이 점령했던 식민지에 대한 정치적 해결을 소련의 안보에서 중요한 문제라고 여겼다.[20] 다시 말해, 동북아시아에서 강대국 간의 경쟁을 유발하며, 일본의 아시아 대륙으로의 팽창을 위한 도약판이 될 수 있는 한국의 역사적 전개를 소련이 예의주시하고 있었다는 사실은 분명하다.[21] 결국 소련의 대일 정책 수립 과정에서 한반도는 소련의 극동 지역 안보를 보장하는 데 있어 전략적으로 중요한 지역으로 다시금 떠오른 것이다.

---

19) Kathryn Weathersby, "Soviet Aims in Korea and the Origins of the Korean War, 1945~1950 : New Evidence from Russian Archives", 9~10쪽.
20) Kathryn Weathersby, "Should We Fear This? Stalin and the Danger of War with America", 2쪽.
21) Kathryn Weathersby, "Soviet Aims in Korea and the Origins of the Korean War, 1945~1950 : New Evidence from Russian Archives", 12쪽.

스탈린은 1905년 이전 한반도에 대해 러시아가 추구하던 정책을 유지하려 했다. 그 정책이란 어떤 단일 국가가 한반도를 완전히 통제하는 것을 막는 전통적인 세력 균형 원칙이다. 그래서 스탈린은 미국 정부가 북위 38도 선상에 즉흥적으로 그은 분계선을 제시했을 때에도 이를 거부하지 않고 받아들였다.[22] 그때 소련군은 이미 한반도 북부에 진주하고 있었고, 미군은 아직 한반도에서 600마일이나 떨어져 있는 오키나와에 있었다. 그러므로 소련이 미국의 38선 분할 결정을 아무런 이의 제기 없이 받아들였다는 것은 미국인들로서는 "놀라운 사실"이었음에 틀림없다.[23] 이런 소련의 행동을 보면, 당시 소련은 한반도 전체를 통제할 생각이 없었음이 드러난다. 그래서 스탈린은 "소련군이 한반도의 38도선 북쪽 지역을 점령하는 것이 한반도의 나머지 지역을 미국이 점령하는 시기와 같은 시기 동안 유지되어야 한다"[24]고 한시적인 특성을 부여했던 것이다.

스탈린은 얄타 회담에서도 포츠담 회담에서도 한반도에 대해서는 미국에 어떠한 요구도 하지 않았다. 그는 미국의 분할 제의를 받아들이고 공동 신탁 통치joint trusteeship 제의에 동의했던 것이다. 이처럼 스탈린이 한반도에서 주도권을 주장하지 않은 것이 한반도에 대한 자신의 팽창주의 목표를 은폐하는 하나의 전략이었다는 주장도 제기되곤 하지만, 새로이 공개된 사료를 분석한 결과 스탈린의 정책이 방어적 특성을 지니고 있음이 드러난다.[25] 스탈린은 한반도에서 전통적인 세력 균형의 원칙을 유지하면서 자국의 극동 지역의 안전을 확보하고자 했던 것이다.

그러나 1950년에 이르면 스탈린이 취한 한반도 정책에는 변화가 일기 시작한다. 스탈린은 1950년 1월 말에 김일성의 남침 계획에 청신호를 보냈던 것이다. 그

---

22) Kathryn Weathersby, "Soviet Aims in Korea and the Origins of the Korean War, 1945~1950 : New Evidence from Russian Archives", 9쪽.
23) 박명림, 《한국전쟁의 발발과 기원 I》(나남, 1996), 188쪽.
24) Kathryn Weathersby, "Soviet Aims in Korea and the Origins of the Korean War, 1945~1950 : New Evidence from Russian Archives", 14쪽.
25) Kathryn Weathersby, "Soviet Aims in Korea and the Origins of the Korean War, 1945~1950 : New Evidence from Russian Archives", 5쪽.

러면 1950년 1월에 어떤 일이 일어났기에 스탈린은 대외 인식을 바꾸었을까?

스탈린이 어떠한 계기로 자신의 입장을 철회하게 되었는지를 밝혀주는 사료는 지금까지 발견되지 않았다. 1950년 5월 14일자 스탈린과 마오쩌둥 사이에 오고간 비밀 전문에서 하나의 실마리를 찾을 수 있을 것이다. "마오쩌둥 동지! 조선 동지들과 가진 회담에서 필리포프와 그 친구들은 변화한 국제 정세 때문에 통일에 착수하고 싶다는 조선인들의 제안에 동의한다는 의견을 표명하였다. 이때 이 문제는 최종적으로는 중국 동지들과 조선 동지들에 의해 공동으로 결정되어야 하고, 만일 중국 동지들이 동의하지 않는 경우에는 새로운 검토가 있을 때까지 그 문제에 대한 결정을 늦추어야 한다는 유보가 붙었다. 상세한 회담 내용은 조선 동지들이 귀하에게 설명할 것이다. 필리포프."[26] 이를 통해 '변화된 국제 정세'가 스탈린의 입장을 바꾸어놓은 계기로 작용했다는 것을 알 수 있다.

그러나 스탈린은 '변화된 국제 정세'에 따라 김일성의 남침 계획을 승인한다고 했을 뿐, '변화된 국제 정세'가 무엇인지 구체적으로 언급하지는 않았다. 그렇다면 스탈린이 바라본 국제 정세의 '변화'란 무엇인가? 이에 관해서는 당시의 보고문을 통해 재구성해볼 수 있을 뿐이다. 그것은 소련 공산당 중앙위원회 국제국이 1950년 4월에 김일성과 박헌영, 스탈린 사이에 이루어진 회담을 요약한 보고문이다.[27]

이 보고문을 통해 볼 때 국제 정세 '변화'의 단서는 대충 세 가지다. 그것은 중국 혁명의 성공과 미국의 불개입 선언, 그리고 소련의 핵 보유다. 1949년 10월 중국 공산 혁명이 성공하고 중화인민공화국People's Republic of China이 세워졌다. 이미 마오는 중국 내전이 끝나갈 무렵 소련과의 관계를 개선하려는 조치를 취한 바 있다. 1949년 6월 30일 마오는 중국의 고위층 대표단이 모스크바를 방문하기 직전에 외교 정책의 "대소 일변도(一邊倒)lean-to-one-side" 정책을 선언했다.[28] 사실 당시 중국 건국 뒤 지도부 내에는 외교 노선을 둘러싸고 논쟁이 있었다. 저우언

---

26) 외무부 엮음, 《한국전 문서 요약(1949. 1~1953. 8)》(외무부, 1996), 1950년 5월 14일자, 25쪽.
27) 《서울신문》(1995년 5월 24일자).
28) Sergei Goncharov · John Lewis · Xue Litai, *Uncertain Partners : Stalin, Mao and the Korean War*, 27~28쪽.

라이(周恩來)를 중심으로 한 온건파와 류사오치(劉小奇)를 중심으로 한 급진파 사이의 대결이 그것이었다. 온건파는 미국과의 관계 개선을 시도했고 급진파는 미국에 대한 접근을 반대하고 대소 일변도의 노선을 주장했다.29) 이런 상황에서 마오의 대소 일변도 정책 선언은 중국 내부 논쟁의 종식이자 아시아에서 세력 관계의 변화를 초래할 수 있는 것이었다. 덩샤오핑(鄧小平)은 "모 주석은 대소 경사가 우리의 선택이며, 어느 한쪽에 강제로 편입되는 것보다 낫다고 말했다"고 나중에 설명했다.30)

물론 국제적 안전이라는 고려가 신생 국가 중국으로 하여금 소련 쪽으로 향하게 했다. 내전에서 승리하는 순간까지 중국 공산주의자들은 미국 장군들의 조언을 받고 미국 무기로 무장한 국민당 군과 싸웠다. 이와 같은 상황에서 중국의 안보는 소련과의 긴밀한 동맹 관계와 소련이 제공하는 경제 원조에 달려 있었다.31) 그 뒤 마오는 모스크바를 방문해 1950년 2월 새로운 중·소 동맹을 체결한다. 따라서 중화인민공화국이 세워진 다음 한반도를 중심으로 한 동북아 지역에서 세력 균형은 달라졌으며, 당시 스탈린이 인식한 국제 정세의 '변화'에서 중요한 요소로 작용했던 것이다.

그 다음으로 미국의 아시아 정책이 변화했다는 점을 들 수 있다. 미국의 애치슨 Dean Acheson 국무 장관은 1950년 1월 12일 한국과 대만이 제외된 새로운 미국의 아시아-태평양 극동 방위선을 발표한다.32) 애치슨 선언으로 미국의 극동 방위선에서 한반도가 제외됨으로써, 스탈린은 미국이 한반도 문제에 간섭하지 않을 수도 있다고 고려했을지도 모른다.

그러나 스탈린이 한반도 전쟁에 미국이 개입할 수 있음을 끝까지 염두에 두고

---

29) 박명림, 《한국전쟁의 발발과 기원 I》, 226쪽.
30) 존 루이스 개디스, 《새로 쓰는 냉전의 역사》, 박건영 옮김(사회평론, 2002), 120쪽.
31) 아이작 도이처, 《러시아 사상사(1917~1967)》, 144쪽.
32) 김명섭, 〈6·25전쟁 직전의 '애치슨 선언'에 대한 재해석 : 서유럽에서 동아시아로 확장되는 미국의 전략적 관심〉, 박두복 엮고 씀, 《한국전쟁과 중국》, 81~110쪽.

있었고, 그 때문에 직접적인 참전을 거부했음을 감안한다면, 애치슨 선언 때문에 스탈린이 태도를 바꾸었다고 볼 수는 없다. 애치슨 선언이 소련의 동아시아 정책에 대한 새로운 인식에 얼마간 영향을 준 것은 사실이지만, 한반도에 대한 스탈린의 태도를 확고하게 변화시킨 결정적인 요인이라고 할 수는 없을 것이다.

마지막으로 소련의 핵 보유를 들 수 있다. 소련은 1949년 8월 핵 실험에 성공한다. 소련의 핵 보유는 미국의 핵 독점을 끝낼 수 있을 것이라는 소련의 자신감을 심어주는 사건이었다. 하지만 모스크바는 한 달 뒤 김일성의 남침 계획에 반대하는 결의를 채택했다. 그 뒤 몇 달 동안 소련의 원폭 기술은 스탈린이 미국에 과시했던 만큼 만족스럽지는 못했다. 스탈린은 소련이 원폭 하나만을 발사했을 뿐 원자탄 300개를 소유하고 있는 미국과 동등하게 취급될 수 없다는 것을 너무도 잘 알고 있었다. 그리고 폭탄의 적재 수단도 미국을 효과적으로 공격할 정도에는 미치지 못했다.[33] 소련의 핵 보유는 소련에 심리적 위안을 주었을지 모르지만, 정책 전환의 계기로 작용한 요인으로 거론되기에는 미흡한 측면이 없지 않다.

위에서 1950년 1월을 기점으로 한 국제 정세의 '변화'의 단서들을 개괄해보았다. 이 가운데 스탈린의 정책 선회를 이끌어낸 배경이 되는 요소는 중국 혁명, 즉 중국과의 관계에서 찾을 수 있으리라 생각된다. 그러면 스탈린의 정책 선회를 이끌어내는 데 있어 중국 혁명이라는 요인은 어떻게 작용했는가? 중국 혁명이 성공하자 스탈린은 동아시아에서 적극적인 팽창 정책을 펼칠 수 있다고 생각했는가? 아니면 어떤 다른 복잡한 계산이 작용했던 것인가? 왜 그 전장이 하필 다른 곳이 아닌 한반도였는가? 스탈린은 궁극적으로 '변화된 국제 정세'를 통해 무엇을 확보하고자 했는가?

---

33) 양규송, 〈중국의 한국전 출병 시말〉, 박두복 엮고 씀, 《한국전쟁과 중국》(백산서당, 2001), 293쪽.

3. 스탈린의 중국에 대한 인식

1950년 1월 스탈린의 정책 선회는 전쟁으로 연결되었다. 그 변화의 중심에는 중국에서 마오가 승리를 거두었다는 요인이 있었다.[34] 사실 중국 혁명이 성공하기 전에 소련과 중국은 완전한 협력 관계를 이루지 못했다. 오히려 그 반대라고 할 수 있을 정도로 스탈린은 중국 혁명에 대해 낙관적인 태도를 유지하지 못했다. 그런데 1950년에 접어들면서 스탈린의 중국에 대한 태도는 달라지기 시작했다.

(1) 스탈린은 마오와 중국 혁명을 어떻게 보았는가

2차 대전 이후 스탈린은 국내적으로나 국제적으로 자신의 지배 권력을 유지하고자 노력했다. 그러나 그는 아주 의심이 많았고 주변 사람들의 의도를 늘 주시하고 있었다. "스탈린은 언제나 그를 둘러싸고 있는 사람 모두를 적으로 보았다."[35] 1949년과 1950년 사이 레닌그라드와 모스크바에서 있었던 공산당 지도자 숙청과 그의 통치 말기에 있었던 고위직 인물들의 잦은 제거는 자신의 내부적인 안전에 대한 그의 끝없는 노력을 반영한다. 더구나 소련 지배 구조의 정상 자리를 유지한다는 것은 그에게 단순히 자신의 개인적 권력을 극대화하기 위한 방편만은 아니었다. 오히려 개인 권력을 극대화하는 것만이 "단 하나의 생존 방식"[36]이었던 것이다.

이런 개인 권력의 극대화는 국내적 차원에서만 이루어진 것이 아니었다. 국내 정책과 대외 정책의 불가분한 관계를 인식하고 있던 스탈린은 대외 정책 역시 자신의 지배력을 확고히 유지시키는 데 도움이 되는 방향으로 추구하고자 했다. 특히 국제적인 긴장을 유지하는 것은 국내에서 자신의 지배력을 더욱 강화시킬 수

---

34) Caroline Kennedy-Pipe, *Russia and the World 1917~1991*(London : Arnold, 1998), 99쪽.
35) William Taubman, *Stalin's American Policy : From Entente to Detente to Cold War*(New York : Norton, 1982), 197쪽.
36) Adam Ulam, *Stalin : The Man and His Era*(London : Allen Lane, 1974), 725쪽.

도 있다. 1927년 영국이 소련을 상대로 전쟁을 벌일지도 모른다는 소문이나, 1949년 이후 동유럽의 다른 국가에서 진행된 숙청 등은 그 단적인 사례로 지적될 수 있었다. 동유럽에서 진행된 숙청은 분명 다른 공산 국가들에 대한 자신의 지배와 통제를 강화시키고, 궁극적으로는 다른 공산 국가들을 소련을 제외한 외부 세계로부터 고립시키려는 의도를 지닌 것이었다.[37] 이처럼 스탈린은 대외 정책이 어떻게 자신의 개인 권력에 영향을 줄 것인지 면밀하게 살피고 나서야 정책을 결정했던 것이다. 이런 스탈린의 의도는 마오와의 관계, 그리고 중국과의 관계에서 좀 더 뚜렷이 드러난다고 볼 수 있다.

스탈린은 오랫동안 마오를 신뢰하지 않았다. 그에게 중국 공산주의자들은 대장정이 한창일 때 동굴에서 생활하며 마르크스-레닌주의에 대한 자신들의 독특한 해석을 서로에게 강의하던 미천한 혁명가들의 소집단 정도로 보였다.[38] 그들은 "마가린margarine 마르크스주의자"[39]였던 것이다. 물론 이 말이 뜻하는 바가 무엇인지를 충분히 알 수는 없지만, 질라스Milovan Djilas는 스탈린이 자신이 지배할 수 없는 모든 공산주의자들은 합성적(合成的) 성격, 소부르주아적이고 민족주의적인 경향을 가지고 있다고 판단했다고 쓴 바 있다.[40]

스탈린은 계속 마오의 의도를 의심했다. 오랫동안 스탈린은 마오가 "혁명으로 돌진"[41]하는 것을 승인하지 않았다. 그러나 마오는 모스크바의 전폭적인 지지 없이 그리고 스탈린의 충고를 무시하고 독자적인 혁명 노선을 고집스럽게 밀고나가 혁명을 성공시켰다. 스탈린이 보기에 이것은 마오의 독자적인 생존 가능성을 뜻하는 것이자 제2의 티토Josip Broz Tito가 나타날 수 있음을 뜻하는 것이었다. 중

---

37) 윌리엄 스툭, 《한국전쟁의 국제사》, 73쪽.
38) 존 루이스 개디스, 《새로 쓰는 냉전의 역사》, 109쪽.
39) Nikita Sergeevich Khrushchev, *Khrushchev Remembers*, Strobe Talbott (trans · ed.)(Boston : Little Brown & Company, 1971), 462쪽.
40) 밀로반 질라스, 《스탈린과의 대화》, 오용웅 옮김(여명출판사, 1962), 134쪽.
41) Eva-Maria Stolberg, "Stalin und die chinesische Revolution 1945~1949", *Osteuropa-Archive*, Vol. 46(1996), A480쪽.

국은 소련에 버금갈 만큼의 인구와 영토를 가진 나라였기 때문에 마오가 독자 노선을 걷게 된다면 유고 사태가 소련에 끼친 파급력과는 견줄 수 없는 큰 영향을 미치게 된다. 마오가 제2의 티토가 될 경우 동아시아 지역의 공산주의 블록에 대한 소련의 영향력은 상실되거나 축소될 것이다. 더욱이 중국이 미국과 협력 관계를 맺을 경우 스탈린이 추구한 동아시아 정책은 실패로 돌아가고 소련은 유럽뿐 아니라 동아시아에서도 커다란 위협에 부딪칠 것이기 때문이다. 그래서 스탈린은 중국 공산주의자들에게 끊임없이 미국에 대한 경계를 촉구하면서도 자신의 요구가 받아들여질지 의심하곤 했다. 스탈린은 1949년에 소련을 방문한 류사오치에게 중국 공산주의자들이 미국과 정치적 접촉을 피해야 한다고 충고했으나 자신의 충고가 효력이 있을 것이라고 기대하지는 않았다. 또한 스탈린은 중·소 동맹이 체결되면 마오가 미국에 대한 우려를 덜고 중국이 소련과 같은 처지에서 워싱턴과 거래할 수 있다고 믿게 될까 봐 염려했다. 만주와 신장에서 소련이 누리던 특권을 축소하기를 원했던 마오는 미국과의 관계를 이용해 이 지역에서 소련의 특권을 약화시킬 수 있을 것이었다. 비록 마오가 소련과 군사적 동맹 관계를 맺었지만 스탈린이 몇 가지 비밀스런 절차를 요구한 자본 대여 문제는 마오에게 청나라가 열강과 맺은 과거의 불평등 조약을 생각나게 했다.[42]

이런 스탈린의 개인적 인식은 구체적인 중국 정책, 즉 중국 혁명에 대한 태도에서 좀 더 뚜렷이 드러난다. 스탈린은 기꺼이 마오를 장제스(蔣介石)와 거래할 때 '푼돈'으로 사용했을 뿐만 아니라, 1948년 봄부터 마오가 새로운 중국의 건설과 중소 관계를 논의하려고 모스크바를 방문하겠다는 몇 차례에 걸친 제안도 거부했다.[43] 그는 마오를 자신의 장기판 모퉁이에 놓인 그리 중요하지도 않은 기묘한 졸병이라도 된다는 식으로 보고 있었다.[44]

실제로 스탈린은 중국 본토에 공산당이 들어서는 문제를 놓고 아주 모호한 태

---

42) Sergei Goncharov · John Lewis · Xue Litai, *Uncertain Partners : Stalin, Mao and the Korean War*, 87쪽.
43) Chen Jian, *China's Road to the Korean War : The Making of the Sino-American Confrontation*, 69쪽.
44) 아이작 도이처, 《러시아 사상사(1917~1967)》, 137~138쪽.

도를 취했다. 이미 스탈린은 1945년 2차 대전이 끝난 후에도 국민당 정부를 계속 인정하고 있었고, 국민당 정부와 중·소 우호 동맹 조약을 체결했다. 이것은 스탈린이 중국 내전을 얼마나 비관적으로 바라보았는가를 담고 있는 것이었다. 스탈린은 중국 공산당이 내전에서 승리할 수 있을 것으로 생각하지 않았다. 왜냐하면 제국주의 시대에 소련의 지원을 받지 않는 공산 혁명은 성공할 수 없을 것이기 때문이다.[45]

1927년 중국 혁명이 실패하게 된 경험도 1945년 중국 혁명에 대한 스탈린의 비관적 전망을 설명해주는 한 요인으로 작용했다. 스탈린은 1927년에 이제 막 태동한 중국 공산당에게 중국 통일을 지향하기 위해 쑨원(孫文)과 그의 후계자인 장제스가 이끄는 중국 국민당과 동맹을 체결하라고 명령했다. 공산주의자들은 목적이 달성되고 나면 국민당을 폐기 처분할 생각이었다. 스탈린이 말했듯이, "그들은 할 수 있는 한 끝까지 써먹어야 하고, 레몬처럼 수액을 다 짜낸 뒤에 버리면 되는 것"이었다.[46] 그러나 국민당은 공산주의자들을 지하에서 나오도록 한 다음 그들의 숨통을 조였고 그들을 거의 절멸시켰다. 이 경험은 민족주의와 연계된 외국의 혁명에 대한 스탈린의 열의에 찬물을 끼얹는 요소로 작용했다.[47] 이와 같이 스탈린은 처음부터 중국 혁명의 성공 가능성을 진지하게 고려하지 않았다. 그래서 스탈린은 국민당 정부와 우호적인 관계를 지속했다.

국민당 정부와의 협력 관계는 소련과 국경을 접하고 있는 중국에서 소련의 안보와 이익을 확보하는 최선의 방법이기도 했다. 1945년 8월 14일 중국 국민당 정권과 체결한 조약을 통해 소련은 중국의 동북 지방인 만주 전역을 통제할 수 있었다. 또한 중국은 소련의 승낙 없이 외국과 만주에 관한 협약을 맺지 않기로 했다.[48] 스탈린은 루스벨트가 얄타에서 약속했던 소련의 영토적 양해 사항을 이행시

---

45) Odd Arne Westad, *Cold War and Revolution*(New York : Columbia Univ. Press, 1993), 173~174쪽.
46) Adam Ulam, *Stalin : The Man and His Era*, 276쪽.
47) 존 루이스 개디스, 《새로 쓰는 냉전의 역사》, 110쪽.
48) 이정식, 〈발굴, 소련 비밀문서〉, 《신동아》(1995. 11), 394~395쪽.

키는 데 공산당보다 국민당이 더 나은 위치에 있다고 판단했다. 더 나아가 그는 일본에 집중되어 있던 미국 군사력의 완충 지대로서 국민당 정부를 활용한다는 생각을 갖고 있었는지도 모른다.[49]

스탈린이 중국 공산당을 상대로 적극적이거나 또는 공세적인 정책을 펼치지 못한 이유는 분명 미국과의 갈등에 대한 두려움 때문이었다. 얄타 협정의 결과 한반도에서와 마찬가지로 중국에서도 미국과 소련은 자신들의 영향권을 정했다. 미국은 중국의 만리장성 이남에서 영향권을 확보했다.[50] 스탈린은 이 협정을 준수하고자 했다. 그래서 스탈린은 1948년에 마오에게 장제스와 화해하고 중국 인민해방군을 국민당 군대와 합병하는 것에 동의하라고 했다. 분규, 곧 소련 국경과 맞닿아 있는 극동 지방에서 미국이 대대적인 간섭을 벌일 것을 두려워한 스탈린이 1948년의 중국을 1928년의 상황으로 되돌려놓으려고 했던 것이다.[51] 더구나 그 당시 스탈린은 무력에 의한 중국 공산당의 통일 정책을 수락하지 않고 두 개의 중국 안을 권고하고 있었다고 한다. 양자강을 경계로 공산당이 지배하는 북중국과 국민당이 통제하는 남중국이 바로 그것이었다.[52] 이처럼 "소련은 중국 내전이 얄타 회담에서 확보된 자신들의 영향권을 붕괴시키고, 미국이 중국 내전에 참전하여 소련을 곤란하게 할지도 모른다는 생각에 두려워했던" 것이다.[53]

(2) 스탈린의 중·소 관계에 대한 재인식

그렇다면 스탈린은 어떤 계기로 중국과의 관계를 재고하게 되었는가? 그 재인식의 계기는 무엇인가?

1948년에 이르러 소련은 미국의 대유럽 정책 때문에 서방과 더욱 적대적 관계

---

49) Odd Arne Westad, *Cold War and Revolution*, 9~10쪽.
50) 양규송, 〈중국의 한국전 출병 시말〉, 287쪽.
51) 아이작 도이처, 《러시아 사상사(1917~1967)》, 138~139쪽.
52) 박명림, 《한국전쟁의 발발과 기원 I》, 224쪽.
53) Chen Jian, *China's Road to the Korean War : The Making of the Sino-American Confrontation*, 246쪽.

에 처하게 되었다. 1948년 2월 하순 미국, 영국, 프랑스 3국은 먼저 런던에서 소련을 배제한 3국 외상 회의를 열고 3국의 독일 점령 지역을 합병해 서독 정부를 수립한다는 데 합의했다. 그 뒤 양측의 관계는 더욱 악화되어 급기야 소련이 베를린을 봉쇄하는 이른바 '베를린 위기(1948년 6월~1949년 5월)'가 발생했다. 베를린 위기는 미국과 소련 두 국가를 군사적 대결의 극단으로 몰고 갔지만, 결국 소련은 봉쇄를 철회할 수밖에 없었다. 스탈린은 이를 통해 미국의 군사적 우위를 실감했고, 가급적 미국과의 직접적인 대결을 피하기로 결정했다.[54] 유럽에서 미국과의 관계를 둘러싸고 점점 긴장이 높아졌던 것이다. 급기야 1949년 4월 북대서양조약기구NATO가 설립되어 소련의 안보를 위협하기에 이른다. 이에 스탈린은 유럽에 집중된 미국의 관심을 분산시킬 필요가 있었을 것이다.

이런 상황은 동아시아에 대한 스탈린의 관심을 증진시켰다. 유럽과는 달리 동아시아의 상황은 꽤 유동적이었다.[55] 실제로 스탈린은 동아시아에 대해 변화된 인식을 드러냈다. 그것은 1949년 7월 비밀리에 행해진 류사오치의 소련 방문에서도 확인할 수 있다. 스탈린은 류사오치에게 중국 혁명의 전망을 오판한 것에 대해 그답지 않게 정중히 사과했다. 그리고 나서 스탈린은 지난 세기에 걸친 혁명의 과정을 되돌아보며, "서유럽의 사회주의자들은 교만함 때문에 마르크스와 엥겔스가 죽자 뒤떨어지기 시작했습니다. 세계 혁명의 중심은 서구에서 동구로 넘어왔습니다. 그 중심은 이제 중국과 동아시아로 넘어가고 있습니다"라고 말했다.[56] 그 후 스탈린은 마오와 가진 1949년 12월 회담에서 자신이 아시아 공산주의 혁명 세력을 과소평가했다는 점을 인정했다. 결코 자신의 오류를 인정하지 않는 스탈린이 자신의 과오를 인정하는 태도는 그가 아시아 공산주의를 진정으로 새롭게 인식하

---

54) 베를린 위기에 관해서는 아래의 글을 참조할 것. M. Narinsky, "Berlinskii krizis 1948~1949 : Novye dokumentyi iz Rossiiskikh arkhivov", *Novaya i noveishaya istoriya*, no. 3(Moscow, 1995. 5~6), 16~29쪽.
55) D. Holloway, *Stalin and the Bomb : The Soviet Union and Atomic Energy 1939~1956*(New Haven · London : Yale Univ. Press, 1994), 274쪽.
56) 존 루이스 개디스, 《새로 쓰는 냉전의 역사》, 123쪽.

게 되었음을 의미했다.[57]

 이것은 미국의 개입을 우려하여 중국 내전에 대해 중립적인 입장을 취하고, 또 소련의 이해관계를 고려하여 국민당과 관계를 유지하던 종래의 인식에서 변화된 스탈린의 모습을 보여준다. 중국 혁명의 성공은 스탈린의 대외 인식과 정책 결정에 있어서 중요한 영향을 미쳤다. "두 진영 간의 위험한 대립에서 스탈린은 중국 혁명으로부터 거대한 지지를 받게 되었는데 그것은 세력 관계를 근본적으로 바꿔 버렸던 것이다."[58] 그리고 그것은 "스탈린주의를 시대착오적인 공세주의로 전환시켜" 놓았다.[59]

 실제로 1950년 6월에 이르기까지 여러 공산당이나 공산 정권들은 아시아에 대한 스탈린의 광범한 해외 공세에 적합한 조치를 취했다. 1950년 1월 말 중국에 이어 소련은 베트남의 호치민(胡志明) 정권을 승인했다. 2월 중순에는 공산 강대국인 소련과 중국이 우호 동맹 조약을 체결했다. 일본 공산당은 곧 소련의 압력 아래 과거의 온건한 태도를 버리고 더욱 공격적인 군사 노선을 택했다. 그리고 결국 한국전쟁 준비가 상당히 진행되었을 때 호치민 군대는 베트남에서 대공세를 시작했다. 이처럼 스탈린은 중국 혁명의 성공을 계기로 동아시아를 새로이 인식하게 된 것이다.

 그러면 중화인민공화국 수립과 김일성의 남침 계획 승인 간에는 어떤 연결 고리가 있는 것일까? 이미 중국 혁명의 성공이 거의 확실시되었던 1949년 9월에 스탈린은 김일성의 남침 제의를 반대한 바 있다. 소련은 1949년 9월 24일의 당 중앙위 정치국 명의로 북한의 남침을 금지하는 결의안을 채택한다. "북한 인민군의 남침을 시작한다는 당신들의 제안은 이 문제의 정치적 측면뿐 아니라 군사적 측면의 세밀한 전개를 필요로 합니다. 군사적인 측면에서 인민군이 그런 공격을 준비하는 것은 고려할 수 없는 일입니다……지금 북한은 남한과 견주어 볼 때 군사적

---

57) 박명림,《한국전쟁의 발발과 기원 I》, 192쪽.
58) Dmitri Volkogonov, *Stalin*, H. Shukman (trans.)(London : Grove Pr., 1991), 538쪽.
59) Isaac Deutscher, *Stalin : A Political Biography*(New York : Oxford Univ. Press), 571쪽.

으로 우세하지 않기 때문에 남한에 대한 군사 공격이 완전히 준비되었다고 할 수 없습니다. 그러므로 군사적인 관점에서 그것은 받아들일 수 없는 일입니다……정치적인 측면에서도 당신들의 남한에 대한 공격은 준비되어 있지 않습니다."[60] 그러므로 중국 혁명이 성공한 것도 한반도에서의 전쟁에 대한 스탈린의 생각을 바꾼 결정적인 요소는 아니다.

아마도 스탈린의 중국 혁명에 대한 이중적 태도가 김일성의 전쟁 계획을 승인한 하나의 단서가 될 수 있을 것으로 생각된다. 스탈린은 중국 공산주의자들의 승리를 "착잡한 기분"[61]으로 바라보았다. 중국 공산당이 승리하자 스탈린은 아주 기뻐하지도 않았고 새로이 수립된 중화인민공화국과 완벽한 전략적 동맹을 체결하는 것도 주저했다. 앞서 살펴보았듯이, 스탈린은 다른 공산 국가들에 대한 지배와 통제를 확고히 하려고 했다. 그런데 중국은 모스크바의 지원 없이는 불가능하다고 생각했던 혁명을 성공시켰다. 이것은 중국이 언제든 소련의 손아귀에서 벗어나 독자적인 생존을 모색할 수도 있다는 것을 뜻한다. 그럴 경우 소련의 안보와 이해뿐만 아니라, 사회주의 종주국으로서 소련의 위상이 손상될 수 있을 것이다. 특히 1948년에 유고슬라비아와 단절을 경험한 뒤에 스탈린은 중국에 대한 영향력을 상실할 수도 있다는 것을 우려했다.[62] 좀 더 실질적인 정책적 고려에 따라 스탈린이 동아시아 정책을 입안하면서 가장 우려한 것은 미국과 연합한 강력하고 통일된 중국의 출현이었다. 이것이 스탈린의 중국에 대한 태도를 결정하는 중대 요소였다. 스탈린은 중국이 미국과 협력 관계를 맺는 것을 막는 한편, 소련의 안보와 이해에 반하는 독자적인 정책을 취할 수 없도록 중국을 소련 측에 의존하게끔 유도하는 정책을 필요로 했다. 이처럼 스탈린에게 있어서 중국 공산당의 성공은

---

60) "Document V : Politburo decision to confirm the following directive to the Soviet ambassador in Korea, 24 September 1949", Kathryn Weathersby, "To Attack, or Not to Attack? Stalin, Kim Il Sung and the Prelude to War, 1950~1951," 7~8쪽.
61) Eva-Maria Stolberg, "Stalin und die chinesische Revolution 1945~1949", A480쪽.
62) Eva-Maria Stolberg, "Stalin und die chinesische Revolution 1945~1949", A480쪽.

'양날의 검'이었던 것이다. 한편으로 그것은 소련과 미국의 완충 지대를 확대시켜주며 아시아에서 공산주의의 영향을 확산시키는 데 도움을 주는 것이었다. 다른 한편으로 중국이 군사적 힘을 얻을 때 중국은 동아시아에서 소련의 경쟁국이 될 소지가 있었다.

스탈린의 이런 인식을 염두에 둔다면, 스탈린이 김일성의 남침 계획에 청신호를 보낸 결정적인 동기는 중국 혁명의 성공 이후 중·소 동맹이 체결되는 시기에 중·소 관계가 어떻게 변화되었는지를 면밀히 분석하는 과정에서 그 실마리를 찾을 수 있을 것으로 생각한다.

1949년 10월 1일, 마오는 중화인민공화국을 선포하고 소련이 국민당 정부와 맺고 있는 중·소 우호 동맹 조약을 폐기시키고 같은 이름의 조약을 소련 정부와 맺으려고 1949년 12월 16일부터 1950년 2월 17일까지 모스크바를 방문했다. 하지만 새로운 중국으로서는 소련과 밀접한 동맹을 맺는 것이 쉬운 일은 아니었다. 두 나라의 관계는 처음부터 긴장되고 모호한 상태였다. 마오는 그 뒤 중국과 소련 사이에 갈등이 불거진 당시의 중소 관계를 이렇게 회고한 바 있다. "스탈린은 중국 혁명의 성공을 저지시키길 원했다. 그는 우리로 하여금 내전을 치러서는 안 되며 장제스와 협조하라고 했다. 그렇지 않다면 중국 민족은 사라질 것이라는 것이었다. 그러나 우리는 그가 말한 대로 하지 않았다. 혁명은 승리했다. 혁명이 승리한 이후 스탈린은 이번에는 또 중국은 유고슬라비아가 될 것이고, 나는 제2의 티토로 변할 것이라고 의심했다. 그 후 중·소 동맹 상호 원조 조약을 체결하기 위해 내가 모스크바를 방문했을 때 우리는 또 한 번의 투쟁을 겪지 않으면 안 되었다. 스탈린은 조약에 서명하려 하지 않았다. 두 달 동안의 협상 끝에 그는 비로소 서명했다."[63] 마오는 소련의 국가 이익 때문에 중·소 동맹 조약의 개정이 순조로이 진행되지 않을 것임을 알고 있었던 것이다.

---

63) 박두복, 〈중공의 한국전쟁 개입의 원인에 관한 연구〉, 한국정치외교사학회 엮음, 《한국 전쟁의 정치외교사적 고찰》(평민사, 1989), 138쪽.

마오의 이런 판단에는 스탈린에 대한 개인적·역사적 경험이 중첩된 것이었다. 마오는 1920년대에 스탈린이 자신들을 어떻게 이용했으며, 또한 그가 중국 공산당의 빨치산군을 어떻게 다루었으며, 중국 공산당이 권력을 장악하려는 마지막 시도를 얼마나 방해했는가 하는 사실을 잘 알고 있었다. 그뿐만 아니라 마오는 일본의 패전 이래 소련이 극동에서 차지하고 있는 지위에 불만을 품고 있었다. 소련은 만주에서 자신들의 우위를 다시 확립하고 있었다. 그들은 동부 철도와 여순항을 장악하고 있었다. 그리고 만주의 공업 플랜트를 해체해 전리품으로 획득했다. 만주 지역은 당시 중국 경제가 의존하고 있던 단 하나의 공업 기지였다. 소련은 몽골에 대한 지배도 포기하지 않으려 했다. 그때까지 소비에트의 지도자들은 모두 앞으로 중국 혁명이 승리하는 때에는 몽골 전체가 중국과 연합해서 단일 공화국으로 통일될 것이라고 몇 번씩이나 힘주어 선언한 바 있었다.[64]

실제로 마오는 스탈린과의 교섭에서 실망했을 뿐만 아니라 스탈린이 자신을 환대하면서도 마치 하수인처럼 대접하자 수모를 느꼈다. 심지어 마오는 1차 회담 이후 모스크바의 화려한 별장에서 혼자서 오랫동안 지내야 했다. "나는 여기서 세 가지 일밖에는 할 것이 없습니다. 첫째는 먹는 일, 둘째는 자는 일, 그리고 셋째는 화장실에 가는 일입니다."[65] 마오의 이런 조심성은 회담이 진행될 때에도 계속되었다. 회담은 대체로 마오가 질문을 하고 스탈린이 대답을 하는 방식으로 진행되었다. 마오는 상당히 조심스러운 태도로 스탈린의 의도를 파악하려고 했다.[66] 마오와 스탈린이 회담을 하는 동안의 분위기는 "자극적이면서도 모호한" 것이었다. "두 지도자들은 신경을 항상 곤두세운 채 상대방의 극히 단순한 발언에도 숨은 뜻이나 함정이 없는지 예의주시했다." 스탈린의 통역관 니콜라이 페데렌코Nikolai Federenko

---

64) 이런 일들의 이면에는 스탈린과 티토Josip Broz Tito가 시작했을 뿐인 분쟁보다 훨씬 중대한 분쟁의 요소와 나아가 10년 뒤에는 흐루시초프Nikita Khrushchev와 마오쩌둥(毛澤東)을 서로 싸우게 만든 중대한 분쟁의 요소가 있었다(아이작 도이처,《러시아 사상사(1917~1967)》, 144~145쪽).

65) "Chinese memorandum, Mao conversation with Soviet ambassador P. F. Yudin, 22 July 1958", CWIHP, *Bulletin* 6~7(1996년 겨울), 156쪽.

66) Vladislav Zubok · Constantine Pleshakov, *Inside the Kremlin's Cold War : From Stalin to Krushchev*, 59쪽.

는 "내 머리 위에 폭발물이 매달려 있는 것을 실제로 느낄 수 있을 정도였다"고 회상했다.[67]

그렇지만 마오는 겉으로는 스탈린 숭배의 모든 신앙을 지켰다.[68] 마오는 자신은 '아시아의 티토'가 되지 않을 것이라고 스탈린을 안심시켰을 뿐만 아니라 '대소 일변도' 정책을 발표하면서 아직 건국 선언도 하지 않은 중화인민공화국이 소련과 동맹을 맺고자 한다고 처음으로 공식 입장을 천명했다. 마오는 "티토주의적 대안을 단호하게 포기했던 것이다".[69] 마오가 이렇게 소련과의 동맹을 적극적으로 체결하고자 한 것은 미국에 대한 인식에서 기인하는 것으로 생각된다. 마오는 이미 중국 혁명의 최대의 적을 미국이라고 확신했다. 마오는 1949년 "미국은 중국을 장악함으로써 아시아 전체를 손에 넣게 될 것이다"라고 경고했다. "아시아에 교두보를 마련함으로써 미 제국주의는 자신의 힘을 유럽을 침략하는 데 집중할 수 있을 것이다."[70] 마오는 혁명을 성공시키기 위해서는 소련이라는 또 하나의 '오랑캐'가 동아시아에서 세력을 확대하도록 '초대'해야 할지라도 반드시 미국에는 저항해야 한다고 생각했다.[71] 그렇기 때문에 마오는 중·소 동맹 개정이 소련의 국가 이익 때문에 순조로이 합의될 수 없다는 것을 알면서도, 이런 '험난한' 길을 반드시 지나야 했던 것이다. 그는 이런 의도를 모스크바로 보낸 저우언라이의 전보 및 코발레프I. V. Kovalev가 스탈린에게 전달한 보고를 통해 분명히 했다.[72]

스탈린 역시 완고한 입장이었다. 스탈린은 자신이 중·소 동맹 조약의 개정에 동의할 준비를 하지 않았다는 점을 분명히 했다. 12월 16일에 열린 첫 회담에 따르면, 마오는 문제를 제기했지만 스탈린은 얄타 협정의 정신에 이 조약이 위배되지 않기 때문에 "지금 이 조약의 일부 조항을 수정하지 않는 것"이 훨씬 더 좋을

---

67) 존 루이스 개디스, 《새로 쓰는 냉전의 역사》, 137쪽.
68) 아이작 도이처, 《러시아 사상사(1917~1967)》, 127쪽.
69) 박명림, 《한국전쟁의 발발과 기원 I》, 227쪽.
70) 존 루이스 개디스, 《새로 쓰는 냉전의 역사》, 118쪽.
71) Sergei Goncharov · John Lewis · Xue Litai, *Uncertain Partners : Stalin, Mao and the Korean War*, 204쪽.
72) Sergei Goncharov · John Lewis · Xue Litai, *Uncertain Partners : Stalin, Mao and the Korean War*, 83쪽.

것이라고 말했다. 스탈린은 또한 "형식상 조약의 규정을 유지하면서" 여순항에서 소련 군대를 철수시키는 것이 낫다고 말했다.[73]

그 뒤 회담은 교착 상태에 빠졌다. 하지만 1950년 1월 6일에 스탈린은 마오에게 이제 새로운 조약을 체결할 준비가 되었다는 말을 전했다. 그렇게 완고한 입장을 취했던 스탈린이 갑자기 태도 변화를 보인 것은 무엇 때문일까? 우선 마오의 완고한 입장이 스탈린의 태도를 달라지게 했을 수도 있다. 1950년 1월 2일, 마오는 타스 통신과의 인터뷰에서 자신이 모스크바에 방문한 근본적인 목적은 새로운 중·소 동맹 조약을 조인하는 것이라고 공개적으로 선언했다. 더 나아가 그는 자신의 "모스크바 체류가 중국의 이해가 걸린 문제들이 해결되는 데 얼마나 걸리느냐에 달려 있다"고 선언했다.[74] 마오는 이미 자신의 방문 목적을 "보기도 좋을 뿐 아니라 맛도 좋은 것을 창출해내기 위한" 것이라고 발표했다.[75] 이와 같이 마오의 중·소 동맹 조약 개정 의지가 그만큼 확고했던 것이다.

스탈린도 조약 개정 문제를 둘러싸고 장시간 교착 상태가 지속된다면 중·소 관계가 심각하게 훼손될 수 있음을 우려했을 것이다. 더구나 스탈린은 마오가 모스크바를 빈손으로 떠난다면 중국 공산당에 상처를 입히게 된다는 것을 알고 있었다. 그런 상황은 두 국가 사이에 균열을 일으킬 수밖에 없을 것이다. 그 밖에도 국제 정세 역시 중국에 유리하게 돌아갔다. 미얀마, 인도, 그리고 무엇보다도 가장 중요한 영국이 중화인민공화국을 기꺼이 인정하고 외교적 관계를 수립할 의향이 있음을 표현했다. 국제 상황을 평가한 후에, 스탈린은 새로운 중·소 동맹 조약을 체결하는 쪽으로 자신의 태도를 바꿀 필요가 있음을 알게 되었을 것이다.[76]

1950년 1월 22일에 이르러 스탈린의 입장은 근본적으로 변했다. 중·소 조약이

---

73) "Stalin's Conversations with Chinese Leaders", CWIHP, *Bulletin* 6~7(1995/1996년 겨울), 5쪽.
74) 박명림, 《한국전쟁의 발발과 기원 I》, 231쪽.
75) 존 루이스 개디스, 《새로 쓰는 냉전의 역사》, 116쪽.
76) Shen Zhihua, "Sino-Soviet Relations and the Origins of the Korean War : Stalin's Strategic Goals in the Far East", 58쪽.

새롭게 체결될 것이며, 국민당과의 조약은 "공평하지 않았다". 마오쩌둥이 "그것은 얄타 회담의 결정에 위배되는 것이 아닌가요?"라고 물었다. 스탈린은 이렇게 답했다. "그렇소. 위배됩니다. 그러나 그게 어떻단 말이오? 우리가 일단 조약들이 변경돼야 한다고 생각한 이상 끝까지 가야만 합니다. 물론 이 길은 일정한 불편함을 우리에게 가져다 줄 것입니다. 그리고 우리는 미국과 투쟁하지 않으면 안 됩니다. 그러나 우리는 이미 그렇게 하기로 하지 않았습니까?"[77] 스탈린의 평소 입장을 고려할 때 이런 공격적인 태도로의 전환은 이례적인 것이었다.

4. 스탈린의 정책 선회 동기

이런 태도 변화는 단순히 이념적 동질성에 근거한 것이 아니라, 국제 정세에 대한 스탈린 나름의 판단이 작용한 것이었다. 도이처Isaac Deutscher는 스탈린이 김일성의 남침 계획을 승인한 맥락에 관해 이렇게 진술한 바 있다. "스탈린은 아마도 마오를 잠재적 경쟁자로 보면서 행동했을 것이다. 바로 최근에 너무나도 창피하게 중국 혁명의 가능성을 오판했기 때문에 그는 자신이 지금까지 심어주었던 정치적 소심성의 인상을 불식하고 자신도 마오처럼 혁명에 대해 담대한 전략가임을 증명하기 위해 노심초사했을지도 모른다."[78] 이처럼 스탈린은 김일성의 남침 계획을 승인할 때 숙고에 숙고를 거듭했을 것이다. 그로미코Andrey Andreyevich Gromyko에 따르면 스탈린은 신중하기 이를 데 없는 지도자였다. 그런 그가 동아시아 변방의, 자신이 스스로 선택한 한 젊고 미숙한 공산주의자의 혁명 의지를 그대로 받아들여 동의했을 리는 만무했다.[79]

---

77) Odd Arne Westad, "Unwrapping the Stalin-Mao Talks : Setting the Record Straight", CWIHP, *Bulletin* 6~7(1995/1996년 겨울), 23쪽.
78) Isaac Deutscher, *Stalin : A Political Biography*, 600쪽.
79) 박명림, 《한국전쟁의 발발과 기원 I》, 194쪽.

스탈린은 중·소 동맹 조약 개정을 결정했을 때 소련의 국익이라는 관점에서 손익 계산서를 작성했을 것이다. 중·소 동맹 조약 개정 협상에서, 스탈린은 얄타 회담에서 이루어진 소련의 이익을 포기하지 않으려고 했다. 소련은 일본과의 평화조약이 체결된 이후 동부 철도 관리권과 여순항을 중국에 반환하는 데 동의했다. 그러면서 스탈린은 이것이 극동에서 소련의 전략적 지위를 혼란에 빠트릴 수 있을 정도의 엄청난 양보였다고 주장했다. 소련은 1945년에 이 조약을 통해 태평양으로 접근할 수 있게 되었고 부동항을 통제할 수 있게 되면서 중요한 목표를 달성했다. 스탈린은 러시아가 과거의 굴욕감을 떨쳐버리는 데 40년을 기다렸다고 선언하면서 1945년의 승리를 1905년 러일전쟁에서의 러시아의 패배와 대비시켰다.[80]

그런 스탈린이 만주에 대한 이권을 양보했다는 것은 그것을 상쇄해줄 대안을 구상했다는 것을 뜻한다. 한편으로 스탈린은 소련이 조약을 조인함으로써 상실하게 될 것을 우려해, 소련의 극동과 중앙아시아 지역, 중국의 북동 지역, 그리고 신장이 "외국 정부나 시민에게 조차되어서도 안 되며 공업, 재정, 상업, 그리고 어떠한 정부 기관 또는 비정부 기관의 투자가 이 지역에서 허용되어서는 안 된다"고 명시한 비밀 추가 협정을 조인할 것을 주장했다. 왜냐하면 "외국 정부" 또는 "외국 시민"들이 소련의 영토를 "조차하는 것"은 상상조차 할 수 없었다. 그렇기 때문에 비밀 추가 협정에서 거론된 곳이 만주와 신장을 뜻한다는 것은 분명하다.[81] 다른 한편으로 스탈린은 만주에서 소련의 이익을 보호한다는 중국의 의지가 얼마나 오래갈 것인지를 곰곰 생각했을 것이다. 물론 그는 그것이 불가할 때 동북아의 대안적 구도는 어떻게 구축되어야 할 것인가에 대해서도 생각해봤을 것이다.

이와 같이 중·소 동맹은 스탈린에게 자신의 극동 정책을 전면적으로 재고하게 만들었고 극동 지역에서 소련의 이익을 유지할 수 있는 새로운 수단을 강구하도

---

80) Shen Zhihua, "Sino-Soviet Relations and the Origins of the Korean War : Stalin's Strategic Goals in the Far East", 59쪽.
81) Shen Zhihua, "Sino-Soviet Relations and the Origins of the Korean War : Stalin's Strategic Goals in the Far East", 59쪽.

록 했다. 이를 염두에 두고 스탈린은 동아시아에 대한 새로운 전략을 개발하기 시작했다. 그 과정에서 한반도는 갑자기 매력적인 곳으로 떠오른 것이다.

하지만 소련이 만주에서 이권을 확보할 수 있게 하는 대안 마련이 자칫 미국과의 전쟁으로 번질 수 있는 모험을 단행하도록 한 결정적인 요인은 될 수 없을 것이다. 한국전쟁을 승인한 데에는 이것보다 더 중대한 요인이 있었을 것이다. 이를 위해 1950년 1월이라는 시점을 고려해보자. 앞서 살펴보았듯이 스탈린은 1월 초에 김일성의 남침 계획 제의에 대해 이제 이를 논의할 수 있다는 찬성 입장으로 선회한다. 그리고 1월 22일에 스탈린은 중·소 동맹 개정에 찬성했고, 이어 1월 30일에 김일성의 남한 침략 제의를 수락한다. 여기서 중국 문제와 한반도 문제가 서로 긴밀하게 얽혀 있음을 알 수 있다.

스탈린은 분명 동아시아에서 한반도 문제와 중국 문제를 가장 중요하게 인식했다. 스탈린의 이런 인식은 당시 그가 직면한 두 가지 문제를 통해서도 확인될 수 있다. 이미 1949년에 스탈린은 김일성이 긴박하게 북한의 군사력을 증강해줄 것을 요구함으로써 남침을 준비할 때, 중국 공산당도 모스크바에 거의 비슷한 요구인 대만 해방을 지원해줄 것을 요청했다. 스탈린은 김일성의 남침 계획과 마오의 대만 해방 지원 둘 다 반대했다.[82] 그런데 이제는 이 가운데 하나를 선택해야 할 시점이 된 것이다. 여기서 스탈린이 고려한 것은 미국과의 전쟁에 '직접' 연루되는 것을 피하는 것이다.

김일성은 단순히 소련의 전쟁 승인만을 요구했다. 소련은 반드시 소련군을 파견하지 않아도 되었다. 스탈린도 아예 소련군을 참전시킬 생각이 없었다. 스탈린이 내세운 표면적인 이유는 미국과 직접적인 충돌을 할 가능성이 있고, 또 소련은 다른 지역, 특히 서방에서 많은 도전에 직면해 있기 때문이라는 것이었다.[83] 1950년 6월 20일 마지막으로 슈티코프가 "함정에서 근무할 소련 고문관 10명"을 요청

---

82) 양규송, 〈중국의 한국전 출병 시말〉, 287쪽.
83) 《서울신문》(1995년 5월 24일자).

하자 모스크바는 다음 날 곧바로 "그것은 미국에게 개입할 수 있는 빌미를 준다"면서 거절했다.[84] 소련은 한반도에서 미국과의 직접적인 군사적 충돌에 직면할 가능성을 사전에 봉쇄할 수 있었다. 스탈린의 대북한 정책은 그만큼 신중했다. 그는 "결코, 어쩌면 소련을 미국과의 대결에 몰아넣을지도 모를 전쟁을 북한 사람들이 시작하는 것을 그냥 부주의하게 허용했을 리가 없었다".[85]

하지만 중국에 대한 군사적 지원 문제는 이와 달랐다. 대만은 역사적으로 중국 영토의 일부였다. 중국은 대만을 1895년에 일본에 빼앗겼지만 2차 대전 후 카이로 선언에 따라 되찾았다. 내전에서 승리한 중국의 공산당이 대만에 대한 권리를 주장할 것이라는 점은 두말할 나위도 없었다. 이미 1950년 4월 중국 본토에서 장제스 군대를 완전히 섬멸한 후 중국의 공산당 지도자들은 지상군 병력과 해·공군을 화남 지역으로 이동시켜 대만 해방을 준비하고 있었다.[86] 그러나 사실 중국의 지도자들은 대만 해방이 장제스 정부에 대한 미국의 원조가 계속되는 한, 그리고 소련의 군사적 지원이 없는 한 당시 중국의 능력으로는 대만을 해방시키기 어렵다고 인식하고 있었다. 이미 1949년 봄 국·공 회담이 깨지자 인민해방군은 신속히 양자강 이남으로 진출해 남경, 상해와 동남 연해의 대부분 지역을 점령했으나 국민당은 오히려 그들의 근거지를 바다 건너 대만으로 철수시켰다. 중국 공산당은 중국을 완전히 통일하기 위해서는 대만을 무력으로 병합해야 했다. 하지만 이 시기 중국 공산당의 군사력을 볼 때, 공군도 해군도 없었기 때문에 작은 어선에 의지한 도해 작전은 어려움이 컸다. 이를 타개하기 위해 류사오치는 6월에 비밀리에 모스크바를 방문해 소련에 원조를 요청한 바 있다. 그 이후 마오는 다시 이 문제를 제기했다. 마오는 스탈린과 만난 당일 완곡하게 "국민당이 타이완에서

---

84) Dmitri Volkogonov, *Stalin*, 374쪽.

85) Charles E. Bohlen, *Witness to History, 1929~1969*(New York : W. W. Norton & Company Inc., 1973), 294쪽.

86) Hao Yufan · Zhai Zhihai, "China's Decision to Enter the Korean War : History Revisited", *China Quarterly* 121(1990. 3), 98쪽.

해·공군 기지를 건립했다. 해군과 공군의 열세로 인민해방군의 이 지역 점령에 어려움이 있다. 이런 상황을 고려해 소련의 원조, 예컨대 조종사 혹은 비밀 병력 특수 함대를 파견해 타이완 탈취에 협조해달라"고 제안했다. 하지만 스탈린은 약간의 지휘관과 군사 교관만 제공하고 다른 형식의 원조는 거절했다.[87] 그러면서 스탈린은 마오에게 중국의 대만 해방은 시급한 것이 아니기 때문에 지하당 조직을 통한 무장봉기와 같은 방식으로 대만 문제를 해결하도록 요구했다.

또한 스탈린은 미국의 개입 가능성을 들어 대만 해방 문제를 반대하고 나섰다. 미국이 틀림없이 군사적으로 방어할 것이라고 생각했던 대만을 1950년 1월 초 트루먼Harry S. Truman과 애치슨이 포기하겠다고 발표하자 스탈린은 이것을 단지 대만을 보호하기 위해 울타리를 치는 술책으로 보았던 것이다. 최근의 러시아 학자들에 따르면 스탈린은 미국이 남한 정부를 방어하지 않고 남한을 상실할 수도 있지만, 대만을 추가적으로 상실하지는 않을 것이라고 보았다고 한다. 중국은 이미 두 차례에 걸쳐 대만 해방을 위한 소련의 경제적·군사적 원조를 계속 촉구한 바 있었다. 그럴 경우 소련은 미국과의 갈등에 부딪칠 수밖에 없다.[88]

그럼에도 불구하고 스탈린은 마오가 대만 해방을 포기하지 않을 것이고 중국이 대만을 해방시키면 막강한 힘을 지니게 될 것임을 분명히 알고 있었다. 스탈린은 마오를 앞질러야 했다. 그래서 스탈린은 자신과 김일성 간의 한국전쟁에 관한 합의를 마오에게 비밀로 했던 것이다. 물론 스탈린이 자칫 국제전으로 비화될 소지가 있는 한국전쟁을 결정하는 문제를 마오와 논의하지 않았다는 것은 믿기 어려울 수도 있다. 하지만 스탈린이 한반도에서의 전쟁 문제에 대해 마오와 논의했다는 자료는 현재까지 밝혀진 바 없다. 현재의 기록으로 유일한 것은 스탈린이 1950년 2월 2일 슈티코프에게 보낸 전문이다. 그에 따르면, "지금 모스크바에 머물고 있는 마오 동지와의 회담에서 우리는 북조선의 군사력과 방어 능력을 증대시키기

---

87) 양규송, 〈중국의 한국전 출병 시말〉, 287쪽.
88) Kathryn Weathersby, "Soviet Aims in Korea and the Origins of the Korean War, 1945~1950 : New Evidence from Russian Archives", 35쪽.

위해 이를 도울 필요성과 방안에 대해 논의했다"는 것이다.[89] 이 전문에 드러난 북한 관련 언급은 한국전쟁 결정을 둘러싼 구체적인 논의라기보다는 원칙적인 수준에서의 논의로 볼 수 있을 것이다.

실제로 마오는 1950년 5월까지 김일성의 남침 계획을 모르고 있었다. 마오는 김일성이 북경을 방문해 한국전쟁에 대한 스탈린의 동의를 알리고 중국의 동의를 받고자 했을 때 이를 의외로 받아들였다. 마오는 한국전쟁의 발발이 대만 공격을 준비하는 자신에게 어떤 영향을 줄 것인가를 고민했다. 그는 스탈린이 어떻게 이처럼 쉽게 한반도 통일에 찬성했는지 이해하지 못했다. 마오는 김일성과 간단하게 의견을 교환한 뒤 대화를 중단하고, 소련 대사를 통해 스탈린에게 사실을 확인할 필요가 있다고 했다. 그는 저우언라이를 긴급히 소련 대사관에 보내 로시친N. V. Roshchin 대사에게 즉각 스탈린에게 전보를 띄워 김일성의 생각을 설명하라고 요구했다. 둘째 날 저녁 소련 대사는 스탈린의 전보를 가져와 마오에게 보였다. 모스크바가 중국 혁명에 간섭하는 것에 불만을 지니고 있긴 했지만, 마오는 스탈린의 분명한 태도를 보고 거추장스러운 역할을 맡을 수밖에 없었다.[90] 그러나 그는 확실히 불만스러웠다. 몇 년 후 그는 소련 대사 등과의 대화에서 여러 차례 이 일을 들추었다. 마오는 사실 아무것도 몰랐다. 김일성이 뛰어와 스탈린이 동의했다고 말해서 비로소 알았다는 것이다.[91]

이와 같이 김일성의 남침 계획은 당시 스탈린이 동아시아에서 직면하고 있던 골치 아픈 문제를 해결하는 데 있어서 아주 "매력적인 해결책"[92]이었다. 스탈린은 마오의 대만 해방 계획을 좌절시키면서도 자신의 권력과 위상을 실추시키지 않았다. 그와 동시에 스탈린은 마오가 동아시아에서 독자적인 행동을 취함으로써 소

---

89) 《서울신문》(1995년 5월 22일자).
90) 《한국전 문서 요약》(1950년 5월 14일자), 6~7쪽.
91) 양규송, 〈중국의 한국전 출병 시말〉, 291~292쪽.
92) Kathryn Weathersby, "Soviet Aims in Korea and the Origins of the Korean War, 1945~1950 : New Evidence from Russian Archives", 35쪽.

련의 이익을 해치는 것을 사전에 방지함으로써 동아시아에서 자신의 위치를 확고히 하려는 계산도 하고 있었던 것이다.[93] 물론 스탈린의 마오에 대한 개인적 경쟁의식도 한반도를 선택하는 데 한몫을 했다. 만일 스탈린이 김일성의 국가 재통일 목표를 지지하기를 거부한다면, 스탈린은 또다시 동아시아에서 혁명의 대의를 방해한 책임을 추궁당할 수 있기 때문이다. 공산주의 진영의 지도자로서 스탈린의 지위는 허약해질 것이고, 반면 마오의 권위와 특권은 상승할 것이다.[94] 한반도 문제는 중국 문제에 부딪힌 스탈린의 딜레마를 해결해줄 수 있는 최상의 대안이었을 것이다.

그래서 스탈린은 이 두 문제를 한꺼번에 해결하려고 한 것이다. 스탈린이 구사한 방법은 정치적으로 그리고 군사적으로 중국을 한반도 전쟁에 연루시키는 것이었다. 스탈린은 중국의 동의를 필수 조건으로 달아 김일성의 남침 계획에 동의함으로써 한국전쟁의 결정 과정에 중국을 끌어들였으며, 중·소 우호 동맹의 개정을 통해 중국을 군사적으로 관련시키려고 했다. 결국 스탈린이 세운 동아시아 구도는 소련은 빠지는 대신 중국을 한국전쟁에 참여시키는 것이었다.[95] 냉전 체제가 시작될 무렵 미국과 소련 양국의 이해가 첨예하게 부딪치는 동아시아 지역에서 소련이 미국의 노력을 철회시키고, 서유럽에서 반공산주의의 사기를 약화시키며, 중국을 더욱 고립시키려고 한반도에서 허수아비 정권을 이용해 신속하고 성공적인 대리전을 치르는 것보다 더 좋은 방안이 있었을까?[96]

---

93) Vladislav Zubok · Constantine Pleshakov, *Inside the Kremlin's Cold War : From Stalin to Krushchev*, 58쪽.
94) Kathryn Weathersby, "Soviet Aims in Korea and the Origins of the Korean War, 1945~1950 : New Evidence from Russian Archives", 35쪽.
95) 박명림, 《한국전쟁의 발발과 기원 I》, 152쪽.
96) 윌리엄 스툭, 《한국전쟁의 국제사》, 79쪽.

참고문헌

Adam Ulam, 《스탈린 : 그와 그의 시대Stalin : The Man and His Era》(London : Allen Lane, 1974)
Bruce Cumings, 《폭풍우가 몰아치는 소리, 1947~1950 The Roaring of the Cataract, 1947~1950》, Bruce Cumings, 《한국전쟁의 기원The Origins of Korean War》, vol. 2(Princeton : Princeton Univ., 1990)
Caroline Kennedy-Pipe, 《러시아와 세계, 1917~1991 Russia and the World 1917~1991》(London : Arnold, 1998)
Chen Jian, 《한국전쟁에 이르는 중국의 길 : 중-미 적대 관계의 형성China's Road to the Korean War : The Making of the Sino-American Confrontation》(New York : Columbia Univ. Press, 1994)
〈중국 각서, 1958년 7월 22일 마오와 소련 대사 유딘의 대화Chinese memorandum, Mao conversation with Soviet ambassador P. F. Yudin, 22 July 1958〉, Cold War International History Project, Bulletin 6~7(1996년 겨울)
David Dallin, 《스탈린 이후 소련 외교 정책Soviet Foreign Policy After Stalin》(Philadelphia : J. B. Lippincott, 1961)
David Rees, 《한국 : 제한 전쟁Korea : The Limited War》(Baltimore : Penguin, 1964)
Eva-Maria Stolberg, 〈스탈린과 중국 혁명 1945~1949Stalin und die chinesische Revolution 1945~1949〉, Osteuropa-Archive, Vol. 46(1996)
Geoffrey Roberts, 《세계 정치에서 소련 : 공존, 혁명 그리고 냉전, 1945~1991 The Soviet Union in World Politics : Coexistence, Revolution and Cold War, 1945~1991》(London : Routledge, 1999)
Guang Zhang, 《마오의 군사적 낭만주의 : 중국과 한국전쟁Mao's Millitary Romanticism : China and the Korean War》(Lawrence, KS : Univ. of Kansas Press, 1995)
Hao Yufan · Zhai Zhihai, 〈중국의 한국전 개입 결정 : 역사적 재고찰China's Decision to Enter the Korean War : History Revisited〉, China Quarterly 121(1990. 3), 92~115쪽
Kathryn Weathersby, 〈우리는 이것을 두려워했는가? 스탈린과 미국과의 전쟁 위험Should We Fear This? Stalin and the Danger of War with America〉, Cold War International History Project, Working Paper, no. 39(2002. 7)
──────, 〈한국에서의 소련의 목적과 한국전쟁의 기원, 1945~1950 : 러시아 문서고의 새로운 증거 자료Soviet Aims in Korea and the Origins of the Korean War, 1945~1950 : New Evidence from Russian Archives〉, Cold War International History Project, Working Paper, no. 8(Woodrow Wilson International Center for Scholars Washington, D. C., 1993. 11)

──────, 〈한국전쟁 초기 단계에서 소련의 역할 : 새로운 문서 자료The Soviet Role in the Early Phase of the Korean War : New Document Evidence〉, *The Journal of American-East Asian Relations*, vol. 2, no. 4(1993년 겨울), 425~458쪽

──────, 〈공격할 것이냐 또는 공격하지 않을 것이냐? 스탈린, 김일성과 전쟁의 서곡, 1950~1951To Attack, or Not to Attack? Stalin, Kim Il Sung and the Prelude to War, 1950~1951〉, Cold War International History Project, *Bulletin* 5(1995년 봄)

M. Narinsky, 〈커다란 위기 1948~1949 : 러시아 문서고의 새로운 자료Berlinskii krizis 1948~1949 : Novye dokumentyi iz Rossiiskikh arkhivov〉, *Novaya i noveishaya istoriya*, no. 3(Moscow, 1995. 5~6)

Melvin P. Leffler, 〈적의 문서에서 : 냉전이 다시 열리다Inside Enemy Archives : The Cold War Reopened〉, *Foreign Affairs*(1996. 7~8)

Nikita Sergeevich Khrushchev, 《흐루시초프 회고록*Khrushchev Remembers*》, Strobe Talbott (trans· ed.)(Boston : Little Brown & Company, 1971)

Odd Arne Westad, 《냉전과 혁명*Cold War and Revolution*》(New York : Columbia Univ. Press, 1993)

──────, 〈스탈린-마오 대화를 공개하다 : 기록을 바로잡기Unwrapping the Stalin-Mao Talks : Setting the Record Straight〉, Cold War International History Project, *Bulletin* 6~7(1995/1996년 겨울)

Sergei Goncharov·John Lewis·Xue Litai, 《불확실한 동맹자 : 스탈린, 마오 그리고 한국전쟁*Uncertain Partners : Stalin, Mao and the Korean War*》(Stanford, CA : Stanford Univ. Press, 1993)

Shen Zhihua, 〈중-소 관계와 한국전쟁의 기원 : 극동에서의 스탈린의 전략적 목표Sino-Soviet Relations and the Origins of the Korean War : Stalin's Strategic Goals in the Far East〉, *Journal of Cold War Studies*, vol. 2, no. 2(2000년 봄)

Vladislav Zubok, 〈스탈린의 계획과 러시아 문서Stalin's Plans and Russian Archives〉, *Diplomatic History*, vol. 21, no. 2(1997년 봄)

Vladislav Zubok·Constantine Pleshakov, 《은밀한 크렘린의 냉전 : 스탈린에서 흐루시초프까지*Inside the Kremlin's Cold War : From Stalin to Khrushchev*》(Cambridge, MA : Harvard Univ. Press, 1996)

Vojtech Mastny, 《냉전과 소련의 불안 : 스탈린 시기*The Cold War and Soviet Insecurity : The Stalin Years*》(New York : Oxford Univ. Press, 1996)

William Taubman, 《스탈린의 미국 정책 : 데탕트 협의에서 냉전으로*Stalin's American Policy : From Entente to Detente to Cold War*》(New York : Norton, 1982)

김철범 엮음, 《한국전쟁에 관한 진실 : 40년 후의 증언》(을유문화사, 1991)

김학준, 〈한국전쟁의 기원과 전개〉, 광복 50주년 기념사업회 · 한국학술진흥재단 엮음, 《광복 50주년 기념 논문집》 2(1995)

밀로반 질라스, 《스탈린과의 대화》, 오용웅 옮김(여명출판사, 1962)

박두복, 〈중공의 한국전쟁 개입의 원인에 관한 연구〉, 한국정치외교사학회 엮음, 《한국전쟁의 정치외교사적 고찰》(평민사, 1989)

박두복 엮고 씀, 《한국전쟁과 중국》(백산서당, 2001)

박명림, 《한국전쟁의 발발과 기원 I》(나남, 1996)

《서울신문》(1995년 5월 22일 · 1995년 5월 24일자)

아이작 도이처, 《러시아 사상사(1917~1967)》, 편집부 옮김(종로서적, 1983)

A. V. 토르쿠노프, 《한국전쟁의 진실과 수수께끼 : 김일성-스탈린-모택동 기밀문서》, 구종서 옮김(에디터, 2003)

외무부 엮음, 《한국전 문서 요약(1949. 1~1953. 8)》(외무부, 1996)

윌리엄 스툭, 《한국전쟁의 국제사》, 김남균 · 김재민 · 김형인 · 조성규 옮김(푸른역사, 2001)

제프리 호스킹, 《소련사》, 김영석 옮김(홍성사, 1988)

존 루이스 개디스, 《새로 쓰는 냉전의 역사》, 박건영 옮김(사회평론, 2002)

더 읽을 자료

김경일, 《중국의 한국전쟁 참전 기원―한중 관계의 역사적 · 지정학적 배경을 중심으로》, 홍면기 옮김(논형, 2005)

　　이 책은 한중 관계의 특징과 역사적 경험을 종적 · 횡적으로 분석함으로써 중국이 한국전쟁에 참전한 배경과 과정을 설명하고 있다. 중국 공산당과 북한, 국민당 정부와 한국 간의 이른바 '양국-4자' 사이의 '힘'과 '의지'를 중심으로 주제를 풀어나간다.

　　특히 저자는 그동안 전혀 논의되지 않았던 한국전쟁과 국공(國共) 관계, 중국 동북 지방의 움직임 등을 중국 · 일본 · 한국의 광범한 자료를 통해 복원하고 있다.

김원일 · 문순태 · 이호철 · 전상국 글, 박도 사진 편집, 《나를 울린 한국전쟁 100장면―내가 겪은 6 · 25전쟁》(눈빛, 2006)

　　이 책은 6 · 25전쟁의 참상을 담은 사진집이다. 몇 천 장에 이르는 한국전쟁 관련 사진 가운데 전쟁의 단면을 잘 드러내는 100장을 추려내어 6 · 25전쟁을 직접 경험한 작가들의 체험기와 함께 편집한 책이다.

　　사진은 해방기, 전쟁 발발, 학살, 전쟁 포로, 피란민, 휴전 등의 주제로 나뉜다. 시각 이미지가 주는 전쟁의 단면은 문자 이미지보다 더 생생하게 다가온다. 또한 시대의 증언이 담겨 있어 그 생생함은 더욱 빛을 발한다. 이 책은 이런 구성을 통해 전쟁을 겪은 세대와 겪지 않은 세대 사이의 틈을 메워주는 데 이바지할 수 있을 것이다.

노르베르트 엘리아스, 《궁정사회》, 박여성 옮김(한길사, 2003)

　　루이 14세의 궁정사회를 모델로 권력과 문화의 관계를 분석한 책으로 《사생활의 역사 3》의 모태 격인 책이다. 독일의 사회학자인 엘리아스는 우선 루이 14세 시대의 사료를 토대로 절대 군주정의 형성사를 왕을 중심으로 하는 궁정 문화의 형성과 권력 집중 과정으로 재구성한다. 그런 다음 궁정사회의 권력 게임의 원리를 추출해냄으로써 개인의 자유의 억압과 권력의 자기 재생산 과정을 보여준다. 엘리아스의 또 다른 역작 《문명화 과정》은 이러한 설명 틀을 유럽 사회 전반으로 확대시킨 것이다.

로제 샤르티에Roger Chartier, 《문화사. 실행과 표상 사이Cultural History. Between Practices and Representations》(Ithaca : Cornell Univ. Press, 1988)

　　프랑스의 역사가 로제 샤르티에가 발표한 학술 논문을 엮은 책. 샤르티에는 인류학적 모델이나 언어로의 전환을 지향하는 문화사 경향에 비판적이며 문화사는 실행practice, 전유appropriation, 표상representation의 측면을 모두 포괄해야 한다고 주장한다는 점에서 주목할 만하다.

린 헌트, 《가족 로망스》, 조한욱 옮김(새물결, 2000)

　　문화사의 새로운 연구 방법을 통해 프랑스 혁명이라는 정치적 격변을 분석한 책이다. 저자인 린 헌트는 프로이트의 '가족 로망스'라는 개념을 받아들이고 소설, 판화, 신문 등 기존의 사료와는 다른 자료들을 활용함으로써, 프랑스 혁명의 정치적 격변이 절대 군주정하에서 오랫동안 유지되어 온 가부장적인 가족 관계의 틀을 어떻게 변화시키며 그 과정에서 여성의 위치가 어떻게 자리 매김되는지를 보여준다.

박지향, 〈영국노동당 정부, 1945~1951 : 대외정책을 중심으로〉, 《유럽사의 구조와 전환 : 이민호 교수 정년기념논총》(느티나무, 1993)

한국전쟁 발발 시 영국의 집권당인 노동당의 대외 정책을 전반적으로 분석하면서 영국이 한국전쟁에 개입하게 된 배경을 설명하고 있다.

박태균, 《한국전쟁》(책과함께, 2005)

아직도 우리는 한국전쟁을 이데올로기가 가득한 시선으로 바라봐야 하는 것일까. 이 책은 이런 의문에 답하면서 우리에게 한국전쟁이 주는 메시지가 무엇인지를 다시 한번 짚어볼 수 있는 계기를 마련해준다.

이 책은 국내 역사학자가 일반인을 위해 쓴 최초의 한국전쟁사다. 저자는 한국전쟁에 관해 일반적으로 알려져 있는 패러다임을 넘어서려 했다. 남북한 정권 모두가 한국전쟁을 통치 이데올로기의 일부로서 형상화했다. 따라서 남북한 정부의 공식적인 해석 이외의 다른 해석에는 '빨갱이' 딱지가 붙거나 법적인 처벌이 따르기도 했다. 저자는 한국전쟁 시기에 있었던 일들을 명확하고 객관적으로 분석함으로써 가려진 실체를 낱낱이 파헤치고 있다.

이 책에는 일반인들이 그동안 말로만 듣고 실체는 보지 못했던 '정전 협정' 문을 비롯한 68개의 사료들과 60여 컷에 이르는 전쟁 때의 사진, 각종 지도와 꼼꼼하게 정리된 전쟁 일지까지 담겨 있어 사료만으로도 객관적이고 분명하게 한국전쟁의 실체를 규명하고 있다.

또한 한국전쟁에 대한 의문과 쟁점을 모두 담고 있다. 그 의문점은 이와 같다. "북침인가, 남침인가?", "하필 왜 1950년 6월 25일에 전쟁이 시작되었는가?", "북한군이 서울에서 3일을 머문 까닭은?", "인천상륙작전, 성공인가 실패인가, 인해전술은 정말 있었는가?", "개성이 북한 영토가 된 이유는?", "전쟁의 유일한 승리자는 일본", "미국이 두 번이나 이승만 제거 계획을 세운 이유는?", "전쟁은 왜 2년이나 더 계속되었는가?", "남한에 핵무기가 배치되었다", "미국의 세균전 감행은 진실인가?", "북한 정권이 무너진다면 휴전선 이북 지역의 통제권은 남한에 있다". 이런 물음을 통해 한국전쟁이 그저 지나간 역사적 사건이 아니라 지금도 우리 사회에 막대한 영향을 미치고 있다는 점을 보여주고자 했다.

안병직 외, 《오늘의 역사학》(한겨레출판, 1998)

현대 구미 역사학의 동향을 분석·소개하는 국내 학자들의 글을 엮은 책으로서 미국과 유럽이 중심이 된 국제 역사학계의 흐름을 파악하는 데 도움을 준다. '문화', '심성', '일상', '담론', '언어로의 전환', '역사 인류학', '미시역사' 등의 문제를 이론적 차원뿐 아니라 실제 역사 서술의 측면에 유의하여 자세히 분석하고 있다.

A. V. 토르쿠노프,《한국전쟁의 진실과 수수께끼》, 구종서 옮김(에디터, 2003)

한국전쟁을 둘러싼 논쟁거리는 세 가지다. 즉 누가 전쟁을 일으켰는가, 전쟁의 원인은 무엇인가, 전쟁의 성격은 어떤 것인가. 소련 쪽 비밀문서가 차츰 공개되자 그동안 베일에 싸여 있던 한국전쟁의 진실이 얼마간 드러났다. 이 책은 비밀 해제된 소련 문서를 통해 스탈린이 한국전쟁의 발발에 직접적인 책임이 있다는 사실을 밝히는 등, 최근까지 알려지지 않았던 많은 사실들을 드러내는 흥미로운 저서다.

러시아 국제 정치학자이자 역사학자인 토르쿠노프A. V. Torkunov 박사(모스크바 국제관계대학 교수)는 한국전쟁을 전후로 스탈린, 김일성, 마오쩌둥 세 사람이 주고받은 극비 전보 문서를 철저히 조사했다. 그 결과 한국전쟁은 김일성이 끈질기게 요청했고, 스탈린이 그런 요청을 받아들였고, 마오쩌둥이 동의해서 남한에 대한 북한의 선제공격으로 비롯된 것임을 밝혀냈다.

이 책은 처음부터 끝까지 스탈린-김일성-마오쩌둥 사이에 오고간 극비 전보 문서만으로 구성되어 있다. '냉전 시대의 대표적 무력 분쟁'인 한국전쟁이 지닌 국제적 성격을 잘 드러내는 이 책은 흥미로우며 자료로서의 가치도 높다.

윌리엄 스툭,《한국전쟁의 국제사》, 김남균 외 옮김(푸른역사, 2001)

한국전쟁은 궁극적으로 20개국이 참전한 일종의 국제전이었다. 그동안 커밍스의 영향하에 한국전쟁을 내전으로 설명하던 수정주의 역사 해석을 거부하고 국제적 맥락에서의 한국전쟁의 기원과 전개 과정, 그리고 결과를 설명하고 있다.

전현수 역주,《쉬띄꼬프 일기 : 1946~1948》(국사편찬위원회, 2004)

이 책은 1950년 당시 평양 주재 소련 대사 슈티코프의 일기를 소개한 것이다. 그의 개인사뿐만 아니라 소련의 대한반도 정책과 해방 직후 남북한의 정치·경제 상황, 한국전쟁 등을 연구하는 데 귀중한 사료적 원천이 되는 자료집이다. 특히 슈티코프를 정점으로 하는 북한 주둔 소련군 사령부가 북한뿐만 아니라 남한의 정세에도 깊게 개입해 상당한 영향력을 행사했다는 사실을 생생하게 보여준다.

정병준,《한국전쟁 : 38선 충돌과 전쟁의 형성》(돌베개, 2006)

이 책은 역사적 사료를 따라 한국전쟁이 전개된 과정을 살펴보는 데 중점을 두고 있다. 따라서 전통주의, 수정주의 혹은 신전통주의, 후기 수정주의 등의 이론적 배경보다 한국전쟁이 어떻게 형성되었는지에 관한 역사적 진실을 추구하는 데 기본적인 관심을 두고 있다. 이 책에 나오는 신·구 노획 문서는 대부분 처음 소개되는 것들로, '1947년 이래 소련의 웅기·청진항 30년 조차 관련 기록', '웅진을 공격한 북한군 관련 문서', '인민군 총참모장 강건의 폭사 관련 문서' 등은 그 자체로도 중요한 기록들이다.

저자는 여러 사료를 비교, 분석하고 사건과 사실의 객관적인 모습을 복원하는 데 중점을 두었다. 이 과정에서 지금까지 전혀 알려지지 않았거나 또는 무시되었던 사건, 사실, 경과 등이 다시 조명된다. 남침 유도설의 핵심인 '해주 공격설'에 관한 해묵은 논쟁을 끝낼 분석이 제시되기도 했다. 그리고 1950년 전쟁의 축소판과 같았던 1949년 남북한의 38선 충돌 과정을 세밀하게 분석함으로써 한국전쟁의 형성 과정을 거꾸로 추적해낸다.

조한욱, 《문화로 보면 역사가 달라진다》(책세상, 2000)

사회사에 대한 비판으로서 문화사의 출현 배경과 주요 경향을 분석하고 있으며, 새로운 대안적 역사로서의 문화사의 의미와 발전 가능성을 모색하고 있는 책이다. 주로 인류학적 방법론과 포스트모더니즘 사조와의 관련 속에서 문화사를 분석하고 있다.

피에르 부르디외, 《구별짓기 : 문화와 취향의 사회학 상·하》, 조형준 옮김(새물결, 1995)

저자인 부르디외는 이 책에서 엘리아스의 구별 짓기 개념을 통해 현대 자본주의 사회의 문화적 차별화 전략을 분석하고 있다. 1990년대 이후 계급 담론은 사라졌지만 명품 열풍 등 계급 문화는 자본주의의 발전 속도와 함께 맹렬하게 확산되고 있는 우리 현실에서 철학, 미학, 언어학, 미술, 음악 등 프랑스의 일상생활 문화를 재검토해볼 수 있는 독특한 책이다.

피터 버크Peter Burke, 《근대 초 유럽의 민중 문화Popular Culture in Early Modern Europe》(New York : Harper Torchbooks, 1978)

대략 1500~1800년 시기 유럽의 민중 문화를 대상으로 그 개념에서부터 성격, 구조, 변화 양상 등을 자세히 분석하고 있는 책이다. 민중 문화의 다양성, 엘리트 문화와의 관련성, 구전을 통한 민중 문화의 전파, 카니발 등에 대한 분석 등을 통해 민중 문화의 세계를 이해하는 데 좋은 길잡이 역할을 한다.

용어 해설*

게슈타포Gestapo
바이마르 공화국 시기 주(州) 경찰서 수준에서 정치 정보, 즉 공안을 전담하던 정치 경찰 조직이 나치의 집권 이후 중앙화되면서 비밀 국가 경찰Geheime Staatspolizei이라는 기구로 명칭이 바뀌게 되는데, 게슈타포는 이를 축약한 것이다. 정치 경찰의 통합을 주도한 사람이 나치당 친위대Schutzstaffel (SS) 대장 하인리히 힘러Heinrich Himmler였기에, 국가 기관인 게슈타포는 나치당 기관인 친위대와 사실상 통합되었다.

고양이 대학살
1730년대 말 파리 근교의 한 인쇄소 직공들이 주인 내외가 사랑하는 고양이를 비롯해 여러 마리의 고양이들을 붙잡아 학살했다는 구전 에피소드로, 미국의 역사가 단턴Robert Darnton은 이 에피소드를 기록한 텍스트를 바탕으로 사건을 재구성하여 인류학적 문화사 서술의 소재로 삼았다. 단턴에 따르면 고양이 대학살은 노동력을 착취하는 인쇄소 주인, 나아가 구체제 프랑스 사회의 계급 질서에 대한 수공업 직공들의 저항 의식을 보여주는 상징적 의례이다.

고한제(苦汗制)sweating system
19세기 중엽 헨리 메이휴Henry Mayhew가 처음 언급했던 고한제는 주로 하청 일감을 맡은 생산자가 좁은 작업장에서 저임 노동자를 고용해 의류를 생산하는 방식을 가리킨다. 양복업의 경우 고급 정장 외에 싸구려 기성복 수요가 늘면서 의류 도매상은 하청 생산 조직이 필요했다. 이런 생산 방식이 가능했던 것은 재봉틀과 같은 새로운 기계를 도입함으로써 미숙련 노동자들을 대거 고용할 수 있었기 때문이다. 이 생산 방식은 당시 기술 혁신과 시장 수요의 변화 및 저임 노동 인구의 증가라는 새로운 환경의 산물이다.

국왕 참사회 Conseil du roi
본래 국왕이 성속의 주요 봉신들과 협의하는 봉건적 조정에서 유래하여 점차 왕족과 주요 관직자 등 국왕의 측근들로 구성되는 상설 정치 기구로 발전했다. 14세기부터 사법을 관할하는 고등 법원, 재정을 관할하는 회계 법원이 별도의 기구로 전문화하고, 이후 점점 더 세분화되어 다양한 국정 분야에서 국왕의 통치를 보좌했다.

---

* 용어 해설은 글쓴이들이 각 논문에서 중요한 항목을 골라 글의 맥락과 일반적인 의미를 함께 고려해 작성한 것이다.

근대적 주체modern subject

미셸 푸코Michel Foucault에 의하면, 근대적 인간은 행동의 객관적 규범, 다시 말해 정상적 인간이란 무엇인지를 정언적으로 지시하는 지식의 체계(이를테면 성의 과학)를 스스로 내면화하여 자신의 주체subject를 구성한다. 그에 반해 《성의 역사》에서 푸코가 주장하는 바에 의하면, 고대 그리스인은 쾌락의 절제(혹은 활용), 궁극적으로 자기 자신에 대한 배려에 입각해 타자와의 관계를 통제하고 자아를 구성하는 삶의 기술, 말하자면 미학적인 존재의 기술을 갖고 있었다고 한다.

기업가적 역량entrepreneurship

자본주의적 경제 발전에 기여하는 기업가의 창의적 능력을 일컫는 슘페터Joseph A. Schumpeter의 개념이다. 슘페터에 따르면, 기업가는 생산 수단을 새로운 방식으로 조합하는 혁신을 도입함으로써 경제 발전의 견인차가 된다. 슘페터의 기업가적 역량 개념은 기업 구조에만 관심을 두는 기업사 연구의 특정 경향이나 국가의 기능만을 일방적으로 강조하는 다른 경향에 맞서 오늘날 기업사의 부흥을 선도하는 핵심적인 개념으로 부상했다.

나바르파Navarre派

나바르 왕 샤를Charles le Mauvais(1332~1387)을 추종한 당파. 샤를은 필리프Philippe 4세의 조카인 에브뢰 백작 필리프와 외손녀 잔 사이에서 태어난 아들로 장 2세의 사위가 되었으나, 샹파뉴 상속 문제에 관한 불만으로 국왕의 최대 정적이 되었다. 이후 왕권을 견제하려던 귀족, 부르주아 세력을 배후 선동하고 영국과 결탁했다가 1364년 코슈렐 전투에서 패배했다.

노동당

1900년에 창당된 영국의 사회주의 정당. 1929년 최초로 정부를 구성했지만 소수 내각이었다. 1945년 전후 실시된 총선에서 승리하여 역사상 처음으로 단독 집권했다. 베버리지William Henry Beveridge의 사회 보장 제도 안을 받아들여 '요람에서 무덤까지'의 복지 국가 건설에 주력하고 사회 민주적 경제 정책을 펼쳤다.

뉘른베르크 법Nürnberger Gesetze

1935년 9월 15일에 공포된 인종주의 법으로, 독일인과 유대인 사이의 혼인 및 성 관계를 금지함으로써 유대인을 사회적으로 고립시켰다. 이 법은 같은 날 공포된 국적법 및 그 시행령과 함께 공직과 준(準)공직에 잔류하고 있던 유대인들을 해고하거나 이들의 직업 활동 역시 크게 위축시켰다.

담론discourse

담화 또는 언술, 언설로 지칭되기도 한다. 프랑스의 철학자 미셸 푸코에게 담론은 인간들이 사용하는 언어가 '제도화된 언설 체계'를 갖고 있음을 가리키는 개념이다. 이런 언설 체계는 특정 대상이나 개

넘에 대한 지식을 생성하고 현실에 관한 설명을 산출하는 집합체로 기능하면서 역사 속에서 등장한다. 그리고 이런 의미에서의 담론은 개인들의 차원이 아니라, 익명성의 층위에 존재하면서 인간들의 인식에 강한 규정성을 발휘하는 것으로 이해되고 있다.

대량 소비 사회
소비 사회의 기원에 대해서는 17세기 영국에서 19세기 프랑스에 이르기까지 학자들마다 의견이 다양하다. 그러나 대량 생산과 대량 소비로 대표되는 포디즘fordism과 소비 사회가 결합하는 현상인 대량 소비 사회야말로 진정한 의미의 소비 사회의 출현으로 이해할 수 있는데, 1920년대 미국에서 이러한 현상을 찾아볼 수 있다.

도금 시대Gilded Age
소설가 마크 트웨인Mark Twain이 만든 용어로서, 1870년대에서 1900년까지의 시기가 해당된다. 이 시기는 미국에서 본격적으로 산업 혁명이 진행되면서 비도덕적 수단으로 부를 획득한 졸부들이 많이 만들어졌다. 이들이 자신의 부를 사용하고 과시하는 천박한 방식이 마치 겉은 금인데 벗겨내면 금이 아닌 금박을 입힌 도금 같다고 하여 붙여진 용어이다. 이 시기는 대규모 합병과 거대 기업이 형성되고, 약육강식이 정당화되는 사회 진화론social Darwinism이 용납되던 황금만능주의 시대로 볼 수 있다.

도덕 경제moral economy
영국의 역사가 에드워드 톰슨Edward P. Thompson이 18세기 영국 농촌 지역의 식량 폭동에 대한 분석에서 폭동의 동인으로 설명하는 '농촌 하층민들의 경제관념. 농민들의 도덕 경제는 부르주아 계급의 '정치 경제political economy'에 대비되는 것으로서 가격, 임금 등과 관련된 경제 활동은 자본주의적 이윤이나 경쟁이 아니라 농촌공동체의 관습에 따라야 한다는 관념을 토대로 한다.

독일 노동 전선Deutsche Arbeitsfront
1933년 5월 2일 나치가 기존의 노동조합을 모두 물리적으로 제거한 뒤 설립한 노동자 조직으로, 초기에는 노동자에 대한 이데올로기 교육을 목표로 삼았으나 점차 노동자들의 이해관계를 간접적으로나마 대변하는 기구로 변신해갔다. 산하 조직으로는 노동자들의 여가 생활을 전담하던 '기쁨에 의한 힘Kraft durch Freude'과 노동 환경의 개선을 목표로 하던 '노동의 아름다움Schönheit der Arbeit' 등이 있었다.

동화주의assimilationism · 다문화주의multiculturalism
서로 다른 인종 · 종교 · 역사 · 언어 · 문화 등을 가지고 있더라도 결국 하나의 동질적인 사회로 포용되어 각각의 것들이 재형성된다는 적응 및 통합 이론이다. 동화주의의 의미를 가장 적절하게 나타내주는 상징적 은유는 '용광로melting pot'이다. 반면 다문화주의multiculturalism는 어떤 경우에도 사회는 동질화되지 않으며 그 나름대로의 독특한 문화·종교·언어 등이 한 사회 안에서 공존한다고 주장한다. 다문화주의의 상징적 은유는 '샐러드볼saladbawl'이다.

라블레François Rabelais
16세기 프랑스의 인문주의자로《가르강튀아》와《팡타그뤼엘》등의 작품을 남겼다. 전통적인 문학사에서 라블레는 르네상스 문인으로 간주되었지만 바흐친Mikhail Bakhtin은《프랑수아 라블레의 작품과 중세 및 르네상스 시기의 민중 문화》에서 항상 돌출적이었던 라블레를 르네상스 시기까지 명맥을 유지하던 중세 민중 문화의 전달자라고 평가했다.

라이시테laïcité
정교분리 혹은 세속성이라고 불리며, 일반적으로 '종교적이지 않은 것', '비종교성'을 뜻하지만 1882년에 공립학교에 대하여, 교회와 종교로부터의 국가의 분리와 독립을 지칭하는 것으로도 쓰이기 시작했다.

마그레브Maghreb
동방Mashriq과 대칭되는 서방을 뜻하는 아랍어로, 일반적으로 북부 아프리카 지역을 가리킨다. 알제리, 모로코, 튀니지 등의 국가가 이에 속한다.

마이요탱Maillotins
샤를 5세의 유언을 어기고 과세를 강행한 정부의 조치에 반발하여 1382년 3월 초순 파리 민중이 일으킨 폭동. 시청 무기고에서 탈취한 납 곤봉maillet으로 무장한 데서 이런 명칭이 유래했다. 1378년부터 랑그도크 도시들에서 일어난 튀생Tuchins의 반란, 1382년 2월 말 루앙에서 일어난 아렐Harelle과 더불어 이 시기의 대표적인 민중 폭동으로 알려져 있다.

매약(賣藥)patent medicine
대규모 제약 회사가 등장하기 이전인 19세기 미국에 나타난 의약품으로, 특허의 형태를 띠고 있으나 실제로는 약제사들이 저마다 비슷한 원료로 만든 약들이다. 이들은 자신이 만든 약의 효과를 과장, 선전하여 이것이 남용, 오용되는 경향이 많아 19세기 말에는 많은 사회적 문제를 야기했다.

몰리에르Molière
17세기 프랑스의 극작가로 당시의 사회 풍속과 위선적인 지배층을 풍자한《타르튀프》,《부르주아 장티옴》등을 써서 귀족에게 비판을 받은 동시에 많은 인기를 누렸으며 루이Louis 14세의 총애를 받았다.

몽타뉴파Montagne派
이 이름은 원래 입법의회의 왼편 가장 높은 자리에 앉은 극단주의자 의원들에게 언론인들이 웃음거리로 붙여준 것이다. 이들은 국민공회에서 120석 이상을 차지했지만, 동질성을 지닌 집단을 구성하지는 못했다. 그리고 사회적으로도 지롱드Gironde파와 크게 다른 신분 출신이 아니었다. 이들은 파리 혁명정부에 참여한 국민들의 지지를 받아 지롱드파를 의회에서 몰아냈다. 이들의 지도자는 당통Georges Danton, 마라Jean-Paul Marat, 로베스피에르Maximilien-François-Marie-Isidore de Robespierre였으며, 결국 로베스피에르가 혁명정부를 이끌면서 1793년 9월 5일부터 공포정 시대를 열었다. 그러나 1794년 7월 27일(공화력 2년 테르미도르 9일) 로베스피에르의 공포정에 싫증과 두려움을 느낀 의원들이 로베스피에르를 '폭군', '새로운 크롬웰'이라고 비난하면서 저항하여 마침내 그를 체포하고 공포정을 끝냈다.

미국-스페인 전쟁Spanish-American War
1898년 윌리엄 허스트William Hearst와 조지프 퓰리처Joseph Pulitzer가 운영하던 이른바 '황색 신문'들이 쿠바 사태를 과장, 선정 보도함으로써 촉발된, 미국과 스페인 사이에 일어난 4개월간의 짧은 전쟁을 말한다. 미국은 이 전쟁을 통해 노골적으로 제국주의적 야심을 드러냈다. 미국은 이 전쟁의 승리로 필리핀이라는 식민지를 스페인으로부터 물려받았으며 쿠바를 독립시켰으나 실질적으로는 자신의 지배하에 두게 되었다.

미국주의americanism
대량 생산과 대량 소비에 입각한 미국 특유의 생활 방식 전반을 일컫는 말. 이탈리아의 이론가 안토니오 그람시Antonio Gramsci는 미국의 자동차 기업가 헨리 포드Henry Ford의 독특한 대량 생산 방식과 미국주의의 긴밀한 연관을 일찍이 통찰했다. 이 미국주의는 20세기 초반 유럽에서 피아트Fiat와 같은 기업들의 표어가 되었는데, 그것이 실제로 유럽에서 실현된 것은 1950년대 이후였다.

민중 문화
산업화와 도시화 이전 전통 사회의 농민과 도시의 수공업자를 중심으로 한 광범위한 사회 하층민들의 문화. 영국 역사가 피터 버크Peter Burke는 민중 문화를 '비공식 문화unofficial culture', '비엘리트 문화non-elite culture', '예속 계급subordinate classes의 문화' 등의 용어를 사용하여 포괄적으로 정의하면서, 직업, 직종, 지역, 성, 종교 등에 따른 민중 문화의 변화와 다양성을 강조한다.

바그다드 선로 건설 사업
터키 이스탄불에서 이라크의 바그다드까지 총 2,400km 길이의 철도를 가리켜 바그다드 선로라 한다. 1902년 독일 은행이 수주를 받아 이 선로 건설 사업을 시작했다. 오스만 제국은 이 선로를 통해 페르시아 만까지 제국의 통합력을 유지하려 했고, 반면 빌헬름Wilhelm 2세의 독일 제국은 오리엔트 지역으로의 제국주의 진출의 계기를 삼고자 했다. 1918년 1차 대전 종전과 함께 건설 사업이 일시 중단되었다가 1936년 시리아와 이라크 구간이 연결되면서 완공되었다.

바이이 bailli

필리프 2세 때인 1185년경부터 왕령지에서 국왕의 사법권을 대행하고 영지 관리인 prévôt들을 통제하려는 목적으로 파견된 관리로, 다음 세기에는 바이아주 bailliage라 불린 일정한 관할 구역에 상주하며 사법 · 재정 · 군사에 관한 임무를 수행했다. 서부와 남부의 일부 지역에서는 이러한 관리를 세네샬 sénéchal로, 이의 관할 구역을 세네쇼세 sénéchausée라 불렀다.

박애주의자 philanthropist

19세기 중엽 이후 영국에서 박애주의자라는 말은 주로 빈곤 문제에 관심을 가지고 이 문제를 해결하려고 노력하는 중간 계급 출신 지식인을 가리켰다. 토머스 바나도 Thomas Barnardo, 옥타비아 힐 Octavia Hill, 새뮤얼 바넷 Samuel Barnett 등이 대표적인 인물이다. 특히 교육받은 중간 계급 여성들이 박애주의 활동에 참여하기도 했다. 박애주의자들의 출현은 여성의 사회 참여라는 새로운 시대적 분위기를 반영한다. 그렇지만 19세기 후반에 이런 활동에 참여한 사람들이 증가한 것은 영제국의 전성기에 구조적으로 심화된 사회 양극화에서 비롯한다.

버려진 런던 outcast London

런던의 빈민 지역을 나타내는 표현이다. 이 말은 앤드루 먼스 Andrew Mearns가 1883년에 출간한 《버려진 런던의 절규 The Bitter Cry of Outcast London》의, 제목에서 나왔다. 이 소설은 주로 런던 동부 빈민 지역의 비참한 삶을 다루고 있다. 이후 '버려진 런던'은 주로 이스트엔드를 가리키는 말로 고정되었다. 이곳에서 자선 활동을 벌인 박애주의자들이 즐겨 쓴 표현이다.

범이슬람주의

19세기 정치, 문화 면에서 이슬람 세계에 대한 유럽의 압박을 배제하고, 약체화된 이슬람 세계의 대단합을 통해 부흥을 이뤄내려는 사상, 또는 그런 운동을 말한다. 이 사상의 주창자들은 이슬람 본래의 정신으로 돌아가서, 정치적으로 교도 사이의 분열을 해소하고, 칼리프의 지도 아래 일치단결하여 외부로부터의 압박을 배제해야 한다고 호소했다. 그러나 이런 이슬람의 대단합에 대한 호소는 이집트의 민족 해방 운동을 외면했고, 또 오스만 제국의 현실 개혁 세력에 대한 탄압에 이용되었다. 특히 오스만 제국의 국내 개혁 운동과 아랍 민족의 독립 운동은 범이슬람주의의 이름으로 거부되기도 했다.

법적 분리 de jure segregation · 사실적 분리 de facto segregation

라틴어로 de jure는 '법에 의해 by the law', de facto는 '사실상 in fact' (혹은 in practice)이라는 뜻이다. de jure는 법이 해당 사항에 대해 무엇이라고 말하고 있는가를 살피는 것이며, de facto는 해당 사항이 실제 생활에서 어떻게 되어 있는가를 살피는 것이다. 예를 들면 법률적으로 평등이라고 선언하고 있더라도 실제에서는 불평등으로 나타날 수 있는, 이론과 실제의 간극을 설명할 수 있는 용어다.

베를린 장벽

베를린 장벽은 동독인들의 탈동독 행렬을 막기 위해 1961년 8월 13일 기습적으로 축조되었으며, 동독 민주화 혁명의 결과 1989년 11월 9일에 붕괴되었다. 베를린 장벽의 축조는 독일에게는 분단 고착화의 의미를 지녔다. 세계사적 관점에서 볼 때는 장벽 축조로 인해 불안했던 동독 상황이 안정되고 이에 따라 독일 문제로 인한 서방 점령국과 소련 간의 냉전의 긴장이 완화됨에 따라 유럽에 긴장 완화가 도래할 수 있는 여건이 마련되었다는 의미를 갖는다. 1989년 28년간 냉전과 분단의 상징이었던 베를린 장벽이 붕괴된 것은 곧 독일 분단의 종식과 냉전 체제의 해체를 의미했다.

분할 노동 subdivided labour

19세기 중엽 이후 양복, 제화 등의 분야에서 기성품 수요가 늘어나자 이에 대처하기 위해 공정을 분할한 데서 비롯되었다. 생산자는 세분화된 각 공정을 하청 방식으로 해결했는데, 이런 공정 작업을 분할 노동이라고 할 수 있다. 싸구려 기성품 수요가 늘어난 양복, 의류, 제화, 가구 등의 분야에서 발전했다.

사육제 carnival

'고기여 그만 carne vale'이라는 라틴어를 어원으로 하는 사육제는 기독교가 고대 로마의 농신제 풍습을 받아들인 데에서 유래한다. 부활절 40일 전에 시작되는 사순절 동안 육식을 금하는 전통에 따라 사순절 직전에 공동체 전체가 모여 마음껏 먹고 마시며 놀았다. 이때 등장하는 거인, 미치광이와 가장행렬과 가면 놀이 등은 귀족적이며 기독교적이고 인문주의적인 예의 바른 지배 문화에 대항하는 가치 전도의 기제로 작용했다. (또한 '카니발' 항목을 참조하라.)

사회 진화론 social Darwinism

이 개념을 처음 설파한 사람은 허버트 스펜서 Herbert Spencer이다. 그는 생물 진화론의 여러 개념을 차용해 사회의 발전을 설명하려고 했다. 스펜서에 따르면, 진화는 모든 우주 현상을 관통하는 법칙이며 사회도 예외일 수 없다. 사회는 단순 사회에서 복합 사회로 이행하며 사회학 역시 이런 일반 법칙을 해명해야 한다. 스펜서는 다윈 진화론의 생존 경쟁, 적자생존의 개념을 사회체에 적용해 이런 것들이 사회 진화의 원동력이라고 설명했다. 궁극적으로 사회 진화론은 자본주의를 정당화하고 반자본주의 사유와 운동을 사회 유기체에 대한 파괴 활동으로 간주한다.

샤리바리 charivari

영국에서는 '러프 뮤직Rough Music', 독일에서는 '카첸무지크Katzenmusik' 등으로 불린 샤리바리는 전통 사회에 마을 공동체 주민들이 공개적으로 행한 민중 재판 의례 가운데 가장 잘 알려진 것이다. 샤리바리의 전형적인 형태는 젊은 여성과 혼인하려는 늙은 홀아비를 향해 밤중에 마을 주민들이 몰려가, 시끄럽게 그릇을 두들기며 노래를 부르면서 집단으로 조롱하고 망신을 주는 행위였다. 샤리바리는 공동체적 규범에서의 일탈을 공개적으로 규탄함으로써 사회적 통제의 기능을 수행했다. 그러나 사법 기구의 발달과 함께 공권력에 의한 금지와 억압으로 점차 쇠퇴했다.

수직적 유대 clientela

〈로마 제정 초기(1~2세기) 상류층의 혼인 및 혼외 관계—실제와 담론〉에서 편의상 수직적 유대라고 옮긴 clientela의 원어에 충실한 의미는, 누군가에 대한 사회 경제적 의존 관계 혹은 그렇게 의존하는 피보호민 집단을 가리키는 라틴어다. 이런 보호-피보호 관계는 고대 로마 사회에서 오랫동안 지속된 특징적인 사회관계의 형태로, 특히 공화정기의 정치 영역에서 중요했다. 황제가 권력을 사실상 독점한 제정기에 이르면 원로원 귀족층의 전통적인 피보호 관계망이 위력을 잃게 되지만, 그럼에도 불구하고 여전히 엘리트의 사회적 위신을 가늠하는 지표로서 중시되었다.

수탉 싸움

인도네시아 발리 섬 원주민 남성들이 즐기는 전통 놀이 문화. 미국의 인류학자 기어츠Clifford Geertz는 발리 섬의 현지 조사를 통해 이 수탉 싸움을 발리 섬 문화의 핵심을 이루는 상징적 행위의 복합체로 보고, 마치 하나의 난해한 텍스트와 같이 그 의미를 해독한다. 기어츠에 따르면 이 수탉 싸움은 개인적 차원에서는 남성의 권위를 과시하고 사회적 위신과 존경을 획득할 수 있는 기회이며, 부락 공동체 차원에서는 공동체적 의식과 정체성을 다질 수 있는 계기가 된다.

수평적 유대 amicitia

〈로마 제정 초기(1~2세기) 상류층의 혼인 및 혼외 관계—실제와 담론〉에서 수평적 유대라고 옮긴 amicitia의 원어에 충실한 의미는 친구 관계 혹은 친구 집단을 가리키는 라틴어다. 친구를 뜻하는 라틴어 amicus에서 파생된 집합 명사이다. 고대 로마인들의 어법상, 친구란 막연히 누군가와 우호적인 관계에 있는 사람을 가리키는 것이 아니라, 같은 신분에 속한 사람들 사이에서만 우호 관계가 전제되어 있었다. 친구 관계라는 용어의 일반적 쓰임새는 대개 정치 엘리트 사이의 동맹 및 협조를 가리키는 것이었다. 요컨대 수평적 유대는 수직적 유대와 함께, 로마의 정치 엘리트의 권력 및 사회적 지위의 기반으로서 불가결한 요소였다.

스토아주의 Stoicism

폴리스가 개인이 잘사는 것, 즉 행복한 삶의 필수 조건이라는 가정에 입각해 있던 고전기 그리스와 달리, 헬레니즘 시대에 오면 개인의 삶의 조건으로 폴리스의 의미는 크게 퇴조한다. 그 새로운 시대 환경에 맞게 철학도 변모하여, 폴리스와는 무관한 행복론을 추구하게 된다. 스토아주의는 그렇게 나타난 헬레니즘 시대 주요 철학 사조의 하나다. 폴리스의 관습적 제도와 이념에 따른 가치 판단은 대체로 행복과는 무관한 것adiaphora으로 간주되고, 오히려 그런 것에 흔들리지 않게 평정한 마음 상태ataraxia를 유지할 것이 요구되었다.

신분회
국왕이 주요 성직자 및 귀족 봉신들과 협의하던 봉건적 조정에 도시 대표들로 구성된 제3신분이 참여함으로써 성립한 신분제 회의 기구로 흔히 삼부회로 불린다. 최초의 전국 신분회는 1302년 필리프 4세가 소집한 회의로 알려져 있다. 1484년에 선거제가 도입되기까지 신분회는 국왕의 호출로 소집되었으며, 주요 기능은 국왕에 대한 조언과 부조의 의무를 수행하는 것이었다.

신빈민법New Poor Law
이 법은 엘리자베스 시대에 제정된 빈민법이 시대의 변화에 따라 난맥상을 드러내고 재정 문제가 심화되자, 이를 개혁하기 위해 1834년에 제정되었다. 이제까지 교구 단위로 이루어지던 구호를 전국적으로 통일하고, 빈민을 구제받아야 할 사람과 노동 능력이 있는 사람으로 구분하여 구호 방식을 다르게 적용했다. 구제받아야 할 노동 무능력자는 원외 구호 대상으로 삼는 반면, 노동 능력이 있는 빈민의 경우 이들이 반드시 작업장에서 노동을 해야만 구제한다는 원칙을 적용했다. 그리고 원외 구호 대상자에 대한 심사를 강화함으로써 공적 구호를 기피하는 분위기를 조성했다.

실증주의 사관
역사라는 개념에는 일반적으로 '과거에 있었던 사실'과 '조사되어 기록된 과거'라는 두 가지 의미가 있다. 양자가 하나로 통일되어 나타날 수 있는지가 역사가들에 의해 끊임없이 의심되고 있는 반면, 근대 역사학의 초기 단계에서 역사가들은 이를 의심하지 않았다. 따라서 사료에 대한 엄밀한 검증 작업을 바탕으로 과거의 사실을 '원래 그대로' 밝힐 수 있다는 생각으로 역사를 바라본 태도를 실증주의 사관이라 한다.

앙시앵 레짐ancien régime
'구제도', '구체제'를 뜻하는 이 말은 알렉시스 드 토크빌Alexis de Tocqueville의 《앙시앵 레짐과 혁명L'Ancien Régime et la Révolution》(1858)을 시작으로 프랑스 혁명사가들이 즐겨 쓰면서, 프랑스 혁명 전의 체제를 일컫는 고유한 명칭이 되었다. 이 말은 역설적인 상황에서 태어났다. 프랑스 혁명기 혁명 지도자들은 자신들이 없애려는 과거를 '앙시앵 레짐'이라고 부르면서 새 체제를 만들어나갔다. 그러므로 앙시앵 레짐은 실제로 죽어가면서 태어났다. 이런 맥락에서 앙시앵 레짐은 타성, 부패라는 어두운 면을 담고 있는 체제로 인식되었다. 다시 말해서, 앙시앵 레짐은 프랑스 혁명기에 '발명'되었던 것이다. 과거의 역사가들은 혁명의 빛으로 앙시앵 레짐을 보았지만, 오늘날 혁명사가들은 앙시앵 레짐을 어두운 것, 혁명을 밝은 것으로 보는 시각에서 벗어났다. 그래서 앙시앵 레짐이 프랑스 혁명에 의해 발명된 것이 아니라 앙시앵 레짐이 혁명을 낳은 것으로 이해하고 있다. 이러한 앙시앵 레짐은 나름대로 국가를 현대화하려는 절대주의 시대였고, 계몽주의자들은 반체제 인사로만 활동하지 않고 오히려 절대 왕정의 뒷받침을 받은 아카데미에서 활동했다. 이들과 함께 사회의 불합리한 관계를 합리적인 관계로 바꾸려는 운동이 있었고, 역사가들은 그것을 계몽주의 운동이라 부른다. 역사적으로 앙시앵 레짐은 1,000년 이상의 뿌리를 갖고 있지만, 대체로 부르봉 왕가의 첫 번째 왕인 앙리Henri 4세부터 루이 16세까지 약 200년 동안의 프랑스 정치, 사회, 문화적 현실을 아우르는 개념이다.

애치슨 선언

미국 국무 장관 애치슨Dean Gooderham Acheson이 발표한 미국의 극동 방위선이다. 제안자의 이름을 따서 애치슨 선언 또는 애치슨 라인이라고 한다. 애치슨은 미국의 극동 방위선을 알류샨 열도-일본-오키나와-필리핀을 연결하는 선으로 정한다고 발표했다. 이에 따르면 한국과 대만은 미국의 안보 대상에서 제외되는 것이다. 즉 방위선 밖의 한국과 대만 등이 군사 공격을 받았을 때, 미국은 이들 국가에 안전을 보장할 수 없다는 것이다. 이런 이유 때문에, 애치슨 선언은 6·25전쟁의 발발을 묵인하는 결과를 가져왔다는 비판을 받았다.

얄타 회담

미국과 영국과 소련의 대표인 루스벨트Franklin D. Roosevelt와 처칠Winston Churchill과 스탈린 Iosif Vissarionovich Stalin은 2차 대전이 끝나갈 무렵 전후 처리 문제를 논의하려고 1945년 2월 4일~11일까지 크림 반도에 있는 얄타에서 모였다. 루스벨트는 태평양전쟁을 신속히 끝내려고 스탈린에게 대일전 참전을 요청했다. 그래서 소련은 독일이 항복한 뒤 3개월 안에 일본과의 전쟁에 참여하는 데 동의했다. 그 대가로 사할린, 치시마 열도를 얻었고, 일본의 보유지 처리와 관련하여 대련항을 국제 항구로 만들었으며, 소련이 여순항에 대한 조차권을 되찾았고, 만주 철도를 중국과 소련이 공동 운영한다는 권리를 보장받았다. 이것이 소련과 미국이 소련의 대일전 참전을 명시한 비밀 협정이다. 오늘날 러시아와 일본 사이에 벌어지고 있는 북방 5개 섬 반환 문제를 둘러싼 외교 갈등은 여기에서 비롯되었다.

에티엔 마르셀Etienne Marcel

파리의 부유한 모직물상으로 1354년 파리 시장의 역할을 수행하는 상인 조합장에 선출되었다. 푸아티에 전투의 패배 직후 도시들의 연합을 조직하고 신분회를 주도하며 왕권의 통제와 왕국의 개혁을 추진했으며 1358년 2월 무력시위를 통해 수도에서 권력을 장악했으나 왕세자의 군대와 대치하던 중 암살당했다.

에피쿠로스Epicouros학파

헬레니즘 시대에 개인주의적 행복론을 추구한 철학의 한 흐름이다. 이 철학의 대전제는, 육체적 고통과 마음의 혼란을 최소화하는 것, 곧 쾌락의 추구가 곧 행복의 조건이라는 것이었다. 그런 삶을 추구하기 위해 대체로 현실 정치 등 가급적 공공 활동을 억제하고, 서로 마음이 맞는 소수의 친구들과 함께 고립적인 생활을 추구했다. 보통 정원에서 친구들과 어울렸다 하여 '정원의 철학'이라고도 한다. 그러나 종종 쾌락의 추구라는 모토는 오해되어 물질적이고 육체적인 쾌락을 추구한다는 비난에 시달리곤 했다.

영광의 30년

2차 대전 후 약 30년 동안(1945~1973) 프랑스 경제가 전후 복구와 혁신으로 급성장한 시기를 일컫는다. 크게 성장하던 프랑스의 경제는 제4차 중동 전쟁으로 인한 오일 쇼크의 영향을 받아 침체기에 접어든다. 프랑스 정부가 높은 실업률을 감안해 북아프리카 이주민의 입국을 통제한 것도 영광의 30년이 끝나는 시점과 일치한다.

영연방

이전 영제국에 속했던 국가들과 식민지들이 자발적으로 구성한 집단. 영국 여왕이 영연방의 수장이다. 경제적, 정치적 연대 관계가 유지되고 있으며 현재 53개국이 가입하고 있다.

오리엔트Orient

유럽 세계를 가리키는 '옥시덴트Occident'라는 개념의 반의어로서, 그리스어로는 아나톨Anatole, 이탈리아어로는 레반테Levante라 불리는 지역을 가리킨다. 지역적이고 정치적 개념이라기보다는 종교적이고 문화적인 성격을 띠는 개념이다. 굳이 지역을 거론한다면 원래는 이란, 인도, 중국을 포함하는 아시아 세계 전체를 가리키는 말로 쓰였으나, 19세기에 들어, 특히 이집트와 이슬람 세계를 포함하는 지역에 한정되어 사용되었다. 오늘날 흔히 서양에서는 '근동(近東)'이라 불리는 터키, 이란, 파키스탄, 북아프리카를 지칭하는 개념으로 사용되고 있다.

500인 위원회Conseil des Cinq-Cents

공화력 3년 프뤽티도르 5일(1795년 8월 22일)에 제정되어 공화력 4년 방데미에르 1일(9월 25일)부터 효력이 발생한 헌법 제44조에서는 옛날 자코뱅파의 독재 같은 일을 방지하려고 원로 회의Conseil des Anciens와 함께 500인 위원회를 두었다. 500인 위원회는 법안을 발의할 수 있었지만, 투표권은 원로 회의에서 행사했다. 이렇게 두 위원회가 서로 견제할 수 있게 했지만, 두 위원회 모두 3년 임기의 위원을 해마다 3분의 1씩 새로 뽑아야 했기 때문에 다수파가 자주 바뀌는 폐단이 생겼다.

웨스트엔드West End
19세기 초 런던 강북 지방의 서쪽 방향으로 대대적인 교외화가 진행되면서 패딩턴, 켄징턴, 세인트존스우드를 비롯한 새로운 도심과 주택가가 발달했다. 이 지역은 어느 때부턴가 '웨스트엔드'로 불렸으며, 이 지명은 부와 번영을 상징하는 표현이 되었다. 광장과 숲이 적절하게 조화를 이룬 이곳에는 이층짜리 단독 주택들이 집중적으로 들어섰다. 상층 부르주아뿐만 아니라 중간 계급에 속하는 사람들도 다투어 웨스트엔드에 집을 마련하는 데 열심이었다.

이스트엔드East End
이스트엔드는 원래 런던 항 배후에 위치한 스텝니Stepney를 가리켰다. 그 후 새로운 부두가 증설되면서 부두 노동자들의 거주 지역이 확대되었고, 인근에 하역이나 건축 분야에 종사하는 날품팔이 노동자와 수공업자, 그리고 외부 이주민들이 거주하면서 이스트엔드는 런던의 대표적인 빈곤 지역이 되었다. 특히 열악한 주거 상태는 웨스트엔드와 뚜렷이 대비되었다.

인민 궁전People's Palace
1880년대 박애주의자들은 월터 베전트Walter Besant의 소설에 자극을 받아 이스트엔드 주민에게 문화 활동과 레크리에이션을 제공할 수 있는 회관을 건립했다. 그들은 이 회관에 음악당, 도서관, 여가 시설, 체육관 등을 운영할 예정이었다. 1888년에 개관한 인민 궁전은 운영 자금이 부족했기 때문에 중간 계급을 대상으로 하는 교육 프로그램에 큰 비중을 두게 되면서 원래 취지와는 다르게 운영됐다. 현재는 이곳에 기술 대학이 들어서 있다.

입헌자framers · 헌법 제정자the Framers
헌법 제정자는 미국 헌법의 제정에 참여했던 사람들을 가리킨다. 대표적인 인물로는 제임스 매디슨 James Madison, 알렉산더 해밀턴Alexander Hamilton, 존 제이John Jay, 벤저민 프랭클린Benjamin Franklin, 조지 워싱턴George Washington 등이 있다. 헌법 제정자들은 미국 혁명에 참여해 미국을 독립시키고 국가로서의 기틀을 다진 사람들을 지칭하는 '건국 시조Founding Fathers'와 중복되기도 하지만 이 둘을 혼동해서는 안 된다. 또한 미국 헌법이 수정될 때마다 수정 조항별로 입헌자들이 생겨나는데, 이때의 입헌자들 또한 1787년의 헌법 제정자들과는 다르다.

자코뱅파Jacobin派
혁명기에 생긴 정치 모임 가운데 가장 유명한 모임이다. 베르사유에서 모인 브르타뉴 클럽에 뿌리를 두고 있다. 1789년 10월 왕과 함께 국민의회가 파리로 자리를 옮길 때, 이들도 파리로 가서 옛날 도미니쿠스회 자코뱅 수도원에 자리를 잡고는 헌우회Société des amis de la Constitution라는 이름을 지었다. 이들은 제헌의회 일정을 의제로 토론하고, 이 모임 출신 의원들의 지도 노선을 정했다. 1790년 7월까지 지방에도 152개 지부가 생길 정도로 전국에 이름을 떨쳤다. 파리 본부의 회원만 1,200명이었다. 처음에는 귀족도 참여했지만, 혁명이 점점 급진화하면서 구성원 사이에 의견 차이가 생기고, 결국 지롱드파 의원들도 자코뱅파에서 떨어져 나갔다. 그들이 떠난 뒤 몽타뉴파가 자코뱅파를 지배했다. 1793년 6월부터 이듬해 7월까지 로베스피에르가 혁명을 주도할 때 자코뱅파는 국가 기구를 지배했다.

자크리 Jacquerie
1358년 5월 말 보베지의 한 마을에서 시작하여 일드프랑스와 그 주변 지역으로 확산된 농민 봉기. 자크리라는 명칭은 농민들을 통칭하던 '자크 jacques'에서 유래했다고 알려져 있다. 이들은 '귀족에 대한 전쟁'이라 할 정도로 인근 귀족들의 성과 저택들을 무차별 파괴·약탈했으며, 파리에서 반란을 일으킨 에티엔 마르셀의 군대와 합류했으나 보름 만에 나바르 왕의 군대에 의해 무자비하게 진압되었다.

적극적 평등 실현 조치 Affirmative Action
역사적으로 배제되었거나 소외되었던 소수 인종과 여성 및 집단 등의 사회적 평등과 지위를 향상시키기 위해 마련된 국가의 사회적 교정 조치. 이 조치는 단순히 소수 인종만을 대상으로 하고 있지 않으며 고용 문제를 넘어서 포괄적인 사회적 쟁점을 다루고 있다. 이런 점에서 이 조치를 소수 인종 우대 정책이나 고용 우대 정책이라고 번역하는 것은 적절하지 않다. 이 조치는 과거에 발생한 불평등과 차별을 현재에 와서 교정함으로써 현재의 능력과 노력을 무시하는 역차별을 초래하고 있다는 비판을 받고 있다.

적법혼 matrimonium iustum
고대 로마에서 혼인이 적법하기 위해서는 3가지 조건이 필요했다. 하나는 배우자 양쪽이 모두 통혼권 conumbium을 가진 자일 것, 둘째로, 성년(남성은 14세, 여성은 12세 이상)이어야 할 것, 셋째, 쌍방의 동의가 있어야 할 것이었다. 적법한 혼인은, 배우자 및 자녀에게 재산을 유증 혹은 상속하는 조건으로 매우 중요했다. 가령 원로원 의원이 해방 노예 여성과 혼인하는 것은 아우구스투스의 혼인법에 의해 적법혼으로 인정받지 못하고, 그저 내연 관계 concubinatus로 간주되었으며, 통혼권이 없는 남녀 노예의 결합은 동거 contubernium로 간주되었다.

전국 유색 인종 지위 향상 협회 NAACP
1909년에 설립된 소수 인종 인권 단체로서, 미국에서 가장 오래된 단체 중 하나다. 메릴랜드 주의 볼티모어에 본부를 두고 있는 이 단체는 유색 인종이 직면한 여러 어려움을 타개하기 위한 전략을 고안하고 각종 인종 차별 철폐 프로그램을 지원하기 위해 창설되었다. NAACP는 National Association for the Advancement of Colored People의 약자다.

전유(專有)appropriation
프랑스의 역사가 로제 샤르티에Roger Chartier가 '표상representation' 및 '실행practice'과 더불어 문화사의 한 영역으로 주목하는 것. 샤르티에에 따르면 전유란 표상과 실행 사이에 개입하는 것으로서, 개인이나 소집단이 그들이 소속한 집단 전체의 집단적 표상을 나름대로 자기 것으로 만들어, 현실을 해석하고 의미를 창출하는 과정이다. 실행, 즉 실제적인 행위를 통해 나타나는 현실의 모습이 현실에 대한 표상과 다른 것은 전유의 과정을 거치기 때문이다.

전체주의totalitarianism
전체주의란 말은 원래 이탈리아 파시즘의 속성을 가리키는 말로 처음 등장했으나, 그것이 일반적인 정치 용어로 자리 잡은 것은 2차 대전 이후의 미국 사회 과학자들의 작업을 통해서였다. 그들은 자유 민주주의 체제에 반대되는 이탈리아 파시즘, 독일 나치즘, 소련 스탈린주의와 같은 가공할 테러 독재 체제를 가리키는 말로 전체주의를 사용했다. 그런 점에서 전체주의란 용어는 철저하게 냉전적 개념이라고 하겠다. 오늘날 학계에서 전체주의는 인간과 사회를 총체적으로 변혁시키려는 파시즘의 시도를 가리키는 말로 자주 사용되고 있다.

제국 수정의 밤Reichskristallnacht
1938년 11월 파리 주재 독일 대사관에서 한 유대인 청년이 독일인 외교관에게 총격을 가한 사건을 핑계로 나치가 유대인을 상대로 11월 9일 밤에 벌인 테러 사건이다. 이 사건으로 인해 나치의 공식 통계만으로도 250개의 유대교 회당이 불탔으며, 7,500개의 유대인 점포가 파괴되었으며, 91명이 살해당했고, 10억 마르크에 달하는 재산 피해를 봤다.

제노사이드Genocide
폴란드계 미국인이며 대학 교수이자 법률학자인 라파엘 렘킨Raphael Lemkin이 1943년 집단 학살을 국제법상의 범죄 행위로 규정할 것을 제안하면서 처음 사용한 용어로, 인종 내지 민족 전체에 대한 대량 학살 행위를 가리킨다. 제노사이드는 흔히 인종주의적 세계관, 그와 결부된 유토피아적인 목표, 관료제적 국가 권력, 전쟁 상황 등이 결합되면서 나타난다. 역사적으로 1915년 터키의 아르메니아인 대학살, 1930년대 중반 스탈린의 대숙청, 독일 나치의 홀로코스트, 1994년 르완다 사태, 1995년의 구(舊)유고슬라비아 사태 등이 여기에 속한다.

조부 조항grandfather clause
1890년대부터 1910년대까지 남부에서 흑인의 투표권을 박탈하기 위한 방편으로 활용된 조항. 미국 헌법 수정 조항 제15조로 흑인 투표권의 전국적 시행이 강제되자 남부에서는 이를 회피하기 위한 방안을 모색했다. 인두세의 납부 실적, 문자 해독 테스트 등이 동원되었다. 그러나 이런 방안들이 가난하거나 무식한 백인의 투표권까지 박탈하는 경우를 낳게 되자, 미국 내전 이전에 투표권을 가지고 있었던 사람들의 자손에게만 투표권을 부여한다는 내용의 법안을 통과시켰다. 이 조부 조항에 의거한 인종 차별은 1915년의 연방 대법원 판결(Guinn v. United States)로 위헌 판결을 받아 법률적으로 중단되었다.

종교적 상징 착용 금지법
2004년 3월 15일 프랑스 의회에서 채택된 법안으로, 이 법에 따라 히잡을 포함해 유대교의 키파, 기독교의 커다란 십자가 등 종교적 상징을 가시적으로 착용한 중고등학교 학생들은 공립학교에 들어갈 수 없게 되었다.

중국의 대소 일변도 정책
중국 혁명이 성공한 뒤, 마오쩌둥은 중국 혁명 문제로 소련과 불편했던 관계를 개선시키려 했다. 그는 소련과 동맹 협상을 하기 전에 중국이 친소 외교 정책을 추구할 것임을 분명히 밝혔다. 2차 대전이 끝난 뒤 냉전 체제가 구축되자, 중국은 미국을 비롯한 서방 제국의 중국에 대한 경제 봉쇄와 미국의 대만 국민당 정부에 대한 지원 강화에 따라 1950년대 말까지 친소 외교 정책을 고수했다.

지롱드파Gironde派
1791년 10월 1일 제헌의회의 뒤를 이은 입법의회 시대부터 지롱드 도(道) 출신의 정치가 집단과 그 지지자들을 일컫는 말. 대부분 언론인과 변호사 출신이었던 이들은 브리소Jacques-Pierre Brissot를 중심으로 활동했기 때문에 브리소파라고도 했다. 1792년 8월 10일 이후 입법의회는 왕권을 정지한 뒤, 군주정을 폐지하는 헌법을 다시 만들 필요가 있었기 때문에 국민공의회Convention를 구성해서 1792년 9월 21일부터 활동하게 했는데, 지롱드파는 이때에도 정치적 주도권을 잡았다. 그러나 대외 전쟁의 실패와 국내 경제 사정의 악화로 이들은 1793년 6월 2일 국민공의회에서 숙청당했다. 대부분의 지도자가 잡혀서 1792년 10월 31일 단두대에서 처형되었고, 도피한 지도자들도 자살하거나 죽임을 당했다.

짐 크로Jim Crow
1876년부터 1965년까지 미국 남부에서 시행된 인종 차별 법률 혹은 그런 법률에 의거한 체제를 지칭한다. 짐 크로 체제의 가장 핵심적인 이념은 '분리하지만 평등하다separate but equal'는 언명에서 볼 수 있듯이 외면적으로는 인종 간의 평등을 가장하지만 실질적으로 인종 차별을 영구화하기 위한 인종 간의 분리라고 할 수 있다. 짐 크로라는 용어는 1820년대에 흑인으로 분장하고 흑인 노래를 불렀던 유명 백인 순회 극단의 노래 "Jump Jim Crow"에서 기원한다는 설이 가장 유력하다.

차티즘chartism
1832년 선거법 개정에서 노동자층 대다수는 선거권을 부여받지 못했다. 그 후 런던 노동자협회는 성인 노동자의 보통 선거권, 투표함 선거, 의회 회기제, 의원 세비 지급, 인구에 따른 선거구 재조정, 재산 자격 철폐 등 여섯 조항의 헌장charter을 선포하고 이를 관철하려는 운동을 펼쳤다. 이에 동참한 사람들을 차티스트라 불렀다. 차티스트 운동은 의회 청원 형태로 진행되었다. 이들은 대규모 집회를 통해 다수의 서명을 받은 청원서를 의회에 제출하고 의회가 이를 거부하자 여기에 항의하는 시위와 집회를 열었다. 1838년, 1842년, 1848년 세 차례에 걸쳐 대대적인 운동이 있었다.

카니발

전통적으로 도시 지역을 중심으로 유럽 각지에서 행해지던 공동체적 축제. 전통 시대 카니발은 지역에 따라 차이가 있으나 대체로 빠르면 12월 말에 시작하여 사순절이 다가올수록 고양되는 양상이었다. 도시 전체를 무대로 야외에서 전개되는 카니발 기간 동안 주민들은 술과 음식을 비롯해 각종 행진, 소극, 경연, 모의재판 등을 즐겼다. 민중 문화의 일환으로서 카니발은 섹스와 폭력, 풍요의 상징이었고, 신성 모독과 기존 권위의 상징적 전복을 통해 사회적 불만을 배출하는 기능을 했다.

타이유taille

본래 11세기 후반부터 영주가 그의 보호 아래 있는 예속민들에게 수시로 부과하던 세금으로 시작하여 점차 관습적으로 고정된 세금이 되었다. 중세 말에 가서는 국왕이나 제후, 도시 당국이 주민들에게 부과하는 직접세를 간접세와 구별하여 타이유라 불렀으며, 샤를 7세 때인 1439년경부터 국왕의 독점적 권리에 속하는 항구적인 조세로 자리 잡게 되었다.

테르미도르 반동 la journée du 9 Thermidor an II

공화력 2년 테르미도르 9일(1794년 7월 27일)에 일어난 사건. 로베스피에르는 국가의 구원자처럼 행동했다. 그는 '구국 위원회Comité de salut public'——일본에서 번역한 말을 빌려와 '공안 위원회'라고도 하지만, salut이 원뜻인 '구원'을 살려서 옮겨야 한다——를 이끌면서, 반혁명 분자로 지목당한 사람들을 차례로 단두대로 보내면서 혁명을 급진화했다. 그는 국민공의회에서 자신의 의견에 반대하는 사람들을 차례로 제거했다. 얼마 전까지 동지였던 당통이나 에베르Jacques René Hébert를 제거한 뒤, 그들의 친구들로부터 공개적으로 '독재자', '폭군'이라는 비난을 받았다. 결국 로베스피에르는 자신이 이끌던 '구국 위원회' 안에서도 자신을 싫어하는 사람들——카르노Lazare Nicolas Marguerite Carnot, 비요 바렌Jacques Nicolas Billaud-Varennes, 콜로 데르부아Jean-Marie Collot d'Herbois——의 반감을 샀다. 사건이 일어나기 전날에도 로베스피에르는 국민공의회 연단에 서서 '반역자들'이 있다고 연설을 시작했다. 그러나 반대자들이 저항했기 때문에 연설을 마치지 못했고, 반대자들은 그를 체포하는 안을 발의해서 통과시켰다. 로베스피에르는 자신의 지지자들과 함께 파리 시청으로 피신했다가, 결국 테르미도르 9일 밤에 잡혔다. 이들은 이튿날인 테르미도르 10일(7월 28일) 처형되었고, 이로써 공포정은 끝났다.

'특별한 관계'

20세기 들어 영국과 미국 간에는 다른 주권 국가들 간에 존재하는 관계 이상의 친밀함이 있다는 개념, 즉 두 나라는 언어, 문화, 정치적 전망을 공유하고 있다는 주장이다. 영미의 특별한 관계는 특히 양차 대전에서 가장 잘 드러났다고 판단된다.

티토주의 Titoism

유고슬라비아는 다른 동유럽 국가와 달리 독자적인 파르티잔 운동으로 사회주의 국가를 세웠다. 유고슬라비아의 초대 대통령 티토Josip Broz Tito 역시 그 과정에서 핵심 역할을 한 사람 가운데 하나다. 티토는 '부르주아 자본주의의 횡포도 싫지만 스탈린과 소련의 만행에도 눈을 감을 수 없다'며 스탈린에 대한 반감을 숨기지 않았다. 그런 반감은 티토가 추구한 정책에 그대로 담겨 있었다. 전쟁이 끝난 뒤 티토는 소련보다 먼저 주변 국가들과 독자적 외교 관계를 구축하려 했고, 그리스 공산 혁명에 대한 지원을 약속하는 등 영향력 확대를 시도했다. 그가 정적을 소련의 간첩 행위 혐의로 체포하는 지경에까지 이르자 양국 관계는 급속도로 악화되었고 마침내 1948년 6월 28일 코민포름에서 유고슬라비아가 축출되는 것으로 이어졌다. 유고슬라비아를 축출한 뒤, 스탈린은 유고의 민족 공산주의 노선을 티토주의로 몰았다.

코민포름에서 쫓겨난 뒤 유고슬라비아는 경제적 고립은 물론 군사적 위협에 시달려야 했다. 그러나 티토는 자주 관리와 비동맹 정책으로 독자적 사회주의를 건설했다. 특히 '1개 연방, 2개 문자, 3개 종교, 4개 언어, 5개 민족, 6개 공화국'의 유고를 하나로 규합해냈다. 티토주의란 다민족 국가인 유고슬라비아의 통합을 고수하면서 독자적 사회주의, 적극적 중립주의, 비동맹 공산주의를 표방한 독자 노선을 뜻한다.

파놉티콘 panopticon

영국의 공리주의자 제레미 벤담Jeremy Bentham은 18세기 말 한 사람이 다수의 죄수를 감시할 수 있는 원형 감옥을 창안하고, 이를 '사람들의 정신을 지배하는 힘을 얻을 수 있는 새로운 방법'이라고 말했다. 이 같은 감시 체제에서 사람들은 보이지 않는 힘이 늘 자신들을 감시하고 있다고 느끼게 된다.

파시스트 생디칼리슴 sindacalismo fascista

생디칼리슴은 원래 프랑스어로 통상 노동조합주의로 번역된다. 생디칼리슴은 의회주의를 부정하며 노동자들의 직접 행동에 의한 혁명을 지지했다. 이 생디칼리슴은 점차 민족주의의 영향을 받아 '민족적' 생디칼리슴으로 변형되었는데, 이 '민족적' 생디칼리스트들이 파시즘에 합류하면서 파시스트 생디칼리슴이 성립되었다. 파시스트 생디칼리슴은 파시스트 노동조합의 이데올로기적 교리로서 노동자들 사이에 파시즘을 전파하는 데 크게 기여했다.

파시즘 fascism

파시즘은 현대 역사학과 사회 과학에서 가장 정의하기 어려운 개념의 하나다. 학자에 따라서 파시즘은 순수하게 1차 대전 이후 이탈리아에서 발전한 특정한 운동·체제를 뜻하는 고유 명사로 이해되기도 하고, 민족적 이해관계와 국가의 기능을 강조하는 넓은 의미의 독재 운동·체제를 뜻하는 보통 명사로 이해되기도 한다. 그러나 파시즘은 대중 운동과 대중 동원의 요소를 강조한다는 점에서 권위주의적 독재 일반과는 구별된다. 요컨대 파시즘을 최소한으로 정의하자면 대중적 민족주의 정치의 한 형태로 간주될 수 있다.

페이비언주의자 Fabianist

1884년 버나드 쇼George Bernard Shaw, 시드니 웹Sidney Webb, 애니 베전트Annie Besant 등의 주도로 페이비언 협회가 결성되었다. '페이비언'은 한니발Hannibal의 군대를 격파한 로마 장군 파비우스Quintus Fabius Maximus Cunctator에서 유래한다. 페이비언주의자들은 사회주의 사회를 열망했지만, 의회의 전통 안에서 점진적 사회 개량 및 생산 수단의 공유를 지향한다는 점에서 마르크스주의와 구별된다. 이들은 자본주의에 대한 정교한 분석보다는 역사의 진보를 믿는 19세기 후반의 낙관적인 사회 분위기를 반영한 것으로 보인다.

평민 봉토 취득세 droit de franc-fief

군사적 봉사 의무가 딸린 귀족의 봉토를 평민이 취득한 경우 이 의무를 충실히 이행하지 못하는 데 대한 변상으로 상급 영주들에 대해 무는 벌과금 성격의 세금. 샤를 5세 때 이르러 국왕의 배타적인 권리이자 왕령 수입의 일부가 되었다. 취득자가 종교 단체일 경우에도 비슷한 성격의 취득세를 물었다.

포츠담 회담

2차 대전 종전 직전에 전후 문제 처리를 위해 미국·영국·소련 3개국 대표는 독일 베를린 교외에 있는 포츠담에서 회담을 열었다(1945. 7. 17~8. 2). 포츠담 회담에서 연합국은 전후 문제 처리에서 불협화음의 조짐을 보였다. 특히 회담이 열리고 있을 때, 미국은 원자폭탄 개발 계획에 대한 낭보를 접했다. 그 뒤 미국은 소련의 요구에 점차 강경한 태도를 취했다.

푸아티에 전투

1356년 9월 19일 프랑스 국왕 장 2세가 흑태자가 이끈 영국군에게 포로로 잡히는 등 참패한 전투. 이를 계기로 파리에서는 신분회가 왕세자 샤를을 섭정으로 내세워 사실상 권력을 장악하고 주변 농촌에서 반란이 일어나는 등 왕국이 극심한 혼란에 빠져들었으며, 1360년의 브레티니 조약에서 프랑스는 막대한 국왕 석방금과 칼레 등지를 영국에 양도하기로 약속했다.

프롱드의 난 La Fronde
루이 14세의 미성년기인 1648~1652년에 전국을 휩쓴 반란으로 프랑스 혁명 이전에 일어난 반란으로는 가장 규모가 컸다. 귀족과 파리 고등 법원이 주축이 되었던 이 반란 때문에 루이 14세는 5년간 전국 각지를 돌며 도피 생활을 해야 했으며 이 경험은 그의 정치적 행보에 지대한 영향을 미쳤다.

피아트 Fiat
1899년에 이탈리아의 토리노에서 창립된, 이탈리아를 대표하는 자동차 기업. 조반니 아넬리Giovanni Agnelli의 기업가적 역량에 힘입어 피아트는 1차 대전을 기점으로 명실상부한 세계적 수준의 대기업으로 발돋움하기 시작했다. 오늘날 피아트는 이탈리아 자동차 생산의 80% 이상을 독점하면서 농기계, 항공기, 선박, 비철 금속, 심지어 금융에 이르는 거대한 콘체른Konzern으로 발전했다. '피아트'란 원래 '토리노의 이탈리아 자동차 공장Fabbrica Italiana Automobile Torino'이라는 말의 약자다.

피에몬테주의 piemontesismo
피에몬테Piemonte는 토리노를 주도(州都)로 하는 이탈리아 북서부 한 주의 이름이다. 피에몬테주의란 이 피에몬테인들의 독특한 기질과 특성——근면, 성실, 절제——을 가리키는 말이다. 그 하위 개념으로 사보이아주의sabaudismo가 있는데, 이는 피에몬테 지역을 통치한 사보이아 왕조의 군국주의적 전통을 가리키는 말이다. 이 사보이아주의는 19세기에 이탈리아가 독일의 프로이센과 유사한 특징을 지닌 피에몬테의 주도권 아래서 통일되는 데 크게 기여한 것으로 생각된다. 피아트는 이 피에몬테주의와 사보이아주의를 독특한 기업 문화로 '번역'하려고 했다.

필헬레니즘 Philhellenism
18세기 이래 북부 유럽에서는 고대 그리스-로마 문화를 유럽 문화의 근원으로 파악하는 경향이 생겨났으며, 특히 지식인들은 그리스 학문과 예술에 경도되었다. 그리하여 헬레니즘 학문을 지향하는 인문주의적 교육에 대한 요구가 나타나기 시작했으며, 문학과 예술에서 광범한 고전 문화에 대한 지향이 생겨났다. 이렇듯 고대 그리스-로마 문화를 찬미하고 이 문화에서 진정한 유럽 문화의 뿌리를 찾는 19세기 서유럽의 정신적 풍조를 필헬레니즘이라 한다. 하지만 이런 상황에서 이슬람 문화 역시 지중해를 넘나들며 유럽 문화의 형성에 큰 역할을 했음에도 불구하고 근대 유럽인들의 주목을 받지 못했다.

해방 노예국 Freedmen's Bureau
흔히 해방 노예국이라는 불리는 이 연방 기관은 해방 노예뿐만 아니라 난민이나 방기된 토지도 담당하는 기관Bureau of Refugees, Freedmen and Abandoned Lands이다. 1865년 3월에 창설된 이 기관은 미국 내전으로 인해 발생한 난민과 해방 노예 등의 의식주 및 의료 복지를 담당하면서 이들에게 노동의 기회를 확보해주는 일을 하였다. 또 방기된 토지를 보존하고 처리하기도 했으나 1872년에 폐지되었다.

해체주의 deconstructionism
프랑스 출신의 철학자 자크 데리다Jacqeus Derrida에 연원을 둔 개념으로 주로 미국의 문학 비평에서 많이 사용하는 용어. 서양의 지적 전통인 로고스중심주의, 즉 신, 이성, 도덕, 객관성, 글쓴이의 의도 등에 절대적 의미를 부여하는 전통적 형이상학을 허물려는 시도로서 언어와 담론의 의미가 임의적이고 비유적이며, 따라서 상대적이라는 점을 강조한다.

흑인 민족주의 Black Nationalism
1960년대와 1970년대에 흑인을 중심으로 미국에서 일어났던 정치 사회 운동. 흑인 민족주의를 주창하는 사람들은 아프리카인으로서의 정체성과 자긍심을 강조하면서 '블랙파워', '검은 색은 아름답다' 등의 구호와 정치 운동을 통해 흑인의 긍정성과 미래를 강조했다. 급진적인 흑인 민족주의자들은 미국에서 벗어나 그들 스스로 흑인을 위한 독립 국가를 건설해야 한다고 주장하기도 했다. 대표적인 인물로는 맬컴 엑스Malcome X, 프란츠 파농Frantz Fanon, 흑표범단Black Panther Party 등이 있다.

히잡 hidjab
이슬람 여성들 가운데 특히 시리아·터키 등 아랍권의 여성들이 외출할 때 얼굴이나 가슴을 가리기 위해 머리에 쓰는 가리개(쓰개)를 말한다. 스카프나 두건과 비슷하며, 모양에 따라 얼굴과 가슴까지 가리는 것과 얼굴을 드러내는 것 두 가지로 구분된다.

히잡 사건
1989년 파리 북쪽 우아즈 도(道) 크레유 시의 한 중학교에서 수업 시간에도 히잡을 벗지 않으려 한 여중생 세 명이 퇴학당한 사건을 일컫는다. 이 사건으로 여론은 즉각 정교분리 원칙을 내세우며 학생들을 퇴학시킨 교장의 입장을 두둔하는 쪽과 학생들의 학습권을 보장해야 한다며 교장의 결정을 비판하는 쪽으로 나뉘었다.

찾아보기 | 인명

ㄱ

거셴크론, 알렉산더Gershenkron, Alexander 103
게이츠켈, 휴Gaitskell, Hugh 571, 576
고르바초프, 미하일Gorbachev, Mikhail 143, 151
괴링, 헤르만Göring, Hermann 274
괴벨스, 요제프Goebbels, Joseph 258, 261, 265, 267~268
그람시, 안토니오Gramsci, Antonio 107, 110
그로미코, 안드레이 안드레예비치Gromyko, Andrey Andreyevich 608
기어츠, 클리퍼드Geertz, Clifford 514~515
김일성 587~589, 592, 595, 602, 604, 608, 610, 612~614

ㄴ

네루, 자와할랄Nehru, Jawaharlal 563~564

ㄷ

다아시, 빌D'Arcy, Bill 472, 474, 479
단턴, 로버트Darnton, Robert 514~515
덩샤오핑(鄧小平) 594
데 베키, 체사레 마리아De Vecchi, Cesare Maria 111
데이비스, 나탈리 제먼Davis, Natalie Zemon 514
도브스, 새뮤얼Dobbs, Samuel 468, 471~474
도이처, 아이작Deutscher, Isaac 608
뒤비, 조르주Duby, Georges 529
듀보이스, 윌리엄E. B. Du Bois, William E. B. 298, 311, 315
드 빌팽, 도미니크de Villepin, Dominique 323, 343, 351
디오 카시우스Dio Cassius 376

ㄹ

라뒤리, 엠마뉘엘 르루아Ladurie, Emmanuel Le Roy 520
라블레, 프랑수아Rabelais, François 539
로빈슨, 프랭크M. Robinson, Frank M. 466, 468~472
루소, 장 자크Rousseau, Jean-Jacques 46, 401, 403, 423, 426
루스벨트, 프랭클린 델러노Roosevelt, Franklin Delano 591, 599
루이 11세Louis XI 215
루이 9세, 성왕Louis IX, Saint 189
뤼트케, 알프Lüdtke, Alf 256
류사오치(劉少奇) 594, 598, 601, 611
리, 아치Lee, Archie 479, 482, 486, 488~489

ㅁ

마르셀, 에티엔Marcel, Etienne 200
마셜, 앨프리드Marshall, Alfred 229, 232, 243
마오쩌둥(毛澤東) 561, 587, 592, 594, 596~598, 600~601, 604~608, 610~614
만, 라인하르트Mann, Reinhard 269, 271, 273
말만, 클라우스 미하엘Mallmann, Klaus-Michael 257~259
맬컴 엑스Malcom X 312
메르시에, 루이 세바스티앵Mercier, Louis Sébastien

399~418, 420~428
메이슨, 티모시 W. Mason, Timothy W. 252~253, 255, 261
무소니우스Musonius 385, 389~392, 395
무솔리니, 베니토Mussolini, Benito 111~112, 114~117, 119, 121, 124~125, 128

ㅂ

바나도, 토머스Barnardo, Thomas 221, 241~242
바넷, 새뮤얼Barnett, Samuel 221, 228, 243, 245
바이라티, 피에로Bairati, Piero 105
발레타, 비토리오Valletta, Vittorio 105, 110, 113, 124~125
뱅키어, 데이비드Bankier, David 266, 275~276
버크, 피터Burke, Peter 523
베버, 막스Weber, Max 31, 215
베번, 어나이린Bevan, Aneurin 575~576
베빈, 어니스트Bevin, Ernest 557~559, 561~564, 566, 569~570, 573~576
베전트, 월터Besant, Walter 240~241
벤느, 폴Veyne, Paul 368~369, 378, 384~385, 387, 393, 395
보넬리, 프랑코Bonelli, Franco 104
보타이, 주세페Bottai, Giuseppe 122
볼테르Voltaire 401~403, 508
볼피, 주세페Volpi, Giuseppe 122
부르크하르트, 야코프Burckhardt, Jacob 509~510
부스, 찰스Booth, Charles 221~224, 228~229, 239, 244
브로샤트, 마르틴Broszat, Martin 251~254, 277
비가치, 두치오Bigazzi, Duccio 120

ㅅ

사르코지, 니콜라Sarkozy, Nicolas 320, 322~323, 327, 335, 341~346, 352~353
사이드, 에드워드 W. Said, Edward W. 431, 433~434, 453
살인마 잭Jack the Ripper 220~221
색스턴, 크리스토퍼Saxton, Christopher 57, 62~67, 70, 72~73, 75, 77
샤르티에, 로제Chartier, Roger 515~517, 523, 535~536, 542
샤를 5세Charles V 199, 204~206
샤를 6세Charles VI 206, 213~215
샤를 7세Charles VII 214
세네카Seneca 381, 385, 388~390, 392, 395
소(小)플리니우스Plinius 385, 387~388, 395
슈트라우스, 프란츠 요제프Strauß, Franz Josef 148
슈티코프, 테렌티 F. Shtykov, Terentii F. 588, 610, 612
슈페어, 알베르트Speer, Albert 252
스탈린, 이오시프 비사리오노비치Stalin, Iosif Vissarionovich 137, 561, 563~564, 585~599, 601~614
시라크, 자크Chirac, Jacques 323, 336~338, 342, 351
시에예스, 에마뉘엘 조제프Sieyès, Emmanuel-Joseph 47

ㅇ

아넬리, 조반니Agnelli, Giovanni 105~111, 113, 115~116, 118~120, 122~125, 127, 129
아리에스, 필립Ariès, Philippe 530~531, 535~536, 542
아마토리, 프랑코Amatori, Franco 122
아우구스투스Augustus 372~374, 376, 379~380, 389, 393~394
알튀세, 루이Althusser, Louis 250
애치슨, 딘 구더햄Acheson, Dean Gooderham 554, 564, 566~567, 569, 594~595, 612
애틀리, 클레멘트Attlee, Clement 557~558, 560, 562~563, 568~571, 573~575, 577, 579

에이나우디, 루이지Einaudi, Luigi 109
엘리아스, 노르베르트Elias, Norbert 535, 537, 539, 545
오버리, 리처드J.Overy, Richard J. 252
오비디우스Ovidius 376~380
와일드, 오스카Wilde, Oscar 241
와일리, 하비 W.Wiley, Harvey W.
우드러프, 로버트Woodruff, Robert 478~479, 483
울브리히트, 발터Ulbricht, Walter 136, 139~142, 166
워렌, 얼Warren, Earl 305~309
윌슨, 해럴드Wilson, Harold 576
유베날리스Juvenalis 381~384

ㅈ

장 2세Jean II 201, 204
장제스(蔣介石) 598~600, 604, 611
저우언라이(周恩來) 565, 593~594, 606, 613
젤라틀리, 로버트Gellately, Robert 269~273
존슨, 에릭 A. Johnson, Eric A. 271~272, 274~275
졸리티, 조반니Giolitti, Giovanni 108
데 쥐르생, 쥐베날J. des Ursins, J. Juvénal 210
진즈부르그, 카를로Ginzburg, Carlo 517
질라스, 밀로반Djilas, Milovan 597

ㅊ

찰스 1세Charles I 39
처칠, 윈스턴Churchill, Winston 553, 556, 560~561, 567, 577

ㅋ

카르코피노, 제롬Carcopino, Jerome 368
카스트로노보, 발레리오Castronovo, Valerio 105
카툴루스Catullus 376
카파냐, 루치아노Cafagna, Luciano 104
캔들러, 아사Candler, Asa 467, 469, 471, 477

커쇼, 이안Kershaw, Ian 254~260, 263~267, 269, 274, 277
코숑, 피에르Cochon, Pierre 206, 210
쿨카, 오토 도프Kulka, Otto Dov 266~268, 277
크립스, 리처드 스태퍼드Cripps, Richard Stafford 575~576

ㅌ

톰슨, 에드워드 P.Thompson, Edward P. 512
트루먼, 해리 S.Truman, Harry S. 556~557, 562, 567~569, 574, 579, 612
티불루스Tibullus 376~379
티토, 요시프 브로즈Tito, Josip Broz 597~598, 604~605

ㅍ

페데렌코, 니콜라이Federenko, Nikolai 605
펨버튼, 존 S. Pemberton, John S. 463~467
포겔, 한스 요헨Vogel, Hans Jochen 148
포드, 헨리Ford, Henry 124
포이케르트, 데틀레프Peukert, Detlev 253, 260, 263
포터, 비어트리스Potter, Beatrice 225, 229, 233~236, 238, 243
푸코, 미셸Foucault, Michel 250, 368~369, 384~388, 391, 395
프로페르티우스Propertius 376~379
프톨레마이오스, 클라우디우스Ptolemaeos, Claudius 53, 60, 75
플루타르코스Plutarchos 385, 388, 392, 395
필리프 4세, 미남왕Philippe IV, le Bel 34, 189, 191~192, 198
필리프 6세Philippe VI 195

ㅎ

하웰, 조지Howell, George 229, 232
할런, 존 마셜Harlan, John Marshall 285, 288, 295

~296, 308~309

헌트, 린Hunt, Lynn 516

호네커, 에리히Honecker, Erich 142~144, 146~147, 149, 151, 153, 162, 166~168, 170

호라티우스Horatius 381

호이징하, 요한Huizinga, Johan 509~510

호치민(胡志明) 602

흐루시초프, 니키타Khrushchev, Nikita 137, 140

히틀러, 아돌프Hitler, Adolf 252, 255, 258~259, 263

힐, 옥타비아Hill, Octavia 221, 228, 230~232, 243, 245

힐베르크, 라울Hilberg, Raul 271

찾아보기 | 용어·서명 외

ㄱ

가부장제 545~547
가산제(家産制) 국가 30, 33
가정 533~534, 538, 542
간통법 372~373, 375~376, 378, 381, 393
게슈타포Gestapo 257, 269~274, 278
경제협력처Economic Cooperation Board 578
계획 경제 554
고등 법원 46
고양이 대학살 514, 521
고한제sweating system 227~228, 232~235, 244
공동 신탁 통치joint trusteeship 592
공동체주의communautarisme 338
공적 영역 529~531, 538~539, 541~542, 548
공중보건법Public Health Acts 231
광고 463, 466~492, 494~495
구조주의 사회사 511
국가 28, 35~36, 41
국가 간 체계inter-state system 43~45
국민 41~42, 44~48
국민 국가 27, 29~30, 40~42, 44~45, 48
국민의 원리 46
국민주의 43, 45, 47, 49
국방비 575~577, 580
국유화 554
궁정 36~37, 39~40
그랑드 콩파니Grandes Compagnies 203
극동 590~592, 600, 605, 609
근대 국가 27~33, 38, 42, 44~45

근대화 450, 452, 454, 456~457
근왕주의(勤王主義) 42
기밀문서 586
기업가적 역량entrepreneurship 103, 105, 127~128
기업사 104

ㄴ

나바르파Navarre派 198~199, 201
남침 계획 587, 589, 592~593, 595, 602, 604, 608, 610, 613~614
남한 침공 구상 587
내연 관계 375
냉전 310
노동당 553~568, 571~572, 574, 577~578, 582
노동당 정부 553~556, 558~574, 576, 578, 580~581
노동자주거법Artisans and Labourer' Dwellings Acts 231
노동조합총회 573
뉘른베르크 법Nürnberger Gesetze 264~265
니코폴리스Nicopolis 213

ㄷ

다문화주의multiculturalism 329, 338
대공황 시대 463, 474, 484~485
대소 일변도lean-to-one-side 정책 593~594, 606
대장정 597
대중독재 250

대중문화 462
도금 시대Gilded Age 463, 466, 494
도덕 경제moral economy 512
동아시아 587, 590, 598, 601, 604, 606, 608, 610, 613~614
동양 431
동화주의 329, 339, 341

ㄹ
라디오 475, 484~485, 488, 490~491
러일전쟁 609
레알les Halles 207
리바이어던leviathan 27, 49~50
리츠보이Ritz Boy 480~481
린고토Lingotto 107, 117, 121

ㅁ
마가린 마르크스주의 597
마그레브인Maghrébin 324, 326, 332, 334
마르크스-레닌주의 597
마셜 플랜Marshall Plan 557, 571, 578
마이요탱Maillotins 210
마일엔드Mile End 224, 234
만주 590, 598~599, 605, 609~610
매약(賣藥)patent medicine 463, 466, 470~471
매파 문디mappae mundi 53
명사회 46
모스크바 588, 593~598, 603~604, 606~607, 610~613
모함죄Heimtückerei 255, 257~258, 260
몬테카티니Montecatini 121~122
무슬림 이민자 326~327, 329, 335, 342, 346, 352~353
문화 508~514, 516, 519, 522~526
문화사 508~525
문화의 변용 524~525

미국-스페인 전쟁Spanish-American War 470
미국주의 123
미라피오리Mirafiori 120~121, 123
민족 439, 444~451, 454~457
민족전선Front National 327, 339, 344~345
민중 문화popular culture 519, 522~524

ㅂ
바르샤바조약기구WTO 137
바이아주baillage 208
바이이bailli 207
박애주의자 221, 236, 240
반여성주의 371, 376, 382, 384, 394
백년전쟁 35
백년전쟁(제2차) 37, 40, 45
버려진 런던outcast London 243
범이슬람주의 450
베를린 위기 601
베를린 장벽 133, 135, 141~142, 144~146, 153~158, 161, 163, 166, 171~173
베스널그린Bethnal Green 224
베스트팔렌Westfalen 조약 43
베트남 602
보수당 553~556, 561, 567, 571, 577
보이콧 264~265
봉건제 국가 30
북대서양조약기구NATO 137, 557, 601
'분리하지만 평등하다separate but equal' 283~284, 293, 297, 299~304, 308, 310, 313
분할 노동subdivided labour 233
불평등 조약 598
브라운Browm 사건 282~285, 304~306, 309, 313~314
브레티니Brétigny 조약 203

ㅅ

사면장lettre de rémission 207~209
사보이아주의sabaudismo 113
《사생활의 역사Histoire de la vie privée》 528~530, 541~542, 550
사육제carnival 539
사적 세계 529~530, 543
사할린 590
사회 조사 222, 229, 239
사회 진화론social Darwinism 243~245
사회사 511
사회성sociabilité 529~531
산타클로스 491~492
삼부회 46
상비군 204
상징 514, 520~521, 525
상품세 190, 196, 198~200, 202~205, 207, 209~210, 212~213
샤리바리charivari 520, 539
선별 이민immigration choisie 348
성 관계 370~373, 389~390, 393~395
성적 불평등 구조 547
성전기사단Templiers 190
성직세 189, 197
세네쇼세sénéchausée 205
세력 균형 592
세속화 451
세인트조지St. George-in-the-East 224, 234
소금세gabelle 198, 200, 202, 204~205, 207, 210, 212
소비문화 463, 476, 495
소수 민족 우대 정책 346
쇼어디치Shoreditch 224
순정 식의약품법Pure Food and Drug Act 470~471
스텝니Stepney 223~224, 229

시민 사회 37
신경 강장제nerve tonic 464
신경제정책 141, 144
신문화사 510
신분 소집령arriére-ban 191, 204
신분적 불평등 구조 546
신분제 국가 30~31, 33
신분제 의회 39
신분회 192~193, 196~204, 206, 209~210, 212, 214
신장(新疆) 598, 609
실행practice 515~517, 524~525

ㅇ

아렐Harelle 210
아시아 공산주의 601
아시아-태평양 극동 방위선 594
아일랜드 이민 226
《아틀라스Atlas》 57~58, 61~66, 75
안살도Ansaldo 106~107
알제리인 324~326, 330, 332~334
앙시앵 레짐ancien régime 399~401, 413~414, 416, 418, 425, 427~428
얄타 협정 600, 606
얄타 회담 590~592, 600, 608~609
얄타-포츠담 체제 589
언어로의 전환linguistic turn 510~521
에스파냐 왕위 계승 전쟁 40
여순항 590, 605, 607, 609
역사주의 역사학 509
연시(戀詩) 370, 376, 378, 380, 394
영연방 560~561, 570, 581
영지도(領地圖)estate-map 56~57, 68~70
영화 475, 488~490
예절 532, 536~540, 545
오리엔탈리즘orientalism 434, 457

오리엔트Orient 431~433, 437, 439~441, 443, 447, 453~455, 457
오리엔트학 433, 435~436
500인 위원회 406~407
오스트레일리아 560
완충 지대 565~566, 600, 604
왕자령apanage 35~36
외몽골 590
우정 532, 540, 542
웨스트엔드West End 225, 228, 241
유교 문화 543~545, 547~548
유대인 이민 222, 226~227, 234, 238~239
유대인 혐오증judaeophobia 238~239
유럽안보협력회의KSZE 146
유연 생산flexible production 104, 120
의회 42~43
이스트엔드East End 220~226, 228~230, 232~234, 236~241, 242~243, 246
이슬람학 435, 437, 441, 455
20인 위원회 336
이탈리아 103~105, 107, 110, 113, 116~117, 121~122, 125, 127~129
인도 557, 561, 563, 570
인류학 514~516
인민 궁전People's Palace 240~241
인종 분리 282~288, 290~293, 295, 299~301, 305~307, 310~313
인종 오염죄Rassenschande 270
인종 차별 283~284, 286, 297, 307
인종 통합 284, 308~311, 312, 314
인종주의 447, 449~450, 456
인천 상륙 작전 565, 567
일바Ilva 106
일상사Alltagsgeschichte 250~251, 256, 263, 279
일상의 세계 519~520

ㅈ
자선조직협회(Charity Organization Society, COS) 242~243
자크리Jacquerie 201
재무장 554, 590
적법혼 374~375, 393
전국 유색 인종 지위 향상 협회(National Association for the Advancement of Colored People, NAACP) 284~285, 297~307, 310~311, 313
전유(專有)appropriation 515, 517, 524~525
전쟁 보조세subsidium guerrarum 189, 191, 193, 195~196
전체주의 128~129
전통 525
절대주의 34~35, 39, 41~42
절대주의 국가 27, 29~31, 37, 40
정교분리(라이시테laïcité) 327, 336
정부의 혁명 55
제3의 공적 영역 538
제3의 이탈리아terza Italia 104
제국 수정의 밤Reichskristallnacht 264~266
제사(祭祀) 544~545, 547
제한 군주제la monarchie tempérée 31
주민세 190, 198~199, 203~206, 208~210, 213
중·소 우호 동맹 조약 599, 604
중국 공산당 587, 599~600, 603, 605, 607, 610~611
중국 국민당 594, 599~600, 602, 604, 608, 611
중국 내전 599, 602
중국 인민해방군 600
중국 혁명 588, 593, 595~596, 598~599, 601~603, 605~606, 608, 613
중화인민공화국 593~594, 602~604, 606~607
지도의 혁명 55
지롱드파Gironde派 406
지중해 사회 371, 383

짐 크로Jim Crow 283, 286~287, 292~294, 296~297, 301~305, 307, 310

ㅊ

차티즘Chartism 241
참정권 286, 289
철의 장막 556, 560
청량음료 462~463, 470, 472, 479, 494
친위대 256, 267~268

ㅋ

카니발carnival 520
캐나다 569
코카콜라 461~474, 477~489, 491~495
쾰른Köln 271~273
쿠릴 열도 590
크레시Crécy 전투 196
크레펠트Krefeld 271~274

ㅌ

타이유taille 190~191, 200, 206, 208~209, 213
태평양전쟁 590~591
토리노Torino 105, 107~108, 113, 115, 123, 125
토인비홀Toynbee Hall 228
통합사회당(통사당)SED 135~136, 142~143, 149, 151, 159, 162, 164, 169, 171, 173
튀생Tuchins 206
튜더Tudor 왕조 42
'특별한 관계' 554~571

ㅍ

파놉티콘panopticon 425
《파리의 모습Tableau de Paris》 402, 405, 410~411
파시즘fascism 110~111, 114~115, 117, 121, 123~129
파트리아patria 196

팽창주의 592
평등 283~285, 292~293, 296, 299~305, 308~314
평민 봉토 취득세droit de franc-fief 195
포드주의fordism 112~113
포츠담 회담 592
포플러Poplar 224
표상representation 512
푸아티에Poitiers 전투 196, 199~200, 214
풍자시 370, 376, 381, 383~384, 394
프랑스 공화국 321, 329
프랑스 혁명 27, 29, 34, 42, 45, 47~49
플레시Plessy 사건 283~286, 288, 290~291, 293~294, 296, 301, 307~308, 313
피아트Fiat 104~127
피에몬테Piemonte 113, 122, 124, 126, 128
피에몬테주의piemontesismo 113~114, 123
필헬레니즘Philhellenism 436

ㅎ

하청제 235
한국 문화사 518, 520~526
해체주의deconstructionism 516
해크니Hackney 224
핵무기 562, 567~570, 574~575
혁신주의 시대 469
혼인법 372~373, 375~376, 378, 393
홀로코스트Holocaust 249, 268, 275~279
화이트채플Whitechapel 224~226
흑사병 196
히잡hidjab 335~337

편집위원

안병직 서울대 서양사학과를 졸업하고 같은 학교 대학원 서양사학과에서 석사 학위를, 독일 빌레펠트 대학에서 박사 학위를 받았다. 현재 서울대 서양사학과 교수로 재직하고 있다. 《유럽의 산업화와 노동계급》, 《오늘의 역사학》, 《세계의 과거사 청산》 등의 저술을 펴냈고, 주요 논문으로는 〈한국사회에서의 '기억'과 '역사'〉, 〈픽션으로서의 역사—헤이든 화이트의 역사론〉, 〈계몽사상과 유럽의 이념〉, 〈분단시대 독일문제와 동·서독의 역사교육〉 등이 있으며, 미하엘 슈튀르머Michael Stürmer의 《독일제국, 1871~1919》를 옮겼다.

이영석 성균관대 사학과와 같은 학교 대학원을 졸업한 뒤 현재 광주대학교 외국어학부 교수로 있다. 케임브리지대 클레어홀 연구교수를 역임했다. 19세기 영국을 중심으로 경제사, 사회사, 노동사 분야의 논문을 많이 썼다. 주요 저서로는 《산업혁명과 노동정책》, 《다시 돌아본 자본의 시대》, 《역사가가 그린 근대의 풍경》, 《사회사의 유혹》(전2권), 《유럽의 산업화와 노동계급》(공저)이 있고, 번역서로는 《영국민중사》, 《역사학을 위한 변론》, 《옥스퍼드 유럽현대사》(공역), 《자연과학을 모르는 역사가는 왜 근대를 말할 수 없는가》 등이 있다.

이영림 이화여대 영문과를 졸업하고 같은 학교 대학원 사학과에서 석사 학위를, 고려대에서 박사 학위를 받았다. 현재 수원대학교 사학과 교수로 재직 중이다. 《앙시앵 레짐》, 《사생활의 역사 3》을 옮겼으며 논문으로는 〈프롱드난 시기 파리의 민중의식과 정치문화—마자리나드 분석을 중심으로〉, 〈얀센주의와 프롱드난〉, 〈대왕-왕에서 인간-왕으로 : 정치사 부활과 루이 14세 연구〉, 〈앙시앵 레짐기의 '국민' 개념—얀센주의 논쟁을 중심으로〉 등이 있다.

글쓴이(수록순)

최갑수 서울대 서양사학과와 같은 학교 대학원에서 석사 학위와 박사 학위를 받았다. 현재 서울대 서양사학과 교수로 있다. 저서로는 《유라시아 천년을 가다》(공저), 《서양사강의》(공저), 《굿모닝 밀레니엄》(공편저), 옮긴 책으로는 《프랑스대혁명사》, 《프랑스사》, 《1789년의 대공포》 등이 있고, 논문으로는 〈1789년의 '인권선언'과 혁명기의 담론〉, 〈유럽에서 중앙과 지방〉, 〈'공산당선언'의 현재적 의미〉 등 다수가 있다.

설혜심 연세대 사학과를 졸업하고 미국 캘리포니아대학 대학원에서 석사 학위와 박사 학위를 받았다. 현재 연세대 사학과 교수로 재직 중이다. 저서로는 《온천의 문화사 : 건전한 스포츠로부터 퇴폐적인 향락에 이르기까지》,《서양의 관상학, 그 긴 그림자》,《제국주의와 남성성 : 19세기 영국의 젠더 형성》 등이 있으며, 논문으로는 "Orientalism in America during the Latter Half of the Nineteenth Century : Portrayals of Marriage Guides", 〈튜더 왕조의 국가정체성 만들기 : 존 릴랜드John Leland의 답사기〉,〈더 풍부한 섹슈얼리티의 역사를 위하여 : "브로크백 마운틴" 다시 읽기〉 등이 있다.

전수연 연세대 사학과와 같은 학교 대학원을 졸업하고 프랑스 파리1대학에서 박사 학위를 받았다. 현재 연세대 사학과 교수로 있다.《마리안느의 투쟁》,《사생활의 역사》를 번역했고, 논문으로는 〈엑토르 베를리오즈와 7월 왕정 : 운동과 저항의 변주곡〉,〈마술피리 : 프리메이슨 오페라?〉,〈빅토르 위고의 유럽합중국〉 등이 있다.

장문석 서울대 서양사학과를 졸업하고 같은 학교 대학원에서 석사 학위와 박사 학위를 받았다. 현재 한양대학교 비교역사문화연구소 연구 교수로 재직 중이다. 논문으로 〈이탈리아 만들기, 이탈리아인 만들기 : 리소르지멘토와 미완의 국민 형성〉,〈무솔리니 : 두체신화, 파시즘, 이탈리아의 정체성〉,〈그람시의 헤게모니 이론을 민주주의적으로 재구성하기 : 하나의 해석〉,〈공장문학 : 전간기 이탈리아 자동차 기업의 역사적 이미지〉,〈계급에서 국민으로 : 파시즘의 전체주의 기획과 토리노 노동자들〉,〈기독교민주주의와 유럽 통합 : 데 가스페리와 아데나우어를 중심으로, 1945~1950〉 등이 있고,《종말의 역사》(공역),《이태리건국삼걸전》(공편역),《만들어진 전통》(공역) 등을 옮겼다.

최승완 이화여대 사학과와 같은 학교 대학원을 졸업하고 독일 빌레펠트대학에서 철학 박사 학위를 받았다. 현재 한국교원대학교 사회과학연구소 전문연구교수로 재직 중이다. *Von der Dissidenz zur Opposition. Die politisch alternativen Gruppen in der DDR von 1978 bis 1989*를 썼고,《통일과 역사 새로 쓰기. 독일 현대사에서 배운다》를 옮겼다. 논문으로는 〈소련 점령지역/동독에서의 나치 과거 청산작업에 대한 비판적 검토〉,〈냉전기 동독의 대 서독 선전공세—나치 과거청산 문제를 중심으로〉,〈냉전의 억압적 정치현실—1950/60년대 서독의 공산주의자 탄압을 중심으로〉,〈독일의 또 하나의 과거청산—구 동독 국가안전부 문서 처리 작업〉 등이 있다.

성백용 서울대 서양사학과를 졸업하고 같은 학교 대학원에서 문학 박사 학위를 받았다. 현재 인하대, 서울대 등에서 강의를 하고 있다.《사회과학으로부터의 탈피 : 19세기 패러다임의 한계》,《세 위계 : 봉건제의 상상세계》 등을 옮겼고, 논문으로는 〈잔다르크 : 프랑스의 열정과 기억의 전투〉,〈샤를마뉴 : 열두 세기에 걸친 황제의 전설〉,〈중세의 부르주아 : '새로운 인간'에서 '새로운 귀족'으로〉 등이 있다.

이영석 편집위원 소개 참고

김학이 한국외대 독어과를 졸업하고 서울대 대학원 서양사학과에서 석사 학위를 받았다. 독일 보훔 대학교에서 역사학 박사 학위를 받았다. 현재 동아대학교 사학과 교수로 재직 중이다. *Industrie, Staat und Wirtschaftspolitik. Die Konjunkturpolitische Diskussion in der Endphase der Weimarer Republik 1930~1932/32*를 썼고, 《나치 시대의 일상사》, 《나치스 민족공동체와 노동계급》 등을 옮겼다. 논문으로는 〈바이마르 공화국 말기 기업가와 정치〉, 〈나치 경제정책과 자동차산업〉, 〈홀로코스트와 근대성〉 등이 있다.

조지형 서강대 사학과를 졸업하고 같은 학교 대학원에서 서양사 석사 학위를 받았다. 미국 일리노이 대학(어배나-샴페인)에서 역사학 박사 학위를 받았다. 현재 이화여대 사학과 교수로 재직 중이다. 《탄핵, 감시권력인가 정치적 무기인가》, 《랑케 & 카 : 역사의 진실을 찾아서》, 《오늘의 역사학》(공저), 《포스트모더니즘과 역사학》(공저) 등을 썼고 《자유로의 탄생 : 미국 여성의 역사》, 《포스트모던 시대의 새로운 문화사》, 《있는 그대로의 미국사》(공역) 등을 옮겼다. 논문으로는 〈사법심사의 역사적 기원〉, 〈프라이버시의 의미와 성의 정치〉, 〈포스트모던 시대의 기호학적 역사학〉, 〈새로운 세계사와 지구사〉 등이 있다.

박단 서강대 사학과와 같은 학교 대학원을 졸업하고, 프랑스 파리 1대학에서 프랑스 현대사로 역사학 박사 학위를 받았다. 현재 한성대 역사문화학부 교수로 재직 중이며, 한성대 이민·인종문제연구소 책임교수, 문화사학회 편집위원장을 맡고 있다. 지은 책으로 《프랑스의 문화전쟁—공화국과 이슬람》, 《서양문명과 인종주의》(공저) 등이 있고, 옮긴 책으로 《프랑스 사회사》(공역), 《인간에 관한 가장 아름다운 이야기》 등이 있다.

김경현 단국대 사학과를 졸업하고 서울대 대학원 서양사학과에서 석사 학위를, 고려대학교 사학과에서 문학 박사 학위를 받았다. 단국대 역사학과 교수를 거쳐, 현재 고려대 사학과 교수로 재직 중이다. 《서양사강의》(공저), 《서양고대사강의》(공저) 등을 썼고, 《고대 그리스사》, 《헬레니즘 세계》 등을 옮겼다. 논문으로는 〈헤로도토스를 위한 변명〉, 〈서양고대의 역사서술과 수사학〉, 〈아우구스투스 시대 문학과 조형물에 나타난 로물루스 왕의 이미지〉 등이 있다.

주명철 서강대 영문학과와 같은 학교 대학원 사학과를 졸업하고 프랑스 파리 1대학에서 역사학 박사 학위를 받았다. 현재 한국교원대 역사교육과 교수로 재직 중이다. 저서로는 박사 학위 논문을 우리말로 번역 출판한 《바스티유의 금서》, 《다이아몬드 목걸이 사건과 마리 앙투아네트 신화》, 《서양 금서의 문화사》, 《지옥에 간 작가들》, 《파리의 치마 밑》이 있고, 역서로는 로버트 단턴의 《책과 혁명》, 다니엘 로슈의 《지방의 계몽주의》, 다니엘 모르네의 《프랑스 혁명의 지적 기원》, 《사생활의 역사 1》(공역) 등이 있다. 주로 18세기 프랑스의 사회와 문화를 다룬 논문을 쓰고 있다.

박용희 서울대 서양사학과를 졸업하고 독일 베를린 자유대학에서 석사 학위와 독일 베를린 훔볼트대학에서 박사 학위를 받았다. 현재 서울대, 덕성여대 등에서 강의하고 있다. 《일상사란 무엇인가》, 《유럽의 재발견 : 신화와 정체성으로 본 유럽의 역사》를 옮겼으며, 논문으로는 〈칸트와 헤르더의 비유럽 사회와 문화에 대한 인식〉, 〈"역사와 지리의 민족화" : 알사스-로렌을 둘러싼 독일과 프랑스 역사가들의 태도〉, 〈문명의 역사적 비교〉, 〈막스 베버와 조셉 니담의 중국 문화 인식〉 등이 있다.

김덕호 뉴욕주립대학(스토니 브룩) 사학과에서 박사 학위를 받았다. 한국기술교육대 교양학부 교수로 재직 중이다. 공저로 《시민계급과 시민사회》, 《미국의 정치개혁과 민주주의》, 공편저로 《현대 미국의 사회운동》이 있으며, 공역으로 《있는 그대로의 미국사》, 《옥스퍼드 유럽현대사》가 있다. 논문으로는 〈전간기 미국사회에서의 문화충돌과 대중매체〉, 〈21세기에도 '팍스 아메리카나'는 가능한가?〉, 〈해방 이후 한국에서의 소비와 미국화 문제〉, 〈미국화인가 세계화인가 : 코카콜라를 통해서 본 글로벌리즘〉 등이 있다.

안병직 편집위원 소개 참고

이영림 편집위원 소개 참고

박지향 서울대 서양사학과를 졸업하고 같은 학교 대학원에서 석사 학위를 받았다. 뉴욕주립대학에서 철학 박사 학위를 취득하고 뉴욕 프랫대학, 인하대 교수를 거쳐 현재 서울대학교 교수로 재직 중이다. 도쿄대학과 케임브리지대학의 객원교수를 거쳤다. 저서로 *Profit-Sharing and Industrial Co-partnership in British Industry 1880~1920 : Class Conflict or Class Collaboration?*, 《영국사 : 보수와 개혁의 드라마》, 《제국주의 : 신화와 현실》, 《슬픈 아일랜드》, 《일그러진 근대》, 《영웅 만들기》(공저), 《해방 전후사의 재인식》(공편저), 《영국적인, 너무나 영국적인》이 있고, 역서로 《만들어진 전통》(공역)이 있다. 그 외 "Women of Their Time : the Growing Recognition of the Second Sex in Victorian and Edwardian England", 〈간디 다시 읽기 : 근대문명 비판을 중심으로〉, 〈아일랜드·인도의 민족운동과 한국의 자치운동 비교〉 등 국내외 저널에 50여 편의 논문을 발표했다.

황동하 숙명여대 사학과를 졸업하고 같은 학교 대학원에서 석사 학위와 박사 학위를 받았다. 현재 국민대학교 사회과학대학 유라시아 연구소 책임연구원으로 재직 중이다. 《필사적인 포옹 : 독·소 불가침 조약 성립에 대한 연구》, 《러시아학 입문》을 썼고 《러시아 혁명의 진실》을 옮겼으며, 논문으로는 〈국가 상징과 현대 러시아 국가정체성〉, 〈소련의 전시 포스터에 등장하는 어머니 이미지에 대한 연구 —독·소 전쟁 초(1941~1943) 포스터 「Родина-Мать зовет!」를 중심으로〉, 〈"자연발생적인 탈-스탈린화spontaenous de-Stalinization" : 러시아인들이 되돌아본 '대조국전쟁'의 한 단면〉, 〈소비에트 정치 포스터에 나타난 스탈린 개인숭배의 정치문화사〉 등이 있다.

서양사

한·국·지·식·지·형·도 03

초판 1쇄 펴낸날 | 2007년 6월 25일

엮은이 | 안병직 · 이영석 · 이영림
펴낸이 | 김직승
펴낸곳 | 책세상

주소 | 서울시 마포구 신수동 68-7 대영빌딩
전화 | 704-1251(영업부) 3273-1334(편집부)
팩스 | 719-1258
이메일 | world8@chol.com
홈페이지 | www.bkworld.co.kr
등록 1975. 5. 21 제1-517호

ISBN 978-89-7013-647-9 04900
     978-89-7013-612-7 (세트)

책값은 뒤표지에 있습니다.
잘못된 책은 바꿔드립니다.